HISTÒRIA DE LA FILOSOFIA

Antoni Albert i Bonamusa
Albert Botta i Matas
Joaquim Bretxa i Catarineu
Pere de la Fuente i Collell

Revisió tècnica
Francisco Tauste Alcocer

BARCELONA - MADRID - BUENOS AIRES - CARACAS
GUATEMALA - LISBOA - MÈXIC - NOVA YORK
PANAMÀ - SAN JUAN - BOGOTÀ - SÃO PAULO
AUCKLAND - HAMBURG - LONDRES - MILÀ - MONT-REAL
NOVA DELHI - PARÍS - SAN FRANCISCO - SYDNEY - SINGAPUR
SAINT LOUIS - TÒQUIO - TORONTO

HISTÒRIA DE LA FILOSOFIA · 2n Batxillerat

McGraw-Hill/Interamericana de España, S.A.U.
Edificio Valrealty, 1.ª planta
Basauri, 17
28023 Aravaca (Madrid)

ISBN: 978-84-481-7032-5
Dipòsit legal: M-9582-2010

Editor de projecte: Pau Quesada Vilà
Editora: Carme Bolós Cardona
Maquetació: Fotocomposición A. Parras
Fotografies: AGE, AISA, Album, Getty, fons McGraw-Hill, Prisma, Stock.xchng i Wikipedia Commons
Il·lustracions: Esfera, Germán Tejerina i Daniel Muñoz
Disseny de la coberta i de l'interior: Quim Team!
Imprès a: Gráficas Rógar, S. A.

IMPRÈS A ESPANYA - PRINTED IN SPAIN

Presentació

Una de les coses que més caracteritza l'individu humà és el seu afany de fer-se preguntes. Però no preguntes de qualsevol mena, sinó preguntes profundes. I la més fonamental de totes és sobre el significat de tot plegat. És a dir, el significat de la nostra existència i dels fets que afecten a aquesta existència.

Aquest fet tan aparentment intranscendent, preguntar-se pel ser de les coses, per la nostra existència, pel significat de la nostra vida ara i aquí i altres qüestions semblants, és quelcom que l'home s'ha plantejat des que va abandonar les coves de la prehistòria i va saber utilitzar els primers estris d'escriptura. D'aquests interrogants, que són interrogants realment filosòfics, en tenim notícia a partir del segle VI aC, a través d'uns textos provinents de l'antiga Grècia. Ja llavors van voler contestar algunes d'aquestes incògnites tan properes a l'individu humà. La història de la filosofia és, en conseqüència, un repàs d'algunes de les respostes que s'han anat donant per intentar aclarir aquests dubtes que, més sovint del que ens sembla, corrouen el nostre esperit, sobretot quan ens posem a pensar a fons o ens enfrontem a situacions crítiques, aquelles que fan trontollar aquella falsa tranquil·litat en què ens movíem...

La història de la filosofia, en oferir-nos tot un bagatge de conceptes i de models amb què captar i entendre la realitat natural i social ens enforteix per poder fer front a les preguntes que l'home s'ha anat fent des de fa molt de temps. Aquest llibre presenta alguns d'aquests conceptes teòrics i models interpretatius que s'han elaborat com a respostes a aquelles qüestions.

El llibre es divideix en dotze unitats, més una unitat inicial, la unitat 0, en què es repassen els conceptes filosòfics més importants adquirits en la matèria de Filosofia i ciutadania, de primer de batxillerat. Concretament, s'hi presenten alguns exemples eloqüents d'interrogants filosòfics que caracteritzen les principals disciplines filosòfiques (teoria del coneixement, metafísica, lògica, ètica, etc).

Totes les unitats mantenen una mateixa estructura. Primer es formulen algunes preguntes filosòfiques molt generals, similars a aquelles que es feren i que intentaren contestar els pensadors de cada època. Després es presenten les línies generals que constitueixen el marc històric i filosòfic, dins del qual es desenvolupen les diverses tendències i escoles filosòfiques del moment. A continuació, hi ha l'explicació pròpiament dita dels continguts de la unitat, explicació que s'ha procurat que fos clara i entenedora, sense bandejar, però, les dificultats pròpies de la història de la filosofia.

Finalment, al llarg de cada unitat, diverses activitats conviden a reflexionar sobre les qüestions exposades. Les últimes pàgines ofereixen activitats molt diverses, de manera que l'aprenentatge de la filosofia i la seva història pugui fer-se a partir de la seva pràctica reflexiva. Múltiples textos dels pensadors exposats, o bé textos sobre el seu pensament, acompanyen constantment l'explicació, fent així possible un contacte més directe amb els grans pensadors de la filosofia occidental.

La història de la filosofia és una magnífica ocasió per repensar aquells inevitables interrogants filosòfics que han flanquejat la marxa de l'home sobre la terra. Tornar a plantejar les grans preguntes essencials, replantejar les diverses respostes històriques i apuntar noves propostes i solucions... aquestes són, en última instància, les fites que ens hem proposat amb aquesta nova història de la filosofia.

Els autors

COM S'UTILITZA AQUEST LLIBRE

Introducció

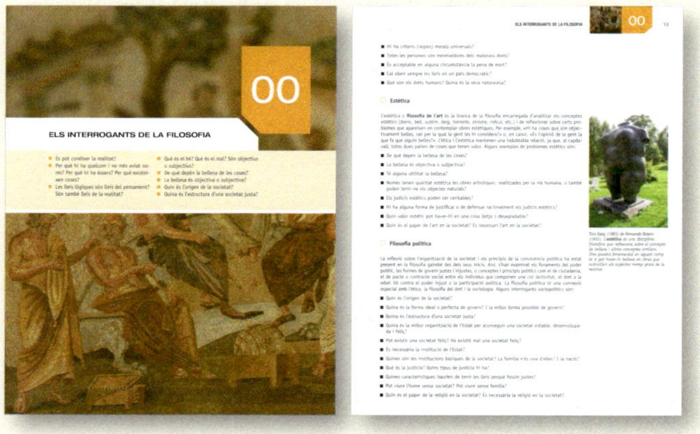

El llibre comença amb l'anomenada unitat 0, que fonamentalment fa un repàs de les disciplines filosòfiques i de les principals qüestions que la filosofia s'ha plantejat tot al llarg de la seva història. Serveix d'enllaç entre l'enfocament temàtic de primer i l'enfocament històric de segon.

CD de l'alumne

El CD per a l'alumne incorpora material de tota mena ideat com a suport per a l'estudiant. S'hi pot trobar informació referent a la matèria tant per reforçar com per ampliar coneixements. Funciona amb dos sistemes operatius: Windows i Linux.

En aquest CD trobareu més activitats per a cada unitat, un resum i una presentació de cada tema, un directori d'enllaços web comentats, una bibliografia recomanada també comentada, un útil glossari i, finalment, un text comentat d'entre els que entren a la Selectivitat amb una proposta d'activitats inspirades en les preguntes d'aquest examen (text extret del nostre llibre *Lectures de filosofia*).

UNITAT

Portadella

Totes les unitats comencen amb una pàgina inicial que, sobre una imatge a tota plana que vol representar l'esperit del tema i de l'època planteja unes qüestions obertes als alumnes que conviden a la reflexió i a situar-se dins les coordenades que es debateran a continuació.

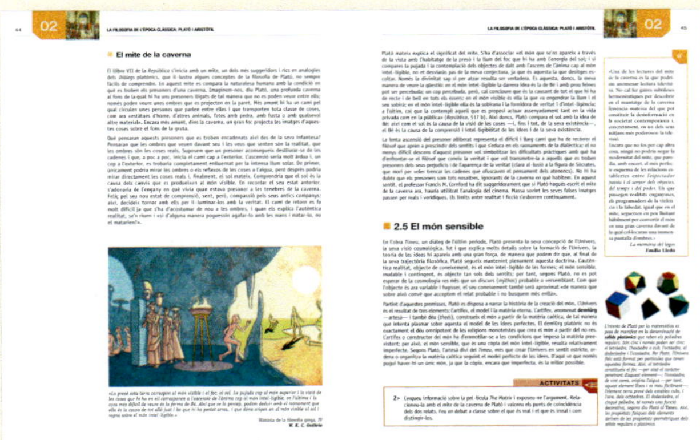

Tractament teòric de la matèria

Les unitats, amb una mitjana de 24-26 pàgines cadascuna, desenvolupen els punts principals del tema acompanyant-lo de cites i de notes al marge que poden ser molt variades: reportatges, curiositats, biografies, llibres recomanats, lectures, fets curiosos, etc., i que aporten més recursos per treballar la matèria. Al llarg del desenvolupament teòric també s'hi proposen una sèrie d'activitats relacionades.

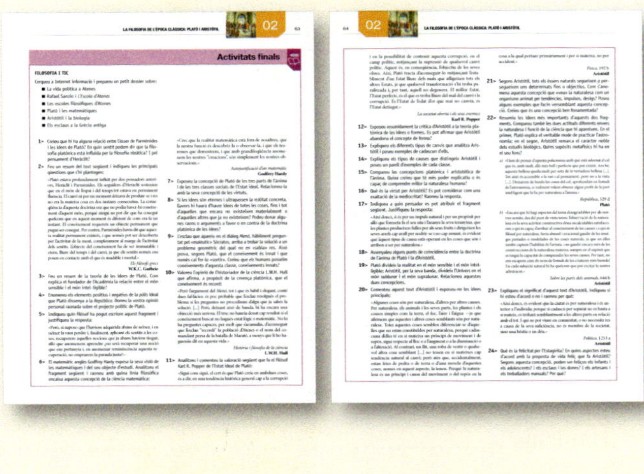

Final d'unitat

A l'acabar cada unitat es troben dues pàgines d'activitats finals. Un nombròs grup d'activitats de diferents característiques. Primerament, una sèrie d'idees per desenvolupar alguns aspectes de la unitat mitjançant la cerca d'informació per internet. Seguidament, la bateria d'activitats, que, a més de les preguntes tradicionals per verificar que s'han assolit els coneixements propis de la unitat, inclou comentaris de text de filòsofs tractats a la unitat, comentaris de text d'altres pensadors i altres èpoques que han escrit sobre el que s'acaba de tractar, i altres preguntes que traten d'orientar la reflexió, el debat i l'expressió escrita dels alumnes mitjançant, per exemple, la contraposició d'idees entre filòsofs i altres recursos.

00

ELS INTERROGANTS DE LA FILOSOFIA

- Es pot conèixer la realitat?
- Per què hi ha quelcom i no més aviat nores? Per què hi ha éssers? Per què existeixen coses?
- Les lleis lògiques són lleis del pensament? Són també lleis de la realitat?
- Què és el bé? Què és el mal? Són objectius o subjectius?
- De què depèn la bellesa de les coses?
- La bellesa és objectiva o subjectiva?
- Quin és l'origen de la societat?
- Quina és l'estructura d'una societat justa?

Els discursos humans

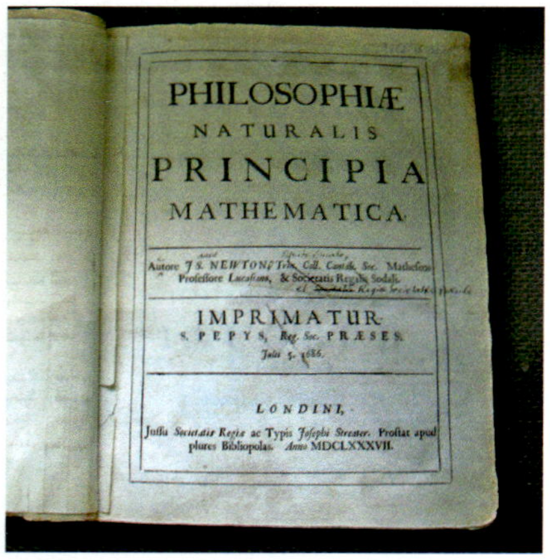

Una de les obres més importants de tots els temps en el camp de la física va ser publicada per Isaac Newton l'any 1687 amb el títol de Philosophiae Naturalis Principia Mathematica (Principis matemàtics de la filosofia natural). *Aquesta obra és considerada l'inici de la física moderna, encara que porti en el seu títol la paraula* filosofia. *Al final del segle XVII encara no s'havia produït la separació entre el coneixement científic i la filosofia.*

Tal com va dir Aristòtil: «L'ésser humà és l'únic entre els animals que posseeix el do del llenguatge [*lógos*]». Com que posseeix la capacitat de parlar, l'ésser humà és un animal social i l'únic animal polític, que conviu (no simplement viu) al costat d'altres éssers humans. El do de la paraula li permet comunicar-se d'una manera molt efectiva i, particularment, explicar el que veu i el que pensa. Per això mateix, elabora discursos, a través dels quals interpreta i transmet tot el que passa. Des del mite, la màgia i la religió fins a les darreres investigacions científiques i avenços tecnològics, l'home no ha fet altra cosa que intentar comprendre el món en què viu i expressar-lo lingüísticament en diferents modalitats de **discursos humans.**

Un d'aquests discursos és la filosofia. L'home és un ésser inquiet, descontentadís, que constantment es planteja noves preguntes un cop ja ha resolt les antigues. Almenys des del segle VI aC, alguns d'aquests interrogants són filosòfics i han donat lloc a una nova àrea del coneixement, que és la filosofia.

Les disciplines filosòfiques

Quan la filosofia va aparèixer a Grècia fa més de vint-i-cinc segles agrupava el conjunt de tots els sabers; els primers filòsofs estudiaven els diversos aspectes o camps de la realitat. En aquell moment no hi havia una estricta separació entre la **filosofia** i la **ciència** i, per tant, els filòsofs eren també científics: físics, astrònoms, matemàtics, biòlegs, psicòlegs, historiadors, etc. El filòsof grec Aristòtil (384-322 aC), per exemple, va escriure una gran quantitat de llibres sobre temes tan diversos com la biologia, la lògica, la física, la metafísica, l'astronomia, la política, l'ètica, etc.

Però, a mesura que augmentaven els coneixements, va resultar impossible que una sola persona els pogués dominar tots. Aleshores va començar l'**especialització** en el saber. D'aquesta manera han anat sorgint les diferents ciències que hi ha actualment. De fet, quan en un camp del coneixement era possible investigar rigorosament i obtenir resultats comprovables, aquest camp deixava de pertànyer a la filosofia i esdevenia ciència pròpia.

La contínua especialització del coneixement no ha fet sinó crear noves matèries científiques, com la genètica o l'economia. Podem preguntar-nos què queda actualment per a la filosofia d'aquell antic tronc comú de sabers, és a dir, quines són les àrees de coneixement que encara resten a la filosofia. Quines són, doncs, les **disciplines filosòfiques**? Les més importants són la teoria del coneixement, la metafísica, la lògica, l'ètica, l'estètica i la filosofia política. Veurem breument de què s'ocupen. Segons els tipus d'interrogants plantejats, s'estarà en una o altra branca de la filosofia. Cal entendre, però, que aquests interrogants estan relacionats entre ells i, sovint, connecten amb altres branques de la filosofia.

> «Des del moment que és possible el coneixement precís sobre una matèria qualsevol, aquesta deixa de ser anomenada filosofia i es converteix en una ciència separada. Tot l'estudi del cel, que avui pertany a l'astronomia, antigament estava inclòs en la filosofia; la gran obra de Newton s'anomena *Principis matemàtics de la filosofia natural.* De manera anàloga, l'estudi de l'esperit humà, que era, fins fa poc, una part de la filosofia, se n'ha separat actualment i s'ha convertit en la ciència psicològica. Així, la incertesa de la filosofia és, en gran mesura, més aparent que real; els problemes que són susceptibles d'una resposta precisa s'han col·locat en les ciències, mentre que els que no l'admeten actualment queden formant el residu que anomenem filosofia.»
>
> *Els problemes de la filosofia*, 15
> **Bertrand Russell**

Teoria del coneixement o epistemologia

La teoria del coneixement o **gnoseologia** és una reflexió sobre el fet mateix de conèixer. Per això es planteja preguntes com: «Quina diferència hi ha entre creure i saber?», «Com podem saber que sabem una cosa?», «Què és la veritat?». Alguns problemes que tradicionalment s'han considerat com a bàsics de la teoria del coneixement són: l'origen del coneixement (d'on procedeix?), els límits del coneixement (fins on pot arribar?) i els criteris de certesa (com sabem que un coneixement és vertader?). Alguns interrogants epistemològics són:

- Es pot conèixer la realitat?
- El coneixement de la realitat pot ser exhaustiu i absolut o hi ha límits no ultrapassables?
- Es pot aconseguir la veritat sobre les coses i sobre els fets?
- Quines són les vies o fonts del coneixement?

- Quins són els condicionants del coneixement?
- El coneixement sensible pot proporcionar un coneixement adequat de la realitat?
- El coneixement racional pot donar un coneixement adequat de la realitat?
- Existeix alguna altra classe de coneixement a més del coneixement sensible i racional?
- El coneixement és un coneixement d'idees o de coses?
- El llenguatge tenyeix o deforma la realitat?
- Es pot conèixer la realitat sense idees o conceptes previs?
- Quin és l'origen de les idees o conceptes generals com *cosa*, *realitat*, *existència*, etc.?
- Què és la veritat?
- Quines són les definicions de veritat que hi ha?

Fotograma de la pel·lícula de ciència-ficció The Matrix. *És real tot el que veiem? Podem confiar en els nostres sentits? Existeix tot allò que es pot pensar? Podem confiar en la nostra raó? La* ***teoria del coneixement*** *s'ocupa d'aquesta classe d'interrogants. Algunes obres artístiques (literatura, cinema, pintura...) han «jugat» també amb els conceptes de realitat i aparença.*

Metafísica

La metafísica o **ontologia** és la part de la filosofia que tracta de les qüestions relatives a l'existència, l'ésser i la realitat. Les preguntes fonamentals d'aquesta disciplina filosòfica són: «Què existeix?», «Quina classe de coses hi ha?», «Quina és la seva naturalesa?». Així, preguntar-se sobre l'existència de Déu o de l'ànima són exemples de preguntes metafísiques. També ho és esbrinar si hi ha alguna essència profunda més enllà de les coses concretes i materials, o si podem parlar de la naturalesa humana. D'altra banda, el coneixement que proporciona el sentit comú, així com el coneixement científic es fonamenten en uns quants principis metafísics de l'estil de «La naturalesa és uniforme», «Res no passa sense una causa», «Les lleis de la naturalesa es compleixen arreu», etc. Aquests són alguns dels principis metafísics (no pas físics o científics) que la filosofia, concretament la metafísica, ha analitzat tradicionalment. Les preguntes següents són interrogants metafísics:

- Per què hi ha quelcom i no més aviat no-res? Per què hi ha éssers? Per què existeixen coses?
- Què hi ha? Què existeix?
- Hi ha un sol ésser o una pluralitat d'éssers?
- Quants tipus d'éssers hi ha?
- Quina és l'autèntica realitat? Què és real?
- És real allò que veig?
- Com han esdevingut els éssers, com s'han generat les coses? Tots s'han generat igual?
- Hi ha alguna escala d'éssers? Tots els éssers són del mateix rang ontològic?
- Tot és matèria? Existeixen realitats espirituals?
- Com es pot explicar un canvi en la realitat?
- El canvi és caòtic o ordenat? La naturalesa és caòtica o ordenada?
- Hi ha causalitat o casualitat? L'Univers té sentit o és absurd?
- Quin és l'origen de l'ordre? L'ordre s'ha creat espontàniament?
- L'ordre de la realitat és objectiu o és un ordre projectat per la ment humana?
- Existeix una raó en la realitat? És a dir, existeix una llei reguladora en la natura, en l'Univers?
- Com es pot explicar l'ordre existent en la realitat?
- L'ésser (o l'Univers) ha tingut un principi? Ha estat creat? És etern?
- Existeixen les coses?
- Existeixen les idees? I les figures geomètriques? I els nombres? Existeixen els éssers de ficció?
- Quina entitat tenen les idees?

- Són més reals les idees que les coses? Són més reals les coses que les idees?
- Hi ha un món més enllà del món sensible que veiem i toquem?
- Existeix Déu? Hi ha proves per demostrar la seva existència? Quines proves hi ha? Quins són els seus atributs?
- Existeixen els éssers espirituals?
- Déu està supeditat als dictats de la raó o està per damunt de la raó?
- El món és etern o Déu va crear el món? Com va fer Déu el món? A partir de quin material Déu pot haver creat el món?
- Quin és l'origen del mal en el món? Com és que Déu «permet» el mal?

Lògica

Aristòtil *va destacar en molts camps del coneixement en la Grècia del segle IV aC. D'alguns d'ells es pot considerar el fundador. Així, Aristòtil inicia l'estudi explícit de la lògica. I diu: «Sobre aquest camp no teníem absolutament res per citar, sinó que hem hagut d'afanyar-nos esmerçant molt de temps a investigar amb gran esforç.»*

La lògica estudia les lleis del raonament correcte. El coneixement humà pot ser directe o immediat, o bé indirecte i, en aquest cas, sempre intervé un raonament. La lògica és la disciplina encarregada d'analitzar els principis de correcció dels raonaments, d'estudiar-ne els diferents tipus i les lleis lògiques que els regeixen. Cal dir, però, que algunes parts de la **lògica moderna** o **lògica simbòlica** o **lògica formal** o **lògica matemàtica** s'acosten més a les matemàtiques que a la filosofia, a causa de la utilització del llenguatge formal propi d'aquesta disciplina. De totes maneres queda, en la lògica, un nucli de problemes que pertanyen clarament a la filosofia. Entre aquests podem destacar:

- Les lleis lògiques són lleis del pensament? Són també lleis de la realitat?
- Les lleis lògiques són inventades o bé han estat descobertes?
- Com es poden demostrar les lleis lògiques? La raó intervé en la demostració? I els sentits?
- Per què «2 + 2 = 4» i per què «dues pomes més dues peres són en total quatre objectes»?
- Què és la veritat? Què és la validesa o correcció? Què és la versemblança? I la probabilitat?
- És correcte el coneixement deductiu? I l'inductiu?
- Com es pot justificar un raonament inductiu?

Ètica

L'ètica o **filosofia de la moral** estudia la moral, és a dir, l'ètica és la reflexió filosòfica sobre les normes i les lleis que regulen la conducta de les persones. L'ètica tracta dels problemes filosòfics que apareixen en la conducta humana des del punt de vista de la seva bondat o maldat. L'ètica té dos objectius ben definits: d'una banda, precisar què és una acció correcta, és a dir, una acció que és moralment obligatori realitzar (**teoria de l'obligació**); de l'altra, explicar quines coses o accions són bones o valuoses (**teoria del valor**). Aquestes dues parts de l'ètica estan directament relacionades. Els problemes morals objecte de reflexió de l'ètica poden tenir un caràcter concret o un caràcter molt més general. Alguns exemples de problemes morals són:

- Què és el bé? Què és el mal? Són objectius o subjectius?
- Quina conducta podem qualificar de bona? Existeix alguna norma universal que permeti racionalment decidir si una conducta és bona o correcta?
- Hi ha judicis ètics universals i objectius o tota ètica és subjectiva?
- En què consisteix la felicitat?
- És assolible la felicitat?
- Quines són les condicions per aconseguir la felicitat?
- És possible ser feliç a escala individual?

- Hi ha criteris (regles) morals universals?
- Totes les persones són mereixedores dels mateixos drets?
- És acceptable en alguna circumstància la pena de mort?
- Cal obeir sempre les lleis en un país democràtic?
- Què són els drets humans? Quina és la seva naturalesa?

Estètica

L'estètica o **filosofia de l'art** és la branca de la filosofia encarregada d'analitzar els conceptes estètics (*bonic, bell, sublim, lleig, horrorós, sinistre, ridícul*, etc.) i de reflexionar sobre certs problemes que apareixen en contemplar obres estètiques. Per exemple, «Hi ha coses que són objectivament belles, raó per la qual la gent les hi considera?» o, en canvi, «És l'opinió de la gent la que fa que siguin belles?». L'ètica i l'estètica mantenen una indubtable relació, ja que, al capdavall, totes dues parlen de coses que tenen valor. Alguns exemples de problemes estètics són:

- De què depèn la bellesa de les coses?
- La bellesa és objectiva o subjectiva?
- Té alguna utilitat la bellesa?
- Només tenen qualitat estètica les obres artístiques, realitzades per la mà humana, o també poden tenir-ne els objectes naturals?
- Els judicis estètics poden ser veritables?
- Hi ha alguna forma de justificar o de defensar racionalment els judicis estètics?
- Quin valor estètic pot haver-hi en una cosa lletja o desagradable?
- Quin és el paper de l'art en la societat? És necessari l'art en la societat?

Tors llarg *(1983) de Fernando Botero (1932). L'**estètica** és una disciplina filosòfica que reflexiona sobre el concepte de bellesa i altres conceptes similars. Una qüestió fonamental en aquest camp és si pot haver-hi bellesa en obres que subratllen els aspectes menys grats de la realitat.*

Filosofia política

La reflexió sobre l'organització de la societat i els principis de la convivència política ha estat present en la filosofia gairebé des dels seus inicis. Així, s'han examinat els fonaments del poder polític, les formes de govern justes i injustes, o conceptes i principis polítics com el de ciutadania, el de pacte o contracte social entre els individus que componen una col·lectivitat, el dret a la rebel·lió contra el poder injust o la participació política. La filosofia política té una connexió especial amb l'ètica, la filosofia del dret i la sociologia. Alguns interrogants sociopolítics són:

- Quin és l'origen de la societat?
- Quina és la forma ideal o perfecta de govern? I la millor forma possible de govern?
- Quina és l'estructura d'una societat justa?
- Quina és la millor organització de l'Estat per aconseguir una societat estable, desenvolupada i feliç?
- Pot existir una societat feliç? Ha existit mai una societat feliç?
- És necessària la institució de l'Estat?
- Quines són les institucions bàsiques de la societat? La família n'és una d'elles? I la nació?
- Què és la justícia? Quins tipus de justícia hi ha?
- Quines característiques haurien de tenir les lleis perquè fossin justes?
- Pot viure l'home sense societat? Pot viure sense família?
- Quin és el paper de la religió en la societat? És necessària la religió en la societat?

Filosofia de...

A més de les disciplines filosòfiques ja mencionades, també han aparegut dins la filosofia reflexions sobre el coneixement proporcionat per altres formes del saber humà. Així, es pot parlar de camps com la **filosofia de la ciència**, la **filosofia del llenguatge**, la **filosofia de la tècnica**, la **filosofia de la història**, la **filosofia de la religió** o la **filosofia de la cultura**. En tots aquests casos, la filosofia no es presenta com un discurs sobre la realitat, sinó com un **metadiscurs**, això és, com un discurs «de segon nivell» sobre altres discursos «de primer nivell», com una reflexió sobre el saber assolit per aquestes formes més específiques d'apropar-se a la realitat. Avui dia, la filosofia ha abandonat l'antic propòsit de construir teories sobre la realitat, de ser un coneixement real sobre el món. Aquesta és una funció que correspon a les diverses ciències, que disposen dels mètodes i dels instruments adequats per fer-ho. La filosofia, per contra, s'ha orientat cap a la tasca de crítica racional dels altres discursos.

Particularment interessant és la **filosofia de la ciència**, que es dedica a l'examen i crítica de les característiques del coneixement científic: els seus problemes, mètodes, tècniques, estructura lògica, resultats generals, etc. També analitza els conceptes més generals que intervenen en la recerca científica, com ara els conceptes *hipòtesi*, *llei*, *teoria*, *comprovació*, etc.

«S'ha de distingir entre fer ciència i pensar sobre com ha de fer-se la ciència. L'anàlisi del mètode científic és una disciplina de segon ordre, l'objecte de la qual són els procediments i estructures de les diverses ciències.»

Introducció històrica a la filosofia de la ciència
John Losee

«No hi ha cap pensador més punyent que el filòsof de la ciència: avui assenyala una hipòtesi filosòfica oculta en un sistema filosòfic, demà li discutirà al científic el dret a utilitzar una certa categoria en un determinat context i demà passat proposarà una teoria sobre una determinada classe de conceptes o d'operacions de la ciència. La filosofia de la ciència no està ni per sobre ni per sota de la ciència: està a la vegada en l'arrel, en els fruits i en el propi tronc de l'arbre de la ciència.»

La ciència, el seu mètode i la seva filosofia
Mario Bunge

Filosofia i història de la filosofia

Les paraules i els conceptes que utilitzem en els nostres discursos interpretatius de la realitat no els hem inventat nosaltres, sinó que s'han forjat al llarg de la història. Quan hem après a parlar, hem après paraules, conceptes i, fins i tot, maneres de pensar o models de pensaments amb què les generacions anteriors es representaven la realitat. En aquest sentit, podem dir que el pensament d'una societat és l'experiència històrica d'una cultura, una experiència que avui ens arriba per la família, l'escola, els mitjans de comunicació i la vida social en general. Així doncs, a la base de la nostra manera de ser i del que pensem hi ha, primerament, la influència de la societat i, en el rerefons, el passat cultural.

Per això, si volem entendre més bé les nostres idees, creences, preocupacions, valoracions, etc., ens cal conèixer les grans concepcions filosòfiques del passat i del present. Fins i tot la gran diversitat de discursos diferents ens ha d'ajudar a no caure en el simplisme de creure que la nostra és l'única manera de pensar possible. Això és particularment cert quant a la filosofia: per poder entendre plenament les idees filosòfiques actuals és necessari conèixer el seu passat, el seu origen; és necessari estudiar la història de la filosofia. En paraules del filòsof canadenc Charles Taylor (1931): «Per entendre on ens trobem, hem d'entendre com hem arribat al lloc en què estem». Aquesta és la funció de la història de la filosofia.

Es podria objectar, però, que aquesta història no té cap sentit, atès que molts sistemes filosòfics del passat són falsos i, per tant, ara ja no tenen cap interès. De totes maneres, sempre es pot aprendre dels errors del passat i, d'altra banda, no és gens clar què vol dir que un sistema filosòfic del passat sigui fals. Per exemple, la teoria política de Plató o el concepte de canvi d'Aristòtil o la idea de felicitat d'Epicur poden albergar elements molt vius i interessants, fins i tot per a la nostra època. Així, aquella objecció contra la utilitat de l'estudi del que han dit i pensat els grans pensadors cau pel seu propi pes. Finalment, no seguim llegint amb plaer escriptors del passat com Homer, Shakespeare o Dickens? No seguim admirant les pintures de Leonardo da Vinci, Rembrandt o Picasso? No seguim escoltant les composicions de Vivaldi, Bach o Wagner? Per què no ha de ser igualment plaent i instructiu conèixer les idees i llegir les obres de Plató, Descartes o Nietzsche? L'estudi de la història de la filosofia és la porta d'entrada a l'aprenentatge més viu de la filosofia o, millor dit, de l'activitat de filosofar, tal com afirmava Kant.

El filòsof i acadèmic Emilio Lledó ha exposat, en un article a la revista *Investigació i ciència*, la necessitat i l'interès de la història de la filosofia amb aquestes paraules:

«És, doncs, un tresor de valor incalculable el que, amb el nom d'història de la filosofia, tinguem esteses, al llarg de vint-i-cinc segles, les experiències i aventures intel·lectuals d'aquest "animal que parla" i que lluita per la racionalitat. [...] Més viu que mai, l'immens saber acumulat en la filosofia segueix davant nostre com un mirall lluminós on, en reflectir-nos, formem part d'aquest paisatge ideal. Davant d'ell recobrem instruments essencials per tal de seguir buscant la veritat, per defensar-nos de la mentida i el frau, per descobrir el que és just i el que és bo, per interpretar les imatges insubstancials que omplen el nostre món. Oblidar la filosofia seria un estèril i cruel exercici de ceguesa; avui que és tan important la llum i la mirada.»

Investigació i ciència
Emilio Lledó

01

EL NAIXEMENT DE LA FILOSOFIA A GRÈCIA

- Si des de la nit dels temps el discurs mític oferia explicacions de tot, per què neix la filosofia, és a dir, el discurs racional a l'antiga Grècia? Què el fa possible?
- Hi ha alguna cosa més enllà del que ens puguin mostrar els sentits? Aquest més enllà és l'autèntic substrat o el principi últim de la realitat?
- Té sentit preguntar-se per un principi únic o fonament comú a totes les coses?
- Per què hi ha canvis en la naturalesa? Segueixen un ordre? Quin sentit pot tenir aquest ordre natural?
- Hi ha diferències entre les lleis de la naturalesa i les de la societat? Unes i altres depenen igualment de la valoració humana? Es poden modificar si tothom ho vol?

1.1 Marc històric i cultural

La predicció de l'eclipsi solar de l'any 585 aC se sol prendre com el punt de partida del **discurs racional**, el discurs que inclou ciència i filosofia; així, una predicció científica marca també el naixement de la filosofia occidental. La racionalitat d'aquest discurs comporta un salt qualitatiu en la història del pensament: és el pas del *mythos* al *lógos*, és a dir, del mite a la raó. Per què el discurs racional —l'intent d'entendre els fenòmens naturals usant la raó— neix a Grècia? Quines condicions el fan possible? Quines són les aportacions dels primers filòsofs?

A la Grècia del segle VI aC se sumen per primer cop en la història un seguit de factors —geogràfics, econòmics i demogràfics, sociopolítics, religiosos, culturals i ideològics— que permeten entendre el naixement del discurs racional, del *lógos*.

La geografia de la península grega i les ciutats-estat

La península grega és molt muntanyosa. Això fa que la població es concentri a les valls, aïllades entre muntanyes, i depengui de les magres collites d'una agricultura de secà. Les muntanyes també aïllen la *pólis* o ciutat-estat que domina cada vall i afavoreixen la seva vida autònoma, la qual inclou sovint un sistema de govern propi. Tot plegat dificulta l'aparició d'un poder despòtic únic sobre tota Grècia.

Cap lloc de la península té el mar a més de 90 km i això facilita la navegació i el comerç. Val a dir que, a banda de pertànyer a una *pólis*, els grecs comparteixen una mateixa llengua i cultura, com es palesa, per exemple, en les creences religioses i en els jocs olímpics.

> «És difícil escapar de la desgràcia de la navegació. Tot i així, els humans naveguen per la seva falta de sentit comú, ja que el diner és vital per als desgraciats mortals. Però és terrible morir enmig de les ones.»
>
> *Els treballs i els dies*
>
> **Hesíode**

La navegació i el comerç

El contacte amb altres cultures afavoreix la crítica de les pròpies concepcions mítiques i del poder. El comerç usa lingots d'or i de plata, garantits pel segell de cada *pólis,* un segell emprat ben aviat per encunyar monedes. Així se supera el mer bescanvi de béns i neix un mercat monetari, amb comissions de canvi de monedes, préstecs i càlcul d'interessos. Els mercaders, encara exclosos del poder polític reservat a una aristocràcia socialment estancada, impulsen tiranies més favorables als seus interessos. En la *pólis* marinera i mercantil no n'hi ha prou amb el mite i cal una legislació sobre el comerç, els impostos, la propietat, etc.

En època clàssica ***Hèl·lade*** *és el nom amb què es designen tots els territoris grecs, és a dir, la península grega, les illes gregues i les colònies.*

La societat i les colonitzacions

La societat grega anterior al naixement de la filosofia era aristocràtica, rural i guerrera. Els ideals morals eren de caire tradicional —el llinatge, el prestigi, l'èxit— i la noblesa es considerava hereva dels herois grecs —fills de la unió de déus i de mortals— i, per tant, dipositària de la virtut. El poble no tenia cap paper especial.

Tanmateix, l'increment demogràfic i les limitacions de l'agricultura obliguen a una part de la població a emigrar. A les colònies arriba gent d'arreu de Grècia, amb un bagatge cultural semblant (coneixement d'uns models de comportament comuns). L'emigració és econòmica i suposa que hi ha poc a perdre (com si no la gent podia embarcar-se en els insegurs vaixells de l'època?). Les colonitzacions esperonen l'intercanvi d'idees i la llibertat de pensament, i afavoreixen el discurs racional.

La religiositat grega

Les divinitats gregues no són monstruoses i llunyanes com les d'altres cultures; solament tenen més força i poders que els humans i són immortals. Tampoc no hi havia llibres sagrats o revelats pels déus, ni una casta sacerdotal que justifiqués el poder polític o el divinitzés. La semblança entre la conducta divina i la humana —**antropomorfisme**— afavoreix l'humanisme propi del discurs racional. El poeta Hesíode (segle VIII aC), en la *Teogonia,* estableix la genealogia de les divinitats i reforça encara més aquest antropomorfisme. Tot plegat afavorí que els termes mítics evolucionessin i que s'obrissin a interpretacions i significats abstractes allunyats de continguts religiosos.

L'art a Grècia

A la formació de l'humanisme grec també contribueixen l'art (fent l'estudi de les proporcions del cos humà), la literatura (amb els sentiments presents en el teatre) i l'educació física (la gimnàstica i els jocs olímpics palesen el valor reconegut al cos humà). La *Ilíada* i l'*Odissea* del poeta Homer (segle VIII aC), el teatre, les tragèdies i els festivals religiosos mostren un ésser humà ferm i amb coratge, protagonista actiu de la seva pròpia vida, amb caràcter i voluntat.

Del mite al *lógos*, l'inici d'una nova mentalitat

Les cultures egípcia o babilònica romanien estàtiques amb una visió mítica del món controlada per una elit de savis-sacerdots que justificava el poder despòtic (un poder que podia moure exèrcits a les planures d'Egipte o Mesopotàmia) i que tenia accés al saber (coneixement de l'escriptura, observacions astronòmiques, càlcul aritmètic, etc.). Aquests coneixements i avenços tècnics arribaren a les colònies gregues, foren sistematitzats i s'integraren en l'incipient discurs racional que a poc a poc ho impregnà tot.

En resum, la mentalitat o l'esperit grec neix en una nova societat oberta a les iniciatives comercials i polítiques dels mercaders, al contacte intercultural, als corrents migratoris i a les influències de civilitzacions més antigues, especialment de Mesopotàmia, Pèrsia i Egipte. El discurs racional —***lógos***— vol explicar en primer lloc la *phýsis* o naturalesa; després, la filosofia se centra en la comprensió del món social, ètic i polític humà. Tanmateix, a banda d'idees o de teories concretes, el principal llegat de l'esperit grec a la història del pensament és l'afirmació de la llibertat crítica i la voluntat entusiasta de comprendre racionalment el món natural i social.

El discurs racional l'inicien els pensadors de les colònies de Jònia (a la costa mediterrània de l'actual Turquia) i de la Magna Grècia (al sud d'Itàlia). Algunes de les respostes dels **presocràtics** (es denominen així tots els pensadors anteriors a Sòcrates) semblen avui dia ingènues. Tanmateix, cal tenir present que l'originalitat del seu intent rau en el plantejament per primer cop de qüestions encara actuals; aquest enfocament racional perviu en el discurs científic de la modernitat.

«La situació geogràfica feia que Milet fos gairebé la porta obligada entre Orient i Occident, i les peculiars circumstàncies econòmiques que portaven els seus ciutadans a tractar amb homes de les més diferents cultures i a conèixer mitologies, codis legals, formes polítiques, institucions religioses, etc., tan heterogenis i tan distants, sovint, dels hel·lènics, constitueixen una condició necessària (tot i que no suficient) per al naixement de la filosofia. La recerca d'una cosmovisió universalment vàlida no fundada en la tradició (per més antiga i venerable que pogués semblar) sinó en la raó (entesa com a llenguatge comú per a tots els homes) va fer que precisament a Milet naixés la filosofia. Una mínima superació de l'etnocentrisme és, doncs, des del principi de la història, *conditio sine qua non* de l'autèntica filosofia.»

Mitologia i filosofia presocràtica
Ángel J. Cappelletti

ACTIVITATS

1> De vegades s'ha qualificat la transició del mite a la raó en la Grècia clàssica com el «miracle grec», per tal de remarcar així que es tracta d'un salt qualitatiu en la història del pensament. A partir del que s'ha dit al principi d'aquesta unitat i d'informació complementària de webs, enciclopèdies, històries de la filosofia, etc., feu un escrit explicatiu sobre el naixement del discurs racional a partir d'una suma de causes ben conegudes.

1.2 *Phýsis* i *arkhé* en els jònics

Des que al final del segle XIX Hermann Diels va publicar per primer cop *Els fragments dels presocràtics*, aquest llibre ha estat una referència ineludible en l'estudi d'aquests filòsofs. Diels donà un número a cada pensador i recopilà cadascuna de les cites originals dels primers filòsofs presents en obres posteriors (textos B) juntament amb les referències indirectes sobre ells (textos A) presents en els textos d'autors clàssics (la major part d'ells compresos entre els segles I aC i VI dC). Aquesta obra monumental va ser corregida i reeditada per Walther Kranz, raó per la qual se citen els fragments amb les inicials d'ambdós autors, DK.

Jònia és colonitzada pels grecs al segle XII aC i arriba al seu esplendor entre els anys 750 i 550 aC. A Milet, la ciutat més important, arriben mercaderies i coneixements d'arreu de la Mediterrània, de la mar Negra i del Nil. En aquest context neix la filosofia.

El discurs racional estudia la naturalesa i s'interessa per allò que hi ha d'inalterable malgrat els canvis, més enllà del món sensible. Es fa la distinció intel·lectual entre **ésser** i **aparença**, entre allò que les coses autènticament són i allò que semblen. Els sentits mostren fenòmens, coses que naixen o que desapareixen, però la raó cerca allò que roman malgrat els canvis, l'***arkhé*** o principi elemental de tot.

La noció d'*arkhé* suposa la delimitació i el descobriment d'un nou camp d'estudi, la ***phýsis*** o naturalesa, la qual inclou l'origen de l'univers o el principi de tot, i el mateix procés de generació de les coses. El concepte de *phýsis* es refereix alhora al conjunt del ***cosmos*** o món natural, i al procés pel qual una cosa es va autodesenvolupant; els dos sentits *phýsis* —'naturalesa' i 'desplegament dinàmic'— són complementaris. L'estudi de la naturalesa pressuposa l'existència d'un ordre comprensible per a la raó humana. El terme *ordre* o *cosmos* s'oposa al de *desordre* o *caos* ('confús', 'des-organitzat', 'in-comprensible').

Tales de Milet

Per a Tales (~ 640-546 aC), filòsof, astrònom, matemàtic i legislador, la matèria primordial o *arkhé* és l'**aigua**. Segons Tales, l'aigua és l'origen de totes les coses i «la terra es manté sobre l'aigua com un tronc o com alguna de les altres coses que per la seva naturalesa floten sobre l'aigua» (DK A 14).

La concepció de l'aigua com l'*arkhé* es pot explicar a partir de l'observació. Així, l'aigua és present en el principi (i en el final) de la vida i en el continu moviment aparentment sense causa del mar, generador i destructor d'innumerables vides, i es troba abundantment en els tres estats de sòlid, líquid i gasós. Segons sembla, Tales va estar a Egipte i observà que els desbordaments del Nil fertilitzen els camps. La importància de la idea de l'aigua com a *arkhé* radica en el fet que és la teoria que endega la nova mentalitat del discurs racional.

***Tales de Milet** és un dels set savis de Grècia. La tradició ha deixat constància del seu perfil intel·lectual i de la seva fama de savi mitjançant anècdotes més o menys amables i iròniques, que evidencien, a més a més, el seu interès per entendre la naturalesa:*
«Mentre estudiava els astres [...] i mirava cap amunt, va caure en un pou, i una bonica i graciosa minyona tràcia es burlava del fet que volgués conèixer les coses del cel i no advertís les que tenia als seus peus» (DK A 9).

Anaximandre

Anaximandre (~ 611-547 aC), amic i deixeble de Tales, fou astrònom, geògraf i geòmetra; també va ser l'autor del primer mapamundi i va explicar l'aparició dels humans a partir de peixos que abandonen el mar. Per a Anaximandre, «el principi i element és l'indeterminat, sense definir-lo com a aire, aigua o qualsevol altre element» (DK A 1). L'*arkhé* del món és l'***apeiron*** (d'*a*, 'no', i *péras*, 'límit'). *Apeiron* significa 'el tot infinit en l'espai i el temps', 'etern i sense cap determinació qualitativa'. L'*apeiron* no pot pas ser definit per qualitats físiques concretes, perquè les qualitats particulars són just les que permeten identificar o definir els elements materials concrets; així, cap d'ells pot ser l'origen primordial de tot. En la naturalesa l'*apeiron* no està en estat pur, sinó transformat; no hi ha res fora d'ell, sinó que tot hi neix, hi viu i hi mor.

L'*apeiron* pot interpretar-se com una concepció més abstracta que la de Tales en el sentit que no identifica l'*arkhé* amb un element tangible del món ja format (per exemple, l'aigua), ja que tota concreció és incompatible amb la noció d'*apeiron* o indeterminat.

Aquest pensador inicia la tradició d'examen crític de les raons d'una afirmació; el discurs racional comporta que tothom té dret a revisar les raons o la justificació d'una concepció i proposar-ne d'altres sense ser perseguit per desobediència (cosa que sol passar amb els heretges que se separen del discurs mític tradicional).

Anaxímenes

Segons Anaxímenes (~ 588-524 aC), deixeble d'Anaximandre, l'*arkhé* és l'**aire**. Aquesta idea podria semblar un retrocés, perquè reprèn la creença popular que l'aire i l'alè són vida i perquè es torna a utilitzar un element concret per explicar-ho tot. Però la identificació de l'*arkhé* amb l'aire també es pot interpretar com un avenç, ja que l'aire en perpetu moviment és l'*arkhé* primari únic, il·limitat i dinàmic, és a dir, capaç d'autodesplegar-se a través d'un procés de condensació i rarefacció.

Finalment, Anaxímenes tampoc s'allunya gaire del seu mestre, atès que l'aire no sembla tenir gaires determinacions (com ara un particular color, olor, gust o figura) i, tanmateix, està present en tot i, en els éssers vius, la seva retirada suposa la mort. A més, cal valorar que l'afirmació segons la qual les coses s'originen per diferències en el grau de condensació i rarefacció fa pensar en una primera llei del canvi qualitatiu, és a dir, en el fet que les diferències en les qualitats de les coses es deuen a diferències quantitatives.

*Per a **Pitàgores** i els seus seguidors, el principi elemental es troba en el nombre perquè consideren que tot pot expressar-se numèricament.*

1.3 Els pitagòrics: matemàtiques i arkhé

Pitàgores (~ 580-497 aC), nascut a l'illa de Samos (Jònia), fugí —potser per motius polítics— a Crotona (Magna Grècia). Allà fundà una comunitat filosòfica de caire elitista orientada a la salvació espiritual mitjançant el coneixement i que prohibia l'ensenyament als no iniciats. Captivat per les matemàtiques, afirmà que l'*arkhé* és el **nombre**. L'*arkhé* es pot conèixer perquè es pot expressar numèricament. Els nombres fan referència a l'estructura perfecta i harmònica del cosmos, i designen la *ratio* (*lógos*, raó), la realitat de tot el que hi ha. Els pitagòrics, convençuts de la realitat aritmètica de la *phýsis*, s'aboquen a l'estudi dels nombres. Aquest «entusiasme matemàtic» explica la seva devoció pel coneixement i el menyspreu de la matèria.

A Grècia no tenien símbols numèrics i usaven les lletres de l'alfabet per escriure les xifres. Malgrat que aquest sistema amaga les lleis d'una seqüència de nombres, els pitagòrics descobriren la constant alternança o dualisme parell-senar, que consideraren l'origen dels nombres. El dualisme es palesa en la simple representació gràfica dels nombres enters vistos com a punts o pedretes (*calculi*), superposats geomètricament i dibuixant un triangle equilàter, amb un punt en el vèrtex que representa l'1, sota el qual hi ha dos punts corresponents al 2, seguits al dessota per una fila de tres punts per al 3, etc. Un punt dóna un lloc en l'espai; dos, la longitud; tres, la superfície; i quatre, el volum. Això mostra la connexió racional entre els nombres i les figures geomètriques de la forma d'un cos. Els enters 1, 2, 3 i 4 formen la misteriosa ***tetraktýs***, que es considera com la perfecció que suma deu, simbolitzada amb un triangle equilàter.

> «Tot allò que pot ser conegut té un nombre; sense aquest és impossible pensar ni conèixer res. »
>
> **Filolau (DK B 6)**

Harmonia còsmica i purificació

Els pitagòrics creien que el firmament mostrava també que els principis de la realitat són numèrics. En un cel d'estels fixos, amb Saturn, Júpiter, Mart, Venus, Mercuri, el Sol, la Lluna i la Terra (que és esfèrica), cada astre està inscrit en una esfera cristal·lina, esfera que gira a velocitat constant al voltant d'un foc central (que no és el Sol). I, potser per conformar l'explicació del cosmos a la perfecció de la *tetraktýs*, van afegir-hi una desena esfera, l'antictó o antiterra. I tot el conjunt es mou en una **harmonia còsmica** o harmonia de les esferes, moviment que produeix una música celestial que no sentim perquè ens hi hem habituat des de petits o perquè l'oïda humana és incapaç de fer-ho.

La **música** purifica l'ànima, la desvincula del cos i l'obre a l'harmonia. L'harmonia està primerament en l'escala musical, però s'acaba cercant-la en tota la realitat. La relació del so amb la longitud de les cordes d'una lira corrobora les raons numèriques de la realitat. Així, la corda més curta vibra produint la nota més alta o aguda i la corda més llarga, la més baixa o greu, en una proporció inversa a la longitud (per pujar vuit notes —octava— la longitud es redueix $^{1}/_{2}$, per cinc notes —quinta—, $^{2}/_{3}$, i per quatre notes —quarta—, $^{3}/_{4}$).

Segons el pitagorisme, l'ordre racional numèric és el saber autèntic. Això fa de les matemàtiques l'instrument purificador o catàrtic de l'ànima, perquè la desvincula del cos i l'apropa al cosmos i a la divinitat. Els coneixements musicals, aritmètics, geomètrics i astronòmics són imprescindibles perquè l'ànima es governi en sintonia amb l'ordre còsmic, com un reflex més d'ell. I allò que és bo per a l'ànima, també ho és per a la *pólis*, és a dir, cal que l'Estat es governi segons l'ordre còsmic; d'aquí ve la persistent voluntat pitagòrica d'intervenir en política. Aquestes idees influiran poderosament sobre la filosofia de Plató.

L'herència pitagòrica

El discurs sobre la configuració matemàtica de la *phýsis* entrà en crisi en descobrir la irracionalitat de √ 2. Així, la relació geomètrica entre les longituds del costat d'un quadrat de costat 1 (per exemple, un decímetre, un metre) i la seva diagonal no té la corresponent fracció *racional* o raó definida entre dos nombres enters. El caràcter «i-racional» d'una relació tan simple suggereix la falsedat del principi pitagòric. **Irracional** vol dir que no pot expressar-se com una raó o fracció de dos nombres enters p/q.

El descobriment dels nombres irracionals, d'antuvi silenciat, afavorirà la consolidació de la matemàtica com a ciència. Copèrnic, Kepler i Galileu, protagonistes de la Revolució Científica dels segles XVI i XVII, mantindran que «la naturalesa està escrita en el llenguatge de les matemàtiques», fent-ne així un element estructural de la ciència moderna.

Algunes aportacions dels pitagòrics

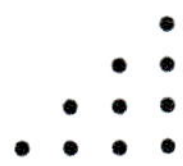

La *tetraktýs* és la figura sagrada que invocaven els pitagòrics en els seus juraments. Té forma de triangle equilàter i representa la suma dels quatre primers nombres naturals.

Els pitagòrics ordenen els enters en rengles simètrics de punts, uns sota els altres. Així descobreixen que, sumant les files de punts corresponents als n primers nombres naturals, tindrem les sèries de nombres triangulars, 1, 3, 6, 10, 15... Per exemple, el segon nombre triangular (3) respon a la suma dels dos primers enters (1 + 2).

Els nombres quadrats són el producte de dos factors iguals: 1, 4, 9, 16, 25..., representables per un quadrat de costat igual; l'enèsim quadrat (posem per cas, el tercer) correspon a la suma dels n primers nombres senars (així 9 = 1 + 3 + 5).

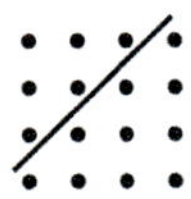

Dos nombres triangulars successius formen un quadrat (així, 6 + 10 = 4 × 4).

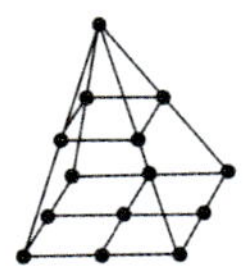

La suma de nombres quadrats donava pas als nombres piramidals: 1, 5 (1 + 4), 14 (1 + 4 + 9)... representables amb una figura piramidal.

ACTIVITATS

2> Cerqueu informació sobre la demostració per reducció a l'absurd del caràcter «i-racional» de la relació geomètrica entre les longituds del costat d'un quadrat de costat 1 i la seva diagonal.

+

La religiositat orficopitagòrica

L'**orfisme** pren el seu nom del personatge mitològic Orfeu, el poeta i músic que baixà a l'Hades, el món dels morts, per recuperar la seva estimada esposa, la nimfa Eurídice. Segons l'orfisme, l'ànima humana ha de purificar-se per sobreviure; el culte religiós i el menyspreu ascètic del món material li permeten alliberar-se del cos i assolir la felicitat del més enllà.

Dionís, déu de la vinya i del vi, simbolitza el cicle anyal de mort a l'hivern i renovació primaveral. En la versió òrfica del mite, Dionís reneix, malgrat haver estat esquarterat i devorat pels malvats Titans, quan Atena, deessa de la saviesa, en retorna el cor al pare, Zeus, que l'engoleix. Després Zeus fulmina amb un llamp els Titans i crea els humans a partir de les cendres. Així, tot humà du el bé diví dionisíac en la seva ànima immortal i el mal titànic en el cos terrenal. La resurrecció de Dionís es relaciona amb la doctrina de la reencarnació, l'emigració de l'ànima a altres éssers vius o *metempsicosi*, i, de retruc, amb el seu comú parentiu. El desig de salvació i els ritus de purificació o *catarsi* tenen un clar sentit moral.

Oposat a la religió olímpica i a la tradició homèrica, l'orfisme influí en els pitagòrics. Per a ells, l'ànima està també empresonada per un cos, transmigra i es reencarna. L'activitat intel·lectual o contemplativa facilita l'alliberament definitiu de la matèria.

1.4 El tema del canvi en Heràclit i Parmènides

Aquests filòsofs contemplen el canvi en la *phýsis* i en proposen explicacions molt influents en el pensament posterior. Tots dos fan la distinció entre raó i sentits. Heràclit afirma que la realitat és un procés dinàmic i Parmènides, que l'ésser no canvia i roman inalterable.

Heràclit: La *phýsis* en canvi permanent

Heràclit d'Efes (~ 540-480 aC) deia posseir una profunda veritat, ja que «tot i que aquesta raó (*lógos*) existeix sempre, els humans es tornen incapaços de comprendre-la, tant abans d'escoltar-la com un cop l'han sentida. En efecte, per bé que tot succeeix segons aquesta raó, semblen inexperts» (DK B 1). Això impedeix a les persones anar més enllà de l'aparença dels canvis i comprendre la unitat profunda a què obeeixen. La *phýsis* és necessàriament inestable, dinàmica, processual, canvi permanent. Les coses sorgeixen justament en la lluita d'oposats, amb la tensió i equilibri entre contraris; per expressar-ho amb la fórmula clàssica, «res es manté, tot flueix» (*panta rei*). Per bé que la *phýsis* canvia, el canvi obeeix un ordre constant, la llei universal que tot ho governa o *lógos*. Els fenòmens poden semblar contradictoris, però no hi ha caos, no hi ha lloc per a la irracionalitat.

Així, la distinció entre raó i sentits permet fer compatibles el canvi que mostren els sentits i l'existència de l'ordre racional suprem. Per això, l'autèntica saviesa és acceptar la raó còsmica que explica el canvi: «Quan s'escolta no a mi, sinó la raó, és savi convenir que totes les coses són una» (DK B 50). Heràclit menysprea Pitàgores o altres pensadors, que coneixen moltes coses però n'ignoren l'explicació ja que «molta erudició no ensenya comprensió» (DK B 40).

*El pensament d'**Heràclit** s'ha hagut de reconstruir, com és habitual en els presocràtics, a través de cites dels seus comentaristes. Aquests li atribueixen una visió pessimista de la vida, motiu pel qual també l'anomenaven «el filòsof ploraner». El caràcter aspre i l'actitud elitista, afegits a la seva pretensió de conèixer una gran veritat, el feien menysprear tothom. Així, solia dir que la majoria d'humans són dolents i ignorants, que el millor que podien fer els habitants d'Efes era penjar-se tots, com a mínim els adults, i deixar la ciutat als nens, que una persona excel·lent val per deu mil de vulgars o que la major part dels que tenien fama de savis no ho eren. També titllava Homer de mentider, Hesíode d'ignorant i Pitàgores d'erudit sense autèntica saviesa.*

La dinàmica de la realitat

Segons Heràclit, cal comprendre la coherència —l'harmonia de contraris— present en la diversitat. La variabilitat de les coses amaga la seva unitat, perquè «a la naturalesa li agrada ocultar-se» (DK B 123). Aquesta unitat té en el foc el seu principi original; tot procedeix d'ell i tot conflueix en ell:

> «Totes les coses es canvien en foc i el foc en totes les coses, igual que l'or es pot intercanviar amb mercaderies i les mercaderies amb l'or.»
>
> **DK B 90**

L'estructura dinàmica de la realitat es desplega en quatre tipus de connexió d'oposats o identitat entre contraris:

- Les mateixes coses causen respostes contràries en els diversos éssers vius. Així, «el mar és l'aigua més pura i la més contaminada; per als peixos és potable i saludable; per als homes no és potable i és mortífera» (DK B 61).
- Aspectes diferents de la mateixa cosa poden justificar descripcions oposades, posem per cas, «el camí cap amunt i el camí cap avall és un i el mateix» (DK B 60).
- Les coses bones i agradables són només possibles perquè es reconeixen gràcies als seus contraris. Per exemple, «la malaltia fa la salut agradable i bona; la fam fa agradable la sacietat; la fatiga fa agradable el repòs» (DK B 111).
- Hi ha oposats que formen un tot enllaçat, com la contraposició diürn i nocturn, que respon a la mateixa cosa, el dia.

La filosofia d'Heràclit —sovint anomenat *l'Obscur* pel caire enrevessat i enigmàtic de les seves sentències— influirà en la concepció platònica del món sensible en continu canvi, i en el *lógos* dels estoics entès com la raó objectiva i universal que tot ho presideix, i que inspira l'ideal de saviesa i la missió del filòsof. I Hegel i Marx, ja al segle XIX, recuperaran la interpretació dinàmica i processual del món amb la seva concepció dialèctica de la realitat.

Parmènides: Estabilitat i immutabilitat de l'ésser

*El pensament de **Parmènides d'Elea** és completament oposat al d'Heràclit d'Efes. Parmènides menysprea la idea del canvi, defensada per Heràclit, ja que considera que el canvi només es pot reduir al camp de l'opinió i no pas del saber.*

Parmènides (~ 515-450 aC) va néixer a la Magna Grècia, a la ciutat costanera d'Elea, al sud de l'actual Nàpols. Segurament per influència dels pitagòrics, menysprea el canvi i el món material i redueix aquest a l'àmbit de la *dóxa* ('opinió'). No es pot explicar la *phýsis* ja que és canviant i, del canvi, no pot haver-hi saber sinó, en tot cas, opinió. Aquest autor exposa les seves idees en un poema que conté una al·legoria del seu itinerari intellectual; les filles del Sol el treuen de la foscor de la **nit** o ignorància i el duen a la **llum** o veritat. A causa del seu amor al saber, la divinitat li atorga l'autèntic coneixement de l'ésser, el qual es revela en l'anomenat *camí de la veritat* o *via de la raó*. Així, aquest viatge l'allibera de la confusió del món que li presenten els *sentits* o *camí de l'opinió*.

El camí de la veritat

El **camí de la veritat** és l'únic practicable per la filosofia. La raó mostra que l'ésser autèntic no pot variar: «l'**ésser** és, el no-ésser no és». Parmènides d'Elea aplica el principi d'identitat (A = A), lògicament indubtable, a l'**ontologia** o estudi de l'ésser; d'aquí ve que consideri que l'ésser roman idèntic a si mateix: l'ésser és sempre. Es tracta d'una concepció monista de la realitat, perquè només hi ha un únic element (l'ésser) que ho ocupa o omple tot. El canvi és irracional perquè, segons Parmènides, el canvi fóra passar del no-ésser a l'ésser o a l'inrevés. No es pot pensar el no-ésser, no es pot lògicament concebre l'existència del no-ésser. Cal notar la identificació entre pensament i ésser, és a dir, entre l'àmbit lògic i l'àmbit ontològic «ja que allò mateix és pensar i ésser» (DK B 3). Aquesta identificació caracteritza l'ésser com a continu o indivisible, complet o acabat, immòbil, únic, etern, no generat i indestructible.

Les característiques de l'ésser són demostrables per la **via de la raó**, és a dir, pensant:

- L'ésser és **continu** perquè, si fos discontinu, s'hauria d'admetre que el buit o no-ésser és; però seria absurd que el no-ésser fos, i aquest no-ésser fóra necessari per permetre la separació entre éssers.
- L'ésser és **complet** ja que, què li podria faltar? O bé l'ésser o bé el no-ésser. Però a l'ésser no li pot faltar l'ésser, perquè l'ésser ja és. Tampoc li pot faltar el no-ésser, ja que no hi ha el no-ésser.
- La **immobilitat** es justifica amb la inexistència del buit; segons Parmènides, en un món ple no hi pot haver moviment.
- D'igual forma, l'ésser és **únic** perquè, si n'hi hagués més, s'haurien de diferenciar. Però, d'una banda, no els pot diferenciar l'ésser, ja que si justament aquest ésser és, aleshores és l'ésser mateix i no diferencia res. I, d'altra banda, tampoc pot diferenciar-los el no-ésser, perquè el no-ésser no és.
- L'**eternitat** de l'ésser s'evidencia per la impossibilitat de trobar-li un origen i un final; l'ésser no pot tenir origen en l'ésser, ja que aleshores no hi ha aquest origen. Passat, present i futur són aparences; l'ésser és necessàriament sempre. Tampoc pot tenir origen en el no-ésser, perquè només l'ésser és; el no-ésser no és. I, de la mateixa manera, l'ésser no pot tenir final.

El camí de l'opinió

Per contra, l'anomenat **camí de l'opinió** és fals i aparent, perquè accepta la contradicció del pas del no-ésser a l'ésser i al revés. L'opinió és lògicament contradictòria. La raó no pot explicar un objecte que no és. Els sentits no ofereixen coneixement autèntic, i el filòsof, amant del coneixement, ha d'estar previngut contra la contradictòria aparença. El filòsof no pot confondre's i caure en l'error d'un suposat coneixement sensorial de coses canviants. L'èmfasi parmenidià en l'ésser i en la racionalitat d'uns principis indubtables (bo i negar l'evidència dels sentits) està present en Plató i en la història del pensament.

Zenó d'Elea i les paradoxes

Deixeble de Parmènides, **Zenó d'Elea** (~ 490-430 aC) va oferir un seguit de raonaments amb la intenció de defensar les concepcions del seu mestre i assenyalar el caràcter il·lusori de la informació sensorial, la qual fa referència al moviment, al canvi, a la divisibilitat de les coses, etc., i, en general, a una naturalesa dinàmica; tot això és contrari a la concepció parmenidiana de l'ésser com a indivisible (i immòbil, únic, continu, enter, etc.).

Zenó presentà els seus raonaments amb forma de paradoxes que duen a conclusions contradictòries però, tanmateix, indefugibles; del seu conjunt de raonaments es conserven alguns força famosos, com el d'Aquil·les i la tortuga, el del gra de mill, o el de la fletxa.

La paradoxa d'Aquil·les i la tortuga

Segons Zenó, malgrat que la negació del canvi pugui resultar sorprenent, resulta que defensar-lo duu a conseqüències absurdes. Zenó segueix l'estratègia coneguda com la de reducció a l'absurd; es tracta de fer com si s'acceptés allò que al capdavall ha d'acabar rebutjat perquè porta a conclusions absurdes. En l'exemple que segueix, el punt de partida de Zenó és acceptar el canvi, però clou el raonament amb una contradicció lògica, la qual cosa posa de manifest com n'és d'absurd acceptar el canvi i refiar-se dels sentits.

Aquil·les, heroi de la guerra de Troia, era fill de Peleu i de la deessa Tetis i rei de Tessàlia.

Aquil·les, el dels «peus lleugers» (epítet amb què a la *Ilíada* és caracteritzat com el corredor més ràpid), mai no guanyarà una tortuga si li dóna algun avantatge inicial. Resulta que, abans de superar-la, ha de passar pel punt de partida de la tortuga. I, mentre hi arriba, l'animal també haurà fet camí. Per tant, ara Aquil·les ha de cobrir la nova distància que els separa. Quan Aquil·les arriba on era abans la tortuga, aquesta ja ha avançat un xic més. Vet ací, doncs, que els separa una tercera distància, i així, indefinidament, cosa que fa que Zenó conclogui que l'espai és indivisible i que el moviment no existeix.

La indivisibilitat de l'espai

El raonament es basa en la falsa creença que sigui impossible que una suma infinita tingui un resultat finit, i fa equivalents l'infinit matemàtic i la indivisibilitat de l'espai. Segons Zenó, suposar que l'espai fos divisible, vol dir que aquest es podria fragmentar en parts infinitament divisibles i inextenses, o en un nombre finit de parts extenses. En el primer cas, l'espai equivaldria a una suma de parts inextenses i, per tant, fóra inextens. En el segon cas, ara al contrari, tindríem un espai infinitament gran; com que cada part finita ha d'estar separada d'una altra part finita, aquesta separació ha de ser una tercera part finita, la qual també ha de poder-se separar de les altres (per una altra part finita diferent) i, així, successivament fins a l'infinit.

En resum, segons Zenó, afirmar la divisibilitat de l'espai és acceptar la contradicció d'un espai alhora inextens i infinitament extens. D'aquesta manera, Zenó vol desacreditar el moviment o canvi físic, en altres termes, el pas d'un punt de l'espai a un altre i, al capdavall, la validesa de la informació sensorial.

Altres paradoxes

La paradoxa del gra de mill ensenya que tampoc es pot acceptar la divisibilitat d'un so, i juga amb l'argument que si mig gra de mill no fa soroll en caure, tampoc no en fa el gra sencer, ni cap suma del cereal, perquè una suma de zeros és zero. Val a dir que, físicament, la caiguda del mig gra de mill fa soroll, encara que nosaltres no l'arribem a sentir.

La paradoxa de la fletxa parteix de l'afirmació que el temps està compost d'instants, i en cadascun d'ells la fletxa ocupa un espai concret i està immòbil; per tant, no es pot concebre el moviment com una suma d'immobilitats. Es desacredita així la percepció sensorial.

La sèrie geomètrica infinita

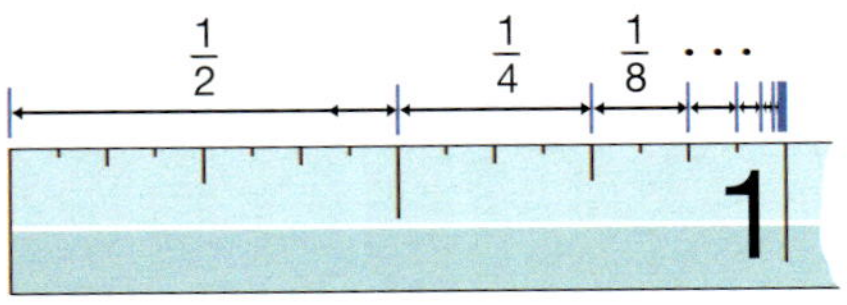

Progressió geomètrica.

Per concloure, val a dir que les paradoxes de Zenó són i han estat objecte de complexos debats. Un dels filòsofs més importants del segle XX, l'anglès Bertrand Russell, en la seva obra de l'any 1903 *Els principis de les matemàtiques*, mostra el seu interès per «la subtilitat i profunditat del raonament de Zenó». S'han proposat diverses solucions a les paradoxes. A tall de mostra, des de la geometria s'ha raonat la divisibilitat de l'espai; així, una sèrie geomètrica infinita pot donar una suma finita, això és, la distancia que separi dos punts en moviment (Aquil·les i la tortuga) pot arribar a ser zero. Els termes d'aquesta sèrie segueixen una progressió geomètrica (cada terme és igual a la meitat de l'anterior i el quocient entre dos termes successius es manté sempre constant com, per exemple, en la sèrie 1/2, 1/4, 1/8, 1/16, 1/32, etc.) i la suma d'aquesta sèrie és 1. Això vol dir que els infinits punts del recorregut d'Aquil·les fins a arribar a la tortuga sumen una distància finita.

1.5 Explicacions pluralistes de la *phýsis*

Amb Heràclit cal acceptar l'evidència del canvi, del moviment i de la diversitat testimoniada pels sentits, però amb Parmènides l'ésser no pot originar-se en el no-ésser i, per tant, el canvi resulta impossible. En resum, s'ha d'explicar el canvi sense acceptar que el substrat últim apareix i desapareix. La substitució de l'*arkhé* únic per una pluralitat de principis o ***arkhaí*** inicia el pluralisme en el pensament grec.

«Anaxàgores arribà a aquesta concepció perquè estava convençut que res es genera del no-ésser i que tot s'alimenta d'allò que és semblant, en veure que tot es genera de tot, sinó immediatament, al menys segons torns (del foc, en efecte, es genera l'aire; i de l'aire, l'aigua; de l'aigua, la terra; de la terra, la pedra; i de la pedra, novament el foc), i que, quan s'ingereix un mateix aliment, com el pa, es generen moltes coses dissímils (carn, ossos, venes, nervis, cabells, ungles, ales o banyes si fa al cas, i allò semblant creix dels semblants [és a dir, en cada aliment ja hi estan *aquestes coses* —dissímils entre si— com la carn, ossos, etc., això és, coses similars a aquelles]).»

DK A 45

Els quatre elements i el canvi a Empèdocles

Empèdocles (~ 483-430 aC), nascut a Agrigent (Magna Grècia), s'interessa per la física, la medicina, l'enginyeria i la política. Amb aquests interessos no pot reduir el valor de l'experiència a l'opinió o *dóxa*, o acceptar l'origen de les coses a partir del no-res.

Així, aquest pensador admet la realitat del moviment a partir de **quatre elements originaris** o *arkhaí*: la terra, l'aigua, l'aire i el foc, als quals anomena **arrels del món**. Aquests principis eterns i passius, combinats en diferents proporcions, componen tots els éssers. El canvi s'explica ara com la desaparició d'una combinació d'elements i l'aparició d'una altra. Segons Empèdocles, no hi ha ni naixement ni desaparició de cap principi, sinó barreja i divisió dels elements:

«Et diré una altra cosa: no existeix naixement de cap dels éssers mortals, ni tampoc una fi en la funesta mort, sinó que només la mescla i l'intercanvi d'allò barrejat existeixen, i això és anomenat naixement pels humans.»

DK B 8

Les successives combinacions dels elements s'expliquen per l'acció de dues forces físiques oposades a les quals dóna uns noms poètics: l'**Amor** (o Amistat) i l'**Odi** (o Discòrdia). La primera ajunta i barreja els elements i la segona els separa. De tot plegat resulta l'interminable procés cíclic del cosmos. Primerament, els quatre elements estan units per l'Amor, barrejats perfectament, constituint una esfera i envoltats d'Odi. Però aviat l'Odi els empeny a la separació i sorgeixen cada cop éssers més diferenciats. I quan l'Odi predomina, es desfan les barreges i desapareix el món ordenat, perquè els elements se separen fins a arribar a no tenir cap contacte. Però, aleshores, l'Amor reprèn la seva acció sobre els quatre elements, els reuneix i recomença el cicle en un etern retorn.

Intel·lecte ordenador d'Anaxàgores

Anaxàgores (500-428 aC), nascut a Clazòmenes (Jònia), explica l'aparició i desaparició de les coses mitjançant dos principis, un de passiu i un altre d'actiu. El primer correspon a les **llavors** o *arkhaí* (*spérmata*) imperceptibles, infinites en nombre i components de tot. Hi ha llavors de tots els éssers i aquestes estan en tots ells, per bé que en cada un hi predominen les pròpies. Així que no hi ha cap realitat nova sinó que tot existeix des de sempre: «en tot hi ha part de tot» i «cada cosa és i era manifestament allò que més posseeix» (DK A 41). Per exemple, el pa conté elements de totes les coses i, per això, mengem pa i ens creix el cabell, les ungles, els ossos, etc.

Per explicar l'ordre, el canvi i el moviment, la preponderància d'uns *arkhaí* sobre els altres en un cos i, al capdavall, per impedir que les llavors romanguin en el caos, Anaxàgores apel·la a un principi actiu o força, el ***noûs*** o intel·lecte, que té una funció ordenadora i dinamitzadora: «Totes les coses estaven juntes; després arribà l'intel·lecte i les ordenà còsmicament.» (DK A 1).

El *noûs* és responsable de l'ordre, del canvi i del moviment, de la preponderància d'uns *arkhaí* sobre els altres en un cos i, en definitiva, d'impedir que les llavors romanguin en el caos.

La posteritat veurà en el *noûs* d'Anaxàgores un precedent del Déu que actua en el món organitzant-lo. Ara bé, el *noûs* no correspon al concepte de Déu creador, personal, lliure i que té cura de la seva obra:

> «L'intel·lecte ordenà totes les coses que havien de ser, totes les que han estat i ara no són, totes les que ara són i les que seran [...]. Hi ha moltes porcions de moltes coses, però cap està separada ni dividida completament de l'altra, excepte l'intel·lecte.»
>
> **DK B 12**

Demòcrit *va néixer a Abdera (Tràcia), a la costa nord-oest del mar Egeu. Viatjà per Egipte i Mesopotàmia, i potser fins i tot per Etiòpia i l'Índia. Durant la seva breu visita a Atenes, va ser gairebé ignorat pels intel·lectuals de la ciutat. En contraposició al sempre malcontent i elitista Heràclit, a Demòcrit se'l coneixia com «el filòsof rialler» a causa del seu tracte senzill, la curiositat envers el món natural i la satisfacció que obtenia amb el coneixement. Va ser un autor especialment prolífic i sistemàtic, amb obres sobre matemàtiques, astronomia, física, tecnologia, medicina, botànica i zoologia, lingüística, ètica, etc., escrites en forma de tractats d'investigacions causals sobre fenòmens concrets en camps diferenciats de la filosofia.*

Phýsis i àtoms en Demòcrit

El pluralisme més elaborat és el dels atomistes grecs: **Leucip de Milet** (segle V aC) i **Demòcrit d'Abdera** (~ 460-370 aC). La base de la seva proposta són els àtoms, el buit i el moviment mecànic. L'**àtom** es concep com una partícula material simple (*átomos* vol dir 'no divisible') i és el substrat etern, immutable, innumerable, imperceptible i en moviment en l'espai buit infinit: «Aquests àtoms, que en el buit infinit estan separats uns dels altres i que difereixen entre si per les seves figures, ordre i posició, es desplacen en el buit i, en trobar-se, entren en col·lisió. Alguns reboten a l'atzar; d'altres s'enllacen conforme a la simetria de les seves figures, magnituds, posició i ordres i es mantenen units, de manera que donen com a resultat la generació dels compostos.» (DK A 14).

Hi ha diferents àtoms: «Les diferències dels àtoms són causa de les altres diferències entre les coses. Aquestes diferències són tres: figura, ordre i posició. A difereix de N en la figura, com AN de NA en l'ordre, i N de Z per la posició» (DK A 6).

Els àtoms de Demòcrit donen una explicació de la sensació: els cossos desprenen una imatge o «efluvi d'aspecte semblant a la cosa representada» (DK B 23) que afecta els sentits a través dels porus. Les diverses característiques dels àtoms originen allò que percebem com a diferents qualitats sensibles dels cossos. I qualitats com el color, l'olor o el gust no són realitats autèntiques, sinó que són convencionals o subjectives.

> «Hi ha dues formes de coneixement: un de genuí, un altre d'obscur; al fosc pertany tot el següent: vista, oïda, olfacte, gust i tacte; l'altre, que es distingeix d'aquest, és genuí.»
>
> **DK B 11**

> «Per convenció és el dolç, per convenció l'amarg, per convenció el calent i per convenció el fred, per convenció el color, però en realitat només hi ha àtoms i buit.»
>
> **DK B 9**

La teoria dels àtoms deixa en un pla secundari el coneixement sensible, ja que solament hi ha àtoms i buit i «en realitat no coneixem res ja que la veritat rau en allò profund» (DK B 117). Hi ha un segon tipus de saber, obra del pensament i que cerca les causes que s'escapen al coneixement sensible.

Mecanicisme i materialisme

> «No existeix la naturalesa del fred ni la de la calor, sinó que només hi ha canvi de figura, la qual cosa produeix també la nostra alteració.»
>
> **DK A 135**

Segons Demòcrit, el desconeixement de la necessitat mecànica natural causant del moviment i de la generació de les coses pot fer que tot sembli fruit de l'atzar; ho exemplifica amb la bella comparació visual dels aparentment erràtics moviments de les partícules de polsim en un raig de llum. Leucip, el mestre de Demòcrit, ja postulava que «res es produeix perquè sí, sinó que tot sorgeix per una raó i necessitat» (DK B 2); Demòcrit deia que s'estimava més descobrir les causes d'algun fenomen natural que no pas ser el rei de Pèrsia.

L'interès científic per establir les causes naturals materials de tot porta a una concepció mecanicista, determinista i materialista. En l'atomisme de Leucip i Demòcrit no hi ha res semblant a l'Amor i la Discòrdia d'Empèdocles o al *noûs* d'Anaxàgores. El món consta d'àtoms, espai buit i moviments; els àtoms són automotors, no requereixen cap força exterior per moure's. Les coses són el resultat mecànic (mecanicisme) de la interacció de causes (determinisme) i d'elements naturals materials (materialisme); el materialisme prové del supòsit que només hi ha matèria i el mecanicisme, de la idea que només el moviment causa el canvi. També afirmen que hi ha una pluralitat de mons, tant en el present com en el futur. Val a dir que aquest materialisme mecanicista és un cas únic en el pensament grec. L'actitud científica de Demòcrit no es reprendrà amb força fins al Renaixement, amb la nova ciència.

> «Demòcrit relaciona cada gust amb una figura dels [àtoms] rodons i de mida mitjana; allò acre amb àtoms grans, aspres, amb molts angles i no arrodonits; l'àcid, com el seu nom indica, amb els que són aguts pel que fa a la seva massa, angulosos, corbats, tènues i no arrodonits; allò agre amb àtoms arrodonits, tènues, angulosos i corbats; allò salat amb àtoms angulosos de mida mitjana, tortuosos, tot i que en parts iguals; allò amarg amb els arrodonits, llisos, amb certa curvatura i de mida petita; allò gras amb els tènues, arrodonits i petits.»
>
> **DK A 129**

Demòcrit també reflexiona en termes materialistes sobre l'ésser humà. A més d'una teoria sobre l'origen dels organismes que incloïa l'aparició dels éssers humans, s'ocupà de la cultura i de l'ètica. El llenguatge neix de la necessitat d'entendre's i es diversifica en cada poble. També la necessitat, sumada a la intel·ligència i a l'habilitat manual, va impulsar l'ésser humà a imitar les produccions dels animals (el teixit de l'aranya, el cant dels ocells...) i a dominar els recursos naturals (el foc, l'agricultura...). Pel que fa a l'ètica, l'escrit *De la serenitat de l'ànim* es basa en l'observació realista del que fem; així, la bondat i la maldat no són propietats reals de les coses, sinó del capteniment humà envers elles. La raó ens ha de donar la pau interior, entesa com el bé i la felicitat màxima; la conducta ha de regir-se per l'austeritat, la moderació, la serenitat, l'equilibri, l'optimisme, la fermesa de caràcter, la manca d'enveja per plaers i riqueses, etc. Per això, Demòcrit dóna molt valor a l'educació i al saber, ja que poden modificar la naturalesa. Així, «més homes arriben a ser bons per l'aprenentatge que no pas per la naturalesa» o «qui no vulgui ofegar-se en aigües profundes ha d'aprendre a nedar».

ACTIVITATS

3> Enumereu aquells aspectes de les concepcions pluralistes que, al vostre entendre, són més propers a la concepció científica del nostre temps, exposeu-los a classe i feu un debat.

1.6 L'humanisme grec i els sofistes

Marc històric i social

La societat atenesa del segle V aC es caracteritza per aprofundir en l'humanisme latent en la confiança en la racionalitat del mateix discurs filosòfic. Els sofistes i Sòcrates s'ocupen dels problemes relatius a l'ésser humà i a la convivència social (la justícia, la llibertat, el règim constitucional, el respecte al dret de la *pólis*...) i no pas de l'explicació de la *phýsis*. Aquesta accentuació de l'humanisme s'explica per una suma de factors com ara la millora del nivell econòmic, la creixent urbanització dels estats grecs o els condicionaments sociopolítics; tot plegat fa créixer la demanda cultural i acaba donant origen a l'Atenes il·lustrada.

En aquesta època es duen a terme reformes que limiten el poder dels nobles en l'administració de justícia, es reconeixen els drets de ciutadania al poble i s'endega una democratització del poder polític que culmina amb l'etapa democràtica iniciada l'any 502 aC. L'Atenes democràtica ofereix noves possibilitats per al desenvolupament comercial i s'entra en un període de riquesa i prosperitat que explica bona part del protagonisme intel·lectual i artístic de l'Atenes clàssica. A més, el declivi cultural de la Jònia (causat per la conquesta persa) i el lideratge polític que té Atenes en la defensa de Grècia enfront dels invasors incrementa aquest protagonisme. El desenllaç victoriós de les guerres contra medes i perses (les anomenades guerres mèdiques) és el punt culminant de l'esplendor d'Atenes. Les lluites contra els perses acceleren la decadència de la noblesa, perquè cal recórrer al poble per guanyar.

Aquest debilitament de l'aristocràcia, polític i econòmic, genera una nova ciutadania que va assumint cada cop més poder i que té unes noves necessitats i interessos intel·lectuals. L'**excel·lència humana** o virtut (*areté*), tradicionalment associada amb el llinatge aristocràtic, entra en crisi i neix una nova **virtut política**; cal dominar les arts de la política democràtica assembleària. Això incentivarà l'art de parlar bé en públic, el domini del raonament convincent, la capacitat de sospesar els matisos dels mots, etc.

+

La conquesta de les colònies gregues d'Àsia Menor per les tropes medes i perses es remunta al 560 aC. Però el 499 aC les ciutats jòniques, amb l'ajut d'Atenes, es rebel·len contra els invasors. La rebel·lió s'acaba amb la destrucció de Milet el 493 aC. Aleshores els perses es dirigeixen contra la Grècia metropolitana i s'inicien les anomenades guerres mèdiques. El 490 aC Atenes i els seus aliats els derroten a la plana de Marató. L'any 481 té lloc la derrota espartana al pas de les Termòpiles i el subsegüent incendi d'Atenes. Però el polític i general atenenc Temístocles aconsegueix que la flota grega refugiada a Salamina enfonsi la persa, malgrat que aquesta disposa del triple de vaixells. L'invasor és definitivament vençut a Platea el 479 aC. Finalitzades les guerres mèdiques, Atenes consolida la seva hegemonia amb l'adhesió de moltes ciutats a la lliga de Delos (478 aC), la finalitat de la qual era alliberar les colònies de Jònia.

Pèricles i l'Atenes humanista

Pèricles (~ 495-429 aC) va ser un polític tan significatiu que el seu nom serveix per designar el segle V aC o edat d'or d'Atenes. El seu lideratge democràtic es degué a la seva honradesa, intel·ligència, patriotisme i sensibilitat per la cultura, i, també, a la seva eloqüència, quelcom bàsic en els discursos i debats. Va impulsar la participació democràtica (*demos* vol dir 'conjunt de ciutadans'; *cratos*, 'poder'). En el poder efectiu des de l'any 461 fins al 431 aC, amb els diners procedents de les contribucions dels aliats de la lliga de Delos impulsà la reconstrucció d'Atenes i la seva Acròpolis, amb obres tan espectaculars com el nou Partenó. Aquestes obres donaren feina i prosperitat a tot Atenes i fomentaren un desenvolupament cultural fins aleshores impensable. A més, la gran activitat comercial va afavorir l'arribada dels sabers, costums i lleis d'altres pobles; la tradició es va afeblir i Atenes esdevingué un irresistible pol d'atracció cultural.

Aspàsia de Milet, segona muller de Pèricles, és un bon exponent de la rica vida atenesa, en què brillen filòsofs com Anaxàgores o Protàgores, l'historiador Heròdot o l'escultor Fídies; sembla que fins i tot el jove Sòcrates va ser influït per Aspàsia. La llibertat intel·lectual, l'aiguabarreig cultural i la prosperitat configuren l'Atenes humanista i democràtica.

Sembla que ***Pèricles*** *tenia una constitució física més aviat dèbil, per la qual cosa en aquesta figura el casc ennobleix la forma del seu crani. Però aquest físic s'acompanyava d'un esperit fort, intel·ligent, lògic i honrat.*

ACTIVITATS

4> Prepareu una presentació sobre la democràcia de l'Atenes del segle d'or o l'Atenes il·lustrada i feu-ne una valoració crítica. Podeu assenyalar alguns aspectes que permeten caracteritzar aquesta forma de govern com a referent llunyà de les democràcies actuals, així com algunes de les seves mancances, i incloure informació sobre la figura de Pèricles i el seu lideratge polític i intel·lectual.

L'educació i els sofistes

El terme *sofista* designa inicialment el 'savi', 'l'expert en saber', però aviat s'aplica al variat ventall de mestres i intel·lectuals itinerants dels segles v i iv aC que ensenyen per tota l'Hèl·lade, en especial a Atenes. Tots cultiven la imatge de savis —alguns, com Gòrgies, duien una impactant indumentària porpra— per aconseguir un grup de deixebles; en canvi, els pensadors de la *phýsis* s'adreçaven a una reduïda minoria i no vivien de les seves ensenyances.

A la Grècia clàssica *bàrbar* significava 'no grec' i es referia als pobles que eren d'altres cultures, la manera de parlar dels quals resultava inintel·ligible per als grecs.

Els sofistes canvien la ciutat a través de l'educació. L'***areté*** o excel·lència humana s'entén ara en clau humanista i de participació ciutadana i, en democràcia, això no és un privilegi de cap casta. L'entrenament per al combat armat deixa pas al de la lluita discursiva a l'***àgora*** o plaça pública: l'*areté* la dóna el coneixement i es pot aprendre. Així, els sofistes mostren el vessant humanitzant del saber i de l'educació; de retruc, duen a terme una certa organització del coneixement ja que els cal ordenar la varietat de matèries ensenyades. El saber, abans reservat a una minoria, ara es divulga; tot això afavoreix el salt cultural atenès i la consolidació d'una consciència panhel·lènica enfront dels estrangers i els bàrbars. Amb els sofistes la cultura s'entén com a educació (o ***paideía***); més enllà d'algun menyspreu, l'obra dels sofistes s'ha revalorat i avui dia se'ls reconeix com els grans educadors de Grècia.

Tot sofista és un *antilogikós* que viu de les tècniques *antilogikaí*, és a dir, de defensar professionalment una tesi i, si cal, de raonar-ne també la negació, com un assaig per ensenyar a raonar. Els punts febles d'un discurs es detecten analitzant els raonaments i d'aquí ve que l'actitud crítica i el treball retòric s'adrecin a fer més forta la causa més feble, segons la *tékhné eristikôn* o art de l'erística; l'objectiu és convèncer un auditori, amb la veritat o sense. No ha d'estranyar que, si cal, s'usin arguments retòrics o raonaments dubtosos en la defensa de les pròpies idees i interessos o en un procés judicial.

Phýsis i *nómos*

Els sofistes representen una actitud, no una escola. Procedeixen de moltes *pólis* i se senten més ciutadans de l'Hèl·lade que no pas d'una d'elles en concret; no estan gaire lligats a les tradicions i normes establertes, i gaudeixen d'una gran llibertat d'esperit. Coneixen una gran disparitat de costums i creences d'altres pobles i això afavoreix el relativisme. A més, com que la ***phýsis*** o naturalesa resulta aliena a la vida ciutadana —centrada en la política, la retòrica, el llenguatge, l'educació, la religió o l'art—, tenen un interès menor per la *phýsis* i s'ocupen del ***nómos*** o llei convencional i arbitrària de la ciutat. A aquest desinterès s'afegeix l'elevat nombre de teories sobre la *phýsis*, cap de les quals és prou convincent.

En el terreny polític, els sofistes defensen que cada *pólis* s'organitzi com vulgui. Pel que fa a la religió, el relativisme cultural afavoreix l'ateisme (no existeix cap ésser sobrenatural) i l'escepticisme religiós (és impossible saber quines són les divinitats vertaderes i fins i tot si n'hi ha). Aquests exemples mostren la contraposició entre *nómos* i *phýsis*, perquè les lleis de la *phýsis* no es poden canviar, mentre que les lleis de la *pólis* sí que són modificables.

ACTIVITATS

5> Cerqueu el significat de la paraula *sofista* i dels seus derivats com, per exemple, *sofística*, *sofisme* o *sofisticat*.

6> Fixeu-vos en la concepció sofística de *phýsis* i *nomos*, i mireu si aquesta distinció segueix actualment tenint vigència, per exemple, a partir de la comparació entre una llei científica —com ara la de la gravetat— i la constitució que hi ha a la base de tot l'ordenament juridicopolític d'un Estat de dret. Es poden modificar? Fins a quin punt? Per què?

Els primers sofistes

La mort de Pèricles l'any 429 aC i la guerra del Peloponès (431-404 aC) entre Atenes i Esparta delimiten un abans i un després en la sofística. El primer període el protagonitzen els sofistes de més renom, Protàgores i Gòrgies, i té lloc quan Atenes assoleix la màxima prosperitat econòmica, l'esplendor cultural i el lideratge polític del món grec. Aquests sofistes enceten l'interès pel llenguatge, critiquen que les lleis civils es justifiquin en la tradició aristocràtica i examinen racionalment l'organització social i els valors morals.

El relativisme de Protàgores

Pels sofistes, l'educació inclou l'art de parlar en públic, ja que permet defensar els propis interessos i obre el camí del triomf personal. **Protàgores**, en la seva obra *Antilogies*, afirma que «sobre qualsevol tema es poden fer dos discursos oposats». Aquesta afirmació va ser criticada amb l'argument que la possibilitat d'enfortir qualsevol discurs també pot arribar a comportar la defensa d'una injustícia. Però la idea més citada de Protàgores és, segurament, aquella amb què s'iniciava l'obra *Discursos demolidors*: «L'home és la mesura de totes les coses, de les que són, perquè són, de les que no són, perquè no són.»

L'abast del relativisme expressat en aquest fragment depèn de la interpretació dels termes *home* i *coses*. El primer pot significar l'individu particular, l'ésser humà en referència a una comunitat concreta i, fins i tot, la humanitat en general. Les *coses* poden entendre's bé com a objectes de la percepció sensible, bé com a valoracions ètiques i estètiques. Segons sembla, per a Protàgores, cada comunitat determina el bé i el mal. En tot cas, el **relativisme** desqualifica tota veritat permanent i universal. Així, res és, d'una manera absoluta, vertader o fals, bo o dolent. La cita anterior segueix:

> «Tal se'm mostra a mi cada cosa, així és per a mi; i tal se't mostra a tu, així és per a tu, atès que tu i jo som homes. No passa, a vegades, que amb les ràfegues d'un mateix vent un de nosaltres sent fred i l'altre no? Tal com cadascú percep les coses, així també probablement deuen ser per a cadascú.»
>
> *Discursos demolidors*
> **Protàgores**

Protàgores (~ 485-410 aC), era d'Abdera i, un cop a Atenes, fou amic personal de Pèricles, que li encarregà la legislació de la nova colònia panhel·lènica de Thurii, al golf de Tàrent (al sud de la Magna Grècia). La constitució redactada per Protàgores preveia l'escolaritat obligatòria i gratuïta per als fills dels ciutadans. És el primer a autodenominar-se *sofista* i mestre d'*areté* i a ensenyar gramàtica i retòrica. Amb el pretext de les seves opinions sobre els déus, va ser acusat d'impietat (*asébeia*), hagué de fugir d'Atenes i les seves obres varen ser cremades en públic. Possiblement va morir en el naufragi del vaixell en què fugia cap a Sicília.

Si no hi ha una veritat absoluta, només resta guiar-se per la utilitat o la conveniència del moment. I pertoca al savi conèixer allò relatiu que, en cada moment, és més útil i més convenient.

Del relativisme a l'agnosticisme

L'obra de Protàgores *Sobre els déus* —cremada per poc pietosa a l'àgora atenesa— comença així: «No puc saber amb certesa si hi ha déus o no n'hi ha, ni quin aspecte tenen, ja que hi ha obstacles importants que m'ho impedeixen: la foscor que envolta aquest tema i la brevetat de la vida humana».

La impossibilitat de pronunciar-se sobre l'existència de la divinitat, és a dir, l'**agnosticisme**, permet admetre la religió com una sortida a una tendència natural i com una institució socialment útil. Però això últim potser encara pot resultar més provocador ja que considerar la religió només com una institució social i cultural, significa acceptar el seu caràcter convencional i arbitrari.

La foscor del tema es deu al fet que pronunciar-se sobre l'existència de Déu va més enllà del món humà. També s'ultrapassen els límits del saber si es tracta de fonamentar la justícia (pertanyent al *nómos*) en quelcom més enllà del món humà. Així, la idea-força de l'agnosticisme és que el saber està relacionat amb l'experiència humana del món. Cal limitar-se, doncs, als problemes de la realitat que ens envolta, com els relacionats amb el dret, la vida política o l'educació.

> «Sembla que Protàgores i el seu alumne Euatle acordaren posposar el pagament per les ensenyances de retòrica fins que el deixeble guanyés el primer judici. Temps després, Protàgores li reclamà els seus honoraris i quan Evatlos respongué "és que encara no he guanyat cap judici", Protàgores replicà "d'acord, però si el guanyo jo [el judici contra tu], atès que l'he guanyat, he de cobrar. I també si guanyes tu, atès que l'has guanyat".»
>
> *Vides i opinions de filòsofs il·lustres*, IX 50
> **Diògenes Laerci**

La retòrica en Gòrgies

Aquest sofista volia ser conegut com aquell qui era capaç «de fer que els homes siguin més hàbils en el seu discurs», la qual cosa mostra el seu interès per l'**art de la paraula**. Així doncs afirma que:

> «La paraula és un poderós sobirà que, amb un cos petitíssim i completament invisible, duu a terme obres summament divines. Pot, per exemple, acabar amb la por, desterrar l'aflicció, produir l'alegria o intensificar la compassió.»
>
> *Elogi d'Helena*
> **Gòrgies**

Els bons polítics i els ciutadans han de ser experts en l'art retòric de commoure i persuadir. **Gòrgies** (485-380 aC) també usa la força del seu discurs per sacsejar la consciència dels grecs, defensar la concòrdia entre tots ells i promoure l'ideal panhel·lènic comú als sofistes. Així, en l'epitafi per honrar els morts en la guerra entre Esparta i Atenes, afirma: «Les victòries sobre els bàrbars reclamen càntics de lloança; les victòries sobre els grecs, càntics fúnebres».

Escepticisme i nihilisme en Gòrgies

Tanmateix, la celebritat d'aquest pensador prové del seu radical **escepticisme**, és a dir, la idea de la impossibilitat del coneixement. En *Sobre la natura i el no-ésser*, Gòrgies critica l'ésser de Parmènides i aplica el seu discurs corrosiu a les pretensions del camí de la raó. S'encadenen les tres tesis següents:

> «En primer lloc, res és; en segon, si fos, l'home no ho podria conèixer; en tercer, si fos cognoscible, no seria tanmateix comunicable ni explicable a d'altres.»
>
> *Sobre la natura i el no-ésser*
> **Gòrgies**

La **primera tesi** es justifica dient que si existeix alguna cosa, és o ésser o no-ésser. Però el fet que existís el no-ésser fóra contradictori, perquè seria i no seria alhora. Tampoc no hi ha l'ésser etern, ni l'ésser creat, ni l'ésser etern i creat a la vegada; perquè, si hagués nascut, d'on hauria nascut? No pot néixer de l'ésser, ja que aleshores no hauria nascut, ja que seria des de sempre; tampoc pot néixer del no-ésser, perquè aquest no pot engendrar. Si és etern, aleshores no té principi, i és infinit i il·limitat; i si és il·limitat, no està en cap lloc; i si no està en cap lloc, no és. La **segona tesi** comença preguntant si les coses pensades existeixen; és inversemblant que existeixin, ja que pensem quimeres que no existeixen, que no són. La **tercera tesi** es refereix al fet que no expressem l'ésser real i particular a qui ens envolta, sinó paraules comunes forçosament diferents de la cosa singular. La realitat sensible no es pot transformar en paraules generals perquè hi ha una gran distància entre les paraules i les coses. No es pot arribar a la veritat des de la sensibilitat, perquè cadascú té les seves pròpies sensacions particulars i les paraules són convencions generals.

Aquest escepticisme rau en el pas de les experiències particulars al coneixement general; el raonament de Gòrgies es va vertebrant a partir de successives disjuntives i recorda el procediment seguit per Zenó en les seves famoses paradoxes. Tanmateix, ara la finalitat és mostrar que la raó no troba una veritat absoluta i que el discurs no enuncia l'ésser, com havia pretès Parmènides. Per tant, resulta completament baldera qualsevol pretensió de coneixement d'anar més enllà de les diverses sensacions de les experiències concretes (fenomenisme) i de la condició aparent de la realitat. Això porta a un nihilisme (del llatí *nihil*, 'no-res') de caràcter absolut i radical, és a dir, a la negació de l'existència de l'ésser (i del seu coneixement).

Els sofistes i la decadència d'Atenes

La segona sofística (final del segle V aC i primera meitat del IV aC) es ressent de la crisi i l'enfonsament de la democràcia atenesa, substituïda pel nou govern oligàrquic i proespartà dels Trenta Tirans. Trasímac o Antifont s'enfronten amb un discurs realista i desemmascarador a la crisi política i de valors derivada del triomf d'Esparta sobre Atenes. Per això s'ocupen dels fonaments de la justícia i del seu funcionament pràctic, amb un punt de desmoralització o, fins i tot, d'immoralitat, quan equiparen la justícia a la llei del més fort.

El pessimisme de Trasímac

Trasímac (segle V-IV aC), nascut a Calcedònia (Àsia Menor), es caracteritza per una visió pessimista i desenganyada de la humanitat. Creu que la retòrica ha d'aconseguir la compassió dels tribunals, guanyar la seva simpatia i obtenir una sentència favorable. Així, si un raonament resulta psicològicament convincent, tant és la resta. Fa notar que som desiguals per naturalesa i que, en la pràctica, allò que se'ns presenta com a just sol ser la imposició dels poderosos.

Hi ha dues interpretacions respecte a l'autèntica sensibilitat ètica de Trasímac. Segons alguns, el filòsof defensa el dret del més fort: els poderosos han de dominar aquells qui la natura ha fet febles i és injust que les lleis igualin allò que és naturalment desigual. Tanmateix sembla més versemblant interpretar que Trasímac distingeix entre el que creu que passa (la injustícia dels forts) i el que hauria de passar (el gran bé de la justícia), és a dir, que denuncia desencantat que la justícia amaga els interessos dels forts i s'aplica sobre el dèbil fent passar la causa injusta com a justa. Atès el context social, és una causa perduda lluitar per una justícia «justa» o igualitària.

> «Els déus no observen les coses humanes, ja que no haurien descurat el bé més gran entre els homes, la justícia.»
>
> «La justícia no és altra cosa que allò que és més útil al fort.»
>
> «La traïció mai no prospera. Per què? Perquè si prospera, ja ningú no la denomina traïció.»
>
> **Trasímac**

La justícia segons Antifont

Antifont d'Atenes (segle V aC) insisteix en la defensa de l'**humanisme** en aquests temps difícils i afirma la igualtat entre tots els homes. No hi ha cap diferència natural entre els grecs i els bàrbars; tampoc no són naturals la noblesa o l'esclavatge. El seu humanisme promou una actitud ètica moderadament hedonista (d'*hedoné*, 'plaer') que cerca l'obtenció natural de l'alegria, l'evitació del dolor, la solidaritat i l'ajut mutu, i que assenyala l'absurditat de l'avarícia. La conducta ha d'estar en consonància amb la llei natural; arribat el cas, si una llei humana és antinatural, aleshores no s'ha de respectar perquè causa patiment.

Segons Antifont, no val la pena obeir les lleis civils, ja que no protegeixen gaire el ciutadà que les respecta de bona fe i tampoc no ens estalvien la injustícia que hàgim patit. I, si denunciem una injustícia, aleshores cal que un tribunal ens doni la raó. I el discurs retòric i eloqüent guanya més sovint que la veritat. En resum, Antifont planteja una doble crítica al *nómos*; d'una banda, perquè obstaculitza l'espontaneïtat de la vida i, de l'altra, perquè no garanteix aquella mínima justícia elemental consistent a «no fer mal als altres ni rebre mal d'ells».

ACTIVITATS

7> Feu un debat sobre si la concepció de Trasímac de la justícia i el poder pot tenir alguna vigència actualment, per exemple, a partir de la percepció social del funcionament i eficàcia de l'administració de justícia, de les notícies sobre processos judicials o de les dades sobre l'extracció sociocultural de la majoria de la població penitenciària.

8> La majoria de textos dels primers filòsofs s'han perdut i el seu pensament s'ha hagut de reconstruir a partir d'escassos fragments i de referències de comentaristes. Si poguéssiu accedir per una sola vegada a una inexistent biblioteca amb tota la informació, quin autor escollirieu? Quin aspecte del seu pensament considereu especialment interessant? Per què?

1.7 Sòcrates i el coneixement d'un mateix

Es pot afirmar que **Sòcrates** (470-399 aC) és el darrer dels sofistes i el primer antisofista ja que, d'una banda, per exemple, manté trets comuns amb ells, com ara l'humanisme i la gran importància que dóna a l'educació però, per l'altra, els assimila amb la saviesa aparent.

***Sòcrates**, fill d'un escultor i d'una llevadora, neix a Atenes i s'educa en el moment més esplendorós de la ciutat. Té trets comuns amb els sofistes que es passegen per l'àgora amb el seu seguici de deixebles, com per exemple, creure que el saber es pot ensenyar. Però Sòcrates no cobra i, en comptes d'aspirar a l'èxit social i polític, és a dir, a l'*aretḗ *sofística, es demana per la virtut com a disposició al saber.*

L'humanisme socràtic

Sòcrates reorienta l'humanisme entenent la filosofia com a **cura de l'ànima** (*therapeía tes psychés*), com a pràctica o activitat filosòfica d'autodescobriment personal, i no pas com una mera teoria. Tant és així que no va escriure res de filosofia, la qual cosa ha originat el **problema socràtic**, consistent a intentar reconstruir el seu pensament, sobretot a partir de les versions del seu deixeble, Plató, i del deixeble d'aquest, Aristòtil, i de Xenofont.

Al contrari dels sofistes, que el consideraven una forma de guanyar diners, per Sòcrates l'ensenyament és un deure vers els altres que ha d'orientar en la recerca de la veritat i en l'autèntica formació eticopolítica. Cal dir que el jovent s'educava aprenent una mitologia desacreditada, amb déus de conducta moralment molt dubtosa; a això s'afegia el nefast desprestigi de les lleis de la *pólis*, perquè s'havia trencat la tradicional unió de la bona conducta ètica amb la bona conducta ciutadana o política. En aquest context, Sòcrates vol recuperar el valor del saber, de la moral i de la justícia, i superar uns sofistes que, al seu entendre, desacreditaven tot això. La reacció socràtica tanca el període humanista i obre pas al pensament platònic.

El mètode socràtic: ironia i maièutica

L'interès de Sòcrates pel llenguatge ateny un alt nivell mai conegut fins aleshores amb el **diàleg socràtic** o diàleg progressiu orientat a trobar definicions universalment vàlides de conceptes. Només amb una bona definició, per exemple, de justícia, se supera el relativisme que la devalua i enfonsa segons la convenció i la pràctica de cada *pólis*.

El diàleg (*dia*, 'a través de'; *lógos*, 'raó') té dues fases, la **irònica** i la **maièutica**. En la primera, conversant sobre la virtut, la pietat, l'amistat, etc., Sòcrates fa preguntes a un interlocutor sobre un d'aquests conceptes ja que, si l'usa en el seu discurs, bé deu saber què significa. Però, quan l'altre li explica aquest concepte (a partir de mites, de tradicions, de tòpics i de coneixements superficials), Sòcrates troba tants entrebancs i contradiccions—moment de la ironia— que acaba anul·lant l'explicació. Aleshores, l'interlocutor rectifica la definició inicial o en proposa una altra. I així un cop i un altre fins que aquell qui creia saber de què parlava ha de reconèixer que no ho sap. El benefici obtingut consisteix a desprendre's de les falses concepcions anteriors.

La segona fase del mètode, la maièutica (de *maieuomai*, 'ajudar a infantar') o obstetrícia, és la part constructiva que fa brollar la veritat objectiva de l'interior de cadascú. Es compara amb l'art de les llevadores, perquè aquestes no gesten el nadó, però amb la seva tècnica el fan néixer. Mitjançant preguntes Sòcrates ajuda —moment de la maièutica— el seu interlocutor a donar a llum els conceptes de dins seu. Com diu una màxima gravada en el temple de Delfos, «Coneix-te a tu mateix»; el coneixement s'obté pouant-lo en la pròpia subjectivitat racional. Això també oposa Sòcrates als sofistes, els quals pensen que el coneixement prové de l'exterior de l'ésser humà i que cadascú l'interpreta a la seva manera. Tot i que, segons el mateix oracle de Delfos, no hi havia al món ningú més savi que Sòcrates, ell el va interpretar en clau de docta ignorància, això és, entenent que ell és «l'únic que sap que justament no sap res».

El diàleg avança, bé des d'una definició menys adequada a una de més escaient, bé avaluant casos particulars fins a assolir la definició universal. Aquesta última manera de fer es coneix avui com a inducció. Però Sòcrates no teoritza sobre el procés inductiu, sinó que s'interessa pels efectes pràctics. Això mostra el tarannà no imposant ni pretensiós de Sòcrates, també palès en el fet que, a vegades, el diàleg roman obert sense arribar a cap definició universal.

•••

El mètode socràtic d'ironia i maièutica solia desconcertar aquells que dialogaven amb Sòcrates. Per això, la gent caricaturitzava els efectes de la seva conversa comparant-los amb el desagradable contacte d'un animal marí sorprenent, la rajada (en grec, *narké*), que neutralitza les seves víctimes narcotitzant-les amb descàrregues elèctriques. El posat matusser de Sòcrates, amb el nas notòriament xato i la seva figura poc elegant, feia enginyosa la comparança amb el peixot.

L'intel·lectualisme moral

Segons Sòcrates, el saber vertader és útil perquè comporta el bé, la virtut. Saber implica saber allò correcte, allò just, allò bo. Així, l'obtenció del saber té un definitiu efecte eticopràctic. Fent-se savi, l'ésser humà esdevé virtuós. Qui coneix allò recte obra amb rectitud, i qui coneix què és la justícia és just. Ningú amb autèntic saber pot actuar incorrectament; si s'obra malament és només per ignorància, per desconeixement del bé.

Sòcrates identifica així el saber amb la virtut i la maldat amb la ignorància. Aquesta tesi es coneix amb el nom d'**intel·lectualisme moral**. Un mal sabater, per exemple, és el que no sap fer sabates. Així, qui no coneix la virtut no pot actuar com cal. L'intel·lectualisme moral subratlla la importància de l'educació, del saber, per promoure la virtut o *areté*. Val a dir que no hi ha pròpiament culpabilitat per haver escollit el mal o per actuar incorrectament, sinó ignorància i desconeixement del bé. Cal subratllar que aquesta concepció pressuposa la tesi que la virtut s'autoimposa a l'hora d'actuar, ja que ningú que conegui la virtut escollirà lliurament actuar en contra d'ella. Tanmateix, s'ha fet notar el que sembla un ingenu oblit de la part irracional de l'ànima, la mala voluntat, la feblesa moral (*akrasia*), potser alguna patologia psíquica, etc., que ens pot inclinar a fer el mal tot i ser conscients de no actuar correctament. Per això Sòcrates proposa la pràctica de l'autodomini (*enkratia*) com una forma de mètode de lluita contra aquesta part irracional de l'ànima.

La raó és, per a aquest filòsof, el do humà més excel·lent, és la font del saber, de la virtut, del coneixement del bé i de la felicitat durable, que no es basa en la riquesa, la bellesa, el poder, la fama, la força corporal o el plaer sensual. La raó cerca el bé objectiu, el destria dels béns aparents i l'identifica pels seus positius efectes en l'ànima: la pau d'esperit i la satisfacció íntima fruit de la vida virtuosa. La persona virtuosa és serenament feliç perquè obra coherentment segons el bé mostrat per la raó.

L'ètica objectiva i autònoma de Sòcrates

L'ideal de la saviesa de Sòcrates és dirigir racionalment la vida. La funció de la filosofia és, per influència pitagòrica, promoure la reflexió per tal de tenir cura del component més noble dels éssers humans: l'**ànima**. La llibertat genuïna apareix quan la raó apaivaga les inclinacions materials i sensuals, quan l'ànima governa amb saviesa o virtut el cos i els instints, i s'allibera del seu esclavatge.

Sòcrates arriba així a una ètica objectiva, autònoma i autàrquica que es pot extreure del nostre interior. **Objectiva**, perquè tothom troba el mateix bé si usa adequadament la raó. **Autònoma**, perquè cadascú basa la seva conducta en aquest bé, idèntic en tothom. **Autàrquica** o independent, perquè la raó no se sotmet a res diferent de la racionalitat pròpia de cadascú. Lluny de la dependència de la religió grega, de la tradició i de la demolidora sofística, s'alça ara el coneixement racional i la moral objectiva. Es culmina així l'objectiu socràtic.

ACTIVITATS

9> Definiu amb les vostres pròpies paraules l'intel·lectualisme moral socràtic, examineu possibles casos (per exemple, respecte de l'educació, la prevenció de la delinqüència, la promoció del civisme, etc.) que semblin confirmar-ne la validesa i aplicabilitat actual, així com d'altres que facin pensar que és inaplicable.

10> A partir dels arguments socràtics sobre l'objectivitat, l'autonomia i l'autarquia de la moral, analitzeu si es poden aplicar amb profit per examinar algun esdeveniment actual i feu un debat a classe, tot assenyalant els punts que us semblen més forts i aquells altres més dubtosos.

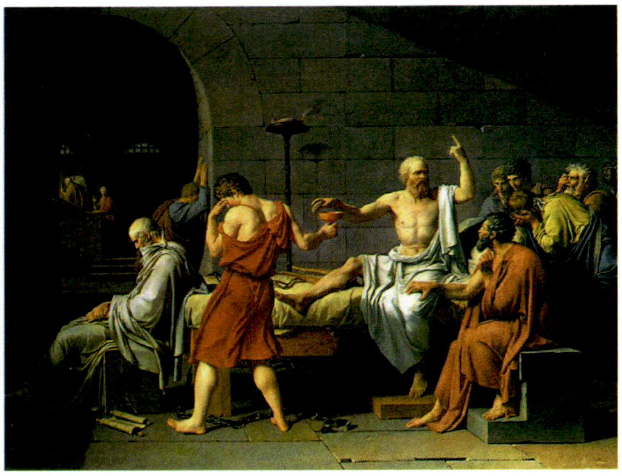

Jacques-Louis David (1748-1825) pintà el 1787 La mort de Sòcrates *(Metropolitan Museum, Nova York) en consonància amb el propòsit didàctic i moralitzador que, segons aquest artista del neoclassicisme plàstic, ha de tenir l'art. El tema de la* **mort de Sòcrates** *li oferí un excel·lent motiu d'inspiració per tal de destacar que la identificació entre saber i virtut afegeix, al fet mateix de l'assoliment de la saviesa, l'adquisició d'una especial força de caràcter present en l'*areté *socràtica. La mort de Sòcrates testimonia aquesta força de caràcter: el filòsof mor després de dialogar serenament sobre la immortalitat de l'ànima i el més enllà. Honorà, així, les lleis de la ciutat amb la seva pròpia vida.*

La condemna a mort de Sòcrates

En un context de turbulències polítiques, de crisi de valors i de maniobres oportunistes, Sòcrates s'havia significat per la seva integritat i, per tant, era un personatge incòmode amb força enemics. Sovint se'l comparava amb la persistent mosca de les cavalleries o tàvec, només que ell empipava les consciències. Així, quan el règim proespartà dels Trenta Tirans va procurar implicar el màxim de persones en els seus robatoris i venjances per tal d'assegurar-se'n la pròpia immunitat quan canviés la situació política, Sòcrates evità corrompre's i, per exemple, no obeí l'ordre de participar en l'arrest d'un ciutadà a qui després presumiblement es condemnaria a mort i se li confiscarien els béns.

Restablerta la democràcia, Ànitos i altres persones van presentar una denúncia per neutralitzar Sòcrates: el titllaren de sofista corruptor de joves, als quals ensenyava falses divinitats. De fet, Sòcrates deia sentir la presència d'una mena de déu o geni interior que no l'empenyia a l'acció i que li deixava escollir el camí que volgués, però que li advertia d'allò què no havia de fer; aquest déu es pot interpretar com la veu de la consciència. L'acusació era perillosa perquè la impietat o *asébeia* comportava el qüestionament de l'Estat, atès el lligam tradicional entre religió i ordre estatal. En aquella època, sovint succeïa que els acusats fugien abans del judici, però Sòcrates no ho va intentar.

Atesa l'escassa consistència de l'acusació, aquesta no hagués tingut més conseqüències si Sòcrates hagués entrat en el joc, però, quan anà a judici, adoptà una actitud que ratllava la insubmissió. No intentà rebatre les tesis dels acusadors, o afalagar el jurat per obtenir-ne la simpatia i complicitat, sinó que es refermà en la seva tasca educativa i es dirigí al tribunal amb aquestes paraules:

> «Si em diguéssiu "Sòcrates, nosaltres no volem creure Ànitos, sinó que t'absolem, però amb la condició que no passis el temps en aquesta mena de proves ni cerquis la veritat; i si ets descobert fent alguna d'aquestes coses, moriràs", si vosaltres, com dic, em poséssiu aquesta condició, jo us diria: "Jo, atenesos, us tinc respecte i us estimo, però vull creure més aviat en el déu que en vosaltres, i mentre respiri i mentre em sigui possible, heu d'estar segurs que no deixaré de filosofar i de fer-vos recomanacions i d'ensenyar-vos i de parlar a qualsevol de vosaltres que em trobi, dient-li, com tinc per costum: "Oh tu, bon amic, que ets atenès, ciutadà de la ciutat més gran i més reconeguda per la seva saviesa i per la seva força, ¿no t'avergonyeixes d'ocupar-te de la fortuna per veure com es pot augmentar, i de la glòria i de l'honor, i en canvi, del seny i de la veritat i de l'ànima, de veure com esdevindran millors, no te n'ocupes ni hi penses?"»
>
> *Apologia de Sòcrates*, 29 d
> **Plató**

En una primera votació, fou condemnat per una seixantena de vots sobre el total de cinc-cents ciutadans que formaven el tribunal. I quan, un cop declarat culpable, pogué proposar una pena alternativa a la de mort sol·licitada per l'acusació, en comptes de suggerir un bescanvi adequat que compensés la gravetat de la condemna (per exemple, el desterrament, que hagués estat acceptat, perquè així ja deixava de molestar), Sòcrates demanà una pensió a càrrec de fons públics o, en tot cas, una multa ridícula. Això irrità tant el tribunal que el sentencià a la pena capital per una majoria més gran que la que inicialment l'havia declarat culpable. I encara podria haver evitat la mort amb la fugida que el seu deixeble Critó li havia preparat. Tanmateix, a causa del seu profund sentit de pertinença a la *pólis* d'Atenes i per coherència amb les seves conviccions, optà per quedar-se i prendre la mortal cicuta. Segons Sòcrates, qui s'acosta a la veritat adquireix un autodomini que el fa invulnerable als patiments de la vida i al temor a la mort.

Activitats finals

FILOSOFIA I TIC

Cerqueu a Internet informació i prepareu un petit dossier sobre:

- L'anomenat «miracle grec», en altres paraules, el pas del mite a la raó.
- Les diferències entre la concepció occidental de la filosofia i altres usos del terme *filosofia* o els discursos que s'autopresenten com a filosòfics.
- Aspectes de les explicacions dels presocràtics sobre la *phýsis* que presentin paral·lelismes o recordin concepcions científiques actuals.
- La pervivència de la tesi pitagòrica sobre la realitat metafísica de les raons numèriques en alguns plantejaments de la filosofia de la matemàtica.
- El relativisme com a actitud intel·lectual recurrent a Occident que, des la Grècia clàssica ençà, forma part amb major o menor grau de la nostra cultura.
- La relació que estableixen alguns corrents pedagògics entre ignorància i delinqüència.
- Les possibles lectures actuals de l'afirmació que sosté que la justícia és allò que els forts apliquen sobre els dèbils.

1> Feu un llistat dels principals condicionants del pas del mite al *lógos* a Grècia. Expliqueu si es tracta d'un canvi sobtat o d'una transició progressiva, i indiqueu breument per què.

2> Comenteu el text següent atenent a la importància que té el pas del mite al *lógos*:

> «Una de les principals empreses de l'antiga filosofia grega va ser donar una interpretació racional als esdeveniments naturals que havien estat explicats anteriorment mitjançant les antigues mitologies. Davant nostre tenim una aplicació del principi científic que diu que una quantitat màxima de fenòmens ha de ser explicada per mitjà d'un nombre mínim d'hipòtesis.[...] La concepció d'una conformitat general a la llei existent en la naturalesa està present en la filosofia grega des del principi. Els intents de Tales i els seus seguidors de definir la matèria primordial i de descobrir les lleis fonamentals que hi ha subjacents als fenòmens són, simplement, una expressió d'aquesta convicció.»
>
> *El món físic dels grecs*
> **Samuel Sambursky**

3> Assenyaleu les idees principals del text següent i comenteu la conclusió que s'hi defensa:

> «Des de la perspectiva dels grecs, el coneixement fou el valor màxim de la vida. Concorda amb això, i n'és tan sols un exemple, el capteniment de Demòcrit, que, deia, s'estimaria més "descobrir una sola causa que ser amo i senyor de l'imperi dels perses". Altres pobles exaltaven l'endevinació, i se'n fiaven, i amb ella en tenien prou. Foren els grecs els qui, tot i posseir abundosos temples amb oracles endevinatoris, arribaren a considerar l'endevinació com un pas i un aprenentatge per assolir el coneixement mateix i, en qualsevol cas, l'endevinació i els oracles deixaren de ser l'única manera de saber. S'anaren convencent que el poder humà es manifesta en el coneixement. El coneixement és l'última instància, el nivell màxim, on s'entaula la lluita suprema de l'home, atès, sobretot, que el coneixement, un cop acabada l'era homèrica i la cultura corresponent, ja no era un equivalent de la tècnica, la destresa o l'astúcia de l'home, sinó el coneixement que l'home té de si mateix i, especialment, del seu futur. I les coses eren útils en tant que ens podien portar al coneixement de l'home.»
>
> *Introducció a la filosofia grega*
> **Ramon M. Torelló**

4> Valoreu fins a quin punt la tesi d'Anaximandre respecte de l'origen dels éssers humans a partir dels peixos pot ser considerada un precedent remot de l'evolucionisme modern. Exposeu arguments a favor i en contra.

5> Digueu de quin pensador és l'afirmació segons la qual «l'aire és el principi de totes les coses i és infinit en mida, i determinat quant a la seva qualitat». Expliqueu de forma breu la segona part de la tesi que s'hi proposa. Raoneu quin valor pot tenir la proposta de l'aire com l'*arkhé* o principi elemental de tot.

6> Quina és la influència més clara de la concepció pitagòrica sobre la *phýsis* en la ciència actual? Comenteu la importància i l'actualitat d'aquesta idea.

7> Les afirmacions següents il·lustren la resposta d'un determinat pensador al tema del canvi. De quin pensador es tracta? Comenteu el sentit de cadascuna d'aquestes afirmacions:

> «Aigües distintes flueixen sobre els qui entren en els mateixos rius. S'escampa i ... s'ajunta... es reuneix i se separa... s'acosta i se'n va.»
>
> «La malaltia fa la salut agradable i bona; la fam, l'atipada; el cansament, el descans.»
>
> «El mateix és vida i mort, vetllar i dormir, joventut i vellesa; aquelles coses es canvien en aquestes i aquestes en aquelles.»

8> Examineu el text següent, indiqueu a quin autor o corrent pertany i comenteu les idees que hi apareixen:

> «T'explicaré (tu escolta i recorda el relat) quines són les úniques vies de recerca que es poden pensar: l'una, que és i que no és no-ésser, és una ruta fiable, perquè la veritat l'acompanya; l'altra, que no és i que és necessàriament no-ésser, t'asseguro que és una sendera del tot

impracticable, perquè no pots conèixer el que no és (perquè no és factible), ni ho pots pensar» (DK B 4).

9> Digueu de qui pot ser el fragment següent i per què:

«No hi ha cap cosa que neixi ni cap cosa que mori, sinó que, a partir de les coses que hi ha, es produeixen combinacions i separacions; així doncs, el més correcte seria que l'acció de néixer rebés el nom de "combinar-se" i la de morir rebés el nom de "separar-se"» (DK B 17).

10> Expliqueu breument quins són els pressupòsits bàsics de la concepció de Demòcrit sobre la *phýsis* i com es relacionen els uns amb els altres.

11> Feu una breu presentació de les concepcions dels jònics, indiqueu de quins coneixements de partida disposaven i destaqueu aquells elements de les seves concepcions que palesen un enfocament racional de l'explicació de la *Physis*.

12> Cerqueu informació sobre els objectius finals o el sentit últim de la investigació que persegueix el CERN o Organització Europea per a la Investigació Nuclear (*Conseil Européen pour la Recherche Nucléaire*) amb la construcció —a les rodalies de Ginebra— del LHC o Gran Collisionador de Partícules (*Large Hadron Collider*). Fins a quin punt aquests objectius són similars als que cercaven els presocràtics amb l'*arkhé*?

13> Comenteu el text següent, enuncieu les idees que s'hi defensen i assenyaleu en quin sentit algunes d'elles poden considerar-se actuals.

«La importància dels sofistes com a educadors en la cultura i en l'excel·lència cívica només s'explica en un context social i històric com el de la societat grega del segle V aC; en la democràcia atenesa, la *paideía* i l'*areté* ja no estan lligades a la noblesa de l'estirp ni a la riquesa familiar, sinó que són mèrits importants per dur a terme un paper decisiu a la *pólis*. El ciutadà capaç de guiar els afers de la ciutat es distingeix per la seva *paideía* i la seva *areté*. Aquesta altesa d'ànim, que permet convèncer i dirigir els altres, només s'aconsegueix per mitjà d'una acurada educació superior.»

La filosofia grega de l'època clàssica
Carlos García Gual

14> Comenteu el text següent, assenyaleu quina és la idea bàsica que s'hi exposa i indiqueu a quin pensador pertany la concepció a què es refereix Plató:

«Cada forma de govern estableix lleis d'acord amb la seva conveniència: una democràcia, lleis democràtiques; una tirania, lleis tiràniques; i igualment les altres formes de govern. I una vegada han establert les lleis, solen demostrar als seus súbdits que allò just és allò que els resulta convenient, i a qui transgredeix aquesta conveniència el castiguen com a violador de la llei i reu d'injustícia [...]. En totes les ciutats és just el mateix principi: la conveniència del govern constituït [...], la conveniència del més fort.»

República, I, 338c
Plató

15> Expliqueu quines són les idees principals del text següent i quina és la conclusió que s'hi defensa:

«Allò racional no és sempre vertader: les idees raonables sovint són falses, i el raonament —fins i tot un raonament bo i admirable— no és invariablement clar i sòlid. Ben poques opinions presocràtiques són vertaderes, i encara menys tenen un bon fonament. Però malgrat tot són, en un sentit difús però significatiu, racionals: es caracteritzen per fonamentar-se en l'argument, reforçades per la raó i basades en proves. Per tant, en dir que els presocràtics eren homes racionals només vull dir això: que les grans i agosarades teories que formularen van ser presentades no com a declaracions ex càtedra perquè les creguessin els fidels i les deixessin estar els infidels, sinó com a conclusions d'uns arguments, com a proposicions raonades perquè uns homes raonables les estudiessin i les discutissin. I, en afirmar que els presocràtics van ser els pares del pensament racional, només afirmo que van ser els primers homes que conscientment subordinaren les afirmacions gratuïtes a l'argument i al dogma de la lògica».

Els presocràtics
Jonathan Barnes

16> Comenteu breument les idees del text següent, assenyaleu a quins trets del pensament socràtic apunten les darreres línies i expliqueu per què:

«Jo creia, Sòcrates, que els qui practiquen la filosofia han d'esdevenir més feliços. Em sembla, però, que tu has aconseguit de la filosofia tot el contrari. Si més no, vius com un esclau: si fos alimentat així pel seu amo no ho suportaria, menges els aliments i beus les begudes més ordinàries; portes un mantell, no solament ordinari, sinó el mateix a l'estiu que a l'hivern, vas descalç i sense túnica. A més, no acceptes diners, allò que tant delecta els qui en tenen i que fa que els qui n'han aconseguit puguin viure més lliurement i més plaentment. Si, doncs, de la mateixa manera que els mestres de qualsevol activitat fan dels seus deixebles uns imitadors seus, tu tractes així els qui van amb tu, penso que ets un mestre d'infelicitat».

Records de Sòcrates, II
Xenofont

17> Digueu a quina característica de l'actitud filosòfica de Sòcrates fa referència el fragment següent de Plató, i la funció d'aquesta actitud en el conjunt del seu pensament:

«Examinat a fons l'home que m'havia proposat d'estudiar —no cal dir-ne el nom, era un dels homes d'Estat—, en conversar amb ell vaig tenir la impressió, atenesos, que l'home en qüestió semblava certament savi als ulls de molta gent i sobretot als d'ell mateix, però que en realitat no ho era; i aleshores vaig provar de fer-li veure que ell prou es pensava ser savi, però que no ho era. Amb la qual cosa vaig ser odiat per ell i per molts dels presents; i mentre me n'anava pensava entre mi: tanmateix, de més savi que aquest home bé que ho sóc, perquè ningú dels dos sap res de bo; però mentre que ell es pensa saber alguna cosa, no sabent res, jo, com que no sé res, no penso que sé. Sembla, doncs, que jo sóc més savi que ell en aquest petit fet: que el que no sé tampoc em penso saber-ho.»

Apologia de Sòcrates
Plató

02

LA FILOSOFIA DE L'ÈPOCA CLÀSSICA: PLATÓ I ARISTÒTIL

- Idees com les de *cavall* o de *taula* són conceptes de la ment o bé són entitats objectives? Hi ha idees innates o, per contra, tots els nostres coneixements provenen de l'aprenentatge?
- Els éssers naturals tenen una finalitat o segueixen un pla dissenyat per un ésser superior? Com es pot explicar l'ordre i la regularitat que manifesta l'Univers?
- Què significa que una cosa es troba en potència de ser una altra cosa? Quina diferència hi ha entre existir realment i existir potencialment o virtualment?
- Qui ha de governar? La gent més ben preparada, experta o tècnica en les qüestions polítiques, o bé aquelles persones que tenen l'aprovació de la societat? La política és una ciència?

2.1 Marc històric i filosòfic

«L'actitud d'Aristòtil respecte a la naturalesa és completament diferent de la de Plató. Mentre que Plató no veu en la naturalesa més que el regne del canvi i del morir, el qual, a diferència de les idees eternes i immutables, no pot ser realment conegut, sinó només objecte de certes probabilitats, la naturalesa constitueix per Aristòtil el camp de la investigació més important.»
Història de l'esperit grec, XIV
Wilhelm Nestle

La filosofia clàssica grega té lloc en el marc de l'Atenes del segle IV aC. La ciutat-estat que veu com es basteix el pensament de Plató i d'Aristòtil és una *pólis* encara força rica i poderosa, tot i que els dies d'hegemonia política i poder militar sobre la resta dels estats grecs ja són cosa del passat. Durant gran part del segle V aC, Atenes s'havia convertit en el centre polític i cultural de Grècia arran de la seva victòria contra els perses. Aquesta victòria permeté la fundació de la Lliga de Delos (477-404 aC), dominada per Atenes, que serví per impulsar la política imperialista d'aquesta *pólis* i la difusió dels ideals democràtics.

Més tard, el conflicte d'interessos oposats entre Atenes i Esparta conduí a la guerra del Peloponès (431-404 aC), que devastà Grècia i que acabà en la derrota i la pèrdua definitiva de l'hegemonia d'Atenes, encara que va recuperar poc després (401 aC) les institucions democràtiques.

A mitjan segle IV aC, va irrompre en escena un nou poble, Macedònia, que, a causa de la seva situació perifèrica al nord de Grècia, no havia influït gaire en els esdeveniments. Ara, però, els macedonis, més o menys hel·lenitzats, es convertiren en la primera potència militar. Així, els seus sobirans van promoure l'assimilació de la cultura grega i estimularen la creació d'una gran força armada. El rei Filip conquerí Grècia i va unificar tot el territori sota un únic poder; més tard, el seu fill, Alexandre el Gran, amplià el poder macedoni i va iniciar una expansió territorial que el portà fins a les ribes del Ganges, a l'Índia. La sobtada mort d'Alexandre, l'any 323 aC, va causar la divisió de l'immens imperi entre els seus generals.

Al segle IV aC, quan Plató i Aristòtil ensenyaven les seves teories filosòfiques, la *pólis* dels atenencs conservava encara el seu prestigi cultural i seguia sent el centre d'atracció d'artistes, filòsofs i científics, que hi arribaven provinents de tots els racons del món hel·lènic. I justament aquí, a Atenes, tal com s'ha dit, «la gegantesca gesta de Plató i Aristòtil crea la filosofia i organitza per primer cop el treball científic».

Plató i Aristòtil, mestre i deixeble, constitueixen un cas molt singular en la història de la filosofia. L'esguard distant de Plató sobre la naturalesa contrasta amb la mirada observadora, atenta al detall, d'Aristòtil. Aquests dos grans protagonistes del pensament antic no són dos antagonistes irreconciliables, sinó dos pensadors que discrepen sobre quina és l'autèntica realitat i sobre com conèixer-la. La grandesa del mestre es pot calibrar per la grandesa del deixeble: Aristòtil no es limita a repetir, ampliant-les, les paraules de qui fou el seu guia. S'atribueix a Aristòtil la frase: «Sóc amic de Plató, però sóc més amic de la veritat». La seva concepció política també és diferent. Mentre que Plató proposa un Estat ideal perfecte, Aristòtil, més prudent, té més en compte les realitats polítiques efectivament existents.

2.2 Plató

La forma de referir-se a un text de Plató prové de l'edició en grec que, a l'any 1578, va fer de la seva obra l'humanista francès Henri Estienne, també anomenat *Stephanus*. En aquesta edició, cada pàgina estava dividida en cinc parts (a - e). Ara, quan se cita un text, per exemple, *Fedre*, 261 a, això vol dir que aquest text figurava a la pàgina 261, primera columna, de l'edició grega d'Estienne. Aquesta numeració és utilitzada en totes les bones edicions i traduccions actuals.

La condemna a mort de Sòcrates potser va influir més poderosament sobre Plató que les ensenyances rebudes d'aquell. Plató reflexiona sobre els factors que van portar a aquesta situació i declara que només una reforma radical de les estructures polítiques pot evitar l'ensorrament de l'Estat (atenès). Tret que el govern de la *pólis* passi a mans dels filòsofs, que coneixen l'autèntica justícia, no s'acabaran els mals de l'Estat i dels ciutadans.

Contra el relativisme i l'escepticisme que ensenyaven els sofistes, Plató, seguint Sòcrates, proclama l'existència d'una veritat única i absoluta, segura i cognoscible. Segons Plató, la tasca essencial de la filosofia és l'educació de les persones que esdevindran governants, perquè siguin justos i estiguin capacitats per dirigir l'Estat.

El pensament platònic s'inicia, per tant, en l'àmbit moral i polític a través del mestratge de Sòcrates, però ben aviat s'amplia a altres qüestions. Així, Plató recupera l'interès pels temes de la filosofia anterior, però des d'una perspectiva completament nova: el món de les coses sensibles només pot ser conegut mitjançant un altre món suprasensible, el món de les formes o idees, en el qual es troben els models dels objectes físics. La naturalesa s'explica per una segona realitat, que és absoluta, vertadera i universal.

Vida i obres

Plató (427-347 aC) neix a Atenes en el si d'una família aristocràtica. La iniciació de Plató en la filosofia tingué lloc a través de Cràtil, deixeble d'Heràclit, que ensenyava el constant fluir de totes les coses. Però, el coneixement de Sòcrates, a qui seguí durant gairebé deu anys fins a la seva mort, fou el fet que marcà inesborrablement la seva trajectòria personal i intel·lectual. L'impacte del mestre sobre el deixeble es reflecteix en el fet que Sòcrates apareix sempre com a principal interlocutor en les obres de Plató. Decebut per la condemna contra el seu mestre dictada per les autoritats atenenques, Plató abandona el propòsit de participar personalment en els afers polítics i deixa Atenes.

L'any 387 aC Plató viatja al sud d'Itàlia i Sicília, on es familiaritza amb les idees més importants de la mística òrfica i de la filosofia pitagòrica. A Siracusa, la principal ciutat de Sicília, intenta influir, sense èxit, en el govern de la ciutat. Novament a Atenes, funda l'Acadèmia, que alguns han qualificat com la primera universitat. El seu nom prové del lloc on s'instal·là, un antic santuari dedicat a l'heroi mitològic Academ. Plató va reunir-hi un grup d'il·lustres professors que impartien matèries tan diverses com matemàtiques, astronomia, teoria política o filosofia. L'organització de les activitats acadèmiques es basava en el model comunitari pitagòric, però la finalitat era fonamentalment política: formar bons governants.

*És possible que el veritable nom de **Plató** fos Arístocles, però fou anomenat Plató a causa «de la seva bona constitució» o, tal vegada, per «l'amplària del seu estil». Se saben poques coses dels primers anys de vida del filòsof atenès; degué rebre l'educació tradicional dels joves de les famílies benestants, dirigida particularment cap a la política. Com a membre de la cavalleria participà en alguns combats de la guerra del Peloponès.*

L'any 367 aC Plató emprèn un segon viatge a Siracusa per tal d'influir sobre el nou governant, Dionisi II. Aquest segon viatge tampoc no tingué cap èxit. De retorn a Atenes, Plató segueix ocupat en la direcció de l'Acadèmia i en la redacció de les seves obres, però l'any 361 aC és cridat de nou a Siracusa. Ple de dubtes i pressionat per diversos amics, als seixanta-sis anys inicia un tercer viatge que també va acabar amb un complet fracàs. De retorn a Atenes, d'on ja no es mourà més, es dedica a la redacció de les seves últimes obres. Morí als vuitanta anys. La influència de l'obra de Plató és tan gran que el filòsof anglès Alfred North Whitehead ha arribat a dir que «la filosofia occidental no és més que notes a peu de pàgina dels *Diàlegs* de Plató».

Plató és el primer filòsof de qui es conserven obres senceres i en un nombre considerable (de fet no hi ha cap diàleg platònic del qual es tingui notícia i que no puguem llegir). Deixant de banda la seva qualitat literària i filosòfica, ens trobem davant d'un conjunt d'obres realment gran, comparable als escrits de la Bíblia. Això permet un coneixement d'aquest pensador molt més profund que el que hi ha dels seus antecessors. Plató va escriure durant més de cinquanta anys i el seu pensament va anar evolucionant constantment. Per tant, és molt important conèixer l'ordre cronològic en què varen ser escrites les seves obres, per tal d'avaluar el progrés intel·lectual del seu autor. La crítica ha utilitzat diverses tècniques per datar-les, com ara l'estil o les referències històriques. La trentena de *Diàlegs* es presenten en tres blocs de tres períodes successius:

- **Primer període o de joventut:** *Apologia de Sòcrates*, *Critó*, *Laques*, *Lisis*, *Càrmides*, *Eutifró*, *Híppies Menor*, *Protàgores*, *Gòrgies*, *Ió*. Predominen les qüestions morals i la recerca de definicions, tal com feia el Sòcrates històric.
- **Període mitjà o de maduresa:** *Menó*, *Fedó*, *República*, *El banquet*, *Fedre*, *Eutidem*, *Menexen*, *Cràtil*. L'interès se centra en els problemes metafísics i epistemològics.
- **Últim període o de vellesa:** *Parmènides*, *Teetet*, *Sofista*, *Polític*, *Timeu*, *Críties*, *Fileb*, *Lleis*. En alguns d'aquests diàlegs Plató du a terme una autocrítica de la seva doctrina.

Aquestes obres tracten sobre tota classe de temes: polítics, ètics, cosmològics, matemàtics, epistemològics, literaris, religiosos, etc. Hi apareixen uns dos-cents personatges i Sòcrates parla amb un centenar d'ells. Les obres platòniques es presenten com a diàlegs en què el continu intercanvi de raons entre els interlocutors —i el progrés en la comprensió dels conceptes— és la via per acostar-se a allò que de més viu tenia la pràctica de la filosofia a l'Acadèmia. La rica comunicació de les raons, el diàleg entre els diversos personatges, així com la plasmació dels conflictes dramàtics que es manifesten entre ells —el factor humà— van interessar molt a Plató, tant com el mateix tema de discussió. No ha d'estranyar que s'hagi arribat a caracteritzar els *Diàlegs*, obres mestres de la literatura universal, com a teatre de tesi per llegir, no per representar.

«Plató, que sempre és un filòsof que sap escriure i no un escriptor que filosofa, dóna una sorprenent vivacitat a aquestes converses que, encara que generalment tracten sobre temes d'un gran valor humà i el seu contingut hauria pogut desenvolupar-se en un estil expositiu normal i objectiu, guanyen en força i en persuasió en aparèixer en forma dialogada, la qual cosa permet, a més, deixar en suspens el problema debatut perquè els parlants ja fa moltes hores que peroren. S'ha calculat que un diàleg de Plató d'extensió mitjana suposa una conversació de tres a cinc hores.»

Història de la literatura universal

Martí de Riquer
José María Valverde

2.3 La teoria de les idees

L'objectiu final de la filosofia de Plató és mostrar que és possible construir un Estat just. En la prossecució d'aquest objectiu, Plató elabora la teoria de les idees o de les formes —la teoria central del pensament platònic—, que ha tingut una influència enorme al llarg dels segles.

Antecedents filosòfics

Cal situar, primer, els antecedents filosòfics que van influir sobre Plató. D'Heràclit aprèn la doctrina del *pánta reî,* del 'tot flueix'. El món sensible, constantment canviant, no pot ser veritablement conegut. De Parmènides pren la idea de l'existència i cognoscibilitat de l'ésser intel·ligible, etern i immutable. S'ha de remarcar també la influència pitagòrica en aspectes com la concepció de la filosofia entesa com una forma de vida, l'interès per les matemàtiques —i la convicció que en elles radica una de les claus de la comprensió del cosmos—, la creença en la reencarnació i en la immortalitat de l'ànima, i la consideració del cos com a presó de l'ànima. Finalment, la influència més notable, però, va ser la vida exemplar de Sòcrates i la seva infatigable recerca de definicions universals dels conceptes morals. Plató amplia la creença socràtica en la possibilitat de trobar les definicions universals a altres dominis més enllà de l'ètica i la política.

El món de les idees

La **teoria de les idees** és una teoria sobre la realitat (ontologia) i sobre el coneixement (epistemologia) que impregna també tots els altres camps del pensament de Plató (la cosmologia, la doctrina de l'ànima, l'ètica, la política, etc.), que és explicada en diversos diàlegs —no sempre coincidents en tots els aspectes— i que el mateix Plató sotmeté a crítica en els últims anys de la seva vida.

Aquesta teoria pretén explicar quina classe de coses existeixen veritablement, per què són com són i com podem conèixer-les. Així, per exemple, per què és justa l'acció d'un individu? Plató diu: perquè *participa* de la idea de justícia. Per què és circular una moneda? Perquè *participa* de la idea de circularitat. Per què Sòcrates és un home? Perquè *participa* de la idea d'humanitat. En general, doncs, una cosa és *X* perquè *participa* de la idea d'*X*. Les **idees** o **formes** o **essències** (*eîdos*) són entitats universals, immutables i eternes més reals que les coses particulars, que tenen una existència separada de les coses particulars. Només poden conèixer-se a través de la raó, no dels sentits.

> «En primer lloc, Plató pensava conseqüentment que les idees són diferents de les coses sensibles. En segon lloc, i amb la mateixa certesa, les creia completament objectives, i no pensaments ni "continguts del pensament" (sigui quin sigui el sentit d'aquesta expressió), sinó entitats l'existència de les quals pressuposa el nostre coneixement. En tercer lloc, les pensà amb una existència separada de les coses sensibles.»
>
> *Teoria de les idees de Plató*
> **David Ross**

ACTIVITATS

1> Feu un resum del text següent i indiqueu les principals qüestions que s'hi plantegen:

«Plató estava profundament influït per dos pensadors anteriors, Heràclit i Parmènides. Els seguidors d'Heràclit sostenien que en el món de l'espai i del temps tot estava en permanent fluència. El canvi ni per un moment deixava de produir-se i res no era la mateixa cosa en dos instants consecutius. La conseqüència d'aquesta doctrina era que no podia haver-hi coneixement d'aquest món, perquè ningú no pot dir que ha conegut quelcom que en aquest moment és diferent de com era fa un instant. El coneixement requereix un objecte permanent que pugui ser conegut. Per contra, Parmènides havia dit que aquesta realitat permanent existeix, i que només pot ser descoberta per l'activitat de la ment, completament al marge de l'activitat dels sentits. L'objecte del coneixement ha de ser immutable i etern, lliure del temps i del canvi, ja que els sentits només ens posen en contacte amb el que és mudable i mortal.»

Els filòsofs grecs
W.K.C. Guthrie

El dualisme platònic

Plató és **dualista**, creu en l'existència de dos mons. Més enllà del **món sensible**, el món de l'aparença, format pels cossos materials i sotmès a un continu procés de canvi, de constant fluència —el món d'Heràcit—, Plató situa un altre àmbit etern i immutable, el món de l'autèntica realitat, el **món intel·ligible** de les idees o de les formes pures, incontaminades de matèria —l'ésser de Parmènides—, del qual el món sensible només és una còpia imperfecta.

Aquest dualisme és l'aspecte més genuí del pensament platònic. Poques vegades al llarg de la història de la filosofia s'ha produït una escissió, una ruptura tan gran en el si de la realitat com en la cosmovisió del fundador de l'Acadèmia. Aquest dualisme estarà present en molts altres aspectes del seu pensament, com en la teoria del coneixement, la concepció dualista de l'ésser humà —compost de cos i ànima— o en la seva teoria de la *phýsis*.

Participació i imitació

Si hi ha dos mons, quina relació hi ha entre ells? Com es relacionen el món de les coses en si, el món de les idees i el món de les aparences o fenòmens? Exemplificat en un cas concret: per què és bella una estàtua d'Atena? Plató diu que és bella perquè participa de la forma pura i absoluta de la bellesa. Les coses sensibles tenen una relació de **participació** (*méthexis*) en les formes corresponents. O dit des del punt de vista de les idees, aquestes es manifesten o estan presents en una gran diversitat de coses. Ara bé, aquest «manifestar-se» s'ha d'entendre en un sentit transcendent: les idees es manifesten en les coses de la mateixa manera que el model (persona, paisatge) es manifesta en la còpia (retrat, pintura). La idea de bellesa es realitza en múltiples objectes: una estàtua, un temple, una composició musical, un poema, un paisatge, etc. A més del concepte de participació, Plató utilitza el d'**imitació** (*mímesis*) o semblança. La forma és un model ideal que les coses sensibles —fins i tot els fenòmens naturals— imiten o reprodueixen imperfectament, si bé mai no aconsegueixen igualar-lo quant a perfecció.

Ara bé, si les idees ocupen un nivell transcendent al món sensible, com és possible que es manifestin en les coses sensibles o que aquestes participin de la realitat d'aquelles? La resposta de Plató a aquesta qüestió ha tingut una gran influència: les idees són la finalitat, l'objectiu, la raó de ser de les coses materials. És a dir, les idees són les **causes finals** tant de les accions humanes com dels esdeveniments del món natural. Això suposa que en el món animal i vegetal i, fins i tot, en la naturalesa inanimada, hi ha una mena d'apetència o d'aspiració, un desig inconscient d'imitar o d'assemblar-se a les formes.

La idea de Bé

A la cúspide del món intel·ligible hi ha la **idea de Bé**, la causa final de l'Univers i font de tots els coneixements. En la *República*, Plató compara la idea de Bé amb el sol. La relació que hi ha entre el sol i el món visible és anàloga a la que existeix entre la idea de Bé i el món intel·ligible: així com el sol no és només la causa de la visió de les coses sinó també la causa de la seva existència —sense el sol no hi hauria vida—, així mateix la idea de Bé no és només la causa del coneixement de les idees sinó també la causa del seu ésser.

La idea de Bé, anomenada també **Bellesa**, és la idea que il·lumina tant el món sensible com el mateix món de les idees o essències i representa l'última finalitat, la raó de ser de tot el que existeix. La idea de Bé és la que permet entendre per què les coses són com són, ja que sempre són de la millor manera possible. La realitat és bona perquè aspira a ser com la idea de Bé.

El traç amb què Plató dibuixa la idea de Bé ha fet pensar si aquesta pot ser relacionada amb Déu; de fet, alguns pensadors els han identificat. Sigui com sigui, la idea de Bé no té el poder creador de l'Univers que s'associa amb el concepte de Déu de les religions monoteistes. El Bé no ha engendrat l'Univers, encara que li dóna el sentit i la finalitat última. Això explica per què Plató va influir en molts pensadors cristians.

> «Em quedo amb la convicció simple, elemental i potser ingènua que una cosa és bella només per la presència o comunicació d'aquell bell en si, sigui quina sigui la circumstància i la manera com això es produeixi. Perquè sobre aquest últim particular no estic en disposició de fer-me fort; en canvi, sí en el fet que és per la bellesa que totes les coses belles són belles.»
>
> *Fedó*, 100 d
>
> **Plató**

2.4 Coneixement i reminiscència

El simposi de Plató *(1869), d'Anselm Feuerbach (1829-1880). La paraula* banquet *és la traducció de la paraula grega* symposion, *que significa 'beure en comú'. Entre els grecs, els* ***simposis*** *eren reunions o tertúlies en què es reunien alguns homes per beure tot escoltant música o fent jocs de societat, o bé per beure parlant de temes interessants. En aquest cas, hi havia un tema escollit; un dels tertulians feia de moderador i controlava el torn de les intervencions. Plató presenta al diàleg* El banquet *diversos personatges (Fedre, el poeta Agató, el comediògraf Aristòfanes, Sòcrates, que transmet les paraules de la sacerdotessa Diotima, etc.), cadascun dels quals fa un discurs de lloança de l'amor. Les paraules de Sòcrates reflecteixen el pensament platònic.*

Si el coneixement vertader és el coneixement de les idees, però aquestes no «estan» al món sensible, es planteja immediatament el problema de com és possible tenir-ne coneixement. Plató ha tractat aquesta qüestió en diversos *Diàlegs*. En el *Menó* il·lustra, de manera especialment pràctica, la seva teoria epistemològica amb l'exemple de la geometria i l'esclau. Sòcrates, utilitzant l'art maièutic i fent les preguntes adequades, aconsegueix que un esclau que no sap res de geometria resolgui un problema geomètric —el de com obtenir un quadrat de doble superfície que un quadrat donat— en la solució del qual s'ha d'emprar el teorema de Pitàgores. Com que l'esclau és «ignorant» en matemàtica, es planteja l'interrogant sobre com ha pogut trobar la resposta. L'explicació de Plató és que, en realitat, l'esclau ja posseïa aquest coneixement, però de forma inconscient; les hàbils preguntes de Sòcrates no han fet res més que desvetllar aquest coneixement que restava oblidat.

L'ànima, per tant, en una existència anterior a la vida terrenal ha contemplat les formes. En encarnar-se en un cos mortal, les oblida; ara bé, la visió dels objectes materials fa que es desperti el record d'aquelles formes ja conegudes. En conseqüència, el coneixement és, segons Plató, reconeixement, record, **reminiscència** (*anamnesis*). En aquest punt, és evident la influència de la mística orficopitagòrica. La doctrina de la preexistència —i de la immortalitat de l'ànima— la va aprendre Plató en les comunitats pitagòriques quan va realitzar el seu primer viatge al sud d'Itàlia.

Tipus de coneixement

El coneixement de les formes en una vida preterrenal no és l'únic tipus de coneixement que admet Plató. La seva concepció epistemològica és elaborada i complexa. Així, distingeix entre dues classes de coneixement i dos tipus d'objectes coneguts. D'una banda, hi ha el saber o **ciència** (*epistéme*), que té com a objecte el món intel·ligible de les idees; de l'altra, hi ha la creença o **opinió** (*doxa*), l'objecte de la qual és el món sensible dels objectes físics. L'eix vertebrador d'aquesta teoria és que el grau de veritat d'un coneixement és proporcional a la realitat de l'ésser conegut. Així, l'ésser més perfecte, la idea o forma, és l'ésser més cognoscible. Lògicament, allò que no és, el no-ésser, no és cognoscible en absolut. Però, Plató, a diferència de Parmènides, considera que entre l'ésser i el no-ésser hi ha una altra realitat, l'esdevenir, allò que és però que mai no és idèntic a si mateix perquè constantment està canviant. Aquesta altra realitat no és susceptible de vertader coneixement, però sí de creença, d'opinió, de parer.

La metàfora de la línia

A la *República*, Plató presenta la **metàfora de la línia**, un símil que permet «visualitzar» la seva teoria del coneixement. Els diferents graus del coneixement es corresponen als diferents graus de l'ésser. Com més real és un objecte —en la mesura que s'acosta al món de les idees— més exacte i vertader és el coneixement que se'n pot obtenir. Una línia imaginària es divideix en dos segments desiguals; el primer, més llarg, representa el vertader coneixement del món intel·ligible; el segon, l'opinió sobre el món sensible. Seguint la mateixa proporció, es divideix cada subsegment en dues parts o seccions, de manera que, al final, el segment inicial ha quedat repartit en quatre parts.

Així, en la part de la línia que representa el món intel·ligible, el primer subsegment fa referència a les idees pures, mentre que el segon simbolitza els objectes matemàtics. En el món sensible, la primera secció representa els cossos materials, i la segona, que és el nivell més baix de la realitat, les ombres o imatges de les coses materials, els seus reflexos. La relació que hi ha entre els originals i les seves còpies en el món sensible és la mateixa relació que hi ha entre el món intel·ligible íntegre i el món sensible, que és una còpia o imatge d'aquell. I així com les coses del món intel·ligible són eternes i constants i, per tant, objecte de veritable coneixement, les coses del món sensible, mutables i creades, són només objecte de creença.

Cadascuna d'aquestes parts en què es divideix l'ésser és coneguda per una operació o facultat diferent de l'ànima.

Així doncs, hi ha quatre graus o nivells de coneixement. En els nivells inferiors, hi ha la **conjectura** (ombres) i la **creença** (objectes físics); en el nivell del coneixement racional, hi ha el **coneixement discursiu** (objectes matemàtics) i, finalment, la **intel·ligència** (idees), la ciència pura o coneixement dialèctic. Aquest darrer tipus de coneixement contempla les idees i analitza tot el contingut conceptual que contenen; arriba a justificar les mateixes hipòtesis que han servit de punt de partida.

Val a dir que, per a Plató, la dialèctica és la ciència suprema que només els filòsofs molt entrenats poden practicar. Per contra, el coneixement discursiu o matemàtic parteix d'hipòtesis, és a dir, de proposicions que s'accepten provisionalment; a partir d'aquestes suposicions la raó discursiva extreu les conclusions possibles, però les hipòtesis no són examinades en si mateixes. D'altra banda, les matemàtiques no s'han desprès completament del món sensible, ja que segueixen utilitzant símbols, figures, etc.

Plató, però, a més d'assenyalar la via de la dialèctica (el coneixement racional) com a via d'accés a les idees, parla en *El banquet* també de la via de l'amor. Un record nostàlgic apareix quan veiem objectes que s'assemblen a les idees pures que vam conèixer a l'altre món. Així, en contemplar figures belles ens ve el record de la bellesa original que contemplàrem abans i aquest record ens omple d'una nostàlgia irresistible vers els models eterns. Aquesta nostàlgia ens impulsa a tenir una ànima bella, justa i bona, que ens eleva i ens permet imitar aquella imatge primigènia. Això és l'Eros o **amor platònic**: l'anhel de l'ànima d'allò etern, ideal i perfecte; i és també l'aspiració de l'autèntic filòsof vers el coneixement vertader i essencial.

> «—De manera —vaig dir jo— que només el mètode dialèctic va per aquest camí, perquè suprimeix totes les hipòtesis i ateny el principi mateix, en el qual es confirma, i l'ull de l'ànima [...] l'arrossega suaument i el fa pujar amunt: se serveix, a tall d'auxiliars i assistents, en la conversió, de les arts que hem resseguit.»
>
> *República*, 533 c
> **Plató**

El mite de la caverna

El llibre VII de la *República* s'inicia amb un mite, un dels més suggeridors i rics en analogies dels *Diàlegs* platònics, que il·lustra alguns conceptes de la filosofia de Plató, no sempre fàcils de comprendre. En aquest mite es compara la naturalesa humana amb la condició en què es troben els presoners d'una caverna. Imaginem-nos, diu Plató, una profunda caverna al fons de la qual hi ha uns presoners lligats de tal manera que no es poden veure entre ells; només poden veure unes ombres que es projecten en la paret. Més amunt hi ha un camí pel qual circulen unes persones que parlen entre elles i que transporten tota classe de coses, com ara «estàtues d'home, d'altres animals, fetes amb pedra, amb fusta o amb qualsevol altre material». Encara més amunt, dins la caverna, un gran foc projecta les imatges d'aquestes coses sobre el fons de la gruta.

Què pensaran aquests presoners que es troben encadenats així des de la seva infantesa? Pensaran que les ombres que veuen davant seu i les veus que senten són la realitat, que les ombres són les coses reals. Suposem que un presoner aconsegueix deslliurar-se de les cadenes i que, a poc a poc, inicia el camí cap a l'exterior. L'ascensió seria molt àrdua i, un cop a l'exterior, es trobaria completament enlluernat per la intensa llum solar. De primer, únicament podria mirar les ombres o els reflexos de les coses a l'aigua, però després podria mirar directament les coses reals i, finalment, el sol mateix. Comprendria que el sol és la causa dels canvis que es produeixen al món visible. En recordar el seu estat anterior, s'adonaria de

ACTIVITATS

2> Resumiu el text següent i indiqueu les principals qüestions que s'hi plantegen. Feu un dibuix que representi les quatre parts de la realitat i els quatre tipus de coneixement que Plató distingeix. Per què diu Plató que «com més participen de la veritat tant més participen de la claredat»?

> «I ara aplica a les quatre seccions [de la línia] aquestes quatre experiències que es generen a l'ànima; la intel·ligència, a la suprema; el coneixement discursiu, a la segona; a la tercera assigna la creença i a la quarta la conjectura; i ordena-les proporcionalment, considerant que com més participen de la veritat tant més participen de la claredat.»
>
> *República*, 511 d
> **Plató**

«Una de les lectures del mite de la caverna és la que podríem anomenar lectura televisiva. No cal fer gaires subtileses hermenèutiques per descobrir en el muntatge de la caverna l'essència mateixa del que pot constituir la desinformació en la societat contemporània i, concretament, en un dels seus mitjans més poderosos: la televisió.
Encara que no fos per cap altra cosa, ningú no podria negar la modernitat del mite, que parodia, amb encert, el més perfecte esquema de les relacions establertes entre *l'espectador passiu i el senyor dels objectes, del temps i del poder.* Els que passegen realitats enganyoses, els programadors de la violència i la falsedat, igual que en el mite, segueixen en peu lluitant hàbilment per convertir el món en una gran caverna davant de la qual col·locaran una immensa pantalla d'ombres.»

La memòria del lógos
Emilio Lledó

l'engany en què vivia quan estava presoner a les tenebres de la caverna. Feliç pel seu nou estat de comprensió, sent, però, compassió pels seus antics companys; així, decideix tornar amb ells per il·luminar-los amb la veritat. El camí de retorn es fa molt difícil ja que s'ha d'acostumar de nou a les ombres, i quan els explica l'autèntica realitat, se'n riuen i «si d'alguna manera poguessin agafar-lo amb les mans i matar-lo, no el matarien?».

Plató mateix explica el significat del mite. S'ha d'associar «el món que se'ns apareix a través de la vista amb l'habitatge de la presó i la llum del foc que hi ha amb l'energia del sol; i si compares la pujada i la contemplació dels objectes de dalt amb l'ascens de l'ànima cap al món intel·ligible, no et desviaràs pas de la meva conjectura, ja que és aquesta la que desitges escoltar. Només la divinitat sap si per atzar resulta ser vertadera. És aquesta, doncs, la meva manera de veure la qüestió: en el món intel·ligible la darrera idea és la de Bé i amb prou feines pot ser percebuda; un cop percebuda, però, cal concloure que és la causant de tot el que hi ha de recte i de bell en tots els éssers; en el món visible és ella la que va engendrar la llum i el seu sobirà; en el món intel·ligible ella és la sobirana i la fornidora de veritat i d'intel·ligència; a l'últim, cal que la contempli aquell que es proposi actuar assenyadament tant en la vida privada com en la pública» (*República*, 517 b). Així doncs, Plató compara el sol amb la idea de Bé: així com el sol és la causa de la visió de les coses —i, fins i tot, de la seva existència—, el Bé és la causa de la comprensió i intel·ligibilitat de les idees i de la seva existència.

La lenta ascensió del presoner alliberat representa el difícil i llarg camí que ha de recórrer el filòsof que aprèn a prescindir dels sentits i que s'educa en els raonaments de la dialèctica; el no menys difícil descens d'aquest presoner vol simbolitzar les dificultats pràctiques amb què ha d'enfrontar-se el filòsof que coneix la veritat i que vol transmetre-la a aquells que es troben presoners dels seus prejudicis i de l'aparença de la veritat (clara al·lusió a la figura de Sòcrates, que morí per voler trencar les cadenes que ofuscaven el pensament dels atenencs). No hi ha dubte que els presoners som tots nosaltres, ignorants de la caverna en què habitem. En aquest sentit, el professor Francis M. Cornford ha dit suggeridorament que si Plató hagués escrit el mite de la caverna ara, hauria utilitzat l'analogia del cinema. Massa sovint les seves falses imatges passen per reals i verídiques. Els límits entre realitat i ficció s'esborren contínuament.

«La presó sota terra correspon al món visible i el foc, al sol. La pujada cap al món superior i la visió de les coses que hi ha en ell corresponen a l'ascensió de l'ànima cap al món intel·ligible, on l'última i la cosa més difícil de veure és la forma de Bé. Així que se la percep, podem deduir amb el raonament que ella és la causa de tot allò just i bo que hi ha pertot arreu, i que dóna origen en el món visible al sol i regna sobre el món intel·ligible.»

Història de la filosoafia grega, *IV*
W.K.C. Guthrie

2.5 El món sensible

En l'obra *Timeu*, un diàleg de l'últim període, Plató presenta la seva concepció de l'Univers, la seva visió cosmològica. Tot i que explica molts detalls sobre la formació de l'Univers, la teoria de les idees hi apareix amb una gran força, de manera que podem dir que, al final de la seva trajectòria filosòfica, Plató segueix mantenint plenament aquesta doctrina. L'autèntica realitat, objecte de coneixement, és el món intel·ligible de les formes; el món sensible, mudable i contingent, és objecte tan sols dels sentits; per tant, segons Plató, no es pot esperar de la cosmologia res més que un discurs (*mýthos*) probable o versemblant. Com que l'objecte és ara variable i fugisser, el seu coneixement també serà aproximat «de manera que sobre això convé que acceptem el relat probable i no busquem més enllà».

L'interès de Plató per la matemàtica es posa de manifest en la denominació de ***sòlids platònics*** *que reben els políedres regulars. Són cinc i només poden ser cinc: el tetràedre, l'hexàedre o cub, l'octàedre, el dodecàedre i l'icosàedre. Per a Plató, l'Univers físic està format per partícules que tenen aquestes formes. Així, el tetràedre constitueix el foc —per això el caràcter penetrant d'aquest element—; l'icosàedre, de vint cares, origina l'aigua —per tant, aquest element llisca i es mou fàcilment—; l'element terra prové dels estables cubs, i l'aire, dels octàedres. El dodecàedre, el cinquè políedre, té només una funció decorativa, segons diu Plató al* Timeu. *Així, les propietats físiques dels elements deriven de les propietats geomètriques dels sòlids regulars o platònics.*

Partint d'aquestes premisses, Plató es disposa a narrar la història de la creació del món. L'Univers és el resultat de tres elements: l'artífex, el model i la matèria eterna. L'artífex, anomenat **demiürg** —artesà— i també déu (*theós*), construeix el món a partir de la matèria caòtica, de tal manera que intenta plasmar sobre aquesta el model de les idees perfectes. El demiürg platònic no és exactament el déu omnipotent de les religions monoteistes que crea el món a partir del no-res. L'artífex o constructor del món ha d'emmotllar-se a les condicions que imposa la matèria preexistent; per això, el món sensible, que és una còpia del món intel·ligible, resulta relativament imperfecte. Segons Plató, l'artesà diví del *Timeu*, més que crear l'Univers en sentit estricte, ordena o organitza la matèria caòtica seguint el model perfecte de les idees. D'aquí ve que només pugui haver-hi un únic món, ja que la còpia, encara que imperfecta, és la millor possible.

La cosmologia platònica té un marcat caràcter ètic i polític. No és tant l'estudi desinteressat (científic) de l'Univers el que preocupa Plató. Allò que veritablement busca és el perfeccionament moral de les ànimes humanes, les quals, en estudiar el cosmos, esdevindran més ordenades, més bones, més harmonioses —més còsmiques. L'enfocament platònic de la cosmologia és **teleològic** o finalista. La comprensió d'una cosa implica la comprensió de la seva finalitat, això és, l'objectiu que persegueix l'artífex diví en crear-la. Sense l'aprehensió d'aquesta finalitat, no es pot parlar vertaderament de coneixement. Aristòtil es farà ressò de la visió teleològica de l'Univers adoptada per Plató en contra del mecanicisme dels atomistes.

ACTIVITATS

3> Feu un resum del text següent i indiqueu les principals qüestions que s'hi plantegen. Definiu el significat en el text dels termes *artífex* i *esdevenir*.

«Diguem ara per quina causa l'artífex ha fet l'esdevenir i aquest Univers. És bo i en allò que és bo mai no hi habita cap mesquinesa sobre res. En no ser mesquí, volia que tot arribés a ser el més semblant possible a ell mateix. [...] Com que el déu volia que totes les coses fossin bones i no hi hagués en la mesura del possible res dolent, va prendre tot el que era visible, que es movia incansablement de manera caòtica i desordenada, i ho conduí del desordre a l'ordre, perquè va pensar que aquest és molt millor que aquell. Ja que a allò que és òptim només li estava i li està permès fer allò que és bell.»

Timeu, 29 e
Plató

2.6 La concepció de l'ànima

La concepció de Plató de l'ànima (*psyché*) està íntimament connectada amb la seva teoria de les idees. Si tenim coneixement de les idees és perquè l'ànima va existir en una vida preterrenal en la qual les pogué contemplar. Les influències òrfiques, a través del pitagorisme, són ben paleses en aquest aspecte de la filosofia platònica. Així, l'ànima és d'origen diví i per culpa d'alguna falta o pecat fou condemnada a viure en un cos mortal (*soma*) que, d'aquesta manera, es converteix en el seu sepulcre (*sema*). Amb la mort del cos arriba l'alliberació de l'ànima, sempre que es trobi prou purificada per una vida digna; si no és així, es veurà obligada a transmigrar a un altre cos, humà o animal.

La immortalitat de l'ànima

En el diàleg *Fedó* Plató presenta els últims moments de vida de Sòcrates a la presó acompanyat dels seus amics. El seu mestre apareix tranquil i seré, sense cap por a la mort. Quan els amics li demanen la raó del seu estat de serenor, Sòcrates diu que la vida del filòsof és una permanent preparació per a la mort: «Els qui cultiven rectament la filosofia s'exerciten a morir i, de tots els homes, són els qui temen menys la mort» (*Fedó*, 67 e).

Plató afirma que l'ànima és immortal: d'aquí ve la tranquil·litat que Sòcrates mostra al *Fedó*. En aquesta obra s'exposen algunes «proves» de la immortalitat de l'ànima, que transmeten la forta impressió que Plató hi creia. Tal com ha escrit el filòleg clàssic Erwin Rohde: «És veritablement incalculable el que els *Diàlegs* de Plató varen contribuir, des del dia mateix en què foren escrits, a enfortir, difondre i precisar la fe en la immortalitat».

> «Si és veritat aquell argument que tu, Sòcrates, acostumes a repetir sovint, segons el qual per a nosaltres aprendre no és altra cosa que recordar, llavors cal necessàriament que en un temps anterior hàgim après el que ens és recordat. Però això no és possible si la nostra ànima no existia en algun lloc abans de néixer en aquesta forma humana. D'on resulta que també així sembla probable que l'ànima és immortal.»
>
> *Fedó*, 72 e
> **Plató**

Les parts de l'ànima

Un dels trets més característics de la psicologia platònica és la divisió de la *psyché* en tres parts o funcions: la raó, l'ànim o voluntat, i l'apetit o desigs corporals.

> «Per mitjà d'un d'aquests gèneres que hi ha en nosaltres aprenem, per mitjà d'un altre som fogosos i, a la vegada, pel tercer desitgem els plaers relatius a l'alimentació, la procreació i tots els que són semblants a aquests.»
>
> *República*, 435 a
> **Plató**

La partició de l'ànima en tres parts és el resultat del reconeixement de conflictes «intrapsíquics», és a dir, de lluites entre forces contràries que operen a l'interior de l'individu. Si s'adopta una concepció unitària de l'ànima, llavors no poden explicar-se aquesta classe de problemes. Per exemple, què succeeix amb l'individu que, assedegat, desitja beure aigua, però creu que pot trobar-se en mal estat i que pot emmalaltir-lo i, per això, frena el seu primer impuls? Una força l'empeny en un sentit i una altra, de sentit contrari, s'hi resisteix. O bé, com s'explica el comportament de l'individu que s'enutjà amb si mateix, davant els cadàvers d'uns ajusticiats, pel fet «d'experimentar el desig de mirar-los, però que a la vegada va sentir una repugnància que l'apartava d'aquell lloc, i durant uns moments va debatre's interiorment i es va cobrir el rostre» (*República*, 439 e)? Per a Plató no és possible que una mateixa realitat experimenti coses contràries al mateix temps. Així que l'ànima humana no és simple sinó complexa.

Per tant, l'ànima està dividida en tres parts: la part **racional**, la funció de la qual és conèixer; la part **irascible** (la fogositat, l'ànim, la vehemència), que representa la força de voluntat; i, finalment, la part **concupiscible**, que és la causa dels desigs corporals. Naturalment, cal entendre l'expressió «parts de l'ànima» en un sentit simbòlic de funcions o principis d'acció, no en un sentit literal de parts físiques de la *psyché*.

Paradoxalment, en el *Timeu* situa aquestes tres parts de l'ànima en tres llocs diferents del cos: la part racional, l'única que és immortal, està situada al cap, allunyada de les altres per l'estret pas del coll; la part irascible, la més noble de les parts mortals, se situa al tòrax i el cor és el seu òrgan, des d'on pot escoltar fàcilment els manaments de la raó; la part concupiscible està situada en el ventre, on resideixen els desigs més baixos. En el diàleg *Fedre*, Plató expressa poèticament la natura tripartida de l'ànima comparant-la amb un carro guiat per un auriga o cotxer que governa dos cavalls alats, un de bo (part irascible), i un d'indòmit (part concupiscible).

Segons Plató, la psicologia està subordinada a l'ètica i la política, en el sentit que l'important és que la part racional de l'ànima governi i domini les altres dues parts, de la mateixa manera que la part racional de la societat —els filòsofs— ha de dirigir el rumb de l'Estat. En considerar divina i immortal la part racional de l'ànima, Plató argumenta que aquesta té dret a imposar-se sobre les altres dues funcions anímiques. Reapareix així amb força el **dualisme antropològic**, d'influència pitagòrica: l'ésser humà està format per dos components diferents, un dels quals, la raó, està emparentat amb la divinitat i és immortal; l'altre, format per la voluntat i els apetits físics, relacionat amb el cos, ha de seguir les directrius del primer. La unió de cos i ànima és una unió accidental i temporal.

En el diàleg Fedre, *Plató expressa simbòlicament la naturalesa complexa, a voltes conflictiva, de l'**ànima humana** comparant-la amb un carro guiat per un auriga —la part racional— tirat per dos cavalls:*
«Imaginem, doncs, que s'assembla a una força en la qual van naturalment units un auriga i una parella de cavalls alats. [...] Pel que fa a nosaltres, hi ha primerament un auriga que condueix una parella d'animals de tir; aleshores, un d'aquests cavalls és bell i bo, i d'aquestes mateixes qualitats, mentre que l'altre és el contrari i també de qualitats contràries. Pel que fa a nosaltres, doncs, el fet de conduir-los és necessàriament difícil i desagradable.»

Fedre, *246 a*
Plató

ACTIVITATS

4> Feu un debat a classe sobre la possibilitat de demostrar racionalment la immortalitat de l'ànima. Creieu que aquest és un camp en el qual és possible arribar a conclusions racionals o que per contra només és susceptible de creença, de fe?

2.7 L'ètica i la política de Plató

La precoç vocació política de Plató no l'abandonà mai malgrat que, després de la condemna a mort de Sòcrates, prengués una direcció diferent, de caràcter teòric i acadèmic: formar filòsofs justos que poguessin esdevenir governants justos. Un dels objectius fonamentals de la filosofia de Plató va ser implantar la justícia tant en la vida pública com en la vida privada.

En Plató, l'ètica i la política són inseparables. No es pot concebre el bé o la felicitat dels individus al marge del bé o de la justícia de la ciutat (*pólis*) que els acull o de les lleis que els regeixen. En aquests moments de la història de Grècia, la vida autènticament humana és una vida política, una existència que només es pot realitzar a través de la convivència amb els altres ciutadans.

En la concepció política platònica es pot veure la permanent influència de la teoria de les idees. En efecte, només qui hagi pogut conèixer el món intel·ligible de les formes i, particularment, hagi contemplat la idea de Bé; només qui tingui el saber podrà aplicar-lo a l'ordre polític i governar amb justícia. La ciutat ideal de Plató ho és en un doble sentit: com a organització política suposadament perfecta i com a Estat l'estructura política del qual deriva de la contemplació de les idees.

La convicció platònica que no pot existir el bé d'un individu independentment del bé de la col·lectivitat es posa de manifest a la *República* quan, discutint sobre què és la justícia, Sòcrates diu que és preferible «llegir-la» allà on està escrita amb traços més grossos; és a dir, és més fàcil estudiar-la en la ciutat que en l'individu.

*Els hoplites, com els que es veuen a la imatge, eren soldats de l'exèrcit grec. En l'Estat ideal de Plató, els **guardians** tenen un paper fonamental: vigilar i guardar l'Estat dels possibles enemics, tant interiors com exteriors. Plató escriu moltes pàgines sobre la qüestió de com han de ser educats i com han de viure els guardians. Preveu que: «En primer lloc, ningú no posseirà béns en privat, excepte els de primera necessitat. En segon lloc, ningú no tindrà una morada ni un dipòsit al qual no pugui accedir tothom qui vulgui. [...] Se'ls assignarà un pagament per la seva vigilància, que rebran dels altres ciutadans, de tal manera que durant l'any no els sobri ni els falti res. Seuran junts a la taula, com soldats en campanya que viuen en comú.»*

República, *416 d*

Plató

«Per a Plató, la ciutat no és un conjunt d'individus, sinó que forma una unitat real, un organisme espiritual; per això entre la constitució i l'estructura de la ciutat i les de l'ésser humà hi ha una analogia; la ciutat és un veritable *ánthropos* ['home'] en gran i l'ésser humà una autèntica *politeia* ['república'] en petit. I com que aquesta analogia es basa en una dependència mútua, no es pot estudiar l'ésser humà sense estudiar alhora la ciutat de la qual forma part. L'estructura psicològica de l'individu i l'estructura social de la *pólis* es corresponen d'una manera perfecta, o dit amb paraules modernes, la psicologia social i la psicologia individual s'impliquen mútuament.»

Introducció a la lectura de Plató

Alexandre Koyré

Les classes socials

L'estructura de la *pólis* és semblant a l'ànima humana; és com una ampliació a gran escala de la *psyché* individual. Recordem que aquesta està dividida en tres parts o funcions psíquiques: la racional, la irascible i la concupiscible. Segons quina sigui la part que domina en cada individu, aquest tindrà un tarannà o un altre; serà una persona racional, o bé una persona animosa i coratjosa, o bé, finalment, una persona que es deixa portar fàcilment pels plaers corporals o els interessos materials.

Quan Plató dissenya l'Estat ideal o perfecte té en compte aquests tres tipus humans i, per tant, el divideix en tres classes socials:

- La dels governants o **filòsofs-reis**, els quals, per la seva extraordinària preparació, vocació política i desinterès per la riquesa, estan cridats a dirigir els assumptes de la ciutat.
- La classe dels **guardians**, la missió dels quals és defensar l'Estat de tots els seus enemics.
- La classe dels **artesans** —camperols, obrers, comerciants, etc.—, que han de produir tot allò que necessita la *pólis* per a la seva supervivència.

Cadascú, doncs, realitza la funció per a la qual està més preparat i això redunda en benefici de tots els habitants de l'Estat. L'isomorfisme entre la ciutat i l'ànima humana és tan gran que Plató convida a instaurar dins de cadascú un Estat com el que ha dissenyat: «Potser en el cel resideixi un model per a qui vulgui veure'l i, després de veure'l, fundar un Estat en el seu interior» (*República*, 592 b).

Les virtuts de l'individu i de la societat

Cada estament social té una funció pròpia dins l'Estat de Plató. La virtut de la **justícia** (*dikaiosýne*) apareix quan cada estament realitza la funció que li és pròpia. La **saviesa** (*sophía*) és la virtut o excel·lència dels governants; el tret principal dels guardians ha de ser el **valor** o el coratge (*andreía*), i la **moderació** (*sophrosýne*) és la virtut pròpia de la classe dels artesans. La ciutat sàvia és aquella en la qual els *filòsofs dirigents* governen sàviament, cercant el millor no per a ells, sinó per a tothom. Si l'exèrcit dels seus guardians es comporta amb valor i sense temor a la mort en la guerra, la ciutat serà valenta. Quan els governats se sotmeten a les decisions dels seus governants, llavors la ciutat tindrà la virtut de la moderació.

L'harmonia entre les classes socials —que existeixen perquè hi ha diferents classes de persones— culmina en la virtut de la justícia social. Un Estat és just quan els tres estaments fan la funció que els és pròpia, així com un individu és just quan les tres parts de la seva ànima fan la seva funció. Paral·lelament, la saviesa és la virtut de la part racional de l'ànima; el valor, de la part irascible; la moderació, de la part concupiscible. La justícia és la virtut que apareix quan cada part de l'ànima realitza harmònicament la feina que li és natural.

Les tres funcions bàsiques de la *pólis* (govern, defensa i producció) són realitzades per aquells que poden realitzar-les més bé, aquells que posseeixen la millor preparació i les millors condicions innates per ocupar-se'n. La proposta política platònica té una innegable traducció meritocràtica i antidemocràtica. En efecte, el govern no pot recaure en mans d'aquells que no tenen els coneixements necessaris per governar justament, que és el que succeeix, segons Plató, en els règims democràtics. En canvi, en la *pólis* fundada per Plató, els més savis són els destinats a governar, ja que estan en possessió d'aquell «coneixement apropiat per a la vigilància, i que està present en aquells governants als quals hem anomenat "guardians perfectes"» (*República*, 428 d). El caràcter aristocràtic i minoritari d'aquest govern ha d'entendre's en el sentit que només els millors, aquells que tenen els *mèrits* adequats, poden autènticament governar.

Malgrat que el programa polític de Plató pugui qualificar-se d'«antidemocràtic», no s'ha d'oblidar que el seu objectiu final no és la felicitat d'un reduït grup de governants sinó la felicitat de tots els ciutadans de l'Estat.

El contingut polític dels deu llibres de la *República* o dels dotze llibres que formen la seva darrera obra, les *Lleis*, és molt ric. La varietat de temes que s'hi tracten és molt gran, però destaca particularment el tema de l'educació, sobretot dels guardians i dels filòsofs-reis, ja que sobre ells recau la tasca de defensar i dirigir l'Estat; destaca també la idèntica funció que, segons Plató, homes i dones podran assumir en l'Estat a partir de l'educació rebuda. A l'obtenció d'aquests fins es dediquen tots els esforços i tots els mitjans necessaris. Plató elabora un pla coherent que inclou mesures de tot tipus, com la utilització de la força o de la censura i l'engany, o la planificació rigorosa de l'educació estatal, especialment quan es refereix als guardians, basada en la música i la gimnàstica. Aquest programa està al servei d'un únic objectiu, la construcció d'un Estat ideal on tothom pugui ser feliç.

> «Plató no proposa tornar enrere, a un règim aristocràtic de nobles i vassalls, sinó que, en tot cas, pretén que l'únic títol de noblesa sigui la intel·ligència i la cultura superior, de manera que sigui l'educació, i no l'estirp, la que atorgui una posició elevada en aquest nou ordre cívic.»
>
> *La filosofia grega de l'època clàssica*
> **Carlos García Gual**

> «No hem fundat un Estat amb la intenció que una sola classe sigui excepcionalment feliç, sinó que ho sigui al màxim tota la societat. Perquè pensem que en un Estat d'aquest tipus seria on millor trobaríem la justícia, i en canvi la injustícia en el pitjor fundat [...]. Modelem l'Estat feliç, no establint que uns quants seleccionats siguin feliços, sinó que ho sigui la totalitat.»
>
> *República*, 420 b
> **Plató**

ACTIVITATS

5> Valoreu la proposta platònica segons la qual els filòsofs són els més aptes i adequats per governar. Reflexioneu en grup sobre aquest tema, tenint en compte qüestions pràctiques com ara quin tipus de saviesa caldria que els governants tinguessin o bé com s'avaluaria el grau de coneixement necessari per dirigir un Estat. Exposeu les conclusions a les quals hàgiu arribat.

6> Feu un resum del text següent i indiqueu les principals qüestions que s'hi plantegen:

> «Llevat que els filòsofs regnin en els Estats, o que els que ara són anomenats reis i governants filosofin de manera genuïna i adequada, i que coincideixin en una mateixa persona el poder polític i la filosofia, i que es prohibeixi rigorosament que marxin separadament per cadascun d'aquests dos camins les múltiples naturaleses que així ho fan, no hi haurà, estimat Glaucó, la fi dels mals per als Estats ni tampoc, crec, per al gènere humà.»
>
> *República*, 473 d
> **Plató**

7> Definiu els termes següents:

Idea, món intel·ligible, món sensible, participació, reminiscència, idea de Bé, *epistéme*, *doxa*, demiürg, filòsof-rei, valor (coratge) i justícia.

2.8 Aristòtil

El pintor italià Raffaello Sanzio (1483-1520), més conegut com a Rafael, *a través del fresc* L'escola d'Atenes *(1509-1510), va representar expressivament les diferències que separen, i també les notables coincidències que uneixen, els dos més grans filòsofs de l'antiguitat,* ***Plató*** *i* ***Aristòtil****. Tal com ha escrit l'historiador de la filosofia Jean Brun:*

«Plató hi apareix amb un dit apuntant cap al cel, Aristòtil amb una mà assenyalant al terra. Aquests gestos al·legòrics il·lustren ben clarament una de les interpretacions clàssiques sobre l'oposició entre platonisme i aristotelisme. Plató, el filòsof de les idees, és vist com qui ha desesperat de la realitat sensible i ha buscat en el cel intel·ligible els principis explicatius de l'essència dels éssers; Aristòtil és considerat com qui ha fet l'aposta inversa i, després de retreure a Plató la separació entre el món sensible i el món intel·ligible, ha buscat en la pròpia realitat els elements de la seva comprensió.»

Aristòtil i el Liceu, *2*
Jean Brun

Aristòtil, principal deixeble de Plató, segueix la seva filosofia al mateix temps que se'n separa. Sovint s'han destacat els elements que els diferencien, fins al punt que, de vegades, han estat presentats com a antagonistes: enfront de l'atmosfera mística i religiosa que envolta la figura de Plató, destaca l'interès d'Aristòtil per les ciències empíriques; si aquell prenia les matemàtiques com a model de saber, aquest en prendrà la biologia; davant la forma dialogada dels textos platònics, hi ha l'organització sistemàtica de les obres del seu deixeble, etc. Aristòtil té un estil propi de fer filosofia i en aquest sentit es «desmarca» de Plató. Ara bé, molts cops Aristòtil evidencia un important component platònic, que constitueix una de les bases del seu pensament. Una altra és la preocupació pel tema del canvi i la permanència dels éssers individuals en la naturalesa. Aristòtil renova, doncs, l'interès dels presocràtics per la realitat sotmesa al canvi.

Aristòtil té més pàgines a l'*Encyclopaedia Britannica* que qualsevol altre autor. I això perquè aquest filòsof es va ocupar i va escriure sobre tots els problemes del seu temps: des de la lògica a la política, des de la retòrica a la biologia, des de la física a la metafísica, des de l'astronomia a la poètica. No hi ha camp del coneixement al qual la seva infatigable curiositat no hagi dedicat algun temps. Per exemple, va classificar personalment unes cinc-centes espècies d'animals i en va dissecar una cinquantena. No és estrany, doncs, que se l'hagi considerat durant segles «el Filòsof».

Vida i obres

Aristòtil va néixer l'any 384 aC a Tràcia (nord de Grècia), a la ciutat d'Estagira, raó per la qual també se'l coneix com l'Estagirita. El seu pare era el metge de capçalera del rei de Macedònia. Probablement Aristòtil va rebre una influència favorable a l'observació i l'anàlisi dels fets, elements característics de la professió mèdica. Quan tenia disset anys fou enviat a Atenes a estudiar a l'Acadèmia platònica. Malgrat que els seus interessos no eren totalment coincidents, Aristòtil degué sentir una gran afinitat intel·lectual amb el seu mestre, la qual cosa no va impedir, però, que critiqués alguns punts de la seva filosofia. Aristòtil va romandre vint anys a l'Acadèmia —on també hi donà classes— fins a la mort de Plató. Llavors Aristòtil, juntament amb altres companys, es traslladà a la ciutat d'Assos, on residí durant un temps. Més tard, a Mitilene, a l'illa de Lesbos, conegué Teofrast, que arribaria a ser el seu deixeble predilecte i successor.

L'any 342 aC, el monarca de Macedònia, Filip, al qual coneixia des que eren petits, el fa cridar perquè s'ocupi de l'educació del seu fill Alexandre. És la gran oportunitat d'Aristòtil: poder formar el caràcter de qui sens dubte estava destinat a ser un rei poderós. La sobtada mort de Filip va interrompre els estudis d'Alexandre, ja que hagué d'ocupar el tron de Macedònia. L'any 335 aC, Aristòtil tornà a Atenes, on fundà una escola rival de l'Acadèmia platònica, el Liceu, anomenat així perquè s'instal·là en el gimnàs públic situat en un santuari dedicat a Apol·lo Liceu, al nord de la ciutat. En el gimnàs hi havia un *perípatos*, un passeig, on Aristòtil tenia per costum impartir algunes classes, tot passejant amb els seus alumnes; per això l'escola aristotèlica es coneix també com l'escola peripatètica.

L'any 323 aC va morir inesperadament Alexandre el Gran quan tenia poc més de trenta anys. Llavors es produí a moltes ciutats que estaven sota l'hegemonia de Macedònia una reacció en contra d'aquesta. Com que Aristòtil havia estat durant un temps preceptor d'aquell qui els havia arrabassat la independència política, alguns trobaren l'ocasió d'acusar Aristòtil del crim d'impietat —el mateix delicte del qual havia estat acusat Sòcrates. Aristòtil va marxar d'Atenes per impedir que els atenencs «pequessin una vegada més contra la filosofia». Es dirigí a Calcis, a Eubea, juntament amb la seva segona dona i el seu fill Nicòmac. Va morir l'any següent, el 322 aC, quan tenia seixanta-dos anys.

El *Corpus aristotelicum*, el conjunt de l'obra d'Aristòtil, és immens: Diògenes Laerci cita 146 obres. Els seus llibres es poden agrupar en diversos apartats temàtics:

El coneixement

Com obtenim el coneixement, segons Aristòtil? A través de quins passos coneixem la realitat? Aristòtil crea una detallada teoria sobre com es produeix el coneixement, una de les més elaborades de l'antiguitat. Afirma l'Estagirita que tots els animals tenen la capacitat de percebre, de sentir sensacions. Ara bé, la percepció dura el que dura l'estímul que la provoca. Molts animals, a més de la capacitat de percepció, tenen la capacitat de guardar un record de les seves percepcions. Aquesta capacitat és la **memòria** (*mneme*). De la repetició de la memòria sorgeix, en els animals humans, l'**experiència** (*empeiría*), base de l'aprenentatge: «Així doncs, de la sensació sorgeix la memòria, tal com estem dient, i de la memòria repetida d'allò mateix, l'experiència» (*Segons analítics*, 100 a). Aristòtil diu, doncs, que la reiteració de certs records semblants relatius a una mateixa cosa acaba donant lloc a un concepte comú. Així, el record de diversos arbres anteriorment percebuts engendra finalment el concepte universal d'arbre.

La tècnica i la ciència provenen de l'experiència, ja que és l'experiència la que forneix de conceptes generals la tècnica i la ciència. Diu Aristòtil que «l'experiència és el coneixement de les coses singulars, i la tècnica, el de les universals» (*Metafísica*, 981 a). Qui posseeix el coneixement tècnic o científic és capaç d'expressar-lo i comunicar-lo a través del llenguatge; d'aquesta manera, pot ensenyar-lo a aquells que el desconeixen. Per contra, aquell qui només posseeix el coneixement de l'experiència (l'expert o experimentat) és incapaç de transmetre'l mitjançant el llenguatge. La diferència fonamental entre el coneixement tècnic i científic i el coneixement de l'expert és que el primer és un coneixement de les causes i el segon no. Per això, el tècnic o el científic poden ensenyar la seva tècnica o la seva ciència, mentre que l'expert no.

> “
>
> «El saber i l'entendre pertanyen més a la tècnica que a l'experiència, i són més savis els qui coneixen la tècnica que no pas els experts, ja que en tothom la saviesa li prové com a derivació del seu saber. I això pel fet que uns en saben la causa i els altres no. Ja que els experts saben el què, però no el perquè. Aquells, en canvi, coneixen el perquè i la causa. [...] Així, aquell senyal que permet distingir aquell qui sap de qui no sap és el fet de poder ensenyar, i per això considerem que la tècnica és més ciència que l'experiència.»
>
> *Metafísica*, 981 a
> **Aristòtil**

2.10 El problema del canvi

Segons Aristòtil, el canvi en el món sensible és un fet indubtable i evident, però Parmènides d'Elea havia «demostrat» lògicament la impossibilitat del canvi. La conclusió de la filosofia eleàtica pesava com una llosa sobre tots els qui s'atrevissin a parlar de la *phýsis* i Aristòtil n'era plenament conscient.

Matèria i forma

L'Estagirita comprèn que no és suficient afirmar que el canvi en els éssers naturals és un fet; també és necessari provar que és possible, que no hi ha cap impediment que el faci lògicament impossible com pensava Parmènides. El camí que segueix Aristòtil comença per l'anàlisi del discurs i del llenguatge utilitzats per la filosofia eleàtica en parlar sobre el canvi; així, posa de manifest que Parmènides ha incorregut en diverses confusions que l'han portat a negar una cosa tan evident com és el canvi i l'esdevenir en la naturalesa.

Primer de tot, s'han de conèixer els **principis** (*arkhaí*) o elements que intervenen en el canvi; dos d'ells són contraris —la **forma** (*eîdos, morphé*) i la **privació de la forma** (*stéresis*)—, l'altre és el **substrat** (*hypokeímenon*). Així, hi ha un element de partida i un altre d'arribada i aquests són oposats. Quan l'aigua s'escalfa, passa d'estar freda a l'inici, a estar calenta al final; es passa, doncs, d'un contrari a l'altre. L'aigua, privada de la forma de la calor, passa a ser aigua dotada de la forma de la calor. Aquest pas o transformació no vol dir, però, que una forma sigui igual o es transmuti en la seva contrària, ja que això significaria que una forma és al mateix temps la seva negació. El que succeeix realment és que un contrari es retira i és substituït per un altre en el substrat. En l'exemple anterior, l'aigua perd la forma de la fredor i adquireix la forma de l'escalfor.

> ( )
>
> Matèria i forma no són conceptes absoluts sinó relatius. Així, el Partenó és la forma que adopta la matèria, marbre pentèlic policromat, a mans dels escultors i artesans dirigits per Fídies. Però, el Partenó és un element que s'integra en un conjunt més ampli, l'Acròpolis d'Atenes, de la qual, doncs, n'és un constituent material més. «Aquest concepte de matèria —diu Jesús Mosterín— no és absolut sinó relatiu: no indica una cosa o realitat determinada, sinó un punt de vista des del qual mirar qualsevol cosa o realitat, punt de vista correlatiu al de forma o estructura.»

Per tant, la privació de forma no vol dir que el substrat no tingui cap forma —això, com veurem, és impossible—, sinó que en el substrat, de primer, no hi és present la forma que s'adquirirà en el procés del canvi, si bé sí que hi és present una altra forma que possibilita el canvi. La privació de forma és un principi necessari del canvi; efectivament, per poder alfabetitzar una persona, això és, que aprengui a llegir i a escriure, és necessari que aquesta persona estigui privada o mancada d'aquest coneixement, és a dir, que sigui analfabeta. No es pot ensenyar a llegir a qui ja sap llegir. D'altra banda, el substrat és el subjecte en el qual els contraris se succeeixen —sense que un esdevingui l'altre—, el factor permanent o constant al llarg del procés del canvi. D'aquesta manera el canvi d'una cosa no és, tal com havia dit Parmènides, el pas de l'ésser al no-ésser, o del no-ésser a l'ésser, sinó la substitució, en un substrat permanent, d'una forma per una altra de nova. Parmènides havia simplificat excessivament l'anàlisi del canvi i, així, havia arribat a la conclusió errònia que el canvi era físicament impossible perquè era lògicament impensable.

«Però, és precís un tercer principi que asseguri la continuïtat del moviment i l'impedeixi ser una successió desordenada de morts i renaixements (d'aquesta manera allò no il·lustrat moriria en esdevenir il·lustrat, el nen en convertir-se en adult, tesi sostinguda per alguns sofistes). Aquest tercer principi és el substrat o matèria, que és allò que subsisteix a través del canvi; així, l'argila no deixa de ser argila en cessar de ser informe per tal de rebre la forma de l'estàtua. Podria dir-se també que la forma és el futur del mòbil i la privació, el seu passat; la matèria, allò que roman eternament present.»

Aristòtil i el Liceu
Pierre Aubenque

Aristòtil anomena sovint el substrat **matèria** (*hýle*); aquesta paraula significava en el seu temps 'fusta' i, en general, 'material de construcció', però Aristòtil li dóna un significat molt més ampli, equivalent al de substrat amorf, sense forma, completament indeterminat, que constitueix tots els éssers naturals. Així, per exemple, els quatre elements (terra, aigua, aire i foc), que Aristòtil considera que es troben en tots els éssers naturals, estan fets d'aquesta matèria primera. Si aquesta adquireix la forma del foc, l'ésser resultant és el foc; si la forma de l'aire desplaça, en la matèria primera, a la del foc, apareix l'element aire, etc. D'aquesta manera, la matèria subjacent no existeix realment, independentment de qualsevol forma, com si es tractés d'un ésser natural més. En canvi, és lògicament necessari suposar la seva existència per tal de poder explicar qualsevol tipus de canvi. La matèria primera (*prote hýle*) és per això directament invisible i només per analogia, pensant en les tècniques de la construcció, es pot conèixer.

Hilemorfisme

Per a Aristòtil, qualsevol l'ésser natural és un compost de matèria i forma. Aquesta concepció ha rebut posteriorment el nom d'**hilemorfisme**, nom que deriva d'*hýle* i *morphé*, 'matèria' i 'forma'. La matèria és allò de què està fet l'ésser i la forma, com està fet, o més ben dit, l'estructura, el model o l'organització de la matèria. Matèria i forma són conceptes *relatius*. El que és forma en un sentit és alhora matèria en un altre. Matèria i forma no denoten realitats absolutes sinó un determinat punt de vista. Les substàncies són un conglomerat de matèria i forma; són matèria organitzada o estructurada, però el que és matèria per a una certa estructura, és forma respecte a la seva matèria.

Els éssers naturals neixen i desapareixen, és a dir, una concreta i temporal unió de matèria i forma es realitza per deslligar-se posteriorment; però si els individus passen, la matèria i la forma queden. La matèria és inengendrada i indestructible; és, doncs, eterna. Però també ho és la forma, ja que, recordem-ho, el canvi és la desaparició en un substrat d'una forma i l'aparició d'una altra que ja existia en la causa del canvi, com s'explicarà més endavant. Per tant, en tots els canvis la forma és anterior i, en conseqüència, és eterna. Això implica que no hi pot haver noves formes o formes diferents de les eternament existents i, pel que fa als éssers vivents, no pot haver-hi evolució de les espècies (formes). En afirmar que les formes són eternes, recau Aristòtil en el platonisme? No, perquè les formes, encara que eternes, són immanents, es troben inseparablement unides a la matèria, amb la qual constitueixen els éssers concrets. De totes maneres, l'immobilisme de les formes acosta Aristòtil al seu mestre.

Ara bé, l'Estagirita segueix rebutjant l'existència de les formes separades, ja que aquestes no poden explicar la generació de les coses sensibles. Diu Aristòtil (*Metafísica*, 1033 b): «Però, existeix potser una esfera fora d'aquestes o una casa fora de les de totxos? Si fos així, no passaria que no es generaria cap objecte determinat.»

El canvi i el moviment

Fins ara s'ha parlat del canvi en general, però la paraula *canvi* (*metabolé*) té diferents significats que és important distingir. Aristòtil redueix el canvi a quatre tipus: «Allò que canvia sempre canvia o substancialment o quantitativament o qualitativament o localment» (*Física*, 200 b).

El primer s'anomena canvi **substancial** perquè canvia la substància com a tal; l'ésser deixa de ser la substància que era i passa a ser una substància diferent. Els altres tres constitueixen el canvi **accidental** perquè l'ésser després del canvi continua sent el mateix ésser, tan sols ha canviat en algun aspecte accidental.

El canvi substancial és la completa transformació de la substància, com la llavor que esdevé planta o l'embrió que esdevé animal. És la **generació** (*génesis*) o naixement i la **corrupció** o mort. No s'ha de pensar que el canvi substancial és el trànsit del no-ésser a l'ésser o a l'inrevés —ja sabem des de Parmènides que aquestes misterioses aparicions i desaparicions són impossibles—, sinó l'aparició, en un substrat preexistent, d'una nova forma. El canvi **quantitatiu** (augment o disminució) és la variació de la matèria que constitueix el substrat. El canvi **qualitatiu** o alteració és el canvi d'una qualitat en el substrat, com el bronzejat de la pell, l'adquisició d'una forma —el color bru— per part del subjecte de la qual estava privat. Finalment, el canvi local o translació és el canvi de lloc o **moviment** (*kínesis*).

Per Aristòtil, tots els canvis es poden reduir a canvi local, ja que, quan un ésser natural canvia substancialment, quantitativament o qualitativament, això es deu a una nova col·locació o combinació dels quatres elements dels quals estan fets tots els éssers físics. Per tant, tots els canvis resulten del moviment.

A més d'aquesta classificació, Aristòtil divideix el canvi en natural i artificial. El canvi **natural** és el que apareix espontàniament en l'ésser, sense la intervenció de cap agent extern; per exemple, la germinació d'una planta o el creixement d'un animal. El canvi **artificial** o violent apareix per la intervenció d'algun agent extern; per exemple, la poda d'un arbre per un jardiner o la fabricació d'un gerro per un ceramista. Els canvis poden ser substancials o accidentals i naturals o artificials. Per tant, es tracta de dues classificacions no coincidents, realitzades des de punts de vista diferents.

Ésser en potència i ésser en acte

Aristòtil ofereix una explicació alternativa del canvi que ha tingut molta importància al llarg de la història (com ho prova el fet que la distinció que li serveix de base perviu avui en el llenguatge habitual). Afirma que hi ha una altra manera de resoldre el problema plantejat pels eleàtics en relació amb el canvi «ja que podem parlar d'una mateixa cosa en relació amb la seva potencialitat i en relació amb la seva actualitat». Dit altrament, *ésser* té més d'un sentit: hi ha l'ésser en potència i l'ésser en acte.

La **potència** (*dýnamis*) és la facultat, la capacitat que té una cosa d'esdevenir una altra. Així, un nadó té la capacitat d'arribar a ser una persona adulta; un nadó no és, encara, una persona adulta, però té la capacitat d'esdevenir-hi; no ho és realment, però sí potencialment: un nadó és una persona adulta potencial o virtual. Quan aquest nadó hagi crescut i s'hagi fet gran, llavors serà una persona adulta en acte, una persona plenament desenvolupada.

L'**acte** (*enérgeia*) és la potència realitzada, l'activitat real i present, no la mera capacitat o possibilitat. Tots els éssers naturals tenen certes propietats en acte, però també certes propietats en potència. Ara bé, els éssers no tenen totes les propietats en potència. Un nadó té la capacitat d'arribar a caminar o nedar, per exemple, però no té la capacitat d'arribar a volar com un ocell o a respirar com un peix. En paraules d'Aristòtil: «Si una cosa existeix en potència, no és la potència de qualsevol cosa i de tot».

Un gos cadell no és un gos adult i madur, però es troba en camí de ser-ho; no ho és encara, però arribarà a ser-ho. Aristòtil utilitza els conceptes de potència *(possibilitat, capacitat) i* acte *(activitat, realitat) per explicar el canvi i el moviment en els éssers naturals. El* ***canvi*** *no és més que el trànsit de l'ésser en potència a l'ésser en acte. Quan un cadell creix, passa de ser un gos que és adult en potència —tot i que és un gos cadell en acte— a ser un gos adult en acte.*

> «I és que allò que és en acte es genera sempre d'allò que és en potència per l'acció d'algú que és en acte; per exemple, un home per l'acció d'un home, un músic per l'acció d'un músic, havent-hi sempre alguna cosa que produeix l'inici del moviment. I allò que produeix el moviment es troba ja en acte.»
>
> *Metafísica*, 1049 b
>
> **Aristòtil**

Les nocions de *potència* i *acte* són relatives, com també ho són les de *matèria* i *forma* amb les quals es corresponen. Efectivament, allò que és potència en un cert sentit, és acte en un altre. Així, d'una banda, el nadó és potència en relació amb la persona adulta en què es transformarà, però el nadó és un ésser humà en acte, ja que posseeix una forma pròpia, diferent de la forma d'altres animals. D'altra banda, l'embrió és un ésser natural en acte i també un ésser en potència, el nadó en què es convertirà al cap d'uns mesos. I el nadó és en potència un adult.

Definits aquests termes, el **canvi** es pot explicar com el pas de l'ésser en potència a l'ésser en acte. El canvi, doncs, és la transició de la potència a l'acte, de l'ésser que ja és (en un cert sentit) a l'ésser que encara no és (en un sentit diferent). En una breu fórmula: el canvi és l'actualització de la potència de l'ésser. Aquí no valen els arguments eleàtics perquè no es produeix cap transició del no-ésser a l'ésser o a l'inrevés. El canvi és, doncs, real perquè és evident, lògicament possible i racionalment comprensible.

Què és primer, l'acte o la potència? Des d'un punt de vista ontològic, l'acte és *superior* a la potència, ja que l'ésser és en potència per tal d'arribar a ser-ho en acte; el fi de la potència és convertir-se en acte, l'acte és allò per a la qual cosa es té la potència. Continuant amb l'exemple anterior, s'és nadó per tal d'esdevenir adult. L'acte, doncs, és superior a (i millor que) la potència. I des d'un punt de vista cronològic o temporal, l'acte és *anterior* a la potència, ja que el pas de la potència a l'acte, l'actualització de la potència, només pot ser executat per un ésser real, un ésser ja existent, un ésser en acte. Aristòtil diu repetides vegades que «l'home engendra l'home». Només l'home adult, un ésser en acte en el qual la forma ja està plenament realitzada, pot engendrar un altre ésser humà.

Del principi de la prioritat de l'acte sobre la potència es desprèn l'existència eterna de la forma —també la matèria, com ja hem vist, és inengendrada i indestructible. Si la implantació d'una nova forma en un substrat exigeix l'existència en acte, l'activitat d'un ésser que ja posseeixi aquesta forma, això equival a dir que la successió de formes és infinita; dit altrament, sempre hi ha hagut un ésser previ a qualsevol ésser engendrat. Això vol dir que el moviment, el pas de la potència a l'acte, ha existit des de sempre. D'altra banda, el moviment tampoc no pot cessar, no es pot concebre un final per a la successió de les formes, ja que, com diu Aristòtil, «hi ha un canvi posterior després de l'últim canvi». No hi ha, doncs, una actualització de la potència que sigui l'acte últim i final; per tant, el temps és infinit en ambdues direccions, és a dir, etern, igual que el moviment.

Què és primer, l'ou o la gallina? Aquesta pregunta té, per a Aristòtil, una ràpida resposta. La gallina és anterior a l'ou, temporalment i ontològicament. La gallina ha post l'ou i l'ou existeix per esdevenir gallina. D'altra banda, sempre hi ha hagut gallines i ous, i per sempre més n'hi haurà. I amb idèntiques característiques, sense cap mena d'evolució. Tal com diu W.K.C. Guthrie: «La gallina és anterior a l'ou, tant ontològicament com cronològicament, perquè cada ou l'ha post una gallina preexistent».

ACTIVITATS

8> Resumiu el text següent i indiqueu-ne les principals idees que s'hi exposen. Expliqueu el significat dels conceptes «ésser en potència» i «ésser en acte». Per què Aristòtil afirma que «totes les coses es generen a partir d'alguna cosa que és, d'alguna cosa que és, certament, en potència, però que no és en acte»?

> «Com que hi ha dues maneres en què una cosa és, tot canvia d'ésser en potència a ésser en acte (per exemple, de blanc en potència a blanc en acte, i igualment en el cas del creixement i la disminució); així que no solament és possible que alguna cosa es generi accidentalment a partir del que no és, sinó que, a més, totes les coses es generen a partir d'alguna cosa que és, d'alguna cosa que és, certament, en potència, però que no és en acte.»
>
> *Metafísica*, 1069 b
>
> **Aristòtil**

9> Presenteu i analitzeu diversos exemples d'éssers —naturals i artificials— que són d'una certa manera en acte i d'una manera diferent, en potència. Expliqueu per què els conceptes d'*acte* i *potència* són relatius.

10> Definiu els termes següents: Filosofia primera, *órganon*, principis del canvi, hilemorfisme, canvi substancial, moviment, potència, acte, causa material, causa final.

2.11 Els factors explicatius del canvi: les causes

Un altre factor que intervé en l'anàlisi aristotèlica del canvi i del moviment és el concepte de **causa** (*aitía* en grec). Per a Aristòtil, saber és saber les causes, conèixer tots els factors explicatius dels éssers. Aquest mot té en Aristòtil un sentit molt ampli i fa referència als elements o aspectes de la realitat que cal considerar per tal d'entendre l'origen i la constitució d'un ésser, sigui natural o artificial. Així doncs, per a Aristòtil, *causa* té un significat més ampli que el nostre actual concepte. De fet, distingeix quatre tipus de causes: la causa material, la formal, l'eficient i la final.

La causa **material** és el substrat o subjecte del canvi. La causa **formal** és l'estructura o organització que adopta el substrat al final del canvi. La causa **eficient**, agent o motriu és allò que provoca o inicia el moviment, el seu motor, per tant. La causa eficient equival al nostre concepte actual de causa. Per últim, la causa **final** és la finalitat per a la qual es fa una cosa, el sentit o el propòsit del canvi, la meta que persegueix l'agent en actuar. En els processos naturals, la forma i l'agent coincideixen —la causa eficient és la mateixa forma que ja existeix en el progenitor—; també coincideixen la forma i el fi —l'objectiu o fi del canvi és l'obtenció de la mateixa forma. En els processos artificials, les quatre causes són factors diferenciats i independents.

La identificació d'aquestes quatre causes no representa cap problema dificultós en els éssers artificials. En la producció d'una eina qualsevol, d'un producte manufacturat, és ben fàcil distingir i reconèixer-hi els components materials (matèria) i la seva disposició (forma), els productors (agent) i el fi a què és destinat (final). Al mateix temps resulta lògic analitzar els objectes naturals, els objectes de la *phýsis* en termes de matèria i forma, components i estructura. Però, en els éssers naturals —animats i inanimats— quina és la causa eficient i la causa final?

La Venus de Milo, *Museu del Louvre, París. En les obres d'art i en els productes de la tècnica fàcilment podem reconèixer les* ***quatre causes*** *analitzades per Aristòtil. Així, en l'estàtua* Venus de Milo *la causa material és el material amb què s'ha fet (en aquest cas, el marbre), la causa formal és el model que ha seguit o que ha volgut representar el seu autor, la causa eficient és l'escultor que l'ha realitzada i la causa final és l'objectiu que hom persegueix amb l'estàtua (homenatjar o recordar algú).*

Teleologisme o finalisme

En aquest punt cal recordar la importància de la biologia per a Aristòtil i el seu enfocament de la naturalesa com si es tractés d'un organisme viu. En efecte, els animals i les plantes disposen d'òrgans que realitzen certes funcions que semblen destinades a assolir uns fins determinats. Aristòtil repeteix una i altra vegada que la naturalesa no fa res en va, a l'atzar. La naturalesa i l'art o tècnica tenen igualment una disposició a obtenir certs fins.

Tot el que existeix té una finalitat: en els objectes artificials aquesta finalitat és externa, imposada per l'artífex que els ha creat; en canvi, en els éssers naturals la finalitat és interna, inscrita en la seva pròpia *phýsis*. Com ha afirmat l'hel·lenista alemany Werner Jaeger: «És una idea característicament aristotèlica que la naturalesa és finalista, fins i tot més que l'art, i que el finalisme que regna en el treball, sigui art o destresa, no és més que una imitació del finalisme de la naturalesa».

Aristòtil, doncs, contempla el món natural des de l'òptica del biòleg i, avesat a trobar causes finals en plantes i animals, en distingeix igualment en tot l'Univers. S'anomena **teleologisme** (de *télos*, 'fi', 'finalitat') la concepció segons la qual l'entera realitat es troba animada per propòsits, objectius, desigs, tendències o finalitats. Tal com ha escrit l'historiador de la filosofia W.K.C. Guthrie a propòsit de la visió teleològica d'Aristòtil:

> «Un teleologista veu tota la naturalesa com si complís una finalitat o finalitats, d'una forma conscient o no. Les nostres accions normalment es dirigeixen a un fi o objectiu projectat, que les determina i explica. La seqüència d'accions implicada en la construcció d'una casa només s'explica pel fet que homes i dones necessiten un refugi per a ells mateixos i les seves pertinences, d'aquí que el seu treball, o el d'altres, hagi hagut de tenir-lo en compte. El mateix tipus de comportament pot observar-se en les criatures que anomenem irracionals.»
>
> *Història de la filosofia grega*, VI
> **W.K.C. Guthrie**

> «El principi guia de la concepció aristotèlica de la naturalesa fou la teleologia: l'axioma que tot el que succeeix està encaminat a un cert fi i que tot el cosmos, amb tot el que conté, és el resultat d'un pla previ. La filosofia d'Aristòtil està tan dominada pel principi teleològic que s'acostuma a considerar-lo el seu inventor. Si bé es pot dir que és anterior, va ser ell qui el rescatà, perfeccionà i donà una importància que mai abans havia tingut.»
>
> *El món físic dels grecs*, 4
> **Samuel Sambursky**

El motor immòbil

La concepció cosmològica d'Aristòtil suposa la divisió de l'Univers en dues regions separades: el món celeste o **supralunar** —el món dels astres— i el món terrestre o **sublunar** —la Terra. Aquests dos àmbits de la realitat són completament diferents, formats de substàncies diferents i amb uns moviments diferents. En certa manera, l'oposició aristotèlica entre els dos mons no és altra cosa que la translació a l'Univers de la divisió platònica de la realitat en món intel·ligible i món sensible.

La Terra és el centre de l'Univers i aquest està format per una sèrie d'esferes concèntriques, en les quals estan inserits els planetes. L'última d'aquestes esferes, la més allunyada de la regió terrestre, és l'esfera dels estels fixos o firmament. Aquesta darrera esfera, en moure's diàriament al voltant de la Terra, arrossega i fa moure les esferes que es troben per sota, fins arribar a l'esfera de la Lluna. Explicar el moviment que hi ha a l'Univers és explicar el moviment de l'esfera celeste, ja que, un cop justificat aquest, tots els altres s'expliquen com una conseqüència mecànica dels moviments anteriors. En tot moviment hi ha una causa del moviment o *motor* i una cosa moguda o *mòbil*. L'esfera celeste és un motor que també és mòbil. En conseqüència, l'esfera celeste mou l'Univers, però al mateix temps és moguda. Hi ha d'haver, doncs, un motor de l'Univers que alhora no es mogui. Per tant, Aristòtil sosté que el primer motor de l'Univers és immòbil; la causa de l'etern moviment és el **motor immòbil**, un motor que mou sense moure's. Atès que el moviment és el pas de la potència a l'acte i que el primer motor és immòbil, el primer motor és **acte** pur, sense cap rastre de potència o possibilitat que sigui necessari actualitzar. Immutable i etern, el motor immòbil és **forma** pura, està deslligat de la matèria. Sense potència per actualitzar, és forma plenament realitzada.

Quina és l'activitat del primer motor? Segons Aristòtil no pot ser una altra que l'activitat més alta, l'activitat del pensament. L'objecte del seu pensament no pot ser un altre que l'objecte més elevat, això és, ell mateix. Per això, el motor immòbil és pensament del pensament (*noésis noeseós*).

Com pot moure l'Univers el motor immòbil si no ho fa per contacte o impuls mecànic, atès que no és material? L'única forma com pot moure'l és com a causa final, com a finalitat de l'Univers, com a objecte de desig al qual totes les coses, particularment l'esfera celeste, tendeixen i imiten. Com l'ésser amat, que sense moure's mou l'amant, així impulsa el motor immòbil l'Univers, com un objecte d'atracció. La primera esfera, en el seu desig d'atansar-se a la perfecció absoluta del motor immòbil, es mou circularment i uniformement amb el més perfecte dels moviments, ja que no té ni inici ni fi. Així que tot canvi i moviment a l'Univers és causat, en última instància, pel motor, que és eternament immòbil. El motor immòbil es pot identificar amb Déu, si bé el concepte aristotèlic de Déu és, però, molt diferent de la caracterització que en fan les religions monoteistes.

«En conclusió, atès que el moviment etern existeix, és necessari que hi hagi un principi etern que el produeixi, i és necessari així mateix que aquest principi sigui: *a)* etern, si és etern allò que aquest principi causa; *b)* immòbil, si la causa absolutament primera d'allò mòbil és allò immòbil; i *c)* acte pur, si el moviment produït per aquesta causa està sempre en acte.»

Introducció a *Aristòtil*, II, 10
Giovanni Reale

ACTIVITATS

11> Exposeu els diferents tipus de causes que Aristòtil distingeix, concretant-les en diferents éssers naturals o artificials.

12> Feu un resum del text següent i indiqueu les principals qüestions que s'hi plantegen:

«És obvi, doncs, que necessitem assolir la ciència de les causes primeres (evidentment, direm que sabem una cosa quan creguem conèixer la causa primera). Però de "causes" es parla en quatre sentits: d'elles, una causa diem que és l'*entitat*, és a dir, l'*essència* [...]; la segona, la *matèria*, és a dir, el *subjecte*; la tercera, *d'on prové l'inici del moviment*, i la quarta, la causa oposada a aquesta última, *allò per la qual cosa es fa*, és a dir, el *bé* (aquest és, per descomptat, el fi a què tendeixen la generació i el moviment).»

Metafísica, 983 a
Aristòtil

2.12 La concepció de l'ànima

Per a Aristòtil, la **psicologia** —l'estudi de l'ànima (*psyché*)— és una part de la física —l'estudi dels éssers naturals. Per això la investigació aristotèlica de l'ànima té un marcat aire biològic, empíric, allunyat de la perspectiva religiosa dels pitagòrics i de Plató.

En l'obra *Sobre l'ànima*, Aristòtil presenta la seva concepció anímica a partir de les nocions de matèria i forma, al mateix temps que critica les concepcions espiritualista i materialista de l'ànima. L'ànima no pot existir independentment del cos —com deien els platònics—, però tampoc no es pot concebre com un cos, un conjunt d'àtoms materials —com volien els atomistes. Segons Aristòtil, l'ésser viu o animat —l'ésser dotat d'ànima— és una unitat substancial formada per dos components: el cos i l'ànima, distingibles conceptualment, però inseparables realment. L'ànima es pot caracteritzar com el principi vital, el factor que vivifica el cos o que dóna vida als éssers naturals animats, la forma que informa la matèria corporal. Quan desapareix l'ànima dels éssers vius, aquests moren i esdevenen inanimats.

Aristòtil empra els conceptes metafísics de matèria i forma, potència i acte per analitzar la relació del cos i l'ànima. El cos és la *matèria* corporal i l'ànima és la *forma* psíquica. El cos té la vida en *potència* i quan el cos és viu, posseeix la vida en *acte*: l'ànima és, doncs, la realització, l'actualització del cos, ja que aquest només té la vida en potència. D'altra banda, l'ànima és el fi i el cos és el mitjà o instrument. Per tant, apel·lant als diversos tipus de causes, en l'ésser vivent l'ànima és la causa agent, formal i final, i el cos, la causa material.

La relació entre l'ànima i el cos és comparable a la relació entre la funció i l'òrgan. L'*organisme* corporal, el conjunt dels seus òrgans físics, és l'instrument que fa servir l'ànima. El cos és un organisme perquè està conformat de manera que els seus òrgans puguin complir la funció a la qual estan destinats, tal com en un instrument la disposició de les seves parts obeeix al fi per al qual s'ha creat. En els instruments artificials, la funció o la finalitat determina la seva estructura o el seu disseny; la forma com s'estructura la matèria depèn de la funció que aquests instruments hauran de realitzar. I el mateix es pot dir del cos dels éssers vius. L'articulació dels seus òrgans s'ha fet amb vista a l'activitat que han de portar a terme. Un cos organitzat —no qualsevol cos— té la vida en potència; la plena realització d'aquesta potència en un cos organitzat és l'ànima.

+

Aristòtil va estudiar detingudament animals com les ovelles, cabres, cérvols, porcs, lleons, hienes, elefants, camells, pardals, coloms, guatlles, àguiles, corbs, tortugues, llangardaixos, cocodrils, balenes o dofins. De fet, ja va descriure els dofins com a mamífers aquàtics; aquest és un dels seus èxits biològics:

«Uns animals són vivípars, d'altres ovípars i d'altres larvípars. Entre els vivípars hi ha l'home, el cavall, la foca i tots els que tenen pèl, i entre els aquàtics, els cetacis, com, per exemple, el dofí.»

Investigació sobre els animals, 489 a
Aristòtil

Classes d'ànima

Segons Aristòtil, hi ha diferents classes o facultats de l'ànima. Una **funció biològica** com la nutrició o una **funció intel·lectual** com el coneixement són igualment funcions de l'ànima. Per explicar la diversitat de funcions psíquiques, Aristòtil diu que hi ha tres tipus diferents i progressivament més complexos d'ànima, de manera que els superiors suposen els inferiors, però no al revés. Els tipus d'ànima són:

- L'ànima **vegetativa** o nutritiva, que es troba en les plantes i en els animals; la seves funcions són l'alimentació, el creixement i la reproducció.
- L'ànima **sensitiva** o apetitiva, que es troba en els animals (també en els humans); les seves funcions bàsiques són la percepció, el moviment local i el desig o apetència —la imaginació i la memòria deriven de la capacitat de percepció.
- L'ànima **racional** o intel·lectiva (*noûs*), que es troba exclusivament en els éssers humans —per tant, en aquests hi ha un element racional i una part irracional que comprèn els dos tipus anteriors. Segons Aristòtil, la ment, l'esperit racional, anterior al cos, s'hi introdueix en el moment de la procreació i, amb la seva mort, se'n separa. La funció del *noûs* o ànima racional és el pensament.

«Tocant a les potències de l'ànima ja esmentades, alguns éssers vivents, com hem dit, les posseeixen totes, mentre que d'altres en posseeixen unes quantes i d'altres, només una. Dèiem que aquestes potències són la facultat de nutrició, la sensació, el desig, el moviment pel que fa al lloc i la facultat de pensar. Les plantes tenen únicament la facultat de nutrició, mentre que els altres éssers vivents tenen també la sensació. A més, en tenir sensació, posseeixen també la tendència; el desig, en efecte, consisteix en l'apetència, en l'impuls i en la voluntat. [...] D'altra banda, hi ha éssers vivents que, a més d'aquestes facultats, tenen moviment pel que fa al lloc, mentre que d'altres posseeixen endemés la ment i la facultat de pensar, com ara els homes i qualsevol altre ésser semblant o superior, si és que existeix.»

Sobre l'ànima, 414 a
Aristòtil

2.13 L'ètica i la política d'Aristòtil

Per a Aristòtil, l'ètica i la política són sabers pràctics, sabers que s'ocupen de la *prâxis*, de la conducta o acció. Ambdues busquen el bé per a l'ésser humà, però com que el bé per a l'individu és el mateix que el bé per a la *pólis*, aquests dos coneixements vénen a coincidir, tot i que la política és superior a l'ètica, ja que la inclou. Diu Aristòtil que «procurar el bé d'una persona és una cosa desitjable, però és molt més bell i diví aconseguir-lo per a un poble i per a les ciutats» (*Ètica a Nicòmac*, 1094 b).

«Però és evident que la felicitat necessita també dels béns exteriors, com ja hem dit; perquè és impossible o no és fàcil fer el bé si no es disposa de recursos. Moltes coses, en efecte, es fan per mediació dels amics o de la riquesa o del poder polític, com si es tractés d'instruments; però la carència d'algunes coses, com la noblesa de llinatge, tenir fills bons i la bellesa, entelen la felicitat.»
Ètica a Nicòmac, 1099 b
Aristòtil

L'ètica

Quin és, doncs, el bé per a l'individu? La primera qüestió que es planteja és la d'esbrinar quin és el fi últim de l'ésser humà, el fi al qual tots els altres fins estan subordinats ja que no són més que mitjans o graons per arribar-hi. En l'àmbit de la conducta humana, aquesta perspectiva *teleològica* o *finalista* és especialment adequada, ja que és habitual analitzar i jutjar les accions no per elles mateixes, sinó pels objectius que es vol aconseguir a través d'elles. Hi ha fins que són bons o desitjables perquè contribueixen a obtenir altres fins superiors o més bons. Aristòtil es pregunta quin és el fi últim de la persona, aquell fi bo o desitjable per ell mateix i que no és tan sols un pas per a altres fins. Aristòtil està convençut que aquest fi últim és objectiu, real i cognoscible. En la línia de Sòcrates i Plató, Aristòtil també rebutja el relativisme i l'escepticisme dels sofistes. Hi ha un bé últim per a tots els humans i la raó pot conèixer-lo, tot i que l'ètica no és una matèria exacta. Sens dubte, el bé suprem dels humans és la **felicitat** (*eudaimonía*).

La idea de felicitat d'Aristòtil implica un cert tipus de vida, una vida autèntica i plena en la qual els éssers humans poden autorealitzar-se completament. Aristòtil analitza, per rebutjar-les després, algunes formes d'existència amb les quals s'acostuma a associar la vida feliç. Així, el plaer converteix la persona en un simple animal irracional; la riquesa no és més que un mitjà per a assolir uns altres béns, que són els que vertaderament valen; els honors converteixen aquell qui els posseeix en dependent d'aquells que els concedeixen, etc.

«Sobre el seu nom, quasi tothom hi està d'acord, perquè tant la majoria de la gent com els més cultes l'anomenen "felicitat", i pensen que viure bé i actuar bé és el mateix que ser feliç.»
Ètica a Nicòmac, 1095 a
Aristòtil

La felicitat

La concreció aristotèlica del concepte de felicitat té com a base la relació entre els conceptes de potència i acte. L'acte, en ser superior i anterior a la potència, és preferible a aquesta. Per tant, la felicitat consistirà en una activitat més que en una possibilitat, en la realització d'alguna potència o facultat de la naturalesa humana. D'altra banda, ha de ser una activitat autosuficient, bona en si mateixa i independent de qualsevol altra cosa. Ara bé, les capacitats humanes són diverses. La felicitat humana consistirà en una activitat, en la pràctica d'una capacitat pròpiament i exclusivament humana. La felicitat radica en l'exercici del pensament, de la reflexió, en la **vida teorètica** o contemplativa (*bíos theoretikós*).

Per Aristòtil, la bona vida, la vida feliç és la vida que deriva d'una certa activitat; és una cosa que es fa, no una cosa que es té; no consisteix a ser sinó a fer. El saber per Aristòtil és una necessitat vital. «Tots els homes desitgen saber per naturalesa», diu al començament de la *Metafísica*. La vida contemplativa és la vida dedicada a la recerca científica, a la investigació, a la ciència teòrica. L'ideal de vida que proposa és la vida que resulta de l'exercici de la facultat més elevada de la naturalesa humana. De totes maneres, Aristòtil presenta com a forma de vida ideal un tipus d'existència que es troba a l'abast de ben pocs, ja que la majoria de les persones viu ocupant-se de la satisfacció de les seves necessitats més bàsiques. Aquest model de vida que preconitza Aristòtil concorda perfectament amb la seva idea de l'activitat divina com a pur pensament. Tanmateix, Aristòtil no oblida les necessitats i els plaers humans més usuals en la seva consideració de la felicitat: sense salut, sense amistats, amb dificultats econòmiques, perjudicats per la fortuna... és molt difícil ser feliç.

Els sets savis de Grècia. *Mosaic trobat a Torre Annunziata (a l'antiga Oplontis, prop de Pompeia). Museu Nacional de Nàpols. Aristòtil concreta la felicitat, la bona vida, en la vida teorètica, la vida del savi dedicada a la recerca del coneixement i a la contemplació de la veritat, l'existència que, de fet, portà ell. «Aquesta activitat és l'única que sembla estimable per ella mateixa, ja que res no s'obté d'ella excepte la contemplació, mentre que de les activitats pràctiques obtenim, més o menys, unes altres coses, a més de la pròpia acció.»*
Ètica a Nicòmac, *1177 a*
Aristòtil

Les virtuts

Si la felicitat és una activitat, una acció, quan es pot afirmar que s'actua correctament? Una conducta correcta és una conducta virtuosa, una conducta excel·lent. La **virtut** o excel·lència (*areté*) d'una cosa o d'una acció és el bon funcionament, la perfecta realització d'aquesta cosa. La vida humana té també la seva *areté*; quan es viu segons la virtut, s'obté la felicitat. Com que l'ànima humana és complexa perquè està dividida en una part racional i en una part irracional, a cadascuna d'elles correspon una virtut pròpia. L'ànima sensitiva és la responsable dels desigs o impulsos humans, s'anomena **caràcter** (*éthos*); l'ànima racional és la responsable del coneixement, s'anomena **pensament** (*diánoia*). Atès que cada funció de l'ànima pot ser executada bé o malament, cadascuna d'elles té la seva *areté*: les virtuts del caràcter són les virtuts **ètiques** o morals, i les virtuts del pensament són les virtuts **dianoètiques** o intel·lectuals. La virtut moral consisteix en el fet que la part irracional se sotmeti i es deixi guiar per la part racional, de manera que aquesta controli els desigs d'aquella.

El tractament aristotèlic de les virtuts ètiques ha tingut una gran influència, que s'ha estès més enllà de l'estricte àmbit filosòfic i ha arrelat en la saviesa popular. Així, quan es defensa una certa conducta moderada perquè està situada en un terme mitjà entre dos extrems, s'adopta un punt de vista característic de la filosofia aristotèlica. La virtut està entre dos vicis, un per defecte i l'altre per excés.

Respecte d'una acció o d'una passió, sempre hi ha un «massa» i un «massa poc», una exageració o desproporció i una manca o insuficiència. Per exemple, amb relació al valor, que és la virtut perquè és el punt mitjà, hi ha un vici per excés de valor, la temeritat, i un vici per falta de valor, la covardia. Pel que fa a l'acció de donar diners, hi ha el vici per defecte de l'avarícia o gasiveria, i el vici per excés de la prodigalitat o malversació; la virtut radica en el punt mitjà, és a dir, la generositat. La saviesa pràctica o **prudència** (*phrónesis*) permet escollir la millor acció i els mitjans adequats per arribar a un fi. La prudència és un tipus de coneixement pràctic que determina on és el punt mitjà òptim entre dos extrems viciosos. D'aquí ve la definició aristotèlica de virtut moral com un terme mitjà «determinat per la raó i pel criteri que seguiria l'home prudent».

> «En les accions hi ha també un excés i un defecte i un terme mitjà. Ara bé, la virtut té a veure amb passions i accions, en les quals l'excés i el defecte s'equivoquen i són censurats, mentre que el terme mitjà és elogiat i encerta; ambdues coses són pròpies de la virtut. La virtut, llavors, és un terme mitjà o almenys tendeix al mig.»
>
> *Ètica a Nicòmac*, 1106 b
>
> **Aristòtil**

La política

Si la felicitat és el fi o el bé per a l'ésser humà, la *pólis* (la ciutat-estat) és l'únic marc en el qual és possible aconseguir-la. Per Aristòtil, l'individu humà és essencialment un ésser social, un ésser que només pot desenvolupar-se plenament en la convivència amb altres humans. En aquest sentit, es diferencia de les bèsties —que no poden viure socialment— i dels déus —que no necessiten viure socialment. La naturalesa humana porta intrínsecament la tendència a la sociabilitat. L'ésser humà és naturalment un ésser social, un **animal polític** (*politikón zôion*).

Els humans són, doncs, organismes biològics que viuen en societat, són animals cívics. La naturalesa els ha dotat de la necessitat de viure aplegats en la *pólis*, però també els ha dotat de l'instrument necessari per fer-ho: la paraula, el llenguatge.

Tots els instruments tenen un fi, una funció per realitzar; la finalitat del **llenguatge** (*lógos*) és la comunicació dels pensaments a través de les paraules —que transmeten conceptes—; en canvi, els restants animals tenen **veu** (*phoné*), amb la qual expressen merament les seves sensacions de satisfacció o de malestar. La naturalesa dels animals ha arribat fins aquí; en els humans ha arribat fins a dotar-los de la capacitat de dir el que és just o injust, bo o dolent, diu Aristòtil. Amb l'instrument del *lógos* es pot començar a bastir una ciutat-estat. Per això, la *pólis* arrenca de la naturalesa mateixa, com la família i el poblet. La casa (*oíkos*) és una comunitat natural que té la funció o finalitat de satisfer les necessitats més bàsiques; el poblet apareix quan s'ajunten vàries cases o famílies per poder satisfer millor aquestes necessitats. Finalment, la integració de diversos poblets pròxims constitueix la *pólis*. La funció de la famí-

> «La comunitat perfecta de diversos poblets és la ciutat, que ja té, per dir-ho així, el nivell més alt d'autosuficiència, que va néixer a causa de les necessitats de la vida, però subsisteix per poder viure bé. D'aquí ve que tota ciutat és per naturalesa, si també ho són les primeres comunitats. La ciutat és el fi d'aquestes, i la naturalesa és el fi. En efecte, allò que és cada cosa, un cop complert el seu desenvolupament, això és la seva naturalesa, d'un home, d'un cavall o d'una casa. A més, allò per a què existeix un cosa i el seu fi és el millor, i l'autosuficiència és, a la vegada, un fi i el que és millor.»
>
> *Política*, 1252 b
>
> **Aristòtil**

lia és assegurar als seus membres els mitjans de subsistència; la funció de la *pólis* és assegurar una bona vida, una vida plenament humana, ja que és una comunitat autosuficient (*autárkeia*), que es basta a si mateixa per fer possible la felicitat dels seus ciutadans.

Aquesta concepció aristotèlica del caràcter natural de la *pólis* contrasta amb les idees dels sofistes, que atorgaven un caràcter purament convencional o arbitrari a la *pólis* i a les seves lleis i institucions —en conseqüència, mancades d'un sòlid fonament i modificables sempre. Als plantejaments dels sofistes, Aristòtil oposa un concepte de la *pólis* fonamentat en la naturalesa (*phýsis*) de l'ésser humà.

*Per a Aristòtil i per a molts grecs de l'època clàssica, l'**esclavitud** és una institució natural, en el sentit que els éssers humans ja neixen lliures o esclaus, biològicament són persones lliures o bé persones que necessiten que d'altres els dirigeixin i els manin en la seva vida. «Ja que és esclau per naturalesa el que pot ser d'un altre (per això precisament és d'un altre) i el que participa de la raó per percebre-la, però no per posseir-la […]. La naturalesa, fins i tot, vol fer diferents els cossos dels lliures i els dels esclaus: uns, forts per als treballs necessaris; d'altres, tibats i inútils per a aquestes feines, però útils per a la vida política.»*

Política, *1254 b*

Aristòtil

Els règims polítics

Un cop determinada la funció ideal de la *pólis*, Aristòtil canvia el sentit de la seva anàlisi i passa a estudiar els diferents tipus d'Estats existents per tal de conèixer-ne les característiques i poder veure quins són realitzables i quins no. Perquè «no solament s'ha de conèixer el millor règim, sinó també el possible, i igualment el que és més fàcil i el més accessible a totes les ciutats». Lluny de l'idealisme platònic, Aristòtil adopta una actitud més objectiva d'anàlisi i descripció sociològica dels diferents règims polítics reals.

Només hi pot haver sis tipus de règims polítics o **constitucions**, segons si governa un sol individu, uns quants o molts: la **monarquia** (el govern d'un sol home, el més destacat i excel·lent), l'**aristocràcia** (el govern d'uns quants, els millors), i la **democràcia** (el govern de tots els ciutadans sotmesos a la legislació).

Aquestes formes bones de govern (perquè busquen l'interès de la ciutat), poden desembocar o degenerar en unes altres de corruptes: la **tirania** (el govern d'un sol individu que s'ha fet il·legítimament i per la força amb el poder), l'**oligarquia** (el govern d'uns pocs, els més rics), i la **demagògia** (el govern de tots però sense respectar les lleis).

El govern ideal és la monarquia, però Aristòtil s'adona que ja no hi ha governants perfectes. Per tant, l'aristocràcia supera la monarquia quant a les seves possibilitats reals d'implantació. Fins i tot l'aristocràcia, tal vegada, és un règim inassolible en els temps que corren, diu Aristòtil; per això, proposa una combinació d'aristocràcia i democràcia. L'important és que la majoria dels ciutadans pertanyin a la classe mitjana; d'aquesta manera la *pólis* fuig dels extrems i recolza sobre la majoria dels ciutadans, que no són ni molt rics ni molt pobres. Si l'excel·lència moral està situada en el terme mitjà entre dos extrems, l'excel·lència política també se situa en el punt mitjà entre els règims polítics extrems. De nou podem veure l'ideal grec d'harmonia i de bellesa equilibrada influint, ara, en l'organització de la *pólis*.

"

«Un règim polític és una ordenació de les diverses magistratures de la ciutat i especialment de la que té el poder sobirà. I a tot arreu és sobirà el govern de la ciutat, i aquest govern és el règim. Dic, per exemple, que en les democràcies és sobirà el poble i, per contra, en les oligarquies, la minoria. I així afirmem que el seu règim és diferent, i aplicarem aquest mateix argument amb relació als altres.»

Política, 1278 b

Aristòtil

ACTIVITATS

13> Feu un resum del text següent i indiqueu les principals qüestions que s'hi plantegen. Expliqueu i diferencieu el significat de les expressions següents: «ésser social», «paraula», «veu», «dolor i plaer», «allò just i allò injust», «casa familiar», «ciutat».

«La raó per la qual l'home és un ésser social, més que qualsevol abella i que qualsevol animal gregari, és evident: la naturalesa, com diem, no fa res en va i l'home és l'únic animal dotat de la paraula. Perquè la veu és senyal del dolor i del plaer, i per això en posseeixen també els altres animals, perquè la seva naturalesa arriba fins a tenir sensacions de dolor i de plaer i a fer-se senyals d'aquestes coses els uns als altres. La paraula, en canvi, és per manifestar allò que és convenient i allò que és perjudicial, així com allò just i allò injust. Tot això és propi de l'home enfront dels altres animals: només ell posseeix el sentit del bé i del mal, del que és just i del que és injust, i de tots els altres valors; la participació comunitària d'aquests valors constitueix la casa familiar i la ciutat.»

Política, 1253 a

Aristòtil

Activitats finals

FILOSOFIA I TIC

Cerqueu a Internet informació i prepareu un petit dossier sobre:

- La vida política a Atenes
- Rafael Sanzio i *L'Escola d'Atenes*
- Les escoles filosòfiques d'Atenes
- Plató i les matemàtiques
- Aristòtil i la biologia
- Els esclaus a la Grècia antiga

1> Creieu que hi ha alguna relació entre l'ésser de Parmènides i les idees de Plató? En quin sentit podem dir que la filosofia platònica està influïda per la filosofia eleàtica? I pel pensament d'Heràclit?

2> Cerqueu informació sobre la pel·lícula *The Matrix* i exposeu-ne l'argument. Relacioneu-la amb el mite de la caverna de Plató i valoreu els punts de coincidència dels dos relats. Feu un debat a classe sobre el que és real i el que és irreal i com distingir-ho.

3> Feu un resum de la teoria de les idees de Plató. Com explica el fundador de l'Acadèmia la relació entre el món sensible i el món intel·ligible?

4> Enumereu els elements positius i negatius de la *pólis* ideal que Plató dissenya a la *República*. Doneu la vostra opinió personal raonada sobre el projecte polític de Plató.

5> Indiqueu quin filòsof ha pogut escriure aquest fragment i justifiqueu la resposta:

> «Però, si suposo que l'havíem adquirida abans de néixer, i en néixer la vam perdre i, finalment, aplicant els sentits a les coses, recuperem aquelles nocions que ja abans havíem tingut, allò que anomenem aprendre ¿no serà recuperar una noció que ens pertanyia i, en anomenar reminiscència aquesta recuperació, no emprarem la paraula justa?»

6> El matemàtic anglès Godfrey Hardy exposa la seva visió de les matemàtiques i del seu objecte d'estudi. Analitzeu el fragment següent i raoneu amb quina línia filosòfica encaixa aquesta concepció de la ciència matemàtica:

> «Crec que la realitat matemàtica està fora de nosaltres, que la nostra funció és descobrir-la o observar-la, i que els teoremes que demostrem, i que amb grandiloqüència anomenem les nostres "creacions", són simplement les nostres observacions.»

Autojustificació d'un matemàtic
Godfrey Hardy

7> Exposeu la concepció de Plató de les tres parts de l'ànima i de les tres classes socials de l'Estat ideal. Relacioneu-la amb la seva concepció de les virtuts.

8> Si les idees són eternes i ultrapassen la realitat concreta, llavors hi haurà d'haver idees de totes les coses, fins i tot d'aquelles que encara no existeixen materialment o d'aquelles altres que ja no existeixen? Podeu donar algunes raons o arguments a favor o en contra de la doctrina platònica de les idees?

9> L'esclau que apareix en el diàleg *Menó*, hàbilment preguntat pel «maièutic» Sòcrates, arriba a trobar la solució a un problema geomètric del qual no en «sabia» res. Això prova, segons Plató, que el coneixement és innat i que només cal fer-lo «sortir». Creieu que els humans posseïm coneixements d'aquesta classe, coneixements innats?

10> Valoreu l'opinió de l'historiador de la ciència L.W.H. Hull que afirma, a propòsit de la creença platònica, que el coneixement és record:

> «Però l'argument del *Menó*, tot i que és hàbil i elegant, conté dues fal·làcies: és poc probable que l'esclau resolgués el problema si les preguntes no procedissin d'algú que ja sabés la solució. [...] Però, deixant això de banda, hi ha encara una objecció més seriosa. El truc no hauria donat cap resultat si el coneixement buscat no hagués estat lògic o matemàtic. No hi ha preguntes capaces, per molt que s'acumulin, d'aconseguir que l'esclau "recordi" la població d'Atenes o el nom del comandant persa de la batalla de Marató, a menys que li ho haguessin dit en aquesta vida.»

Història i filosofia de la ciència
L.W.H. Hull

11> Analitzeu i comenteu la valoració següent que fa el filòsof Karl R. Popper de l'Estat ideal de Plató:

> «Sigui com sigui, el cert és que Plató creia en ambdues coses, és a dir, en una tendència històrica general cap a la corrupció i en la possibilitat de contenir aquesta corrupció, en el camp polític, mitjançant la supressió de qualsevol canvi polític. Aquest és, en conseqüència, l'objectiu de les seves obres. Així, Plató tracta d'aconseguir-lo mitjançant l'establiment d'un Estat lliure dels mals que afligeixen tots els altres Estats, ja que qualsevol transformació s'hi troba paralitzada i, per tant, aquell no degenera. El millor Estat, l'Estat perfecte, és el que es troba lliure del mal del canvi i la corrupció. És l'Estat de l'edat d'or que mai no canvia, és l'Estat detingut.»

La societat oberta i els seus enemics
Karl R. Popper

12> Exposeu resumidament la crítica d'Aristòtil a la teoria platònica de les idees o formes. Es pot afirmar que Aristòtil abandona el concepte de forma?

13> Expliqueu els diferents tipus de canvis que analitza Aristòtil i poseu exemples de cadascun d'ells.

14> Expliqueu els tipus de causes que distingeix Aristòtil i poseu un parell d'exemples de cada classe.

15> Compareu les concepcions platònica i aristotèlica de l'ànima. Quina creieu que té més poder explicatiu o és capaç de comprendre millor la naturalesa humana?

16> Què és la virtut per a Aristòtil? Es pot considerar com una exaltació de la mediocritat? Raoneu la resposta.

17> Indiqueu a quin pensador es pot atribuir el fragment següent. Justifiqueu la resposta:

«Així doncs, si és per un impuls natural i per un propòsit per allò que l'oreneta fa el seu niu i l'aranya la seva teranyina, que les plantes produeixen fulles per als seus fruits i dirigeixen les seves arrels cap avall per nodrir-se i no cap amunt, és evident que aquest tipus de causa està operant en les coses que són i arriben a ser per naturalesa.»

18> Assenyaleu alguns punts de coincidència entre la doctrina de l'ànima de Plató i la d'Aristòtil.

19> Plató divideix la realitat en el món sensible i el món intel·ligible; Aristòtil, per la seva banda, divideix l'Univers en el món sublunar i el món supralunar. Relacioneu aquestes dues concepcions.

20> Comenteu aquest text d'Aristòtil i exposeu-ne les idees principals:

«Algunes coses són per naturalesa, d'altres per altres causes. Per naturalesa, els animals i les seves parts, les plantes i els cossos simples com la terra, el foc, l'aire i l'aigua —ja que afirmem que aquestes i altres coses semblants són per naturalesa. Totes aquestes coses semblen diferenciar-se d'aquelles que no estan constituïdes per naturalesa, perquè cadascuna d'elles té en si mateixa un principi de moviment i de repòs, sigui respecte al lloc o a l'augment o a la disminució o a l'alteració. Al contrari, un llit, una roba de vestir o qualsevol altra cosa semblant [...] no tenen en si mateixes cap tendència natural al canvi; però atès que, accidentalment, estan fetes de pedra o de terra o d'una mescla d'aquestes coses, només en aquest aspecte, la tenen. Perquè la naturalesa és un principi i causa del moviment o del repòs en la cosa a la qual pertany primàriament i per si mateixa, no per accident.»

Física, 192 b
Aristòtil

21> Segons Aristòtil, tots els éssers naturals segueixen o persegueixen uns determinats fins o objectius. Com s'anomena aquesta concepció que «veu» la naturalesa com un organisme animat per tendències, impulsos, desigs? Poseu alguns exemples que facin versemblant aquesta concepció. Creieu que és una concepció ben fonamentada?

22> Resumiu les idees més importants d'aquests dos fragments. Compareu també les dues actituds diferents envers la naturalesa i funció de la ciència que hi apareixen. En el primer, Plató explica el veritable mode de practicar l'astronomia; en el segon, Aristòtil remarca el caràcter noble dels estudis biològics. Quins supòsits metafísics hi ha en el seu fons?

a) «Hem de pensar d'aquesta policromia amb què està adornat el cel que és, amb molt, allò més bell i perfecte que pot existir. Ara bé, aquesta bellesa queda molt per sota de la vertadera bellesa [...]. Tot això és accessible a la raó i al pensament, però no a la vista [...]. Deixarem de banda les coses del cel, aprofundint en l'estudi de l'astronomia, si realment volem obtenir algun profit de la part intel·ligent que hi ha per naturalesa a l'ànima.»

República, 529 d
Plató

b) «Encara que hi hagi aspectes del tema desagradables per als nostres sentits, des del punt de vista teòric l'observació de la naturalesa en la seva activitat constructiva dóna incalculables satisfaccions a qui és capaç d'arribar al coneixement de les causes i a qui és filòsof per naturalesa. Seria absurd i irracional gaudir de les imatges pintades o modelades de les coses naturals, ja que en elles també captem l'habilitat de l'artista, i no gaudir encara més de les construccions de la naturalesa mateixa, sempre en el supòsit que es tingui la capacitat de comprendre les seves causes. Per tant, no ens escapem com els nens de l'estudi de les criatures més humils! En cada subjecte natural hi ha quelcom que pot excitar la nostra admiració.»

Sobre les parts dels animals, 644 b
Aristòtil

23> Expliqueu el significat d'aquest text d'Aristòtil, indiqueu si hi esteu d'acord o no i raoneu per què:

«Així doncs, és evident que la ciutat és per naturalesa i és anterior a l'individu; perquè si cadascú per separat no es basta a si mateix, es trobarà semblantment a les altres parts en relació amb el tot. I qui no pot viure en comunitat, o no necessita res a causa de la seva suficiència, no és membre de la societat, sinó una bèstia o un déu.»

Política, 1253 a
Aristòtil

24> Què és la felicitat per a l'Estagirita? En quins aspectes esteu d'acord amb la proposta de vida feliç que fa Aristòtil? Segons aquesta concepció, poden ser feliços els infants i els adolescents? I els esclaus i les dones? I els artesans i els treballadors manuals? Per què?

25> Compareu les concepcions polítiques de Plató i Aristòtil. Feu un quadre en el qual, en una columna, es mostrin el punts de semblança entre una i l'altra; en dues altres columnes, mostreu les diferències.

03

PENSAMENT HEL·LENÍSTIC I GRECOROMÀ

- Què vol dir «prendre's les coses amb filosofia»?
- Què enteneu per felicitat? Quins conceptes associeu amb la felicitat? És possible ser feliç en la més absoluta misèria? Quins són els principals enemics de la felicitat?
- La filosofia ens pot ajudar a ser feliços? Com? I la ciència? Pot la ciència explicar-nos en què consisteix la felicitat i com es pot aconseguir?
- Quines diferències hi ha entre saviesa i ciència? Per ser savi cal només saber moltes coses? Quina relació té la filosofia amb la saviesa i la ciència?
- La felicitat és una qüestió individual i privada, o una tasca política i social?
- Quina funció tenen actualment les biblioteques i els museus? I antigament?

3.1 L'hel·lenisme

«La necessitat d'influir sobre la societat, que és patent en els començaments del pensament grec i en la seva època clàssica, desapareix, fins a cert punt, en l'hel·lenisme. Les doctrines epicúries i estoiques accentuen el caire intimista de la reflexió filosòfica. Els interessos polítics, la creença en la transformació de la realitat, han perdut el vigor de les èpoques anteriors. La societat de l'hel·lenisme ha vist ampliar-se i desaparèixer a la fi les muralles de la *pólis*, de la ciutat. L'"intel·lectual" se sent perdut en l'Univers que les conquestes d'Alexandre han fet "massa gran" i han diluït davant els seus ulls. El món sobre el qual es pretenia influir ja no és aquí. [...] En l'hel·lenisme, en afluixar-se els vincles que lligaven l'home a la seva ciutat, no resta cap altra sortida que construir la ciutat perduda amb els materials d'enderroc de les velles vinculacions. El refugi interior substitueix la muralla assolellada; la moral de la intimitat reemplaça la solidaritat del *demos*. Enfront de la filosofia que sorgia de la comunitat i del llenguatge, comença a aixecar-se el domini d'allò subjectiu, de la desvinculació del món, fins i tot del seu menyspreu. [...] La felicitat només existirà com a ataràxia, com a impertorbabilitat, com a capacitat per no esperar significació d'allò que, per tant, sembla muntat sobre l'absurd.»

La filosofia, avui
Emilio Lledó

L'**hel·lenisme** és el llarg període que comença amb la desfeta de l'imperi Persa, quan Alexandre el Gran, que ja dominava tot el món grec, es proclama sobirà de l'imperi Persa (l'any 331 aC). Des del punt de vista de la història de la filosofia, les idees característiques del període hel·lenístic continuen vigents després de la desaparició dels estats de cultura grega, sotmesos a l'imperi Romà des de mitjan segle II dC. El període hel·lenístic, que inclou una fase grecoromana, es perllonga fins al final de l'antiguitat, és a dir, fins a la caiguda de l'imperi Romà (476 dC).

El context històric, social i polític de l'hel·lenisme

L'inici del període hel·lenístic, cap al final del segle IV aC, està determinat per un canvi radical en les condicions polítiques a Grècia. Per als grecs dels segles VI, V i IV aC era «evident que la ciutat és una de les coses naturals», com havia afirmat Aristòtil. Però aquesta evidència s'ensorra. L'imperi d'Alexandre suposarà la desaparició de les ciutats-estat autosuficients en el món hel·lènic, la forma que els grecs consideraven més perfecta d'organització i convivència social. Això provoca una autèntica crisi de civilització.

En el gran imperi que creà Alexandre, el concepte de ciutat-estat serà reemplaçat pel d'estat-imperi o, fins i tot, d'estat-món (*cosmopólis*). Els ciutadans grecs passen a ser ciutadans del món (*cosmopolites*). La cultura i la llengua grega van jugar un important paper unificador de les diverses civilitzacions i pobles que formaven l'imperi d'Alexandre. El grec es va convertir en la llengua internacional de la cultura i del poder.

Alexandre el Gran va morir quan tenia poc més de trenta anys, abans d'haver pogut consolidar l'estat mundial que havia projectat. Després de la seva mort, l'extens imperi que havia conquerit es va fraccionar en diversos estats governats pels seus generals, que lluitaren entre si durant dècades. Aquests generals successors i els seus descendents van crear dinasties com ara els ptolemeus a Egipte, els antigònides a Macedònia, els selèucides a Síria, Mesopotàmia, Pèrsia i regions veïnes, etc. La majoria d'aquests regnes, més tard, caigueren sota el domini de l'imperi Romà.

Tanmateix, i malgrat la divisió i els conflictes militars del fraccionat imperi, el somni d'Alexandre de crear un estat mundial es va realitzar en part. La cultura grega s'universalitza i dóna origen a una nova civilització: la **civilització hel·lenística**.

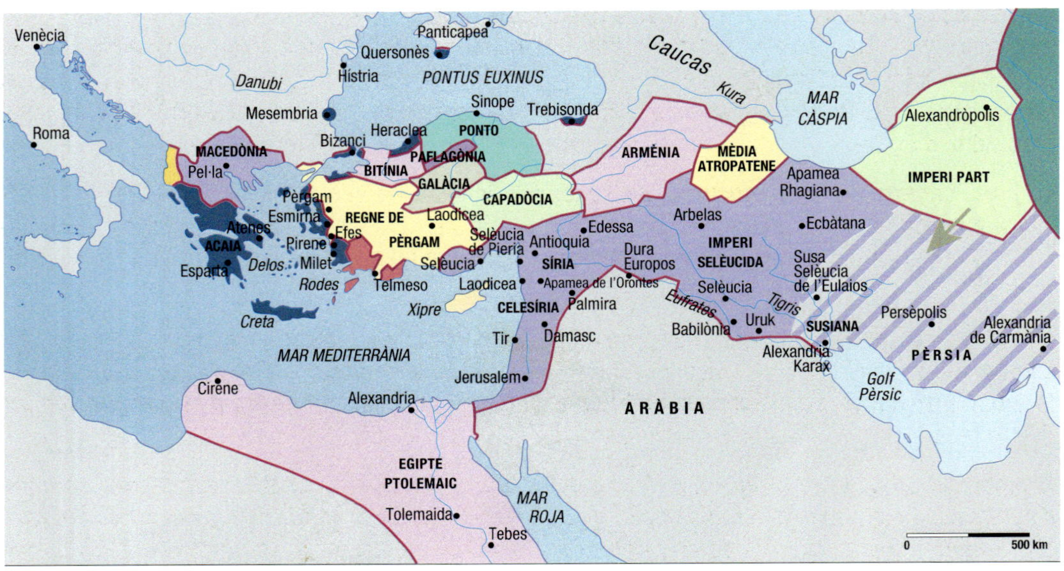

El món hel·lenístic l'any 188 aC

límits probables dels estats hel·lenístics després de la pau d'Apamea
estats grecs lliures (ciutats o lligues)
estat grecobactrià del 250 aC al 130 aC
ciutat de Rodes i territoris (*Perea rodia*)
conquesta romana dels Balcans a partir del 216 aC

El fet més important des del punt de vista social és la desaparició de la ciutat-estat, que agrupava els ciutadans en un règim polític d'àmbit reduït. Aquestes ciutats lliures i independents van quedar sotmeses a l'imperi macedònic amb Alexandre el Gran. Fins i tot Atenes va perdre la seva hegemonia i va participar en l'empresa de conquesta imperial d'Alexandre. En morir aquest, la situació de les ciutats gregues no era gaire diferent de les ciutats conquerides. Atenes i les ciutats-estat de Grècia són com petites ciutats de província. Ja no existeix diferència entre grecs i bàrbars. Se succeeixen llavors les guerres civils, les rebel·lions, i els successors d'Alexandre el Gran lluiten entre ells. Es produeixen grans moviments migratoris i la inestabilitat és general. Allò que caracteritza aquest període és la incertesa, els canvis de govern, l'exili, les denúncies, la misèria, etc. Pot dir-se que l'expansió i establiment de l'imperi macedònic va portar internament a algunes de les ciutats-estat de Grècia la seva ruïna i decadència. Naturalment els estats hel·lenístics no estan contínuament en guerra i certes ciutats gregues viuen una època d'expansió gràcies a l'expansió de mercats. Però hi ha una crisi de civilització i un canvi de mentalitat: el ciutadà abandona la política per interessar-se pels afers propis. De la crisi de civilització que va suposar la desaparició de les ciutats-estat va sorgir un nou pensament filosòfic.

Portar ètica d'Epicur.
+
apunts escepticisme
Imprimir full → Son Anselm

Característiques del pensament hel·lenístic

Els grans filòsofs de l'Atenes del segle IV aC, Plató i Aristòtil, estaven convençuts que l'ésser humà, la ciutat (*pólis*) i l'Univers (*cósmos*) tenien un ordre i una estructura similar. Per això van intentar elaborar sistemes filosòfics globals que incloïen tant la reflexió teòrica com la pràctica. Aquests filòsofs del període clàssic, malgrat que viuen ja en un període de decadència de la *pólis*, no són capaços d'imaginar la seva total desaparició. Arran del triomf d'Alexandre va quedar clar per a tothom que l'autonomia de les ciutats gregues era cosa del passat. Els intensos canvis polítics i econòmics que es produeixen després de la mort d'Alexandre el Gran generen una situació d'inestabilitat social que, quant al pensament filosòfic, es tradueix en una pèrdua d'interès pels grans temes metafísics. L'expansió territorial de la cultura grega durant el període hel·lenístic té com a contrapartida el replegament interior del filòsof.

L'hel·lenisme reflecteix la consciència de molts grecs de la pèrdua del control d'allò que passava a les seves ciutats i en el seu món. Així, la filosofia es va convertir en un refugi que donava orientacions sobre com viure en aquest nou món, i els diferents corrents d'aquest període centraren la seva preocupació en l'ésser humà. Predomina el **problema ètic**, que es converteix en l'eix de la reflexió filosòfica, mentre que s'abandonen els intents de crear un sistema unitari o de donar una interpretació global dels diferents àmbits del coneixement, com havien fet Plató i Aristòtil. Les ciències se separen de la filosofia i esdevenen **sabers particulars** (astronomia, geografia, matemàtiques, física, medicina, etc.). La separació entre filosofia i ciències, que des del seu comú naixement s'havien mantingut unides i indistingibles, és fins i tot geogràfica. Mentre que Atenes continua sent la capital del pensament filosòfic, que gira ara entorn de l'ètica, les ciències es desenvolupen principalment a Alexandria d'Egipte.

En filosofia destaquen: els **epicuris**, que centren la felicitat en el plaer natural i l'amistat; els **estoics**, que consideren que el màxim bé de l'home és l'acceptació del destí; i els **escèptics**, que defensen la suspensió de tot judici sobre les coses i, igual que les altres dues escoles, la impertorbabilitat d'ànim.

En ciència cal destacar la creació del **Museu d'Alexandria**, una mena d'universitat en què es van conrear les ciències positives i humanístiques. El Museu estava format per quatre departaments: literatura, matemàtiques, astronomia i medicina. El Museu i la gran **biblioteca d'Alexandria** van ser, des de la seva creació, el primer centre cultural i científic del món antic.

El problema que afecta diàriament les persones d'aquesta època és la recerca de la seguretat. No és sorprenent, doncs, que els filòsofs deixin d'ocupar-se d'interpretar el món en general i es dediquin als problemes més urgents que es presenten a la humanitat: com viure bé dins el caos polític i social que l'envolta. D'aquí ve que els problemes ètics i vitals ocupin el primer pla de la reflexió filosòfica. La filosofia esdevé, així, un art de viure. En Plató i Aristòtil l'ètica era la coronació, el punt final, de tot un sistema filosòfic o interpretació global del món. Era alguna cosa semblant a les conseqüències pràctiques que es derivaven d'unes concepcions generals sobre el món i la humanitat.

Diògenes de Sínope (413-327 aC) es pot considerar el màxim exponent del moviment cínic. El moviment cínic no va ser estrictament una escola però sí, durant el període hel·lenístic i grecoromà, un important moviment de rodamons pidolaires, anàrquics desvergonyits i crítics radicals i amb sentit de l'humor. En grec *bíos kynikós* significa 'vida canina' i el gos —*kúon*—, símbol per als grecs del total desvergonyiment, era l'emblema dels cínics, que es proclamaven seguidors de la naturalesa —*phýsis*— i alliberats de tota convenció o llei humana —*nómos*. Una de les moltes anècdotes que s'expliquen sobre la vida anticonvencional i extravagant del cínics té a veure amb una visita de l'emperador Alexandre el Gran a l'habitacle de Diògenes. Quan l'emperador el va anar a veure al barril on s'allotjava com un gos i a preguntar-li si necessitava alguna cosa, Diògenes es va mofar d'ell i del seu imperi demanant-li que es retirés ja que li treia la llum del sol.

En l'hel·lenisme, l'ètica no és un punt final d'arribada, sinó l'eix entorn del qual ha de girar qualsevol reflexió sobre el món. S'han invertit els termes. Ara es tracta d'esbrinar en primer lloc com es pot ser feliç, la forma de trobar la seguretat enmig del caos i el desordre que imperen arreu, i només després es podrà explicar com és el món. Amb la desaparició de les ciutats-estat lliures i independents gregues, el fet més important d'aquesta època, desapareix també la llibertat del ciutadà dins l'Estat; ara, l'única llibertat possible és la interior. La dominació de Macedònia va posar fi a la llibertat de la *pólis*, però la majoria dels ciutadans estaven massa preocupats per la seva inseguretat i misèria creixent i per les seves lluites internes per adonar-se d'aquest fet. Fins i tot molts van considerar l'expansió imperial macedònia com un remei al creixement demogràfic i com l'alliberació de l'opressió i l'amenaça persa.

L'única excepció a la decadència del pensament teòric en aquesta època va ser la ciència natural. Les conquestes d'Alexandre el Gran van obrir un món molt més ampli al comerç grec i es crearen nous mercats, necessitats de productes tant sense elaborar com manufacturats, la qual cosa va posar en marxa tot un procés per descobrir noves tècniques de producció. Es produí una expansió comercial molt important on el transport marítim tingué un paper fonamental. Ens trobem en l'època de l'*oikumene* ('tot el món habitat'), un inici de la globalització cultural amb una llengua grega senzilla (*koiné*) com eina de comunicació en aquest espai geogràfic.

ACTIVITATS

1> Feu un resum del text següent de Jesús Mosterín i indiqueu les principals qüestions que s'hi plantegen:

«A la Mediterrània oriental, el segle III aC va ser una època de sorprenent vitalitat intel·lectual, durant la qual el pensament hel·lenístic va produir tres grans corrents filosòfics: l'epicureisme, l'estoïcisme i l'escepticisme. Aquestes tres escoles no solament han deixat la seva empremta en la història de la filosofia, sinó que han romàs en el patrimoni comú de la cultura occidental com a arquetips dels diferents tarannàs o maneres bàsiques d'encarar-se amb la vida.

La ciència hel·lenística del segle III aC va arribar a un nivell extraordinari. Matemàtics com ara Euclides, Arquimedes i Apol·loni, i astrònoms com Aristarc i Eratòstenes estan, sens dubte, entre els més grans científics de tots els temps. El món trigaria gairebé dos mil anys a recuperar el seu nivell teòric. La resta de l'època antiga va estar marcada a Occident per l'expansió de Roma i l'establiment de l'imperi Romà, en el marc del qual va continuar desenvolupant-se la cultura hel·lenística, que en aquell temps, tanmateix, ja havia perdut gran part del seu vigor i creativitat inicials. Potser l'aportació més original i interessant dels romans a la història del pensament no se situa en l'àmbit de la filosofia o de la ciència, sinó en el de la pràctica, en com van saber unificar, pacificar i administrar tot el món llavors conegut.»

Història de la filosofia
Jesús Mosterín

2> Feu un resum del text següent d'Antoni Domènech. Com s'explica que el cosmopolitisme vagi lligat a l'individualisme ètic?

«Els nous temps no necessitaven el patriotisme de la *pólis*, ni Plató ni Aristòtil, sinó el Jardí d'Epicur i el Pòrtic de Zenó i Crisip; ells podien respondre ara millor que Sòcrates la pregunta crucial "Com hem de viure?" Ara: no a la *pólis*, sinó a la *cosmopólis*. Com va escriure Plutarc, la molt admirada *politeía* [constitució] de Zenó, el fundador de la secta estoica, tenia per objectiu general que deixéssim de viure en ciutats separades i en pobles distints, tots ells diferenciats per diverses concepcions de la justícia, i que contempléssim, en canvi, a tothom com a membres d'una ciutat i un poble, amb una vida única i un únic ordre, com un ramat pasturant junt es cria en una pastura comuna.

L'altra cara d'aquest cosmopolitisme és l'individualisme ètic extrem: la mesura de l'autosuficiència de l'individu no la dóna ara la *pólis*, sinó el mateix individu, que ha d'estar preparat per fer front a escassetats tremebundes (d'aquí ve la felicitat estoica, capaç de prescindir de béns materials) i a horrorosos pànics (d'aquí ve que l'epicureisme es proposi com a remei del temor). I l'individu guiat només per la seva raó, buscant només un mode de conducta "harmoniós" amb la naturalesa —com els estoics—, o proclamant el plaer com el bé superior —com els epicuris—, pot ser subversiu de qualsevol ordre polític, però també pot adaptar-se mitjanament bé a les necessitats de dominació d'un imperi que manté pobles, ciutats i territoris molt diferents sota el seu control: l'individualisme cosmopolita trenca identitats ètniques, arrenca arrels i prepara el terreny de l'expansió i la consolidació imperial. Al cap i a la fi, com molt bé va cantar Virgili (sota Octavià), els ramats tornen tots sols al vespre sense que el pastor hagi de vigilar-los.»

De l'ètica a la política
Antoni Domènech

3.2 L'epicureisme

Davant la situació de crisi que es va viure al començament de l'època hel·lenística, els filòsofs van buscar la felicitat en la **tranquil·litat d'ànim**. Els estoics van trobar aquesta tranquil·litat en el domini de totes les passions i l'acceptació del fatal destí de l'Univers. Els escèptics, en contraposició, la van trobar en la renúncia a la recerca del coneixement i en la suspensió del judici. Tanmateix, probablement la resposta més senzilla a la pregunta sobre quin és el principal component de la felicitat és la següent: el **plaer**. Les teories ètiques que consideren que el fi últim, la felicitat, s'identifica amb el plaer (*hedoné*), que és l'única cosa que paga la pena buscar, s'anomenen hedonistes.

L'**epicureisme** és la principal escola hedonista grega fins al punt que els termes *hedonista* i *epicuri* s'han convertit gairebé en sinònims i una de les accepcions del terme *epicuri* és «que ama especialment els plaers sensuals i els cerca». Tanmateix, aquesta definició de diccionari, com veurem, no escau ni a Epicur, el fundador de l'escola, ni als seus deixebles.

Vida i obres d'Epicur

Epicur (341-270 aC) va néixer a l'illa de Samos, però, en ser fill d'atenesos, ell també ho era. La seva família s'havia establert en aquesta illa del mar Egeu com a ocupants i colonitzadors, portats per una expedició militar. A Atenes, Epicur va fer, als 18 anys, el servei militar. Però mentre el feia (l'any 322 aC) es va aplicar un decret d'Alexandre que, per tal de pacificar l'Imperi, ordenava que totes les terres confiscades com a conseqüència de les guerres entre ciutats gregues es retornessin als seus anteriors propietaris. En conseqüència, la família d'Epicur va ser desposseïda de les seves terres.

Epicur ja no va tornar a Samos i va treballar com a professor de retòrica i de filosofia en diverses ciutats gregues. L'any 306 aC va tornar a Atenes per instal·lar-s'hi definitivament amb un grup d'amics i deixebles que havia anat formant en els seus anys de professor ambulant. Com que era ciutadà d'Atenes, podia comprar immobles. Així, va adquirir una casa, a la qual anà a viure amb el seus deixebles, i un jardí (més aviat un hort), on feia les seves classes o xerrades. L'escola d'Epicur va rebre el nom d'**escola del Jardí**. En aquella època, a Atenes hi havia nombroses escoles filosòfiques. Les més prestigioses eren l'Acadèmia, fundada per Plató, i el Liceu, fundat per Aristòtil. El Jardí d'Epicur no era una escola filosòfica normal, ja que s'assemblava més a una secta filosòfica (no política ni religiosa) o a una comuna aïllada del món, que no pas a una universitat. Per a Epicur i els seus deixebles, la saviesa filosòfica és l'art de **viure bé** i ser **feliç**. Per tant, l'objectiu de l'escola no serà proposar grans teories, sinó viure una vida modesta i harmoniosa fundada en l'amistat i allunyada de la política de l'època. Al Jardí eren admesos, en plena igualtat i fraternitat, homes i dones, esclaus i lliures, cultes i incultes, persones que volien viure amb moderació retirats de la vida pública i cultivant l'amistat.

Només ha arribat fins a nosaltres una part molt petita del que Epicur va escriure. La principal font dels textos d'Epicur és el llibre que Diògenes Laerci, al final del segle III, li va dedicar en la seva obra *Sobre les vides, les opinions i les sentències dels filòsofs il·lustres*, en què hi ha la *Carta a Meneceu* (de temàtica ètica), la *Carta a Heròdot* (que tracta de física) i la *Carta a Pítocles* (d'astronomia). També ens han arribat dos grups d'aforismes: les quaranta *Màximes capitals* i les *Sentències vaticanes*, descobertes al final del segle XIX.

«La lectura d'Epicur continua sent un saludable estímul per a la defensa de la vida, del goig, de la serenitat i de la solidaritat. Encara que només fos per això, pagaria la pena recordar el seu missatge.»

L'epicureisme, una saviesa del cos, del goig i de l'amistat
Emilio Lledó

«El Jardí d'Epicur no era una institució científica, com l'Acadèmia o el Liceu, sinó una comuna aïllada del món i els seus problemes, una mena de balneari d'ànimes. La comuna estava rígidament jerarquitzada. Epicur n'era el cap i el savi. [...] Al Jardí no s'admetien discrepàncies ideològiques, com ara Plató, per exemple, les havia admès a l'Acadèmia. Es tractava d'una secta que seguia els ensenyaments del mestre amb fervor i sense discussió.»

Història de la filosofia, V
Jesús Mosterín

«La primera comunitat d'amics en la qual, amb independència de qualsevol pressupòsit social o sagrat, el nom d'amic va servir per designar una relació ètica i un comportament lliurement triat pels homes, que es reconeixien iguals sobre la base del seu ésser individual i de la seva condició humana comuna, va sorgir al començament del segle III aC, a Atenes, i va ser obra d'un filòsof, Epicur.»

Epicur: la filosofia del plaer i la societat dels amics
Carlo Diano

***Epicur** va ser el fundador de la principal escola hedonista: l'epicureisme. Seva és la frase «Cal que filosofin tant el jove com el vell». Aquesta bella invitació a la filosofia es troba recollida en el començament de la seva* Carta a Meneceu.

La funció de la filosofia

Epicur es mostrava hostil amb les idees i pensadors d'altres escoles i tendències. Aquesta hostilitat va ser recíproca i àmpliament corresposta. Pels antiepicuris, *partidari d'Epicur* era sinònim de partidari dels plaers corporals. El cert és que allò que molts historiadors o filòsofs no van perdonar a Epicur i als seus seguidors va ser el seu materialisme i la seva exaltació de la naturalesa de l'ésser humà entesa globalment, és a dir, sense menysprear els aspectes físics. Però això no vol dir que la vida ideal per Epicur fos una vida «de porcs», preocupats només pels plaers materials, com pensaven els seus enemics. Epicur manté una visió materialista del món, però la seva ètica defensa la sobrietat, la vida senzilla i retirada, i propugna l'alliberament de l'ésser humà de tota mena de cadenes (religioses, polítiques, socials...).

Epicur considera que la filosofia ha de ser un instrument per a alliberar l'ésser humà: «Ha de servir la filosofia només per trobar la vertadera llibertat». Per això s'oposa a tota construcció teòrica que no signifiqui cap ajut pràctic per viure millor i ser feliç. La seva tasca primordial és la recerca de la seguretat davant un món de permanents inseguretats. L'ésser humà (home o dona) es troba insegur perquè té falsos temors que provenen de falses opinions: el temor als déus i la por a la mort. Cal alliberar-se d'aquestes falses opinions i assolir un coneixement vertader i segur sobre què és el món i quin és el nostre lloc en ell. Per això, per aconseguir ser plenament humans sense renunciar a la nostra naturalesa en nom d'alguna cosa sobrenatural incerta, la filosofia ens ha d'ensenyar:

1) Com coneixem i quin és el criteri de veritat (*canònica* o *teoria del coneixement*).

2) Què és la naturalesa o el món (*física*).

3) Què hem de fer per ser feliços (*ètica*).

Els dos primers estudis, canònica i física, són només instruments o mitjans dirigits a aconseguir una millor comprensió del tercer. L'ètica, en canvi, ens permet aconseguir el propòsit fonamental dels humans: la **felicitat**.

La canònica o teoria del coneixement

Epicur tracta de trobar un criteri de veritat en el coneixement. Amb aquest criteri o cànon podrem determinar quan una opinió és vertadera o falsa. L'estudi d'aquests criteris constitueix la **canònica**. Epicur assenyala tres criteris: la **sensació**, la **raó** i els **sentiments de plaer** o **dolor**.

La sensació és el primer i més bàsic criteri de veritat. Per a nosaltres, les úniques entitats que poden ser vertaderes són les proposicions. Epicur no distingeix entre la realitat d'alguna cosa i la veritat de la proposició que descriu aquesta cosa. Per això afirma que les sensacions són veritats, volent dir que tota sensació ho és sempre d'alguna cosa real i que el possible error estarà en la interpretació de les sensacions. Tot coneixement prové de l'experiència sensible. El coneixement consisteix en imatges que nosaltres rebem pels sentits i que provenen i reprodueixen les coses.

"

Aforismes d'Epicur

«El major fruit de l'autosuficiència (autarquia) és la llibertat.»
Sentències vaticanes, 77
Epicur

«De tots els béns que la saviesa ofereix per a la felicitat d'una vida plena, el més important, de molt, és el benefici de l'amistat.»
Màximes capitals, XXVII
Epicur

«Cap plaer, per si mateix, no és dolent. Però els mitjans de procurar-se certs plaers sovint comporten un nombre més gran de molèsties que de plaers.»
Màximes capitals, VIII
Epicur

La física

Plató i Aristòtil havien considerat la filosofia com una activitat fonamentalment teòrica. La filosofia i la ciència eren coneixements desinteressats del món. L'ètica i la política eren coneixements pràctics que culminaven aquests coneixements teòrics. En canvi, per a Epicur, el coneixement teòric del món no té cap valor si no és una ajuda per a aconseguir la felicitat: «Vana és la paraula del filòsof que no és un remei per a cap patiment dels éssers humans. Perquè així com no és útil la medicina si no suprimeix les malalties del cos, així tampoc és útil la filosofia si no suprimeix les malalties de l'ànima» (Fr. 221 Us.).

I les malalties de l'ànima, allò que provoca la intranquil·litat i la infelicitat, són els temors insensats als déus i a la mort.

La **física** o filosofia de la naturalesa tindrà com a principal funció alliberar-nos dels temors envers allò sobrenatural. Epicur volia donar explicacions naturals dels fenòmens del món natural i humà sense fer intervenir els déus. Considera que els déus són perfectes i feliços, mentre que el món en el qual vivim nosaltres no ho és. Si els déus intervinguessin, el món no podria ser tal com és. Creure que els déus intervenen en els nostres assumptes suposaria haver d'atribuir-los el mal que existeix. A més a més, si els déus es preocupessin pels assumptes del món, no podrien ser feliços. El món natural pot explicar-se sense fer intervenir res extern al món mateix. Epicur no era ateu, ja que creia en l'existència dels déus, però va atacar tota mena de superstició i d'utilització dels déus per dominar els éssers humans. Epicur, doncs, nega la providència divina. La divinitat «incorruptible i feliç [...] és indiferent als assumptes humans».

> «Si no ens trastoquessin en absolut les sospites provocades pels fenòmens del cel, o per la possibilitat que la mort ens pugui afectar en alguna mesura, o també pel fet que no comprenem els límits dels dolors i dels desigs, no tindríem cap necessitat de la ciència natural.»
>
> *Màximes capitals*, XI
> **Epicur**

Atomisme

La teoria física del món és deutora de l'atomisme de Demòcrit, malgrat que Epicur no ho confessa. Així, la física epicúria accepta que tota la realitat té com a components elementals els **àtoms** (partícules indivisibles) i el **buit**. Epicur va afegir a la doctrina de Demòcrit la idea que els àtoms es desvien casualment de la seva direcció. Aquesta desviació dels àtoms és imprevisible i irregular, i és la causa de l'existència de l'atzar en la naturalesa. Però, també, la **desviació** casual dels àtoms que formen les nostres ànimes permet explicar l'autonomia i llibertat de la nostra voluntat. Així, el filòsof demostra que en la naturalesa hi ha lleis necessàries però també atzar. Els fenòmens que depenen del moviment vertical dels àtoms que es mouen indefinidament cap avall són previsibles i poden ser explicats mitjançant lleis de la naturalesa. Però en la naturalesa i en l'ésser humà no tot està determinat; també existeix l'atzar i la llibertat, productes de la desviació casual de la direcció dels àtoms. Epicur és un pensador materialista (tot està compost per àtoms que es mouen en el buit, fins i tot la nostra ànima), però no determinista, i nega la fatalitat i la predeterminació defensada pels estoics.

L'ànima humana és un conglomerat d'àtoms. Els àtoms que formen l'ànima són molt petits, rodons i llisos, i necessiten del cos humà per mantenir-se units. Si es destrueix el cos, els àtoms que formen l'ànima es dispersen i l'individu mor. Els àtoms que formen l'ànima i els que formen el cos es necessiten mútuament per tenir sensacions i sentiments. Després de la mort, disgregats els àtoms que formen l'ànima, no podem sentir res. Per tant, no té sentit tenir por o preocupar-se per la mort, una de les causes de la infelicitat humana.

Epicur nega la immortalitat humana i l'existència de vida d'ultratomba. La física o filosofia de la naturalesa és un instrument per alliberar-nos dels temors i infelicitats que aquestes creences errònies poden provocar.

L'ètica

La preocupació fonamental de la doctrina d'Epicur és l'obtenció de la felicitat, el bé suprem de la vida. Per això, l'ètica és el nucli i l'objectiu final de totes les seves investigacions. Els pensaments ètics més importants d'Epicur estan en la seva *Carta a Meneceu* i en les *Màximes capitals*.

> «Que ningú pel fet de ser jove no vacil·li a filosofar, ni per haver arribat a la vellesa no es cansi de filosofar. Perquè no hi ha ningú massa jove ni massa vell pel que fa a la salut de la seva ànima. Qui diu que el temps de filosofar no li ha arribat o ja li ha passat és semblant al qui diu que encara no ha arribat o que ja ha passat el temps per a la felicitat. Així, cal que filosofin tant el jove com el vell. El vell a fi que, en la seva vellesa, sigui jove en els béns per la joia d'allò que ha viscut; el jove perquè sigui jove i vell alhora per la seva intrepidesa davant el futur. Cal, doncs, que ens ocupem del que ens fa feliços, perquè, quan ho som, ho tenim tot i, si no ho som, ho fem tot per ser-ho.»
>
> *Carta a Meneceu*
> **Epicur**

Falsos temors

> «A nosaltres, la mort no ens afecta; perquè el que s'ha dissolt es torna insensible, i el que és insensible a nosaltres no ens afecta.»
>
> *Màximes capitals*, II
> **Epicur**

Per ser feliços hem d'evitar falsos temors com la **por als déus**, que són éssers perfectes, immortals, autosuficients i feliços que no intervenen en els assumptes humans. La felicitat, l'autosuficiència, la impertorbabilitat i la indiferència dels déus han de ser el model d'allò que els éssers humans han d'aconseguir: viure com a déus. També hem d'evitar la **por a la mort**. Mai ningú no ha sentit la mort:

> «Mentre nosaltres som, la mort no està present, i quan la mort està present, aleshores nosaltres no som.»
>
> *Carta a Meneceu*
> **Epicur**

Aquesta concepció de la mort fa que l'important no sigui viure eternament, sinó viure bé. I viure bé és viure segons la naturalesa, si bé, contràriament als estoics, els epicuris no creuen en una llei divina que governi l'Univers. L'Univers està format per àtoms que es mouen en el buit. Quan els moviments dels àtoms de les nostres zones sensibles (òrgans dels sentits, ment...) són com per naturalesa els correspon (moviments regulars, harmoniosos, equilibrats..), llavors no sentim cap mena de dolor en aquella zona, sinó que sentim plaer.

Recerca del plaer

> «El límit de la grandària dels plaers és l'abolició de tot sofriment. On hi ha el plaer, mentre aquest perdura, no hi ha sofriment o tristesa o mescla de totes dues coses.»
>
> *Màximes capitals*, III
> **Epicur**

Els epicuris defensen que el plaer i el dolor són els criteris del bé i del mal: el bé suprem és el plaer i el mal suprem és el dolor. El plaer és el resultat de l'absència de dolor: l'absència de dolor en el cos ens dóna el plaer perfecte del cos; l'absència d'ansietat i la impertorbabilitat de l'ànima ens asseguren el plaer de l'ànima. La felicitat consisteix en la unió d'ambdós plaers.

Per tant, per viure feliç, cal **evitar el dolor** i **buscar el plaer**. La naturalesa ha unit les necessitats amb el plaer i les coses perjudicials amb el dolor. Es tracta, per tant, de seguir amb saviesa els principis naturals. Cal distingir entre les necessitats naturals i les creades per nosaltres mateixos. Les necessitats naturals són fàcils de satisfer, i el savi ha de moderar i controlar els seus desigs i renunciar a tot allò que sigui innecessari. La felicitat, segons Epicur, radica en una vida senzilla, tranquil·la i retirada, en la possessió dels mínims aliments i vestits necessaris per no passar gana ni set ni fred. La recerca de plaers pot anar acompanyada de posteriors dolors. Per això, cal fer un càlcul de les nostres accions per veure els plaers i dolors que aquestes poden comportar.

> «És millor suportar alguns dolors determinats per gaudir de plaers més grans. Convé privar-se de determinats plaers per no patir dolors més penosos.»
>
> *Fr. 442 Us.*
> **Epicur**

En tot cas s'ha de renunciar sempre als excessos. És veritat que Epicur centra la felicitat en la consecució del plaer, però no es tracta només dels plaers materials del cos, sinó també dels plaers mentals o espirituals, que acostumen a ser més intensos que els corporals. El propòsit és assolir l'equilibri, l'absència de dolor i la impertorbabilitat, la serenitat i l'autodomini. En això no es diferencien gaire dels estoics: la vida feliç és també la vida virtuosa, prudent, honesta i justa.

L'amistat

La **vida senzilla** i l'**amistat** són la millor manera d'adquirir la màxima felicitat. Epicur distingeix entre amistat (*philía*) i amor eròtic (*éros*). La passió eròtica, el desig intens de tenir relacions sexuals, és, per a Epicur, una font de preocupacions i dolors més que no pas de plaer. En canvi, l'amistat ens proporciona la seguretat de tenir l'ajut dels nostres amics si els necessitem. Aquesta seguretat en el futur, aquesta confiança i tranquil·litat, ens la dóna l'amistat, que és una mena d'assegurança d'ajuda i estima mútua. La manca d'amics produeix ansietat i intranquil·litat pel que fa al futur. Una famosa sentència epicúria ens recorda que «no necessitem tant l'ajut dels nostres amics com la confiança en aquest ajut». L'epicureisme no s'interessa per l'acció política ni per la fama —«viu ocult», recomana Epicur—, però li preocupa la vida en societat. Propugna uns nous vincles entre els éssers humans regits per la igualtat i el rebuig de tota forma de domini.

L'ètica d'Epicur està basada en la seva concepció del plaer, en radical oposició amb la doctrina platònica del Bé, ja que té un ressò racionalista i està estretament lligada al fet biològic. L'estil filosòfic de vida que propugna es pot concretar així: una resignació tranquil·la, la renúncia al poder i al luxe, el conreu de l'amistat i un alegre agraïment vers la vida que, en qualsevol cas, val la pena ser viscuda.

*Epicur lloa l'**amistat** com a element bàsic per a l'obtenció de la felicitat. La certesa de l'estima de l'amic i la seguretat de la seva ajuda en els avatars de la vida, fa serena l'existència de l'ésser humà.*

L'epicureisme, filosofia per a moments de crisi

Resulta evident que Epicur no pretenia elaborar un sistema filosòfic, sinó que aspirava a salvar els éssers humans de la seva misèria i dolor. L'epicureisme és un corrent humanístic en un moment de crisi; això explica l'interès que va tenir per a pensadors del segle XIX com Marx i Nietzsche. La secta del epicuris intenta organitzar els individus en comunitats d'amics que s'enfrontin al caos social i polític, que es rebel·lin contra la crisi política en termes aparentment apolítics. Epicur és una mena de predicador laic que posa com a model un concepte d'ésser humà ple, lliure i sense traves que assumeix la seva condició natural. L'escola del Jardí formava propagandistes de les seves idees. L'epicureisme, malgrat que mai no va ser un moviment majoritari, es va difondre ràpidament i perdurà durant tot el període hel·lenístic i grecoromà. A Roma, al segle I aC, el poeta **Lucreci** (95-51 aC) es convertirà en un gran divulgador de l'epicureisme amb el seu poema *De rerum natura* (*Sobre la naturalesa de les coses*), una de les obres mestres de la literatura universal.

«No és possible una vida feliç si no és assenyada, bella i justa, ni es pot viure amb seny, amb bellesa i amb justícia sense viure feliç. Qui no té tot això no pot viure feliç.»

Màximes capitals, V
Epicur

Els quatre medicaments per a la felicitat o quadrifàrmac dels epicuris

«Tingueu present només el quadrifàrmac: Déu no s'ha de témer, la mort és insensible, el bé és fàcil de procurar, el mal és fàcil de suportar.»

Fr. 69 us.
Epicur

ACTIVITATS

3> En quin sentit són importants, segons Epicur, les opinions que es tinguin sobre la religió (els déus) i la mort per a aconseguir la vida feliç? Creieu que Epicur era ateu?

3.3 L'estoïcisme

> «Allò que Zenó o Cleantes perseguien en llegir el seu propi futur en els estels era preparar el seu esperit per a allò que el destí els reservés. Aquesta era la virtut, aquesta la felicitat i aquesta la saviesa; i aquesta la concepció de l'Univers que hi ha rere la fórmula, tantes vegades mal entesa, de l'estoïcisme: viure d'acord amb la naturalesa.»
>
> *Mà i cervell en l'antiga Grècia*
> **Benjamin Farrington**

L'epicureisme no va ser l'única resposta que va sorgir a Atenes en aquest període de profunda crisi política i social. Una altra de les més grans i permanents aportacions del pensament hel·lenístic va ser l'**estoïcisme**. Quan diem d'algú que «es pren la vida amb filosofia», molt probablement estem identificant el terme *filosofia* amb l'acceptació del destí, la impassibilitat i la indiferència davant el plaer o el sofriment característiques dels estoics. L'estoïcisme no és solament un conjunt de doctrines filosòfiques, sinó també un estil de vida i una concepció del món. La filosofia estoica, nascuda a Atenes al segle III aC, aviat es va convertir en el pensament hegemònic i més influent, primer, de la civilització hel·lenística i, després, de la romana. Així, es pot dir que l'estoïcisme és la filosofia de l'època.

L'èxit del pensament estoic en els regnes hel·lenístics o en l'imperi Romà es pot atribuir al fet que, com diu Julián Marías:

> «És una doctrina per a temps durs, una moral de resistència. *Aguanta i renuncia*: difícilment es pot trobar una fórmula millor de moral mínima per a temps turmentosos.»
>
> *Introducció a la filosofia estoica*
> **Julián Marías**

Períodes

L'escola estoica va ser fundada per **Zenó de Cítion** (334-262 aC), un xipriota d'origen fenici contemporani d'Epicur. Cap a l'any 300 aC va començar a fer classes en un pòrtic (*stoà*) pintat —una mena de galeria decorada amb quadres— de l'àgora d'Atenes. D'aquest pòrtic on va ensenyar Zenó durant cinquanta-vuit anys ve el nom d'*estoics* o *escola del Pòrtic*. Mort Zenó, el va succeir com a director de l'escola **Cleantes d'Assos** (330-232 aC). El tercer director i potser el més gran i original de tots els filòsofs estoics va ser **Crisip** (280-207 aC). Dels més de set-cents llibres que es diu que va escriure només es conserven alguns fragments. Preocupat per temes de lògica i filosofia del llenguatge, va renovar i aclarir el pensament de Zenó, fet que demostrava que l'escola estoica, a diferència de l'epicureisme més dogmàtic, va permetre la crítica i els canvis.

__Sèneca__ és una de les grans figures del pensament romà adscrit a l'estoïcisme. Però no únicament destacà en l'exercici de la filosofia, sinó també com a literat i home de política.

A la primera etapa de l'estoïcisme, coneguda com a **estoïcisme antic**, segueix al segle II aC l'estoïcisme mitjà, amb personatges com **Paneci de Rodes** (185-110 aC). En aquesta etapa predomina la influència platònica i, de vegades, la pitagòrica. En teologia hi ha una forta tendència a considerar que la naturalesa és divina (panteisme), mentre que l'orientació principal tendeix a donar relleu als problemes humans i morals. Les seves idees influïren molt en el món intel·lectual i polític romà, i van arribar a constituir el fonament de les creences polítiques i morals de molts estadistes de Roma a partir del segle I aC. L'**estoïcisme nou**, conreat per estoics romans, destaca amb pensadors de la talla del cordovès **Sèneca** (4 aC - 65 dC), l'esclau **Epictet** (55-138 dC) i l'emperador **Marc Aureli** (121-180 dC). Preocupat fonamentalment per la religió i la moral, en aquest període l'estoïcisme conquerí el món intel·lectual i polític romà. Aquest corrent influí en autors neoplatònics, com ara Plotí, i cristians, com Boeci.

Els filòsofs estoics van ser els primers a introduir la divisió de la filosofia en tres parts: lògica, física i ètica. Es compara la filosofia amb un hort o jardí: el mur que el delimita i protegeix seria la lògica; els arbres fruiters, la física, i els fruits que s'obtenen, l'ètica.

La lògica

En l'actualitat, la lògica és la ciència formal que estudia la validesa dels raonaments. Però en grec *lógos* significa tant 'raó' o 'pensament', com 'paraula' o 'llenguatge'. Pels estoics, la **lògica** era tot allò relacionat amb el *lógos*: la ciència formal dels raonaments (lògica formal), la teoria del coneixement, els criteris de veritat, les definicions, la semàntica, la gramàtica, la retòrica...

En l'àmbit del que avui considerem lògica formal, els estoics van estudiar per primer cop les connectives i les **taules de veritat**. Així, els grecs són els fundadors de dos grans sistemes de lògica: el d'Aristòtil i l'estoic, que va iniciar la **lògica proposicional** o lògica de connectives.

Consideraven quatre connectives: la negació, la conjunció, l'alternativa i el condicional. La negació i la conjunció dels estoics coincideixen amb les de la lògica moderna, però l'alternativa o disjunció exclusiva no es correspon amb la disjunció de la lògica actual, que és inclusiva. La taula de veritat del condicional va ser objecte de grans discussions en l'antiguitat. Es deia que «fins i tot quan els corbs grallen a les teulades, discuteixen sobre la naturalesa dels condicionals». Els estoics van definir els condicionals com ho fem nosaltres; un condicional és fals només quan l'antecedent és vertader i el conseqüent és fals.

Crisip va desenvolupar un càlcul lògic per a la lògica de proposicions. Dels múltiples esquemes de raonaments correctes, Crisip va triar-ne cinc, que anomenà indemostrables; tots els altres raonaments poden ser demostrats a partir d'aquests cinc. Entre aquestes cinc regles primitives d'inferència del seu càlcul, la primera és la que després s'anomenaria *modus ponens*: «Si el primer, llavors el segon; però el primer, llavors el segon». Nosaltres escrivim lletres minúscules (*p*, *q*...), en lloc d'ordinals, per referir-nos a proposicions qualssevol. Els cinc indemostrables de Crisip són: *1*) Si *p*, llavors *q*; *p*. Per tant, *q* (*modus ponens*); *2*) Si *p*, llavors *q*; no *q*. Per tant, no *p* (*modus tollens*); *3*) No (*p* i *q*); *p*. Per tant, no *q*; *4*) O bé *p* o bé *q*; *p*. Per tant, no *q*; i, *5*) O bé *p* o bé *q*; no *p*. Per tant, *q* (*sil·logisme disjuntiu*).

Els estoics no accepten la teoria platònica de les idees com a universals transcendents. Només existeixen els individus i el nostre coneixement és coneixement de coses o entitats particulars adquirit mitjançant l'experiència sensible. La nostra ànima és originalment com una *tabula rasa* ('taula rasa') on es van gravant les impressions sensibles. Aquestes impressions produeixen les representacions o imatges mentals de les coses. Una representació (*phantasía*) és correcta si representa una cosa real tal com és, però també pot representar alguna cosa inexistent o alguna cosa real però d'una manera diferent de com realment és. Per tal de no equivocar-nos, solament hauríem d'acceptar com a correctes aquelles representacions que se'ns presenten amb tanta claredat i força que només poden representar objectes reals, que són tal com elles ens els representen. El reconeixement d'aquestes representacions evidents i recognoscibles ens permet tenir la certesa de no equivocar-nos. El criteri de veritat que utilitzarà el savi estoic serà acceptar només les representacions recognoscibles que resulten certes i indubtables.

«En la concepció del món elaborada pels estoics hi ha quatre proposicions implícites: tots els homes són absolutament iguals i pertanyen al mateix Univers natural; aquest Univers està regit per lleis naturals; tota persona ha de viure d'acord amb aquestes lleis; el destí de cadascú està traçat i no pot ser modificat.»

Tres personalitats excepcionals
Adam Roberts

ACTIVITATS

4> Comenteu el text següent i feu un debat a classe sobre l'ètica de les reaccions davant l'adversitat:

> «Aquell que s'enutja fortament per qualsevol cosa o que l'accepta de mal grat s'assembla a un garrinet quan és sacrificat, el qual reguitna i fa grunys. De la mateixa manera actua aquell que es plany tot sol i en silenci sobre el seu llit. Pensa també que només a l'ésser racional li és concedit la facultat d'acomodar-se de bon grat als esdeveniments. En realitat, el fet d'acomodar-se és absolutament necessari a tothom.»
>
> *Reflexions*, Llibre X, 28
> **Marc Aureli**

5> Proveu, mitjançant taules de veritat, la validesa dels cinc esquemes d'inferència utilitzats pels estoics. Poseu cinc exemples concrets, un per cada esquema, d'argumentacions que utilitzin cadascun d'aquests esquemes.

La física

La **física** dels estoics està molt influenciada pel pensament del presocràtic Heràclit. Per a ells, el ***lógos*** i el **foc** són la substància del món. Els estoics no solament negaven l'existència de les idees o formes separades de Plató, sinó que consideraven que tota la realitat és corpòria. Segons ells, tampoc el motor immòbil d'Aristòtil, que seria incorpori, no existeix. La física tracta dels cossos; tot allò que existeix —tota la realitat— són cossos, objectes de tres dimensions que resisteixen la pressió exterior. Les roques, les plantes, els animals són corporis, però també ho són els déus, les ànimes, les paraules... Només el significat de les paraules, el buit, l'espai i el temps són incorporis.

Panteisme

«Els estoics diuen que l'aire no està compost de partícules, sinó que és un continu que no conté espais buits. Si és colpejat per un impuls, s'aixeca propagant se en onades circulars que avancen en línia recta vers l'infinit, fins que tot l'aire circumdant és remogut, igual com un estany és remogut per una pedra que xoca en ell. Però mentre que en el darrer cas el moviment és circular, l'aire es mou esfèricament.»
Aeci, IV, 19, 4

El cosmos és una enorme esfera plena envoltada de foc i situada al bell mig del buit infinit. A l'Univers i a cada cos podem distingir dos principis: el **principi passiu**, que és la matèria sense cap qualitat —com la matèria d'Aristòtil—, i el **principi actiu**, que és el foc, un foc sempre vivent —com el d'Heràclit— que organitza la matèria i mou totes les coses. Aquest principi actiu, foc viu i intel·ligent, és la raó (*lógos*) universal o Déu, que és l'ànima i la vida del món. Déu no és cap cosa diferent del món, sinó que és immanent al món, és a dir, forma part del món. El cosmos és com un immens animal viu l'ànima del qual és el foc o Déu, el qual no mou el cosmos des de fora, com afirmava Aristòtil, sinó que el penetra completament. És un cos subtil que penetra per tot, que anima i ordena tot. De fet, només hi ha Déu (panteisme), que és un principi racional actiu; pels estoics, Déu i món s'identifiquen. El concepte estoic de Déu permet la varietat terminològica: la divinitat pot denominar-se al mateix temps foc, ànima o esperit (*pneuma*), raó, necessitat (*ananké*) i fatalitat (*heimarmene*). Els estoics veuran la divinitat com l'ànima del cos del món, o com l'habitant de la casa de l'Univers i també com l'artífex de l'obra artística que és el cosmos.

Providència divina i fatalisme

A més, derivat de tot això, hi ha el concepte de **providència universal** (*pronoia*) que vetlla per tot. Així, no hi ha res que no resti a l'abast de la divinitat, que tot ho governa i penetra. La *pronoia*, a més, també és la determinació d'un destí. Del *finalisme* aristotèlic passem al *fatalisme* dels estoics, que defensen una concepció determinista del món. Els plans de Déu són tan immutables com la seva essència i tot transcorre, doncs, com ha de transcórrer, d'acord amb el destí o fat. La cosmologia estoica gira al voltant d'un doble sentiment: el de la **fatalitat** i el de la **llibertat**. Atès que la providència ho penetra tot, tot ha de tenir un sentit (i finalitat) i el filòsof pot sentir-se ben protegit. La fatalitat és una llei inevitable que solament deixa als humans la llibertat d'obeir espontàniament o bé per força; en qualsevol cas, però, han d'obeir-la. La llibertat humana, pels estoics, consisteix a fer conscientment, amb consentiment, allò que de totes maneres s'esdevindrà. Hi ha, en tot cas, una llibertat interior que ens permet canviar de parer i d'actitud davant els esdeveniments com a voluntat de Déu (del *lógos*). La teologia cristiana acceptà sense cap problema la providència divina estoica, que afirma que Déu ho disposa tot per al bé dels humans. Aquesta teologia cristiana acceptà també sense cap problema el nom de 'providència divina' traient el contingut determinista estoic i fent-ho compatible amb la doctrina del lliure albir.

Etern retorn i destí de les ànimes

En la seva concepció cosmològica, els estoics sembla que retornin als presocràtics. El cosmos és únic, però bascula, en el temps, entre dos estats contraposats: uns cops s'acosta al foc únic, que és idèntic a Déu, i uns altres es desdobla en el món dels quatre elements, en què regna la pluralitat terrenal. Basant-se en el mite de l'etern retorn, l'estoïcisme afirmarà que el món present es tornarà a repetir completament, que Sòcrates ressuscitarà sempre de nou i de nou tornarà a ser condemnat. Per la física estoica, el món segueix un cicle constant de destrucció i regeneració sota la providència divina.

Les ànimes dels homes, un cop morts, tindran diferents destins segons com s'hagin comportat en vida. Les ànimes dels dolents sobreviuran a la seva mort corporal només una mica, mentre que les dels savis s'acostaran al foc únic (*ekpyrosis*) i entraran en el foc diví. La idea d'un judici després de la mort i la consumació del món per l'acció del foc estoic (d'origen heracliteà) semblen una prefiguració del judici final cristià.

A **Posidoni d'Apamea** (135-51 aC) pertany una representació de la vida del cosmos que tindrà molta transcendència: el cosmos és un gegantesc organisme únic que respira i s'alimenta incessantment com qualsevol altre organisme, que té com a cor el Sol i en el qual totes les parts estan íntimament unides. Tots els esdeveniments i parts de l'Univers estan connectats entre si, raó per la qual els estoics creuen en endevinacions i oracles. En la seva estructuració filosòfica, ocupa un lloc específic l'astrologia oriental —d'origen caldeobabilònica—, que rebé la seva configuració definitiva en l'Egipte ptolemaic. Si en el cosmos vivent tot està lligat amb tot i tot influeix en tot, no ha d'estranyar que els astres, déus de foc pur, influeixin en el destí dels humans.

L'ètica

Per als estoics, l'ètica, la ciència de la conducta humana, és la part més important de la filosofia. La finalitat de la vida i de totes les nostres accions és la felicitat. La felicitat la podrem aconseguir si vivim conforme a la naturalesa, és a dir, si vivim d'acord amb el provident i necessari ordre de l'Univers.

Viure d'acord amb la raó

Cadascun dels éssers humans està dotat de raó, que és una guspira del foc diví que governa el món. En la nostra ànima hi ha una espurna de l'ànima del món, la qual ens fa ser a tots els homes germans. Tots som ciutadans d'un únic cosmos (cosmopolites) i tots estem dotats d'aquest foc diví que és la raó. Si vivim d'acord amb la raó, viurem d'acord amb la naturalesa i viurem conforme a nosaltres mateixos. Aquestes tres màximes ètiques fonamentals per als estoics són en realitat tres maneres de formular un mateix principi. Ser autèntics i viure guiats per la nostra raó és també viure obeint la raó còsmica que governa la naturalesa, perquè aquesta raó còsmica divina està en nosaltres, forma part d'allò que és el més íntim i millor de nosaltres.

Felicitat: impertorbabilitat

L'ésser humà forma part de la naturalesa i en cap cas pot deixar de sotmetre's a les lleis naturals inexorables, però té el privilegi de conèixer-les i acceptar-les conscientment. Si ho fem i vivim d'acord amb el provident i necessari ordre còsmic, ens anirem fent ordenats, autònoms i uniformes com el mateix cosmos. Aquesta identificació amb el cosmos ens farà obtenir la impertorbabilitat, la impassibilitat, la pau interior que els estoics anomenaven *apátheia* (literalment 'manca d'emocions o sentiments') i el **bon ànim** i l'**alegria** serena que anomenaven *euthymía*. I, en definitiva, obtindrem la **felicitat** (*eudaimonía*), que és el nostre bé suprem. Per arribar a aquest estat és bo seguir l'exemple dels savis impertorbables (aquells que es prenen les coses amb filosofia); és bo estudiar filosofia, però, sobretot, és bo fer-se virtuós. Els estoics classificaven les coses que podem obtenir en tres grups: coses bones, coses dolentes i coses indiferents. Les úniques coses bones són les virtuts. Els vicis i les passions són coses dolentes, mentre que totes les altres (vida i mort, riquesa i pobresa, salut i malaltia, honra i deshonra...) són indiferents.

El savi estoic

La virtut és una disposició constant a actuar d'acord amb la naturalesa (i amb un mateix), d'acord amb la raó còsmica que tot ho governa. El savi és la persona virtuosa; les virtuts (saviesa, autonomia, justícia, valentia...) en realitat van sempre juntes i el savi les té totes i els necis no en tenen cap. Els estoics acostumen a fer una distinció molt radical entre els pocs savis que hi ha, que tenen la totalitat de les virtuts i són completament autosuficients i impertorbables, i la gran majoria d'éssers humans, que són necis sense virtut. Però, si tot està fatalment determinat, si tot el que ha de passar succeirà irremeiablement, per què hem de ser savis? Quin avantatge té ser savi, si ni el neci ni el savi poden canviar el futur? És cert que res no pot fer canviar el curs immutable de la naturalesa, però podem acceptar o no acceptar les coses tal com són. En això consisteix la llibertat: a deixar-se portar pels esdeveniments sense ser afectats per ells (sense patir) o a oposar-se i rebel·lar-se per ignorància creient que podem canviar el futur. El savi aconsegueix la seva serenitat acceptant lliurement i voluntàriament la fatalitat. El neci, dominat per les passions, només aconsegueix malestar en rebel·lar-se contra la necessitat.

Cosmopolitisme

La figura del savi estoic és la de la persona virtuosa perquè es manté al marge de les passions i es basta a si mateixa, no necessita res ni ningú per ser feliç. El principi ètic dels estoics és, doncs, l'autodomini, la independència davant el món exterior, i és també el domini de les passions (*apatia*), que són irracionals i no naturals. La felicitat radica en l'acceptació del destí, en el combat contra les forces de la passió que produeixen la intranquil·litat. Però el savi estoic no es limita a buscar la seva pròpia felicitat individual, sinó que intenta ser útil a tots els éssers humans —homes i dones, esclaus i estrangers, pobres i rics— perquè tots som germans, fills del mateix Déu o *lógos* còsmic. La llei de la naturalesa és anterior i superior a les lleis convencionals dels estats, i no entén de fronteres ni de distincions socials o econòmiques. El savi estoic se sent cosmopolita, ciutadà del món, i pensa que l'única institució social que correspondria a l'ordre perfecte i natural que governa el món seria una ***cosmòpolis***. Encara que la teoria de la resignació conduïa aparentment a l'acceptació de tot allò existent com a necessari, això no impedí que els estoics exercissin la crítica social i política i defensessin unes reformes fonamentades en els seus ideals de cosmopolitisme i saviesa.

3.4 Sèneca, la filosofia com a art de viure

La filosofia era a l'antiguitat, i en gran part ho continua sent actualment, un dels elements principals de la concepció del món, és a dir, un conjunt més o menys ordenat d'idees generals sobre el món, sobre l'ésser humà o sobre el coneixement. Una filosofia suposa una lògica, una filosofia de la naturalesa, una metafísica, una teoria del coneixement, etc. Però, i especialment durant el període hel·lenístic i grecoromà, la filosofia era fonamentalment un art de viure, una manera de donar sentit a la vida. Per a Sèneca, la filosofia estoica és fonamentalment això: una recepta de felicitat.

A diferència dels epicuris, que recomanaven viure retirats i lluny de les lluites polítiques, alguns estoics van ser personatges molt relacionats amb l'exercici del poder. Sèneca va ser senador i Marc Aureli, emperador.

Mort de Sèneca *(1871), de Manuel Domínguez (1840-1906).* ***Sèneca*** *va ser acusat de participar en una conspiració per a enderrocar l'emperador Neró i va ser obligat a suïcidar-se. Es va tallar les venes i va morir tranquil·lament dins d'una banyera amb aigua tèbia, parlant i consolant els seus amics.*

Vida i obres de Sèneca

Luci Anneu Sèneca (4 aC – 65 dC) va néixer a Còrdova, una petita ciutat provincial de la Hispània romana. Fill d'un important orador i historiador (Sèneca el Vell), va rebre una educació refinada. Més tard es traslladà a la capital de l'Imperi, on fou deixeble de diversos filòsofs que van influir en el seu estoïcisme. A Roma començà la seva brillant carrera d'advocat, que va provocar l'enveja de l'emperador Calígula. Abandonà temporalment la vida pública i es dedicà a la filosofia, dirigint una escola filosòfica, i a escriure. Messalina, dona de l'emperador Claudi, el va acusar d'adulteri amb Júlia Livil·la, neboda de l'emperador, i va ser condemnat a mort pel Senat romà. Gràcies a la intervenció de Claudi, la sentència de mort no es va acomplir, però va ser desterrat a l'illa de Còrsega (lloc, en aquell temps, inhòspit per a un romà), on va haver de passar vuit anys d'exili (41-49 dC). Des d'allí va escriure a la seva mare, Hèlvia, una *Consolació* (*Consolatio ad Helviam*) per tal de tranquil·litzar-la. Morta Messalina, Agripina, la nova dona de l'emperador Claudi, el va cridar com a preceptor del seu fill Neró. Un cop Neró va ser emperador, Sèneca en va ser ministre des de l'any 54 fins al 61. Durant aquests anys la seva actuació política va estar d'acord amb el seu pensament estoic. Va ser un polític humanista, malgrat que no va saber, o no va poder, evitar els assassinats d'Agripina i de Britànic ordenats per Neró. Sèneca, que predicava l'austeritat i la moderació, va aconseguir arreplegar una immensa fortuna, fet que va fer augmentar el nombre dels seus enemics. Quan Neró va deslliurar la seva crueltat malaltissa, Sèneca es retirà de la vida pública sense interrompre totalment les relacions amb l'emperador, al qual oferí tota la seva fortuna. Neró li contestà que abans moriria ell que fer-li mal. Malgrat això, poc després va caure en desgràcia i Neró l'acusà de complicitat en la conjura dels Pisons i li ordenà que se suïcidés. La mort de Sèneca és un exemple de l'actitud estoica d'acceptació del destí, ja que es va obrir les venes amb total serenitat.

Sèneca no és solament una de les grans figures del pensament romà, sinó també un gran representant de la literatura llatina. Va escriure nombroses obres, algunes de les quals s'han perdut. Dels diàlegs o converses que va escriure han arribat a nosaltres, entre d'altres, els següents: *Sobre la providència* (*De providentia*), *Sobre la ira* (*De ira*), *Sobre la felicitat* (*De vita beata*), *Sobre la tranquil·litat de l'ànima* (*De tranquillitate animi*), etc. També va escriure diverses *Consolacions* (*Ad Helviam, Ad Polybium*); set llibres sobre *Qüestions naturals* (*Naturales quaestiones*); vint *Lletres a Lucili* (*Epistulae Morales*), l'obra mestra dels seus tres últims i dramàtics anys; un tractat *Sobre la clemència* (*De clementia*) dedicat a Neró; nou tragèdies en vers (*Medea, Phaedra, Hercules*...), etc.

La filòsofa espanyola María Zambrano, en el seu assaig sobre Sèneca, escriu:

> «La mort de Sèneca no va ser, com la de Sòcrates, l'inici de les seves esperances, el compliment de la seva fe, sinó un tremend fracàs, el fracàs de l'intel·lectual davant el poder. Però Sèneca, sabent-se en certa manera culpable, va morir elegantment, sense queixa ni plor. Va retardar la seva mort tant com li va ser possible, però la sabia certa i el va trobar ja preparat. Va dilatar fins al límit l'espai de la seva vida i el gaudi dels seus goigs, va rebutjar el martiri, ja que solament la raó pura i la fe pura admeten màrtirs.»
>
> *Sèneca*
> **María Zambrano**

Aforismes de Sèneca

«Quan no sabem a quin port ens adrecem, tots els vents ens són desfavorables. A aquells que corren en un laberint, la seva mateixa velocitat els confon.»

«Aquell que tu creus que ha mort, no ha fet altra cosa que avançar-se en el camí. No prenguis la vida gaire seriosament: no aconseguiràs sortir-ne viu.»

«La vida és una obra teatral en la qual no importa el temps que hagi durat, sinó com de bé hagi estat representada.»

«En tres temps es divideix la vida: en present, passat i futur. D'aquests, el present és molt breu; el futur, dubtós; el passat, cert.»

«És molt més important que et coneguis a tu mateix que donar-te a conèixer als altres.»

«La vertadera felicitat no consisteix a tenir-ho tot, sinó en el fet de no desitjar res.»

«Pobre no és aquell que té poc, sinó aquell que molt desitja.»

«Res no és tan vil com ser altiu amb l'humil.»

ACTIVITATS

6> Feu un resum de les propostes i ideals ètics i vitals dels estoics i realitzeu un col·loqui respecte a la seva possible vigència en el món actual.

7> Feu un resum del text següent i indiqueu les principals qüestions que s'hi plantegen:

> «Per què ens queixem de la naturalesa? La naturalesa es comporta benignament: la vida, si saps emprar-la bé, és llarga. Però l'un és dominat per una insaciable avarícia, l'altre està atrafegat constantment en treballs inútils; l'un es lliura al vi, l'altre a la cobejança temerària dels negocis, que amb l'esperança d'un guany el mena per totes les mars i terres. [...] Els vicis els envolten i empenyen per tots costats i no els deixen redreçar-se ni alçar la vista a la contemplació de la veritat. Mai no els permeten tornar en si, i si alguna vegada els esdevé per atzar alguna calma, talment com en alta mar, on fins després del vent continua el tràngol, són agitats per les ones sense que mai no trobin repòs estable de les seves passions.»
>
> *Sobre la brevetat de la vida*, II
> **Sèneca**

3.5 L'escepticisme

> «Els escèptics maldaven per demolir tota mena de dogmes de les escoles, sense pronunciar-se dogmàticament respecte a res, fins al punt que presentaven i exposaven la doctrina dels altres sense definir-la, i ni això mateix indicaven. Fins i tot eliminaven el fet de no definir, perquè si deien, per exemple, "nosaltres no definim res", ja haurien fet, amb això, una definició.»
>
> *Vida dels filòsofs*, IX, 74
> **Diògenes Laerci**

Estoics i epicuris estaven d'acord a considerar que era important la veritat d'un coneixement o d'una afirmació, ja que pensaven que per ser feliç cal ser savi i saber què són les coses. Només així podrem saber quina actitud adoptar davant elles i quines poden ser les possibles conseqüències de la nostra elecció. Però identificar l'autèntica saviesa amb la felicitat implica afirmar que és possible tenir certeses. Aquesta pretensió dels estoics i els epicuris de tenir certeses indiscutibles no era compartida per tots els filòsofs grecs. Sòcrates mateix, un dels filòsofs més admirats de tots els temps, havia fet famosa la dita: «L'única cosa que sé és que no sé res». Aquesta actitud antidogmàtica es convertirà en els escèptics en una mena de principi ètic: si volem ser feliços, hem de renunciar a qualsevol afirmació, renunciar a qualsevol saber. Una altra manera de buscar la felicitat i la tranquil·litat d'ànim és fugir de tota certesa. Si no afirmem res, mai no ens equivocarem; si no tenim cap desig, tampoc tindrem mai cap frustració.

El primer que va obrir una escola escèptica va ser **Pirró d'Elis** (360-270 aC). De jove va ser un pintor sense cap èxit. Allistat com a soldat a l'exèrcit d'Alexandre el Gran, va arribar fins a l'Índia. Allí tingué relació amb els denominats gimnosofistes ('sofistes nus') o ascetes hindús, que probablement van influir en la seva concepció del món. De tornada a Elis, va obrir una escola i va viure a la seva ciutat fins als noranta anys. No va escriure res, però un deixeble seu, **Timó de Fliunt** (320-235 aC), en va popularitzar les doctrines per escrit.

La paraula grega *sképsis*, de la qual prové el terme *escèptic*, significa 'observació', 'examen'. Els escèptics com Pirró i Timó no negaven l'existència de les coses en si mateixes o que les coses tinguessin una naturalesa pròpia o substància. El que afirmaven era que les coses en si mateixes eren incognoscibles per a l'ésser humà. Per això, només podem conèixer les coses tal com se'ns apareixen, com a aparences o fenòmens sensorials. Un dels pocs fragments de Timó que han arribat fins a nosaltres diu: «El fenomen sempre és vertader». Però el fet que les aparences siguin indiscutibles no implica que provinguin d'objectes reals, ja que la realitat en si és incognoscible. Els escèptics no neguen l'existència de les coses en si: ni la neguen ni l'afirmen. Solament adopten una postura crítica, antidogmàtica, respecte a la possibilitat de conèixer les coses en si, ja que una cosa són les aparences o fenòmens, i una altra la realitat. Es tracta d'admetre només les aparences, els fenòmens, sense afirmar ni negar res sobre allò que realment són. L'ésser humà no pot arribar a tenir un coneixement absolut, un saber totalment cert, sinó que tan sols pot conèixer les coses tal com se li presenten. De les coses no podem saber res, només podem tenir-ne sensacions i opinions. Diògenes Laerci cita un llibre de Timó, *Sobre les sensacions*, en què diu: «No afirmo pas que la mel és dolça; però admeto plenament que sembla dolça».

Naturalment, l'escepticisme pirrònic no es limita al judicis sobre la realitat física; tampoc acceptava la possibilitat de tenir certesa en el judicis morals o d'avaluació. Pirró d'Elis solia dir:

> «Res no és bell o lleig, ni just o injust; i semblantment, respecte a totes les coses, no existeix res en veritat i els homes ho fan tot per convenció i costum, ja que una cosa no és més que una altra.»
>
> **Pirró d'Elis**

Per això, si és impossible el coneixement sobre allò que les coses són realment, o sobre si són bones o dolentes, cal evitar o suspendre tot judici. Aquesta renuncia absoluta a la decisió, aquest no decantar-se per res i abstenir-se de tot judici (*epoché*) no és solament una actitud teòrica, sinó també una actitud pràctica, un principi ètic que ens portarà, segons els escèptics, a l'autèntica saviesa i a la felicitat. Una conseqüència d'aquesta abstenció de jutjar serà l'abstenció de dir res, de parlar (*aphasía*). Aquesta renúncia al judici i aquest silenci ens donen la tranquil·litat d'ànim en què es basa la felicitat. Els temors, els problemes, les preguntes, els desassossecs desapareixeran si renunciem al saber. Llavors restarem calmats, impassibles i impertorbables (*ataraxia*), amb una actitud de total indiferència (*adiaphoría*) respecte a tot. La felicitat serà, doncs, una conseqüència de la renúncia a la teoria.

L'escepticisme de l'Acadèmia nova

L'Acadèmia, fundada per Plató a Atenes al segle IV aC, continuarà funcionant en el mateix lloc fins que, l'any 529, l'emperador cristià Justinià va prohibir l'ensenyament de la filosofia a Atenes i va confiscar els béns de l'escola. Però a l'Acadèmia, que representava la tradició platònica, no sempre es va ensenyar la teoria platònica de les idees o les seves teories cosmològiques. El cinquè director de l'Acadèmia després de Plató va ser **Arcesilau** (315-241 aC), que va renovar els ensenyaments i va introduir-hi l'escepticisme. De fet, el pensament crític i la docta ignorància socràtica eren principis que guiaven els ensenyaments platònics, però Arcesilau va canviar aquests principis metodològics per un principi ètic i filosòfic bàsic. El canvi va ser tan important que ja els antics parlen a partir d'Arcesilau de l'**Acadèmia nova.** Mort Arcesilau, i després d'altres quatre directors, un altre gran filòsof escèptic, **Carnèades de Cirene** (214-129 aC), en va ser nomenat cap. Així, durant dos-cents anys l'escepticisme va ser el corrent filosòfic dominant a l'Acadèmia.

La preocupació fonamental del pirronisme o escepticisme antic va ser l'ètica. Amb l'escepticisme acadèmic de la nova Acadèmia d'Arcesilau i Carnèades, la teoria del coneixement serà el principal objecte d'estudi.

L'escepticisme d'Arcesilau es pot explicar com una reacció davant l'estoïcisme que a la mateixa Atenes explicava Zenó. La teoria estoica del coneixement defensava un criteri de veritat segons el qual podem diferenciar infal·liblement les representacions dels objectes reals; en canvi, per a Arcesilau, les representacions d'objectes ficticis poden ser tan clares i distintes com les dels objectes reals. No hi ha, per tant, cap criteri de veritat ni és possible tenir certeses. Hem de reconèixer, com Sòcrates, que no sabem res i hem de suspendre el judici. Arcesilau, tanmateix, no creu que l'abstenció de judici hagi de portar a la inactivitat en la pràctica. El fet que sigui impossible obtenir certeses no vol dir que totes les opinions tinguin el mateix valor. Podem tenir unes opinions millors que d'altres, malgrat que sempre seran insegures.

Carnèades també considera que és impossible distingir amb total certesa entre les representacions que corresponen a objectes reals de les altres. Seguir els fenòmens presenta problemes, ja que els fenòmens de vegades canvien, es contradiuen. Per això, l'actitud del savi és la prudència. El savi s'acontenta amb el que és probable i sap que mai no tindrà certeses, però s'orienta mitjançant la versemblança i la probabilitat. Tota representació sensible és una aparença d'alguna cosa, sota certes circumstàncies. Però això no significa que totes les representacions sensibles siguin iguals; les representacions nítides i clares sempre són preferibles a les borroses i confoses. Serà més versemblant i probable allò que ha estat observat moltes vegades per diversos espectadors amb bona vista i a la llum del dia que no allò que només ha estat observat una vegada per un únic espectador i amb poca llum. Carnèades va desenvolupar una teoria crítica de la versemblança o probabilitat per explicar quines opinions poden orientar l'acció. La probabilitat d'una opinió, per poder-la considerar raonable, ha de complir tres normes o passar per tres graus:

1) L'experiència, és a dir, ser el resultat d'allò que sembla ser veritat.

2) La comparació amb altres experiències, és a dir, ser comparada amb altres opinions o fets de manera que no hi hagi res que la contradigui.

3) La contrastació de les conseqüències de l'opinió, és a dir, cal examinar-la en tots els seus detalls per tal d'intentar comprovar que allò que afirmem és probable i que no contradiu cap altra experiència.

Aquestes normes no ens garanteixen que encertem en les nostres opinions i decisions, però ens permeten guiar-nos per la versemblança. La probabilitat i la versemblança són criteris suficients per a les necessitats de la nostra vida.

«L'escepticisme exercí atracció sobre alguns individus cultes fins al segle III dC, però anava contra l'esperit de l'època, un esperit que tendia més i més cap a la religió dogmàtica i cap a les doctrines de salvació. L'escepticisme tingué prou força per provocar en el homes cultes un sentiment d'insatisfacció davant les religions oficials, però no oferia res de positiu en canvi, ni tan sols en l'esfera purament intel·lectual. A partir del Renaixement, l'escepticisme teològic fou substituït, entre la majoria dels seus partidaris, per una fe entusiàstica en la ciència; però en l'antiguitat no hi havia cap possibilitat de trobar un suplement semblant. Sense respondre els arguments dels escèptics, el món antic se n'apartà. Ara, un cop desacreditats els déus olímpics, el camí restava obert per a la invasió de les religions orientals. Començà llavors entre elles una competència per tal de guanyar el favor dels enteniments supersticiosos, fins al triomf final del cristianisme.»

Història social de la filosofia
Bertrand Russell

ACTIVITATS

8> Els epicuris i els estoics parlen de «desigs naturals». Quina és l'actitud dels escèptics davant els desigs?

3.6 La ciència hel·lenística

Al segle III aC, Atenes havia perdut la seva autonomia i era una ciutat més dins l'imperi macedònic. Però va continuar sent un gran centre cultural i les seves escoles filosòfiques (l'Acadèmia, el Liceu, l'escola del Jardí, l'Estoa) la feien la capital filosòfica del món. En aquesta època es produeix, per primer cop, un separació radical entre filosofia i ciència. Aquestes dues activitats, que en un principi no es diferenciaven, passen a desenvolupar-se fins i tot en llocs geogràficament distanciats. El pensament filosòfic, amb una preeminència molt notable de la reflexió ètica, continua tenint la seva seu a Atenes, mentre que Alexandria d'Egipte es converteix en la capital de les noves ciències.

Durant el seu efímer imperi, Alexandre el Gran va fundar desenes d'assentaments i ciutats a les quals va posar el seu nom. De totes elles, Alexandria d'Egipte va arribar a ser la més important i famosa. Va ser construïda de nova planta i probablement fou la primera ciutat edificada sobre la base de plànols dissenyats prèviament. Es pretenia crear una gran ciutat, que seria durant segles la principal capital de la navegació i el comerç de la Mediterrània oriental. Poblada per immigrants grecs, egipcis i jueus, la llengua de la cultura i el poder va ser el grec. Cap al segle III aC hi vivien unes 500.000 persones.

Arran de la mort d'Alexandre el Gran, el seu immens imperi es va fragmentar. Egipte va passar al domini d'un dels seus generals, Ptolemeu, que va iniciar una dinastia que ocuparia el poder durant tres segles: els ptolemeus. Ja els primers ptolemeus van demostrar un gran interès pel coneixement. Així, gràcies al Museu i la Biblioteca fundats per ells, Alexandria es va convertir en el centre del món científic durant segles.

Hipatia *(370-415) va ser directora de la Biblioteca d'Alexandria. Va viure en un període de decadència de l'imperi Romà i de consolidació del poder de l'Església cristiana, que tractava d'impedir qualsevol influència de les idees considerades paganes. Al segle IV Alexandria s'havia convertit en una mena de ciutat universitària que atreia estudiants de llocs molt llunyans i en la qual convivien pagans, jueus i cristians. Hipatia, filla d'un professor de matemàtiques i d'astronomia, va ser professora del Museu i l'última directora de la Biblioteca d'Alexandria. Va ensenyar filosofia, matemàtiques, astronomia i mecànica. Es va negar a convertir-se al cristianisme i va ser assassinada per un grup de fanàtics.*

La Biblioteca i el Museu d'Alexandria

La **Biblioteca d'Alexandria** va incorporar la biblioteca del Liceu, la biblioteca d'Aristòtil, i va arribar a tenir més de mig milió de llibres en forma de rotlles de papir escrits a mà. La Biblioteca, finançada pels ptolemeus, buscava llibres de totes les cultures i llengües. Per això, agents pagats per l'Estat eren enviats per tot el món per comprar llibres i biblioteques senceres. Els llibres dels comerciants que arribaven a Alexandria eren confiscats, copiats i retornats posteriorment als seus propietaris. Durant els dos primers segles de funcionament, la Biblioteca va recollir i ordenar els coneixements que es tenien sobre les diverses branques de la ciència antiga. Entre els seus directors va haver-hi prestigiosos escriptors, però també científics com Eratòstenes i Apol·loni de Perga. La història de la Biblioteca i el Museu comprèn un llarg període de sis segles, però els dos primers, fins a la invasió romana, van ser els de màxim esplendor.

La Biblioteca va patir un incendi l'any 48 aC, quan Cèsar va incendiar la flota egípcia ancorada en el port d'Alexandria. Malgrat la seva decadència, Alexandria va continuar sent una gran capital. De fet, tant la Biblioteca com el Museu perduraran com a centres de cultura durant segles: la Biblioteca fins a l'any 389, quan una multitud de cristians enfurismats la cremarà i matarà la seva directora, Hipàtia; i el Museu fins a l'any 680, quan musulmans fanàtics el destrueixen.

El **Museu d'Alexandria** era un centre d'investigació i ensenyament superior. Científics de tot el món anaven a Alexandria atrets pel prestigi i els bons sous amb què els ptolemeus retribuïen els investigadors. Els fundadors del Museu es van inspirar en el Liceu d'Aristòtil, però van crear una institució pública i molt més gran. És ara quan per primer cop l'Estat tindrà cura del desenvolupament i utilització de la investigació científica. El Museu estava estructurat en diversos departaments dedicats a la literatura, les matemàtiques, l'astronomia, la medicina i les ciències de la naturalesa. Tenia deu sales grans d'investigació, aules per a l'ensenyament, sales de dissecció, observatori amb instruments d'astronomia, un zoològic, jardins botànics... Tot això sufragat per uns governants que obtenien d'aquesta institució prestigi i també coneixements útils per a la navegació, el comerç, la salut, l'agricultura, etc.

> «Quan la ciència moderna va començar a desenvolupar-se al segle XVI, va reprendre l'estudi allà on els grecs l'havien deixat. Copèrnic, Vesali i Galileu són els continuadors de Ptolemeu, Galé i Arquimedes.»
>
> *Ciència grega*
> **Benjamin Farrington**

3.7 La matemàtica i la física alexandrines

El moment de màxim esplendor de la ciència antiga coincideix amb la primera època del Museu d'Alexandria, al segle III aC. Totes les produccions científiques d'èpoques anteriors van arribar en aquest període a tal nivell de maduresa que la pregunta que es fan alguns historiadors de la ciència és per què el naixement de la ciència moderna va haver d'esperar als segles XVI i XVII. Alguns dels científics d'aquella època estan considerats entre els més grans de tots els temps. El desenvolupament de les matemàtiques, la física, l'astronomia i la medicina va arribar a un nivell que durant gairebé dos mil·lennis no seria igualat.

El mètode deductiu d'Euclides

Euclides (330-260 aC) fou un dels matemàtics més rellevants. Sembla ser que va estudiar matemàtiques amb deixebles de Plató com ara Teetet i Èudox, en l'Acadèmia d'Atenes. Fou, probablement, un dels primers savis que va ser cridat al Museu d'Alexandria. La seva obra, els *Elements*, és potser, després de la Bíblia, el llibre més estudiat de la història. Aquesta obra està dividida en tretze «llibres», els sis primers de la qual van ser durant més de dos mil anys el llibre de text únic per a l'ensenyament introductori de la geometria. Es tracta, sens dubte, no solament del llibre de matemàtiques més llegit de la història, sinó del llibre de text amb més èxit de tots els temps, amb més d'un miler d'edicions impreses. Al començament del segle XX continuava sent l'únic manual de geometria que s'estudiava a les escoles. No sabem amb seguretat fins a quin punt Euclides va sistematitzar idees alienes o quina part és producte d'una investigació original. Probablement en els *Elements* es barregen moltes aportacions originals amb d'altres d'obres anteriors que s'han perdut.

Els *Elements* d'Euclides recullen l'ideal de **sistematització axiomàtica** o deductiva que havia enunciat Aristòtil. Segons el fundador del Liceu, el model ideal de ciència és una ciència demostrativa que, a partir d'uns primers principis indemostrables (axiomes, hipòtesis i definicions), dedueix els seus teoremes o veritats demostrades. Els **axiomes** són principis molt abstractes, comuns a diverses ciències. Les **hipòtesis** o postulats són afirmacions existencials relatives a una determinada ciència que cal acceptar sense demostració. Les **definicions** fixen el significat dels termes bàsics. Els *Elements* són un exemple modèlic de realització d'aquest ideal de sistematització axiomàtica en què els resultats i els descobriments dels matemàtics anteriors —fonamentalment pitagòrics— són reordenats, sistematitzats en forma de teoria deductiva axiomàtica. Al començament hi ha una llista amb cinc axiomes:

Al seu mural sobre L'escola d'Atenes *(1510-1511), que es troba a l'Estança de la Signatura al Vaticà, Rafael (1483-1520) va pintar* ***Euclides*** *(altres pensen que es tracta d'Arquimedes) dibuixant al terra. S'ha dit que el grup d'estudiants que l'envolta sembla trobar-se a punt d'entendre un concepte difícil. D'esquena i amb un globus de la Terra a la mà va representar a Ptolemeu. La corona que porta es deu a una antiga confusió que considerava aquest científic com a membre de la dinastia dels ptolemeus. De fet, el seu nom possiblement té relació amb la seva ciutat d'origen, Ptolemais Hermiou, una de les ciutats fundades pels grecs que van colonitzar Egipte.*

> «*1)* Coses iguals a una mateixa cosa són iguals entre si.
> *2)* Si a coses iguals s'afegeixen d'altres iguals, els totals són iguals.
> *3)* Si de coses iguals es treuen d'altres iguals, les restants són iguals.
> *4)* Coses que coincideixen entre si són iguals entre si.
> *5)* El tot és més gran que la part.»
>
> *Elements*
> **Euclides**

Els cinc postulats diuen:

> «Postuli's:
>
> *1*) Traçar una línia recta des de qualsevol punt a qualsevol altre punt.
> *2*) Perllongar en línia recta qualsevol segment rectilini.
> *3*) Descriure un cercle amb qualsevol centre i radi.
> *4*) Tots els angles rectes són iguals entre si.
> *5*) Si una línia recta que incideix sobre dues línies rectes donades produeix angles interns del mateix costat menors que dos angles rectes, llavors aquestes dues línies, perllongades indefinidament, es creuaran pel costat en el qual els angles interns siguin menors que dos angles rectes.»
>
> *Elements*
> **Euclides**

El postulat cinquè equival a l'afirmació que per un punt exterior a una recta passa una i només una paral·lela a aquesta recta. Aquest postulat, conegut com a *postulat de les paral·leles*, és particular de la geometria euclidiana. Al segle XIX es van desenvolupar geometries alternatives que no partien d'aquest cinquè postulat i que es coneixen com a geometries no euclidianes.

Cadascun dels llibres dels *Elements* d'Euclides contenen proposicions que són o teoremes per demostrar o problemes per resoldre. Tant la prova de la veritat dels teoremes com la justificació de la solució dels problemes s'obtenen deductivament a partir dels principis (axiomes, postulats i definicions), utilitzant, a vegades, els teoremes prèviament demostrats i els problemes prèviament resolts. La primera proposició del llibre I és un problema amb aquest enunciat: «Sobre un segment rectilini donat construir un triangle equilàter». El teorema de Pitàgores és la proposició 47 del llibre I.

En un sistema axiomàtic, naturalment, els teoremes han de ser deduïbles dels axiomes, postulats i definicions. Aristòtil també demanava que els axiomes, postulats i definicions fossin veritats evidents i necessàries, i que els teoremes estiguessin d'acord amb les observacions. Per a provar la veritat dels teoremes a partir dels axiomes (i dels altres principis), Euclides va utilitzar dues tècniques: la **prova indirecta** o demostració per reducció a l'absurd (probablement ja utilitzada pels pitagòrics i els eleàtics) i el **mètode d'exhaustió** (utilitzat pel deixeble de Plató, Èudox).

La prova indirecta o tècnica de reducció a l'absurd (*reductio ad absurdum*) per a provar la proposició o teorema p consisteix a assumir que la proposició «no p» és vertadera, i deduir llavors a partir de «no p» i dels axiomes del sistema una proposició qualsevol q i la seva negació «no q». Si partint de «no p», podem deduir dues proposicions contradictòries, llavors «no p» serà fals i p serà necessàriament vertader.

El mètode d'exhaustió consisteix a provar que totes les possibles alternatives a una proposició o teorema que volem provar són incompatibles amb els axiomes o principis del sistema. De fet, aquest mètode d'exhaustió ve a ser una extensió de la prova per reducció a l'absurd.

La gran majoria, malgrat que no tots, dels teoremes i problemes que apareixen en els *Elements* són demostrats o resolts de manera rigorosament deductiva. Al final del segle XIX, el matemàtic alemany David Hilbert (1862-1943) va fer una reformulació de la geometria euclidiana en la qual tots i cadascun dels teoremes són una conseqüència deductiva dels axiomes, postulats i definicions.

ACTIVITATS

9> Busqueu informació sobre les diferents geometries no euclidianes i elaboreu una redacció que n'expliqui la història i les característiques.

La física i la matemàtica d'Arquimedes

Un altre gran científic que va passar una llarga temporada a Alexandria i que exemplifica també la realització de l'ideal de sistematització deductiva va ser **Arquimedes** (287-212 aC), que està considerat un dels matemàtics antics més genials i originals. Nascut a Siracusa (Sicília) i fill d'un astrònom, va dedicar tota la seva vida a la investigació científica. Després de la seva estada a Alexandria, on conegué alguns deixebles d'Euclides, va tornar a la seva ciutat natal, si bé va mantenir el contacte amb els científics alexandrins. A Siracusa es va dedicar a la investigació en l'àmbit de les matemàtiques pures i aplicades. Però la seva fama popular prové en gran part del disseny d'aparells mecànics per a la pau i per a la guerra. Durant la seva estada a Alexandria va inventar una màquina hidràulica en forma de cargol helicoïdal per treure aigua de les séquies i regar els camps. També va dissenyar catapultes i altres màquines de guerra gràcies a les quals Siracusa va poder resistir un setge dels romans. Finalment, l'any 212 aC els romans van aconseguir entrar a Siracusa i, segons la llegenda, un soldat romà va matar Arquimedes mentre estava capficat examinant un problema de geometria.

La llegenda diu que Arquimedes va ser mort per un soldat romà que el va trobar estudiant problemes mentre les tropes del general Marcel saquejaven Siracusa durant la segona guerra púnica.

Arquimedes va ser el primer pensador grec que va aplicar les matemàtiques a la mecànica. Desenvolupà l'estàtica i la hidrostàtica o estàtica de fluids segons els principis de l'ideal de sistematització deductiva que ja hem vist en l'obra d'Euclides.

Dins la tradició platònica, Arquimedes valorava les seves demostracions i descobriments en matemàtica pura i no donava gaire importància ni als seus invents tècnics (les màquines que el van fer famós) ni a les seves contribucions a les matemàtiques aplicades (com el nou sistema de numeració per escriure, calcular i utilitzar números tan grans com el de grans de sorra que hi ha a l'Univers —el seu càlcul era de 10^{63}—, que va introduir en la seva obra *Arenari*).

Les obres i el mètode rigorós d'Arquimedes van influir molt en els grans científics i pares de la ciència moderna del segle XVII, com ara Galileu, Torricelli i Newton.

Arquimedes al bany. *Gravat alemany del segle XVI. S'atribueix a* ***Arquimedes*** *la solució de l'anomenat* problema de la corona. *Ens diu que Arquimedes va pensar el procediment per trobar la solució a aquest problema quan ell mateix vessà aigua en ficar-se a la banyera massa plena, i que va sortir cridant: Eureka! ('Ho he trobat!').*

El naixement de la ciència de la hidrostàtica

Arquimedes es pot considerar el creador de la ciència que estudia els líquids en repòs, la **ciència de la hidrostàtica**. Un dels principis fonamentals de la hidrostàtica diu que qualsevol cos submergit en un fluid experimenta una força cap amunt igual al pes del fluid desallotjat. Aquest principi fou enunciat per Arquimedes, el qual sembla que el va utilitzar per tal de solucionar un problema que li havia plantejat el rei de Siracusa, Hieró II.

«Arquimedes va fer molts invents admirables i diversos, però de tots aquests invents, el que ara exposaré manifesta un enginy immens. Elevat Hieró de Siracusa al tron real, va decidir col·locar en un temple una corona d'or com a vot als déus immortals per l'èxit aconseguit; va contractar l'obra per un determinat preu i va pesar l'or amb el qual s'havia de fer amb un contrapès. En la data prevista, l'orfebre va presentar la seva obra, un prodigi d'habilitat manual, al rei; i va semblar que el pes de la corona corresponia al contrapès.

Tanmateix, va haver-hi després indicis que havien tret or a la corona, reemplaçant-lo per una quantitat igual d'argent. Indignat Hieró per haver estat enganyat, i no trobant la manera de posar en evidència aquell furt, va demanar Arquimedes que es dediqués a pensar-ho. Preocupat Arquimedes per aquest assumpte, va anar per casualitat al bany públic i, en entrar a la banyera, es va adonar que sortia fora de la banyera tanta aigua com part del seu cos hi havia entrat. Veient en això l'explicació del seu problema, no es va quedar així: va saltar fora de la banyera mogut per l'alegria i, anant tot nu cap a casa seva, cridava a tothom que havia trobat el que buscava; mentre corria clamava en grec: *Eureka, Eureka!* ('Ho he trobat! Ho he trobat!').

Es diu que llavors, basant-se en el seu descobriment, va fer dues masses d'igual pes al que tenia la corona, una d'or i l'altra d'argent. Fet això va omplir d'aigua fins a vessar un recipient ampli i va ficar dins la massa de plata: en va sortir una quantitat d'aigua igual al volum introduït en el recipient. Extreta la massa, va reposar l'aigua que faltava, mesurant-la, de manera que, igual que abans, l'aigua estava a punt de vessar. Així va trobar quina quantitat d'aigua corresponia a un cert pes d'argent.

Sabent això, va ficar de la mateixa manera la massa d'or en el recipient ple a vessar i, extreta aquesta, va afegir-hi la seva mesura d'aigua seguint el mateix mètode: basant-se en el fet que la quantitat d'aigua necessària no era igual sinó menor, va trobar en quina proporció, a igual pes, la massa d'or era menys voluminosa que la d'argent. Després, una vegada omplert el recipient, va ficar en l'aigua la corona i va trobar que la corona havia fet vessar més aigua que la massa d'or d'igual pes; d'aquesta manera, basant-se en el fet que feia falta afegir més aigua en el cas de la corona que en el de la massa, pel seu raonament va demostrar la barreja d'argent en l'or i el furt de l'orfebre.»

Sobre l'arquitectura

Vitruvi

3.8 L'astronomia

Ja els primers filòsofs havien mostrat la seva preocupació per donar una explicació racional dels fenòmens astronòmics. Els presocràtics van elaborar teories que intentaven explicar el funcionament, la naturalesa, les dimensions i la localització dels astres deixant de banda els déus i fent intervenir un conjunt de conceptes i mecanismes naturals. Els cels i els estels continuen sent cossos de naturalesa divina i eterna, però estan governats per lleis racionals i el seu comportament pot ser explicat i calculat sense recórrer a l'arbitrària voluntat dels déus.

L'Univers de les dues esferes

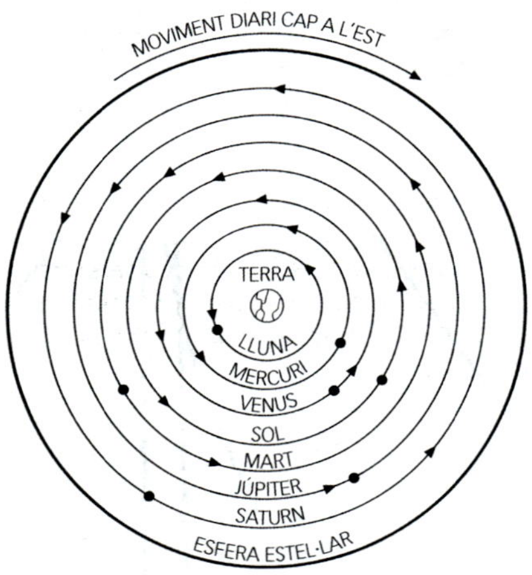

Esquema aproximat de les ***òrbites planetàries*** *en l'Univers de les dues esferes.*

Cap al segle IV aC hi ha un consens pràcticament universal entre els filòsofs i astrònoms grecs sobre l'estructura i funcionament global del cosmos. Es considera que la Terra és una esfera relativament petita que resta immòbil, totalment quieta, al centre de l'Univers. L'Univers també té forma esfèrica. L'esfera exterior té un moviment de rotació que arrossega els estels fixos. El Sol, la Lluna i els planetes es mouen en l'espai comprès entre la Terra i l'esfera dels estels fixos, que és el límit exterior d'un Univers tancat i finit. Segons aquesta concepció astronòmica, el cosmos està format per una esfera interior terrestre on viuen els éssers humans i una altra celeste on hi ha els estels. Aquesta concepció es coneix com a **Univers de les dues esferes** i va estar vigent durant gairebé dos mil anys, fins a la revolució copernicana del segle XVI, i era compatible amb diferents sistemes astronòmics.

> «A partir del segle IV abans de la nostra era, per a la major part dels filòsofs i astrònoms grecs la Terra era una esfera immòbil molt petita que es trobava suspesa en el centre geomètric d'una esfera en rotació, molt més gran, que s'emportava les estrelles. El Sol es desplaçava per l'ampli espai comprès entre la Terra i l'esfera de les estrelles. Més enllà de l'esfera exterior no hi havia res, ni espai ni matèria. Aquesta no va ser l'única teoria sobre l'Univers mantinguda durant l'antiguitat clàssica, però sí que va ser la que va disposar amb el major nombre de defensors. El món medieval i modern no van fer res més que heretar dels seus predecessors una versió desenvolupada de la teoria de les dues esferes.
> L'Univers de les dues esferes està compost per una esfera interior per a l'home i una altra exterior per a les estrelles.»
>
> *La Revolució copernicana. L'astronomia planetària en el desenvolupament del pensament occidental*
> **Tomas S. Kuhn**

L'astronomia antiga i medieval utilitzava l'esquema conceptual de l'Univers de les dues esferes per explicar els moviments diaris dels estels i com varien segons el lloc des d'on són observats. També permetia ordenar i simplificar les complexes observacions relatives al moviment del Sol. Els planetes plantejaven un problema especialment difícil, ja que els seus moviments semblaven esbojarrats, amb aturades (*estacions*) i marxes enrere (*retrogradacions*). De fet, la paraula *planeta* significa en grec 'estel errant' o 'rodamón'. Però els únics moviments dignes dels astres són els moviments circulars i uniformes. El problema dels planetes es coneix també com a *problema de Plató*, perquè va ser Plató qui va plantejar de manera clara el problema: quins són els moviments circulars i uniformes que poden servir per a explicar els aparentment irregulars moviments dels planetes? La primera resposta la va donar **Èudox** (408-355 aC), un deixeble de Plató. En el sistema astronòmic d'Èudox, per a explicar el moviment de cada planeta cal suposar l'existència de diverses esferes que tenen com a centre comú la Terra. Cada planeta està encastat en l'esfera interior d'un grup de diverses esferes concèntriques i interconnectades que roten entorn d'eixos diferents. El resultat del moviment conjunt d'aquestes esferes, que es mouen circularment i uniformement però amb eixos i velocitats diferents, és el moviment del planeta observat des de la Terra. El sistema astronòmic d'Èudox va servir de base a les idees astronòmiques d'Aristòtil. En total Èudox necessitava més d'una vintena d'esferes concèntriques per poder calcular i fer prediccions sobre els moviments del Sol, la Lluna i els planetes.

L'astronomia aristotèlica

En l'àmbit de l'astronomia, la feina d'Aristòtil va ser fonamentalment de síntesi i perfeccionament. Aristòtil parteix del model de l'Univers de les dues esferes, defensat també pel seu mestre Plató. En aquest Univers esfèric no hi ha lloc per al buit. El món està dividit en dues regions: el món **sublunar**, elemental o terrestre, i el món **supralunar**, eteri o celestial.

El món terrestre, quiet al centre de l'Univers, està constituït per quatre elements (terra, aigua, aire i foc) que formen esferes imperfectes (les esferes de terra, aigua, aire i foc) que limiten amb l'esfera que arrossega la Lluna. El món sublunar és un món de canvis (substancials i accidentals, naturals i violents), de generació i corrupció.

El món celestial, en canvi, està format per un únic element (l'èter) pur i inalterable, cristal·lí, transparent i sense pes. L'èter és un cinquè element (la quinta essència) gairebé perfecte que té com a únic moviment natural el moviment circular i uniforme. Els planetes i els estels, i també les esferes concèntriques en les quals estan encastats i que serveixen per explicar els moviments celestials, estan fets d'èter. El món celestial és una gegantesca esfera limitada en la banda exterior per l'esfera dels estels fixos i en la interior per l'esfera de la Lluna, que fa de frontera amb l'esfera de foc del món sublunar. L'esfera imperfecta de foc no és tan evident com les esferes de terra, aigua i aire, però és el lloc al qual arriba el foc que es mou naturalment cap amunt i és visible en fenòmens com els estels fugaços, cometes o noves, els quals, com totes les generacions i corrupcions, no poden tenir lloc al món celestial (al cel no hi ha novetats) i es poden explicar com a interaccions entre l'esfera d'aire i la de foc. Els moviments del món supralunar provoquen els canvis i les estacions al món sublunar.

Segons Aristòtil, en el món celestial hi ha cinquanta-cinc esferes cristal·lines d'èter, gairebé el doble de les esferes del sistema d'Èudox. Totes aquestes esferes concèntriques es mouen en moviments circulars i uniformes arrossegades pel moviment de l'esfera dels estels fixos, l'esfera més externa, que transmet el moviment a totes les altres esferes fins arribar a l'esfera més baixa, aquella que és la responsable del moviment de la Lluna. D'aquesta manera es donava una explicació mecànica dels moviments celestials i se solucionava el problema dels planetes o problema de Plató.

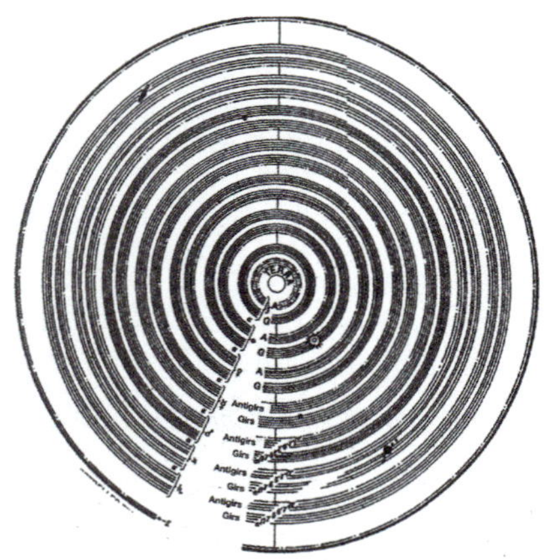

Cosmologia d'Aristòtil. *Cinquanta-cinc esferes cristal·lines que giren, en direccions diferents i amb eixos diferents, arrossegades pel moviment de l'esfera dels estels fixos que és moguda pel motor immòbil.*

Aristarc de Samos (310-230 aC), va ser un astrònom i matemàtic que havia estudiat a Alexandria, i probablement va ser el primer a defensar un sistema del món heliocèntric, és a dir, amb el Sol i no la Terra al centre de l'Univers. Basant-se en precedents de la tradició pitagòrica, Aristarc afirma que el Sol i l'esfera dels estels fixos no es mouen. Els planetes i la Terra giren al voltant del Sol. La Terra gira a més a més diàriament al voltant del seu eix. Aquest moviment de rotació explica l'aparent moviment diari dels cels. L'absència de paral·laxi estel·lar es deu al fet que el diàmetre de l'òrbita de la Terra és menyspreable en comparació del diàmetre de l'esfera dels estels fixos.
La concepció astronòmica d'Aristarc —descrita per Arquimedes al seu llibre *Arenari*—va restar en l'oblit fins que al segle XVI Copèrnic la va ressuscitar afegint-hi una teoria matemàtica que permetia fer prediccions exactes.

L'astronomia ptolemaica

El sistema astronòmic d'Aristòtil, com tots els sistemes d'esferes concèntriques, té un greu inconvenient que va ser la causa del seu abandonament ja en l'antiguitat. Les teories astronòmiques d'Èudox i d'Aristòtil afirmen que tots els planetes estan en esferes que tenen com a centre la Terra; per tant, la distància entre els planetes (el Sol i la Lluna també eren considerats planetes) i la Terra hauria de ser sempre igual. De fet, hi ha diversos fenòmens astronòmics que contradiuen aquest supòsit: quan la Lluna s'interposa entre el Sol i la Terra a vegades tapa totalment el Sol i tenim un eclipsi total de Sol, mentre que d'altres no el tapa totalment i deixa visible una corona de Sol (en els eclipsis anulars de Sol); quan els planetes retrograden apareixen molt més brillants, és a dir, semblen estar més a prop de la Terra (i ho estan). Aquests fenòmens no poden ser explicats per cap model d'esferes concèntriques.

Per reemplaçar les esferes concèntriques com a model explicatiu dels moviments planetaris, al segle III aC el matemàtic **Apol·loni de Perga** (~ 260-200 aC) va introduir el mecanisme matemàtic dels epicicles i deferents. El moviment del planeta s'explicaria per la conjunció de dos moviments circulars i uniformes. Així, el planeta es mouria en un petit cercle (l'epicicle) que gira amb moviment uniforme al voltant d'un punt situat sobre la circumferència d'un segon cercle més gran i també en rotació, el deferent. Aquest sistema, que es va anar complicant al llarg dels segles per adaptar-se a les noves dades d'observació, va ser ampliat i sistematitzat pel científic alexandrí Claudi Ptolemeu, i es va convertir en el model astronòmic vigent fins a la Revolució Científica dels segles XVI i XVII.

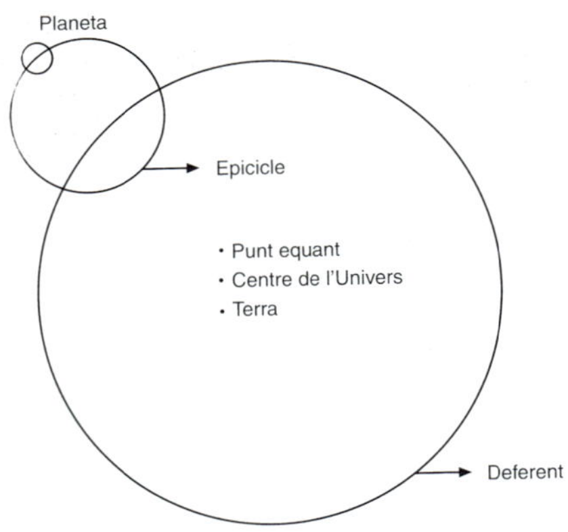

Esquema del sistema d'epicicle i deferent.

Claudi Ptolemeu (90-168 dC) no era descendent de la dinastia reial dels ptolemeus. El seu nom potser té relació amb la seva procedència de la ciutat de Ptolemais Hermiou, una de les ciutats fundades pels grecs que van colonitzar Egipte. En l'època de Claudi Ptolemeu, el Museu i la Biblioteca d'Alexandria continuaven sent importants centres de cultura, malgrat que havien perdut l'esplendor dels dos primers segles.

Probablement Claudi Ptolemeu va ser un dels científics del Museu i amb tota seguretat va consultar moltes de les obres que es conservaven a la Biblioteca d'Alexandria. Ptolemeu va escriure llibres sobre ciències molt diferents; ens han arribat obres sobre geografia, òptica o música, entre d'altres. Però Ptolemeu és famós fonamentalment pels seus treballs d'astronomia. El seu gran tractat astronòmic, la *Sintaxis Mathematica* o *Almagest* (paraula composta per l'article àrab *al* i la paraula grega *megistos*, que vol dir 'molt gran', és a dir, 'la més gran obra'), com va ser conegut en el món islàmic i cristià, presenta per primer cop una teoria completa, coherent i amb una gran capacitat predictiva dels moviments de tots els astres. L'*Almagest* es va convertir en el principal llibre d'astronomia durant més de mil anys i es pot dir que la revolució en el camp de l'astronomia que inicià Copèrnic al segle XVI es va fer contra el paradigma o model astronòmic (amb la Terra quieta al centre de l'Univers) que tenia les seves arrels en el pensament d'Aristòtil i de Ptolemeu.

L'*Almagest* és una obra d'astronomia matemàtica —interessada només a fer prediccions i càlculs—, però Ptolemeu també va escriure sobre astronomia cosmològica o física (*Les hipòtesis dels planetes o moviments dels cercles celestes*). Tota la seva astronomia es basa en tres principis ja acceptats per la tradició grega anterior i recollits en el model d'Univers de les dues esferes: l'esfericitat dels cels, la posició central de la Terra (*geocentrisme*) i la seva immobilitat (*geoestatisme*). Ptolemeu no adopta sense discussió aquests principis, sinó que dóna nombroses raons matemàtiques (geomètriques) i de tipus observacional en favor d'aquests principis.

L'astronomia de Ptolemeu intenta també explicar els fenòmens del cel mitjançant moviments circulars i uniformes. Per tal de justificar els complicats moviments que semblen tenir els planetes per a un observador situat a la Terra, Ptolemeu utilitza el mecanisme o artifici matemàtic dels epicicles i deferents ja emprat per Apol·loni. Però també introdueix innovacions com l'equant, un punt en el interior del sistema d'epicicle-deferent des del qual es veuria com es mou el planeta a velocitat angularment uniforme. També utilitza com a artefacte matemàtic les excèntriques, cercles desplaçats del centre (descentrats) que li permeten explicar, per exemple, perquè el Sol triga sis dies més per anar des de l'equinocci de primavera al de tardor, que del de tardor al de primavera. Tots aquests artefactes o models matemàtics eren creats per salvar les aparences o donar compte dels fenòmens del cel i calcular posicions futures d'astres, però no intentaven explicar els moviments reals dels planetes.

Mapa del món de Ptolemeu. Claudi Ptolemeu no es va ocupar solament d'astronomia, sinó que també va escriure una Geografia, *en la qual va intentar representar i descriure el món conegut.*

Ptolemeu era conscient que era possible crear més d'un model matemàtic per salvar les aparences o justificar els fenòmens dels moviments dels planetes. Per exemple, reconeix (com ja havia fet Apol·loni de Perga) que es pot construir un sistema de moviment excèntric que és matemàticament equivalent a un sistema d'epicicle i deferent. Com que els dos sistemes resulten matemàticament equivalents, l'astrònom pot triar el model que consideri més senzill. L'*Almagest* es pot considerar una obra d'astronomia matemàtica en la qual els models matemàtics només tenen la funció d'instruments per al càlcul, sense existència real en l'espai. Així, epicicles i deferents són instruments de càlcul que permeten fer prediccions, però que no tenen existència real ni serveixen per donar explicacions cosmològiques. Tanmateix, Ptolemeu, en la seva obra posterior *Les hipòtesis dels planetes*, ens ofereix la seva visió cosmològica, descriu l'estructura física de l'Univers, tracta de les dimensions del cosmos i explica quines són les causes dels moviments celestes.

Activitats finals

FILOSOFIA I TIC

Cerqueu a Internet informació i prepareu un petit dossier sobre:

- Les guerres a Atenes al segle III aC
- L'amor i l'amistat segons Epicur
- L'estoïcisme de Sèneca i Marc Aureli
- Diògenes de Sínope i el moviment cínic
- El Museu i la Biblioteca d'Alexandria
- Aristarc de Samos i l'heliocentrisme
- Hipàtia d'Alexandria

1> Quins fets sociopolítics condicionaren la nova temàtica de la filosofia durant l'època hel·lenística?

2> En quin sentit es pot dir que Epicur va ser un materialista?

3> Per què, segons Epicur, la mort no ha de ser ni font de plaer ni de dolor? Analitzeu el text següent d'Epicur:

> «Mentre nosaltres som, la mort no està present, i quan la mort està present, aleshores nosaltres no som.»
>
> *Carta a Meneceu*
> **Epicur**

4> Assenyaleu alguna de les principals aportacions dels estoics a la lògica.

5> Epictet, un esclau romà, va escriure un llibre, l'*Enquiridió* (o *Manual*), que acabava amb uns pensaments que «cal tenir a l'abast en qualsevol circumstància». Comenteu el text següent. Qui són Critó, Ànitos i Meletos? A qui fa referència quan diu «per a nosaltres»?

> «Meneu-me, Zeus, com també tu, Destí, / cap al lloc que m'heu determinat. / Seguiré el camí sense dubtar-ne! / Encara que no vulgui seguir-lo, / encara que esdevingui dolent, / no el seguiré pas menys. / Aquell qui se sotmet agradosament / a la necessitat és per a nosaltres / un savi i coneix les coses divines. / Amb tot, Critó, si això és el que / volen els déus, que s'esdevingui / d'aquesta manera. / Ànitos i Meletos poden certament / matar-me, però no poden pas perjudicar-me.»
>
> *Enquiridió* (o *Manual*)
> **Epictet**

6> Compareu l'ideal del savi epicuri amb l'ideal del savi estoic. Hi ha un ideal del «savi escèptic»?

7> Feu un resum i compareu les doctrines sobre el coneixement d'epicuris, estoics i escèptics.

8> Comenteu aquesta afirmació del filòsof nord-americà James Griffin. Quines d'aquestes coses valuoses formarien part de la llista dels epicuris, dels estoics o dels escèptics? Raoneu la resposta.

> «El desig no crea el valor de les coses. Algunes en tenen i d'altres no. [...] Penso que l'experiència de la vida ens pot servir per fer una llista d'allò que compta realment [...]. Si volgués fer una llista personal, hi figurarien necessàriament: saber apreciar allò que es té, mantenir relacions profundes, intentar complir una fita, comprendre certes qüestions metafísiques i morals, ser lliure i autònom.»
>
> **James Griffin**

9> Comenteu aquest text de Bertrand Russell. Creieu que es pot ser raonablement escèptic o creieu que l'escepticisme és una teoria inconsistent? Per què? És possible ser escèptic sense «dubtes dogmàtics»? Quines diferències hi ha entre dogmatisme, escepticisme i pensament racional o crític?

> «Cal observar que l'escepticisme, com a filosofia, no és solament una filosofia del dubte sinó allò que podríem anomenar una filosofia del dubte dogmàtic. L'home de ciència diu: "Crec que és així i així, però no n'estic segur". L'home dotat de curiositat intel·lectual diu: "No sé què és tot això, però espero trobar-ho". El filòsof escèptic diu: "Ningú no sap res i ningú no podrà saber mai res". És aquest element de dogmatisme allò que fa vulnerable el sistema. Naturalment, els escèptics neguen que preconitzin dogmàticament la impossibilitat del coneixement, però les seves protestes no són gaire convincents.»
>
> *Història social de la filosofia*
> **Bertrand Russell**

10> Expliqueu les diferències principals que hi ha entre la concepció general de la filosofia i la ciència dels filòsofs de l'època hel·lenística i la dels pensadors anteriors com Plató i Aristòtil?

11> Expliqueu el significat d'aquest text d'Epicur, l'última de les seves quaranta *Màximes capitals*, indiqueu si hi esteu d'acord o no i expliqueu per què:

> «Tots aquells que han tingut la possibilitat de gaudir d'una gran confiança per part dels que tenien a la seva vora viuen en companyia amb un extraordinari plaer i amb la garantia més ferma. I després, fins i tot si han compartit la més completa amistat, no ploren ni es la-

menten, com si calgués compadir-se'n, per aquell que ja ha arribat a terme i se'n va abans que ells.»

Màximes capitals, XL
Epicur

12> Feu un quadre comparatiu de les tesis principals (sobre el coneixement, el món, els déus, el destí, la felicitat...) dels estoics, epicuris i escèptics.

13> Feu una entrevista imaginària a un filòsof de l'època hel·lenística (Epicur, Zenó de Cítion, Pirró). Redacteu les preguntes (per exemple, respecte a les seves opinions sobre la política, els déus, la religió, l'amistat, el destí, l'amor...) i les respostes.

14> Compareu el concepte de *lógos* en el presocràtic Heràclit d'Efes i en els estoics. Què significa el *lógos* per als estoics?

15> Compareu el concepte de *llibertat* en la física epicúria i en la física estoica.

16> Comenteu aquest fragment de la *Carta a Meneceu* d'Epicur:

> «Quan diem que el plaer és l'única finalitat, no entenem els plaers dels dissoluts o dels cràpules, tal com alguns que desconeixen la nostra doctrina o no hi estan d'acord o la interpreten malament, sinó el fet de no sentir dolor al cos ni trasbals a l'ànima. Ja que ni els banquets ni les festes contínues, ni el gaudi de jovenets i dones, ni els peixos ni altres aliments que ofereixen les taules ben servides ens fan la vida agradable, sinó el judici encertat que examina les causes de cada acte d'acceptació o de refús i sap guiar les nostres opinions lluny d'aquelles que omplen l'ànima d'inquietud. D'això n'és principi i màxim bé el seny, i per aquest motiu el seny —origen de totes les altres virtuts— és més apreciable que la mateixa filosofia, i ens ensenya que no existeix una vida feliç sense ser al mateix temps assenyada, bella i justa, ni és possible viure amb prudència, bellesa i justícia sense ser feliç. Ja que les virtuts són connaturals a la vida feliç, i el fet de viure feliçment va sempre acompanyat de la virtut.»

Carta a Meneceu
Epicur

17> Comenteu aquest text de Sèneca i exposeu-ne les idees principals:

> «Erres, doncs, quan preguntes per què recerco la virtut, per tal com demanes alguna cosa per damunt del bé suprem. Demanes què reclamo de la virtut? Ella mateixa. Res, talment, no té de millor: ella és el seu premi. Dius que aquest premi és poc gran, quan jo et diré: "El bé suprem és la fermesa d'una ànima infrangible, i la seva harmonia, i la seva bellesa", encara exigiràs una cosa més gran a la qual s'ordenin aquestes? Per què l'anomenes el plaer? Cerco el bé de l'home, no el del ventre, que més ample que en l'home és en les bèsties i en les feres.»

Sobre la felicitat, IX
Sèneca

18> Arquimedes va ser el creador de l'estàtica. En el seu llibre *Sobre l'equilibri de les figures planes* prova vint-i-cinc teoremes sobre l'equilibri de la palanca i el centre de gravetat. La llei de la palanca diu que aquesta romandrà equilibrada sempre que $F \cdot d = P \cdot d'$, on F és la força aplicada a la distància d del punt de suport i P és el pes suportat a la distància d' del punt de suport. Expliqueu la frase d'Arquimedes: «Doneu-me un punt de suport i jo mouré el món». Realment no es necessita res més que un punt de suport per a moure qualsevol pes?

19> Intenteu, com a petit treball de recerca, repetir algun experiment dels que van realitzar els científics alexandrins. Per exemple, podeu realitzar un mesurament de la circumferència terrestre similar al d'Eratòstenes (284-202 aC). Eratòstenes va suposar que les ciutats de Syene (Aswan) i Alexandria estan al mateix meridià (de fet, Syene està 3° a l'est del meridià d'Alexandria), i que Aswan està al tròpic de Càncer, ja que al migdia del solstici d'estiu un pal vertical no fa cap ombra. A Alexandria els raigs solars no arriben aquest dia perpendiculars, sinó amb un cert angle que ell va calcular en 1/50 de cercle. Va determinar que la distància entre Alexandria i Syene era de 5.000 estadis (de fet, la distància entre Alexandria i Syene és de 5.914 estadis). Si un estadi són 148,8 metres, quina és la mesura que va trobar Eratòstenes per a la circumferència terrestre i quina és la real? Busqueu en un atlas una població llunyana que estigui, més o menys, en el mateix meridià que la vostra. Escriviu a un centre d'ensenyament secundari d'aquesta població demanant-los que un dia determinat mesurin l'angle que fa l'ombra mínima del Sol al migdia. Feu vosaltres el mesurament a la vostra ciutat i, si sabeu la distància entre les dues ciutats, intenteu trobar la circumferència de la Terra. Compareu els vostres resultats amb els d'Eratòstenes.

20> En el teorema 3 del seu llibre *Mesura del cercle*, Arquimedes afirma: «La raó de la circumferència d'un cercle al seu diàmetre és menor que 3 1/7 i major que 3 10/71». Si suposem que $\pi = 3{,}14159$, calculeu quant és menor que 3 1/7 i quant és major que 3 10/71 la raó de la circumferència d'un cercle al seu diàmetre (π).

21> Assenyaleu influències de la vida i el pensament de Sòcrates en les escoles ètiques de l'hel·lenisme.

22> Feu una llista de fenòmens astronòmics coneguts a l'antiguitat (eclipsis, moviment dels estels, successió de les estacions, retrogradació dels planetes, diferent brillantor dels planetes quan retrograden, etc.) i indiqueu si poden ser explicats per la cosmologia aristotèlica.

04

LA FILOSOFIA A L'EDAT MITJANA

- El coneixement i la reflexió sempre han anat endavant? Hi ha hagut èpoques en què el coneixement racional ha entrat en crisi i ha estat substituït per concepcions majoritàriament religioses i màgiques?
- Hi ha circumstàncies en què el valor de les coses del món sensible pot arribar a ser considerat completament superflu?
- Creieu que les paraules, els conceptes, poden arribar a amagar les coses? Poden els conceptes ser considerats més reals que les coses particulars?
- Hi ha alguna relació entre la concepció filosòfica que es té del món o de la realitat i l'organització de la societat?

4.1 Marc històric i filosòfic

Entre la caiguda de l'imperi Romà i la irrupció del Renaixement van transcórrer mil anys. Aquest període entre els anys 500 i 1500 es coneix com a edat mitjana, ja que està situat entre el món antic i el món modern. I s'acostuma a dividir entre l'**època fosca** denominada alta edat mitjana i, a partir dels segles XII i XIII, la baixa edat mitjana. En aquesta segona etapa, amb la resurrecció de les ciutats, l'aparició de les universitats i la represa del comerç va començar a formar-se una mentalitat molt més propera a nosaltres.

Arran de l'enfonsament de la civilització romana i la successió de diverses onades d'invasions germàniques, Occident va estar sacsejat per la guerra, la misèria, la fam i la pesta. En aquest marc, el missatge del cristianisme, controlat en gran mesura per l'Església, es va estendre per tot l'antic Imperi i va servir, durant l'edat mitjana, per apaivagar l'esperit guerrer. Cap al final del segle XI, finalitzades les invasions, la violència es va canalitzar en altres direccions, com les creuades o les guerres contra els musulmans a l'Al-Àndalus, i en les guerres feudals entre senyors i vassalls (com la guerra dels Cent Anys, entre França i Anglaterra [1337-1453]), sotmeses, aquestes últimes, a unes «regles cavalleresques» i, per tant, molt menys destructives que les invasions anteriors.

En aquest període, la filosofia va restar subordinada a les creences religioses. La crisi general va fer que l'espiritualitat i l'ànsia de salvació, en la primera etapa històrica de què parlem, tingués una gran influència sobre la reflexió i la tasca filosòfica. En aquest període, el **teocentrisme**, la creença que Déu era el centre de tot, va servir per configurar el discurs de la filosofia i els diferents àmbits de la vida, entre els quals cal mencionar l'art.

El cristianisme

En l'etapa central de la civilització romana, en les primeres dècades del que s'anomena era cristiana, va aparèixer un líder religiós d'origen jueu que, amb el nom de **Jesús de Natzaret**, va iniciar una de les religions més importants d'Occident. Jesús, que segons els evangelis havia mort crucificat i posteriorment havia ressuscitat, va ser presentat pels seus deixebles com el salvador de la humanitat i el transmissor d'un missatge religiós que va passar, amb el temps, a ser fonament de l'Església. **Pau de Tars**, jueu de naixement, ciutadà romà i de cultura grega, va ser un dels primers teòlegs de la nova religió i possiblement el fundador del cristianisme.

El jueu **Pau de Tars** (~7-~67), quan es dirigia a Damasc amb l'objectiu de reprimir els cristians, als quals considerava una secta, va caure del cavall al patir una visió on va veure Crist ressuscitat. Des de llavors, de perseguidor de cristians, va passar a ser un dels més esforçats propagadors de la nova fe.

En un primer moment, el cristianisme, encapçalat per sant Pere i sant Jaume, es va presentar com un judaisme reformat: es continuaven mantenint ritus jueus (circumcisió, restricció d'aliments, etc.) i es predicava el missatge de Crist solament als jueus. Fou sant Pau qui, proposant una nova orientació, va fer que el missatge de Crist passés a ser una religió més universal. La gran atracció que va suscitar el cristianisme s'explica, en part, per la influència de les **religions salvífiques** o mistèriques que s'havien estès per tota la Mediterrània durant el període hel·lenístic. En difondre's, el cristianisme va entrar en contacte amb el pensament grecoromà i la tasca dels primers pensadors cristians, els anomenats **Pares de l'Església**, fou la d'harmonitzar ambdós corrents de pensament.

> «Tots, efectivament, sou fills de Déu per la fe en Jesucrist, ja que tots els qui heu estat batejats en el Crist heu estat revestits del Crist. Ja no hi ha ni jueu ni grec, esclau ni lliure, home ni dona: tots sou un de sol en Jesucrist.»
>
> *Carta als Gàlates*, 3, 26-29
> **Sant Pau**

Idees clau del cristianisme

- Déu és un ésser únic (**monoteisme**), omnipotent, personal, que ha creat el món del no-res (**creacionisme**) i que intervé en la història.
- Déu és creador dels homes i pare que estima les seves criatures. El seu amor és tan gran que fins i tot es va fer home, en la persona de Jesús de Natzaret, i va morir en la creu per salvar la humanitat del **pecat original** o pecat de desobediència comès pels primers pares (Adam i Eva).
- Déu és el ***lógos***, la raó universal generadora de la realitat. «Al principi existia el qui és la Paraula (el *lógos*). I el *lógos* estava amb Déu i el *lógos* era Déu. Ell estava amb Déu al principi. Per ell tot ha vingut a l'existència, i res no hi ha vingut sense ell» (Joan, *Evangeli*, 1, 1-5).
- L'ésser humà té una dignitat especial, posseeix una ànima immaterial i immortal, ja que ha estat creat a imatge de Déu. Cada persona, tacada pel pecat original, pot redimir-se mitjançant la **fe en Crist** i està cridada a respondre al pla de Déu.
- L'home és lliure, no està sotmès a cap destí, però és pecador i necessita la **gràcia de Déu** per salvar-se. El bé i la felicitat de l'ésser humà s'aconsegueixen respectant les normes que deriven de la seva pròpia naturalesa, expressió de la llei divina.
- El temps és creat amb la creació del món. Déu és provident, s'ocupa de la història i, excepcionalment, intervé amb miracles. L'aparició del temps històric comporta la idea que la història progressa vers un final: la fi del món i l'**adveniment del regne de Déu**.

*Pantocràtor del monestir de Dafni, prop d'Atenes. La seva datació es calcula entre els anys 1080-1100. El **pantocràtor** és la figura majestàtica que representa Déu totpoderós, creador i redemptor dels homes, segons la iconografia cristiana.*

El neoplatonisme

Mentre que els primers Pares de l'Església elaboraven la teologia i la moral del cristianisme que va acabar configurant la cosmovisió medieval, en l'àmbit grecoromà encara va sorgir un nou corrent filosòfic, el **neoplatonisme**, derivat d'un platonisme místic, que influirà en diversos sectors del pensament medieval. El neoplatonisme volia solucionar certes qüestions que Plató no havia deixat prou definides, com el lloc on estava situat el món de les idees, l'origen de la pluralitat de les coses a partir d'una font única, el Bé, o la relació entre el Bé i el demiürg. Tot girava al voltant del problema de com salvar la «distància» que hi havia entre allò **transcendent** (la idea màxima o l'U) i el món plural **sensible**.

Plotí (205-270), nascut a Egipte, va rebre influències de Parmènides, de Plató i d'Aristòtil. La seva obra fou recopilada en les *Ennèades*, on Plotí caracteritzava Déu, l'**U**, com allò més transcendent que hi ha. Déu és «més enllà de l'ésser», «més enllà de la substància» i «més enllà de la ment». Amb aquestes descripcions (basades en el text *República*, 509 b de Plató) inicia el que més tard rebrà el nom de **teologia negativa**. Per explicar la creació, concepte que fou introduït pel pensament cristià, Plotí deixà de banda la tesi del no-res, com ja van fer els gnòstics, i per això parlà de l'emanació de l'essència divina. Aquesta emanació és un procés semblant a com la llum es difon entorn del cos lluminós, la calor en el cos calent i el perfum en el cos olorós. Així es produïa la creació de totes les coses i el pas de l'U a la multiplicitat de les coses existents.

( )

La **teologia negativa** és una via de la teologia que considera que solament es pot conèixer de Déu allò que no és, ja que la comprensió real de la divinitat és impossible. Déu és allò inefable; allò que no es pot expressar mitjançant paraules.

ACTIVITATS

1> Definiu el termes següents:

monoteisme	messies	creacionisme	pecat	heretgia	profeta
fe	*lógos*	revelació	teologia	resurrecció	miracle

Segons Plotí i els seus seguidors neoplatònics, de l'U deriva el ***Noûs*** o Intel·lecte, que identifica amb el demiürg platònic i conté la totalitat de les idees. D'aquest *Noûs* prové, per una nova emanació, l'**Ànima del món**, de la qual deriven les ànimes dels éssers humans i dels animals. La creació, doncs, és un procés de propagació (i degradació). U, *Noûs* i Ànima del món són les formes de ser i constitueixen el món intel·ligible. Com a darrera entitat d'aquest desplegament hi ha la **matèria**. Aquesta, en estar tan distanciada de l'Ésser i de la perfecció, equival al no-ésser i al mal. Per això, la matèria era la causa del malestar i de les imperfeccions. Aquesta mena de continu ontològic explica que, en aquesta època i més endavant, es parlés de la influència dels astres i de les pedres precioses sobre les persones. Segons aquest corrent, els éssers humans pertanyien a dos mons, el de l'intel·lecte pur i el dels sentits.

Atès que la matèria és la causa del mal existent, el savi neoplatònic desitjava abandonar aquest món material dels sentits i retornar cap a allò originari, cap a l'Ésser. L'ésser humà sentia en el seu interior el ressò del «paradís perdut». Per abandonar aquest exili i reunir-se amb l'U, amb l'Absolut, Plotí assenyalava com a únic camí una via purgativa que comportava distanciar-se dels requeriments del cos i de la realitat externa. Així, doncs, mitjançant la purificació, l'ànima podia elevar-se fins a la captació del *Noûs* i, anant més enllà, arribar a una completa i extàtica unió amb l'U, amb la divinitat. Això era l'èxtasi (estar fora de tot, en l'U) i aquest estat de contemplació era un estat místic (inexpressable).

Influència neoplatònica

El pensament neoplatònic, amb pensadors com **Porfiri** (232-304) i **Jàmblic** (250-330), va anar distanciant-se dels mètodes científics que s'havien anat proposant durant el període hel·lenístic i s'encaminà cap a la mística i les doctrines ocultes com la màgia, l'astrologia, etc. El cristianisme també va quedar impregnat per aquest corrent a través de l'obra atribuïda a **Dionís Areopagita** (més endavant conegut com Pseudo-Dionís), autor de gran prestigi durant l'edat mitjana. Segons la creença medieval, Dionís Areopagita (segles V-VI) fou convertit al cristianisme per sant Pau durant el seu sermó a l'Areòpag. El mateix Dionís va deixar escrit que havia presenciat la mort de Crist en la creu i que havia vist l'ascensió de la Verge Maria al cel. La seva obra, el *Corpus areopagiticum*, tingué molt de prestigi durant l'edat mitjana. El seu pensament va influir en la mística cristiana que fou conreada per autors com Johannes Scotus Eriugena (segle IX), el mestre Eckhart (segle XIV), Nicolau de Cusa (segle XV) o sant Joan de la Creu (segle XVI). La influència del Pseudo-Dionís va arribar fins i tot al terreny de l'art: l'art gòtic deriva dels seus comentaris teològics al voltant de la llum. En el Renaixement, tanmateix, es va descobrir que els textos atribuïts a aquest privilegiat observador de tan importants miracles cristians no van ser escrits en la llengua del segle I dC, com correspondria per les mateixes afirmacions del seu autor, sinó en el tardà segle V. Actualment aquesta obra s'atribueix a un autor bizantí, conegut com a Pseudo-Dionís, que la va escriure a Síria.

*La basílica de Saint-Denis, al nord de París, una de les primeres obres del nou art gòtic, fou construïda a la primera meitat del segle XII, amb l'empenta de l'**abat Suger** (~1081-1151). Segons alguns estudiosos, la teologia de la llum de l'obra del Pseudo-Dionís l'Areopagita va influir en el seu estil arquitectònic.*

4.2 Primers moments de la filosofia medieval

Els nous temes filosòfics cristians i la filosofia clàssica

La filosofia d'arrel cristiana no s'ha de confondre amb la teologia (el saber sobre Déu), ja que va aportar a la reflexió filosòfica una sèrie de temes nous suggerits a partir dels continguts de la revelació sobrenatural (la doctrina religiosa comunicada per Déu). Així, per exemple, a partir de la qüestió de la creació es va elaborar una filosofia sobre allò contingent o possible i allò necessari, sobre l'ésser i el no-ésser, sobre les nocions de temps i d'eternitat, qüestions que els grecs no havien desenvolupat. També foren temes de reflexió la relació de Déu amb el món, l'individu humà com a persona, l'amor i la llibertat.

Inicialment, els primers pensadors, els anomenats Pares de l'Església, van estar dividits a propòsit de la filosofia clàssica. Així, van sorgir dues actituds: d'una banda, hi havia els defensors del **cristianisme obert**, com són els pares apologistes (segle II), l'escola cristiana d'Alexandria (segles II i III), la influent obra de sant Agustí d'Hipona i també el Pseudo-Dionís (segles V-VI), els quals van considerar que la tasca de la filosofia era explicar el missatge de Crist, ajudar els homes en la fe i defensar les veritats revelades contra els atacs del pagans. De l'altra, l'actitud del «cristianisme tancat» fou la de menysprear la saviesa pagana, rebutjant qualsevol relació amb la filosofia clàssica, que va arribar a ser considerada l'origen de les heretgies.

La filosofia àrab

Sota l'empenta de la religió islàmica, fundada per **Mahoma** a inici del segle VII, la filosofia àrab es va desenvolupar en el període de l'imperi dels Abbàssides, en el segle VIII. Els àrabs van conèixer el pensament grec a través de Síria i utilitzaren aquesta filosofia per interpretar o comentar el seu llibre sagrat, l'**Alcorà**. Un dels temes fonamentals que es va plantejar, com també va passar en l'escolàstica cristiana, fou el de la relació entre religió i filosofia.

Quan es parla de la influència grega en el pensament àrab cal saber que el que reberen fou una barreja de moltes doctrines clàssiques, des d'Aristòtil als neoplatònics. Això explica la mescla doctrinal o **sincretisme** existent en la base del pensament àrab.

Actituds dins del pensament islàmic

Alguns elements de la fe islàmica són difícilment compatibles, com la defensa alhora del lliure albir —entès com a llibertat de decisió i actuació— i la predestinació divines. Això va afavorir la discussió teològica i filosòfica en el món musulmà.

Aquestes discussions van comportar que al VIII aparegués l'**escola del mutazilisme**, partidària d'interpretar **al·legòricament** l'Alcorà. Aquesta postura, qualificada d'heterodoxa, defensava la llibertat de l'individu. En aquest sentit, aquesta escola va procurar reformar l'islam, tot proposant que l'ús de la raó serveix per confirmar alguns aspectes de les creences religioses relatives a la justícia de Déu o a l'existència del mal.

L'**escola dels mutakalimís**, més ortodoxa, defensava una **interpretació literal** de l'Alcorà. Els seus principis derivaven de la creença en l'absoluta omnipotència de Déu mentre que a l'individu humà solament li quedava acceptar allò que la divinitat havia determinat per a ell. De fet, la paraula *islam* significa 'submissió a la voluntat de Déu'. D'aquesta absoluta omnipotència divina es derivava la tesi que Déu pot fer tot allò imaginable, llevat d'allò que entri en contradicció. Aquesta tesi fou el que va dificultar la possibilitat d'indagar un ordre regular en la naturalesa —base del saber científic. Déu, atesa la immensitat del seu poder, podria canviar tot el que hi ha en qualsevol moment, i en aquest marc d'arbitrarietat absoluta difícilment es poden trobar lleis o regularitats que requereixen estabilitat.

***Mahoma**, Abu-l-Qàsim Muhàmmad ibn Abd-Allah ibn Abd-al-Muttàlib ibn Hàxim, va ser el fundador de l'islam. En la figura, Mahoma escrit en cal·ligrafia àrab.*

Principals filòsofs àrabs

Una lliçó a la mesquita de Samarcanda, un dels centres de cultura islàmica.

El filòsof musulmà oriental més important de l'edat mitjana fou **Avicenna** (980-1037), pensador persa interessat en temes científics, mèdics i filosòfics. Influït per Plató i Aristòtil, va cercar un equilibri entre les creences musulmanes i el pensament grec. Els seus escrits van influir en el desenvolupament del pensament escolàstic del segle XIII. La filosofia d'Avicenna tracta qüestions metafísiques com l'existència de Déu, l'origen de l'Univers o la diferència entre ésser possible o contingent i ésser necessari. A propòsit de l'existència de Déu, basa la seva demostració en l'especulació sobre el concepte d'ésser, que el porta a considerar imprescindible l'existència d'un ésser necessari, ja que en cas contrari, d'on provindrien els éssers possibles que existeixen?

Algatzell (1058-1111) és considerat com el principal representant de l'ortodòxia islàmica medieval. La seva tasca fou procurar la preservació de les doctrines de l'Alcorà i per això va tenir una actitud contrària a la filosofia. Entre les seves obres destaquen la *Destrucció dels filòsofs* i la *Restauració dels sabers religiosos*. La seva postura va tenir una doble conseqüència: apaivagar la reflexió filosòfica i fomentar el misticisme. Arran de la seva tasca contra la filosofia, aquesta va quedar estancada a l'Orient, i amb prou feines va continuar desenvolupant-se en l'Al-Àndalus després d'Averrois.

Averrois, nascut a Còrdova, Al-Àndalus, l'any 1126 i mort a Marràqueix el 1198, fou el filòsof, metge i astrònom musulmà que més va influir en el pensament medieval d'Occident. Lector i comentador d'Aristòtil, va intervenir en el debat sobre la relació entre religió i filosofia. En front de la crítica d'Algatzell, Averrois, en el llibre *Destrucció de la destrucció dels filòsofs*, indica que no pot haver-hi contradicció entre religió i filosofia, ja que estan en plans diferents. Aquesta diferència donarà lloc a la doctrina de la **doble veritat**, la de la fe i la de la raó. Els individus entenen de diverses maneres l'Alcorà, això és deu a la distinta relació que tenen amb l'intel·lecte; alguns requereixen demostracions, altres es conformen amb allò probable i uns tercers queden satisfets amb les imatges oratòries que reforcen les seves creences. D'aquesta concepció provindrà, en el corrent de l'averroisme llatí, la teoria de la doble veritat, la qual accepta que quelcom pot ser veritat en teologia i fals en filosofia, o a l'inrevés.

> «En evocar el nom d'Averrois, evoquem una forta personalitat i un autèntic filòsof, del qual tot el món a Occident n'ha sentit a parlar en major o menor grau. [...] S'ha dit i repetit que Averrois ha estat el més gran, el més eminent representant del que s'ha anomenat la "filosofia àrab" i, amb ell, aquesta havia aconseguit el seu apogeu i el seu fi. [...] A l'Orient, però, l'obra d'Averrois va passar gairebé inadvertida. No van sospitar el paper i el significat que els nostres manuals atribueixen a la polèmica entre Averrois i Algatzell. Si ho haguessin sabut, s'haurien mostrat tan esbalaïts com es mostren avui els seus continuadors.»
>
> *La filosofia islàmica des dels seus orígens fins a la mort d'Averrois*
> **Henry Corbin, Osman Yahia, Sayyed Hossein Nasr**

ACTIVITATS

2> Feu un resum esquemàtic dels dos corrents àrabs, el mutazilisme i el mutakalimisme, i examineu les implicacions que poden derivar-se d'un o altre corrent filosòfic.

4.3 Herència clàssica en el cristianisme

Crisi del pensament a Occident

L'edat mitjana va sorgir sobre les runes de la civilització romana, que des del segle II havia començat a debilitar-se. A partir d'aquell moment els assalts bàrbars es van incrementar. L'any 410 els bàrbars van saquejar Roma, i van palesar la debilitat a la qual havia arribat l'Imperi. Amb la caiguda de l'Imperi Romà d'Occident, l'any 476, tota l'organització militar, administrativa i econòmica quasi va desaparèixer, irrompent amb força la fam, el despoblament de les ciutats i la crisi del teixit econòmic i social. A més, l'aïllament respecte de l'Imperi Romà d'Orient, amb capital a Constantinoble, va comportar quasi la pèrdua de la cultura clàssica. El retrocés cultural d'Occident s'allargà fins passat el segle X.

TOT ES RESUMEIX

El saber clàssic, que havia perviscut en centres culturals com Atenes i Alexandria, va entrar en letargia. L'emperador bizantí Justinià va tancar l'Acadèmia d'Atenes l'any 529. Alexandria, que havia patit diverses destruccions de la seva biblioteca, va caure en poder dels àrabs l'any 642. El cristianisme, mentrestant, un cop convertit en religió oficial, va deixar en un lloc molt secundari l'interès pel coneixement científic i filosòfic. Les disputes teològiques típiques en els períodes inicials de tota religió van ajudar a aquest relegament del saber clàssic, a banda que aquest saber era considerat un saber pagà.

Restes de la cultura antiga i les traduccions

La decadència de la ciència hel·lenística va ser gradual. S'inicià al segle III aC i s'accentuà a partir del segle II dC. En aquesta època, llevat de poques excepcions, no es tornà a produir ciència original, sinó que es van escriure molts comentaris sobre les obres clàssiques. Amb el temps, però, les obres dels autors originals van anar desapareixent i els comentaris i els compendis, els resums, van acabar substituint-los. A Occident, amb la caiguda de l'Imperi, les invasions germàniques (visigots, francs, etc.), el declivi de les ciutats i la penúria econòmica, les possibilitats de transmetre els clàssics van minvar. Solament a Orient, sota domini àrab, i a l'imperi Bizantí les obres del saber grec es van conservar una mica millor.

A l'Europa cristiana, fins al segle VIII, hi va haver alguns autors que van conservar certs elements de la cultura antiga, això sí, després d'adaptar-los al punt de vista cristià. **Boeci** (vers 480-524) va escriure sobre la lògica d'Aristòtil i les categories conceptuals i verbals, i va posar les primeres bases de l'ensenyament. **Cassiodor** (vers 480-573) va proposar una nova tasca per als monjos: la còpia dels manuscrits antics. En la seva obra *Institutiones* presentà el programa escolar de les set arts liberals. **Isidor de Sevilla** (560-636) va estudiar, a través de les *Etimologies*, el vocabulari de la ciència i va defensar la creença que els noms són la clau de la naturalesa de les coses i la idea que la cultura profana és bona quan ajuda a comprendre les Escriptures. **Beda** (673-735) va difondre elements del saber clàssic mitjançant una text enciclopèdic, *De rerum natura (Sobre la naturalesa de les coses)*.

A Orient, mentrestant, sota influència àrab, es conreava, traduïa i es desenvolupava la ciència clàssica. Alguns grecs de l'imperi Bizantí havien començat a traduir obres gregues al siríac, llengua molt estesa en la zona de domini àrab. Al segle IX es crearen a Damasc i Bagdad centres de traducció del siríac a l'àrab i moltes obres dels clàssics grecs foren traduïdes a aquest idioma. Segles més tard, aquest saber àrab passà al món llatí a través de les escoles de traductors de Toledo, Salern (a Itàlia, seu de la primera escola mèdica medieval) i Sicília. Com a resultat d'això, a mitjan segle XII s'havien difós per tot Europa obres de lògica d'Aristòtil, els *Elements* i l'*Òptica* d'Euclides, la *Pneumàtica* d'Heró d'Alexandria, etc. Al segle XIII, la conquesta de Constantinoble pels creuats i la invasió de Pèrsia pels mongols va fer que molts textos originals arribessin a Itàlia. Al final d'aquest segle, la *Física*, la *Metafísica* i el *Sobre el cel* d'Aristòtil ja tenien una versió llatina.

Religió i filosofia

Durant l'edat mitjana les tres religions monoteistes, el judaisme, el cristianisme i l'islamisme, van posar la reflexió filosòfica al servei de la teologia. Sovint es va utilitzar la força dels arguments filosòfics per anar fins i tot contra la mateixa reflexió, i així el lliure exercici de l'activitat intel·lectual va quedar compromès. De totes maneres, malgrat aquesta submissió, la filosofia va desenvolupar-se fins a l'extrem que en alguns moments va rebre l'impuls de la mateixa teologia. Així, la discussió sobre la naturalesa del món, sobre el procés del coneixement i sobre les accions i el benestar humans, que havia nascut en el pensament grec, va rebre un impuls tan fort que es pot afirmar que la terminologia filosòfica actual, així com molts dels sistemes que han aportat respostes a aquestes qüestions, es van forjar durant l'edat mitjana.

La filosofia medieval va tenir com a objectiu posar d'acord tres temàtiques:

a) Els principis de la **lògica**, estudi dels conceptes i dels raonaments.

b) L'**experiència**, les dades que els sentits aporten del món exterior.

c) La **revelació**, el conjunt d'escriptures sagrades, com la Bíblia o l'Alcorà, així com els escrits de les autoritats eclesiàstiques considerats fruit de la interpretació autèntica de la revelació divina.

La necessitat d'un coneixement profund en aquests camps va fer que fos necessària la filosofia. Això va comportar que, principalment en l'àmbit del cristianisme, es procurés establir un equilibri entre el racionalisme grec i la revelació religiosa.

Una de les preocupacions fonamentals de l'edat mitjana va ser la relació entre la teologia i la filosofia, entre la fe i la raó, entre la visió revelada a la humanitat per la gràcia de Déu i el coneixement que l'individu humà podia aconseguir mitjançant la reflexió. Cal tenir present que a l'edat mitjana tenir fe es considerava també conèixer. El problema era discernir entre aquest coneixement sobrenatural de l'ésser humà, que s'assolia per revelació divina, i el coneixement natural que s'aconseguia mitjançant la raó i els sentits.

En els primers segles de l'era cristiana, aquesta tasca d'harmonització la van portar a terme els Pares de l'Església (com Climent d'Alexandria, Ireneu de Lió, Orígenes, sant Gregori o sant Agustí), que es van esforçar per elucidar el dogma cristià i defensar el cristianisme davant les religions paganes o contra interpretacions heterodoxes, algunes de les quals, més tard, van donar pas a les heretgies. Per a la seva tasca aquests autors sovint utilitzaren elements del pensament grec.

«S'anomena *fe* l'apreciació de coses no evidents mentre que el coneixement és una experiència d'aquestes coses per la seva mateixa presència.»

Pere Abelard

Il·lustració del llibre Cànon de la medicina *escrita pel metge i filòsof persa Avicenna (980-1037) pels volts de l'any 1020. La imatge mostra com, gràcies a la pràctica mèdica de l'**escola de Salern**, el duc de Normandia salva la vida després d'haver estat ferit de mort. L'escola mèdica de Salern, fundada al segle IX, fou la primera escola mèdica medieval i el més important centre mèdic d'Europa del seu temps. Fou un dels més rellevants centres de traducció d'obres gregues al llatí, especialment de caràcter mèdic.*

4.4 Agustí d'Hipona: platonisme i cristianisme

Vida i obres

Aureli Agustí va néixer l'any 354 a Tagaste, al nord d'Àfrica. Fill de pare pagà i de mare cristiana, no va ser instruït en el cristianisme el qual desdenyava molt. Estudià retòrica a Cartago on va llegir l'*Hortensius* de Ciceró, obra que li va transmetre la passió per la veritat. Aquesta recerca de la veritat el va portar a seguir les doctrines de **Mani** (~216-276), líder religiós iranià. Els seus seguidors, els maniqueus, acceptaven l'existència de dos principis, el del bé o de la llum, que seria Déu, i el del mal o de les tenebres, que explicava l'existència del mal en el món i justificava qualsevol conducta dissoluta.

Agustí va aprofundir la seva formació filosòfica, la qual cosa el féu abandonar el maniqueisme i adoptar l'escepticisme. La influència neoplatònica l'allunyà dels interessos materials i el féu apropar-se al pensament cristià. Interessat per la riquesa formal dels sermons de **sant Ambròs** (339-397), bisbe de Milà, quedà colpit pel contingut dels seus ensenyaments. Com explica sant Agustí en les *Confessions*, fou llavors quan va descobrir els principis cristians fonamentals: que l'home no solament és cos sinó que té ànima; que la causa del mal és la conducta depravada de l'home, i que l'ésser humà pot alliberar-se del mal mitjançant la gràcia o ajut de Jesucrist. Després d'una experiència mística, a l'edat de 33 anys es va convertir al cristianisme.

Entre la seva producció filosòfica destaca *Contra acadèmics*, on rebat l'escepticisme. *Sobre la vida feliç* és una visió cristiana de la idea platònica de felicitat. *Sobre l'ordre* tracta sobre el mal. Altres obres són *Sobre la immortalitat de l'ànima* i *Sobre el lliure albir*, on filosofa sobre la llibertat i el mal. A partir de la seva consagració com a bisbe d'Hipona, l'any 395, la seva producció va tractar sobre temes amb gran contingut teològic, com la seva autobiografia intel·lectual, les *Confessions*, o *La ciutat de Déu*.

En l'obra de sant Agustí es produeix la primera gran síntesi del pensament filosòfic i teològic, en què confluïren els corrents del pensament grec i llatí. L'obra augustiniana va significar la recollida, assimilació i transmissió de part del llegat grecoromà a l'edat mitjana, època en què l'augustinisme va tenir una gran incidència en diferents vessants i va fonamentar la denominada «filosofia cristiana». Agustí va morir a Hipona l'any 430, però la seva vigència es va mantenir fins a mitjan segle XIII i les seves reflexions van impregnar completament el pensament cristià.

Sant Agustí *(1480) de Sandro Botticelli (1445-1510).* ***Aureli Agustí*** *(354-430), berber d'origen, de pare pagà i mare cristiana (santa Mònica), va tenir una joventut dissoluta fins que la seva conversió al cristianisme i la seva dedicació el féu un dels més importants pensadors de l'edat mitjana, la influència del qual va durar vuit segles.*

Veritat i coneixement

Món, **home** i **Déu** són els tres vèrtexs en què es desenvolupa la doctrina de sant Agustí, orientada al descobriment de la veritat. Aquesta cerca de la veritat tindrà com a final el descobriment de Déu. Així, la seva teoria sobre la veritat engloba tant elements filosòfics com teològics i morals.

En el seu opuscle *Contra acadèmics*, redueix el problema de la veritat a resoldre dues qüestions:

a*)* Si la veritat existeix.

b*)* Si és possible trobar-la.

Sant Agustí considera que el món de l'experiència aporta alguna mena de certesa. Els sentits ens poden enganyar sobre la naturalesa de les coses, però no sobre la seva existència. D'altra banda, si m'atrevís a dubtar de l'existència del món exterior, no podria dubtar de la meva pròpia existència. Si tinc la certesa que estic pensant, és veritat que penso, i si penso «encara que dubti, encara que m'enganyi, sóc» («*Si fallor, sum*»).

La veritat, segons sant Agustí, cal cercar-la a l'interior i és en aquest interior on troba altres fonaments. Per exemple, la veritat de les matemàtiques. La veritat matemàtica no canvia, no depèn dels sentits, ni és subjectiva «ja que no és ni teva ni meva». O els principis de la conducta, com la idea de bé, la de justícia o la de bellesa. Aquests models exemplars invariables han de tenir el seu fonament en l'Ésser etern, que és Déu, un ésser invariable i perfecte, perquè jo sóc mudable i variable i no puc ser origen d'allò invariable, immutable i perfecte.

L'expressió «*Si fallor, sum*» de sant Agustí es considera un precedent, en certa mesura, del «Penso, per tant existeixo» de Descartes, pensador del segle XVII.

Ara bé, quin és l'origen d'aquestes regles matemàtiques i d'aquesta saviesa? «Si tots dos veiem que és veritat el que dius i tots dos veiem que és veritat el que jo dic —es pregunta sant Agustí—, on ho veiem?» Tanmateix, jo no puc veure-ho en tu, ja que no puc entrar dins la teva ànima; i tampoc ho pots veure en mi, per la mateixa raó. La nostra visió ha d'estar en un nivell més alt, en «una immutable veritat que està per damunt de tu i de mi».

Com que, per sant Agustí, aquesta veritat no es pot identificar amb la raó humana, solament queda suposar que ha d'estar en alguna cosa superior a l'home, en la **llum divina** que, provinent de Déu, il·lumina la nostra consciència i imprimeix aquestes idees en l'ànima. D'aquí ve que, per Agustí, la veritat «habita en l'interior de l'home».

La **llum natural** de l'home, el seu intel·lecte, ha de ser encesa per la divinitat; només aleshores l'individu pot adquirir aquesta llum i comprendre les coses. La fe, doncs, provoca una transformació; el coneixement és il·luminació divina. La fe, en resum, per Agustí, orienta i il·lumina el camí de la investigació racional. La raó ha d'ajudar a aclarir els continguts de la fe. Entre fe i raó hi ha una complementarietat que Agustí sintetitza en el *Credo ut intelligam* ('Crec per comprendre').

Sant Anselm i la veritat

Al segle XI, va renéixer el desig d'aprofundir les veritats revelades amb l'ajut de la reflexió. Ara la fe s'ajudarà de la intel·ligència. Un paper important en aquest sentit el va desenvolupar **sant Anselm de Canterbury** (1033-1109), que inicià el camí de la teologia racional, la tasca de la qual fou conciliar la revelació amb la raó i la d'explicitar la tesi *Credo ut intelligam*.

> «[Alguns germans] em van demanar que en el meu escrit no em basés en l'autoritat de les Sagrades Escriptures i que exposés, mitjançant un estil clar i amb arguments a l'abast de tothom, les conclusions de cadascuna de les nostres investigacions; que fos fidel, en fi, a les regles de la discussió simple, i que no busqués cap altra prova que la que resulta espontàniament de l'encadenament necessari dels procediments de la raó i de l'evidència de la veritat.»
>
> *Monologion*
> **Sant Anselm**

> «Senyor, jo no pretenc penetrar en la teva profunditat, com podria comparar la meva intel·ligència amb el teu misteri? Però desitjo comprendre d'alguna manera aquesta veritat que crec i que el meu cor estima. No cerco comprendre per creure, això és, no cerco comprendre per endavant, per la raó, allò que hagi de creure després, sinó que crec primer, per esforçar-me després en comprendre. Perquè crec una cosa: si no començo per creure, no comprendré mai.»
>
> *Proslogion*, 1
> **Sant Anselm**

L'home i Déu

Pel canvi vital que va viure Agustí d'Hipona, que passà del maniqueisme al cristianisme, ha pogut dir-se que va ser el darrer gran home antic i, al mateix temps, el primer gran pensador d'una nova època. I un dels principals descobriments que se li pot atribuir és el de la **intimitat**. L'home grec desconeixia, de fet, aquest concepte (els grecs rarament deien *jo*, més aviat utilitzaven el terme *nosaltres*), malgrat les referències a l'oracle de Delfos i la màxima del «Coneix-te a tu mateix».

Quan Agustí afirma: «Vull conèixer Déu i l'ànima, i res més» (*Deum et animam scire cupio. Nihil aliud*), fa referència a quelcom propi i espiritual. L'ànima cal entendre-la com allò propi, íntim, allò que està en un mateix. Aquesta interioritat és a la que sovint fa referència quan afirma que «no vagis fora, entra en tu mateix; en l'home interior radica la veritat». I aquest descobriment alhora ontològic i psicològic té un vessant moral: quan l'ésser humà es queda atenent les coses exteriors es buida de si mateix. Quan entra en el seu interior, aquí troba Déu; ja que l'home és *imago Dei*, 'imatge de Déu'. Tot això queda palès, fonamentalment, en el primer llibre autobiogràfic de la història de l'escriptura, les *Confessions*, en què sant Agustí mostra la seva intimitat.

D'altra banda, quant a l'home, Agustí afirma la seva duplicitat en cos i ànima. La presó de l'ànima, però, no és, com deien els platònics, el cos, sinó solament el cos corrupte, aquell abocat al mal. El misteri de l'home solament es pot entendre en tant que ha estat creat a imatge de Déu, i dotat de voluntat i llibertat. La **voluntat** està determinada pel dinamisme entre el voler i l'amor. Però solament és correcta la voluntat si està impregnada d'amor. L'ètica d'Agustí es pot resoldre en la frase: «estima i fes el que vulguis» (*ama et quod vis fac*). La **llibertat** («la nostra voluntat no seria voluntat si no fos lliure») engloba els conceptes de lliure albir, opció de fer el mal, i llibertat interior, capacitat de fer el bé (amb l'ajut de la gràcia divina). És una llibertat que procurarà defugir el problema de la presciència divina (o saber absolut de Déu abans de la creació), plantejat pel determinisme estoic.

A propòsit de Déu, Agustí dóna alguna prova a partir de les obres de la seva creació. Comentant el *Salm* 73 escriu: «Com sé que tu estàs viu, malgrat no vegi la teva ment? Com ho sé? Tu contestaràs: perquè parlo, perquè camino, perquè treballo. Neci! Per les operacions del cos jo sé que tu estàs viu, i no pots tu per les obres de la creació, conèixer el teu Creador?»

Déu coneix totes les coses des de l'eternitat. Aquest coneixement rep el nom de **raons eternes**. Déu, a partir d'aquestes raons, lliurement ha creat el món a partir del no-res. Primer, però, va crear la matèria amorfa, en la qual col·locà les raons seminals, gèrmens de les coses que amb el pas del temps havien de desenvolupar-se. Totes les coses són bones perquè són obra divina i el mal no és més que allò causat per la privació o defecte. Déu no és creador del mal, solament el permet perquè així pot sorgir bé del mal.

La felicitat

La felicitat, segons sant Agustí, és el resultat de trobar la veritat, de descobrir allò etern. El gaudi radica a posseir allò que un estima, i no voler res dolent. La felicitat vertadera, però, solament pot ser d'allò etern, per això solament Déu, i no els béns temporals, poden fer feliç l'home. Agustí diferencia entre les coses que han de ser volgudes per si mateixes i aquelles que solament són mitjans per a un fi posterior. Si l'ésser humà resta solament amb els mitjans, mai no arribarà a la vertadera felicitat. La història —com escriu en *La ciutat de Déu*— no és més que el drama entre dos amors: l'amor de si, és a dir, de les coses materials, o l'amor a Déu. Segons sigui la tria, s'assolirà o no l'autèntica felicitat.

ACTIVITATS

3> Examineu aquest text d'Agustí d'Hipona i indiqueu quins són els conceptes que recull de la filosofia clàssica:

> «Déu és, sens dubte, substància, i si el nom és més propi, essència; en grec *ousía*. Saviesa ve del verb *saber*; ciència, del verb *scire*, i essència, de *ser*. I, qui amb més propietat és que aquell que digué al seu serf Moisès: *Jo sóc el que sóc; diràs als fills d'Israel. El que és m'envia a vosaltres*? Totes les altres substàncies o essències són susceptibles d'accidents, i qualsevol mutació, gran o petita, es realitza amb el seu concurs; però en Déu no es pot parlar d'accidents; i, a més, solament existeix una substància o essència invariable, que és Déu, a qui amb summa veritat li convé l'ésser, d'on es deriva el terme essència. Tot allò que canvia no conserva l'ésser; i allò que és susceptible de mutació, encara que no variï, pot ser allò que abans no era; i, en conseqüència, sols aquell que no canvia ni pot canviar és, sense escrúpol, vertaderament l'Ésser.»
>
> *Sobre la Trinitat*
> **Agustí d'Hipona**

4.5 La teoria del poder a l'edat mitjana

De l'any 850 al 1100 les guerres, els atacs dels saquejadors i els assalts dels senyors feudals van crear una atmosfera d'incertesa, temor i angoixa. En aquest període, la pau fou la gran preocupació. La manca d'un fort poder central va impedir posar fre a les invasions i a les querelles internes entre nobles i cavallers. A Anglaterra, França i l'Imperi Romanogermànic hi va haver intents de reforçar l'autoritat reial amb la finalitat de restaurar el concepte d'Estat i establir un poder sòlid. Al segle IX es va definir, en diversos concilis de l'Església, la tasca del rei: «L'ofici reial té com a missió governar i regir el poble de Déu amb equitat i justícia, i vigilar perquè aquest gaudeixi de pau i de concòrdia.»

La societat medieval estava organitzada en ***estaments*** *o ordres: clergue, cavaller i llaurador* (orator, bellator et laborator).

La degradació a la qual havia arribat el poder —els prínceps eludien el domini del monarca i els senyors feudals, el dels prínceps— féu que cap a l'any 1000 l'Església, al sud de França, establís la institució coneguda com a Pau o Treva de Déu, que es va estendre per tot el país. Mitjançant aquesta institució s'intentà protegir de la guerra els mercaders, els pagesos i els pobres, així com els clergues. A la vegada, es van estipular dies de la setmana i períodes de l'any en què s'havia de suspendre tota acció armada.

El segle XI va ser el segle del vertader naixement de la cristiandat occidental. L'Església va portar a terme la cristianització de la societat, tot recordant que matar anava en contra dels Evangelis. Des del món religiós es va fomentar que el noble es convertís en cavaller, i que lluités contra la injustícia i defensés els dèbils. Les croades, d'altra banda, serviren per dirigir el furor guerrer contra causes considerades justes: convertir els infidels o conquerir Jerusalem.

En aquest marc, l'Església va anar adquirint poder, la qual cosa no va impedir que defensés el deure d'obeir el poder secular. Aquesta idea provenia del capítol 13 de la *Carta als Romans* de sant Pau, tesi que sant Agustí havia subratllat en parlar de dos ordres de govern, el reial i el clerical.

La qüestió del poder en els primers segles de l'era cristiana

Durant un curt període de temps va imperar la creença en la immediatesa de la fi del món i l'arribada del regne de Déu, la qual cosa va estimular un abandonament de la vida social per part dels cristians. Ara bé, al mateix segle I dC, sant Pau va reprendre la valoració positiva de la societat civil, aconsellant la moderació i fent proclames en pro de la «calma social». En les seves *Cartes* també va començar a difondre la idea de l'origen diví del poder: Déu era la font de tota autoritat política.

En anar-se diluint durant el segle II la idea de «la imminència de la fi del món», el cristià va necessitar una moral respecte a la ciutat. **Orígenes** (185-255) diu que tot cristià té dues pàtries, **dues ciutats**: la de Déu i la del món, «en totes les ciutats hi ha una altra pàtria instituïda pel Verb de Déu». Hi ha també **dues lleis**: la llei civil i la llei natural, aquesta última promulgada per Déu. Aquestes doctrines dels Pares de l'Església permeten comprendre fets com els següents: l'any 313 es promulga l'edicte de Milà, amb el qual s'acaben les persecucions dels cristians i es decreta la llibertat religiosa. El concili de Nicea (325), convocat per l'emperador Constantí I seguint el consell del bisbe de Còrdova, va posar les bases del **dogma cristià**, ja que va establir el credo i els llibres canònics. La filosofia es va convertir llavors en l'instrument per definir el dogma. Durant el govern de Teodosi el Gran (segle IV), el cristianisme va passar a ser la religió oficial de l'Imperi.

> «Que tothom se sotmeti a les autoritats que tenen el poder, perquè tota autoritat ve de Déu, i les que de fet tenim han estat posades per ell. Per tant, qui s'enfronta a l'autoritat es rebel·la contra l'ordre volgut per Déu, i els rebels es buscaran la pròpia condemna.»
>
> *Carta als Romans*, 13, 1-2
>
> **Sant Pau**

L'augustinisme polític

Al segle v una sèrie d'incursions bàrbares van devastar Hispània, la Gàl·lia i Itàlia. L'any 410 Alaric, cap dels gots, va saquejar Roma, la ciutat santa. Els pagans acusaren els cristians de ser la causa d'aquesta catàstrofe: el Déu cristià no havia protegit Roma com ho podrien haver fet les vertaderes divinitats grecoromanes. Sant Agustí, en el seu llibre *La ciutat de Déu* (426), prenent aquest esdeveniment com a pretext, va definir les relacions entre la societat divina i la societat terrenal. Aquesta obra esdevindrà el fonament de la doctrina política que predica la inclusió del dret de l'Estat dins el de l'Església, i originarà en l'edat mitjana l'anomenat **augustinisme polític**.

Agustí d'Hipona, allunyant-se de la idea de la fi immediata del món, distingeix dues ciutats. Aquestes ciutats han existit sempre, una al costat de l'altra, des del començament del temps. Ho descriu així:

> «Dos amors van fundar dues ciutats: l'amor propi fins al menyspreu de Déu, la terrenal, i l'amor a Déu fins al menyspreu d'un mateix, la celestial. La primera ciutat es glorifica en si mateixa, la segona, en Déu; perquè aquella busca la glòria dels homes, i aquesta té com a objectiu la glòria de Déu, testimoni de la seva consciència.»
>
> *La ciutat de Déu*, XIV, 28
> **Agustí d'Hipona**

Il·lustració extreta de l'obra Hortus deliciarum, *escrita vers el 1165 per Herrada de Landsberg (1130-1195). El* ***Judici final*** *és la denominació religiosa de la fi del món, moment en què tota la humanitat serà jutjada per Déu.*

Una ciutat fou fundada per Caín, l'altra per Abel. La primera és la ciutat terrenal, amb els poders polítics, morals i la seva història. La segona, la ciutat celeste, és la comunitat dels cristians. Ambdues ciutats duraran fins a la fi dels temps, però subsistirà solament la ciutat celestial, que gaudirà de l'eternitat dels sants. Agustí, però, manté un equilibri entre les valoracions de les dues ciutats. Les dues ciutats, diu, estan barrejades en la terra. Solament Déu pot reconèixer a quina ciutat pertany realment cadascú. Ara bé, més tard, els seguidors de l'augustinisme van identificar la ciutat terrenal amb la ciutat de Caín o del Diable.

A propòsit del poder, sant Agustí afirmava que cap home té autoritat sobre un altre. El poder o autoritat prové de Déu i sols Déu legitima l'ús del poder. De la divinitat prové l'essència del poder, però no el tipus o forma d'exercir-lo, ni tampoc la persona sobre la qual recau. La tasca de l'Església és ocupar-se dels interessos espirituals i de la vida interior de les persones. L'Estat, en canvi, ha d'ocupar-se del món material i de la vida exterior. Ara bé, és bo que el poder civil s'impregni de cristianisme i que Crist regni indirectament, inspirant els costums, les lleis i les actuacions dels governants.

L'augustinisme polític —conformat fonamentalment pels papes Gelasi I (segle v) i Gregori el Gran (segle vi)— va afirmar que Déu havia concedit al papa el poder i que el poder subsegüent dels reis era únicament per mantenir la moralitat i la defensa de la religió. L'augustinisme polític proclamava que el papa posseïa les **dues espases**: l'espiritual i la temporal, ja que els sacerdots havien de respondre dels reis davant Déu. Gràcies a la tasca dels papes mencionats, la ciutat de Déu d'Agustí es va convertir en l'Església cristiana occidental; una església governada monàrquicament per un monarca absolut, el papa, amb plens poders. La justificació doctrinal fou coneguda com la doctrina de la *plenitudo potestatis* ('la totalitat del poder'). Amb aquest corrent filosoficopolític, la teocràcia papal esdevingué la forma hegemònica de poder a Occident fins al segle xiii.

ACTIVITATS

4> Feu un resum del text següent i indiqueu les principals qüestions que s'hi plantegen:

> «El cristianisme va plantejar un problema que no havia conegut el món antic —el problema de les relacions entre Església i Estat— i va suposar una diversitat de lleialtats i un judici inclòs en l'antiga idea de ciutadania. És difícil d'imaginar que la llibertat hagués pogut exercir el paper que va arribar a tenir en el pensament polític europeu, si no s'hagués concebut que les institucions ètiques i religioses eren independents de l'Estat i de la coacció jurídica, i superiors en importància a ells.»
>
> *Història de la teoria política*
> **George Sabine**

El naturalisme polític

Al segle VIII, *el dirigent franc Pipí el Breu (714-768), a fi de consolidar el seu poder, estableix un pacte amb el papat: en canvi de ser reconegut com a rei franc, accepta que el papa tingui drets terrenals sobre una part d'Itàlia. Símbol d'aquesta* ***jerarquització del poder*** *es produirà anys més tard, quan el dia de Nadal de l'any 800 el seu fill Carlemany (742-814) serà coronat emperador a Roma pel papa Lleó III, tal com mostra aquesta miniatura de Jean Fouguet* (ca. *1460*).

Les idees del **naturalisme polític** van començar a aparèixer a partir del segle XI. Aquestes idees pretenien separar les dues societats existents, l'eclesiàstica i la civil. Durant els segles XII i XIII es van produir enfrontaments entre el papat i l'Imperi Romanogermànic en diferents moments, mentre que al segle XIV els conflictes van ser entre el papat i el poder dels reis. Per contrarestar les tesis del papat, es va recórrer al dret romà, que s'acaba de redescobrir. Al segle XIV, els filòsofs Marsili de Pàdua i Guillem d'Ockham van contribuir amb els seus escrits a justificar el poder de l'Estat per damunt del poder de l'Església.

Marsili de Pàdua (1275-1343), filòsof, metge i teòleg italià, fou un dels teòrics que advocà per la separació entre allò espiritual i allò temporal, entre l'Església i l'Estat. Autor, en col·laboració amb Joan de Jandun (1275-1328), d'*El defensor de la pau*, va ser un defensor de l'Estat laic i es va oposar a la interferència de l'Església en els assumptes terrenals. Basant-se en les doctrines aristotèliques, va afirmar que la sobirania no provenia de Déu, sinó del poble, i que l'Estat tenia com a finalitat el benestar dels ciutadans. Marsili no solament pretenia separar el poder espiritual del temporal, sinó que subordinava l'Església a l'Estat. Els sacerdots existien, en conseqüència, per ensenyar l'Evangeli amb l'objectiu de conduir els homes a la vida eterna.

Les teories de **Guillem d'Ockham**, al segle XIV, seguint aquest mateix corrent, van defensar la independència de l'Imperi respecte al papat. Ockham va lluitar fermament per la independència de l'Estat en relació amb l'Església i va criticar amb força l'absolutisme papal dins la mateixa Església.

ACTIVITATS

5> Examineu els dos textos medievals següents i fixeu-vos en els elements ideològics que contenen. Cadascun d'ells defensa una tesi política i en suport d'aquesta al·leguen alguns elements. Pel que fa a la ideologia, si repasseu el llibre de *Filosofia i ciutadania* podreu detectar més fàcilment aquests components interns que volen donar solidesa a la tesi de cada text.

Un cop examinats a fons, indiqueu quina és la tesi que s'hi defensa i amb quina mena d'argument se sosté cadascuna. Creieu que ambdós textos estan defensant el mateix? Raoneu la resposta.

«Del mateix mode que Déu, creador de l'Univers, va col·locar en el firmament dos grans astres, el major per il·luminar el dia i el més petit la nit, així també, en l'espai universal, anomenat Església, va establir dos poders suprems, l'autoritat del pontífex i la potestat reial, perquè estiguin al davant de les ànimes la superior, i dels cossos la inferior, comparats respectivament al dia i a la nit. Per tant, igual com la lluna, perquè rep la llum del sol, és inferior a ell no solament pel que fa a la quantitat, sinó a la qualitat, volum i efectes, igualment el resplendor de la potestat reial dimana de l'autoritat pontifícia.»

«Desitgem al·legar les veritats de la Sagrada Escriptura d'acord amb les interpretacions dels sants i les exposicions d'altres doctors de la fe cristiana, els quals explícitament ordenen o, en tot cas, aconsellen que ni el bisbe de Roma anomenat Papa, ni cap altre bisbe o sacerdot o diaca, tingui o ha de tenir cap govern, judici o jurisdicció coercitiva sobre cap sacerdot o laic, governant, comunitat, grup o individu de qualsevol condició. [...] Crist no va exercir en aquest món el poder judicial, és a dir, coercitiu, sinó que, com si fos un serf, va patir aquest judici d'un altre home; i solament quan exerceixi el poder coercitiu de jutge, en l'altre món i no abans, prendran els apòstols seient al seu costat per realitzar aquests judicis.»

4.6 El naixement de l'escolàstica medieval

Marc historicoartístic

La recuperació de la vida urbana, que havia tingut el seu inici al segle XI, va arribar al seu esplendor al segle XIII. En aquest període la producció, l'artesania, el comerç, les comunicacions i l'estabilització de la moneda van afavorir l'auge de la burgesia, gent que vivia als burgs o ciutats, llocs lliures distanciats del poder feudal. Mentre els camperols continuaven supeditats a la noblesa, a les ciutats, que eren lliures, va aparèixer una cultura urbana que va tenir la seva manifestació en la creació de les universitats i en la construcció de les catedrals, d'estil gòtic.

Entre els ensenyaments que s'oferien a les universitats hi havia l'estudi de la naturalesa, del qual va provenir el naturalisme de l'art gòtic. A més, del neoplatonisme del Pseudo-Dionís procedia la valoració estètica de la llum —l'abat Suger, promotor de l'abadia reial de Saint-Denís, a París, identificava Déu amb la llum. D'aquí vénen els grans finestrals envidriats de les catedrals, els rosetons i, fins i tot, la incidència de la llum solar segons el dia de l'any en un lloc determinat del temple gòtic, espai que va arribar a ser considerat un lloc místic.

Estudis i escoles

Sant Agustí havia indicat que totes les ciències profanes havien d'estar al servei de la ciència sagrada, això és, de les Escriptures. En aquells moments, les ciències fonamentals o arts liberals eren set, i aquests van ser els sabers que es transmetrien a les escoles. Aquestes set arts estaven dividides en dues branques: el *trivium* (gramàtica, retòrica i dialèctica) i el *quadrivium* (aritmètica, geometria, astronomia i música). En una primera etapa, per damunt de les escoles d'arts liberals hi havia les escoles de ciència sagrada, on s'estudiaven les Escriptures i els principals temes teològics (la Trinitat, la creació, l'encarnació, la fi dels temps, etc.). Hi va haver tres tipus d'escola al llarg de l'edat mitjana:

a) Les escoles **monàstiques** o **abacials**: Saint-Denis, Saint Victor (a París), Clairvaux, etc.

b) Les escoles **episcopals** o **catedrals**: Chartres, Notre-Dame de París, etc.

c) Les escoles **palatines**: a la cort de l'emperador, d'un rei o d'un noble.

D'aquest ensenyament impartit en les escoles deriva el terme *escolàstic*, mot que servirà tradicionalment per qualificar la filosofia medieval.

Aquests tipus d'estudis no van fomentar una filosofia entesa com a interpretació de la realitat o com a saviesa racional. Més aviat es van centrar en la dialèctica o la lògica, que havia adquirit una gran importància després que Boeci traduís i comentés les principals obres de lògica grega. L'estudi de la lògica d'Aristòtil va constituir un element essencial en l'educació dels pensadors medievals. Aquests van adquirir la precisió i concisió del vocabulari tècnic, la claredat i el mètode en l'exposició del pensament, i la finesa en la discussió i ús dels procediments del discurs.

El mètode escolàstic va tenir el seu origen en l'obra de **Pere Abelard** (1079-1142) *Sic et non* (*Sí i no*), en la qual feia una llista dels passatges de les Escriptures i dels Pares de l'Església on apareixien posicions contraposades. Abelard va subratllar la necessitat d'utilitzar el raonament dialèctic per reconciliar aquestes aparents contradiccions. El seu mètode era resumidament el següent: «A través del dubte, arribem a inquirir; inquirint, arribem a la veritat.»

"

«Per filosofar es necessiten dos instruments: l'esperit i la seva expressió; l'esperit s'il·lumina pel *quadrivium*; la seva expressió, elegant, raonadora, ornada, és proporcionada pel *trivium*. És doncs, manifest que l'*Heptateuchon* constitueix l'instrument propi i únic de tota filosofia.»

Heptateuchon, prefaci
Thierry de Chartres

Les universitats

Al començament del segle XIII, les escoles van ser substituïdes per les universitats. L'any 1200 la *universitas magistrorum et scholarum* es va constituir com a ampliació de l'escola catedralícia de Notre-Dame, atès que els seus membres provenien de tot Europa i això li donava un caràcter universal. Les facultats eren les d'Arts, Dret, Medicina i Teologia. Aviat la Universitat de París fou l'escenari d'enfrontaments dialèctics entre els partidaris d'una interpretació materialista d'Aristòtil, defensada pels averroistes llatins, com Siger de Brabant i Boeci de Dàcia, i els partidaris d'interpretar l'Estagirita d'una manera més propera a la fe cristiana, com defensaven Albert Magne i Tomàs d'Aquino. Altres universitats importants d'aquest segle van ser les d'Oxford (1115), Cambridge (1209), Salamanca (1228) o Colònia (1388).

Els ordes mendicants i la filosofia

Els ordes mendicants foren uns ordes religiosos creats per l'Església al segle XIII. Van destacar principalment el dels frares menors o **franciscans** (orde aprovada l'any 1209) i el dels frares predicadors o **dominics** (1216). Aquests ordes aviat van reclamar càtedres de teologia a les universitats, tenint forta incidència els franciscans a la Universitat d'Oxford (com Robert Grosseteste i Roger Bacon) i els dominics a la Universitat de París (com Albert Magne i Tomàs d'Aquino).

Ambdós ordes, d'altra banda, van adoptar postures contràries en una sèrie de temes filosòfics rellevants de l'època: la relació entre raó i fe, el problema dels universals, l'aristotelisme i el platonisme, el paper de les matemàtiques en la ciència, la naturalesa de les qualitats i el seu possible mesurament, etc. Totes dues parts, però, van coincidir a voler explicar la realitat en termes de causes naturals i van rebutjar interpretar-la utilitzant símbols morals o místics com s'havia fet des de sectors propers a la tradició màgica i neoplatònica.

Els dominics, més propers al poder i respectuosos de l'ortodòxia, van defensar la complementarietat entre raó i fe, concedint a aquesta un paper decisiu en cas de conflicte. Per a ells, el món era quelcom racional i, per tant, factible de ser entès i conegut utilitzant el saber científic, en tant que explicació racional de la realitat. Seguidors de l'aristotelisme, influïts pel pensament del dominic Tomàs d'Aquino, van mantenir que la naturalesa s'havia d'explicar qualitativament, separant física i matemàtiques.

Els franciscans, d'altra banda, des de posicions més heterodoxes, van estar més propers al pensament de sant Agustí i de la tradició platònica, subratllant més l'element de la voluntat (tant de Déu com dels homes) que el de la raó. Pel que fa a la relació entre fe i raó, els franciscans van tendir a separar una i altra, ja fos perquè concediren, en alguns casos, a la primera un paper rellevant o perquè, en altres casos, van considerar que fe i raó pertanyien a distints àmbits i s'havia de seguir vies distintes. En aquest rengle destaquen **Roger Bacon** (1214-1294), que va insistir en l'ús de les matemàtiques i l'experimentació pel coneixement científic, i **Guillem d'Ockham** (1290-1349), el qual va afirmar que l'experiència era l'únic camí vàlid per al coneixement racional.hi

ACTIVITATS

6> Reflexioneu sobre els interrogants següents i plantegeu un debat al respecte.

El problema de la relació entre fe i raó és quelcom que s'ha de circumscriure a l'època medieval? La fe és solament fe religiosa? Existeix fe en idees, per exemple, polítiques? Al llarg de l'època contemporània, s'ha donat algun cop que la gent ha seguit més la fe que la reflexió? Més la creença en unes suposades veritats, que la cerca d'informació, la comprovació d'aquesta i la reflexió subsegüent? L'escriptor Josep Pla va escriure que «és més fàcil creure que saber»; hi esteu d'acord?

4.7 Tomàs d'Aquino: aristotelisme i cristianisme

Vida i obres

Membre d'una noble família napolitana, **Tomàs d'Aquino** (1225-1274) va néixer al castell de Roccasecca, prop d'Aquino. Als vint anys va ingressar, a pesar de la disconformitat de la seva família, en l'orde dels dominics. Posteriorment va anar a estudiar a París i Colònia, on va tenir com a preceptor sant Albert Magne. Després de graduar-se a París, va portar a terme una llarga tasca docent. La publicació dels seus textos va fer-lo entrar en polèmica amb els averroistes llatins —seguidors de les idees d'Averrois i defensors d'un aristotelisme pur— i amb els franciscans, orientats en la línia de l'augustinisme i el platonisme. Va morir mentre viatjava a Lió per participar en un concili.

Entre les obres de Tomàs d'Aquino cal destacar *De ente et essentia* (*Sobre l'ens i l'essència*), *Summa contra gentiles* (*Summa contra els gentils*), *Summa Theologiae* (*Summa teològica*), *Quaestiones disputatae de malo* (*Qüestions disputades sobre el mal*), *Quaestio disputata de anima* (*Qüestions disputades sobre l'ànima*), *De aeternitate mundi contra murmurantes* (*Sobre l'eternitat del món en contra dels que murmuren*).

El triomf de sant Tomàs d'Aquino *(1468-1484) de Benozzo Gozzoli (1420-1497),* ***Sant Tomàs d'Aquino*** *va aconseguir una gran coherència en la utilització de l'aristotelisme per a interpretar les dades de la revelació cristiana.*

Pensament i influències rebudes

Sant Tomàs va crear un dels sistemes filosòfics més influents de la història del pensament occidental. Seguidor d'Aristòtil, el pensament del qual va intentar integrar dins el cristianisme, va aconseguir un equilibri entre la raó (la filosofia i la ciència de l'època) i la fe (les veritats de la revelació), i va crear una obra de gran repercussió. La seva obra, que recollia elements teològics de sant Agustí i del Pseudo-Dionís Areopagita, també integrava algunes definicions de Boeci, com les d'eternitat, persona, destí o providència. D'Avicenna va agafar la distinció entre *esse* i *essentia*, si bé la va interpretar de manera diferent.

La metafísica tomista

En la seva reflexió sobre l'ésser, Tomàs d'Aquino afirma que «allò primer que concep l'intel·lecte humà com allò més evident és l'ens». És a dir, allò primer que la nostra intel·ligència adverteix és que hi ha quelcom que existeix, perquè hem d'entendre que **ens** és allò que és, que existeix. En altres paraules, que la realitat existeix. No s'ha d'entendre *ens* com un concepte, ni com un predicat. *Ens* és alhora allò més universal que hi ha (ja que és comú a totes les coses existents) i alhora allò més individual i concret que hi ha (ja que solament es capta en les realitats individuals, les que veiem que existeixen).

A partir de la captació de la realitat de l'ens, l'intel·lecte descobreix què és la contradicció. El principi d'identitat i el de no-contradicció no són ni innats ni a priori, sinó resultat del coneixement de la realitat. D'altra banda, la realitat mostra que les coses canvien, i en aquesta realitat canviant hi ha dos principis constitutius, recuperats de l'aristotelisme: l'acte i la potència.

La combinació acte-potència permet extreure dos nivells de la realitat. D'una banda, si el canvi té lloc en una cosa caldrà referir-se a la forma substancial i a la matèria primera. D'altra banda, si el canvi no es produeix completament i la cosa continua sent la mateixa, caldrà parlar de substància i accidents. La **substància** és allò que la cosa és en si mateixa, és a dir, la seva essència, forma o substància segona. Els **accidents** o formes accidentals no són més que maneres de ser de la substància i poden variar sense que la substància deixi de ser allò que és. No existeix cap substància —en l'ordre natural— sense formes accidentals; tampoc existeixen accidents sense substància. Tomàs d'Aquino diferencia, per tant, entre «*aquesta* rosa», que és la substància primera, i «*la* rosa» (considerada en sentit general), que és la substància segona o essència. «*La* rosa» solament existeix en el meu pensament; «*aquesta* rosa» existeix en el jardí on sóc.

***Anselm de Canterbury** (1033-1109) és recordat en la història de la filosofia sobretot per l'argument ontològic que exposa en la seva obra* Proslogium. *Aquest argument, molt discutit històricament, es fonamenta en el platonisme: passa d'analitzar la idea o essència de Déu a afirmar l'existència de Déu. Anselm parteix de l'expressió que diu l'ateu: «Déu no existeix». Dir això, segons Anselm, és caure en una contradicció ja que, quan ens referim a Déu per aquest terme, fem referència a aquell ésser respecte al qual no podem pensar en cap altre de superior. Aquest ésser, aleshores, ha d'existir no solament en la ment sinó en la realitat, ja que en cas de no existir ens trobaríem que un altre ésser pensable que existeix en la ment i també en la realitat és superior a Déu. Aleshores tindríem que —per definició— Déu és l'ésser més superior que podem pensar i no és —a la vegada— l'ésser més superior que podem pensar.*

En estudiar el binomi essència i ésser, sant Tomàs subratlla que **essència** és allò que una cosa és (sigui un cavall, un home o una casa); és allò que podem entendre quan se la defineix. Ara bé, que tinguem una noció del que és un centaure, per exemple, no implica que aquest existeixi. L'essència és, de fet, diferent de l'ens. Fora de la meva ment hi ha ens o coses com ara un gos, una figuera o un martell; i aquests ens són uns o altres perquè tenen una essència determinada. Ara bé, una essència determinada i concreta no pot existir per si mateixa, el fet d'existir li ha de venir de fora. La causalitat de ser (o existir) de les essències solament pot provenir de Déu. La diferència entre essència i existència mostra el caràcter de contingència i finitud de la primera. L'únic **ésser** que hi ha l'essència del qual inclou l'existència és Déu. Déu, a més a més, és l'únic que pot crear un ens des del no-res.

Conèixer com a procés actiu de l'intel·lecte

Tomàs d'Aquino, a propòsit del coneixement humà, subratlla el paper de la intel·ligència entesa com una facultat de l'ànima. Lluny de la il·luminació divina dels seguidors de l'augustinisme, la influència de l'epistemologia aristotèlica va fer que afirmés el paper actiu de l'intel·lecte en el procés de coneixement. Per Tomàs, no hi ha idees innates; al començament, l'intel·lecte és com una *tabula rasa* en què s'ha de començar a escriure i, amb el temps, mitjançant un procés d'inducció a partir de l'experiència, s'adquireixen els primers principis de l'ésser.

En el procés de conèixer hi ha un doble mecanisme, un derivat de l'**activitat intel·lectual** i un altre que prové de l'**actuació sensible**. La intel·ligència genera, a partir de la percepció sensible, els coneixements universals i abstractes; i l'enteniment refereix aquests conceptes universals a les coses concretes, la qual cosa permet conèixer la naturalesa (essència) de la cosa singular.

ACTIVITATS

7> Apliqueu els conceptes fonamentals de l'ontologia de Tomàs d'Aquino (com substància, essència, existència, matèria, forma substancial i accidental, etc.) a coses de la realitat quotidiana. Per exemple, un cabdell de llana.

Un cabdell de llana groga és una *substància*: existeix (veiem el cabdell de llana groga) i és *un cabdell de llana* (aquesta és la seva *essència*; allò que és; allò que defineix la cosa que estem veient).

El cabdell de llana està en *acte* (actualment, ara mateix, és un cabdell de llana) i està en *potència* de patir un canvi, de convertir-se en un jersei o en una bufanda... Pot donar-se aquest canvi ja que aquesta substància està composta de matèria i forma substancial: la *matèria* és la llana, la *forma substancial*, ser cabdell (de llana).

Suposem que hem portat el cabdell de llana a la tintoreria i l'han tenyit de color vermell. Hi ha hagut un canvi. No essencial, ja que continuem tenint un cabdell de llana. Però sí accidental: ha patit un canvi la *forma accidental* (secundària) groc, ja que ara ha esdevingut la forma accidental vermell. Mai una forma accidental pot existir sense estar *en* una substància. Mai podem tenir un vermell sense que estigui en una cosa o altra.

Suposem, ara, que el cabdell de llana pateix un canvi seriós, substancial, com seria que passés a ser un jersei. Llavors podem entendre que se'ns digui que la matèria (la llana) estava en potència de esdevenir quelcom (com, ara, jersei) i que la forma que ha adquirit (ser jersei) és acte.

A partir d'aquest exemple, procureu reproduir l'explicació tomista a altres casos de la realitat quotidiana.

Fe i raó

L'obra d'Aristòtil va arribar a les universitats al segle XII. El pes del seu pensament féu que, des dels rengles de l'averroisme llatí (amb seu a París), es defensés la doctrina de la doble veritat. Segons aquesta, hi ha dues maneres de presentar la veritat: la de la fe i la de la raó. Mentre que la fe exposa la veritat de manera que pugui ser entesa pel poble illetrat, i ho fa utilitzant l'al·legoria i la metàfora, la filosofia presenta la veritat d'una manera que no resulta accessible a tothom. De fet, en defensar la teoria de la doble veritat, el que s'està defensant és l'autonomia i el predomini de la raó, és a dir, de la filosofia sobre la fe.

Tomàs d'Aquino es va oposar a aquesta teoria. Segons ell, la fe és una gràcia que Déu concedeix als homes i la raó també és un do de Déu. Aquesta, però, està més distribuïda entre els humans (tots els homes tenen aquesta capacitat), mentre que, quant a la fe, no tots els homes accepten la revelació cristiana. Filosofia i teologia són dues disciplines distintes però no contraposades. Conflueixen en els preàmbuls de fe i ambdues es complementen i es donen mútua ajuda (la raó amb les seves armes dialèctiques, la fe com el criteri extern) en la cerca de la veritat.

Demostracions de l'existència de Déu

Dins el marc de la teologia, Tomàs d'Aquino va intentar demostrar filosòficament l'existència de Déu. Per fer-ho, va partir de la idea que l'existència de Déu no és quelcom evident. Tampoc va acceptar l'argument ontològic de sant Anselm, segons el qual mitjançant l'anàlisi de la idea de Déu es podia arribar a demostrar la seva existència.

> La *Summa Teològica* de Tomàs d'Aquino (1225-1274), l'obra més famosa de la teologia medieval, va tenir una gran influència en el catolicisme i és un exemple de l'estil intel·lectual de l'escolàstica.

Tomàs, per la seva banda, va proposar cinc vies a posteriori a partir del que ens mostra l'experiència. Aquests cinc camins segueixen un mateix esquema:

a) Una experiència és el punt de partida.

b) Aplicació del principi de causalitat i impossibilitat de no poder seguir el procés causal fins a l'infinit.

c) Una conclusió final, que serà Déu.

- *Primera via o del moviment (inspirada en Aristòtil)*. El moviment que veiem en la natura exigeix, en darrer terme, que hi hagi un punt inicial, un Motor Immòbil o Déu.
- *Segona via o de la causa eficient (inspirada, també, en l'aristotelisme)*. La llarga cadena de causes i efectes que observem requereix que existeixi, finalment, una Primera Causa o Causa Eficient, que anomenem Déu.
- *Tercera via o de la contingència (inspirada en Avicenna)*. Existeixen éssers contingents. Éssers que podrien haver no existit. L'existència d'aquest tipus d'éssers exigeix l'existència d'un Ésser absolutament necessari o Déu, generador, en darrer terme, d'aquests éssers contingents.
- *Quarta via o dels graus de perfecció (d'influència platònica)*. Hi ha diversos graus de perfecció en els éssers que existeixen. Una perfecció sempre ho és respecte a una altra. És necessari que existeixi, en conseqüència, una perfecció absoluta, de la qual les altres participen. I aquesta és Déu.
- *Quinta via o de l'ordre de l'Univers (inspirada en els estoics i en sant Agustí)*. L'ordre que observem en l'Univers no pot ser més que fruit d'una Intel·ligència ordenadora.

La validesa d'aquests arguments va ser motiu de controvèrsia, sobretot per part del filòsof prussià Immanuel Kant al segle XVIII.

Llei eterna, moralitat i política

Déu, en tant que creador, ha projectat totes les coses. En el marc del que s'anomena primacia de la intel·ligència sobre la voluntat, Déu ha fet les coses tal com volia que fossin, és a dir,

ha establert l'anomenada **llei eterna**. Déu dicta la llei essencial de les coses existents. Aquesta llei eterna (que indica, a més, allò que està bé o malament), segons sant Tomàs, és coneguda per tots els humans de forma immediata i espontània, i es posa de manifest en la consciència moral. La llei eterna, doncs, és la norma suprema de la **moralitat**. L'objectiu de tot ésser és la perfecció que li correspon segons la seva naturalesa, per això l'home podrà assolir la felicitat si aconsegueix la perfecció, que consisteix en la realització de la seva pròpia essència. Viure conforme a la naturalesa, seguir la llei natural, té com a principi clau «fer el bé i evitar el mal», quelcom que l'ésser humà pot fer, ja que gaudeix de llibertat d'acció.

Entre totes les capacitats de l'home hi ha la d'organitzar la seva vida social. L'ordre social i **polític** seran més perfectes en tant que imitin l'ordre natural. I si aquest està estructurat i jerarquitzat no ha d'estranyar que la societat estigui també estructurada socialment i jerarquitzada políticament. L'ésser humà, seguint la influència aristotèlica, és un ésser social per naturalesa i per això la societat està per damunt de l'individu. Els estats, a través dels codis civils o lleis positives respectuoses amb la llei natural, tenen com a objectius la pau, la moralitat i la satisfacció de les necessitats humanes. Ara bé, en cas d'un govern tirànic que vagi contra la llei natural, els súbdits poden rebel·lar-se i derrocar-lo, però sense utilitzar la violència.

Repercussions del tomisme

La teoria de la llei natural desenvolupada per Tomàs d'Aquino va influir al segle XVI en l'escola de Salamanca, principalment en Francisco de Vitoria (1492-1546), que va desenvolupar el «dret de gents», i també, a través de Vitoria, en el jusnaturalisme d'Hugo de Groot, *Grotius* (1583-1645). Descartes (1596-1650) i Leibniz (1646-1716) van utilitzar la prova tomista de la contingència per demostrar l'existència de Déu. Després d'un període d'eclipsament, el pensament de Tomàs va ressorgir als segles XIX i XX arran de la irrupció de la neoescolàstica de Jacques Maritain (1882-1973).

ACTIVITATS

8> Resumiu el text següent i expliqueu les principals qüestions que s'hi plantegen:

> «Ha estat, tanmateix, necessari per a la salvació de l'home que hi hagi —a part de la ciència filosòfica, que escruta la raó humana— una doctrina diferent, procedent de la revelació divina. El motiu és, en primer lloc, que l'home està destinat a copsar Déu, malgrat que Déu sobrepassa la nostra comprensió racional. [...] Després, no és tal vegada necessari que, abans de dirigir les seves intencions i accions cap a un fi, els homes coneguin aquest fi? Una revelació era, doncs, necessària en tant que es relaciona amb coses que concerneixen la salvació de l'home i que sobrepassen la seva humana comprensió.»
>
> *Summa Teològica*, I, 1,1
> **Tomàs d'Aquino**

9> El terme *Escola de Salamanca* és utilitzat per referir-se a un grup de pensadors universitaris espanyols i portuguesos que, a partir de l'impuls desplegat per Francisco de Vitoria (1492-1546), va tenir com a membres rellevants tractadistes com Gabriel Vázquez (1549-1604), Luís de Molina (1535-1600) i Francisco Suárez (1548-1617) —del qual, la seva obra *Defensio Fidei Catholicae adversus Anglicanae sectae errores* (1613) es considera com la millor defensa de l'època de la sobirania del poble—. A més de la influència que va exercir aquesta escola, en qüestions relacionades amb el dret, també se li reconeix la seva aportació a l'origen de l'economia com a ciència.

A partir d'aquestes dades, cerqueu informació sobre aquests pensadors i elaboreu un treball on es posi de relleu la seva aportació a la història del pensament.

4.8 Guillem d'Ockham i la crisi del segle XIV

Marc històric i filosòfic

El segle XIV va ser el segle de les ruptures, tant en l'àmbit polític com en el del pensament. Van sorgir noves lluites entre l'Església i els prínceps: el papa Joan XXII entrà en conflicte amb l'emperador Lluís de Baviera, que va tenir el suport de pensadors com Marsili de Pàdua i Guillem d'Ockham. D'altra banda, l'estada del papat a Avinyó (França) en lloc de Roma va culminar amb l'esclat del cisma d'Occident (1378-1417), període en què la cristiandat es va trobar dividida entre dues obediències, la del papa de Roma i la del papa d'Avinyó. La conseqüència de tot això va ser l'afebliment del poder eclesiàstic i el triomf del poder civil, tant de l'emperador com dels monarques.

Les lluites doctrinals amb què havia acabat el segle XIII van desembocar en un augment de l'esperit crític, que al segle XIV va arribar al seu punt culminant amb Guillem d'Ockham, el qual va combatre nombroses doctrines metafísiques, psicològiques, cosmològiques i polítiques, aquestes últimes amb l'objectiu d'atacar l'autoritat del papat i el poder terrenal de l'Església. Els plantejaments d'Ockham van obrir el camí de la reflexió que pretén fonamentar el pensament en l'experiència i en la ciència.

Vida i obres

Guillem d'Ockham va néixer a Ockham, prop de Londres, cap a l'any 1285. De molt jove va entrar en l'orde dels franciscans i va anar a la Universitat d'Oxford. Les seves idees radicals en filosofia i teologia van estendre la seva fama per tot Europa. Aquest radicalisme el féu topar amb el papat i va haver de respondre de l'acusació d'heretgia, fet que va comportar la condemna d'algunes de les seves tesis. Cap a l'any 1328 va entrar en contacte amb l'emperador, el qual estava enfrontat amb el papat per raons de sobirania. Al voltant de l'any 1330 Ockham era a Munic escrivint una sèrie d'obres contra el papa i el poder terrenal de l'Esglesia, defensant la tesi que l'Estat havia de ser sobirà en el seu territori sense dependre del poder eclesiàstic. Va morir l'any 1347 i no es té constància que s'hagués reconciliat amb l'Església i amb l'orde franciscà.

L'obra d'Ockham es divideix en obres logicofilosòfiques i obres de caràcter polític, entre les quals destaquen:

- **Obres logicofilosòfiques:** *Sentències*, *Summa totius logicae* (*Summa de tota lògica*) o els *Principis de teologia*.
- **Obres de caràcter polític:** són una sèrie d'escrits que contenen llargs debats mantinguts amb els papes Joan XXII i Climent VI, recollits en una de les seves obres més famoses, l'*Opera politica*.

***Guillem d'Ockham** (1285-1347), frare franciscà i filòsof escolàstic anglès, considerat, juntament amb Tomàs d'Aquino i Averrois, una de les més grans figures del pensament medieval, va estar en el centre de les controvèrsies intel·lectuals i polítiques del segle XIV.*

La fe i la raó se separen

Guillem d'Ockham afirmava que fe i raó eren dues fonts diferents de coneixement, amb continguts també diferents. Les proposicions que Tomàs d'Aquino havia considerat comunes a ambdós discursos (les referents a Déu, a l'ànima) eren, per a Ockham, racionalment indemostrables i, per tant, matèria exclusiva de la fe religiosa. Amb aquesta apreciació, la separació entre fe i raó es va posar de manifest. A partir de llavors, la raó va iniciar un llarg camí cap a la seva autonomia respecte a la fe.

El coneixement i la navalla d'Ockham

Ockham també va introduir un gran canvi pel que fa a l'epistemologia medieval, en diferenciar entre el **coneixement intuïtiu** i el **coneixement abstractiu**. Pel que fa al primer, afirmava que tenim un coneixement immediat i directe de les coses singulars, i, per tant, no és necessari cap intermediari —com defensaven els tomistes— entre els objectes i el nostre coneixement d'aquests. Coneixem allò present sense necessitat de cap mena de concepte previ. L'estàtua d'Hèrcules, per exemple, no ens conduiria mai al coneixement d'Hèrcules, ni podríem decidir sobre la seva semblança amb Hèrcules, si no fos conegut el mateix Hèrcules de manera directa. El coneixement abstractiu, que és el que ens permet fer generalitzacions o formular judicis universals, depèn del material que li aporta el coneixement intuïtiu o directe.

Guillem d'Ockham, d'altra banda, va introduir en les seves explicacions el principi d'economia o de parsimònia: «No hem de suposar que quelcom és indispensable per explicar un fet determinat llevat que la raó, l'experiència o la revelació així ho exigeixin.» Aquest principi es coneix com la **navalla d'Ockham** i consisteix a no donar explicacions complexes sobre quelcom si se'n poden proposar de més senzilles.

L'existència de Déu no es pot demostrar

Guillem d'Ockham, pel que fa a les qüestions teològiques, va defensar que l'existència de Déu era quelcom indemostrable. Aquesta qüestió era més un tema de fe que de reflexió. Ockham acceptava que els fenòmens posseeixen causes, quelcom innegable. Però no sempre podem determinar quina és la causa d'un fet. Per exemple, la petjada d'un lleó sols pot ser reconeguda com a causada per un lleó per qui hagi vist algun cop un lleó i la seva petjada. Es necessita, en conseqüència, disposar primer d'un coneixement intuïtiu, empíric, cosa que sí que es pot tenir en el cas del lleó i la seva petjada, però no en el cas de Déu. En contraposició amb Tomàs d'Aquino, Guillem d'Ockham va sostenir que podem acceptar que hi ha una primera causa, però no podem afirmar racionalment que aquesta sigui Déu, ja que ens manca l'observació necessària. L'existència de Déu és quelcom que entra en l'àmbit de la fe.

La crisi dels universals

Un dels elements claus de la mentalitat medieval va ser el **símbol**. En el simbolisme medieval anomenar una cosa equivalia a explicar-la. Coses i paraules no s'oposaven, sinó que eren símbols mutus. Aquest simbolisme fou un idealisme conceptual que va impregnar la vida i el pensament de l'època. El saber fou entès com la composició del món sencer i de la vida en idees independents, que s'encasellaven i relacionaven en grans associacions jerarquitzades de conceptes.

Per això el pensament medieval fou conceptual i llibresc. Gairebé totes les demostracions medievals van deixar de banda la realitat sensible i van raure en el cel dels conceptes. La influència platònica, en aquest sentit, és evident. El llenguatge fou, en conseqüència, l'eina per atansar-se a la realitat. Des d'aquesta perspectiva s'ha d'entendre el debat que, des del segle XI fins al final de l'època medieval, va tractar d'aclarir la relació entre els **conceptes** o paraules (*verba*) i les **coses** (*res*), l'anomenada *qüestió dels universals*.

> «Fou Boeci qui desencadenà el debat més important entre els lògics medievals, la disputa sobre els universals. La disputa partia de la qüestió de si als conceptes generals, per exemple "home", els corresponia una existència real o només pensada. La discussió medieval l'originà un text, concretament un passatge de la *Introducció* (*Isagogé*) de Porfiri als escrits lògics d'Aristòtil que Boeci havia traduït.»
>
> *El pensament filosòfic a l'edat mitjana. D'Agustí a Maquiavel*
> **Kurt Flasch**

Els universals

La **qüestió dels universals** deriva del pensament de Plató i d'Aristòtil a propòsit de la natura de les formes intel·ligibles, idees o **universals**. Posseeixen els universals, els conceptes, una certa entitat independent, més enllà de les coses sensibles, com afirmava Plató, o existeixen en els objectes que captem a través dels sentits, com deia Aristòtil? Què és més real, el particular «Sòcrates» o l'universal «home»? Les opcions van ser diverses: els universals eren anteriors a les coses (*universalia ante rem*), com deia Plató? Els universals estaven en les coses (*universalia in re*), com jutjava Aristòtil? Eren posteriors a les coses (*universalia post rem*), com van defensar els nominalistes, com Guillem d'Ockham? En definitiva, el que es discutia era què era primer, si els conceptes o universals, o les coses.

Aquesta discussió va incidir en diversos àmbits. En l'ontològic es va plantejar si era més real l'universal (la idea, el gènere o l'espècie) o el particular (l'individu concret). El punt de vista que s'adoptés repercutia en l'àmbit de l'epistemologia, ja que implicava donar preponderància a una o altra via: la raó o els sentits. Aquest debat, a més, incidia de ple en els dogmes bàsics del cristianisme. Com es transmetia el pecat original? Com es resolia el misteri de la Trinitat (tres persones divines distintes en un únic Déu)? Aquesta qüestió també va estar present en el terreny sociopolític, ja que la defensa ontològica dels universals, al començament de l'edat mitjana, va servir per constituir tot un entramat jeràrquic (ordre ontològic/ordre conceptual/ordre polític) en el qual les jerarquies de poder polític (rei, duc, marquès, comte, etc.) van trobar un bon suport, suposadament natural.

Plató va plantejar l'existència del món intel·ligible a fi de justificar l'existència d'una veritat eterna i universal: les idees i els valors. La veritat, per a ell, sols es podia obtenir per via de la raó. La via dels sentits no podia aportar veritats universals i necessàries del tipus «Tots els A són necessàriament B». Per això, la via empírica fou marginada. Aquest camí fou acceptat, en general, per pensadors com Aristòtil, Agustí d'Hipona i Tomàs d'Aquino. Així, durant bona part de l'edat mitjana es va defensar que la raó podia construir un discurs sobre la realitat sense tenir en compte la realitat sensible. I el nucli d'aquest saber radicava a entendre l'enllaç dels conceptes, el seu lligam.

Aquest plantejament va permetre classificar les coses. Per exemple, allò més genèric d'una cosa és ser substància. La substància pot ser corpòria o incorpòria: la corpòria la classifiquem en animada o inanimada; l'animada admet la classificació en sensible o insensible, i la sensible se subdivideix en racional o irracional. A tall d'exemple, per saber el que és Sòcrates sols caldrà dir que és una substància, corpòria, animada, sensible i racional. D'aquesta forma, en resum, es va anar construint el **saber escolàstic** sobre les coses.

En el primer període medieval, moment de màxim poder de l'Església, època que coincideix amb el menyspreu del món terrenal, va predominar el realisme (o, més aviat, un hiperidealisme), que atribuïa ésser i substància a totes les entitats abstractes. Els universals, els conceptes, foren entesos com l'autèntica realitat. Al segle XIII, fruit de la influència aristotèlica, es va adoptar una postura menys radical, la conceptualista. Tomàs d'Aquino va defensar que els universals eren quelcom que la ment feia però que tenien un fonament en la cosa. L'universal tenia una existència però no com una cosa separada. No era res, però tampoc era una simple paraula. El nominalisme present ja al segle XI amb el teòleg francès Joan Roscelin, va considerar que els universals no tenien una existència real, sinó que solament eren termes o noms, simple vent produït per la veu (*flatus vocis*).

Ensenyament llibresc a l'edat mitjana.

Omnipotència divina i crisi del saber

Guillem d'Ockham, al segle XIV, des d'una postura nominalista i a fi d'enaltir l'omnipotència i la llibertat divines, va rebutjar l'existència dels universals, és a dir, va negar l'existència d'aquelles idees que es creia que estaven en la ment divina. Aplicant el principi d'economia, va defensar que entre el Déu creador i la criatura no hi ha res, plantejament amb el qual refutava les idees platòniques que encara perduraven. Guillem d'Ockham volia subratllar per damunt de tot l'omnipotència divina i, per això, va eliminar aquelles idees prèvies que limitaven la voluntat omnipotent de Déu. Ockham, en definitiva, va negar tota realitat als gèneres i les espècies. Per ell, solament existia allò particular. Els universals, com els gèneres o les espècies, no eren sinó termes, signes convencionals que convenien a un nombre determinat d'individus i que s'expressaven mitjançant el llenguatge.

Les tesis d'Ockham van fer entrar en crisi la metafísica medieval, que se sustentava en la idea que els universals eren coses. Així, a partir d'Ockham el món va ser considerat de manera completament diferent. Abans, sobre la base dels universals, el món i la naturalesa mantenien un suposat ordre i jerarquia; més tard, en ensorrar-se l'antiga estructura filosòfica, totes les relacions van ser considerades contingents, no necessàries. Des de llavors va caldre, per descobrir les relacions causals reals, apropar-se a la naturalesa mitjançant l'experiència. En definitiva, es plantejava un nou mètode per obtenir un saber sòlid i autèntic.

Crisi de l'escolàstica

El pensament d'Ockham, en posar l'èmfasi en la voluntat lliure de Déu i en el lliure albir de l'home, va subratllar la separació entre la filosofia i la religió, que tan unides havien estat al llarg dels segles anteriors. La filosofia va començar a deixar de ser una subordinada de la teologia, cosa que li permetrà més endavant endinsar-se en els terrenys de l'experimentació i afavorir així el naixement de les ciències empíriques. La crítica d'Ockham, d'altra banda, va resultar molt fecunda per a les ciències, les quals, supeditades a les «autoritats», decandien repetint el que s'havia escrit feia segles. Amb la nova epistemologia, que posava l'èmfasi en el coneixement sensible, es va obrir la porta a l'observació de la naturalesa i a l'experimentació. Jean Buridan (segle XIV), mestre seglar de la Universitat de París, i Nicolau d'Oresme (segle XIV), entre d'altres, van renovar l'interès per les ciències físiques i van plantejar interrogants que, uns segles més tard, resoldran els pensadors de la revolució científica.

ACTIVITATS

10> En aquest text hi ha tres elements presents al voltant de la relació causal (causa i efecte): el foc, la combustió i Déu.

Quin paper creieu que hi té Déu en aquest text?

Aquest és un text de teologia?

És un text que tracta de coses (de relacions entre coses) relatives al saber científic?

Hi ha soterrat un greu problema sobre la veritat de caràcter científic?

Raoneu la resposta.

> «Encara que sempre que s'acosti foc a un objecte combustible es produeixi combustió, és possible que el foc no sigui la causa d'aquesta, ja que Déu podria haver ordenat que es produeixi combustió quan s'apropi foc a un objecte que pugui cremar però que no sigui el foc el que la produeixi.»

Sentències
Guillem d'Ockham

Activitats finals

FILOSOFIA I TIC

Cerqueu a Internet informació i prepareu un petit dossier sobre:

- Aristòtil en l'edat mitjana
- La polèmica dels universals
- La controvèrsia entre la fe i la raó
- La influència àrab en el pensament d'Occident
- Les universitats medievals
- L'augustinisme polític i la doctrina de les dues espases

1> Compareu les idees epistemològiques de l'edat mitjana amb les que es van defensar a l'antiguitat clàssica.

2> Digueu, justificant-ho amb arguments, qui poden ser els autors dels dos textos epistemològics següents:

> «El coneixement intuïtiu és aquell en virtut del qual sabem que una cosa és, quan és, i que una cosa no és, quan no és.»

> «En conseqüència, no podràs negar que existeix la veritat invariable, que conté en si totes les coses que són invariablement vertaderes, de la qual no podràs dir que és pròpia i exclusivament teva, o meva, o de qualsevol altre home, sinó que per maneres meravelloses, com a llum secretíssima i pública alhora, es troba prompta i s'ofereix en comú a tots els que són capaços de veure les veritats invariables.»

3> Remarqueu els punts de coincidència i de divergència que es poden trobar entre les idees islàmiques i les d'arrel cristiana.

4> Descriviu les dues línies fonamentals que van sorgir en la filosofia àrab.

5> Comenteu el següent text de sant Agustí i indiqueu les idees que s'hi defensen.

> «Però com que es tracta de la naturalesa de la ment, deixem de banda tots aquells coneixements que ens vénen de l'exterior pel conducte dels sentits del cos, i estudiem amb més diligència el problema plantejat: que totes les ments es coneixen a si mateixes amb certesa absoluta. Els homes han dubtat de si la facultat de viure, recordar, entendre, voler, pensar, saber i jutjar provenia de l'aire, del foc, del cervell, de la sang, dels àtoms, o si, al marge d'aquests quatre elements, provenia d'un cinquè cos de naturalesa ignorada, o era dependència temperamental de la nostra carn, i hi ha hagut qui va defensar aquesta o aquella opinió. Ara bé, qui dubta que viu, recorda, entén, vol, pensa, coneix i dubta?; atès que dubta, viu; si dubta, recorda el seu dubte; si dubta, entén que dubta; si dubta, vol estar en la certesa; si dubta, pensa; si dubta, sap que no sap; si dubta, jutja que no convé assentir temeràriament. I encara que dubti de totes les altres coses, d'aquestes mai no ha de dubtar; perquè, si no existissin, seria impossible el dubte.»

De la Trinitat, X, 10, 14
Sant Agustí

6> A partir del text següent procureu donar resposta a aquests interrogants:

1) Quin significat té «Bé sense parts»?

2) Què vol dir Agustí quan parla de tenir «impresa en nosaltres la idea de bé»?

3) Amb quins pensadors es pot relacionar Agustí a partir del que exposa en el text?

> «Bé és això i allò; prescindeix, però, dels determinatius *això* i *allò*, i contempla el Bé pur, si pots; llavors veuràs Déu, Bé sense parts, Bé de tot bé. I en tots aquests béns que enumeraré i altres mil que es poden veure o imaginar, no podem dir, si jutgem segons la veritat, que un sigui més gran que l'altre si no tenim impresa en nosaltres la idea de bé, segons la qual declarem una cosa o la preferim a d'altres.»

De Trinitate, VIII, 3, 4
Sant Agustí

7> Analitzeu el següent text d'Agustí d'Hipona i indiqueu quin problema s'hi planteja i quina és la resposta de l'autor:

> «Qui és tan cec que vacil·li a atribuir al poder i disposició divina l'ordre racional dels moviments dels cossos, tan fora de l'abast i possibilitat de la voluntat humana? Tret que s'atribueixi a la causalitat la meravellosa i subtil estructura dels membres dels més minúsculs animals, o com si allò que no s'atribueix a l'atzar pogués explicar-se d'altra manera que mitjançant la raó, o com si per atendre les foteses de la vana opinió humana goséssim sostreure de la direcció de la majestat inefable de Déu l'ordre meravellós que s'aplaudeix i admira en tot l'Univers, sense tenir l'home en això ni art ni part».

Sobre l'ordre
Sant Agustí

8> Què és l'augustinisme polític? Expliqueu quan comença aquest corrent d'idees polítiques i quan i per què comencen a fracassar els plantejaments que defensa.

9> Cerqueu els paral·lelismes i relacions que al llarg de l'edat mitjana hi ha entre les qüestions relatives a la fe i la raó, l'epistemologia, les demostracions de l'existència de Déu, el conflicte sobre el poder i el debat dels universals, ajudant-vos amb una taula. Subratlleu la coherència dels plantejaments en els distints àmbits.

10> Quin problema intenta solucionar Tomàs d'Aquino en aquest text i com ho fa?

> «Tampoc repugna a la Bondat divina permetre el mal en les coses sotmeses al seu govern. En primer lloc, perquè no convé a la Providència destruir la naturalesa de les coses que governa, sinó conservar-les. És així que la perfecció de tot exigeix que hi hagi certes coses inaccessibles al mal, i d'altres que puguin patir els defectes del mal, segons la seva naturalesa; si el mal estigués totalment exclòs de les coses, no estarien governades per la Providència Divina, segons la seva naturalesa; perquè el defecte que d'això resultaria seria més gran que els defectes particulars que s'eliminessin. En segon lloc, perquè el bé d'una cosa no pot verificar-se sense el mal d'altra, com la generació d'una cosa no es verifica sense la corrupció d'una altra, la nutrició d'un lleó sense la mort d'un altre animal, i la paciència del just sense la persecució de l'injust...»

Compendi de Teologia, CXLII
Tomàs d'Aquino

11> Raoneu el perquè de les diferents opinions a propòsit de la demostració de l'existència de Déu.

12> Comenteu aquest text, subratllant la tesi que s'hi posa de manifest i els arguments que la sostenen, i indiqueu a qui es pot atribuir, tot raonant la resposta.

> «És innegable, i consta pel testimoni dels sentits, que en el món hi ha coses que es mouen. Doncs bé, tot allò que es mou és mogut per una altra cosa, ja que res es mou més que en tant que està en potència respecte a allò pel qual es mou. En canvi, moure requereix estar en acte, ja que moure no és altra cosa que fer passar quelcom de la potència a l'acte, i això no pot fer-ho més que allò que està en acte, de la manera com allò calent en acte, per exemple, el foc fa que un tronc, que està calent en potència, passi a estar calent en acte. Ara bé, no és possible que una mateixa cosa estigui, alhora, en acte i en potència respecte al mateix, sinó respecte a coses diverses: el que, per exemple, és calent en acte, no pot ser calent en potència, sinó que és fred en potència. És, doncs, impossible que una cosa sigui per ella mateixa i de la mateixa manera motor i mòbil, com també ho és que es mogui a si mateixa. Per consegüent, tot allò que es mou és mogut per una altra cosa. Però, si allò que mou una altra cosa és, alhora, mogut, és necessari que ho mogui un tercer, i a aquest un altre. Però no es pot seguir indefinidament, perquè així no hi hauria un primer motor i, en conseqüència, no hi hauria cap motor, ja que els motors intermedis no mouen més que en virtut del moviment que reben del primer, de la mateixa manera que un bastó res mou si no l'impulsa la mà. Per consegüent, és necessari arribar a un primer motor que no sigui mogut per ningú, i aquest és el que tots entenen per Déu.»

13> Comenteu el següent text de Guillem d'Ockham i assenyaleu les principals idees que s'hi presenten.

> «Aquest és el camí pel qual s'assoleix l'universal abstracte a partir dels singulars, gràcies a l'ajuda dels sentits... Perquè quan els sentits observen diversos cops dos esdeveniments singulars dels quals un és la causa de l'altre, o està relacionat amb ell d'alguna manera, i no veuen la connexió entre ells, com, per exemple, quan algú observa freqüentment que menjar escamonea va acompanyat de la segregació de bilis roja, llavors, de l'observació constant d'aquestes dues coses observables comença a formar una tercera cosa inobservable, a saber, el que l'escamonea és la causa que treu la bilis roja. I d'aquesta recepció repetida un cop i un altre, i conservada en la memòria, i del coneixement sensible de què està feta la percepció, comença a funcionar la capacitat de raonar. La raó en marxa comença, per tant, a admirar-se i a considerar si les coses són realment com indica la memòria sensible, i aquestes dues coses porten la raó a experimentar, a saber, que ha d'administrar-se escamonea després que s'han aïllat i exclòs totes les altres causes que purguen la bilis roja. Quan ha administrat molts cops escamonea amb l'exclusió certa de totes les altres coses que treuen la bilis roja, llavors es forma en la raó aquest universal, a saber, que tota escamonea treu per la seva naturalesa la bilis roja, i aquest és el mode com es passa de la sensació a un principi experimentador universal.»

Comentari als Analítics posteriors, I,14
Guillem d'Ockham

14> Expliqueu a què associa Guillem d'Ockham els universals en aquest text i quina repercussió té la seva tesi a propòsit d'aquestes entitats.

> «S'ha de concedir simplement que cap universal és una substància sinó que qualsevol universal és una intenció de l'ànima que, segons una opinió probable, no es distingeix de l'acte d'entendre. Així com diuen que la intenció per mitjà de la qual entenc els homes és un signe natural significant l'home, i de tal manera natural com el gemec és signe de malaltia o dolor; i és un signe tal que pugui estar posat, en lloc dels homes, en les proposicions mentals, com la veu pot estar posada en lloc de les coses en les proposicions vocals.»

Summa de tota lògica
Guillem d'Ockham

15> Comenteu el problema dels universals, especificant les respostes històriques que es van proposar.

05

RENAIXEMENT I REVOLUCIÓ CIENTÍFICA

- Què és un *humanista*? Una persona preocupada pels valors humans? Una persona amb una educació fonamentalment literària? Algú amb una gran formació cultural?
- Què volem dir d'un polític quan afirmem que és *maquiavèl·lic*? Creieu que el fi justifica els mitjans?
- Tenen alguna cosa en comú les revolucions científiques i les revolucions polítiques? I les revolucions dels planetes?
- Què és una concepció del món? Quines diferències hi ha entre una concepció màgica o mítica del món i una concepció científica del món?
- Quines conseqüències creieu que pot tenir per a la nostra imatge del món i per a la nostra pròpia imatge que sigui el Sol i no la Terra el centre al voltant del qual giren els planetes?

5.1 Marc històric i cultural

Un dels quadres més famosos de tot el Renaixement és El naixement de Venus *(1486), de Sandro Botticelli (1444-1510). El* ***Renaixement*** *reprèn, de les cultures grecoromanes, l'alegria de viure, l'amor als plaers naturals i l'exaltació de la bellesa del cos humà —símbol central del Renaixement— i de la naturalesa. Aquesta obra, considerada com una apologia de l'amor sensual i una afirmació de la vida, exemplifica l'aspiració dels artistes i pensadors renaixentistes d'unificar la bellesa, l'amor i la veritat.*

El **Renaixement** va ser un moviment cultural que va néixer a les ciutats italianes al segle XIV i que es va difondre des d'allà per tot Europa durant els segles XV i XVI. El Renaixement és una època de transició entre el món medieval i el modern. En aquest període es modifica profundament la cultura medieval i es vol recuperar el passat esplendorós del món grecoromà, que és idealitzat com una època daurada. Els renaixentistes volen dur a terme una represa del món clàssic després de la llarga i fosca edat mitjana. L'art i el pensament, la literatura i la llengua de l'antiga Grècia i Roma, fins i tot la manera de viure de grecs i romans, es converteixen en els ideals que cal imitar, en el món que cal fer renéixer.

La revolució científica dels segles XVI i XVII, que es pot considerar una autèntica ruptura en el procés històric, va ser possible gràcies a les noves perspectives i idees sorgides en el Renaixement. El Renaixement no és, doncs, un parèntesi estèril entre l'època medieval i la moderna, sinó el punt de partida d'una gran revolució conceptual i mental que va permetre l'aparició de la moderna concepció científica del món. El naixement de la **ciència moderna** en el Renaixement va acompanyat d'altres canvis revolucionaris, com la **Reforma religiosa** —amb pensadors com Luter i Calví— i el sorgiment de les idees polítiques modernes —amb Maquiavel, considerat el fundador de la nova **ciència política**—.

Són nombrosos i molt diversos els factors que van afavorir el pas de la baixa edat mitjana (la «tardor de l'edat mitjana», com la va anomenar l'historiador holandès Huizinga) a l'edat moderna. Si ens fixem en l'àmbit econòmic, el Renaixement va coincidir amb la transició del feudalisme al capitalisme mercantil.

El científic i sociòleg de la ciència irlandès John Desmond Bernal (1901-1971) va resumir la interrelació en aquesta època entre els coneixements i el nivell de desenvolupament socioeconòmic:

> «La primera fase de la transició del feudalisme al capitalisme (1440-1540) és el període que comprèn els moviments del Renaixement i la Reforma, malgrat que aquests, amb els seus precedents i els seus efectes, s'estenen durant un període més llarg. El model de producció de mercaderies per a un mercat dominat pels pagaments en diners existia ja en ciutats disperses a partir del segle XII. Va començar a convertir-se en la forma econòmica predominant al segle XV en la faixa de regions que va des d'Itàlia, passant per l'alta Alemanya i el Rin, fins als Països Baixos. D'aquesta àmplia regió, només a Itàlia les ciutats més importants, com ara Venècia, Gènova, Florència i Milà, van conquerir la seva independència econòmica i política, i van ser capaces d'edificar la brillant civilització artística i intel·lectual del Renaixement.»
>
> *Història social de la ciència*
> **John Desmond Bernal**

ACTIVITATS

1> Feu un resum del text següent, escrit l'any 1492, i indiqueu les principals idees:

> «Si alguna edat hem d'anomenar d'or, es tracta sens dubte d'aquella que produeix enginys auris arreu. Però que aquesta és precisament la nostra època no ho dubtarà gens qui vulgui considerar els il·lustres invents d'aquest segle, ja que aquesta edat nostra d'or va portar de nou a la llum les disciplines liberals que estaven gairebé ja extingides, la gramàtica, la poesia, l'oratòria, la pintura, l'escultura, l'arquitectura, la música, l'antic cant dels poemes amb la lira òrfica, i tot això a Florència. A més a més, ha unit la saviesa amb l'eloqüència, la prudència amb l'art militar, la qual cosa havia estat objecte de veneració entre els antics, però entre nosaltres estava ja pràcticament oblidat. [...] Amb tu, estimat Pau, sembla haver arribat a la perfecció l'astronomia i a Florència la disciplina platònica s'ha fet sortir de nou a la llum, traient-la de les tenebres. A Alemanya s'han inventat en el nostre temps els instruments per a la impressió de llibres.»
>
> *Carta a Pau de Middelburg*
> **Marsili Ficino**

5.2 El Renaixement

Només llegir

Els factors econòmics i comercials no van ser els únics que van tenir una influència important en la revolució cultural del Renaixement. La presa de Constantinoble (1453) pels turcs provocà la fugida de molts savis bizantins, que es van establir a Itàlia; la invenció de la impremta, també a mitjan segle, tingué unes conseqüències culturals equiparables a la invenció de la televisió o d'Internet al segle XX; els descobriments geogràfics (especialment el d'Amèrica el 1492) van ampliar els límits del món conegut. I a tots aquests factors cal afegir els progressos en la metal·lúrgia, la mineria i el bombejament d'aigua, els inicis de la manufactura química amb la producció industrial d'alcohol i pólvora, etc.

La revolució cultural del Renaixement

De manera sintètica, la cultura renaixentista es caracteritza pel triple interès per l'antiguitat clàssica, pel món i la naturalesa, i per la persona humana com a individu.

Interès per l'antiguitat clàssica

L'interès per la cultura clàssica és evident en l'intent per recuperar les formes —més que no pas els continguts— de la cultura grecoromana. L'art, la literatura, la llengua, els estils de vida de Grècia i Roma, etc., es convertiren en un ideal i un model a imitar. L'art medieval era considerat un art bàrbar, «gòtic». Els grans artistes (pintors, escultors, arquitectes, etc.) del Renaixement, sense abandonar totalment la temàtica religiosa, també es van inspirar en llegendes i mites grecoromans. En l'art religiós, els personatges, els vestits, els paisatges..., estaven extrets de la vida quotidiana: retornava així el realisme que havia caracteritzat l'art grecoromà. Aquests artistes eren protegits per famílies poderoses i influents, com els Mèdici a Florència, els Sforza a Milà, o els papes, com havia fet Mecenes a la Roma antiga.

El Renaixement també va intentar ressuscitar la manera de viure de la Grècia i Roma antigues. Això es manifestà en molts aspectes aparentment secundaris: en la moda d'imitar la manera de vestir-se de grecs i romans (amb llargues túniques fins als peus), en els noms amb què els pares batejaven els seus fills (Cèsar, Lucrècia, Aquil·les...), en el costum de coronar els poetes, en la decoració de palaus i jardins amb venerables ruïnes de Roma. En l'àmbit del pensament, Cosme de Mèdici fundà a Florència una acadèmia de filòsofs a imitació de la creada per Plató a Atenes.

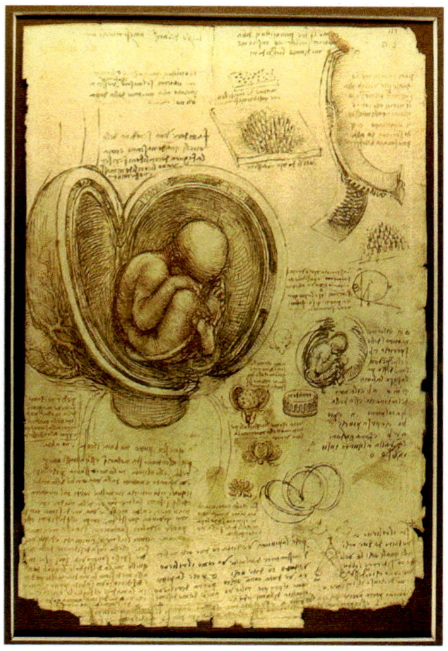

Estudi anatòmic del fetus en l'úter *(1510-1513), de Leonardo da Vinci (1452-1519).* ***Leonardo*** *personifica l'esperit del Renaixement. Artista amb preocupacions universals, el seu interès per la naturalesa el portà a fer investigacions sobre anatomia, fisiologia, botànica, astronomia, geologia, mecànica, meteorologia, enginyeria, etc.*

Interès pel món i la naturalesa

L'interès pel món i la naturalesa es palesa en les arts, la literatura i el pensament de l'època. Aquesta curiositat també va ser estimulada pels nous descobriments geogràfics, que ampliaren enormement el món conegut fins llavors. L'interès per l'**observació** de la naturalesa pot tenir alguns antecedents medievals, però va rebre un fort impuls al Renaixement. Ja en l'escriptor i humanista Francesco Petrarca trobem descripcions d'excursions i paisatges que el reflecteixen. Els dibuixos anatòmics, botànics, zoològics i de fenòmens naturals de Leonardo da Vinci també en són un exemple.

L'observació i també l'experimentació es consideraven la millor manera de conèixer la naturalesa. Així, es van dissenyar els primers jardins botànics i zoològics. Aquest interès per la naturalesa va afavorir el naixement de la ciència natural moderna, com a resultat de les aportacions de diferents pensadors amb diferents concepcions del món, però amb el mateix interès comú en l'estudi de la naturalesa. El món, que en l'època medieval havia estat considerat un dels enemics de l'ànima, es considera ara un meravellós objecte d'estudi.

Interès per la persona humana com a individu

Però si el cosmos està ple de meravelles, en el Renaixement, com en la Grècia de Sòfocles, «res no és tan meravellós com l'home mateix». Leonardo va dir que «l'home és el model del cosmos». Aparegué així una **actitud antropocèntrica** —l'ésser humà com a centre de l'Univers— que va substituir el teocentrisme medieval. L'interès per l'ésser humà es manifesta en el redescobriment de la bellesa del cos humà.

Reneix el nu en pintura i escultura, i es torna a practicar la dissecció humana. L'interès pel cos humà evidencia una nova individualitat; es considera la persona humana com un ésser individual diferent de tots els altres. En el món medieval, clarament jerarquitzat, l'individu quedava desdibuixat en grups o associacions (parròquia, gremi, família...) dels quals només era una peça.

En el Renaixement, l'important és la personalitat de cadascú, **individualisme** que també s'evidencia en l'odi per l'anonimat. Aquest interès per l'home com a individu i per allò personal afavoreix l'aparició del retrat (i de l'autoretrat) i de la biografia (i de l'autobiografia) no religiosos, gèneres pràcticament desconeguts a l'època medieval. Així, en el Renaixement va triomfar la individualitat, que és, potser, el tret més definitori de l'home modern. Un altre exemple de la importància de l'individu fou que l'artista firmava ara les seves obres.

ACTIVITATS

2> Comenteu aquest fragment d'una carta, escrita l'any 1336, de Petrarca a Dionigi da Borgo i assenyaleu els trets que s'hi troben i que caracteritzen el Renaixement: interès per l'antiguitat clàssica, pel món i per l'ésser humà.

> «Portat únicament pel desig de contemplar la notable elevació del lloc, he pujat avui a la muntanya més alta de la regió, que s'anomena, no sense raó, Ventós. Des de feia molts anys el meu ànim alimentava la idea de fer-ho, ja que per disposició del destí que regeix els assumptes humans he viscut en aquestes terres, com tu saps, des de la meva infància, i aquesta muntanya, que es veu des de qualsevol lloc d'un ampli territori, està gairebé sempre davant els nostres ulls. M'he sentit, finalment, impulsat a realitzar d'una vegada allò que diàriament projectava i, en especial, després que, rellegint el dia anterior la *Història de Roma* de Livi, vaig arribar casualment al passatge en el qual Filip, aquell rei de Macedònia que va lluitar contra el poble romà, puja a la muntanya Hemo de Tessàlia refiant-se de la creença que des del seu cim es poden veure dos mars. [...] Al cim hi ha un petit pla on, finalment, vaig descansar de la fatiga. [...] Primerament vaig romandre dempeus, astorat i commogut per l'ampli panorama i la insòlita brisa que bufava. Vaig tornar la vista enrere: als meus peus hi havia els núvols; en contemplar llavors en una muntanya de fama menor allò que havia sentit explicar de l'Atos i l'Olimp, les històries sobre aquests en varen semblar més versemblants. Després la meva mirada es va dirigir cap al costat d'Itàlia, el lloc que més atreia el meu esperit; en aquella part es veien els Alps, que en un altre temps va travessar el ferotge enemic de Roma, trencant, segons diuen, els penya-segats amb vinagre; aquells gelats cims em semblaven propers, malgrat que en realitat estaven molt lluny. Confesso que vaig sospirar cap al cel d'Itàlia —que veia la meva ànima més que no pas els meus ulls— i em va envair un enorme desig de tornar a veure el meu amic i la meva pàtria.»
>
> **Francesco Petrarca**

3> Compareu els trets més definitoris de la concepció del món i de l'ésser humà del pensament renaixentista amb els més característics de la concepció medieval.

5.3 Els humanistes

A l'edat mitjana, la literatura clàssica havia quedat gairebé relegada a les biblioteques de convents i monestirs. Amb el Renaixement s'inicià una recerca intensa de manuscrits clàssics per tot Europa. La immensa majoria dels textos clàssics que ens han arribat provenen dels èxits aconseguits en la recerca de manuscrits durant aquesta època.

Els manuscrits descoberts es traduïren, es comentaren i es copiaren, i també es descobriren les falsificacions gràcies al desenvolupament de la crítica filològica i històrica dels textos; per exemple, aquesta va permetre que Lorenzo Valla (1407-1457) demostrés que la *Donació de Constantí*, per la qual es concedia al papat els Estats Pontificis, era una falsificació medieval.

L'interès per la literatura clàssica va impulsar l'estudi del grec i el llatí. Ja abans de la caiguda de Constantinoble en mans dels turcs es feien venir mestres bizantins per ensenyar grec a Florència. Després de la presa de Constantinoble l'any 1453, nombrosos erudits van fugir cap a Itàlia amb centenars de manuscrits grecs.

En aquesta època es va establir un currículum de matèries escolars *(studia humanitatis)* orientades a l'estudi de les «lletres humanes», contraposades a les Sagrades Escriptures, considerades «lletres divines». Aquests estudis es basaven en els textos clàssics grecs i llatins. Així, s'estudiava fonamentalment i principalment gramàtica, retòrica, història, poesia i ètica, deixant de banda o en un segon terme les qüestions que més interès havien tingut a l'època medieval, com ara els temes teològics, filosòfics i jurídics. El terme *humanista* s'utilitzava en aquesta època per designar la persona que havia rebut aquesta educació fonamentalment literària i la utilitzava, la persona que dedicava una bona part de la seva vida a l'estudi de la llengua, els autors i la cultura grecoromanes.

Francesco Petrarca *(1304-1374) tingué gran cura de la seva fama. Això i el menyspreu per la gent vulgar el portà a acostar-se als autors clàssics antics —els veia com a companys ideals de vida—, a imitar-los i a obtenir la coronació poètica. Les seves cartes, algunes adreçades a autors clàssics com Ciceró, es poden considerar el primer autoretrat intel·lectual i emocional des de l'antiguitat.*

Un precursor del que seria un humanista va ser **Francesco Petrarca**, de qui s'ha dit que va ser el primer home modern i el creador de l'italià com a llengua literària. Malgrat que va viure a la baixa edat mitjana, ell mateix va confessar que «em vaig lliurar per damunt de tot a estudiar l'antiguitat, perquè sempre em va desagradar aquesta edat meva». En els seus viatges per Europa, Petrarca explorava les biblioteques de les ciutats per on passava. En una d'aquestes biblioteques va descobrir els manuscrits amb les *Epístoles familiars* de Ciceró, oblidades allí des de feia segles. D'altra banda, va escriure les seves cartes en llatí, utilitzant el «tu» emprat pels antics, en lloc del «vós» medieval. El seu profund coneixement dels clàssics li permetia escriure cartes a Ciceró, Sèneca, Livi o Virgili com si es tractés de familiars o amics. Considerava Ciceró el seu pare i Virgili el seu germà.

L'**humanisme** no va ser un corrent filosòfic homogeni. Els humanistes no compartien un pensament filosòfic comú, però sí la defensa dels valors humans i, sobretot, el de la individualitat. De fet, es pot dir que entre els humanistes l'interès per la filosofia acostumava a ser marginal.

En general, els humanistes no van ser grans creadors, sinó seguidors d'escoles de l'antiguitat: estoïcisme, epicureisme, escepticisme, platonisme i neoplatonisme, aristotelisme. Així, per exemple, en el pensament de Michel de Montaigne, un dels més grans humanistes francesos, influïren l'estoïcisme, l'escepticisme i també un cert epicureisme en diferents moments de la seva evolució intel·lectual.

Així, la reflexió sobre les propostes ètiques de les diferents escoles de l'hel·lenisme va estar present en el Renaixement, època també de crisi que necessitava mestres de saviesa.

ACTIVITATS

4> Feu un resum del text següent i indiqueu les principals idees. Quines semblances i diferències hi ha entre Montaigne, Cervantes i Shakespeare?

> «En el crepuscle del Renaixement i com a fruit madur de l'humanisme, emergeix la trinitat formada per Montaigne, Cervantes i Shakespeare. Pocs han anat tan lluny en el coneixement de l'home. Són tres psicòlegs, tres escrutadors de la condició humana... i tres escriptors definitius en les respectives literatures.»
>
> *Apologia a Ramon Sibiuda*, pròleg
>
> **Pere Lluís Font**

5.4 La filosofia de Montaigne

Michel Eyquem (1533-1592), conegut com a ***Michel de Montaigne****, és un dels més grans moralistes de tots el temps. «Montaigne és el nostre contemporani absolut», va afirmar el periodista i assagista francès Joseph Macé-Scaron. Algunes de les opinions i consells de Montaigne són memorables: «Filosofar és dubtar»; «Els que menyspreen la ciència donen prou testimoni de la seva bestiesa»; «No faig res sense alegria».*

Una característica dels corrents filosòfics renaixentistes que els diferencia de les filosofies modernes del segle XVII (racionalime i empirisme) és l'interès per qüestions pràctiques, temporals i locals. Així, no es pretenia estudiar els grans problemes filosòfics des d'una perspectiva teòrica, sistemàtica, genèrica i atemporal, com havia fet Aristòtil i com tornà a fer després Descartes. Montaigne —com altres humanistes— tractà de diferents aspectes de l'experiència humana (la mort, la diversió, el sexe, la vanitat, el penediment, etc.) amb una gran llibertat de pensament i una gran naturalitat, basant-se en la seva pròpia experiència personal, en els records d'amics, en explicacions d'historiadors i viatgers de la seva època o en arguments extrets de la literatura clàssica.

Vida i obres

Michel Eyquem va néixer l'any 1533 al casal de Montaigne, al Perigord (França), en una família rica d'antics comerciants recentment ennoblida. La primera llengua que va aprendre va ser el llatí, ja que el seu pare confià l'educació del seu fill de dos anys a un pedagog alemany que no sabia francès ni occità. Va fer els seus primers estudis (1539-1546) al col·legi de Guiena, a Bordeus, amb professors que eren humanistes eminents. Tanmateix, més tard, criticà la seva disciplina i els seus mètodes d'ensenyament.

A Bordeus va assistir a cursos de filosofia a la Facultat d'Arts i després començà a estudiar dret, estudis que continuà a la Universitat de Tolosa de Llenguadoc. L'any 1554 començà a exercir com a conseller al tribunal de Perigús (i el seu pare com a batlle de Bordeus) i, posteriorment, com a conseller del Parlament de Bordeus. Realitzà diferents viatges i estades a la cort, a París, i, a poc a poc, va abandonar les seves funcions parlamentàries. El seu casament (1565) amb una dona d'una família rica i el fet d'esdevenir propietari i senyor de Montaigne arran de la mort del seu pare (1568) li permeteren vendre el seu càrrec de conseller del Parlament de Bordeus (1570) i retirar-se a la seva biblioteca (1572), on es dedicà a la reflexió, la lectura i l'escriptura del seus *Essais (Assaigs)*, la seva obra mestra, dividida en tres llibres i amb un total de més de cent capítols. L'any 1569 havia publicat la traducció al francès del llibre *Teologia natural* o *Llibre de les criatures*, del català Ramon Sibiuda.

L'admiració de Montaigne per aquest pensador català el va portar a escriure l'*Apologia de Ramon Sibiuda* (1576), un llarg i dens capítol dels seus *Assaigs* que ocupa el lloc central de l'obra i on Montaigne defensa que la millor manera de fugir del fanatisme, del dogmatisme i de la credulitat és adoptar una actitud escèptica. L'escepticisme de Montaigne és una invitació a la tolerància enfront del fanatisme i a la precaució intel·lectual enfront de la credulitat presumptuosa o dogmàtica. Es pot dir que l'escepticisme metòdic de Montaigne avança algunes de les preguntes que, al segle XVII, respondran els racionalistes. Per a Montaigne, filosofar és dubtar i «tret que es trobi alguna cosa de la qual estem completament segurs, no podem assegurar res».

L'any 1580 es publicà, a Bordeus, la primera edició dels *Assaigs*, que comprèn només els dos primers llibres. Vuit anys després s'imprimí, a París, la quarta edició dels *Assaigs*, «augmentada amb un tercer llibre i amb sis-centes addicions als dos primers». Escrits durant els vint últims anys de la seva vida, estan impregnats d'una filosofia humanista, però és en els capítols centrals —la denominada *Apologia de Ramon Sibiuda*, sovint editada com a obra independent— on hi ha un assaig estrictament filosòfic.

Per raons de salut viatjà per tot Europa i arran d'aquest viatge (1580-1581) va escriure el *Diari de viatge*, descobert i publicat al segle XVIII. De retorn, s'assabentà que havia estat elegit batlle de Bordeus, càrrec que exercí entre el 1581 i el 1585 en un context difícil a causa d'una guerra civil per motius religiosos. Els últims anys de la seva vida els va passar en el seu castell de Montaigne; només en sortí per fer un accidentat viatge a París l'any 1588, que va aprofitar per llegir molt i fer anotacions als *Assaigs*. L'any 1592 morí deixant gairebé enllestida la cinquena edició dels *Assaigs*, que va veure la llum l'any 1595 amb un miler d'addicions.

+

Als trenta-cinc anys, Michel de Montaigne va heretar de la seva família un castell a l'est de Bordeus. En un extrem del castell hi havia una torre circular on, a la tercera planta, va instal·lar la seva biblioteca amb un miler de llibres de filosofia, història, literatura i religió. En ella, deia: «Hi passo la majoria de dies de la meva vida, i moltes hores cada dia». Al sostre va fer gravar 57 cites, extretes de la Bíblia i dels clàssics: «Tot és massa complicat perquè l'home sigui capaç d'entendre-ho» *(Eclesiastès)*; «Res és més cert que la incertesa, res és més miserable i més orgullós que l'home» (Plini).

5.5 La Reforma religiosa

Els conceptes de *reforma*, *renovatio* ('renovació'), *novo seculo* ('nou segle'), *età nova* ('edat nova') o *rinascita* ('renaixement') són gairebé sinònims. Tanmateix el terme *reforma* designa principalment la renovació religiosa del segle XVI. Aquesta renovació religiosa afavorirà que el saber filosòfic s'independitzi del saber teològic. Durant l'edat mitjana, el paper de la filosofia havia estat el de serventa de la teologia, la qual cosa havia provocat que el pensament filosòfic s'hagués mantingut separat de les ciències. A partir del segle XIV, filòsofs com Guillem d'Ockham plantejaren la separació de la filosofia i la teologia. Les veritats teològiques no es poden provar mitjançant la raó; fe i raó, teologia i filosofia són autònomes. La Reforma religiosa del segle XVI també afavorí l'autonomia de la filosofia. D'una banda, en donar molta més importància a la revelació bíblica que a la tradició (eclesiàstica o filosòfica), accentuà la separació entre la teologia i la filosofia. De l'altra, la lliure interpretació de la revelació bíblica afavorí la discrepància teològica, el naixement de diverses confessions i la llibertat de pensament.

La Reforma és una revolució religiosa que provocà que unes comunitats religioses se separessin del catolicisme romà i rebutgessin l'autoritat de qui, durant tota l'edat mitjana, havia estat el principal cap religiós de l'Europa cristiana: el papa.

L'any 1534 Luter acabà la traducció de la ***Bíblia*** *a l'alemany, traducció que té una importància enorme. D'una banda, la seva gran difusió per tot Alemanya —gràcies a la impremta— permeté la propagació de les idees luteranes i fou el motor de la Reforma alemanya. De l'altra, aquesta traducció fou el fonament sobre el qual s'edificà la llengua alemanya moderna.*

Causes de la Reforma

Durant els segles XIV i XV, Europa va viure una època de desordre i confusió. Les guerres, la fam i la pesta provocaren un terror generalitzat i una presència obsessiva de la mort. Es va difondre una visió tràgica del cristianisme. La por a la mort i el sentiment d'angoixa no podien ser calmats pels sermons dels sacerdots ni per les pràctiques litúrgiques. Així, es va estendre la idea de la necessitat d'una meditació més personal i d'un sentiment religiós més profund, que només es creia possible si es produïa una renovació i una purificació en l'Església. El desig d'una vida religiosa més profunda és paral·lel al pensament renaixentista. De la mateixa manera que els pensadors renaixentistes creien que podien descobrir l'autèntic esperit de l'antiguitat mitjançant la lectura dels autors grecs i llatins, els reformistes cristians pretenien recuperar l'autèntic esperit del cristianisme amb la lectura directa de la Bíblia. Per mitjà de l'estudi atent de les Sagrades Escriptures volien eliminar totes les falses interpretacions que n'havien fet els comentadors medievals, i recuperar-ne el sentit original. La traducció llatina de la Bíblia tradicionalment admesa per l'Església (l'anomenada *Vulgata*) va ser substituïda per noves traduccions al llatí (com la d'Erasme de Rotterdam dels Evangelis l'any 1516) o a llengües vernacles (com l'alemanya de Luter) que van tenir una ràpida difusió gràcies a l'invent de la impremta.

La consciència de decadència, corrupció i degeneració, juntament amb la creença que el cristianisme havia perdut la seva forma original, acabà donant origen a una nova concepció reformada del cristianisme. L'aspiració a la reforma eclesiàstica i religiosa, i a la politicosocial i individual és molt anterior a la Reforma protestant i ja sorgeix al final de l'edat mitjana. La crisi de l'Església al segle XIV (amb el Cisma d'Occident), els nous interessos derivats d'una nova situació socioeconòmica basada en el desenvolupament de la vida urbana, i les noves actituds d'espiritualitat (ideal de pobresa dels franciscans, misticisme profètic, etc.) qüestionaren la religiositat medieval, basada en una Església rígidament jerarquitzada que havia esdevingut una institució omnipresent i amb un gran poder temporal.

La nova concepció del cristianisme que sorgí de la Reforma protestant afirmava que només el respecte al text de la Bíblia, i no la tradició eclesiàstica, podia servir de base a la fe. Calia tornar als orígens del cristianisme com a religió interior, una vegada simplificada i purificada, en la qual les pràctiques i cerimònies religioses només tenien un paper secundari. Aquesta concepció renaixentista de la religió és la que inspirà els diferents corrents de renovació religiosa i es propagà ràpidament gràcies a la impremta.

La necessitat d'una vida espiritual renovada va ser una de les causes de la Reforma religiosa. Però la causa immediata de la Reforma protestant va ser un dels abusos més escandalosos de l'Església: la venda d'indulgències. Al començament del segle XVI, els frares dominics venien indulgències per tot Alemanya per recollir els diners que servirien per construir la basílica de Sant Pere a Roma. Un monjo alemany de l'orde dels agustins, Martí Luter, inicià una protesta contra aquest abús que desembocà en una divisió del món cristià.

Martí Luter

Retrat de Martí Luter pintat per Lucas Cranach, el Vell *(1472-1553).* ***Luter*** *(1483-1546) va ser considerat un heretge per uns i un gran reformador per altres. Luter, que va atacar l'autoritat papal i el funcionament de l'Església romana, va ser el fundador d'un moviment cristià (el luteranisme) que, entre d'altres, té com a punts bàsics la justificació per la fe, la paraula de Déu com a norma exclusiva de fe, la salvació pels únics mèrits de Jesucrist, el sacerdoci universal dels fidels i l'acceptació només dels sagraments del baptisme i l'eucaristia com a memorials per suscitar la fe.*

Nascut l'any 1483 en una família de Saxònia, va començar estudis de dret. Als vint-i-dos anys, i després d'una crisi mística, es va fer monjo. L'any 1512 va ser nomenat professor de teologia a Wittenberg, a Saxònia. Home d'una gran pietat, angoixat per la seva salvació, tingué una sobtada revelació llegint l'*Epístola als romans* (3:28) de sant Pau: «El just viurà per la fe». Aquesta frase està relacionada amb un element bàsic de la Reforma: la doctrina de la justificació i de la salvació per la fe. Segons aquesta, només per la fe, pel fet de creure, el cristià pot justificar-se davant Déu i salvar-se.

L'any 1517 protestà contra la pràctica de la venda d'indulgències, que considerava escandalosa. Fixà a la porta de l'església de Wittenberg noranta-cinc tesis que condemnaven no solament el tràfic de les indulgències, sinó també els principis que les justificaven. La repercussió d'aquesta rebel·lió va ser enorme.

Davant l'amenaça d'excomunió del papa Lleó X, Luter cremà la butlla pontifícia —document papal amb segell de plom— i trencà amb Roma. Va ser citat per l'emperador Carles V a comparèixer davant la dieta imperial, reunida a Worms, però com que no es va retractar, va ser desterrat de l'Imperi l'any 1521. L'any anterior havia publicat les seves obres principals, que són la base de la Reforma protestant: *Sobre el papat de Roma*, *De la llibertat del cristià* i *Manifest a la noblesa cristiana de la nació alemanya*. Aquestes obres van tenir gran repercussió i se n'arribaren a publicar en vida de Luter més de tres-cents mil exemplars. Un príncep alemany, l'elector de Saxònia Frederic III el Savi, el va prendre sota la seva protecció i l'amagà al castell de Wartburg. Allà Luter traduí la Bíblia a l'alemany. Aquesta traducció, a més de ser un fonament de la llengua alemanya moderna, fou el principal instrument de difusió de les idees luteranes. L'any 1530 la dieta d'Augsburg, presidida per l'emperador Carles V, intentà sense èxit arribar a un compromís d'unió entre catòlics i protestants. Luter, en la *Confessió d'Augsburg*, defineix i estructura una nova doctrina fundada en el principi de la salvació per la fe. Nega que el papat sigui l'única autoritat capacitada per interpretar les Sagrades Escriptures i per promulgar dogmes de fe. Luter predica una fe personal, sense intermediaris, un encontre íntim de l'home amb Déu a través de la lliure lectura de les Sagrades Escriptures. Luter morí l'any 1546, però el moviment cristià que fundà, el luteranisme, continuà en difondres des d'Alemanya per Dinamarca, la península Escandinava i Suïssa. La pau d'Augsburg (1555) donà als prínceps luterans una llibertat de culte completa en els seus estats i ratificà la divisió religiosa de l'Imperi de Carles V.

La Reforma calvinista

Joan Calví *(1509-1564) va ser un gran teòleg i reformador protestant francès. El seu nom original era Jean Cauvin, que llatinitzà Calvinus. La seva conversió a la fe reformada l'obligà a fugir de França i s'establí a Basilea (Suïssa), on acabà i publicà la* Institució de la religió cristiana *(1536). En aquesta obra escriu: «La suma de la nostra saviesa es redueix a dues coses: el coneixement de Déu i el de nosaltres mateixos». Calví unificà el pensament reformador teològic també des del vessant social. Segons ell, Església i Estat estan relacionats com l'ànima i el cos sota el vincle suprem de la paraula de Déu.*

La Reforma protestant trobà un clima propici per difondre's entre els humanistes, partidaris de retornar als orígens. A França hi havia molts humanistes, però, a diferència d'Alemanya, era un regne molt centralitzat i el rei tenia por que la nova heretgia provoqués la revolta dels seus súbdits; per això la Reforma hi penetrà des de l'exterior.

En la petita República de Ginebra, **Joan Calví** fundà una Església reformada caracteritzada per una doctrina extremadament rigorosa i per un model d'estructura democràtica. Des de Ginebra, el calvinisme es va estendre per França, Holanda i Escòcia (on un deixeble de Calví, John Knox [1514-1572], fundà l'Església presbiteriana escocesa).

En la seva obra doctrinal més important, la *Institució de la religió cristiana* (1536), Calví va presentar diverses conclusions extretes dels principis del luteranisme. El calvinisme no es diferencia gaire de la doctrina luterana en cap dels seus punts fonamentals, com ara l'acceptació de la Bíblia com a únic dogma o la salvació per la fe, però postula una doctrina de la predestinació segons la qual la fe no és més que un do concedit per Déu a alguns éssers humans (els predestinats) que ell ha escollit «des de tota l'eternitat»; la resta de persones estan destinades «a una condemnació eterna». L'ètica calvinista, severa i puritana, es basa en aquesta idea pessimista de la humanitat.

5.6 Utopies renaixentistes

En l'antiguitat clàssica el pensament polític era un dels principals temes de reflexió filosòfica. Plató, per exemple, havia desenvolupat en obres com la *República* o les *Lleis* una completa filosofia política i havia presentat un model de ciutat *(pólis)* perfecta en la qual tot està racionalment organitzat i tothom fa la funció per a la qual està destinat.

En l'edat mitjana, la societat s'inspirà en principis cristians amb la tutela de l'Església; en el Renaixement diversos autors presentaren models de societats perfectes en les quals tot estava dirigit cap al bé comú i regit per criteris morals.

Aquest gènere literari rep el nom de «literatura utòpica» pel títol d'una obra de l'humanista anglès **Thomas More** (1478-1535): *La millor república i la nova illa d'Utopia* (1516). Malgrat que l'autor d'aquesta obra és un màrtir i sant catòlic que va morir decapitat per no donar suport al rei anglès Enric VIII en la seva rebel·lió contra el papa de Roma, la seva obra no descriu cap ciutat de Déu ni cap illa de sants. L'illa d'Utopia (que en grec vol dir 'en cap lloc') és una societat no religiosa governada per la racionalitat. Està formada per cinquanta-quatre ciutats organitzades de manera comunista, sense propietat privada, amb rotació en les feines, elecció democràtica del príncep i dels magistrats, i una gran tolerància basada en la confiança en la naturalesa humana.

Altres obres d'aquest gènere utòpic van ser *La ciutat del Sol*, del monjo italià Tommaso Campanella, i la *Nova Atlàntida*, del canceller anglès Francis Bacon.

Tommaso Campanella (1568-1639) va ser un frare dominic que va encapçalar a Calàbria una revolta contra el domini espanyol. Fracassada aquesta, va estar empresonat a Nàpols durant vint-i-set anys, període en què va escriure la major part de la seva obra. Campanella tenia com a ideal una societat teocràtica governada per una clerecia que, amb l'ús de la màgia natural, pogués regular les influències celestes i, d'aquesta manera, també la vida dels ciutadans. Els habitants de la seva ciutat del Sol consideren important conèixer l'estructura de l'Univers i, per això, admiren les teories heliocèntriques de Copèrnic i s'aprofiten dels artefactes de la nova mecànica.

Francis Bacon (1561-1626) també va passar un temps a la presó, com Campanella, però en el seu cas perquè havia estat un jutge corrupte que acceptava suborns de persones que tenien causes que ell, com a lord canceller d'Anglaterra, havia de jutjar. Gran escriptor, la seva obra principal, el *Novum organum* (1620), tracta sobre la nova metodologia científica que havia de substituir el mètode aristotèlic. També va escriure una utopia, la *Nova Atlàntida*, on es descriu, d'una manera semblant als mites de Plató, una illa, Bensalem, en la qual un col·legi de científics i tècnics es dedica a la investigació. Es tracta d'una utopia sobre la investigació cientificotècnica cooperativa, una faula sobre una institució fundada amb la finalitat no solament d'interpretar la naturalesa, sinó de transformar-la per beneficiar tota la humanitat, per exemple, perllongant la vida o disminuint el dolor. El projecte de Francis Bacon, que pretenia renovar el saber per a aconseguir una reforma del coneixement humà, de les ciències, es va fer realitat, segles més tard, amb la creació de les societats científiques i la divulgació del saber.

Thomas More *fou canceller del regne d'Anglaterra. L'influx de la seva obra* Utopia *va des de Francis Bacon fins a George Orwell. Erasme de Rotterdam va dir: «Si no has llegit* Utopia *de More, busca'l si vols divertir-te, tot i que hauria de dir si vols descobrir les fonts d'on ragen els mals del cos polític.»*

ACTIVITATS

5> Comenteu el text següent de Francis Bacon i expliqueu el significat del concepte d'«ídol».

«Quatre són les classes d'ídols que dominen la ment humana. Per fer-nos entenedors, els hem donat uns noms: els de la primera, els hem anomenat ídols de la tribu; els de la segona, ídols de la cova; els de la tercera, ídols del fòrum, i els de la quarta, ídols del teatre [...]. Els ídols de la tribu rauen en la mateixa naturalesa humana, i en la mateixa tribu o raça humana. S'afirma erròniament que el sentit humà és la mesura de les coses: al contrari, totes les percepcions, tant dels sentits com de la ment, mantenen una analogia amb l'home, no amb l'Univers; i, de la mateixa manera que els raigs de les coses, l'enteniment humà es comporta com un espill desigual que confon la seva naturalesa amb la naturalesa de les coses, deformant-la i desfent-la. [...] Existeixen, finalment, ídols que penetren en l'ànim dels homes per mitjà dels dogmes de la filosofia i fins i tot mitjançant mètodes erronis de la demostració; nosaltres els anomenem ídols del teatre, ja que totes les filosofies que han estat inventades o admeses són les faules representades en l'escena i recitades que produeixen mons ficticis i teatrals.»

Novum organum, XXXIX, XLI, XLIV

Francis Bacon

5.7 El naixement de la ciència política: Maquiavel

En l'àmbit polític també es palesa el canvi de perspectiva que suposa el Renaixement respecte de l'edat mitjana. Durant l'època medieval havien aparegut doctrines polítiques que intentaven donar respostes a les disputes entre el papa i l'emperador i a les discussions sobre la primacia en l'Església entre partidaris del concili i del papat. Amb el Renaixement, el fet sociopolític fonamental va ser el pas del feudalisme al capitalisme i l'apogeu de les monarquies nacionals, que buscaven la justificació del poder absolut del príncep o monarca.

Un dels principals estudiosos dels mecanismes del poder absolut va ser el florentí Nicolau Maquiavel, considerat el primer pensador polític modern i el creador de la **ciència política**. Els escriptors polítics anteriors i els autors de la literatura utòpica expressaven, en les seves obres, judicis de valor moral; de fet, la majoria d'aquests últims també criticava la societat existent. Els autors grecs i romans també relacionaven l'ètica i la política: segons Plató i Aristòtil, la política era la culminació de l'ètica. La teoria política medieval també buscava la seva justificació en finalitats d'ordre no polític, com ara les religioses, és a dir, la justificació del poder civil de les esglésies. En tots aquests casos no es tractava tant d'explicar el funcionament de la societat com d'indicar com hauria de funcionar. En canvi, Maquiavel va ser el primer a descriure la realitat, la *verità efettuale* ('veritat real' o 'efectiva') com ell deia, independentment de tot plantejament moral, religiós o extrapolític. Ell, basant-se en l'estudi de la història, va pretendre extreure els principis generals que regulen la vida política a partir de la generalització inductiva d'allò que els éssers humans fan realment.

En *El príncep*, un opuscle sobre l'art de governar dedicat a Lorenzo de Mèdici, *el Magnífic*, que governava Florència, dóna consells per a la conservació del poder des d'una perspectiva radicalment diferent de la idealista, moralista o imaginativa dels autors d'utopies o de Plató. El capítol XV comença així:

> «Ara només ens resta veure quin ha de ser el capteniment i el govern d'un príncep amb els súbdits i els amics. I com que sé de molts que han escrit sobre aquestes coses, temo, parlant-ne jo encara més, que no sigui tingut per presumptuós, sobretot en distanciar-me, com faré en tractar aquesta matèria, dels procediments dels altres. Tanmateix, sent la meva intenció escriure alguna cosa útil a qui hi pari atenció, m'ha semblat més convenient cercar la veritat efectiva que no pas la idea imaginària de les coses. N'hi ha molts que han imaginat repúbliques i principats que ningú no ha vist mai, ni ningú sap que hagin existit de veritat; perquè hi ha una separació tan gran de com es viu a com s'hauria de viure, que aquell que deixa allò que es fa per allò que s'hauria de fer, aprèn més aviat a forjar-se la seva ruïna que la seva salvació: un home que en tot vulgui fer professió de bo trobarà forçosament la ruïna enmig de tants que no són bons. D'aquí ve que a un príncep que es vulgui conservar li cal aprendre a poder no ser bo, i a fer-ne ús o no segons la necessitat.»
>
> *El príncep*, XV
> **Nicolau Maquiavel**

ACTIVITATS

6> Elaboreu un fris cronològic amb els principals pensadors polítics i religiosos des de Nicolau Maquiavel (1469-1527) i Martí Luter (1483-1546) fins a Tomàs Hobbes (1588-1679) i John Knox (1514-1572), i dels fets polítics i religiosos més significatius d'aquesta època (1400-1700).

Vida i obres

Nicolau Maquiavel va néixer a Florència l'any 1469. Fill d'un notari, la seva família pertanyia a la burgesia benestant, però la renda familiar era més aviat modesta. Va estudiar llatí i va rebre una formació humanística. A la biblioteca del seu pare va llegir tot tipus de llibres, des dels clàssics italians, llatins i traduccions dels grecs, fins a llibres de ciències naturals. Tanmateix, va interessar-se especialment per llegir llibres d'història antiga i de la seva època. L'any 1494, les masses, enfervorides pels sermons del frare dominicà Savonarola, foragitaren els Mèdici (la família de rics banquers, protectors d'artistes i humanistes que governaven la ciutat) per les simpaties d'aquesta família envers el rei de França. Savonarola, el frare predicador —«profeta desarmat», com l'anomenà Maquiavel—, instaurà una república que utilitzava la religió per unir el poble al voltant d'un projecte polític teocràtic.

L'any 1498 Savonarola, que havia perdut el favor del poble, va ser detingut, jutjat i condemnat a morir cremat a la foguera. Maquiavel, que havia estat contrari a l'idealisme místic de Savonarola, obtingué un càrrec en la república laica que el va succeir. Durant quinze anys desenvolupà una activitat política intensa i variada. Participà en moltes missions diplomàtiques (a França, al Tirol, a la Romanya, a la Roma de Cèsar Borja —el personatge que Maquiavel considera més proper al seu model de príncep nou— i davant el papa Juli II) i en va escriure informes. En aquests documents hi ha informacions i dades de tota mena: polítiques, històriques, econòmiques, sociològiques, psicològiques, etc.

L'any 1512 les tropes de Ferran II el Catòlic al servei de la Lliga Santa enfonsaren la república de Florència i restabliren la senyoria dels Mèdici, de caràcter monàrquic. Maquiavel, destituït de tots els seus càrrecs i, poc després, acusat de participar en una conjuració contra els Mèdici, fou empresonat i torturat. Una amnistia el va salvar, però es va haver de retirar a la seva casa pairal, on, marginat de la vida política, va redactar els seus llibres més importants: *Discursos sobre la primera dècada de Tit Livi*, obra en la qual pren la república romana com a model d'Estat per aprofundir en la realitat italiana de la seva època, i *El príncep*, la seva obra cabdal. L'any 1519, reconciliat amb els Mèdici, se li encarregà escriure la història de la seva ciutat, que tardà cinc anys a redactar. Entrà de nou en la política activa com a responsable de les fortificacions de Florència. Poques setmanes abans de morir, el 21 de juny de 1527, va tornar a ser destituït dels seus càrrecs per la nova república, de tipus savonarolià, que es va formar després de l'expulsió dels Mèdici de Florència.

Pocs autors de filosofia política han rebut crítiques tan divergents com Maquiavel, si bé la majoria han estat negatives. L'acceptació o el rebuig que ha generat han estat, gairebé sempre, apassionats. Shakespeare, per exemple, parla del «sanguinari Maquiavel» i molts d'altres el consideren un personatge odiós. Hegel, en canvi, el considera «un autèntic geni polític, el més gran i més noble dels esperits».

***Maquiavel** (1469-1527) fou canceller de la república florentina (1498). L'any 1512, quan Florència estava novament sota l'autoritat dels Mèdici, fou apartat dels càrrecs públics i exiliat. L'any 1519 tornà a la ciutat i els Mèdici li oferiren càrrecs de poca importància. Restaurada la república a Florència (1527), el nou govern l'exclogué dels càrrecs públics.*

Els mecanismes del poder

L'adjectiu *maquiavèl·lic* és usat com a sinònim d'«astut», «pervers» o «deslleial», i designa normalment la persona que creu que el fi justifica els mitjans i que, per tant, cal subordinar els mitjans als objectius. Però l'aportació més important de Maquiavel és l'estudi científic i realista de la política. En *El príncep*, Maquiavel fa una anàlisi dels mecanismes del poder i dóna propostes concretes per conservar-lo. Les idees polítiques de Maquiavel es basen en una determinada concepció de la naturalesa humana; per exemple, quant a l'origen de les guerres, diu:

> «Els homes, quan no combaten per necessitat, lluiten per ambició, la qual és tan poderosa en el pit humà que mai no l'abandona sigui quin sigui el rang que tingui. La causa d'això rau en el fet que la naturalesa va crear els homes de manera que desitgin qualsevol cosa i no ho aconsegueixin tot; i així, sent constantment major el desig que el poder d'adquirir, s'originen el descontentament d'allò que és té i la insatisfacció. Per això varia la seva fortuna, perquè els homes temen perdre allò guanyat, ambicionen augmentar-ne les possessions i sorgeix l'enemistat i la guerra, de la qual neix la ruïna d'una província i l'enlairament d'una altra.»
>
> *Discursos sobre la primera dècada de Tit Livi*
>
> **Nicolau Maquiavel**

Cèsar Borja (1475-1507) va ser fill del cardenal valencià Roderic de Borja, després papa Alexandre VI. El seu pare el nomenà arquebisbe de València i cardenal. Va ser un hàbil estadista en què possiblement s'inspirà Maquiavel per escriure *El príncep*.

L'ésser humà té una capacitat il·limitada de desitjar i no té una moral natural que el faci ajustar-se a uns principis ètics. Així, només la necessitat el farà sotmetre's a un ordre. L'origen i la justificació de l'Estat rau, doncs, en la possibilitat d'oferir protecció i seguretat per a la vida i la propietat dels éssers humans. Segons Maquiavel, al principi del món, els éssers humans vivien com els animals. Després, «en multiplicar-se les generacions i per defensar-se millor, van buscar entre ells el més robust i esforçat, i el van fer el seu cap i l'obeïren. D'aquí provingué el coneixement d'allò bo i honest, i la seva distinció d'allò dolent i depravat. Observant que, si hom danyava el seu benefactor, apareixerien l'odi i la compassió entre els homes, reprotxant als ingrats i honorant els agraïts, i a més pensant que ells mateixos podien rebre idèntiques injúries, es varen obligar a donar lleis i ordenar el càstig a qui les trenqués. D'aquesta manera es va tenir la noció de justícia».

> «Aquells que pels camins de la virtut aconsegueixen ser prínceps, adquireixen el principat amb dificultats, però el conserven amb facilitat. [...] Tots el profetes armats han vençut i els desarmats s'han enfonsat.»
>
> *El príncep*, VI
>
> **Nicolau Maquiavel**

D'aquí ve que després, en triar el príncep, els éssers humans «no van buscar el més vigorós, sinó el més prudent i just». El bé comú, independent de tot criteri ètic o religiós, serà la regla de conducta que justificarà l'acció del príncep. El príncep, el fundador o renovador de l'Estat, té un poder absolut i no està sotmès a cap norma moral o política. L'únic criteri és l'èxit. El príncep tracta sobre la crueltat i la compassió, i es pregunta si és millor ser estimat que temut, o bé al contrari:

> «La resposta és que caldria ser ambdues coses, però, com que és difícil tenir-les alhora, quan ens hagi de mancar-ne una és molt més segur ser temut que no estimat. Perquè dels homes, en general, és pot dir això: que són ingrats, volubles, falsos, covards davant els perills i àvids de guany, i que mentre els afavoreixes són tots teus, t'ofereixen la sang, les riqueses, la vida, els fills, tal com he dit més amunt, quan és lluny la necessitat; però quan se t'acosta, se't giren d'esquena. Així, el príncep que ho ha fonamentat tot en la paraula d'ells, trobant-se mancat d'altre suport, s'enfonsarà, perquè les amistats que s'adquireixen amb diners i no amb grandesa i noblesa d'ànim es compren però no es tenen, i quan arriba el moment no es poden fer servir. Els homes tenen menys mirament a fer mal a un que es faci estimar, que no pas a un que es faci témer, ja que l'amor se sosté a través del vincle de l'obligació, el qual, com que els homes són dolents, es trenca per qualsevol motiu d'utilitat pròpia. En canvi, el temor se sosté en la por d'un càstig que no ens abandona mai. Tanmateix, el príncep ha de fer-se témer de manera que, si no es guanya l'amor, almenys allunyi l'odi, perquè no és impossible ser ensems temut i no odiat.»
>
> *El príncep*, XVII
>
> **Nicolau Maquiavel**

> «Devem molt a Maquiavel i a altres escriptors semblants, els quals manifesten, o descriuen clarament i sense ficció, el que els homes fan i no allò que haurien de fer. Perquè sense conèixer el mal la virtut està desarmada, incapaç de defensar-se.»
>
> **Francis Bacon**

La lectura superficial d'alguns dels seus textos pot suscitar les connotacions odioses i despectives que té l'adjectiu *maquiavèl·lic*. Estimat o odiat, Maquiavel és vist com l'artífex d'una revolució en el mètode per tractar de política. És l'iniciador de la ciència política moderna, que trenca amb les teories polítiques medievals. Per a Maquiavel, el bé comú justifica l'existència de l'Estat, i la raó d'estat justifica l'acció de l'Estat, independentment de qualsevol norma moral. La concepció de la política com un àmbit autònom separat de la moral, la metafísica i la teologia, i la seva visió de l'Estat com a força coactiva que s'imposa a la societat per ordenar-la, fan de Maquiavel un clàssic del pensament polític modern.

ACTIVITATS

7> Feu un resum de les idees més importants del text següent. Quina és la concepció de Maquiavel sobre la naturalesa humana? Feu un debat en relació amb aquest tema.

> «Heu de saber que hi ha dues maneres de combatre: una amb les lleis i una altra amb la força. La primera és pròpia de l'home, la segona de les bèsties; però, com que sovint no n'hi ha prou amb la primera, convé recórrer a la segona. Per tant, a un príncep li cal saber fer com la bèstia i com l'home. [...] Tenint, doncs, un príncep necessitat de saber fer com les bèsties, de totes elles ha de triar la guineu i el lleó: perquè si el lleó no sap defensar-se contra les trampes ni la guineu contra els llops, cal ser guineu per conèixer les trampes i lleó per esporuguir els llops. Els que només saben fer de lleó s'han quedat a mig camí. Per consegüent, un senyor prudent no pot ni ha de mantenir la paraula donada quan aquesta observança se li gira en contra o quan han desaparegut els motius que l'obligaren a fer prometences. Perquè, si tots els homes fossin bons, aquest precepte no seria bo, però com que són dolents i la paraula ells no te la complirien, tu, igualment, tampoc no els l'has de complir: i a un príncep tampoc no li han mancat mai raons legítimes per dissimular aquesta inobservança.»
>
> *El príncep*, XVIII
>
> **Nicolau Maquiavel**

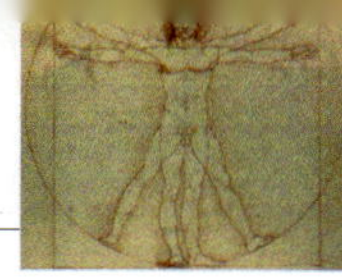

5.8 La revolució científica dels segles XVI i XVII

Resumir

La paraula *revolució* significava en astronomia el gir complet que donen els astres al voltant del pol celeste. A principis del segle XVIII es va començar a utilitzar per referir-se al tomb complet que havien tingut determinades disciplines en el segle anterior. Posteriorment, aquesta paraula va ser aplicada als canvis radicals iniciats a Amèrica l'any 1776 i a França l'any 1789, i es va convertir en sinònim de canvi polític, econòmic o social radical i violent. Una revolució científica és un canvi en la manera de fer i entendre la ciència. La substitució del model o paradigma científic normal acceptat per la comunitat científica fins llavors per un de nou o revolucionari.

Des de mitjan segle XVI fins al final del segle XVII, a Europa va tenir lloc una revolució científica i filosòfica que va afectar la major part dels elements clau de la concepció del món i de l'ésser humà dominant fins llavors.

Especialment, comportà una revolució conceptual i mental que canvià radicalment tant la idea de la naturalesa —cosa que donà lloc a una nova cosmologia—, com la concepció del coneixement i la ciència, fet que afavorí la implantació d'una nova epistemologia segons la qual només allò quantificable és objecte de ciència.

Malgrat que les revolucions culturals no tenen una cronologia gaire precisa, l'inici d'aquesta **revolució científica** s'acostuma a datar cap a l'any 1543, quan es publica *Sobre les revolucions dels orbes celestes*, de **Nicolau Copèrnic**. Aquest serà el primer text d'astronomia matemàtica basat en càlculs i demostracions que abandona el principi tradicional de la Terra immòbil i situada al centre de l'Univers, i que considera la Terra com un planeta més que gira al voltant del Sol. Amb això, Copèrnic, que probablement va treure la seva idea de la lectura d'Aristarc de Samos (segle III aC), inaugurava, d'una manera involuntària, una revolució en el pensament.

Aquesta revolució culmina l'any 1687, data de la publicació dels *Principis matemàtics de la filosofia natural*, d'**Isaac Newton**, obra considerada la gran síntesi final de la revolució científica que durant segles exercirà una enorme influència sobre el pensament. Ja al final del segle XVII la ciència newtoniana es convertirà en model de ciència i de coneixement en general, i se la considerarà com la descripció vertadera del funcionament de l'Univers. No serà fins al segle XX, i gràcies fonamentalment a l'obra d'Albert Einstein, que les teories de Newton comencen a ser considerades com a magnífiques hipòtesis, però només hipòtesis al cap i a la fi i, per tant, refutables.

Entre Copèrnic i Newton té lloc una profunda mutació de la concepció de l'Univers. Una persona culta de mitjan segle XVI creia que la Terra tenia forma esfèrica i estava quieta al centre de l'Univers. Li resultava evident que la Terra, composta fonamentalment de l'element terra, ocupava el lloc central, i pensava que el límit de l'Univers era l'esfera gegant dels estels fixos que girava diàriament al voltant de la Terra, arrossegant les set esferes cristal·lines de la Lluna, el Sol i els cinc planetes, que, a més, realitzen una complexa però predictible trajectòria composta de moviments perfectament circulars i uniformes. Segle i mig després, una persona culta sabia que la Terra girava sobre el seu eix i que, de la mateixa manera que els altres planetes, també girava al voltant del Sol seguint una trajectòria el·líptica, producte de la força de la gravetat. Així, en el segle i mig transcorregut havia tingut lloc una revolució científica en astronomia i en física.

La ciència física i astronòmica medieval es basava en l'autoritat d'autors com Aristòtil i Ptolemeu. Per això, es pot dir que la revolució científica consisteix fonamentalment en la destrucció del sistema aristotelicoptolemaic i en la constitució de la ciència moderna. La refutació de la ciència antiga va començar per l'astronomia i va continuar per la física.

La revolució científica es pot dividir en diferents períodes:

El **primer període** s'inicia amb Copèrnic, que, a la primera meitat del segle XVI, va desencadenar la revolució en astronomia (la **revolució copernicana**) en considerar que la Terra gira al voltant del Sol i formular una teoria heliocèntrica.

Un **segon període** de consolidació està representat per Brahe, Kepler i Galileu, els quals, amb l'observació d'estels nous, l'aparició de l'astronomia telescòpica, l'ampliació del coneixement observacional del cosmos i el reconeixement de l'homogeneïtat de l'Univers, aconseguiren superar definitivament l'astronomia de Ptolemeu i la física aristotèlica. Així, establiren les bases del nou mètode científic fisicomatemàtic i en donaren una primera formulació teòrica.

«En la creació de la ciència, sobresurten quatre grans homes: Copèrnic, Kepler, Galileu i Newton.»

Història social de la ciència
Bertrand Russell

El **tercer període** és de síntesi final i sistematització de les idees esbossades en les etapes anteriors. La figura més representativa d'aquest últim període és Isaac Newton, el més gran científic de la història.

El desencadenament de la revolució científica: Nicolau Copèrnic

Des de Plató i Aristòtil (segle IV aC) i, sobretot, des de Ptolemeu (segle II), els diferents astrònoms antics i medievals havien desenvolupat les seves teories i càlculs respectant certs dogmes indiscutibles, coneguts com a postulats platònics. Tota l'astronomia medieval acceptava:

1) La divisió del món en dues esferes: la celeste, supralunar o etèria, i la sublunar o elemental (composta pels quatre elements: terra, aigua, aire i foc).

2) La situació de la Terra immòbil al centre de l'Univers.

3) El moviment uniforme i circular de tots els cossos celestes.

Vida i obres

***Copèrnic** va néixer a Torun (Polònia) el 1473 i va morir el 1543, el mateix any que es publicava la seva obra més important:* Sobre les revolucions dels orbes celestes. *Copèrnic va estudiar a la Universitat de Cracòvia, i més tard amplià estudis a les universitats de Bolonya i Pàdua, on es va relacionar amb ambients renaixentistes. Com a astrònom, Copèrnic féu molt poques observacions astronòmiques i l'origen de la seva concepció heliocèntrica és, potser, el resultat del contacte amb els neopitagòrics i neoplatònics italians.*

Nicolau Copèrnic (1473-1543) va ser un home típicament renaixentista. Orfe de pare quan només tenia deu anys, va ser acollit per un oncle matern. Aquest oncle va ser nomenat bisbe i va aconseguir que el seu nebot fos canonge. Va estudiar quatre anys a la Universitat de Cracòvia i deu anys en diferents universitats d'Itàlia: medicina a Pàdua i dret a Bolonya i Ferrara, on es va doctorar.

L'any 1506, quan tenia trenta-tres anys, va tornar a Polònia, on va exercir com a metge particular i secretari del seu oncle. Després de la mort de l'oncle (1512), va haver d'exercir les seves obligacions com a canonge de la catedral de Frombork, on va viure fins a la seva mort, l'any 1543. Aquest mateix any va ser publicada la seva obra més important: *Sobre les revolucions dels orbes celestes*. Trenta anys abans ja havia escrit una petita obra, el *Commentariolus*, en què plantejava les tesis bàsiques d'un nou sistema astronòmic que acabà destruint l'astronomia ptolemaica vigent durant tota l'època medieval.

Els supòsits dels quals partia Copèrnic en el *Commentariolus* eren:

«*1)* No hi ha un únic centre de tots els cercles o esferes celestes.
2) El centre de la Terra no és el centre de l'Univers, sinó només el centre de la gravetat i de l'esfera lunar.
3) Totes les esferes giren al voltant del Sol i, per tant, el Sol és el centre de l'Univers.
4) La raó entre la distància de la Terra al Sol i l'alçària del firmament és menor que la relació entre el radi de la Terra i la distància de la Terra al Sol, tan menor que la distància des de la Terra al Sol és menyspreable en comparació de l'alçada del firmament.
5) Qualsevol moviment que apareix en el firmament no prové d'un moviment del firmament, sinó d'un moviment de la Terra. La Terra, juntament amb els seus elements circumdants, realitza una rotació completa sobre els seus pols fixos en un moviment diari, mentre que el firmament i el cel més alt romanen inalterables.
6) El que ens semblen moviments del Sol no provenen del seu moviment sinó del moviment de la Terra i de la nostra esfera, amb la qual girem al voltant del Sol com qualsevol altre planeta. La Terra té, per tant, més d'un moviment.
7) El moviment de retrogradació i el moviment directe dels planetes no prové del seu moviment sinó del de la Terra. El moviment de la Terra tot sol és suficient, per tant, per explicar tantes desigualtats aparents en els cels.»

Commentariolus
Nicolau Copèrnic

L'astronomia copernicana

Copèrnic no va ser un astrònom observacional, ja que no va fer moltes observacions astronòmiques. La seva preocupació fonamental era assolir una explicació millor dels moviments celestes basant-se en el principi platònic que afirmava que el moviment dels cels només podia ser circular i uniforme. L'astronomia ptolemaica no respectava fidelment aquest principi, ja que considerava, per als seus càlculs de posició dels planetes, que els planetes es mouen circularment respecte a uns centres (els dels epicicles i els deferents) i uniformement respecte a un altre (el punt equant). Sobre l'astronomia ptolemaica, Copèrnic diu en el *Commentariolus*: «Sembla, llavors, que els planetes no es mouen amb velocitat uniforme en els seus cercles deferents ni al voltant dels centres dels seus epicicles. Un sistema com aquest no és suficientment absolut ni atractiu per a la ment.» Paradoxalment, aquest intent de mantenir els supòsits tradicionals del moviment uniforme i circular dels astres serà el desencadenant d'una revolució científica en astronomia.

L'astronomia medieval era una ciència independent de la cosmologia. No pretenia explicar l'estructura real dels cels, sinó calcular i predir les posicions dels planetes. Encara que avui ens pugui semblar estrany, l'explicació cosmològica i la predicció astronòmica medieval utilitzaven teories diferents. Elements bàsics de l'astronomia ptolemaica com epicicles, deferents, excèntriques, equants..., es consideraven artificis que, tot i no tenir una existència física real als cels, permetien calcular la posició dels planetes i els moviments aparents amb una gran precisió. L'objectiu de Copèrnic era unificar l'astronomia i la cosmologia. És a dir, obtenir un càlcul dels fenòmens celestes amb la precisió que ja havia aconseguit l'astronomia ptolemaica, però sense renunciar ni a l'ideal platònic del moviment circular uniforme ni a l'ideal aristotèlic de considerar les hipòtesis matemàtiques no com artificis de càlcul, sinó com a mecanismes físics realment existents. L'editor de *Sobre les revolucions dels orbes celestes*, el teòleg luterà Osiander, va afegir —sense el coneixement i contra l'objectiu de Copèrnic— un pròleg anònim que presenta l'obra, amb la intenció d'evitar problemes amb els defensors de les concepcions geocèntriques vigents, com un mer tractat d'astronomia per al càlcul de posicions i no com una obra de cosmologia:

> «Al lector: Sobre les hipòtesis d'aquesta obra.
> No dubto que certs erudits —un cop divulgada la novetat de la hipòtesi d'aquesta obra, que la Terra es mou i que el Sol resta immòbil al centre de l'Univers— se sentiran profundament ofesos i pensaran que no és convenient commoure les disciplines liberals, fermament establertes des de fa molt de temps. Tot i així, si volguéssiu examinar la qüestió correctament, descobriríeu que l'autor d'aquesta obra no ha comès cap falta que mereixi retret. En efecte, és propi de l'astrònom examinar la història dels moviments celestes a través d'una diligent i detallada observació; i, després, idear-ne, imaginar-ne qualsevol causa o hipòtesi —ja que de cap manera podrà trobar les vertaderes—, sobre la base de les quals podran calcular-se correctament els esmentats moviments d'acord amb els principis de la geometria, tant en el futur com en el passat. [...] No cal que aquestes hipòtesis siguin reals, ni tan sols versemblants, sinó que n'hi ha prou amb una sola cosa: que proporcionin un càlcul d'acord amb les observacions.»
>
> *Sobre les revolucions dels orbes celestes*, pròleg

Copèrnic, per contra, no considerava la seva astronomia com un simple instrument per simplificar els càlculs, sinó que volia trobar explicacions precises que fossin vertaderes, ja que considerava que, només si eren vertaderes, serien exactes. Per això va buscar «una disposició més raonable dels cercles [...] en la qual cada cosa es mogués uniformement sobre el seu propi centre, com ho exigeix la regla del moviment absolut». En el sistema heliocèntric de Copèrnic, els moviments reals de les òrbites dels planetes estan compostos per epicicles, deferents i excèntriques (però no l'equant) com en l'astronomia de Ptolemeu. La raó és que, en realitat, el moviment dels planetes no és circular (ni uniforme). El sistema de Copèrnic, doncs, es pot dir que no era gaire més simple ni precís que la teoria ptolemaica que volia substituir, ni explicava cap fenomen que l'astronomia vigent no fos capaç d'explicar. El seu atractiu principal era que explicava d'una manera més natural i elegant fenòmens que, en la teoria ptolemaica, demanaven la introducció de supòsits específics. Aquest era el cas de les explicacions de les retrogradacions dels planetes o del fet que els planetes Mercuri i Venus estiguin sempre molt propers al Sol. El seu principal inconvenient era que acceptar la realitat física d'una Terra en moviment era una opinió poc assenyada que entrava en contradicció amb tota la física vigent, basada en la física d'Aristòtil, i amb múltiples experiències del sentit comú (no es nota que la Terra es mogui).

> «Al segle XVII, especialment amb Galileu, Descartes, Newton i Leibniz, es va aconseguir un progrés en la comprensió de la natura més sobtat i sorprenent que en qualsevol altre moment de la història, llevat de l'època dels primers grecs. És cert que alguns dels conceptes usats en la física matemàtica d'aquesta època no tenien en absolut la validesa que llavors els fou atribuïda. És cert també que els progressos més recents de la física exigeixen nous conceptes completament diferents dels del segle XVII. Aquells conceptes, de fet, no eren la clau de tots els secrets de la naturalesa, però sí que ho eren d'una gran part. [...] Des del segle XVII ençà s'ha evidenciat cada vegada més que, si volem entendre les lleis naturals, ens hem de deslliurar de tota mena de prejudicis ètics i estètics. [...] Els grecs, per exemple, pensaven que, com que el cercle és la figura més perfecta, els moviments dels cossos celestes havien de ser moviments circulars o derivats del cercle. Tots els prejudicis d'aquesta mena foren descartats per l'astronomia del segle XVII. El sistema de Copèrnic va mostrar que la Terra no és el centre de l'Univers i va suggerir a alguns esperits audaços que potser l'home no era el propòsit suprem del Creador.»
>
> *Assaigs impopulars*
> **Bertrand Russell**

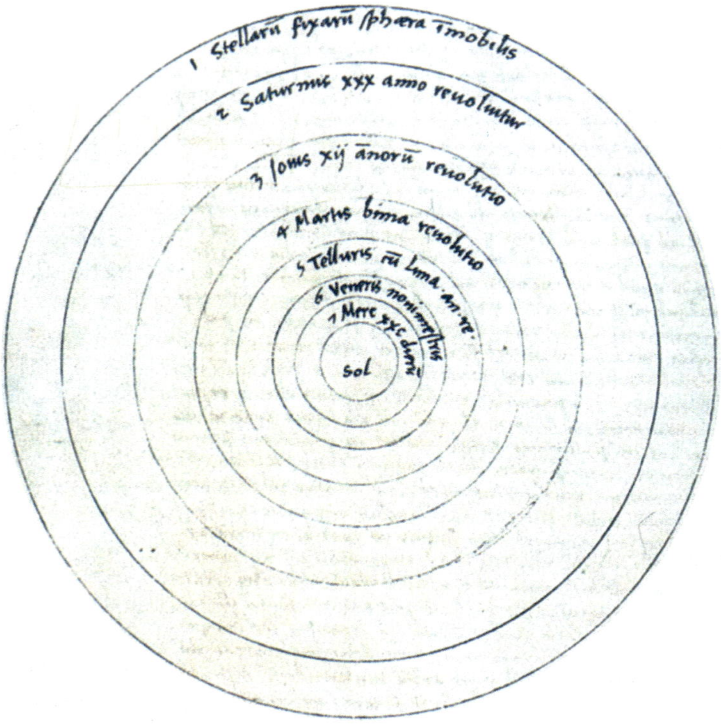

Segons el sistema geocèntric, la Terra està al centre, contenint terra i aigua i envoltada de les esferes d'aire i de foc. Donant voltes a la Terra hi ha les esferes de la Lluna, Mercuri, Venus, el Sol, Mart, Júpiter, Saturn i els estels.
Segons el ***sistema heliocèntric copernicà,*** *que es veu a la imatge, el Sol està situat al centre de l'Univers i de les òrbites dels planetes; la Terra no és sinó un d'aquests planetes. 1. Esfera immòbil dels estels fixos; 2. Saturn fa un gir complet cada 30 anys; 3. Júpiter, cada 12 anys; 4. Mart, cada dos anys; 5. La Terra, juntament amb la Lluna, cada any; 6. Venus, cada nou mesos; 7. Mercuri, cada 80 dies.*

També entrava en contradicció amb la Bíblia i els ensenyaments de l'Església. Però encara hi havia un argument astronòmic més contundent: l'absència de paral·laxi estel·lar. És a dir, si la Terra es mou al voltant del Sol, llavors la seva distància i posició pel que fa als estels fixos ha de canviar i aquest canvi ha de ser perceptible; i, de fet, no ho era. Per poder explicar l'absència de paral·laxi estel·lar, Copèrnic va haver de suposar que l'Univers era molt més gran del que fins llavors es pensava i que l'esfera dels estels fixos estava a una distància immensa de l'esfera de Saturn. Però això resultava difícilment acceptable per a la mentalitat de l'època, que considerava que tots els fenòmens tenien una causa final. Si els estels existien per a la glòria de Déu, de què servia l'immens espai malaguanyat entre l'esfera de Saturn i l'esfera dels estels fixos?

La consolidació de la revolució copernicana: Brahe i Kepler

Potser gràcies al pròleg d'Osiander, l'obra de Copèrnic va ser considerada durant dècades com una obra d'astronomia tècnica que plantejava unes hipòtesis especialment extravagants. El seu contemporani, Luter, que no era astrònom però sí un gran coneixedor de la Bíblia, el va criticar qualificant-lo d'astròleg intrús: «Aquest ximple vol trastocar tota la ciència de l'astronomia. Però les Sagrades Escriptures ens diuen que Josuè va ordenar aturar-se al Sol, i no a la Terra.» No va ser fins l'any 1616, setanta-tres anys després de publicat, que l'Església catòlica va col·locar *Sobre les revolucions dels orbes celestes* en la llista de llibres prohibits, on va romandre fins a l'any 1835.

Tycho Brahe

+

Tycho Brahe, després d'estudiar a diverses universitats europees, va tornar a Dinamarca, on va ser nomenat astrònom reial. Gràcies a l'ajut del monarca, va construir un gran observatori en una illa del Bàltic. Quan va perdre el favor reial es va traslladar a Praga, on continuà la seva tasca investigadora.

Al començament del segle XVII molts pocs astrònoms seguien el sistema de Copèrnic. La majoria dels astrònoms contraris a l'astronomia de Ptolemeu veien amb bons ulls les teories de l'astrònom i aristòcrata danès **Tycho Brahe** (1546-1601). Brahe va ser un astrònom observacional portentós que amb els seus magnífics instruments va establir un nou model de precisió en l'observació a ull nu. Malgrat les seves importants contribucions, no va observar la paral·laxi estel·lar (de fet, no es va observar fins al segle XIX). En canvi, va descobrir la naturalesa supralunar dels cometes i les estrelles noves. Amb aquests descobriments es refutaven les teories que consideraven la regió supralunar com un conjunt d'esferes immutables. Així, si la regió supralunar estigués formada d'esferes immutables, tal com afirmava l'astronomia aristotelicoptolemaica, cap nova estrella no hauria pogut aparèixer al cel ni cap cometa hauria travessat aquesta regió. Brahe també va elaborar un sistema astronòmic que conservava les atractives característiques del sistema de Copèrnic i, al mateix temps, considerava immòbil la Terra, tal com demanaven el sentit comú, la Bíblia i l'absència de paral·laxi estel·lar. El sistema de Brahe era geocèntric i heliocèntric alhora. Era geocèntric perquè la Lluna i el Sol giraven al voltant de la Terra. Però també era heliocèntric perquè la resta de planetes giraven al voltant del Sol i no de la Terra. Aquest sistema és matemàticament equivalent al sistema copernicà i té els mateixos avantatges en l'explicació simple i natural de les retrogradacions planetàries i del fet que Mercuri i Venus estiguin sempre propers al Sol. A més a més, com que la Terra està immòbil, l'absència de paral·laxi pot ser explicada sense apel·lar a la immensitat de l'Univers. En el sistema de Brahe no hi havia esferes cristal·lines, la qual cosa plantejava un problema: com és que els planetes, sense estar incrustats en esferes cristal·lines, no es desviaven de les seves trajectòries?

Johannes Kepler

Els dos últims anys de la seva vida Brahe va tenir com a ajudant un astrònom alemany, **Johannes Kepler** (1571-1630), que va tenir accés a les abundants i precises dades del seu mestre. Kepler era un pitagòric convençut que l'estructura de l'Univers havia de ser matemàtica com a mostra de la saviesa de Déu. En una carta de l'any 1599 escriu:

> «Per a Déu hi ha, en el món material, lleis materials, nombres i relacions d'especial excel·lència i del més adient ordre. No intentem, doncs, descobrir més del món immaterial i celeste que allò que Déu ens ha revelat. Aquestes lleis estan dins de l'àmbit de la comprensió humana; Déu va voler que les reconeguéssim en crear-nos segons la seva pròpia imatge, de manera que poguéssim participar en els seus propis pensaments. Per què, què hi ha en la ment humana a més de nombres i magnituds? És únicament això el que podem aprendre de manera adient; i si la pietat ens permet dir-ho així, el nostre enteniment és, en aquest aspecte, del mateix tipus que el diví, com a mínim en la mesura que podem captar alguna cosa d'ell en la nostra vida mortal. Només els necis temen que féssim l'home diví en dir això; perquè els designis de Déu són impenetrables, però no ho és la seva creació material.»
>
> **Johannes Kepler**

*El descobriment de l'òrbita el·líptica de Mart va ser el gran triomf de **Kepler** després d'anys d'intents fracassats de dibuixar òrbites circulars que estiguessin d'acord amb les observacions de Tycho Brahe.*

Kepler admirava l'enorme precisió de les dades de Tycho Brahe, no superada fins a la invenció del telescopi, però era copernicà i no va acceptar mai el model geoheliocèntric de Brahe. Durant molts anys va intentar relacionar les distàncies al Sol dels sis planetes coneguts amb els cinc políedres regulars de la geometria. En aquest cas, com en d'altres, estava equivocat, i el seu mèrit va ser acceptar que les dades d'observació refutaven el seu model dels sòlids regulars. Tanmateix la seva fe pitagòrica en les matemàtiques no va variar. Kepler va continuar la recerca de regularitats matemàtiques en el sistema solar i va utilitzar les dades de Brahe per contrastar les seves pròpies hipòtesis. Quan va aplicar el model copernicà a la solució del problema de l'òrbita de Mart, va trobar que algunes observacions de Brahe refutaven el principi del moviment circular i uniforme dels planetes. L'òrbita del planeta Mart no és ni circular —sinó el·líptica— ni uniforme. Les tres lleis del moviment planetari, conegudes actualment com a lleis de Kepler, van ser el principal resultat de l'aplicació del seu mètode d'orientació pitagòrica:

1) L'òrbita d'un planeta és una el·lipse amb el Sol en un dels seus focus.

2) El radi vector que va del Sol al planeta escombra àrees iguals en temps iguals.

3) La raó dels quadrats dels períodes (el temps que tarden a girar al voltant del Sol) de dos planetes és directament proporcional a la raó dels cubs de les seves distàncies mitjanes al Sol.

Aquestes lleis, a més de ser una aplicació sorprenent dels principis pitagòrics (compartits amb Copèrnic), eren també una refutació de la concepció del moviment circular i uniforme com a únic moviment perfecte (concepció acceptada per Copèrnic i per tots els filòsofs grecs des de Plató). Amb les lleis de Kepler es va destruir un dels postulats més importants de l'astronomia antiga i medieval, i es va establir que el moviment dels planetes no és ni circular ni uniforme.

> «Històricament, per tant, les lleis de Kepler no van ser el resultat de les observacions. El que va passar va ser que Kepler va tractar en va d'interpretar les observacions de Tycho Brahe mitjançant la seva hipòtesi original, la que postulava el cercle. Les observacions refutaren aquesta hipòtesi segons la qual el planeta Mart girava al voltant del Sol en una òrbita perfectament circular i amb velocitat uniforme, i per això va assajar les següents solucions millors: l'oval i l'el·lipse. Les observacions encara no provaven que la hipòtesi de l'el·lipse fos correcta, però podien ser explicades mitjançant aquesta hipòtesi: podien ser harmonitzades amb ella.»
>
> *Conjectures i refutacions*, 8
>
> **Karl R. Popper**

ACTIVITATS

8> Quines van ser les principals aportacions de Tycho Brahe i Johannes Kepler a la revolució científica? Quins principis de l'astronomia ptolemaica resultaven refutats per les tres lleis de Kepler?

5.9 Galileu Galilei: ciència i religió

L'objectiu de Copèrnic no era, en cap sentit, fer una revolució en astronomia. Ell volia simplement una astronomia que respectés els principis del moviment circular i uniforme, i aconseguir una «explicació vertadera dels moviments de la màquina del món». En aquest sentit, es pot dir que la revolució copernicana desencadenada per l'astronomia de Copèrnic en realitat va ser obra de científics i filòsofs posteriors com Johannes Kepler, Giordano Bruno i Galileu Galilei.

*Retrat de **Galileu** pintat per Giusto Sustermans (1597-1681) que es conserva a la Galleria degli Uffizi, a Florència. Aquest retrat va ser pintat un any abans de la seva mort a Arcetri, a prop de Florència, l'any 1642. Havia nascut a Pisa l'any 1564 i des de l'any 1597 era un copernicà convençut. L'any 1610 va publicar un opuscle,* El missatge sideral, *en què descriu els descobriments astronòmics fets amb un telescopi construït per ell mateix. Les seves observacions li van servir per defensar el sistema copernicà. Els seus conflictes amb la ideologia dominant van culminar amb la publicació, l'any 1632, del llibre* Diàleg sobre els dos màxims sistemes del món.

Vida i obres

Galileu Galilei va néixer a Pisa l'any 1564, el mateix any de la mort de Miquel Àngel. Quan tenia deu anys es va traslladar amb la seva família a Florència. L'any 1581 ingressà a la Universitat de Pisa per estudiar medicina. Tanmateix es va iniciar en geometria i tornà a Florència, quatre anys després, sense haver obtingut cap títol. Va realitzar estudis sobre el centre de gravetat dels sòlids i dissenyà una balança hidrostàtica *(la bilancetta)*. L'any 1592 va ser nomenat professor de matemàtiques de la Universitat de Pàdua. Amb nombrosos problemes econòmics i familiars, per aconseguir diners va haver de donar classes particulars, vendre instruments, fer còpies dels textos per als seus alumnes i demanar bestretes del seu sou. L'any 1609 la construcció dels primers telescopis astronòmics va interrompre els seus treballs sobre el moviment dels projectils. Gràcies al seu telescopi, va realitzar grans descobriments astronòmics, recollits en el seu opuscle *El missatge sideral*, escrit entre el 1609 i el 1610. Renuncià a la seva càtedra de Pàdua i va ser nomenat primer matemàtic i filòsof del gran duc de Toscana.

Entre el 1611 i el 1616 va publicar diverses obres polèmiques sobre hidrostàtica, les *Cartes sobre les taques solars* i escrits en defensa del copernicanisme i sobre les relacions entre ciència i fe (coneguts amb el nom de *Cartes copernicanes*). Malgrat els seus esforços i viatges a Roma, no aconseguí impedir que els teòlegs del Sant Ofici es pronunciessin en contra del copernicanisme. El papa ratificà la censura i Galileu va ser advertit pel cardenal Bellarmino de la prohibició de defensar el moviment de la Terra. L'any 1623 publicà *L'assagista (Il saggiatore)*, dedicat al nou papa, Urbà VIII. Galileu viatjà a Roma, on s'entrevistà amb el nou pontífex, que ell considerava amic seu. L'any 1632, quan es publicà el *Diàleg sobre els dos sistemes màxims del món*, Galileu va ser convocat a Roma per la Inquisició, que prohibí la venda del llibre. L'any següent, i malgrat patir una malaltia als ulls, va ser obligat a traslladar-se a Roma, on va ser interrogat, jutjat i condemnat pel tribunal del Sant Ofici. Se'l va obligar a llegir i signar la seva abjuració, i se li donà permís per residir a Siena i després a la seva casa a Arcetri, a prop de Florència, d'on se li prohibí sortir.

L'any 1638 es publicà a Holanda la seva obra més important des del punt de vista científic: *Discursos i demostracions matemàtiques sobre dues noves ciències*, que tracta de la mecànica i del moviment local. Quan es va publicar aquesta obra, enllestida tres anys abans, Galileu ja s'havia quedat completament cec. Malgrat això i la seva greu malaltia, el Sant Ofici es va negar a alliberar-lo. Va morir al començament de l'any 1642 i el papa Urbà VIII no va permetre que se li construís un mausoleu a l'església de la Santa Croce, a Florència.

La destrucció del model aristotelicoptolemaic del món

L'any 1597, Galileu, amb trenta-tres anys, quan ja era un copernicà convençut, va escriure a Kepler per explicar-li les raons de no fer públiques les seves opinions: «Malgrat que Copèrnic, el nostre mestre comú, ha adquirit entre alguns una fama immortal, apareix tanmateix ridícul i absurd als ulls d'una infinitat de gent. Tan gran és el nombre dels necis! Tindria valor per exposar els meus pensaments si hi hagués un gran nombre d'homes com tu. Però com que no existeixen, me n'abstindré.» Dotze anys després, les condicions havien canviat radicalment i Galileu es va convertir en el principal divulgador de l'astronomia copernicana.

L'any 1609, basant-se en la descripció d'un invent realitzat per òptics holandesos, va construir el primer telescopi astronòmic. Amb aquest telescopi va dur a terme nombrosos descobriments, que utilitzà com a arguments en favor de la teoria copernicana. En un petit opuscle escrit en llatí titulat *Sidereus nuncius* (*El missatge sideral*) va donar les primeres dades astronòmiques qualitativament noves des de l'antiguitat: la Lluna no és una esfera llisa, sinó que té muntanyes i valls com la Terra; la Via Làctia està formada per un conjunt d'innombrables estrelles no discernibles a ull nu. A més a més, i aquest era per Galileu el descobriment més important, quatre astres «mai no vistos des del començament del món fins als nostres dies» giren al voltant de Júpiter. El descobriment de les llunes de Júpiter va ser, segons Galileu, un argument notable i òptim per eliminar els escrúpols dels qui, tot acceptant amb equanimitat el gir dels planetes entorn del Sol segons el sistema copernicà, se sentien tot i així torbats pel moviment de la Lluna entorn de la Terra i per l'òrbita anual que descriuen tots dos astres entorn del Sol, fins al punt de considerar que s'havia de rebutjar per impossible aquesta ordenació de l'Univers.

La nostra Lluna, en girar al voltant de la Terra, deixava de ser una excepció en el sistema copernicà, segons el qual tots els altres planetes giren al voltant del Sol: «Ara tenim no ja un planeta girant entorn d'un altre al mateix temps que ambdós recorren una gran òrbita entorn del Sol, sinó certament quatre estrelles que, com la Lluna al voltant de la Terra, els nostres sentits ens ofereixen errant entorn de Júpiter, alhora que tots ells recorren juntament amb Júpiter una gran òrbita entorn del Sol.» Galileu, llavors professor a Pàdua, batejà les quatre llunes de Júpiter amb el nom de «planetes mediceus», en honor a la família Mèdici. Poc després, va acceptar el càrrec de matemàtic principal i filòsof del gran duc de Toscana a Florència. Abans de deixar Pàdua, Galileu va descobrir les taques solars i l'estranya forma de Saturn (que no identificà com els anells d'aquest planeta).

Poc després d'arribar a Florència, va descobrir les fases de Venus: va veure amb el seu telescopi que Venus presentava fases com la Lluna i que el seu volum variava moltíssim entre un Venus llarg i prim («amb forma de banyes») i un Venus rodó i petit com un disc. Aquest descobriment era una refutació del model ptolemaic, que no podia explicar l'existència de fases a Venus. Hi havia, com a mínim, dues maneres per no considerar l'existència de fases a Venus com un argument definitiu en favor de la teoria copernicana. Els astrònoms més oberts van considerar que l'astronomia de Ptolemeu quedava refutada i van optar pel sistema de Tycho Brahe, que explicava l'existència de fases a Venus sense haver de creure en l'aparent absurditat d'una Terra en moviment. Una altra possibilitat era no acceptar la validesa de les observacions dels objectes celestes fetes amb el telescopi. El telescopi funcionava bastant bé en les observacions d'objectes terrestres, però com es podia justificar el fet d'estendre la seva validesa a l'observació d'objectes celestes per als quals la verificació a través de l'experiència directa no era possible?

La física aristotèlica considerava que els cels eren qualitativament diferents del món sublunar. A més a més, els primers telescopis eren instruments molt imperfectes i freqüentment donaven a l'observador una doble imatge d'una estrella fixa. Amb tot això n'hi havia prou perquè els crítics consideressin enganyoses les observacions amb telescopi dels cels. Malgrat tot, l'impacte dels descobriments telescòpics de Galileu va ser molt gran. El telescopi no provava la validesa del sistema copernicà, però es va convertir en un poderós instrument de propaganda del copernicanisme i feia impossible considerar-lo com un simple model geomètric, un artifici per calcular les posicions dels planetes sense acceptar la cosmologia heliocèntrica. En aquest sentit, al començament del segle XVII la majoria d'astrònoms utilitzava les taules de Copèrnic per calcular les posicions dels planetes, però el fet de considerar el copernicanisme com una bona teoria astronòmica (geomètrica) no significava, en aquesta època, una prova en favor d'una cosmologia heliocèntrica.

ACTIVITATS

9> Feu un dibuix de com explica el sistema copernicà les fases de Venus i com les explica el sistema de Tycho Brahe. Per què les fases de Venus refuten l'astronomia d'Aristòtil i Ptolemeu?

+

Un deixeble de Galileu, Benedetto Castelli, va assenyalar que, en el sistema ptolemaic, Venus només mostraria fases creixents, perquè estaria sempre entre la Terra i el Sol. En canvi, en el sistema copernicà, Venus mostraria totes les seves fases. L'any 1610 Galileu va estudiar aquest planeta amb el seu telescopi i en va poder observar les fases. Galileu va pensar que era una prova de la validesa del sistema planetari heliocèntric de Copèrnic, si bé també el sistema de Tycho Brahe permetia explicar les observacions.

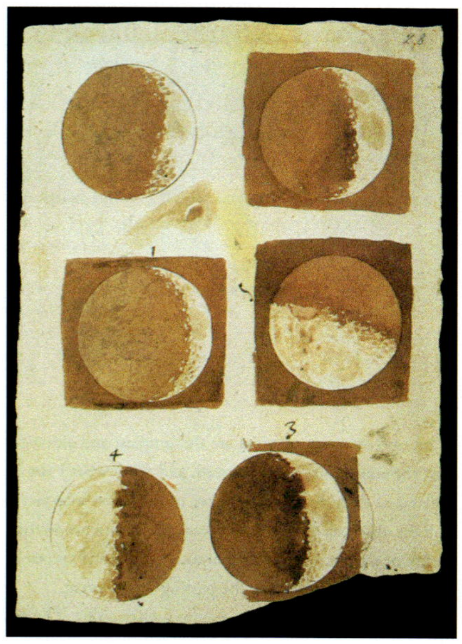

*Galileu, l'any 1610, va fer aquests dibuixos de la **Lluna** vista pel seu telescopi. Les primeres observacions telescòpiques del cel fetes per Galileu refutaven les creences astronòmiques tradicionals. Les seves observacions del relleu lunar demostraven que el satèl·lit natural de la Terra no era llis, sinó que tenia muntanyes i valls.*

Per a la majoria de filòsofs, els astrònoms utilitzaven models geomètrics que només eren artificis per calcular les posicions dels astres i fer prediccions exactes. Però Galileu, com els científics moderns, no estava disposat a acceptar aquest divorci entre astronomia i cosmologia, entre predicció i explicació. Considerava el sistema copernicà com una descripció real de l'Univers, idea que va motivar el seu conflicte amb l'Església. Galileu va escriure una sèrie de cartes en defensa de la teoria copernicana, i no volia que l'Església fes el ridícul defensant interpretacions de la Bíblia contràries a les afirmacions a què la ciència havia arribat a partir de l'experiència sensible o les demostracions necessàries.

El *Llibre de Josuè* (10, 12-14), pertanyent a la Bíblia, afirma que Déu va fer cas de la pregària de Josuè i va ordenar al Sol aturar-se perquè els israelites poguessin guanyar una batalla. Aquest era un argument en favor del sistema geocèntric: si Déu aturava el Sol, això volia dir que el Sol es movia.

El principal teòleg catòlic de l'època, el cardenal Bellarmino (sant Robert Bellarmino), que ja havia intervingut en el procés que condemnà Giordano Bruno a ser cremat viu per defensar l'heliocentrisme i la infinitud de l'Univers, en una carta a un altre copernicà, el pare Foscarini, donava l'opinió oficial de l'Església catòlica:

> «Vostè i el senyor Galileu actuen prudentment en acontentar-se amb parlar *ex suppositione* [hipotèticament] i no absolutament, tal com jo he cregut sempre que va parlar Copèrnic. Perquè dir que, suposant que la Terra es mou i que el Sol està quiet, se salven totes les aparences millor que amb les excèntriques i els epicicles, està molt ben dit i no hi ha cap perill; i amb això en té prou el matemàtic. Però voler afirmar que realment el Sol està en el centre del món i que solament gira sobre ell mateix sense córrer d'orient a occident, i que la Terra està en el tercer cel i gira a gran velocitat al voltant del Sol és una cosa molt perillosa, capaç no tan sols d'irritar tots els filòsofs i teòlegs escolàstics, sinó també de produir danys a la Santa Fe pel fet de fer que les Sagrades Escriptures esdevinguin falses.»
>
> **Cardenal Robert Bellarmino**

Giordano Bruno (1548-1600), filòsof vinculat a la tradició màgica del Renaixement, va defensar amb entusiasme el sistema heliocèntric de Copèrnic i va deduir conclusions filosòfiques sobre la infinitud de l'Univers. Acusat d'heretge per l'Església, es va negar a abjurar de les seves tesis filosòfiques sobre l'Univers i va ser cremat viu a la plaça del Campo de Fiori de Roma, on actualment hi ha una estàtua en el seu honor.
El cardenal **Roberto Bellarmino** (1542-1621), jesuïta, va ser un cardenal de la Inquisició que va intervenir en la condemna de Giordano Bruno l'any 1600 i en la del copernicanisme l'any 1616. L'Església el va canonitzar al segle XX.

En aquesta carta, Bellarmino recorda als copernicans que el Concili de Trento havia prohibit exposar les Escriptures contra l'opinió comuna dels Sants Pares (com feien els luterans) i que la interpretació que l'Església sempre havia fet de la Bíblia era que «el Sol està situat al cel i gira al voltant de la Terra amb gran velocitat i que la Terra està molt allunyada del cel i és al centre del món immòbil». Si algun dia es demostrés el contrari, «caldria anar amb molt de compte a l'hora d'explicar les Escriptures, que semblen dir el contrari, i més aviat dir que no ho entenem, que dir que és fals allò que s'hi demostra».

El cardenal Bellarmino sabia que els copernicans no tenien cap demostració concloent de les seves tesis: «Però jo no creuré que pugui existir aquesta demostració fins que no em sigui mostrada; i no és el mateix demostrar que, suposant que el Sol estigui en el centre i la Terra en el cel, se salven les aparences, que demostrar que de veritat el Sol està en el centre i la Terra en el cel; perquè crec que la primera demostració és factible, però, de la segona, en tinc grandíssims dubtes, i en cas de dubte no s'ha de deixar la Santa Escriptura, que ens ha estat exposada pels Sants Pares.»

L'any 1616 el papa Pau V va declarar la doctrina de Copèrnic contrària a les Sagrades Escriptures i va prohibir sostenir-la i defensar-la. Durant uns anys, Galileu va guardar silenci sobre el tema. L'any 1623 fou elegit nou papa el cardenal Barberini (Urbà VIII), que s'havia oposat al decret contra Copèrnic i que era amic de Galileu. Aquest li va dedicar *L'assagista (Il saggiatore)*, un llibre sobre els cometes que inclou moltes reflexions sobre la naturalesa de la ciència. Galileu va ser rebut pel nou papa i cregué obtenir-ne el consentiment per publicar un llibre comparatiu sobre els mèrits relatius dels sistemes copernicà i ptolemaic. De tornada a Florència, va acabar d'escriure el *Diàleg sobre els dos sistemes màxims del món*, publicat l'any 1632. Els enemics de Galileu van convèncer Urbà VIII que el llibre era descaradament favorable al sistema copernicà, i la Inquisició, al començament de l'any 1633, va iniciar el procés contra Galileu, que, sense ser torturat físicament, es va veure obligat a retractar-se de les seves opinions.

Alguns historiadors han cregut veure certa tremolor en la signatura de Galileu en la seva cèdula d'abjuració, en la qual va signar:

«Jo, Galileu, fill del difunt Vicenzo Galilei de Florència, de setanta anys d'edat, present personalment en judici i agenollat davant vosaltres, Eminentíssims i Reverendíssims cardenals, inquisidors generals contra la perversitat herètica en tota la República Cristiana, tenint davant els meus ulls els sacrosants Evangelis, que toco amb les meves pròpies mans: juro que sempre he cregut, crec ara i amb l'ajut de Déu creuré en el futur, tot allò que sosté i predica la Santa Catòlica i Apostòlica Església. Però ja que he estat jutjat per aquest Sant Ofici, després d'haver-se'm intimat jurídicament, amb mandat, que de tota manera jo havia d'abandonar la falsa opinió que el Sol és el centre de l'Univers i no es mou, i que la Terra no és el centre de l'Univers i es mou, i també que no podia sostenir, defensar ni ensenyar en absolut, ni de paraula ni per escrit, la falsa doctrina mencionada; i després d'haver-me estat notificat que la mencionada doctrina és contrària a la Sagrada Escriptura, jo vaig escriure i vaig donar a la impremta un llibre en el qual tracto d'aquesta doctrina ja condemnada i aporto raons de molta eficàcia a favor seu, sense aportar cap solució; i he estat jutjat de fortament sospitós d'heretgia, és a dir, d'haver cregut i sostingut que el Sol és el centre de l'Univers i està immòbil i que la Terra no n'és el centre i es mou. Per tant, volent treure del cap de les Vostres Eminències i de tot fidel cristià aquesta forta sospita, justament concebuda a propòsit meu, amb cor sincer i fe no fingida, abjuro, maleeixo i avorreixo els anteriors errors i heretgies, i en general qualsevol altre error, heretgia i secta contrària a la Santa Església; i juro que d'ara endavant no diré mai més ni afirmaré per escrit o de paraula coses per les quals es pugui tenir de mi sospita semblant, i que si conec algun heretge o algú que sigui sospitós d'heretgia, el denunciaré a aquest Sant Ofici, o a l'inquisidor o ordinari del lloc on jo em trobaré.»

Abjuració de Galileu

Quan Galileu Galilei mor l'any 1642, el papa Urbà VIII es nega a permetre que se li faci un mausoleu a l'església de la Santa Croce. No va ser fins a l'any 1736 quan les restes de Galileu Galilei van ser traslladades al monument erigit per a la seva tomba a la basílica de la Santa Croce, a Florència.

La llegenda diu que, en acabar de llegir la seva abjuració, Galileu va xiuxiuejar *«Eppur, si muove...»* ('I tanmateix, es mou...').

El seu llibre va ser prohibit i ell fou condemnat a «presó formal d'aquest Sant Ofici, per un període determinable segons la nostra voluntat». La presó formal durà fins a la seva mort a la seva casa d'Arcetri, a prop de Florència. Durant els anys posteriors a la seva condemna, Galileu va reprendre l'estudi de la dinàmica i va publicar —fent arribar d'amagat el manuscrit a un editor d'Holanda— *Discursos i demostracions matemàtiques sobre dues noves ciències relatives a la mecànica i als moviments locals*, la seva última obra i, probablement, la més important. En aquesta obra refuta els arguments de la física aristotèlica segons els quals la caiguda dels cossos és una prova de la immobilitat de la Terra; estableix que tot moviment considerat respecte a un sistema de referència tancat no permet descobrir si el sistema està en repòs o en moviment uniforme, i presenta una teoria física en la qual el sistema copernicà és possible.

ACTIVITATS

10> Comenteu aquest famós passatge de *L'assagista*. Aquesta obra va ser escrita per Galileu com a rèplica a l'obra de Lotario Sarsi *Balança astronòmica i filosòfica*. Indiqueu les diferències que assenyala Galileu entre l'activitat filosòfica i les creacions de la fantasia. Comenteu especialment el significat de la proposició: «L'Univers està escrit en llenguatge matemàtic.» Amb quin corrent del pensament antic està relacionada aquesta afirmació? Quines conseqüències té en la nova ciència?

«Em sembla descobrir en Sarsi la ferma convicció que per filosofar és necessari recolzar-se en les opinions de qualsevol autor cèlebre, de manera que, si la nostra ment no s'acobla al raonament d'algú altre, hauria de romandre en tot estèril i infecunda. Potser pensa que la filosofia és com les novel·les, producte de la fantasia d'un home, com, per exemple, la *Ilíada* o l'*Orlando furioso*, llibres on la cosa menys important és que allò que s'hi narra sigui vertader. Senyor Sarsi, les coses no són així. La filosofia està escrita en aquest grandíssim llibre que contínuament està obert davant els nostres ulls (jo l'anomeno Univers), però no es pot entendre si primerament no hem après la llengua i a conèixer els caràcters de les lletres amb què està escrit. Està escrit en llenguatge matemàtic, i els caràcters de les lletres són els triangles, els cercles i altres figures geomètriques, sense les quals és humanament impossible entendre'n ni una paraula; i es camina perdut per un obscur laberint.»

L'assagista, 6
Galileu Galilei

Isaac Newton va néixer a Woolsthorpe (Lincolnshire) l'any 1642 i va morir a Londres l'any 1727. Després d'estudiar-hi, va ser professor del Trinity College de Cambridge. Els primers trenta-cinc anys de la seva vida van ser els més creatius: va formular el teorema del binomi, va inventar el càlcul infinitesimal, va construir el primer telescopi de reflexió, va descobrir la naturalesa de la llum blanca i va comprendre el caràcter universal de l'atracció gravitatòria. Per a molts historiadors de la ciència, Newton ha estat el més gran científic que mai ha existit, la intel·ligència més il·lustre de la història de la humanitat. Alexander Pope va expressar en dos versos la grandesa d'aquest home: «La naturalesa i les seves lleis romanien amagades dins de les ombres de la nit. I Déu digué: Que es faci Newton! I tot fou llum.» Aquest retrat és el primer que coneixem d'aquest gran científic i filòsof, i va ser pintat per sir Godfrey Kneller l'any 1689, quan Newton tenia quaranta-set anys. Aquest retrat va ser fet dos anys després que Newton hagués publicat la seva obra més destacada i potser la més important de tota la història de la ciència: els Principis matemàtics de la filosofia natural *(1687). L'any 1704 publicà* Òptica. *Els seus biògrafs parlen d'un temperament sensible i d'un caràcter enigmàtic, rancuniós, malhumorat, amb passió pel treball, extraordinàriament reservat en els seus sentiments, hipocondríac, introvertit, tímid, seriós i poc sociable. Fou membre destacat de la Royal Society i director de la Casa de la Moneda.*

5.10 Isaac Newton: la gran síntesi final

El procés i la condemna de Galileu, la notícia dels quals es va difondre ràpidament per Europa, va provocar que el centre de la ciència es traslladés cap als països protestants, especialment Holanda i Anglaterra. El mateix any de la mort de Galileu neix a Woolsthorpe, Anglaterra, **Isaac Newton**.

La física matemàtica newtoniana es considera la culminació de la revolució científica que va donar lloc al naixement de la ciència moderna. L'any 1687 Newton va publicar els *Principis matemàtics de la filosofia natural*, considerat el llibre sobre física més important de la història. En aquesta obra, ens presenta una teoria matemàtica molt elaborada que explica com els cossos es mouen en l'espai i en el temps. Newton comença els seus *Principis* amb una sèrie de definicions i presenta els axiomes o lleis del moviment:

> «Llei I. Tot cos persevera en el seu estat de repòs o moviment uniforme cap endavant, excepte quan és obligat per les forces impreses a canviar el seu estat.
> Llei II. El canvi de moviment és proporcional a la força motriu impresa, i es realitza segons la línia recta en la qual s'imprimeix aquesta força.
> Llei III. A l'acció s'oposa sempre una reacció contrària i igual, és a dir, les accions recíproques entre dos cossos són sempre iguals i es dirigeixen en sentits contraris.»
>
> *Principis matemàtics de la filosofia natural*
> **Isaac Newton**

En l'últim apartat dels *Principis*, intitulat *Sobre el sistema del món*, es formula la llei de la gravitació universal, segons la qual cada cos de l'Univers és atret cap a qualsevol altre per una força que és directament proporcional al producte de les masses que tenen els cossos i inversament proporcional al quadrat de les seves distàncies. La força de gravetat és més intensa com més massa tenen els cossos i com més a prop estan entre si. Aquesta força d'atracció gravitatòria és la causa per la qual els objectes cauen a terra i els planetes no es desvien de la seva trajectòria. A més, les lleis de Newton permeten una explicació rigorosa del perquè de les lleis de Kepler, sobretot la tercera llei. Newton també va descriure el fenomen de les marees com el resultat de l'atracció gravitatòria del Sol i de la Lluna sobre la massa d'aigua dels oceans.

La concepció newtoniana de l'Univers està impregnada de principis teològics i metafísics. El científic pensava que l'espai era l'habitacle de la divinitat i considerava l'Univers el «temple de Déu», il·limitat en extensió i infinit. Creia que, si l'Univers fos finit, la força d'atracció gravitacional faria que els estels es moguessin i caiguessin finalment vers un sol punt. Newton pensava, erròniament, que, si hi hagués un nombre infinit d'estels a l'Univers distribuïts uniformement en un espai infinit, el cosmos es mantindria estable, ja que no hi hauria cap punt central vers on els estels poguessin caure. Avui pensem que un Univers amb una força de gravetat atractiva és impossible que sigui estàtic i infinit alhora. Stephen W. Hawking, hereu de la càtedra de Newton a la Universitat de Cambridge, explica, en la seva *Història del temps*, que abans del segle XX tothom acceptava un model estàtic de l'Univers i que «fins i tot els qui s'adonaren que la teoria de la gravitació de Newton demostrava que l'Univers no podia ser estàtic, no pensaren a suggerir que podia estar en expansió». La ciència cosmològica actual ens dóna una imatge del món en expansió des de la gran explosió inicial (*Big Bang*) molt diferent de la que tenia Newton. Tanmateix, l'obra de Newton constitueix la base de la major part de la física actual i d'una part considerable de la nostra tecnologia. Durant segles els treballs de Newton van ser el model de treball científic.

ACTIVITATS

11> Feu un resum de les idees més importants del text següent. Indiqueu el significat en el text dels termes *filosofia experimental*, *inducció* i *hipòtesis*. Quin paper creieu que juga la inducció en la ciència?

> «En filosofia experimental hem de recollir proposicions vertaderes o molt versemblants inferides per inducció general a partir dels fenòmens, prescindint de qualssevol hipòtesis contràries, fins que es produeixin altres fenòmens capaços de fer més precises aquestes proposicions o fer-les subjectes a excepcions.»
>
> *Principis matemàtics de la filosofia natural*, Llibre III, Regla IV
> **Isaac Newton**

La nova concepció científica del món

Entre Copèrnic i Newton té lloc una profunda mutació de la concepció del món. Els canvis revolucionaris en la ciència i la filosofia dels segles XVI i XVII van ser un dels factors principals que expliquen el pas de la concepció medieval de l'home i del món a la cosmovisió científica pròpiament moderna.

Durant el Renaixement i la revolució científica estan en pugna diverses concepcions del món dins del pensament occidental. Aquest període de pas a la modernitat va ser un moment de crisi, d'autèntica revolució en la història del pensament. Aquesta revolució no es va limitar al camp de la ciència, sinó que es va estendre a tota la cultura, un component important de la qual continuava sent la religió.

> «Crec que la majoria d'historiadors de la ciència declararien que Isaac Newton ha estat la ment científica més gran que el món hagi vist mai. Tenia els seus defectes, Déu ho sap: era un conferenciant de mala qualitat, tenia una mica de covard moral i de ploramiques compadit de si mateix, i a vegades tenia serioses crisis nervioses. Però com a científic no té igual. Alhora que desenvolupava el càlcul va fundar les matemàtiques superiors. Va fundar l'òptica moderna amb els seus experiments en descompondre la llum blanca en els colors de l'espectre. Va fundar la física moderna en establir les lleis del moviment i deduir-ne les conseqüències. Quan va elaborar la llei de la gravitació universal, va fundar l'astronomia moderna. Qualsevol d'aquestes quatre proeses, considerada tota sola, hauria estat suficient per mostrar-lo com un científic de gran importància. Totes quatre, considerades juntes, el posen en primer lloc sense cap dubte.»
>
> *Cent preguntes bàsiques sobre la ciència*
> **Isaac Asimov**

Concepció organicista del món

La concepció del món dominant al final de l'edat mitjana era la concepció **organicista**. Aquesta cosmovisió es basava en el pensament físic i biològic d'Aristòtil, les observacions mèdiques de Galè i l'astronomia recollida en la gran obra de Ptolemeu, l'*Almagest*. La revolució científica que s'estén des de Copèrnic (i Vesali en medicina) a Galileu i Newton es pot entendre com la destrucció progressiva del vell model del món i la lenta construcció d'un de nou.

La concepció antiga i medieval del món considerava que el cosmos era esfèric, amb la Terra quieta al centre, i que els planetes, incrustats en esferes cristal·lines, giraven al voltant de la Terra amb moviments circulars i uniformes, igual que la superfície esfèrica dels estels fixos, que era el límit exterior d'aquest Univers tancat. Es tractava d'un món jerarquitzat amb diferents graus de perfecció: d'una banda, el món sublunar, imperfecte, compost dels quatre elements, amb moviments naturals i violents, amb naixements i corrupcions; i de l'altra, el món celeste, proper a la divinitat, perfecte, compost d'una quinta essència etèria, l'únic moviment natural de la qual és el moviment uniforme i circular, que és el que més s'assembla al repòs diví.

Aquesta divisió en dos mons és la base de la distinció entre la física, ciència qualitativa que estudia el món sublunar amb els moviments violents i canvis que li són propis, i l'astronomia, ciència matemàtica que estudia un món sense canvis substancials ni moviments violents, i que intenta explicar les aparences o fenòmens considerant-los com el resultat de la composició de moviments geomètrics circulars i uniformes. La destrucció d'aquesta distinció va ser un element clau en el naixement de la nova ciència i la nova concepció científica del món.

L'historiador britànic Hugh Kearney descriu algunes característiques de la concepció organicista:

> «En la tradició *organicista* el científic va explicar l'Univers material utilitzant analogies preses del món que avui anomenem biològic. El llenguatge que emprava provenia de l'observació del creixement i la decadència; amb l'analogia de l'aglà que creix fins a fer-se roure, sempre a punt. [...] El que més impressionava aquesta mentalitat no era el curs regular i uniforme de la naturalesa, sinó el seu canvi constant. Però també dins del procés de canvi es donava certa consistència que calia justificar. L'aglà no creix per fer-se gallina. Això portà a la conclusió que existia en tots els fenòmens naturals una potencialitat o intencionalitat, una "causa final", que presidia el desenvolupament.
> En la tradició organicista, el científic s'inclinava gairebé inevitablement cap a l'estudi dels organismes vius. I fins i tot quan s'ocupava del que avui consideraríem naturalesa inanimada, tendia a atribuir-li vida i a emprar un llenguatge i uns termes derivats del seu interès primari per la vida i el creixement.»
>
> *Ciència i canvi, 1500-1700*
> **Hugh Kearney**

«Fins aquí he explicat mitjançant la força gravitatòria fenòmens del cel i del nostre mar, però encara no he assignat la causa de la gravetat. [...] Però la raó per la qual la gravetat té aquestes propietats no he pogut encara deduir-la dels fenòmens i jo no imagino hipòtesis. Ja que tot allò que no es dedueix dels fenòmens s'ha d'anomenar hipòtesis; i les hipòtesis, siguin metafísiques o físiques, o de qualitats ocultes o mecàniques, no tenen cabuda en la filosofia experimental. En aquesta filosofia les proposicions es dedueixen dels fenòmens i es generalitzen per inducció.»

Principis matemàtics de filosofia natural, escoli general
Isaac Newton

«La Màgia és una facultat que té grandíssim poder, ple de misteris molt elevats, i que comprèn un coneixement profundíssim de les coses més secretes, la seva naturalesa, la seva potència, la seva qualitat, la seva substància, els seus efectes, la seva diferència i la seva relació; per això produeix els seus efectes meravellosos mitjançant la unió i l'aplicació que fa de les diferents virtuts dels éssers superiors amb les dels inferiors; aquesta és la ciència vertadera, la filosofia més elevada i misteriosa; en una paraula, la perfecció i la realització de totes les ciències naturals.»

Sobre la filosofia oculta 1,2
Agrippa von Nettesheim

Concepció magiconaturalista del món

Com a reacció davant la concepció organicista, durant el Renaixement es va estendre una concepció **magiconaturalista** que considerava l'Univers com una obra d'art. Aquesta tradició es basava en Plató i el platonisme. Pel platonisme renaixentista, Plató era la culminació d'una tradició que es remuntava a l'antiga saviesa egípcia i persa, una tradició religiosa que formulava filosòficament les veritats que després va fer seves la religió cristiana. Segons aquesta concepció del món, el cosmos és un misteri, una mena de gran ésser viu i diví (el panteisme és característic d'autors com Giordano Bruno, que seria inclòs dins d'aquesta tradició). El món és una totalitat animada i íntimament articulada amb una xarxa d'influències i simpaties. L'ésser humà és un subjecte actiu, diví i lliure que pot elevar-se a Déu mitjançant el coneixement de la xarxa de relacions de simpatia i influència còsmica del món, i dominar el món mitjançant la màgia natural. La figura del científic s'identifica, en alguns autors d'aquest corrent, amb la del mag o la de l'artista que, en posseir els secrets naturals, és converteix en un ésser poderós. A diferència dels organicistes aristotèlics, que veien en Déu el primer motor immòbil, els magiconaturalistes platònics consideraven Déu com un mag o un artista, creador de meravelles o obres d'art.

Concepció mecanicista del món

Contra les concepcions magiconaturalista i organicista va sorgir amb la revolució científica la concepció **mecanicista**, que és la base principal del pensament modern. Segons aquesta concepció, el món és com una màquina o rellotge. Les seves característiques principals són:

- *Del món tancat al món obert*: la substitució del món tancat, ordenat i jerarquitzat de la concepció organicista, i del món misteriós, diví i infinit de la concepció magiconaturalista, per un món obert i il·limitat, obra de Déu però no diví, regit per un conjunt de lleis vàlides per a tot el cosmos.
- *Consideració matemàtica del món*: és a dir, la naturalesa es redueix a allò que és susceptible de tractament quantitatiu. Com va dir Galileu, el llibre de la naturalesa està escrit amb caràcters matemàtics, i només el podem entendre si el mirem amb ulls de geòmetra, és a dir, calculant i mesurant; allò que no es pot mesurar no té una existència real, és només subjectiu.
- *Desantropomorfizació del món*: éssers humans i món són dues realitats absolutament diferents; el món és pura matèria extensa sotmesa a lleis científiques immutables que poden ser descobertes pel coneixement humà. En l'estudi de la naturalesa hem d'abandonar l'estudi de les essències de les coses i de les causes finals —el «per a què»—, i ens hem de centrar a explicar i predir el «com». Aquest nou concepte de causa és el de Galileu, que a *L'assagista* escriu: «Només s'ha d'anomenar causa aquella cosa l'existència de la qual provoca un efecte, i que si se suprimeix, aquest efecte s'evita.»
- *Utilització de l'experimentació en la investigació científica*: l'antiga ciència s'acontentava amb la simple observació (quan no utilitzava arguments d'autoritat, rebutjats ara per la nova ciència). Tanmateix, la nova metodologia provoca situacions triant prèviament les característiques quantificables del fenomen que es vol estudiar. Els experiments serveixen per confirmar les hipòtesis, ja que permeten comprovar si realment es donen els fenòmens que se'n dedueixen. Les necessitats de l'experimentació van afavorir el desenvolupament d'un ampli conjunt d'instruments científics, tant d'observació com de mesura.

ACTIVITATS

12> Feu un quadre comparatiu de les tres principals concepcions del món o paradigmes cosmològics dels segles XVI i XVII: organicista, magiconaturalista i mecanicista.

Activitats finals

FILOSOFIA I TIC

Cerqueu a Internet informació i prepareu un petit dossier sobre:

- Renaixement i humanisme
- Utopies renaixentistes
- Reforma i Contrareforma
- Història del telescopi
- El cas Galileu: ciència i religió
- Els experiments de Torricelli i Pascal, i el descobriment de la pressió atmosfèrica
- La visió newtoniana del món

1> En què consisteix l'humanisme renaixentista i quina relació va tenir amb el desenvolupament científic del Renaixement?

2> Indiqueu quines són les principals característiques del nou mètode científic i en què consisteix la seva novetat respecte a la ciència antiga i medieval.

3> Compareu el text del papa Innocenci III (1160-1216) amb el de l'humanista italià Pietro Pomponazzi (1462-1525), i indiqueu algunes diferències entre les concepcions medievals i renaixentistes de l'ésser humà:

«L'home ha estat format de repugnantíssima esperma, concebut en la picor de la carn, nodrit amb sang menstrual, que, segons diuen, és tan detestable i immunda que, en contacte amb ella, els fruits de la terra no germinen i s'assequen els arbres.»

Sobre el menyspreu del món o la misèria de la condició humana
Innocenci III

«Qui desitja ser immortal desitja no tenir matèria i qui no té matèria no és home [...]. Perquè l'home sigui home convé que tingui cor, cervell, anus i parts pudents, ja que d'una altra manera no seria home.»

Tractat sobre la immortalitat de l'ànima
Pietro Pomponazzi

4> Quines característiques renaixentistes trobeu en aquest text de l'humanista francès Michel de Montaigne?

«Aquest és un llibre de bona fe, lector. Des del començament t'advertiré que no té cap finalitat transcendental, sinó només privada i familiar [...]. El consagro a la comoditat particular dels meus parents i amics perquè, quan m'hagin perdut (el que passarà aviat), puguin trobar-hi alguns trets de la meva condició i humor, i mitjançant aquest instrument conservin més complet i més viu el coneixement que van tenir de mi. Si el meu objectiu hagués estat buscar el favor del món, hauria triat adorns prestats; però només vull mostrar-me en la meva manera de ser senzilla, natural i ordinària, sense estudi ni artifici, perquè sóc jo mateix a qui pinto [...]. Així, lector, has de saber que jo mateix sóc el contingut del meu llibre, la qual cosa no és raó perquè omplis el teu oci amb un assumpte tan frívol i tan intranscendent. Adéu, doncs.»

Assaigs
Michel de Montaigne

5> Comenteu aquesta afirmació del filòsof del segle XVIII Jean-Jacques Rousseau i doneu la vostra opinió personal raonada: «Simulant donar lliçons als reis, Maquiavel ha donat grans lliçons als pobles. *El príncep* és el llibre dels republicans. Maquiavel va ser un home honest i un bon ciutadà». Creieu que Maquiavel era maquiavèl·lic? Raoneu la resposta.

6> Analitzeu aquest fragment del capítol XVII d'*El príncep* de Maquiavel:

«De tot això neix una qüestió: si és millor ser estimat que temut o al contrari. La resposta és que caldria ser ambdues coses, però, com que és difícil tenir-les alhora, quan ens hagi de mancar-ne una és molt més segur ser temut que no estimat.»

El príncep, XVII
Nicolau Maquiavel

7> Cerqueu informació sobre la vida i la mort de Miquel Servet, i analitzeu com justificava Calví la mort dels heretges en aquest text:

«La humanitat que tant estimen els que volen que els heretges siguin perdonats és més cruel, ja que, per salvar els llops, deixen els pobres anyells desvalguts. Us demano que em respongueu: ¿és raonable que els heretges facin malbé les ànimes, enverinant-les amb les seves falses doctrines, i que s'impedeixi a l'espasa ordenada per Déu tocar els seus cossos, de manera que tot el cos de Jesucrist s'esquinci perquè la pudor d'un membre podrit resti en ell?»

Declaració per mantenir la vertadera fe. Contra els errors detestables de l'espanyol Miquel Servet. On es mostra també per què és lícit castigar els heretges
Joan Calví

8> Comenteu aquest text del filòsof espanyol Fernando Savater i redacteu un breu assaig sobre les diferències entre utopies i ideals polítics.

«Les utopies afirmen que les coses haurien de ser molt millors del que són, i converteixen els objectius en fites impossibles d'assolir. Això porta molta gent a la inacció o a la desesperació, davant l'evidència que mai no es podran assolir. Els ideals, en canvi, estimulen el desig d'intervenir i ens fan estar permanentment actius.

Els ideals polítics no intenten millorar els éssers humans, sinó la societat humana. No fan referència a la manera de ser de les persones, sinó a la manera de funcionar de les institucions de la comunitat en la qual viuen aquestes persones.»

Política per al meu fill
Fernando Savater

9> Comenteu aquest text de Thomas More. Què significa *utopia*? Per què creieu que Utopia havia de ser una illa?

«El rei Utop, a més de canviar-li el seu antic nom d'Abraxa, va convertir els seus habitants, rústecs i primitius, en un poble amb tanta cultura, humanisme i civilització que gairebé supera tots els pobles actuals. En honor seu va prendre el nom d'Utopia. Un cop ocupats militarment aquests territoris, va fer destruir un istme de 15 milles, de manera que van quedar separats de la terra ferma i es van convertir en una illa artificial en aconseguir que el mar envoltés completament aquelles terres.»

Utopia, introducció
Thomas More

10> Comenteu aquesta afirmació del filòsof francès Maurice Merleau-Ponty (1908-1961): «Una manera maquiavèllica de desautoritzar Maquiavel és la pietosa trampa d'aquells que dirigeixen els seus ulls cap al cel dels principis per desviar-los d'allò que ells fan.»

11> Alexandre Koyré, historiador de la ciència i de la filosofia, sosté la tesi següent: «La ciència moderna és el resultat de la unificació de l'astronomia i de la física, que li permet aplicar el mètode de la investigació matemàtica, utilitzada fins llavors només per a l'estudi dels fenòmens celestes, a l'estudi dels fenòmens del món sublunar.»

Expliqueu aquesta afirmació, assenyalant la contribució de la revolució científica en l'àmbit de l'astronomia (la revolució copernicana) al naixement del nou mètode científic.

12> Examineu el text següent de Kepler, publicat l'any 1609, i expliqueu el significat dels conceptes de «doctors de l'Església» i «antípodes». Per què creieu que es negava l'existència dels antípodes? Analitzeu les relacions entre filosofia (ciència) i teologia, i expliqueu les vostres opinions respecte a aquesta qüestió.

«Pel que fa a les opinions dels sants sobre aquests assumptes de la naturalesa, dic, en una paraula, que en teologia l'únic vàlid és el pes de l'autoritat, mentre que, en filosofia, ho és només el pes de la raó. Un sant, Lactanci, negava que la Terra fos rodona; un altre sant, Agustí, admetia la rodonesa de la Terra, però negava l'existència dels antípodes. Sagrat és el Sant Ofici dels nostres dies, que admet la petitesa de la Terra, però li nega el moviment; tanmateix, més sagrada que totes aquestes coses és per mi la veritat, quan jo, amb tot el degut respecte envers els doctors de l'Església, demostro, partint de la filosofia, que la Terra és rodona i habitada per antípodes en tota la seva superfície, que és d'una petitesa insignificant i que corre veloç entre els altres astres.»

Astronomia nova
Johannes Kepler

13> Indiqueu alguns dels principals descobriments astronòmics de Galileu (cinc o sis) i assenyaleu breument la importància que van tenir com a arguments en contra del model aristotelicoptolemaic o a favor del model copernicà.

14> Quan Galileu Galilei va constatar l'existència de les fases a Venus, va utilitzar aquest descobriment com a prova de la veritat del sistema heliocèntric copernicà. Ho va argumentar dient que, si el sistema planetari és heliocèntric, com pensava Copèrnic, Venus mostra fases; gràcies al telescopi es pot observar que Venus mostra fases; per tant, deia Galileu, el sistema planetari és heliocèntric, com pensava Copèrnic. Tant les premisses com la conclusió d'aquesta argumentació són vertaderes. Però el mateix Kepler, que considerava vertaderes tant les premisses com la conclusió, va retreure a Galileu el seu error de lògica colossal. És lògicament correcta l'argumentació de Galileu? Raoneu la resposta.

15> La disputa sobre la posició i la immobilitat de la Terra va ser un tema important durant la revolució científica dels segles XVI i XVII. Expliqueu els arguments (matemàtics, físics i religiosos) utilitzats pels defensors del geocentrisme i del geoestatisme. Quines respostes donaven els copernicans a aquests arguments?

16> Analitzeu les concepcions d'Osiander, Bellarmino i Galileu sobre la naturalesa i el significat del coneixement científic. El coneixement científic és només un instrument per fer prediccions o descriu vertaderament la realitat? És segur?

17> Indiqueu quines foren les principals aportacions del pensament de Newton.

18> Quins eren els postulats acceptats per l'astronomia antiga i medieval, i com van ser progressivament refutats durant la revolució copernicana?

19> Realitzeu un debat sobre la naturalesa i el significat del coneixement científic en què s'intenti, a la llum dels vostres coneixements sobre la revolució científica, donar resposta a algunes de les preguntes següents: és el coneixement científic instrumentalista o descriptiu de la realitat? La ciència ens dóna certesa, és totalment segura? El pensament no científic, per exemple el pensament religiós, és sempre irracional? Quines són les implicacions econòmiques, socials i religioses del coneixement científic? Es pot preveure el progrés de la ciència?

06

RACIONALISME I EMPIRISME

- La raó, el pensament racional, sense observacions ni experiments, és una font de coneixement? Hi ha idees que provenen tan sols de la raó?
- Què és un mètode d'investigació? El seguiment d'un mètode garanteix la consecució de la veritat?
- Podem posar en dubte tots els nostres coneixements? Hi ha coneixements absolutament certs?
- Què és l'experiència sensible? Tots els nostres coneixements provenen dels sentits? Hi ha idees innates?
- Coneixem tots els aspectes dels cossos materials? Podem dir que sabem que els cossos materials existeixen? En què ens basem per afirmar-ho?
- Com sabem que una cosa és la causa d'una altra? Observem la relació de causalitat?

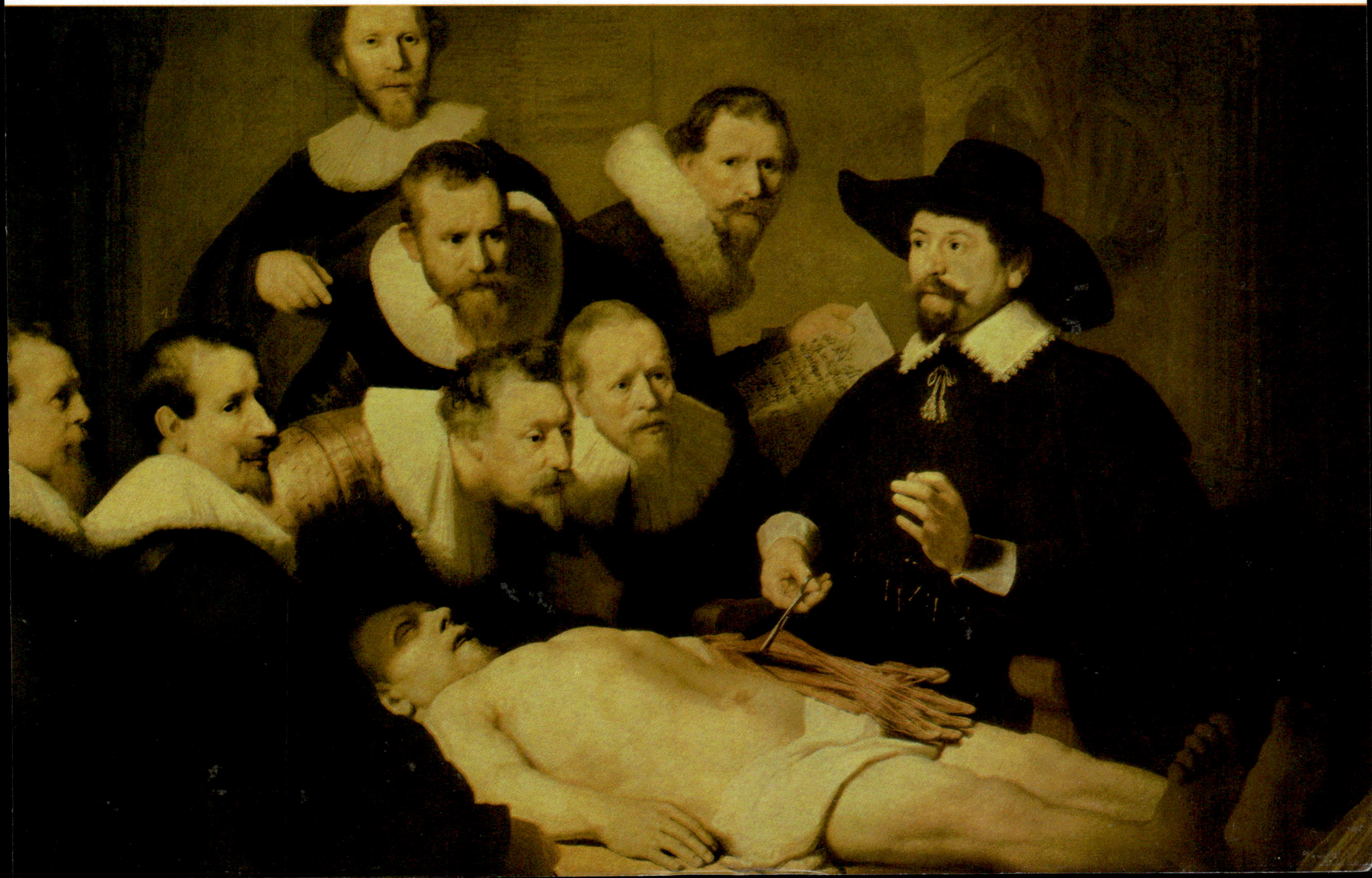

6.1 Marc històric i filosòfic

La primera meitat del segle XVII va ser a Europa una època assolada per terribles esdeveniments: guerres, revoltes polítiques, persecucions religioses, pestes, crisis econòmiques, fam, etc. Gran part del territori europeu es va veure sacsejat per aquests dramàtics successos. Alguns conflictes polítics van desembocar sovint en guerres internacionals; d'altres van ser l'origen d'enfrontaments civils, amb efectes no menys devastadors. Cap a l'any 1620, l'activitat econòmica va entrar en una llarga etapa de recessió en molts països. L'augment d'impostos, seqüela de les inacabables guerres, va contribuir a la ja difícil situació econòmica general. En aquest context, no ha d'estranyar que l'exercici del poder polític fos molt qüestionat i apareguessin moltes propostes de canvi, tant de signe revolucionari com de caràcter conservador.

L'enfrontament entre catòlics i protestants va arribar a uns extrems impensables entre religions cristianes. A més, les esglésies d'uns i altres van perseguir les noves idees científiques i filosòfiques, amb la qual cosa van frenar l'expansió i el progrés del coneixement. Al mateix temps, però, el segle XVII va ser una època d'una gran vitalitat cultural: les arts plàstiques, la música, la literatura, la ciència i la filosofia van experimentar un creixement com poques vegades s'ha produït en la història.

La revolució científica havia aportat molts nous coneixements en els diferents camps d'estudi de la naturalesa, però també va comportar pràcticament la ruïna del sistema de pensament present en l'època medieval, la filosofia escolàstica, i la pèrdua d'influència del seu màxim inspirador, Aristòtil. Descartes, a la primera meitat del segle XVII, és el filòsof que ocuparà el lloc que havia deixat vacant Aristòtil. Amb ell s'inaugura la filosofia moderna i sobretot un nou estil de pensament, el **racionalisme**, basat en el subjecte. I així com l'individu humà és des del Renaixement el nou centre a partir del qual es fa possible comprendre la realitat, la raó serà ara el centre de l'individu. Coherentment amb això, la matemàtica serà la ciència modèlica en la qual s'inspiraran els pensadors racionalistes, tots ells grans matemàtics (Descartes, Pascal, Leibniz) o bé bons coneixedors d'aquesta matèria (Spinoza, Malebranche). Segons el racionalisme, les matemàtiques són la ciència necessària per poder conèixer la naturalesa, l'estructura de la qual té un ordre matemàtic.

L'**empirisme** és el segon corrent filosòfic de l'època moderna i es dóna bàsicament a les illes Britàniques. Apareix com a resposta a la filosofia racionalista, la qual es desenvolupa sobretot a l'Europa continental. Els principals pensadors empiristes són l'anglès John Locke, l'irlandès George Berkeley i l'escocès David Hume, i és aquest últim qui porta l'empirisme a la seva formulació més radical. S'ha arribat a considerar l'empirisme com un tret molt arrelat en la mentalitat anglosaxona.

Racionalisme i empirisme comparteixen, doncs, una mateixa preocupació pel problema de l'origen i la justificació del coneixement, tot i que n'ofereixen solucions molt diferents.

El filòsof i matemàtic Leibniz va crear una ***màquina de calcular*** *que, a més de sumar com les màquines de l'època, podia multiplicar i dividir. Aquesta màquina conté els fonaments de les modernes calculadores mecàniques. D'aquesta manera, es facilitaven les operacions aritmètiques. Igualment, el recte ús de la raó, segons Leibniz, ha de permetre la superació de les inacabables discussions filosòfiques. Així, diu Leibniz: «Quan sorgeixi una controvèrsia, no hi haurà necessitat de discussió entre dos filòsofs, més de la que hi ha entre dos calculadors. En efecte, n'hi haurà prou amb prendre la ploma a la mà, asseure's a taula (*ad abacos*) i —a la invitació d'un amic, si es vol— dir-se l'un a l'altre: Calculem!». Aquest és l'esperit del racionalisme!*

6.2 El racionalisme

El **racionalisme** és el sistema filosòfic que considera la raó com a mitjà suficient per atènyer la veritat en el coneixement. Des d'un punt de vista negatiu, això significa que la raó no està limitada per cap factor extern —la fe religiosa, la tradició, l'autoritat política, etc.— que condicioni la seva capacitat, és a dir, que és autosuficient. Des d'un punt de vista positiu, significa que la raó, sola, autònomament, pot assolir el coneixement d'allò que està al seu abast. De manera sintètica, el corrent filosòfic racionalista es pot caracteritzar per:

- Una gran confiança en la capacitat humana de conèixer la realitat.
- L'alliberació de la raó dels dictats de la fe i de totes les veritats no demostrades.
- La consideració de la consciència subjectiva com a principi del pensament de la realitat.
- L'afirmació de l'existència de les idees innates, és a dir, d'idees que no provenen de l'experiència sensible ni de la imaginació.
- La valoració de les matemàtiques com a model de coneixement.
- La valoració de la capacitat racional i el rebuig dels sentits com a òrgans del coneixement.
- L'èmfasi en la idea de substància com a idea central dels sistemes filosòfics.

6.3 Descartes

Segons Bertrand Russell, «de Descartes ençà, la majoria dels filòsofs han atribuït una gran importància a la teoria del coneixement i li ho devem essencialment a ell». Aquest és un dels camps en què Descartes va obrir camí. Un altre és l'anàlisi de la ment o consciència. En el racionalisme (i, també, en l'empirisme), les preguntes filosòfiques fonamentals ja no són *què és l'ésser?*, *quina és la seva essència?* sinó *com és possible el coneixement de l'ésser?*, *com és el jo o consciència que fa possible el coneixement de l'ésser?* Descartes inicia aquest nou camí. Qui fou aquest filòsof que descobreix noves vies al pensament i que enceta una nova forma de filosofar?

El desig de tranquil·litat de ***Descartes****, durant els vint anys que va viure a Holanda, el portà a canviar de lloc de residència en tretze ocasions. Un dels seus lemes preferits era un vers del poeta llatí Ovidi:* «Bene vixit qui bene latuit» *('Viu bé qui bé s'amaga').*

Vida i obres

René Descartes (1596-1650) va néixer a La Haye (que avui s'anomena Descartes en honor seu), un poble de la regió francesa de la Turena, en el si d'una família benestant. El seu nom llatinitzat és *Cartesius* (les obres filosòfiques encara s'escrivien en llatí); per aquesta raó la seva filosofia s'anomena **cartesianisme**. Va estudiar en el col·legi jesuïta de La Flèche, un dels més prestigiosos de França, on va rebre una sòlida formació clàssica i humanística, en consonància amb l'esperit renaixentista, i on també conegué alguns dels recents descobriments científics, si bé la filosofia escolàstica que hi aprengué el deixà força insatisfet. Durant els anys que va romandre a La Flèche va llegir obres d'autors diversos ja que podia restar, a causa de la seva mala salut, tot el temps que volia al llit i això l'acostumà a pensar lliurament i per si mateix.

Després de llicenciar-se en Dret a la Universitat de Poitiers, decidí estudiar «en el gran llibre del món»; s'allistà llavors en l'exèrcit protestant del príncep Maurici de Nassau, que lluitava contra les tropes espanyoles. Més tard va formar part de les tropes catòliques del duc Maximilià de Baviera. Quan abandonà la carrera de les armes, es va dedicar a viatjar per diversos països europeus. Després de passar una temporada a París, s'instal·là a Holanda, país hospitalari i tolerant, on buscà la tranquil·litat necessària per poder treballar en la redacció de les seves obres.

ACTIVITATS

1> Què s'entén habitualment per *racionalisme*? Coincideix amb el concepte que es desprèn dels punts anteriors?

No obstant el seu retir, va mantenir una àmplia correspondència amb diverses personalitats polítiques i intel·lectuals del moment. Dels dotze volums de la seva obra completa, la meitat correspon a les nombroses cartes que va escriure. Cal destacar, en aquest sentit, l'interessant intercanvi epistolar que mantingué amb la princesa Isabel de Bohèmia, desitjosa de conèixer de primera mà la filosofia cartesiana.

L'any 1649 li va arribar una oferta de la reina Cristina de Suècia, amb qui ja es cartejava, en la qual el convidava a Estocolm per tal que li ensenyés directament la seva filosofia. Com que l'ambient polític d'Holanda ja no era tan obert com vint anys enrere, Descartes va decidir acceptar l'oferta reial. Però la seva estada a la cort sueca fou breu, ja que l'hàbit de la reina de començar les classes a les cinc de la matinada pogué més que la fràgil salut del filòsof, que va morir de pulmonia l'any 1650. Alguns biògrafs apunten la hipòtesi que Descartes morí enverinat a causa de la gran influència que el pensador francès tenia sobre la reina.

Entre les seves obres més importants destaquen el *Discurs del mètode* (1637), escrit no en llatí sinó en francès i amb un cert caràcter autobiogràfic, sovint considerada l'obra inaugural de la filosofia moderna. En les *Meditacions metafísiques* (1641), escrites en llatí i més tard traduïdes al francès, Descartes exposa de forma sistemàtica els seus principis ontològics. Aquesta obra anava seguida d'unes *Objeccions* realitzades per alguns dels més importants filòsofs de l'època i també de les *Respostes* que hi donà Descartes. Altres obres seves són *Els principis de filosofia* (1644), *Tractat de l'home* (1664), *El món o tractat de la llum* (1664), *Tractat de les passions* (1649) i *Regles per a la direcció de l'enginy* (1701).

> 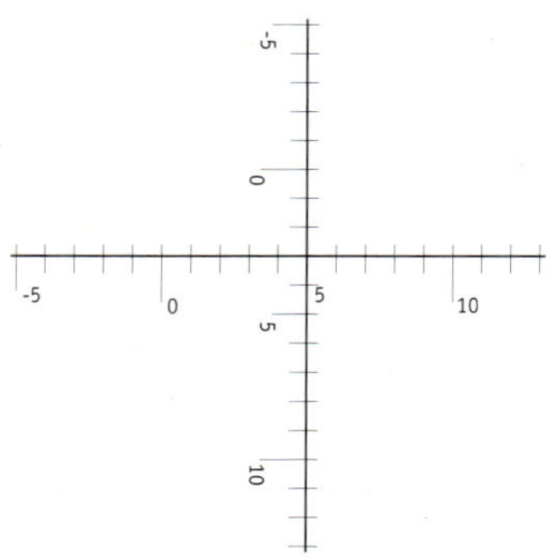
>
>
> «El nombre d'aplicacions del sistema cartesià de coordenades en la nostra vida diària és immens. Literalment tot el que fem o veiem o usem en la nostra vida diària té alguna cosa a veure amb el gran invent de Descartes.»
>
> *El quadern secret de Descartes*
> **Amir D. Aczel**

La raó, un nou criteri de veritat

La insatisfacció que manifesta Descartes pels ensenyaments rebuts a La Flèche s'estén també a la filosofia escolàstica i a les ciències basades en Aristòtil. Per això creu que és necessari començar de bell nou i construir una nova filosofia partint d'uns fonaments molt més sòlids i segurs, indubtables. Cal disposar d'un criteri de veritat que permeti separar els coneixements vertaders d'aquells que són falsos o tan sols versemblants. Ara bé, aquest criteri no el podem trobar en el pensament tradicional —ja no és possible recórrer a Aristòtil com a argument d'autoritat— ni tampoc en la percepció sensible —perquè el coneixement que aquesta ens ofereix és sovint dubtós o, el que és pitjor, erroni. Les matemàtiques, «a causa de la certesa i de l'evidència de les seves raons», brinden el model a partir del qual es pot obtenir el criteri de veritat i mostren el mètode racional amb què es pot construir l'edifici complet del coneixement.

> «Aquestes llargues cadenes de raons, tan simples i fàcils, de què solen servir-se els geòmetres per arribar a les seves demostracions més difícils m'havien donat ocasió d'imaginar-me que totes les coses que poden caure sota el coneixement humà s'entresegueixen de la mateixa manera, i que, solament que ens abstinguem d'acceptar-ne cap per vertadera sense ser-ho i que guardem sempre l'ordre que cal per deduir les unes de les altres, no n'hi pot haver de tan allunyades que no hi puguem finalment arribar, ni de tan amagades que no puguem descobrir.»
>
> *Discurs del mètode*, II
> **René Descartes**

La geometria analítica

Descartes, juntament amb el matemàtic francès **Pierre Fermat** (1601-1665), és el creador de la geometria analítica —el primer avenç autènticament important en aquesta disciplina des de l'època d'Euclides—, la qual permet la «traducció» dels problemes geomètrics a problemes algebraics mitjançant un sistema de coordenades, les **coordenades cartesianes.** En lloc de complicades corbes, superfícies i figures geomètriques, a voltes difícilment representables per la imaginació, hi ha nombres i equacions resolubles a través d'un procediment de càlcul aritmètic. Tal com ell mateix afirma: «Tot just ara floreix un cert gènere d'aritmètica, anomenada *àlgebra*, que executa sobre els nombres allò que els antics feien amb les figures.»

Aquest descobriment seu l'omple d'una gran alegria. Descartes aplica aquesta idea a totes les ciències: si amb un mètode algebraic es poden resoldre els problemes geomètrics, tal vegada és possible trobar un mètode general que permeti solucionar els problemes de qualsevol ciència. Un dels objectius de la filosofia cartesiana serà trobar aquest mètode universal amb el qual es pugui arribar a la veritat i aplicar aquest mètode, que la raó ja utilitza en les matemàtiques, als altres camps del coneixement. Per això s'ha dit que la història de la filosofia moderna serà la història d'una enveja, l'enveja que inspira la ciència a causa de la seva seguretat matemàtica.

L'arbre de la filosofia

La concepció cartesiana de la filosofia i de la ciència està en consonància amb aquesta idea d'un mètode únic per a tots els sabers. Així, Descartes no distingeix entre coneixement científic i coneixement filosòfic, ja que el fonament d'ambdós és el mateix: la raó, el **pensament racional.** Per això, el saber no és un conjunt desordenat d'informacions deslligades les unes de les altres, sinó un sistema estructurat de veritats lògicament connectades. El vertader coneixement és el tot coherent, l'explicació global de la realitat. Descartes presenta el quadre general del saber, en què destaca la idea de la veritable filosofia com un arbre, en aquests suggeridors termes:

> «D'aquesta manera, la totalitat de la Filosofia s'assembla a un arbre, les arrels del qual són la Metafísica, el tronc és la Física i les branques que broten d'aquest tronc són totes les altres ciències, que es redueixen principalment a tres: a saber, la Medicina, la Mecànica i la Moral.»
>
> *Els principis de la filosofia*, prefaci
> **René Descartes**

Aquest quadre de Rembrandt (1606-1669) titulat El bou escorxat *(1655) —actualment al Museu del Louvre, París— il·lustra una de les principals passions de Descartes: l'interès per l'anatomia i la fisiologia (molt sovint estudiava minuciosament les vísceres d'animals de carnisseria per tal d'entendre'n el mecanisme, especialment la circulació de la sang). Quan una vegada un amic que el visità s'estranyà dels pocs llibres que tenia a casa, Descartes assenyalà un bou mig esquarterat i digué: «Aquests són els meus llibres».*

El mètode cartesià

Per a Descartes, el mètode és essencial per al descobriment de la veritat. En el *Discurs del mètode* i en les *Regles per a la direcció de l'enginy*, Descartes explica què entén per mètode i quines són les regles del mètode que proposa:

> «Així doncs, per mètode entenc unes regles segures i fàcils per les quals qualsevol que se'n serveixi exactament no suposarà mai una cosa falsa per vertadera i, sense esmerçar inútilment cap esforç de la ment, augmentant gradualment la ciència, arribarà al coneixement vertader de tot allò de què serà capaç.»
>
> *Regles per a la direcció de l'enginy*, IV
> **René Descartes**

L'exacte compliment de les regles del mètode assegura la consecució del coneixement vertader, de manera que, en aquest cas, mai ningú no prendrà com a vertader el que és fals. El mètode és garantia de veritat. Quan la ment s'aplica metòdicament a la investigació dels problemes que estan al seu abast, necessàriament tindrà èxit i arribarà a la seva solució. La confiança cartesiana en les possibilitats del mètode és, doncs, completa. A més, el mètode proposat per Descartes és el mateix per a les ciències, les disciplines humanístiques i la filosofia. En tots aquests casos es tracta d'avançar ordenadament des d'unes veritats segures i evidents a unes altres igualment segures i evidents. El mètode és, en definitiva, el camí que porta al coneixement de la veritat en tots els camps del saber.

Abans de veure aquestes regles, és necessari precisar que les operacions o facultats de coneixement de la ment són la *intuïció* i la *deducció*.

La intuïció

La intuïció és una visió intel·lectual per la qual la ment comprèn completament una qüestió, de manera que no queda el més mínim rastre de dubte, ja que la intuïció es fonamenta en si mateixa i no depèn de cap altre coneixement. La sola intuïció d'una proposició certifica la veritat d'allò intuït. Descartes en posa alguns exemples: «Així, cadascú pot intuir amb l'esperit que ell existeix, que pensa, que el triangle està limitat només per tres línies, l'esfera, per una sola superfície, i altres coses semblants.»

> «Per intuïció entenc no pas el testimoni fluctuant dels sentits, ni el judici erroni d'una imaginació que compon malament, sinó aquella concepció tan fàcil i distinta d'una ment pura i atenta que no resta absolutament cap dubte sobre allò que entenem. [...] Hi ha moltíssimes coses que, per bé que elles mateixes no són evidents, són conegudes amb certesa: només cal que siguin deduïdes de principis coneguts vertaders per un moviment continu i completament ininterromput del pensament que intueixi clarament cada pas.»
>
> *Regles per a la direcció de l'enginy*, III
> **René Descartes**

La deducció

La deducció, en canvi, és el coneixement que arrenca d'un altre coneixement i que fonamenta en aquest últim la seva veritat. Diu Descartes que «aquí hem afegit un altre mode de conèixer que es fa per deducció, per la qual entenem tot allò que es conclou necessàriament d'altres coses conegudes amb certesa». La intuïció és necessària també en la deducció, ja que la veritat de la conclusió dependrà de les premisses, les quals es coneixen al capdavall per intuïció.

Les regles del mètode

En la segona part del *Discurs del mètode* Descartes exposa de manera breu els preceptes metodològics o regles del mètode.

Primera regla: evidència

La primera regla presenta l'evidència com a criteri de veritat. Una proposició **evident** és una proposició vertadera. I què és una proposició evident? És una proposició **clara** i **distinta**. La primera regla estipula: «No acceptar mai cap cosa com a vertadera sense conèixer evidentment que ho fos; és a dir, evitar acuradament la precipitació i la prevenció, i no incloure en els meus judicis res més que allò que es presentés al meu esperit tan clarament i tan distintament que jo no tingués cap motiu per posar-ho en dubte». *Evident* és el contrari de «fals», «dubtós» o «versemblant», i és sinònim d'«indubtable». L'evidència és la suma de la claredat i la distinció. *Claredat* és el contrari d'«obscuritat» i significa «'immediatesa'»; una idea o un pensament clar és una idea directa i òbvia. *Distinció* és el contrari de «confusió». Una idea distinta conté tots els ingredients precisos que la formen, de manera que es pot perfectament distingir de les altres idees i no es pot confondre amb elles.

Les restants regles no persegueixen sinó obtenir aquests coneixements clars i distints. Així doncs, aquesta primera regla formula, d'una banda, el **criteri de certesa** —les idees evidents— i, de l'altra, adverteix sobre dos errors o prejudicis que cal evitar, la precipitació —prendre per vertader allò que no ho és— i la **prevenció** —negar-se a acceptar com a vertader allò que ho és.

En aquest quadre de Pierre Louis Dumesnil (1698-1781) titulat Cristina de Suècia i la seva cort (1649-1650) *—actualment al Museu Nacional de Versalles— apareixen Descartes, impartint una classe, i la reina Cristina de Suècia i altres membres de la cort sueca. La reina persuadí Descartes perquè acceptés viatjar al país bàltic. Interessada per la nova **filosofia racionalista**, la jove reina obligava Descartes a començar les lliçons de filosofia a les cinc de la matinada, tres dies a la setmana. Cada sessió durava cinc hores.*

Segona regla: anàlisi

La segona regla prescriu que cal: «Dividir cadascuna de les dificultats que examinés en tantes parts com fos possible i com calgués per resoldre-la millor.» Es tracta de descompondre els problemes en els seus elements més simples, tal com sovint es fa en les matemàtiques, els quals podran ser coneguts indubtablement per intuïció. Aquesta mena d'«àtoms» del coneixement, anomenats **naturaleses simples**, són fàcilment cognoscibles i d'ells deriven els coneixements més complexos; constitueixen, doncs, el sòlid terreny en què s'aplica la regla següent.

Tercera regla: síntesi

La tercera regla afirma la necessitat de: «Conduir per ordre els meus pensaments, començant pels objectes més simples i més fàcils de conèixer, per ascendir a poc a poc, gradualment, fins al coneixement dels més complexos.» Aquesta regla del mètode permet reconstruir en sentit invers el camí de l'anàlisi. A partir dels elements més simples, coneguts intuïtivament, la ment dedueix els elements restants amb la mateixa certesa que aquells, ja que cada pas està garantit per una operació mental clara i distinta. En aquest sentit, es pot dir que el mètode proposat s'assembla a les operacions efectuades en desmuntar —anàlisi— i tornar a muntar —síntesi— qualsevol artefacte mecànic. Per tant, la facultat de la intuïció intervé en l'anàlisi, mentre que la deducció ho fa en la síntesi. El mètode cartesià, en definitiva, és una sèrie de procediments que regulen el pas d'allò conegut intuïtivament a allò conegut deductivament.

Quarta regla: enumeració

La quarta regla recomana: «Fer arreu recomptes tan complets i revisions tan generals que arribés a estar segur de no ometre res.» Aquesta última prescripció ve a ser una metaregla que regula la verificació de les operacions anteriors: el recompte per assegurar que l'anàlisi és completa i la revisió per controlar la correcció de la síntesi; en definitiva, repassar l'aplicació de les regles anteriors.

Descartes és ben explícit a l'hora de justificar l'origen del seu mètode: les matemàtiques, que passen a convertir-se en el paradigma o exemple a imitar de tots els altres sabers.

El dubte metòdic

Un cop ja en possessió d'un mètode efectiu, Descartes vol assegurar-se que és aplicable a altres àmbits diferents de les matemàtiques; per això es disposa a buscar coneixements tan indubtables com aquells que s'obtenen en l'àlgebra o en la geometria. I, com a pas previ, considera que és necessari dubtar del que sigui qüestionable i, en conseqüència, «rebutjar com a absolutament fals tot allò en què pogués imaginar el més petit dubte, per tal de veure si després d'això quedava en la meva convicció alguna cosa que fos completament indubtable». De què és possible dubtar, doncs?

> *Discurs del mètode per conduir bé la raó i cercar la veritat en les ciències* es publicà l'any 1637 sense el nom de l'autor. Aquesta obra anava seguida de tres tractats científics: *La diòptrica, Els meteors i La geometria.* El nou escenari intel·lectual en què es mou Descartes es posa de manifest en el fet que el *Discurs* apareix en francès i no en llatí, la qual cosa va afavorir una més àmplia difusió.

Els sentits

Així, és possible dubtar dels sentits, que sovint ens enganyen (una torre quadrada es veu rodona des de lluny o un pal sembla trencat dins l'aigua). «Així, com que els sentits a vegades ens enganyen, vaig voler suposar que no hi havia res que fos tal com ells ens ho fan imaginar.» Aquesta primera raó no fa dubtar pròpiament de l'existència dels cossos físics sinó de la confiança que mereix el coneixement sensible dels cossos.

ACTIVITATS

2> Compareu el concepte d'*idea* de Descartes amb el de Plató. Compareu-lo també amb el concepte del *sentit comú*, propi del discurs o de la concepció de la vida quotidiana.

3> Esteu d'acord amb la importància que dóna Descartes al mètode? El seguiment d'un mètode és garantia del descobriment de la veritat? Compareu el mètode cartesià amb el mètode que fa servir actualment la ciència.

> «Però també dubtarem de totes les altres coses que ens han semblat molt certes en altres moments, fins i tot de les demostracions de la matemàtica i dels seus principis, encara que siguin bastant manifests per si mateixos, ja que hi ha homes que, raonant sobre aquestes matèries, s'han equivocat. [...] I encara no sabem si Déu ha volgut fer-nos de tal manera que sempre estiguem equivocats, fins i tot sobre aquelles matèries que creiem conèixer millor.»
>
> *Els principis de la filosofia*, I, 5
>
> **René Descartes**

La confusió somni/vigília

No podem distingir clarament el somni de la vigília, de manera que no podem dir si estem desperts o bé si somiem que estem desperts. «Considerant que tots els pensaments que tenim estant desperts ens poden venir també quan dormim, sense que llavors n'hi hagi cap que sigui veritat, vaig decidir fingir que totes les coses que fins aleshores havien entrat en el meu esperit no eren pas més veritables que les il·lusions dels meus somnis.» Aquesta raó sí que posa en dubte l'existència mateixa dels cossos físics. En efecte, si la vida és un somni, tal com ja havia escrit per la mateixa època el dramaturg espanyol Calderón de la Barca, resulta que no podem estar segurs de l'existència real dels objectes que veiem. Però, la impossibilitat de distingir el somni de la vetlla no afecta la certesa de les proposicions matemàtiques: continua sent veritat que «3 + 2 = 5».

La raó

També és possible dubtar de la nostra pròpia raó, que a voltes ens confon en els més elementals raonaments; a més a més, les veritats matemàtiques potser no són tan fermes ja que es podria pensar, com a hipòtesi, que «un cert geni maligne, no menys astut i enganyós que poderós, ha utilitzat tot el seu enginy a fi d'enganyar-me». Descartes dubta de —i, per tant, considera provisionalment fals— tot allò que s'havia considerat tradicionalment vertader.

El dubte cartesià és un dubte **metòdic**, ja que Descartes no dubta com els escèptics, que dubten de debò, sinó com un pas preliminar i necessari per aconseguir el coneixement. De fet, el dubte metòdic és un dubte fingit que va en contra dels escèptics i que en cap cas no pretén reforçar els seus arguments. Descartes dubta (o fingeix dubtar) per tal de poder eliminar posteriorment qualsevol dubte i obtenir, així, una veritat segura. És també un dubte **universal**, ja que s'aplica a totes les coses o coneixements dels quals es pugui raonablement dubtar. I també és un dubte **teòric**, en el sentit que no s'estén a la vida pràctica i a la conducta moral. Finalment, és un dubte **provisional**, perquè es proposa examinar tots els coneixements que posseïm per tal d'avaluar-ne la veritat i no pas substituir tots aquests coneixements per uns altres de nous.

«Penso, per tant existeixo»

Així doncs, hi ha cap veritat que no pugui posar-se en dubte? En aquest punt, Descartes s'adona de l'existència d'un coneixement absolutament ferm i segur, a partir del qual es pot reconstruir tota la filosofia:

> «Però, immediatament em vaig adonar que, mentre volia així pensar que tot era fals, calia necessàriament que jo, que ho pensava, fos alguna cosa. I advertint que aquesta veritat, "penso, per tant existeixo", era tan ferma i segura que ni totes les més extravagants suposicions dels escèptics eren capaces de fer-la trontollar, vaig jutjar que la podia admetre sense escrúpols com el primer principi de la filosofia que cercava.»
>
> *Discurs del mètode*, IV
>
> **René Descartes**

ACTIVITATS

4> Cerqueu informació sobre el drama de Pedro Calderón de la Barca *La vida es sueño*, de l'any 1635, i exposeu-la a la classe. Resumiu-ne l'argument i expliqueu per què creieu que té relació o no amb el *Discurs del mètode* de Descartes. Així mateix, busqueu informació d'altres autors que també han tractat d'aquest tema, com Plató (*Teetet*, 158 d), Pascal (*Pensaments*, 386) o Unamuno (*Niebla*, XXIII).

Aquesta proposició, vertaderament indubtable i indubtablement vertadera, és d'una tal naturalesa que, cada cop que s'intenta negar-la, resulta confirmada. No podem dubtar que dubtem, igual que resulta impossible pensar que no pensem. És pot dubtar del «contingut» del pensament, però no del fet mateix del pensament. Sant Agustí ja havia expressat aquesta idea en termes semblants en dir que «Si m'enganyo, existeixo. Qui no existeix no pot enganyar-se; per tant, jo existeixo, si m'enganyo», encara que aquesta idea tenia en el seu pensament una altra funció. Podem veure, doncs, que Descartes no va fer una completa taula rasa del passat filosòfic.

La primera veritat —«Penso, per tant existeixo» o ***Cogito, ergo sum*** en llatí— sembla tenir forma de raonament. Es podria creure, doncs, que de la premissa implícita o suposada «Tot allò que pensa, existeix», juntament amb la premissa «Jo penso», es pot deduir la conclusió «Jo existeixo». Descartes deixa ben clar, però, que no es tracta d'una deducció sinó d'un coneixement adquirit per intuïció; intueixo clarament i distintament que hi ha una connexió necessària entre el fet de pensar i el d'existir: mentre penso, existeixo; pensant, sóc. Cal tenir present que Descartes dóna un significat molt ampli al concepte de pensament, que inclou qualsevol activitat psicològica o qualsevol contingut mental del qual som immediatament conscients, com ara suposar, recordar, imaginar, sentir, etc.

Descartes *ha estat considerat l'Aristòtil de l'època moderna, el filòsof que proposarà una filosofia en consonància amb els nous avenços científics. En aquest retrat es pot apreciar com Descartes trepitja un infòlio atribuït a Aristòtil.*

L'evidència com a criteri de veritat

L'aplicació rigorosa del mètode que la raó utilitza en les matemàtiques ha portat a una primera veritat indubtable: el *cogito*. Descartes es pregunta quina és la naturalesa d'aquesta proposició, que la fa ser tan fermament segura; i com que la resposta és l'**evidència**, Descartes diu que qualsevol proposició evident serà igualment vertadera.

Les substàncies

En aquest punt, Descartes està en possessió d'una primera veritat inqüestionable, el *cogito*, de la qual pot derivar un criteri de veritat. Així, el *cogito* es constitueix com la primera veritat i com la veritat modèlica, és a dir, com el model paradigmàtic de totes les veritats. El criteri de veritat coincideix, doncs, amb la primera regla del mètode cartesià.

La substància pensant

El meu jo és una substància pensant, una ànima, un esperit o ment. Diu Descartes que: «Aquest jo, és a dir, l'ànima, per la qual sóc allò que sóc, és enterament distinta del cos, i fins i tot és més fàcil de conèixer que aquest, i encara que el cos no existís, l'ànima no deixaria pas de ser tot allò que és» (*Discurs del mètode*, IV).

Descartes exposa aquí la seva concepció **dualista** de l'ésser humà. Aquest és un ésser format per dues substàncies completament diferents, la qual cosa obligarà Descartes a trobar una explicació de com es poden relacionar aquestes dues substàncies entre si.

Sigui com sigui, ara sé que sóc, que existeixo: «Però què sóc, doncs? Una cosa que pensa. Què és una cosa que pensa? És una cosa que dubta, que entén, "que concep", que afirma, que nega, que vol, que no vol, que també imagina i que sent. No és poc, si totes aquestes coses pertanyen a la meva naturalesa» (*Meditacions metafísiques*, II). En resum, l'ànima, per Descartes, està formada per l'enteniment, la voluntat, la imaginació i la sensibilitat.

Aquesta substància pensant es coneix com la ***res cogitans***. En sentit estricte, només Déu és substància, atès que «quan concebem una substància, tan sols concebem una cosa que existeix de tal manera que només té necessitat de si mateixa per existir». Ara bé, en sentit ampli, també es pot dir que les ments i els cossos són substàncies.

"

«Després d'això, vaig considerar què es requereix en general perquè una proposició sigui vertadera i certa; perquè, com que n'acabava de trobar una que jo sabia que ho era, vaig pensar que havia de saber també en què consisteix aquesta certesa. I, havent remarcat que en la proposició "penso, per tant existeixo" no hi ha res que m'asseguri que dic la veritat fora del fet de veure molt clarament que per pensar cal existir, vaig jutjar que podia prendre com a regla general que les coses que concebem molt clarament i molt distintament són totes vertaderes.»

Discurs del mètode, IV

René Descartes

> «Considero que l'existència i l'essència de Déu són tan separables com l'essència d'un triangle rectilini i el fet que els seus angles valguin dues rectes, o la idea de muntanya i la de vall; de manera que no repugna menys concebre un Déu (és a dir, un ésser supremament perfecte) al qual li falti l'existència (és a dir, al qual li falti una perfecció), del que repugna concebre una muntanya a la qual li falti la vall.»
>
> *Meditacions metafísiques*, V
> **René Descartes**

La substància divina

La primera veritat de la filosofia cartesiana afirma l'existència del meu jo pensant com a substància. Per poder provar l'existència del món extern i del meu cos, és necessari demostrar que la hipòtesi del geni maligne és falsa. Per demostrar això, cal provar l'existència de Déu. Descartes examina els diferents tipus d'idees presents en la ment: les **innates** són les que provenen de la pròpia ment; les **adventícies** són les idees que semblen venir de fora (com la idea d'arbre o de taula) i, finalment, les idees **fictícies** (com el concepte de centaure o de sirena) són les creacions de la imaginació. Una de les idees innates és la idea de Déu: «Per "Déu" entenc una substància infinita, eterna, immutable, independent, omniscient, omnipotent, i per la qual jo mateix i totes les altres coses que existeixen (si és que n'existeix cap) han estat creades i produïdes» (*Meditacions metafísiques*, III). Segons Descartes, aquesta idea només ha pogut ser implantada en mi per Déu mateix. Així que sé que Déu, la ***res divina***, existeix perquè jo posseeixo la idea d'aquest ésser i aquesta idea no pot tenir cap altre origen que Déu mateix, perquè ni és una idea adventícia ni l'ha pogut crear la meva ment imperfecta. Descartes, en una nova mostra de connexió amb la tradició platònica i augustiniana medieval, empra altres arguments per provar l'existència de Déu, com l'argument ontològic que ja havia utilitzat Anselm de Canterbury.

Déu, garantia de veritat

Déu existeix i, a més, no pot enganyar-me, ja que la seva naturalesa divina és incompatible amb l'engany: «Per la qual cosa és evident que no pot ser enganyador, perquè la llum natural de la raó ens ensenya que l'engany depèn d'algun defecte» i Déu és l'ésser infinitament perfecte; per tant, és bo i no ens pot enganyar. El Déu de Descartes és garantia de veritat, en el sentit que confirma la validesa de les regles del mètode i l'evidència com a criteri de veritat. La prova de l'existència de Déu permet rebutjar la hipòtesi del geni maligne, o la suposició d'un defecte «estructural» de la ment humana que la portés a considerar sistemàticament com a vertaderes proposicions que són falses. Les facultats cognoscitives són fiables ja que, en última instància, són obra de Déu.

Al capdavall, les idees evidents són vertaderes perquè Déu existeix (el fet que «les coses que concebem molt clarament i molt distintament són totes vertaderes només és segur perquè Déu és o existeix»). Aquest raonament de Descartes ha estat objecte d'una forta polèmica, ja que pot incórrer, en opinió d'alguns crítics, en un cercle viciós. Així, s'ha assenyalat que Descartes cau en una argumentació circular en intentar provar l'existència de Déu a partir del criteri de l'evidència, alhora que certifica la seguretat d'aquest criteri a partir de l'existència de Déu.

> «Confesso francament aquí que no conec cap altra matèria de les coses corpòries que la que és divisible, configurable i mòbil de tota classe de maneres, és a dir, la que els geòmetres anomenen quantitat i que prenen com a objecte de les seves demostracions; i no considero en aquesta matèria cap altra cosa que els seus moviments, les seves figures i les seves divisions; finalment i en allò que es refereix a això, res no desitjo acceptar com a vertader sinó allò que és deduït d'aquestes nocions amb tanta evidència que pugui tenir la categoria d'una demostració matemàtica.»
>
> *Els principis de la filosofia*, II, 64
> **René Descartes**

La substància material

Ara cal, tan sols, demostrar l'existència de les coses corpòries del món exterior, incloent-hi els altres éssers humans. Les impressions sensibles que semblen provenir de fora (idees adventícies) no proven per si mateixes la realitat d'aquelles coses. Per això, Descartes recorre a la bondat i a la veracitat de Déu. Primer, constata que tinc sensacions que suposadament provenen dels objectes exteriors a la substància pensant. Al mateix temps, tinc una forta inclinació a pensar que aquestes sensacions tenen la seva causa en les coses materials, és a dir, que no són productes de la meva imaginació —de fet, vénen a mi independentment de la meva voluntat i dels meus desigs— ni és Déu qui les ha posat directament en la meva ment. Ara bé, Déu seria enganyador si permetés que jo cregués erròniament que els objectes materials fossin reals, mentre que, de fet, no existissin.

Ara bé, com ja s'ha demostrat, Déu és bondadós i veraç i no pot permetre que jo m'equivoqui sempre en una qüestió tan important; per tant, les coses materials realment existeixen. En el sistema cartesià, Déu és l'última garantia que les coses corpòries existeixin efectivament. La certesa de l'existència de la substància divina assegura que les percepcions sensibles tenen una causa objectiva i, per tant, que les coses materials i les altres substàncies pensants també existeixen. Novament, Déu és la garantia que el criteri de veritat (les idees evidents són idees vertaderes) és vàlid i no pot portar-nos a l'engany.

L'extensió

Com és, però, el món material? Per a Descartes, l'única característica essencial de la realitat física és l'extensió. El món no és més que matèria extensa i moviment, d'aquí ve que la substància material s'anomeni ***res extensa***.

La concepció cartesiana del món físic com a simple extensió material tindrà conseqüències enormes en la investigació de la naturalesa. Només les qualitats primàries són objectives, això és, reals, existents en l'objecte; les qualitats secundàries —el color, el so, la duresa, el pes, etc.— són subjectives, és a dir, no formen realment part de l'objecte sinó del subjecte que les percep, no són més que modificacions de la consciència. No hi ha, doncs, cap qualitat secundària imprescindible; qualsevol d'elles pot ser suprimida sense que desaparegui el cos del qual és una qualitat. En canvi, l'extensió és l'única qualitat imprescindible en qualsevol cos. Els modes en què es presenta l'extensió són la magnitud, la forma o figura i el moviment i el repòs.

Aquest món de qualitats primàries és susceptible de l'anàlisi i tractament matemàtic. La física de Descartes és mecanicista. El **mecanicisme** és la teoria segons la qual l'Univers físic està format únicament per partícules materials que interaccionen segons certes lleis —com la llei de la inèrcia o la llei de l'acció i la reacció. Allò que determina les característiques dels objectes materials és l'extensió, quantificable i susceptible de descripció matemàtica i, per tant, de coneixement clar i precís. Així, afirma a *Els principis de la filosofia* que «no accepto principis en física que no siguin acceptats en matemàtiques per tal de poder provar mitjançant demostració tot allò que en deduiré; aquests principis són suficients en tant que tots els fenòmens de la naturalesa poden ser explicats per mitjà d'ells». La física cartesiana és una física teòrica que dedueix les lleis de la naturalesa no de la simple observació empírica, sinó sobretot de certs principis deductius. Així, la raó matemàtica és capaç de donar resposta als problemes del món físic, com ara la rotació i la translació dels planetes o les lleis de caiguda dels cossos.

> «La naturalesa de la matèria o del cos pres en general, en cap cas no consisteix que sigui una cosa dura, o pesada, o amb un color, o de qualsevol altre mode que afecti els nostres sentits, sinó que la naturalesa del cos no és més que ser una substància extensa en longitud, amplada i profunditat.»
> *Els principis de la filosofia*, II, 4
> **René Descartes**

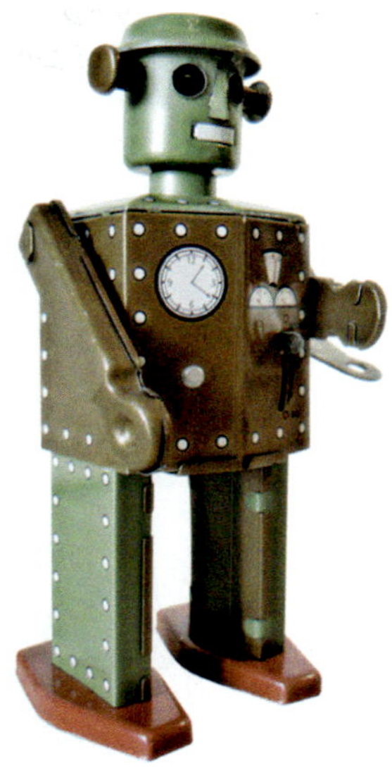

Per a Descartes, el cos humà funciona igual que un **autòmat***; així, diu: «El cos no és altra cosa que una estàtua o una màquina de terra.» Al segle* XVII*, la paraula* autòmat *designa qualsevol enginy capaç de moure's sense dependre de cap impuls extern. Descartes utilitza aquest terme per emfasitzar que el funcionament dels cossos pot ser explicat simplement a través de l'estructura organitzada de les seves parts internes, sense haver d'utilitzar una ànima motriu.*

Física racionalista

Com es pot veure, la física cartesiana és una física racionalista, basada en la deducció racional de les característiques de l'Univers a partir d'uns quants principis metafísics i un nombre reduït de lleis del moviment de la matèria. Segons Descartes, l'experiència no juga un paper important amb vista a l'obtenció dels principis i lleis, sinó que aquests són deduïbles racionalment. I això perquè les lleis naturals són les lleis matemàtiques gravades en la naturalesa per Déu i, en conseqüència, són lleis universals i necessàries, absolutament vertaderes, en tant que depenen de la voluntat divina. Com que el Déu cartesià és un Déu no enganyador, el coneixement de la naturalesa a través de les idees clares i distintes serà necessàriament vertader. Tal com afirma l'historiador del pensament Alexandre Koyré: «El cartesià és un Déu veraç; per tant, el coneixement sobre el món creat per Ell, que les nostres idees clares i distintes ens permeten aconseguir, és un coneixement vertader i autèntic.» Atès que l'Univers creat per Déu té una estructura matemàtica i tenint en compte que la raó humana és capaç de conèixer les lleis matemàtiques, es desprèn que hi ha una correspondència entre la naturalesa i la raó, i això possibilita el coneixement de l'Univers.

El gran objectiu de Descartes era construir una ciència universal (*mathesis universalis*). Havia descobert que podia utilitzar les matemàtiques per entendre millor l'Univers. També va creure que podia aplicar els principis de les matemàtiques no solament a la física, sinó també a la mateixa filosofia.

Ara, amb Descartes —i amb Galileu i Newton— neix la física moderna, la física quantitativa, matemàtica, i desapareixen definitivament els conceptes qualitatius propis de la física aristotèlica i de la concepció màgica de la tradició platònica, com els de canvi natural i artificial, món sublunar i món supralunar, naturalesa impulsada per forces animades, etc.

Relació entre la substància pensant i la substància material

> «La naturalesa m'ensenya també, mitjançant aquests sentiments de dolor, de fam, de set, etc., que no sóc solament en el meu cos, com un pilot a la seva nau, sinó que a més d'estar estretament unit i de tal manera confós i mesclat en ell, és com si formés una sola cosa. Ja que, si no fos així, no sentiria dolor quan el cos està ferit, ja que no sóc més que una cosa que pensa, però notaria aquesta ferida únicament per l'enteniment, com un pilot percep per la vista si alguna cosa es trenca en el seu vaixell.»
>
> *Meditacions metafísiques*, VI
>
> **René Descartes**

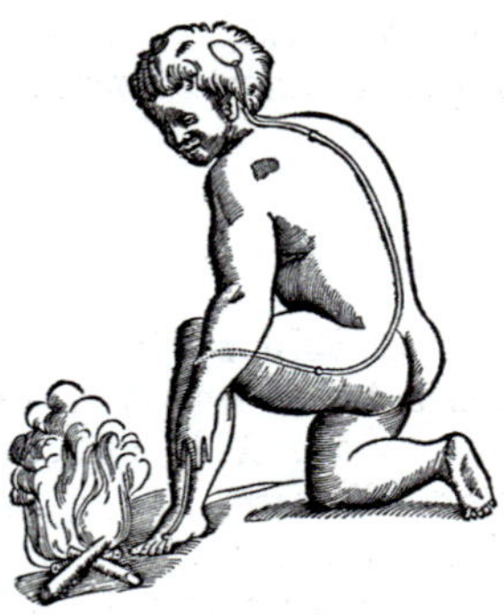

La figura 7 del Tractat de l'home *de Descartes il·lustra el moviment de retirar ràpidament el peu situat prop del foc talment com «quan es provoca el so d'una campana, unida a una corda, ja que aquest es produeix en el mateix moment en què s'estira des de l'altre extrem». Alguns han volgut veure en aquesta explicació mecanicista de Descartes la noció d'**acte reflex**.*

Quin lloc ocupa l'ésser humà en aquest món material i mecanicista? Per a Descartes, els humans són éssers duals, formats per dues substàncies completament distintes: la **substància pensant** —el jo, la ment, la consciència, l'ànima— i la **substància extensa** —el cos—; per tant, abandona la idea aristotèlica i escolàstica de l'ànima com a principi vital. El mecanicisme adoptat per Descartes permet explicar l'estructura i el funcionament dels cossos materials en termes d'una màquina. I això també és aplicable al cos humà. D'aquesta manera es fa innecessari apel·lar a conceptes com els d'ànima vegetativa o sensitiva per entendre els processos vitals. El cos humà funciona igual que un mecanisme de rellotgeria o que un autòmat. Els animals són simples màquines o autòmats, incapaços de pensar o d'experimentar cap sentiment, que actuen mecànicament, sense llibertat. Els humans són els únics éssers que posseeixen un cos mecànic i una ànima racional. Descartes compara la màquina corporal humana amb la «maquinària de rellotges, fonts artificials, molins i altres màquines similars».

Ara bé, quina relació mantenen aquestes dues substàncies independents que, conjuntament, formen l'ésser humà? Com es comuniquen ànima i cos? En aquest punt, Descartes rebutja la concepció platònica de la unió accidental de l'ànima i el cos, així com la concepció aristotèlica de la unió substancial. El problema es planteja en aquests termes: jo sóc una substància pensant, una *res cogitans*, i sóc completament diferent i independent del meu cos, que és una substància extensa.

Així que Descartes separa completament l'ànima del cos. Però, al mateix temps, és conscient que hi ha una interacció entre ambdós, que l'ànima no es troba tan sols «allotjada» en un cos, sinó molt unida a ell. La distinció entre ànima i cos és tan certa com la seva unió.

En conseqüència, si l'ànima experimenta els moviments del cos —a través d'unes partícules molt subtils anomenades *esperits animals*— i aquest obeeix les ordres d'aquella, ha d'haver-hi un punt de connexió entre ambdues substàncies, un lloc en el cos en el qual l'ànima es relaciona amb la realitat natural; aquest punt és la **glàndula pineal**. Segons Descartes, aquesta part del cervell és l'única que no és doble. I així conclou que aquesta part és la seu de l'ànima:

> «Em sembla que he descobert amb evidència que la part del cos on l'ànima exerceix immediatament les seves funcions no és pas el cor ni tampoc el cervell sencer, sinó la part més interna d'aquest, que és una certa glàndula força petita, situada al bell mig de la seva substància.»
>
> *Tractat de les passions*, I, 31
>
> **René Descartes**

El dualisme cartesià, que ja fou criticat per alguns dels seus contemporanis, va impulsar la investigació científica de la naturalesa, ja que s'eliminaven els obstacles tradicionals de caràcter religiós. Si l'ànima pertany a l'àmbit de la realitat espiritual, l'aprofundiment en el coneixement de la naturalesa material —la ciència física— no pot comportar cap perill perquè es tracta de dues realitats completament heterogènies: l'ànima, *res cogitans*, substància pensant i inextensa o immaterial, i el cos, *res extensa*, substància no pensant i extensa o material.

ACTIVITATS

5> Expliqueu i valoreu el fragment següent i feu un debat a classe a propòsit de l'existència de l'ànima i de la naturalesa humana:

> «És cert que jo, és a dir, la meva ànima, per la qual sóc el que sóc, és enterament i veritablement distinta del meu cos, i que pot ser o existir sense ell.»
>
> *Meditacions metafísiques*, VI
>
> **René Descartes**

6> Definiu els termes següents:

Mètode, intuïció, deducció, evidència, anàlisi, síntesi, dubte metòdic, res cogitans, res divina, res extensa, mecanicisme, glàndula pineal.

6.4 El cartesianisme

El **cartesianisme** és el moviment filosòfic i cultural iniciat per Descartes que es va desenvolupar al llarg dels segles XVII i XVIII. La seva influència arriba fins als nostres dies. En vida de l'autor, la seva repercussió ja fou molt gran a diversos països. A més d'un bon nombre de seguidors estrictes o continuadors de l'obra del pensador francès, el racionalisme cartesià està present en els gran pensadors racionalistes del segle XVII: Malebranche (França), Spinoza (Holanda) i Leibniz (Alemanya). Però, també podem trobar influències cartesianes en filòsofs empiristes com Locke (Anglaterra) o en creadors de grans sistemes filosòfics posteriors com Kant i Hegel (Alemanya).

Nicolas Malebranche: l'ocasionalisme

Davant el problema de la relació ment-cos, alguns pensadors cartesians, insatisfets amb la forçada solució proposada per Descartes —en definitiva, que hi ha una substància que, alhora, és pensant i extensa, la glàndula pineal—, proposaren una doctrina més coherent, segons el seu punt de vista, amb les premisses del dualisme antropològic. Al seu entendre, Descartes hauria intentat resoldre en termes físics o fisiològics un problema de caràcter metafísic, el de la connexió entre substàncies d'ordre i naturalesa diferents.

Aquesta nova doctrina és l'**ocasionalisme**. Filòsofs com **Nicolas Malebranche** sostenen que no hi pot haver cap mena de «comunicació» entre les dues substàncies si no és mitjançant la intervenció de Déu. Així, el desig i la decisió d'aixecar la mà no provoca directament la corresponent acció corporal, sinó que és l'ocasió perquè Déu produeixi, amb el seu poder infinit, el moviment de la mà. Malebranche afirma que Déu «mou la nostra mà fins i tot quan la usem contra les seves ordres». Aquesta doctrina substitueix el concepte de causa pel concepte d'**ocasió** (d'aquí ve el nom d'ocasionalisme). Els nostres actes corporals no estan causats immediatament per nosaltres; els pensaments immaterials són l'ocasió perquè Déu causi els canvis desitjats en la substància material. «Les causes ocasionals no són les veritables causes de les accions humanes. Només Déu posseeix l'eficàcia, el poder d'actuar; els éssers creats per Déu (les criatures) no són més que les ocasions per les quals Déu dóna forma al món.» Déu, doncs, és la veritable causa de tots els moviments. «Com us ho faríeu per moure ni que fos la punta d'un dit o per pronunciar un monosíl·lab? Ai, si Déu no us vingués a ajudar, només faríeu esforços en va, només concebríeu desigs impotents.»

Baruch de Spinoza: el monisme panteista

Un altre seguidor de la filosofia cartesiana és **Spinoza**. El pensament de Spinoza es basa en dos principis. D'una banda, el mètode racionalista segons el qual només les idees evidents són autènticament vertaderes; de l'altra, el concepte cartesià de substància com allò que existeix de tal manera que no necessita cap altra cosa per existir. Spinoza aplica el mètode racionalista al concepte de substància i es disposa a obtenir, fins a les últimes conseqüències, totes les conclusions. D'aquí ve que el títol complet de la seva obra principal sigui *Ètica demostrada segons l'ordre geomètric*. L'**ordre geomètric** és el mètode deductiu de la geometria euclidiana: a partir d'unes definicions i d'uns quants axiomes la veritat dels quals és innegable, la raó dedueix lògicament els teoremes, que s'imposen amb la mateixa necessitat que aquells principis dels quals provenen. Aquest mètode matemàtic és el que Spinoza utilitza per al coneixement íntegre de la realitat —naturalesa, ésser humà i Déu. Seguint el model de la filosofia de Descartes, aquest filòsof holandès voldrà desplegar totes les conseqüències implícites en la noció de substància. Segons Leibniz, un altre filòsof racionalista, «Spinoza s'ha limitat a cultivar certes llavors de la filosofia de Descartes».

ACTIVITATS

7> Exposeu la concepció de l'ésser humà de Descartes i, quan hàgiu estudiat els filòsofs cartesians, compareu-la amb la d'aquests. Quina trobeu més convincent?

Nicolas Malebranche (1638-1715) va néixer a París en el si d'una família vinculada a la reialesa. Estudià filosofia i teologia, però va ser la lectura de Descartes allò que el portà a interessar-se pels temes científics. L'any 1664 fou ordenat sacerdot. Des de la seva doble condició de filòsof cartesià i de religiós augustinià, va intentar conciliar la raó i la fe, que Descartes havia separat. Segons Malebranche, la raó humana necessita el constant acompanyament de la fe; per tant, l'autèntica filosofia és la religió cristiana.
En la seva època, Malebranche fou molt conegut i a la seva cel·la rebia la visita de personatges il·lustres, com Berkeley. Entre les seves obres més importants podem citar *Recerca de la veritat*, *Converses cristianes*, *Tractat de la natura i de la gràcia*, *Meditacions cristianes i metafísiques* o *Tractat de moral*.

Baruch de Spinoza (1632-1677) va néixer a Amsterdam en el si d'una família jueva. A la sinagoga va aprendre l'hebreu; també coneixia el llatí i el grec, així com el portuguès, llengua materna, l'holandès i el castellà. A més coneixia l'alemany, el francès i l'italià, la qual cosa ja dóna idea de la vasta i variada formació cultural que posseïa. De notable intel·ligència, ben aviat entrà en conflicte amb les rígides autoritats religioses jueves de la ciutat, fins que fou expulsat de la sinagoga. L'excomunió li impedia continuar en el negoci familiar; per això va haver d'aprendre un nou ofici, el de polidor de lents per a aparells òptics, al qual es dedicà fins al final dels seus dies. La tuberculosi va marcar la seva existència, caracteritzada per la moderació i la prudència. Tot i així, fou prou conegut a la seva època i arribà a comunicar-se epistolarment amb alguns dels homes més savis i importants del moment. Rebutjà diverses vegades una càtedra universitària per tal de conservar la seva llibertat intel·lectual.

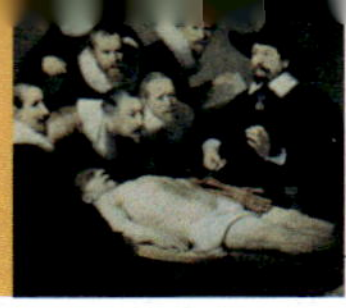

Entre les obres de Spinoza es poden destacar el *Tractat de l'esmena de l'enteniment* (1661); els *Principis de la filosofia de Descartes*, l'única obra que Spinoza va signar amb el seu propi nom, en què presenta el pensament del filòsof francès de manera rigorosa; i el *Tractat teologicopolític* (1670), de temàtica política i religiosa, que li féu guanyar un gran prestigi, si bé també va rebre moltes crítiques, ja que en ell fa una interpretació en clau racionalista de la Bíblia i proclama la necessitat de la llibertat religiosa. *L'Ètica*, aparegut pòstumament, és el llibre més important de Spinoza i una de les obres filosòfiques més influents de tots els temps. L'última obra, inacabada, és el *Tractat polític* (1677), en què pretén presentar de manera sistemàtica la seva filosofia política.

Substància, atribut i mode

Descartes havia afirmat el següent: «Quan concebem una substància, tan sols concebem una cosa que existeix de tal manera que només té necessitat de si mateixa per existir.» Però, també havia dit que la ment i el cos són substàncies. Per a Spinoza, la idea de «substància creada» és estrictament una contradicció. Si substància és allò que existeix per si mateix, aleshores la substància és increada i només Déu és substància.

Entesa d'aquesta manera, la substància és única. Així desapareixen els complexos problemes metafísics tradicionals —i que el racionalisme cartesià no havia sabut solucionar— relatius a la creació de les substàncies o a la relació entre diferents tipus de substàncies. Desapareixen perquè solament hi ha una substància, infinita, i aquesta és Déu o, més ben dit, Déu o la Naturalesa (*Deus sive Natura*).

És necessari entendre la diferència entre els conceptes de substància, atribut i mode. La **substància** divina manifesta la seva essència d'infinites maneres, cadascuna de les quals és un atribut. Ara bé, nosaltres només podem conèixer dos d'aquests infinits atributs: l'atribut del **pensament** i l'atribut de l'**extensió**, que corresponen justament a les dues substàncies creades que havia distingit Descartes. Els altres infinits atributs de l'única substància existent són totalment ocults a l'individu humà. Per tant, **Déu** és una substància pensant: «El pensament és un atribut de Déu, o sigui, Déu és una cosa pensant» (*Ètica*, II, 1). I una altra conseqüència immediata de la definició de substància és que Déu posseeix també l'atribut de l'extensió o, el que és el mateix, la naturalesa física, el món material, és diví: «L'extensió és un atribut de Déu, o sigui, Déu és una cosa extensa» (*Ètica*, II, 2). En canvi, els **modes** són els éssers particulars, és a dir, les modificacions de l'única substància divina. Les ments individuals són modes de la substància sota l'atribut del pensament i els cossos concrets són modes de la substància sota l'atribut de l'extensió.

Déu o la naturalesa

La realitat, doncs, té infinits atributs, dels quals la nostra ment només en coneix dos. Déu o la Naturalesa és l'única i infinita substància existent. La filosofia spinoziana és una explícita defensa d'una concepció inequívocament **monista** —només hi ha un únic ésser— i **panteista** —tota la realitat és divina. El Déu de Spinoza no té res a veure amb el Déu personal de les religions, creador transcendent del món, sinó que és un Déu que es confon amb el món mateix. En aquest punt, doncs, el concepte monoteista i transcendent de Déu comença a ser qüestionat en la filosofia moderna.

El paral·lelisme psicofísic

La filosofia monista de Spinoza pot «resoldre» el problema de la relació ment-cos plantejat en el si de la filosofia cartesiana. La proposta de Descartes, que vincula l'ànima i el cos a través de la glàndula pineal, va desencadenar un seguit de noves explicacions. Spinoza està en condicions de proposar una via completament diferent: només hi ha una única substància i cada atribut expressa idènticament l'essència de la substància; per tant, l'estructura de les idees es correspon a l'estructura dels cossos materials. Diu Spinoza: «L'ordre i la connexió de les idees és el mateix que l'ordre i la connexió de les coses» (*Ètica*, II, 7). En altres paraules, no es pot parlar de la ment i del cos com si formessin part d'ordres o nivells diferents de la realitat. L'ésser humà és únic: la ment és l'ésser humà considerat des del punt de vista del pensament; el cos és l'ésser humà considerat des del punt de vista de l'extensió material. Ment i cos són dos aspectes o les dues cares d'una mateixa realitat.

Aquesta teoria de Spinoza s'ha anomenat **paral·lelisme psicofísic** ja que els processos mentals o psíquics i els processos físics o corporals «corren» paral·lels, de manera que hi ha una estricta correspondència entre ells, sense, però, que els uns causin els altres. Per tant, el problema de la interacció entre la *res cogitans* i la *res extensa* es resol indicant que, de fet, no hi ha un autèntic problema, sinó un fals problema. No té sentit plantejar-se el problema de la relació entre la substància corpòria i la mental perquè no hi ha més que una única substància. Es pot dir que la solució spinoziana al problema de la relació ment-cos és que aquest deixa de ser-ho: amb una única substància desapareix el problema de la comunicació entre substàncies.

Gottfried Wilhelm Leibniz: l'harmonia preestablerta

Segons Leibniz, la filosofia mecanicista dels cartesians ofereix una explicació força útil de la realitat, però es tracta d'una explicació incompleta i parcial perquè ha oblidat les causes finals. Per tant, la veritable filosofia és aquella que compagina les explicacions **mecàniques** o eficients amb les **teleològiques** o finals. Les primeres són útils per al coneixement científic i empíric de la naturalesa; les segones, en canvi, ofereixen una visió general i coherent de la realitat. En definitiva, cal reconciliar Descartes i Aristòtil.

***Gottfried Wilhelm Leibniz** (1646-1716) va néixer a la ciutat alemanya de Leipzig. Dotat d'una gran intel·ligència, ja de petit pogué llegir filosofia grega i medieval a la biblioteca familiar —el seu pare i avi havien estat professors universitaris. Va estudiar matemàtiques i, més tard, lleis. Defugint l'estret marc acadèmic, l'any 1672 va anar a París, en missió diplomàtica, on va residir fins a l'any 1676. Aquesta llarga estada a París li va permetre adquirir un gran domini del francès, llengua en la qual escriuria moltes de les seves obres. Entrà després al servei del duc de Hannover, amb l'encàrrec d'escriure la història de l'aristocràtica família. De retorn a Alemanya, va passar per Londres, on conegué Newton, i per l'Haia, a Holanda, on visità Spinoza. Posteriorment, va realitzar alguns viatges per diversos països europeus tot cercant informació relacionada amb la seva funció d'historiador. Va intervenir en nombroses activitats culturals i erudites, entre les quals cal destacar la fundació de l'Acadèmia de les Ciències de Berlín. A més, va intentar la unió de les esglésies catòlica i protestant. Els últims anys de la seva vida foren tristos, ja que va perdre la protecció dels Hannover i fou oblidat per tots aquells a qui havia aconsellat; quan va morir als setanta anys, només el seu secretari acudí a l'enterrament.*

Les mònades

El nou enfocament de Leibniz de la realitat el porta a rebutjar l'extensió com a principal característica dels objectes físics. L'extensió, el moviment, la forma de les coses no són més que simples determinacions externes de la realitat, que no revelen res sobre la seva autèntica estructura. En aquest sentit, Leibniz va més enllà del pensament cartesià, que sostenia que el món material es pot reduir a extensió, en afirmar un nou principi metafísic com a element essencial de la realitat: la **mònada** (paraula que deriva del grec *monas* que vol dir 'unitat').

Les mònades són els «àtoms» de la realitat, les substàncies simples que formen les substàncies compostes. Com que són simples, no tenen parts. «Ara bé, on no hi ha parts, tampoc no hi ha extensió, ni figura, ni divisibilitat possible. I aquestes mònades són els vertaders àtoms de la naturalesa i, en un paraula, els elements de les coses» (*Monadologia*, 3). Les mònades només poden existir si són creades i només poden desaparèixer si són aniquilades. En canvi, les coses compostes es formen per agregació o separació de les mònades. La *percepció* i l'*apetit* o tendència són les seves activitats.

Què és el que percep cada mònada, atès que no pot rebre la influència de cap altra mònada? En aquest punt la resposta de Leibniz és clara i rotunda: cada mònada reflecteix, internament i des de si mateixa, la totalitat de l'Univers i dels temps. El cosmos està contingut en el microcosmos que és cada mònada. Cada mònada percep el món des del seu punt de vista, no hi ha dues mònades exactament iguals; per aquesta raó les percepcions d'algunes mònades són més clares que les d'altres.

Leibniz afirma que les mònades no tenen finestres, això és, no hi ha, en el nivell més profund de la realitat, influència, comunicació o interacció entre les mònades. Leibniz no negaria el fet que una pedra es mou en ser impulsada per la mà: es tracta d'una descripció mecànica, fenomènica, que no explica, però, vertaderament la realitat. L'anàlisi física i l'anàlisi metafísica no són plenament coincidents. La qüestió, doncs, és: com es pot produir l'aparent interacció entre els cossos si realment la interacció entre les mònades, tancades en elles mateixes, no existeix? Si les mònades no influeixen sobre les altres mònades ni poden ser influïdes per elles, d'on prové la relació entre elles?

L'harmonia preestablerta

La resposta de Leibniz és la teoria de l'**harmonia preestablerta**. Cada mònada canvia o evoluciona harmoniosament amb els canvis o evolucions de les altres mònades, però sense comunicar-se. Déu creà les mònades de tal manera que les percepcions que experimenta cadascuna d'elles concorden perfectament amb les percepcions d'aquelles altres mònades amb les quals, aparentment, es relaciona. La saviesa i el poder infinits de Déu han creat un Univers en què cada cosa «segueix el seu propi camí» sense interferir en el camí de les altres. Leibniz compara el Déu creador de l'Univers amb un rellotger que ha sincronitzat totes les mònades tan exactament que les percepcions de totes elles concorden entre si i es corresponen amb la realitat externa. Les mònades no tenen finestres des de les quals contemplar la realitat exterior; no obstant això, les representacions de cada mònada concorden amb allò que hi ha fora. Per tant, les percepcions de les mònades no són absurdes o desproveïdes d'objectivitat, sinó que s'adeqüen harmònicament a les altres. Déu és el vincle que connecta, d'una vegada per totes, en l'instant de la creació, les infinites mònades.

Els *Nous assaigs sobre l'enteniment humà* (1703-1704), rèplica a una obra del filòsof empirista Locke, i els *Assaigs de Teodicea* (1710) són les dues obres més extenses de Leibniz. La seva activa i atrafegada vida li impedí escriure llargues i complexes obres, raó per la qual la major part dels seus escrits —en llatí i en francès— són breus tractats. Podem destacar el *Discurs de metafísica* (1686), el *Nou sistema de la naturalesa* (1695), els *Principis de la naturalesa i de la gràcia* (1714) i la *Monadologia* (1714). Les *Epístoles* —el gènere epistolar estava molt de moda en aquella època— són imprescindibles per conèixer el pensament d'aquest autor. Quan l'Acadèmia Prussiana de les Ciències va iniciar la publicació de l'obra completa de Leibniz, el projecte preveia quaranta volums. S'ha calculat que Leibniz deixà unes 200.000 pàgines escrites, el que vol dir que va escriure unes 10 pàgines diàries des de l'any 1660 fins a la seva mort. D'altra banda, s'interessà per tots els temes: lògica, filosofia, matemàtiques, astronomia, física, història natural, medicina, geologia, farmàcia, història política, dret, filologia, epigrafia, economia política, alquímia, etc.

La teoria de l'harmonia preestablerta permet explicar, igualment, la relació entre la mònada de l'ànima i les mònades que constitueixen el cos; la mònada de l'ànima és superior a l'agregació de les mònades corporals perquè té percepcions més clares. No hi pot haver interacció entre ambdós tipus de mònades, però es pot justificar el domini de l'ànima sobre el cos i l'aparent influència mútua. Déu, en crear l'Univers, ha «programat» les mònades tan perfectament que els canvis que es produeixen en la mònada de l'ànima es corresponen amb els canvis que experimenten simultàniament les mònades corporals. Leibniz compara l'ànima i el cos amb dos rellotges «que funcionen en perfecte acord». Però, com s'explica aquest sincronitzat funcionament dels dos rellotges? Leibniz afirma que l'acord entre els dos rellotges es deu a la seva pròpia exactitud, per la qual constantment marquen la mateixa hora. Déu els ha creat tan perfectament que concorden sempre.

6.5 L'empirisme

El segon gran moviment filosòfic de l'edat moderna és l'**empirisme**. Alguns dels plantejaments empiristes es poden entendre en clau de resposta crítica a les tesis racionalistes. Els principals pensadors empiristes són britànics: Locke, Berkeley i Hume; alguns d'ells formen part del moviment il·lustrat (Locke, Hume). Filòsofs com Bacon i Hobbes —i, abans, Ockham— s'integren també en la tradició empirista britànica.

Podem sintetitzar l'empirisme (del grec *empeiría*, 'experiència') en l'afirmació que tot el coneixement deriva, en última instància, de l'experiència sensible, de les sensacions externes o dels estats psicològics interns. El corrent filosòfic empirista es caracteritza per:

- Tot el coneixement comença amb l'experiència sensible (*empirisme psicològic*).
- Per tant, es nega l'existència de les idees innates, tan importants per als racionalistes. La ment, en néixer, és com un full en blanc.
- El coneixement és coneixement d'idees o percepcions (en la terminologia de Locke); no coneixem directament la realitat sinó les idees sobre la realitat. En aquest sentit, racionalisme i empirisme coincideixen.
- Tot coneixement només es pot justificar a partir de l'experiència sensible, és a dir, els sentits són l'únic criteri per decidir la veritat o la falsedat d'una proposició sobre els fets (*empirisme epistemològic*). Expressat negativament: si no és possible assignar a un pensament una experiència sensible de la qual pugui derivar, caldrà rebutjar aquest pensament.
- En el camp de les ciències, la física de Newton ocuparà el lloc de la física cartesiana. Newton explica els fenòmens observats sense haver de recórrer a hipòtesis metafísiques inobservables. La física, i no les matemàtiques, es converteixen en la ciència modèlica.

John Locke

L'obra més important d'aquest filòsof anglès, l'*Assaig sobre l'enteniment humà* (1690), pretén analitzar quin és l'origen i quins són els límits de l'intel·lecte humà; es tracta bàsicament d'una obra d'epistemologia, de teoria del coneixement. La filosofia de Locke s'alinea en una tradició empirista que comença ja a l'edat mitjana, sobretot amb la figura d'Ockham; al mateix temps, accepta algunes tesis de la filosofia racionalista de Descartes, com ara que les idees són el contingut immediat del coneixement, en el sentit que no podem conèixer directament la realitat sinó únicament les idees que reflecteixen aquesta realitat. Una qüestió que es planteja immediatament és la de l'origen de les idees. En aquest punt, allunyant-se notablement del pensament cartesià, afirma que totes les idees procedeixen de l'experiència, o expressat negativament, que no hi ha idees innates. Locke es pregunta per quina raó s'ha afirmat que hi ha idees innates i constata que l'existència d'aquestes idees s'atribueix generalment al consens de tota la humanitat. Ara bé, el consens universal dels humans en certs principis es pot explicar per causes diferents de l'innatisme de les idees, i, a més, és dubtós que existeixi realment aquesta coincidència universal.

Origen de les idees

Si les idees no són innates, d'on deriven? Locke respon que l'experiència és la font única de la qual provenen totes les idees. En el moment de néixer, la ment és com una *tabula rasa* ('taula rasa', 'no escrita') o com un full en blanc, sense coneixements innats. L'experiència és la creadora de totes les idees inscrites en la ment: aquest és el principi bàsic de l'empirisme. Qualsevol pensament, per abstracte que sigui, arrenca de l'experiència.

Les idees o continguts de la ment es poden classificar en idees simples i idees complexes. Les **idees simples**, «els materials de tot el nostre coneixement, se suggereixen i proporcionen a la ment únicament mitjançant dues vies, això és: la sensació i la reflexió». La ment rep passivament les idees simples, però no està limitada a les idees simples ja que pot elaborar, a partir d'aquestes, les **idees complexes**. La idea de substància, per exemple, és una idea complexa que apareix com a conseqüència del fet que «un cert nombre d'idees simples sempre estan unides; i que suposant que pertanyin a una sola cosa, un cop unides se les designa per un sol nom».

***John Locke** (1632-1704) va néixer en el si d'una família liberal. Va estudiar a la Universitat d'Oxford, on rebé una formació escolàstica. El seu interès per la ciència el va portar a estudiar medicina, disciplina en la qual va adquirir una notable competència. L'any 1688 ingressà a la prestigiosa Royal Society. Més tard entrà, com a secretari, al servei de qui seria el comte de Shaftesbury —la qual cosa va fer que s'interessés per qüestions polítiques— i a qui acompanyà en el seu exili a França a causa de la seva forta oposició a la monarquia de Carles I. Un cop a França entrà en contacte amb els cercles cartesians. Entre els anys 1683 i 1688 va viure a Holanda. Finalment, l'any 1689, després d'una època turbulenta, es va establir a Anglaterra una monarquia parlamentària a la instauració de la qual Locke havia contribuït. Conegut en tots els àmbits intel·lectuals d'Europa, dedicà els últims anys de la seva vida a la redacció i revisió de les seves obres.*

La idea de substància

Locke analitza i critica la noció convencional de substància. Abans, però, és necessari distingir entre les qualitats primàries i les secundàries. Les **qualitats primàries** són objectives o inseparables de l'objecte. En canvi, les **qualitats secundàries** són subjectives, ja que les produeix el subjecte i, per tant, no s'assemblen al cos que representen. Així, per exemple, segons Locke, la forma rodona d'una poma està realment en aquest fruit, mentre que el color groc i el gust dolç no hi són realment, excepte com a capacitat o poder per causar aquestes sensacions.

Quan un determinat nombre de sensacions es presenten de manera més o menys regular (una certa forma, un cert color, un cert sabor, un tacte concret, etc.), la ment acaba per agrupar-les i produeix, així, la idea de substància. Però, coneixem directament la substància? Locke diu que la idea de substància no és més que una «creació» o una suposició de la ment en vista de les sensacions que aquesta rep. Locke no nega, doncs, l'existència de les substàncies materials; es limita a remarcar que no en tenim un coneixement directe o immediat, sinó tan sols un de suposat o inferit. En això ens comportem, diu Locke, com els nens que, quan els pregunten sobre una cosa que desconeixen, responen dient que és «quelcom», és a dir, que no saben realment què és aquella cosa.

Respecte a les tres substàncies de la filosofia cartesiana (*res cogitans*, *res divina* i *res extensa*), Locke dirà que en tenim un coneixement diferent en cada cas: «Dic que tenim un coneixement de la nostra pròpia existència per intuïció; de l'existència de Déu, per demostració, i de les altres coses, per sensació.» En parlar, doncs, dels diferents tipus de coneixements, Locke, igual que els racionalistes, considera que la intuïció o la demostració són formes de coneixement superiors al coneixement empíric. L'existència personal és coneguda per intuïció. En termes molts cartesians, Locke afirma que no podem dubtar de la nostra existència: «Si dubto de totes les altres coses, aquest mateix dubte fa que jo m'adoni de la meva pròpia existència, sense que pugui dubtar-ne.» L'existència de Déu és coneguda per demostració a partir de proposicions conegudes per intuïció. Finalment, pel que fa a l'existència dels objectes externs, aquesta és coneguda per la sensació, la qual, si bé no és tan certa com el coneixement intuïtiu o el demostratiu, ofereix «una seguretat tan gran que mereix rebre el nom de coneixement».

Entre les obres més importants de John Locke podem destacar *Carta sobre la tolerància* (1689), apareguda primer en llatí, l'*Assaig sobre el govern civil*, *Dos tractats sobre el govern* (1690) i, sobretot, l'*Assaig sobre l'enteniment humà* (1690), obra cabdal en la qual es fonamenta l'empirisme modern, que més tard rebrà resposta en els *Nous assaigs sobre l'enteniment humà* de Leibniz.

George Berkeley

Berkeley estava convençut que l'afirmació de l'existència de les substàncies materials era la porta oberta a l'entrada d'idees falses que podien posar en perill, a través dels ateus i dels lliurepensadors, la doctrina del cristianisme. Per Berkeley, la creença en l'existència de la matèria constituïa el primer pas cap a l'ateisme.

La seva filosofia es presenta com un intent, rigorós i conseqüent, d'elaborar un discurs racional que permeti explicar coherentment la realitat i del qual s'hagi eliminat el concepte de matèria. La crítica de Berkeley anava dirigida particularment contra Newton i Locke, ja que aquests sostenien l'existència independent i separada de la matèria. D'altra banda, Berkeley afirmava que el seu punt de vista, defensat amb arguments enginyosos, era, de fet, el punt de vista del sentit comú, no contaminat de falses idees filosòfiques.

Origen del coneixement

Tot el coneixement, segons Berkeley, prové del coneixement sensible. Ara bé, ¿com es formen les idees dels objectes sensibles, és a dir, com han pogut aparèixer les idees de les coses concretes com, per exemple, les idees d'aquesta rosa o d'aquesta pedra? Segons Berkeley, la presència continuada de certes qualitats és la causant d'aquestes idees. Les idees de les coses són el resultat de les agrupacions continuades de certes impressions sensibles.

Berkeley nega l'existència de les idees *abstractes*, idees que s'haurien format arran de la contemplació de diverses coses concretes, de manera que, posteriorment, la ment hauria abstret les característiques comunes. Totes les idees són **concretes**, provenen d'experiències individuals. No hi ha, en conseqüència, la idea abstracta d'home sinó la idea d'un home concret, amb característiques pròpies (blanc, negre, alt, baix, etc.). Les idees abstractes són il·lusòries i són també la causa de la creença en l'existència de les substàncies materials; per tant, aquestes també són il·lusòries.

Locke havia dit que les qualitats primàries de les coses són objectives, és a dir, estan en els objectes percebuts, mentre que les qualitats secundàries són subjectives, és a dir, estan en la ment de qui les percep. Ara, Berkeley dóna un pas més i considera que les qualitats primàries també són subjectives, en el sentit que no depenen menys de la percepció que les secundàries. No té cap sentit dir que l'extensió és objectiva i que el color, per exemple, és subjectiu, ja que tots els objectes percebuts són extensos i de colors. En definitiva, la distinció de Locke entre diferents qualitats no té cap rellevància, segons Berkeley. Per tant, la noció de substància corpòria, independent del subjecte que percep, implica una contradicció. I si la idea de substància material és lògicament contradictòria, llavors també és físicament impossible; no hi ha, doncs, cossos materials.

Ser és ser percebut

Què són, doncs, els cossos materials? Diu Berkeley que no són altra cosa que **percepcions**. Què és aquesta taula? No res més que el conjunt de les percepcions que en tinc. Ser o existir —*esse*— equival a ser percebut —*percipi*—. Dir que una cosa existeix equival a dir que pot ser percebuda o que, si més no, és perceptible. Una cosa no és res més que una agrupació d'idees. En les idees, això és, els continguts de la ment, s'acaba tot; més enllà d'elles no hi ha una realitat substancial en la qual s'originin aquestes idees. L'aparença és la veritable realitat.

Els esperits i Déu

Si únicament existeixen les idees —i no les coses que aquestes «representen»—, és necessari preguntar-se on existeixen aquestes idees. Berkeley diu que les idees es donen en els esperits o ments, els únics éssers o substàncies realment existents. Així doncs, el balanç de la realitat és aquest: els esperits i els seus objectes de coneixement, és a dir, les ments i les idees de la ment. Ara bé, el quadre ontològic és incomplet. D'on prové la regularitat dels fenòmens observats? Com s'explica la constància i la coherència amb què s'esdevenen les idees en la ment? L'estabilitat amb què es presenta la percepció de la naturalesa no pot ser fruit de l'atzar ni una creació de les ments individuals. Per a Berkeley, és la ment de Déu la causant de l'aparença estructurada de la realitat. Déu és la garantia de la percepció del funcionament regular de la naturalesa. Les ments finites, les seves idees i l'Esperit infinit de Déu, aquest és el quadre complet de l'ontologia de Berkeley.

***George Berkeley** (1685-1753) va néixer a Irlanda i va estudiar al Trinity College de Dublín. L'any 1710 va ser ordenat sacerdot de l'Església anglicana. Les seves obres més importants foren escrites quan era jove. Una de les seves primeres és l'*Assaig sobre una nova teoria de la visió*. *Amb vint-i-cinc anys publicà la seva obra més important, tot i el reduït nombre de pàgines, el* Tractat sobre els principis del coneixement humà. *Tres anys més tard va escriure els* Tres diàlegs entre Hylas i Philonous, *llibre excel·lent des del punt de vista literari en què presenta amenament les mateixes tesis que al* Tractat. *L'any 1728 va emprendre un viatge a les illes Bermudes per tal de fundar un col·legi. Esperant una ajuda econòmica que no va arribar, va passar tres anys a Rhode Island, on va conèixer Samuel Johnson, el primer filòsof nord-americà. En record de la seva estada a Amèrica, la ciutat californiana de Berkeley porta el seu nom, ciutat on la Universitat de Califòrnia —considerada la més important universitat pública del món— té una de les seves seus. De retorn a Londres, va ser nomenat bisbe de la diòcesi irlandesa de Clyone l'any 1734. Va morir l'any 1753 a Oxford, on feia pocs mesos que s'havia retirat.*

«A Berkeley correspon el mèrit d'haver mostrat que l'existència de la matèria pot ser negada sense caure en l'absurd, i que si alguna cosa existeix independentment de nosaltres, no pot ser objecte immediat de les nostres sensacions.»

Els problemes de la filosofia
Bertrand Russell

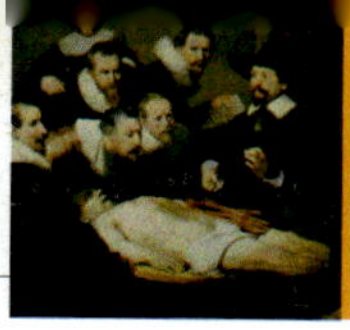

6.6 David Hume

Hume és el pensador que porta l'empirisme a les seves últimes conseqüències. Superant els elements racionalistes que encara perduren en el pensament de Locke i eliminant els residus metafísics de Berkeley, la filosofia de Hume és la reacció més coherent i estructurada al racionalisme europeu. La seva influència ha estat molt gran, tant en els positivistes i empiristes dels segles XIX i XX com en la filosofia del seu contemporani Kant —en temes tan importants com la causalitat—, el qual va reconèixer l'enorme deute que tenia amb el pensador britànic.

Aquest retrat pintat l'any 1766 per Allan Ramsay deixa entreveure el caràcter de ***Hume****. En la seva* Autobiografia*, Hume es descriu com «un home de cordial disposició, amb domini de si mateix, d'humor franc, social i jovial, capaç de sentir amistat, però poc susceptible d'enemistar-me amb ningú, i de gran moderació en totes les meves passions. Ni tan sols l'ànsia de fama literària, la meva passió dominant, ha agrejat en cap moment el meu caràcter, malgrat els freqüents desenganys».*

Vida i obres

David Hume (1711-1776) neix a Edimburg (Escòcia). Malgrat la seva inclinació literària, la seva família volia que es dediqués a l'advocacia i als negocis. Després d'intentar-ho en va durant uns mesos a Bristol, Hume finalment es decideix a seguir la seva passió intel·lectual; per això marxa a França, a La Flèche, on hi havia un centre d'estudis cartesians. Durant l'estada a França (1734-1737) escriu el *Tractat de la naturalesa humana*, que constitueix un fracàs editorial. De retorn a Escòcia, intenta ingressar a la Universitat d'Edimburg com a professor d'ètica, però és rebutjat a causa de la seva fama de pensador escèptic i ateu. Més tard, com a secretari del general Saint Clair, viatja per alguns països europeus. Entre els anys 1763 i 1766, en qualitat de secretari de l'ambaixador britànic, viu a París, on entra en contacte amb els cercles il·lustrats. Acompanyat de Rousseau, a qui intenta ajudar econòmicament, s'instal·la a Londres una breu temporada. L'any 1769 es retira a Edimburg, havent aconseguit una notable fama literària. Ja no se'n mourà i podrà dedicar-se plenament als seus treballs literaris.

L'obra més important de Hume és el *Tractat de la naturalesa humana*, en tres volums, la qual, escrita amb poc més de vint anys, no va despertar cap interès entre els seus contemporanis. Més tard va publicar la *Investigació sobre l'enteniment humà* (1758), en què exposava de manera més amena el primer llibre del *Tractat*. La *Investigació sobre els principis de la moral* (1751) és una revisió del tercer llibre del *Tractat*. Els *Discursos polítics* (1752) i la *Història d'Anglaterra* (1759) foren obres que li feren guanyar una gran reputació literària. Finalment, es poden destacar els *Diàlegs sobre la religió natural* (1779), així com els assaigs, publicats pòstumament, sobre el suïcidi, la immortalitat de l'ànima i altres temes.

L'objectiu de la filosofia de Hume

El *Tractat de la naturalesa humana* porta el significatiu subtítol d'*Intent d'introduir el mètode experimental de raonament en els assumptes morals*. Totes les ciències depenen dels resultats obtinguts en l'estudi de la naturalesa humana ja que: «No hi ha cap problema important la decisió del qual no estigui en la ciència de l'home.» Per això, Hume es va proposar fer, en les qüestions relatives a la naturalesa i comportament humans, el mateix que havia fet Newton en el camp de les ciències físiques, és a dir, arribar a un coneixement construït sobre una sòlida base empírica. Així a la introducció d'aquest *Tactat* Hume diu que: «Com que la ciència de l'home és l'única fonamentació sòlida de totes les altres, és clar que l'única fonamentació sòlida que podem donar a aquesta ciència haurà de basar-se en l'experiència i en l'observació.» El coneixement empíric, i no les idees innates dels racionalistes, és el camí que mena a la comprensió de la naturalesa humana. En el mètode experimental hi ha el model que cal seguir per tal d'obtenir, en el camp de les ciències humanes, la mateixa objectivitat que Galileu o Newton havien aconseguit en les ciències naturals. Aquest és l'ambiciós objectiu que persegueix Hume en el *Tractat*. El primer pas serà analitzar els processos mentals pels quals s'adquireixen els coneixements. Després, Hume aplicarà aquests resultats a l'anàlisi dels grans problemes metafísics cartesians: la substància material (món), la naturalesa de l'ànima o identitat personal (el jo) i l'existència de la divinitat (Déu).

> «Des dels intents de Locke i Leibniz o, encara més, des de l'origen de la metafísica, tan amunt com es remunti la seva història, no s'ha produït cap esdeveniment que hagi pogut ser més decisiu per al destí d'aquesta ciència que l'atac que li féu David Hume.»
>
> *Prolegòmens a tota metafísica futura*, pròleg
>
> **Immanuel Kant**

En l'*Autobiografia* Hume expressa la seva decepció per l'escàs ressò que va tenir el seu *Tractat de la naturalesa humana* amb aquestes paraules: «Mai cap intent literari fou més desgraciat que el meu *Tractat de la naturalesa humana*. Ja va sortir mort de les premses, sense aconseguir ni tan sols la distinció de provocar murmuris entre els fanàtics.» Malgrat el poc èxit inicial, el *Tractat* de Hume es pot considerar una de les obres més importants de la història del pensament.

Impressions i idees

Els materials bàsics a partir dels quals es construeix el coneixement són, en la terminologia de Hume, les percepcions. Les percepcions es divideixen en **impressions** i **idees**.

> «La diferència entre ambdues radica en el grau de força i vivacitat amb què incideixen sobre la ment i s'obren camí en el nostre pensament o consciència. Les percepcions que entren amb més força i violència les podem anomenar impressions; i incloc sota aquest nom totes les nostres sensacions, passions i emocions tal com apareixen per primer cop a l'ànima. Per idees entenc les imatges febles de les impressions, quan pensem i raonem.»
>
> *Tractat de la naturalesa humana*, I, I, 1
>
> **David Hume**

Les idees són, doncs, còpies, imatges o reflexos de les impressions (**principi de la còpia**). «Quan tanco els ulls i penso en la meva habitació, les idees que formo són representacions exactes de les impressions que he sentit.» Així, les idees són, d'una banda, més febles i, de l'altra, còpies de les impressions a les quals «re-presenten», això és, tornen a presentar. Per tant, les impressions són anteriors o prèvies a les idees, en el sentit que, per exemple, primer veig el color vermell i només després puc tenir la idea de vermell; o bé primer experimento l'emoció de la tristesa i més tard puc recordar-la.

Empirisme psicològic

Aquest principi, segons el qual qualsevol idea és una còpia o deriva d'alguna impressió prèvia (empirisme psicològic), permet eliminar les idees innates, ja que aquestes serien idees que no deriven de cap experiència precedent en contra del que afirma el principi anterior. En una filosofia estrictament empirista, les idees innates no tenen cabuda.

Empirisme epistemològic

Aquest mateix principi de la còpia també permet rebutjar aquelles paraules que, possiblement, no tinguin cap significat ja que al·ludeixen a una idea que no representa cap impressió concreta (empirisme epistemològic). Moltes vegades ens topem amb termes sospitosament buits; i si les idees a què corresponen no són còpia de cap impressió, aleshores es tracta d'idees falses.

ACTIVITATS

8> Compareu el concepte d'*idea* de Descartes amb el de Hume. Quin dels dos considereu més ajustat a la realitat?

9> Poseu alguns exemples de proposicions sense sentit segons el principi de la còpia de Hume, com ara *Els centaures eren éssers de costums brutals*.

10> Feu un resum del text següent i indiqueu les principals qüestions que s'hi plantegen:

> «Quan tenim la sospita que es fa servir un terme filosòfic sense cap significat ni idea (tal com passa massa sovint), hem de preguntar-nos tan sols de quina impressió deriva aquesta suposada idea. I si és impossible d'assignar-n'hi cap, això serveix per confirmar la nostra sospita. En analitzar aquestes idees sota una llum tan clara, assenyadament podem esperar expulsar qualsevol discussió que pugui sorgir sobre la seva naturalesa i realitat.»
>
> *Investigació sobre l'enteniment humà*, II, 17
>
> **David Hume**

Si una idea no deriva de l'experiència, segons Hume, és una idea inútil sobre la qual no convé seguir discutint innecessàriament. Hume aplicarà aquest procediment en la seva anàlisi dels conceptes metafísics; conceptes com els de substància, ànima o ment, causalitat, llibertat, etc., perdran la privilegiada posició filosòfica que tenien en el racionalisme en no poder mostrar el seu origen empíric. Tampoc no tenen cabuda en una filosofia que pretén construir-se sobre uns fonaments tan sòlids com els que sostenen les ciències de la naturalesa.

Memòria i imaginació

Les idees apareixen en la **memòria** segons el mateix ordre d'aparició de les impressions. Si faig un viatge i més tard recordo les seves incidències, la memòria «preserva la forma original en què es presentaren els seus objectes». En canvi, la **imaginació** pot relacionar les idees lliurement, és a dir, pot «trastocar i alterar l'ordre de les idees». En són una prova els éssers imaginaris com els cavalls alats, els dragons o altres criatures.

Lleis d'associació d'idees

De totes maneres, la imaginació segueix també una pautes d'associació d'idees. Una força suau opera fent que unes idees s'uneixin naturalment amb unes altres i, així, certs continguts mentals n'atreuen espontàniament d'altres. És com una mena de llei de gravitació que fa que unes idees es relacionin espontàniament amb unes altres (influència de Newton). Quines són aquestes lleis d'associació d'idees? Les qualitats de les quals sorgeix aquesta associació i per les quals la ment és portada d'una a una altra són tres: **semblança**, **contigüitat** en el temps o espai, i causa i efecte o **causalitat**. Una idea ens fa pensar en la idea d'una cosa semblant o bé contigua; igualment, la idea d'una causa ens fa pensar en el seu efecte o, a l'inrevés, l'efecte ens fa pensar en la causa. Segons Hume, no hi ha una relació més forta i evocadora d'altres idees que la relació de causa i efecte.

El coneixement dels fets (el coneixement fàctic) es basa en l'observació —allò que ara veig o allò que recordo haver vist. Però, diu Hume, contínuament realitzem suposicions sobre el futur i sobre els esdeveniments que podran passar. Per exemple, no posem la mà sobre la flama de foc perquè pensem que, si ho féssim, ens faria mal, ja que creiem que el foc crema; per això actuem en conseqüència i evitem acostar-hi la mà. En el fons d'aquest comportament hi ha una **inferència causal**, la suposició o creença que el foc és la causa que provoca la sensació de dolor. El principi de causalitat ens permet, doncs, afirmar o creure més del que realment veiem.

Hume es proposa analitzar la validesa de la inferència causal. Atès que creiem que el foc és la causa del dolor de la cremada o que el sol és la causa de la calor a l'estiu, podem preguntar-nos: Quina justificació tenen aquestes creences? Per què diem que els primers fets són la causa dels fets posteriors? Abans, però, és necessari analitzar les classes de proposicions que Hume distingeix.

Classes de proposicions: relacions d'idees i qüestions de fet

Segons Hume, hi ha dues classes de proposicions o dos modes de coneixement. Les **relacions d'idees** són les proposicions que són vertaderes en virtut del significat dels termes que integren la proposició. Així, per exemple, «El tot és més gran que cadascuna de les seves parts» és una afirmació —necessàriament— vertadera, atès el significat dels conceptes que apareixen en la proposició i independentment de l'existència real de coses, de tots i de parts d'aquests tots. Les **qüestions de fet**, en canvi, són proposicions conegudes a partir de l'experiència, no de l'anàlisi lògica. Així, per exemple, «La Terra és el tercer planeta del sistema solar» és una afirmació —empíricament— vertadera, ja que hi ha una correspondència real i efectiva entre la proposició i la realitat.

> «Penso que no es dubtarà que aquests principis serveixen per connectar idees. Una pintura mena naturalment tots els nostres pensaments a l'original (semblança); l'esment d'un pis d'un edifici introdueix naturalment una pregunta o una conversa sobre els altres (contigüitat); i si pensem en una ferida, difícilment ens podem estar de considerar el dolor que provoca (causa i efecte).»
>
> *Investigació sobre l'enteniment humà*, III, 19
>
> **David Hume**

> «Tots els objectes de la raó o investigació humanes poden ser dividits naturalment en dues classes, a saber, relacions d'idees i qüestions de fet. Pertanyen a la primera classe les ciències de la geometria, àlgebra i aritmètica i, en resum, qualsevol afirmació que és certa o intuïtivament o demostrativament. [...] Es descobreixen proposicions d'aquesta classe per la mera operació del pensament, sense dependència del que existeixi arreu de l'Univers. [...] No s'examina de la mateixa manera les qüestions de fet, els segons objectes de la raó humana; la nostra evidència de la seva veritat, per molt gran que sigui, no és de la mateixa naturalesa que la precedent. Sempre és possible el contrari de tota qüestió de fet, ja que mai no pot implicar una contradicció i ja que la ment la concep amb la mateixa facilitat i claredat que si fos d'allò més ajustada a la realitat.»
>
> *Investigació sobre l'enteniment humà*, IV, 20
>
> **David Hume**

La posició de Hume en aquest tema (que és la mateixa de Leibniz) és fonamentalment la que ha arribat fins als nostres dies. D'una banda, hi ha les proposicions **analítiques**, la veritat de les quals depèn únicament del significat dels seus termes; per aquesta raó una proposició analítica vertadera és necessàriament vertadera, en el sentit que seria contradictori negar-la (per exemple «Un triangle no té tres angles» és necessàriament falsa, atès el significat dels termes *triangle* i *tres angles*). Una proposició analítica és, en conseqüència, una proposició coneguda ***a priori***, és a dir, sense recórrer a l'experiència sensible. De l'altra, hi ha les proposicions **sintètiques**, això és, proposicions contingentment vertaderes, en el sentit que no són necessàriament vertaderes sinó vertaderes de fet, i, per tant, podrien no ser-ho (per exemple, «Els primers Jocs Olímpics tingueren lloc l'any 776 aC»). Per això, una proposició sintètica és una proposició coneguda ***a posteriori***, és a dir, a partir de l'observació i l'experimentació. Una proposició qualsevol és analítica o sintètica; si no és analítica i *a priori*, llavors és sintètica i *a posteriori*. En definitiva, la universalitat i necessitat del coneixement només serien possibles en les proposicions analítiques, és a dir, en les ciències formals.

«Que "El sol no sortirà demà" no és una proposició menys intel·ligible ni implica més contradicció que l'afirmació que sortirà. Inútilment, doncs, intentaríem demostrar-ne la falsedat. Si fos demostrativament falsa, implicaria una contradicció i mai no podria ser concebuda de manera prou clara per la ment.»
Investigació sobre l'enteniment humà, IV, 21
David Hume

Crítica de la idea de causalitat

Hume realitza una anàlisi profunda i exhaustiva de la relació de causalitat, ja que la relació de causa-efecte té una gran importància tant en les qüestions més bàsiques de la vida diària com en el camp de la ciència. Els resultats obtinguts per Hume tindran una gran repercussió en la filosofia posterior. Primer de tot es pregunta com s'origina o d'on procedeix la creença que una cosa o un fet (d'ara en endavant, *A*) pugui causar o produir una altra cosa *B*, l'efecte. La resposta és ben senzilla: de l'**experiència**. Si una bola de billar es posa en moviment immediatament després d'haver rebut l'impacte d'una altra bola de billar, creurem de la manera més natural que aquesta ha causat el moviment d'aquella. Però, això ho creurem, diu Hume, a partir de l'experiència d'aquest i d'altres xocs de boles de billar. Si mai no haguéssim vist casos semblants, no pensaríem *a priori*, és a dir, abans de l'experiència, que el fet *A* provoca el fet *B*. Hume proposa aquest exemple:

«Si un home, per exemple Adam, hagués estat creat amb l'enteniment vigorós, però sense gens ni mica d'experiència, mai no hauria pogut inferir el moviment de la segona bola de billar a partir del moviment i de l'impuls de la primera. No hi ha res que la raó vegi en la causa que sigui capaç de fer-ne *inferir* l'efecte. Tal inferència, si fos possible, equivaldria a una demostració, en ser fonamentada simplement en la comparació d'idees. Però cap inferència de la causa a l'efecte no pot valer com una demostració.»
Resum del Tractat de la naturalesa humana
David Hume

Una partida de billar il·lustra el principi de causalitat. Segons Hume, no es pot demostrar que una bola de billar sigui la causa del moviment d'una altra amb la qual ha xocat, pel sol fet que un moviment ha precedit l'altre. Afirma al Resum *que:*
«Estem determinats, només pel costum, a suposar el futur d'acord amb el passat. Quan veig una bola de billar que es mou en direcció a una altra, la meva ment és moguda de manera immediata per l'hàbit cap a l'efecte acostumat i anticipo la meva visió en concebre la segona bola en moviment.»
Resum del *Tractat de la naturalesa humana*
David Hume

Si Adam, el primer home, no tingués cap experiència prèvia de xocs entre boles de billar o xocs d'altres coses, no podria saber, en veure el moviment de la primera bola cap a la segona bola, que aquesta es mouria. La repetició d'unes determinades experiències és la que porta a creure en el principi de causalitat i a la creença en el funcionament regular o uniforme de la naturalesa: allò que ha succeït fins ara d'una determinada manera es creu que seguirà succeint d'aquesta mateixa manera en el futur. Hi ha algun fonament que justifiqui aquesta creença? Hume es pregunta si la regularitat de l'experiència sobre el passat pot servir de garantia de les nostres expectatives sobre el futur. La regularitat de certs fets del passat assegura la seva repetició en el futur? O, expressat amb altres termes, quina és la base de la **inducció**? Com es pot defensar el raonament inductiu, un raonament que conté en la conclusió més informació que la que ofereixen les premisses, és a dir, un raonament que, a partir de premisses particulars, pretén treure conclusions generals?

Elements de la relació de causalitat

Hume analitza la relació de causalitat i troba tres elements o condicions que, conjuntament, integren aquesta relació. Habitualment, quan es diu que el fet *A* és la causa del fet *B*, això equival a dir que: *1)* *A* és anterior a *B*; *2)* *A* és contigu a *B*; *3)* *A* manté una connexió necessària amb *B*. Les dues primeres condicions no són essencials en la relació causa-efecte. *A* pot ser anterior i contigu a *B* i no ser-ne la causa. En canvi, la idea de **connexió necessària** «té molta més importància que qualsevol de les altres mencionades». Ara la qüestió s'ha traslladat a aquesta altra: quin és l'origen d'aquesta idea? De quina impressió deriva la idea de connexió necessària? Hem vist mai que dos fets estiguin necessàriament connectats, de manera que si hi ha un, hi haurà també l'altre?

En aquest punt Hume és taxatiu en respondre que no hi ha cap impressió sensorial que pugui produir la idea que dos esdeveniments estan necessàriament connectats. Quan dos fets, *A* i *B*, acostumen a tenir lloc un després de l'altre —quan es dóna una simple **conjunció regular**—, la ment acaba imaginant que existeix una connexió necessària entre ells, de manera que quan veu el primer ja preveu el segon. Ha de quedar clar, però, que únicament percebem una connexió regular entre dos fets *A* i *B*, i que en cap cas no percebem una connexió necessària entre aquests. Veiem que un fet passa després d'un altre; no que un fet passa necessàriament perquè un altre ja ha passat o que un causa l'altre.

Si la idea de connexió necessària, nucli vertebrador de la idea de causalitat, no prové d'una concreta impressió sensible, com ha pogut formar-se? Hume diu que a causa de l'**hàbit** o el **costum**. Cada cop que es repeteix una determinada successió de fets, es consolida l'hàbit psicològic de creure que els primers són la causa dels segons.

Així doncs, no hi ha cap coneixement del funcionament regular de la naturalesa basat en la inducció. Ni aquesta pot justificar-se racionalment: qualsevol intent de justificar la inducció sobre la base que aquest tipus de raonament fins ara ha funcionat, equival a defensar inductivament la mateixa inducció, pretensió que és lògicament insostenible.

Amb la crítica al principi de causalitat, Hume s'oposa frontalment al pensament racionalista segons el qual la naturalesa era demostrativament cognoscible, però també s'oposa a l'empirisme de Locke i a la física newtoniana, que afirmen la possibilitat del coneixement de la realitat natural sobre les bases de l'observació i l'experimentació. Així, Hume dirà que no hi ha cap més fonament per establir les lleis científiques que l'hàbit psicològic que ens inclina a pensar que alguns esdeveniments estan regularment connectats. Això és tot el que es pot esperar del coneixement empíric, atès que la causalitat deixa de ser una relació real o *objectiva* entre els fets i es converteix en una relació psicològica o *subjectiva*. Segons Hume, la necessitat de les relacions causals no es troba en els fets sinó en la ment que els percep. Amb aquest enfocament psicologista de la relació de causalitat, Hume qüestiona el determinisme de la ciència moderna.

«Tots els raonaments sobre la qüestió de fet semblen basar-se en la relació de causa a efecte. Solament mitjançant aquesta relació podem ultrapassar l'evidència de la nostra memòria i els nostres sentits. [...] Un home que trobés un rellotge o qualsevol altra cosa a una illa deserta concolouria que alguna vegada hi havia hagut homes. Tots els nostres raonaments sobre els fets són de la mateixa natura. I vet aquí com constantment se suposa que hi ha una connexió entre el fet present i allò que n'inferim. Si no hi hagués res que els entrelligués tots dos alhora, la inferència seria absolutament precària.»

Investigació sobre l'enteniment humà, IV, 22
David Hume

Crítica de la idea de substància material

No hi ha dubte que tenim impressions relatives a un món material situat més enllà de la ment. Ara bé, ens és impossible conèixer com és realment aquest món d'objectes físics al marge i independentment de les impressions que en tenim. Estem limitats al coneixement d'aquestes i res no podem dir sobre la realitat que està més enllà dels objectes. És una qüestió que simplement hem de suposar, ja que no és demostrable racionalment.

Hume està força d'acord, doncs, amb la crítica de Berkeley al concepte de substància material de Locke. Quan apareixen agrupades unes certes impressions —un color, una forma, una consistència, etc.—, la ment acaba imaginant que provenen o que són l'efecte d'alguna altra cosa, d'una **substància material** que en seria precisament la causa. Però, segons Hume, no hi ha cap impressió sensorial que testimoniï aquesta relació. Per tant, només per costum creiem que aquelles sensacions emanen d'una substància material. I això és tot el que podem aconseguir. Estem condemnats a creure, a viure confinats en la creença; el coneixement segur i irrevocable ha esdevingut un ideal inassolible. En resum, no sabem si podem conèixer els objectes tal com realment són i, fins i tot, no podem saber si aquests objectes existeixen realment.

«D'això es desprèn que tots els raonaments referents a la causa i l'efecte es basen en l'experiència, i que tots els raonaments que es dedueixen de l'experiència es basen en el supòsit que el curs de la naturalesa continuarà sent uniformement el mateix. Concloem que causes semblants, en circumstàncies semblants, produeixen sempre efectes semblants.»

Resum del Tractat de la naturalesa humana
David Hume

> «Donem per suposat que la inducció ha funcionat en el passat; però, quins motius ens dóna això per esperar que funcioni també en el futur? Si concloem que la inducció funcionarà perquè ha funcionat, estem argumentant... inductivament. Com va assenyalar el filòsof David Hume en una famosa discussió del problema, sembla que aquí hi ha un raonament que, com se sol dir, es mossega la cua.»
>
> *La justificació de la inducció*
> **Max Black**

> «Si convençuts d'aquests principis donem un cop d'ull a les biblioteques, quins estralls caldrà que fem? Si agafem, per exemple, algun volum de teologia o de metafísica escolàstica, preguntem-nos: és que conté algun raonament abstracte sobre la quantitat o el nombre? No. És que conté algun raonament empíric sobre els fets i l'existència? No. Confieu-lo llavors a les flames, perquè no pot contenir més que sofismes i il·lusió.»
>
> *Investigació sobre l'enteniment humà*, XII, 132
> **David Hume**

Crítica de la idea del jo

Hume arriba a les mateixes conclusions respecte al jo o subjecte espiritual que respecte al cos o objecte material. Si aquest no és més que un manyoc d'impressions que apareixen agrupades regularment, el jo és «una successió de percepcions diferents —com les de calor i fred, amor i odi, pensaments i sensacions—, totes elles reunides, però mancades de simplicitat o identitat perfectes». El jo o ànima o ment o substància espiritual no és quelcom directament cognoscible; no hi ha cap impressió a partir de la qual s'origini aquesta idea. De totes maneres, aquí Hume no pot aplicar el mateix argument que havia utilitzat per criticar la idea de substància material, ja que aquesta idea apareixia, en Descartes o Locke, a partir d'una inferència causal; com que res no legitima aquesta inferència, la noció de substància material està completament mancada de sentit. La idea de ment, en canvi, sorgeix espontàniament com el resultat d'una intuïció directa, no com el resultat indirecte d'una inferència causal. Ara bé, tenim realment una idea de nosaltres mateixos, de la nostra identitat personal? Segons Hume, no hi ha cap impressió a partir de la qual s'hagi pogut formar la idea d'identitat.

Com explica, doncs, Hume la formació de la idea d'identitat personal? El procés psicològic que dóna lloc a aquesta idea es deu a la **memòria**. Davant un estat mental determinat, la ment recorda altres percepcions semblants; la impressió que ara experimentem és semblant a altres impressions passades; això fa que pensem que totes elles provenen de, o resideixen en, un mateix jo.

De totes maneres, l'explicació de l'origen de la **identitat personal** com un simple procés de la memòria no degué acontentar suficientment Hume. Amb relació a aquest tema, diu en el *Tractat*: «He de sol·licitar el privilegi de l'escèptic i confessar que aquesta dificultat és massa àrdua per al meu enteniment. No pretenc afirmar, no obstant això, que sigui absolutament insuperable.»

Crítica de la idea de Déu

Quant a l'existència de Déu, Hume aplica la mateixa anàlisi que a la substància extensa i a la substància pensant. D'una banda, no hi ha cap impressió sensible que correspongui a l'Ésser suprem. De l'altra, és impossible demostrar racionalment l'existència de la divinitat atès que el concepte de Déu al·ludeix a una realitat situada, presumptament, més enllà del món fenomènic. Alguns filòsofs, segons Hume, han volgut deduir, a partir de l'observació de la regularitat i perfecció del funcionament de la naturalesa, l'existència d'una causa intel·ligent d'aquesta naturalesa. Apliquen una inferència causal de l'efecte a la causa; ara bé, la inferència causal només és psicològicament legítima quan es produeix una conjunció constant i regular entre el fet que és la causa i el fet que és l'efecte; però Déu no és un fet observable; per tant, Hume considera que no és possible deduir l'existència de Déu a partir del món observat.

Escepticisme

La filosofia de Hume culmina en l'escepticisme. Un **escepticisme moderat** és positiu i fructífer en limitar les investigacions humanes «als temes més ben adaptats a la poca capacitat de l'enteniment humà». Restringir la recerca a aquells camps on el coneixement és possible permet evitar el punts morts en què, tot sovint, s'ha empantanegat l'esperit humà en voler resoldre qüestions que estan més enllà del seu abast. Quins són aquests àmbits assolibles per l'enteniment humà? Hume es refereix al coneixement abstracte, matemàtic, compost per les relacions d'idees, conegudes racionalment; i a les qüestions de fet, és a dir, el coneixement empíric, obtingut a través de l'experiència sensible, que únicament pot subministrar informacions vertaderes de fet, però no necessàriament vertaderes. Qualsevol altre tipus de suposat coneixement no és més que un seguit de paraules buides.

Activitats finals

FILOSOFIA I TIC

Cerqueu a Internet informació i prepareu un petit dossier sobre:

- Racionalisme i matemàtiques
- Les primeres màquines de calcular
- Descartes i el mètode científic
- Els autòmats
- Empirisme i física
- El problema de la causalitat
- El problema de la relació ment/cos

1> Es podria dir amb la mateixa força lògica «Veig; per tant, existeixo» que «Penso; per tant, existeixo?» Compareu les dues afirmacions en tant que fonaments o principis d'un sistema filosòfic.

2> Relacioneu aquest text del filòsof, matemàtic i escriptor Blaise Pascal (1623-1662) amb la filosofia cartesiana:

> «L'home no és més que una canya, la més dèbil de la naturalesa, però és una canya pensant. No fa falta que l'Univers enter s'armi per esclafar-lo: un vapor, una gota d'aigua basten per matar-lo. Però malgrat que l'Univers l'esclafés, l'home seria encara més noble que allò que el mata, perquè sap que mor i que l'Univers el guanya; l'Univers no sap res de tot això.»
>
> *Pensaments*, 347
> **Blaise Pascal**

3> Compareu el dubte escèptic amb el dubte de Descartes. El dubte cartesià és un dubte sentit i autèntic, o més aviat és un dubte fingit? Per què?

4> Expliqueu el significat d'aquest fragment de l'historiador de la ciència Alexandre Koyré:

> «L'Univers cartesià està construït amb molt poca cosa. Matèria i moviment; o millor dit —ja que la matèria cartesiana, homogènia i uniforme, només és extensió—, extensió i moviment; o millor dit encara —ja que l'extensió cartesiana és estrictament geomètrica—, espai i moviment. Com és sabut, l'Univers cartesià és la geometria realitzada.»
>
> *Estudis galileans*
> **Alexandre Koyré**

5> Per assegurar-se que el criteri de certesa és vàlid, és a dir, que les idees evidents són vertaderes, Descartes es veu «obligat» a demostrar l'existència de Déu; ara bé, per poder realitzar aquesta demostració, no utilitza Descartes el mateix criteri que vol demostrar? D'altra banda, per què la demostració cartesiana de l'existència de Déu no conté premisses relatives al món o realitat externa?

6> Justifiqueu quin filòsof ha pogut escriure això:

> «Tot el mètode consisteix en l'ordre i disposició de les coses vers les quals cal dirigir l'agudesa de la ment per tal de descobrir alguna veritat. I l'observarem exactament si reduïm gradualment les proposicions complexes i obscures a d'altres de més simples i si després, a partir de la intuïció de les més simples de totes, intentem ascendir pels mateixos graus al coneixement de totes les altres.»

7> El filòsof nord-americà Hilary Putnam (1926) ha comparat el problema cartesià de la relació entre la substància pensant i la substància extensa amb el problema de com es relacionen els programes dels ordinadors (*software*) i el suport material o físic d'aquests (*hardware*). Digueu alguns punts que fan possible aquesta comparació. L'estudi de la manera com els programes informàtics controlen els dispositius físics de l'ordinador és aplicable al problema de la relació ment-cos?

8> Justifiqueu qui pot ser l'autor d'aquest text:

> «Les ànimes actuen segons les lleis de les causes finals per apetits, fins i mitjans. Els cossos actuen segons les lleis de les causes eficients o dels moviments. I els dos regnes, el de les causes eficients i el de les causes finals, són harmònics entre si.»

9> Analitzeu i expliqueu aquest text de Leibniz. Si una mònada no pot rebre cap influència de cap altra mònada, com s'explica l'aparent interacció entre les coses sensibles, o entre l'ànima i el cos?

> «Tampoc no hi ha manera d'explicar com una mònada pot ser alterada o modificada al seu interior per alguna altra criatura; ja que no es pot transposar-hi res, ni concebre en ella cap moviment intern que pugui ser excitat, dirigit, augmentat o disminuït allà dins; mentre que això sí que és possible en els compostos, on hi ha canvis entre les parts. Les mònades no tenen pas finestres per les quals alguna cosa pugui entrar-hi o sortir-ne.»
>
> *Monadologia*, 7
> **Gottfried Leibniz**

10> Feu un quadre comparatiu de la filosofia racionalista i empirista. Destaqueu els punts en què ambdós corrents de pensament difereixen i també aquells en què puguin coincidir.

11> Comenteu aquest text de Locke. Per què diu que: «el substrat per al qual el color o el pes són inherents, [...] són les parts sòlides i extenses»?

> «Si se li pregunta a algú quin és el substrat per al qual el color o el pes són inherents, no podrà respondre sinó que són les parts sòlides i extenses; i si se li pregunta què és allò respecte a què la solidesa i l'extensió són inherents, no estarà en millor situació que la de l'indi que, en dir que un gran elefant suportava el món, se li va preguntar sobre què s'aguantava, al seu torn, aquest elefant. A això va respondre que s'aguantava sobre una gran tortuga; però com es va insistir a preguntar-li sobre què s'aguantava aquesta tortuga de tan amples espatlles, va respondre que era quelcom que ell no sabia què era. Així, quant a l'assumpte de què ens ocupem, passa com en tots els altres casos en els quals s'usen paraules sense tenir unes idees clares i distintes.»
>
> *Assaig sobre l'enteniment humà*, II, XXIII, 2
> **John Locke**

12> Expliqueu la distinció que fa Locke entre les qualitats primàries i les qualitats secundàries de la substància. Coneixeu algun altre pensador que hagi mantingut la mateixa distinció? Respecte a aquesta qüestió, quina és la posició de Berkeley?

13> A la part final dels *Tres diàlegs entre Hylas i Philonous*, Berkeley presenta el sentit i la finalitat del seu pensament en les paraules de Philonous exposades tot seguit. Analitzeu aquest text i expliqueu-ne el significat:

> «No pretenc ser instaurador de noves nocions. Solament m'esforço amb la intenció de relacionar i fer més clara la veritat que abans compartien la gent del carrer i els filòsofs. Els primers creuen que les coses reals són les coses que perceben immediatament, i els darrers creuen que les coses percebudes immediatament són idees que només existeixen en la ment. Aquestes nocions, plegades, constitueixen, en efecte, l'essència del que jo defenso.»
>
> *Tres diàlegs entre Hylas i Philonous*
> **George Berkeley**

14> Raoneu a quin corrent del pensament pertany el fragment següent:

> «Per poc que investiguem els nostres pensaments, és molt fàcil saber si ens és possible entendre què es vol dir per absoluta existència d'objectes sensibles en si mateixos, o fora de la ment. Per a mi és evident que aquestes paraules denoten, o bé una directa contradicció, o bé no denoten res en absolut. [...] Per tant, insistiré en aquest punt, a saber: que l'existència absoluta de coses no pensades són paraules sense significat, o que contenen una contradicció.»

15> Si en l'anàlisi de la substància material les posicions de Berkeley i de Hume són molt semblants, en canvi, en l'anàlisi de la substància pensant són divergents. Expliqueu aquest desacord.

16> La memòria i la imaginació, segons Hume, fan reaparèixer les impressions de la ment de manera diferent. Quina és aquesta diferència? Expliqueu els principis d'associació de les idees en la imaginació. Exemplifiqueu l'explicació.

17> Expliqueu l'anàlisi que fa Hume de la relació de causalitat. Per què és tan important aquesta relació? A quines conseqüències va arribar Hume en aquest punt?

18> Quina diferència hi ha entre les proposicions que són relacions d'idees i les que són qüestions de fet, segons Hume?

19> Com justifica Hume que no és possible demostrar racionalment l'existència de Déu? Creieu que una filosofia empirista ha de negar la validesa de les proves sobre l'existència d'un ésser suprem? Locke, fundador de l'empirisme, escriu que és «evident per a mi que tenim un coneixement més cert de l'existència de Déu que de qualsevol altra cosa que els nostres sentits ens puguin descobrir de manera immediata». Aquesta creença de Locke és compatible amb la seva epistemologia empirista?

20> Poseu tres exemples de proposicions que són *relacions d'idees* i tres exemples més de proposicions que són *qüestions de fet*. Repasseu els conceptes de *veritat formal* i *veritat fàctica* estudiats a Filosofia de primer de batxillerat i relacioneu-los amb la classificació de Hume.

21> Feu un resum del text següent i indiqueu les principals qüestions que s'hi plantegen:

> «Quan veig una bola de billar que es mou en direcció a una altra, la meva ment és moguda de manera immediata per l'hàbit cap a l'efecte acostumat i anticipo la meva visió en concebre la segona bola en moviment. No hi ha res en aquests objectes, considerats en abstracte i independentment de l'experiència, que em porti a una conclusió semblant; i, fins i tot després d'haver tingut l'experiència de molts efectes d'aquest tipus repetits, no hi ha cap argument que m'indueixi a suposar que l'efecte estarà d'acord amb l'experiència passada.»
>
> *Resum del Tractat de la naturalesa humana*
> **David Hume**

22> Compareu el concepte de jo o ànima de Descartes amb el concepte de jo o identitat personal de Hume.

23> Definiu els termes següents:

> Percepcions, empirisme psicològic, empirisme epistemològic, lleis d'associació d'idees, relacions d'idees, qüestions de fet, inferència causal, connexió necessària, conjunció regular, hàbit, identitat personal i escepticisme.

07

TEORIES POLÍTIQUES DEL SEGLE XVII I LA IL·LUSTRACIÓ DEL SEGLE XVIII

- Viure en societat implica renunciar a alguna cosa? La llei impedeix la pròpia llibertat?
- És necessària la institució de l'Estat perquè pugui existir una societat?
- L'ésser humà seria més feliç si continués vivint en un estat de naturalesa, fora de la civilització, o és millor viure en societat?
- Ha de tenir algun paper la religió en una societat? És necessària per mantenir l'ordre social?
- Són vàlides encara idees com ara que la raó ha de governar la conducta, que la superstició i la ignorància són males companyies, i que amb l'educació es podrà millorar la societat i afavorir el progrés de la humanitat?

7.1 Marc històric i cultural

A Europa, durant els segles XVII i XVIII, es van plantejar les principals idees que van servir de marc jurídic, polític i social de l'edat moderna. Aquestes idees derivaven de la nova concepció del món defensada per Copèrnic, Galileu, Descartes i Newton, i també de l'intens debat a propòsit de l'organització social i política.

Durant el segle XVII, Anglaterra va viure una cruenta guerra civil. Fruit d'aquesta situació, Thomas Hobbes i John Locke van aportar la seva reflexió sobre les qüestions polítiques que es van anant plantejant al llarg de l'època. Al segle XVIII, a França, el moviment de la Il·lustració va debatre noves idees filosòfiques, socials i polítiques que van acompanyar la conquesta del poder per part de la burgesia, la qual va desplaçar l'aristocràcia civil i el poder eclesiàstic.

Com a resultat d'aquests conflictes van aparèixer idees innovadores com les de sobirania, estat secular o drets dels individus. Aquestes idees passaran a ser les bases de l'estat democràtic liberal i, en general, de la filosofia política moderna i contemporània.

> «A Anglaterra, Locke, en el seu *Tractat sobre el govern*, exposa la teoria que el contracte social que els individus celebren entre si no constitueix de cap manera l'únic fonament de totes les relacions jurídiques entre els homes. Aquests vincles contractuals els precedeixen uns vincles originaris que no han estat creats per contracte ni poden ser eliminats per aquest contracte. Existeixen drets naturals de l'home anteriors a tota formació de societats i estats i, respecte d'aquests drets, la funció pròpia i el fi essencial de l'Estat és acollir-los en el seu ordenament i, mitjançant aquest, protegir-los i garantir-los. Especialment el dret a la llibertat personal i a la propietat.»
>
> *Filosofia de la il·lustració*
> **Ernst Cassirer**

7.2 Política i idees de l'absolutisme anglès en la primera meitat del segle XVII

La **dinastia Tudor** va governar al segle XVI exercint un poder absolut. La darrera reina, **Isabel I** (1533-1603), amb prou feines havia convocat el Parlament durant els seus 45 anys de regnat. El país, d'altra banda, estava dividit entre protestants, anglicans i catòlics. L'Església anglicana, que considerava que el monarca era «governador suprem del regne tant en allò espiritual com en allò temporal», era fortament criticada pels catòlics, o «papistes», més partidaris de retallar el poder absolut del monarca.

*El 30 de gener de 1649, **Carles I** d'Anglaterra fou executat públicament a Whitehall, Londres, en no voler acceptar que cap home està per damunt de la llei.*

La mort d'Isabel I i l'entronització de la **casa Estuard**, que va mantenir l'absolutisme, féu augmentar la tibantor, que es va exterioritzar amb persecucions dels extremistes religiosos, catòlics i puritans (protestants radicals). Molts d'aquests últims van fugir cap al Nou Continent. El nou monarca, **Carles I** (1600-1649), va dissoldre sovint el Parlament i va situar clergues anglicans poc tolerants en càrrecs rellevants. Els parlamentaris, fent-se ressò de les antigues llibertats angleses, van presentar al rei una petició de drets: «Que [els súbdits] no seran obligats a participar en cap taxa, impost o ajuda ni cap càrrega anàloga, sense el comú consentiment de la nació expressat en el Parlament [...] que cap home lliure podrà ser detingut o empresonat, ni desposseït de les seves llibertats o franquícies, ni posat fora de la llei o desterrat [...] més que en virtut d'una sentència legal [...] segons les lleis del país».

La situació de crisi va desembocar en enfrontaments armats tant a Escòcia com a Irlanda. La **guerra civil** (1642-1651) va tenir diversos fronts oberts: Parlament-monarquia, protestants-catòlics. D'una banda, els cavallers, l'alta aristocràcia tradicional i anglicana i els catòlics. De l'altra, els partidaris del Parlament, «els caps rodons», anglesos defensors de les llibertats polítiques, econòmiques i religioses; manufacturers i negociants, així com el poble ras de les ciutats. En aquesta guerra va destacar **Oliver Cromwell**, home de caràcter intransigent i rígid purità però hàbil estrateg militar.

Oliver Cromwell (1599-1658), polític i militar anglès, va convertir Anglaterra en una república. Segons el filòsof **David Hume** (1711-1776), Cromwell fou un dictador regicida; segons l'historiador i assagista escocès **Thomas Carlyle** (1795-1881), va ser un heroi de la lluita per la llibertat.

L'ànsia de reforma que acompanya la crisi es fa palesa en el discurs del parlamentari Thomas Case davant la Cambra dels Comuns, l'any 1641:

> «La reforma ha de ser universal... Reformeu tots els llocs, totes les persones i professions... Reformeu els tribunals de justícia, els magistrats inferiors... Reformeu les universitats, reformeu les ciutats, reformeu els comtats, reformeu les escoles primàries, reformeu el Sabbath, les ordenances, el culte diví... Totes les plantes que el meu Pare celestial no hagi sembrat han de ser arrencades.»
>
> *Discurs a la Cambra dels Comuns*
> **Thomas Case**

Al començament del 1649 el rei Carles I és executat. La victòria recau en mans del sector més radical, encapçalat per Cromwell. La crisi, però, continua. Cada cop apareixen més grups radicals i extremistes. Els *levellers* ('anivelladors') defensen el sufragi universal i la igualtat davant la llei. Els *diggers* ('cavadors') reivindiquen la igualtat social i el repartiment de terres. Cromwell, creient-se un «enviat» de Déu, dissol el Parlament i passa a governar el país de manera absoluta. En aquest context de contínues lluites civils, de manca de seguretat per absència d'un poder estatal fort, va aparèixer l'obra de Thomas Hobbes.

ACTIVITATS

1> Cerqueu informació sobre la crisi del Barroc, en especial com es va viure a l'Anglaterra del segle XVII, amb els conflictes civils i religiosos, i feu un llistat de les idees dels diferents grups que hi van intervenir. Mitjançant cerques a biblioteques i a les enciclopèdies, podeu buscar referències de grups com els anivelladors (*levellers*), els cavadors (*diggers*), els quàquers, els cercadors (*seekers*), els extravagants (*ranters*), etc.

A partir d'aquest material, feu una reflexió tenint en compte la idea base amb què José Antonio Maravall caracteritza el segle:

> «Des que s'inicia el segle XVII sorgeix la consciència que hi ha períodes en la vida de la societat en els quals sorgeixen dificultats en l'estructura i en el desenvolupament de la vida col·lectiva. Períodes de diferent durada, respecte dels quals es reputa que la societat no funciona de la manera ordinària: en ells es compliquen les relacions de grup a grup, d'home a home, sorgeixen alteracions en allò que aquests desitgen, en allò que esperen, en allò que fan, impulsats per aquest mateix sentiment que les coses han canviat.»
>
> *La cultura del Barroc*
> **José Antonio Maravall**

7.3 Thomas Hobbes i la necessitat de l'Estat

Al filòsof anglès Thomas Hobbes avui encara se li reconeix la seva vàlua com a pensador de teoria política. La qüestió que planteja en la seva obra, qüestió encara vigent, és de caràcter social i política: com els éssers humans poden viure junts i en pau, i evitar caure en el desordre i la guerra civil? La seva obra fou una aportació per intentar resoldre aquest assumpte indefugible.

Vida i obres

El filòsof anglès ***Thomas Hobbes*** *(1588-1679) va posar amb la seva obra* Leviatan *els primers fonaments de la filosofia política moderna. L'any 1666 els seus llibres foren cremats a Anglaterra, i el seu autor titllat d'ateu.*

Thomas Hobbes va néixer a Anglaterra l'any 1558, fill d'un clergue de Wesport. Després d'un temps a la Universitat d'Oxford, es va fer càrrec de la instrucció del fill del comte de Devonshire, mitjançant el qual va entrar en contacte amb la noblesa i els cercles intel·lectuals anglesos. Acompanyà el seu alumne en un llarg viatge per Europa, en què va conèixer les disquisicions antiescolàstiques que estaven apareixent al continent. Amant dels clàssics, va fer la primera traducció a l'anglès de l'obra de Tucídides, *Història de la guerra del Peloponès*.

La seva vida va transcórrer envoltada pel conflicte polític i la guerra civil, i això el va fer buscar una solució a la inestabilitat política de la seva època, tenint present les eines de les incipients noves ciències naturals. La seva obra principal és *Leviatan o la matèria, la forma i el poder d'una república, eclesiàstica i civil* (1651). Amb anterioritat havia escrit *Elements de la llei* (1640) i *De Cive* (*Sobre el ciutadà*) (1642). Aquestes tres obres fan de Hobbes un filòsof polític, malgrat que mai no intervingué en política. En posteriors viatges al continent, i en especial a França i Itàlia, va poder conèixer Galileu i Descartes, al qual va escriure una objecció a la *Primera meditació*.

Hobbes va escriure sobre política empès pels problemes polítics de la seva època: el problema de la unitat de l'Estat, malmesa per les disputes religioses i l'enfrontament dels dos poders, el civil i el religiós; i el problema de les dissensions entre el Parlament i la Corona.

A Anglaterra, els llargs conflictes entre el rei i el Parlament, que portaren a la guerra civil, al regicidi i al govern militar, posaren damunt la taula el problema de la legitimitat de l'ordre polític. Hobbes intentà persuadir els seus lectors que hi havia una possibilitat d'establir una base de legitimitat política sobre un fonament no inferior a les creences religioses o a la base històrica, i aquest fonament radicava en la raó natural. Per fer això va convertir la política en una ciència.

L'obra de Hobbes s'ha de considerar com una condemna de la guerra i la cerca de la seva superació en el marc de la societat civil. Aquestes preocupacions el van dur a subordinar l'Església a l'Estat i també a subordinar les afirmacions de la religió i de la fe a les del **coneixement natural**.

> «La disputa [...] entre el poder espiritual i el poder civil ha estat, últimament més que qualsevol altra cosa en el món, la causa de guerra civil.»
>
> *Leviatan*
> **Thomas Hobbes**

Per primer cop des de l'antiguitat es va intentar entendre la política d'una manera laica, minuciosa i sota un mateix patró de veure el món. Un món en el qual Déu ja no tindrà un paper rellevant. Hobbes va pretendre subordinar i limitar la religió als límits del «coneixement natural» i mostrar que el coneixement natural condueix a obeir el sobirà polític. El pes de la Bíblia en mans dels hereus de Luter i Calví i la cega creença en l'autoritat de la fe per damunt de tot van ser els dos baluards als quals va voler fer front.

L'home en l'estat de naturalesa

Els pressupòsits filosòfics de Hobbes reposen sobre dues categories fonamentals: la **matèria** i el **moviment mecànic**. Per ell, el món físic és un sistema completament mecànic en el qual tot el que passa és explicable en termes de moviment i xocs entre cossos. La conducta humana, conjunt de sensacions, sentiments i pensaments, és una forma de moviment que, quan es dirigeix als altres individus, rep la denominació de **conducta social**. D'aquí ve que Hobbes elabori una teoria política a partir de com actuen les persones a escala individual.

L'aspecte psicològic fonamental és que tot estímul afecta, a favor o en contra, la pròpia vitalitat. Si l'efecte és bo, l'organisme procura mantenir-lo; si és dolent, procura eliminar-lo. Un cos viu tracta de conservar o augmentar la seva vitalitat mantenint una conducta determinada. És a dir, el principi que regula tot comportament és la **pròpia conservació**. Tot allò que condueix cap a aquest objectiu és bo i tot allò contrari, dolent.

La vida és una cerca incansable de mitjans per a la conservació de la pròpia vida. El desig de seguretat, vertadera característica de la naturalesa humana, és inseparable del desig de poder, que és el mitjà per a aconseguir béns futurs i perllongar la pròpia seguretat.

Partint d'aquest punt de vista psicològic, Hobbes descriu l'estat de l'home abans de l'**estat social**. Segons ell, l'home en **estat de naturalesa** és mogut únicament per raons relatives a la seva seguretat o poder, i tracta els altres éssers humans segons com poden afectar aquests objectius. Aquest estat de naturalesa és de «**guerra de tots contra tots**», ja que tots els homes són iguals en força i astúcia, i quan dos o més individus desitgen el mateix, llavors sorgeix el conflicte, la violència i tal vegada la mort.

El conflicte apareix quan els éssers humans topen en voler satisfer els seus respectius desigs. I això és el que passa quan no existeix l'Estat, en l'estat de naturalesa, període en el qual no regeix cap marc legal: «les nocions de correcte i erroni, justícia i injustícia no hi tenen cabuda», i els homes poden matar un altre home per qualsevol cosa que considerin que és necessària per a la seva vida, fins i tot «per insignificances com una paraula, un somriure, una opinió diferent».

Frontispici de Leviatan *(1651), obra cabdal de Hobbes. El* ***leviatan*** *és el monstre marí, mencionat a la Bíblia, que en el llibre de Hobbes representa el «Déu mortal al qual devem, sota el Déu immortal, la nostra pau i la nostra defensa».*

> «[En aquest estat de naturalesa] no hi ha lloc per al treball, ja que el fruit d'aquest es presenta com a incert, i, conseqüentment, no es conrea la terra; no hi ha navegació i no hi ha ús de productes que podrien importar-se per mar; no hi ha construcció d'habitatges, ni d'instruments per moure i transportar objectes que requereixen l'ajuda d'una força gran; no hi ha coneixement en tota la faç de la Terra, no hi ha còmput del temps; no hi ha arts; no hi ha lletres; no hi ha societat. I, el pitjor de tot, hi ha una constant por i un constant perill de perir per mort violenta. I la vida de l'home és solitària, pobra, desagradable, brutal i curta.»
>
> *Leviatan*, XIII
> **Thomas Hobbes**

Hobbes, però, reconeix que mai no ha existit cap estat de naturalesa com el descrit, sinó que més aviat es tracta d'una situació que reapareix quan manca l'autoritat política. Aquest estat és tanmateix una «inferència creada a partir de les passions», que poden ser contradictòries i originen el conflicte permanent. De la mateixa manera que Galileu mai no va poder comprovar la caiguda d'un cos en el buit i no per això es va estar de formular la seva teoria, Hobbes també va postular la hipòtesi de l'estat de naturalesa per explicar la manera d'actuar dels humans.

> «La naturalesa ha fet als homes tan iguals en les seves facultats corporals i mentals que, encara que pugui trobar-se alguns cops un home manifestament més fort de cos, o més ràpid de ment que un altre, fins i tot així, quan tot es té en compte en conjunt, la diferència entre home i home no és suficientment considerable perquè un d'ells pugui reclamar per a si cap benefici que no pugui l'altre pretendre tant com ell. Perquè, pel que fa a la força corporal, fins i tot el més feble té força suficient per matar el més fort, sigui per maquinació secreta o per federació amb altres que es troben en el mateix perill que ell.»
>
> *Leviatan*
> **Thomas Hobbes**

Origen de l'estat social

En la naturalesa humana, a més del **desig** està present la **raó**. Mentre que el primer impulsa els homes a l'individualisme més ferotge, a desitjar i prendre el que les altres persones desitgen o tenen, la raó, en canvi, impulsa els individus a calcular la manera de conservar millor la seguretat. És en aquest poder regulador de la raó en el qual basarà Hobbes la transició de la vida salvatge i solitària vers l'estat civilitzat i social.

Segons Hobbes, els éssers humans estan d'acord en el fet que la mort és el pitjor dels mals i allò que tothom tem. Continuar vivint és una condició bàsica per satisfer els altres desigs. Per això, els individus raonables cercaran la pau. «Tots els homes convenen en el fet que la pau és el bé, i, per tant, també ho són el camí o els mitjans de la pau.» La raó dicta a l'individu diverses **lleis naturals**, lleis que són vies per evitar el mal major: la mort.

La **primera** d'aquestes lleis ens mostra que tothom està interessat a aconseguir la pau, quelcom valuós per continuar vivint.

La **segona** llei indica allò que han de fer els homes per obtenir la pau: «L'home ha d'estar disposat, quan els altres també ho estan, a no fer ús del seu dret a tot, i acontentar-se amb tanta llibertat en la seva relació amb els altres homes com la que ell permetria als altres en el seu tracte amb ell» (*Leviatan*, XIV).

La **tercera** llei natural revela que els homes han de mantenir els seus convenis o pactes un cop els han establert.

Així doncs, les lleis de naturalesa configuren un món molt diferent de l'estat de naturalesa, un món en què existeix cooperació, progrés i seguretat, on pot haver-hi indústria, agricultura, comerç i construcció, on pot sorgir el coneixement, la ciència, l'art i la cultura; i on, per damunt de tot, hi ha seguretat.

Hobbes considera que per accedir a un món com aquest es necessita un **acord mutu** entre individus lliures. Ara bé, aquest acord és una creació artificial que exigeix molta habilitat i prudència, i que reposa en les convencions que els mateixos individus acorden. És tal l'estat de terror en què viuen els homes en l'estat natural que, per evitar els horrors de la seva situació, instauren l'autoritat política a partir del no-res. Els individus, en conseqüència, renuncien a l'exercici dels drets naturals que els pertoquen i reconeixen un individu o col·lectiu com a sobirà, el qual tindrà un poder i una autoritat absoluts. El súbdit, en conseqüència, autoritzarà totes les accions del sobirà i no podrà oposar-s'hi.

Un matí davant del Louvre *(1880), d'Édouard Debat-Ponsam (1847-1913). La massacre de la Nit de Sant Bartomeu fou l'assassinat en massa d'hugonots (protestants) francesos perpetrat pels catòlics l'agost de 1572. Tot un símbol de les* ***guerres de religió*** *a la França del segle* XVI.

En descriure els poders que tindrà aquest sobirà absolut, Hobbes tractarà de qüestions que havien estat conflictives durant la llarga confrontació que havien mantingut el Parlament i el monarca anglès durant la primera meitat del segle XVII, abans de la guerra civil. Per exemple, serà potestat del sobirà decidir allò que és necessari perquè regni la pau, quines doctrines han d'ensenyar-se i quines són les lleis de la propietat; el sobirà haurà d'arbitrar en totes les disputes i podrà declarar la guerra, reclutant l'exèrcit i establint els impostos necessaris. Hobbes, contemplant en perspectiva els esdeveniments, creu que la sobirania no s'ha de limitar, ja que dividir els seus poders comporta la destrucció de la comunitat, l'enfonsament de la societat en l'horrible estat de naturalesa.

El sobirà, malgrat no estar supeditat a cap llei, ha de promulgar i executar en tot cas bones lleis d'acord amb la raó; no pot permetre càstigs arbitraris, sinó que ha de promoure l'equitat, en especial en matèria d'impostos. El sobirà, que sols és responsable davant Déu, ha de preservar la vida dels seus súbdits i procurar que gaudeixin de «totes les altres excel·lències de la vida [...] que puguin adquirir per si mateixos per mitjà d'una activitat legal». Per això caldrà que hi hagi lleis que estimulin el comerç, l'agricultura i la manufactura, i que aquells que no puguin treballar pels seus propis mitjans siguin sostinguts per l'erari públic.

Aristòtil, al segle IV aC, ja havia indicat que la ciutat-estat neix per a la defensa de vides i propietats contra els criminals. També el polític i estudiós àrab Ibn Jaldun, al segle XIV, havia justificat la capacitat repressora de l'autoritat reial sobre altres homes, atès que «l'agressivitat i la injustícia formen part de la naturalesa animal de l'home». El que farà Hobbes és exposar més detalladament aquesta idea. L'Estat, el **Leviatan**, serà qui monopolitzarà el poder i la força, i en aquest context Hobbes considerarà la monarquia com la forma preferible de govern. A propòsit de la democràcia, indicarà que sols és factible en un poble educat i amb elits il·lustrades.

ACTIVITATS

2> Feu una reflexió a propòsit del que s'exposa en el text següent, indiqueu quines són les dues posicions en què es pot resumir la preocupació de la filosofia política i, després de fer una cerca sobre les guerres civils o tribals que s'han donat en les darreres dècades, feu un debat sobre fins a quin punt és exagerat el temor de Hobbes. Creieu que «l'obsesió de Hobbes» és una cosa que avui pot considerar-se antiquada?

> «El pensament polític de tots els temps està dominat per dues grans antítesis: opressió-llibertat, anarquia-unitat. L'ideal que defensa Hobbes no és el de la llibertat contra l'opressió, sinó el de la unitat contra l'anarquia. Hobbes està obsessionat per la idea de la dissolució de l'autoritat, pel desordre que segueix a la llibertat de dissensió sobre allò just i allò injust, per la disgregació de la unitat del poder, destinada a produir-se quan es comença a sostenir que el poder ha de ser limitat; dit breument, per l'anarquia, que és el retorn de l'home a l'estat de naturalesa.»
>
> *Thomas Hobbes*
> **Norberto Bobbio**

3> Thomas Hobbes, en el text següent fa referència a la «inclinació general de tota la humanitat». A què es refereix? Creieu que la humanitat té, en general una «inclinació» específica? Hobbes té una concepció negativa de l'ésser humà. Considereu que l'home està mogut, generalment, pels seus interessos i és egoista? Això és criticable? És quelcom que es pot reconduir amb l'educació? És genètic?

> «D'aquesta manera assenyalo, en primer lloc, com una inclinació general de tota la humanitat, un perpetu i inacabable afany de poder, que finalitza solament amb la mort. I la causa d'això no sempre és que un home esperi un plaer més intens del que ha assolit; o que no arribi a conformar-se amb un poder moderat, sinó que no pugui assegurar el seu poder i els fonaments del seu benestar actual, si no és adquirint-ne d'altres nous.»
>
> *Leviatan*, II
> **Thomas Hobbes**

7.4 John Locke: filòsof del liberalisme

Història i política a la segona meitat del segle XVII

Amb la mort de Cromwell (1658) es va restaurar la monarquia a Anglaterra en la persona de **Carles II** (1630-1685). Aquest rei va governar de forma moderada, si bé continuaren els enfrontaments de caràcter religiós. La inclinació per part del monarca cap al catolicisme va fer augmentar la tensió. Els anglicans van adoptar actituds intransigents i van esclatar reaccions antipuritanes. A més, la divisió es va anar aprofundint entre els *whigs*, que defensaven la supremacia del Parlament, i els *tories*, partidaris de les prerrogatives reials.

Un dels caps dels *whigs* va ser **Anthony Shaftesbury** (1671-1713), que va tenir el suport teòric de John Locke. Una sèrie de complots i conspiracions fracassades van obligar Shaftesbury i John Locke a exiliar-se a Holanda (1682). Mort el rei, el seu successor, **Jaume II** (1633-1701) de tarannà absolutista, va afavorir les idees catòliques, fet que aguditzà la tensió i que va desembocar en revolta. La Revolució Gloriosa de 1688, de la qual John Locke serà considerat l'«apòstol», va posar fi a aquella situació. Amb l'entronització de **Guillem d'Orange** (1650-1702), que va acceptar la Declaració dels Drets, s'inicià la monarquia parlamentària constitucional, basada en la sobirania de la nació i en la idea de contracte, forma de govern que va ser admirada per Montesquieu i altres il·lustrats francesos.

Locke, teòric de la política

John Locke (1632-1704) va publicar *Dos tractats sobre el govern* l'any 1690. En aquesta obra es fa una clara defensa del que serà anomenat més tard **liberalisme**. En aquests tractats, escrits anys abans de l'esclat revolucionari, Locke va examinar els punts claus de diverses qüestions debatudes a l'època: els deures del súbdit respecte al seu governant, els problemes de l'obligació i els límits de la sobirania. Una idea fonamental de l'obra era la del consentiment o **consens**, relacionada també amb l'origen de l'autoritat del monarca i la legitimitat del dret de rebel·lió.

La teoria de Locke es basa en els homes en tant que individus, com ho feia la de Hobbes. Per a Locke, govern i societat existeixen per mantenir els drets de l'individu, i la inviolabilitat d'aquests drets és una limitació que ha de respectar qualsevol autoritat. Per aquest motiu, Locke va criticar les teories i els autors, com Filmer, que defensaven l'origen diví de la monarquia per justificar l'absolutisme.

Locke al començament dels *Dos tractats sobre el govern* replicava punt per punt els arguments de Filmer. En el *Segon tractat*, definia els principis universals de la política d'acord amb la llei natural o raó. Locke, obrint la via de l'**individualisme polític**, pretenia salvaguardar els individus i els seus drets, i fonamentava aquesta defensa més en la naturalesa que en la història. El seu punt de partida no era, doncs, la família amb la seva estructura autoritària, sinó l'individu.

Per descriure la indeterminació de l'estat natural en què vivia l'home, Locke escriu que «al principi, tot el món era Amèrica». Era un estat en què cadascú era el seu propi amo i els homes gaudien d'igualtat de drets. En aquest estadi de naturalesa hi havia «pau, bona voluntat, assistència mútua i conservació». I això era així perquè imperava la llei natural, que proporciona als humans un sistema complet de drets i deures. Ara bé, en mancar qualsevol mena d'organització —com magistrats, drets escrits, càstigs fixats i administració de justícia—, va ser necessari abandonar aquest estadi. Així doncs, prenent una via intermèdia entre Grotius i Hobbes, Locke escriu que «la corrupció i el vici dels homes degenerats» fou el que va impulsar els individus a formar societats civils per a la mútua protecció. Locke en cap moment considera que aquest estat de naturalesa sigui un estat de guerra de tots contra tots; al contrari, creu que l'ésser humà és social per naturalesa i a la vegada racional i lliure. Però en aquest estadi, en què cada home era el seu propi legislador, no podia haver-hi una vida previsible, ordenada i pacífica. El dèbil temia el fort i el fort tenia por dels seus rivals.

John Locke va escriure la major part de les seves obres durant l'exili a Holanda. De caràcter polític són la *Carta sobre la tolerància* (1689) i els *Dos tractats sobre el govern* (1690).

Filmer i l'origen diví del poder

Robert Filmer (1588-1653) fou un filòsof polític anglès. La seva obra principal, publicada pòstumament l'any 1680, fou *Patriarca o el poder natural dels reis*, llibre en què defensava la concepció de la monarquia tradicional. Segons Filmer, els reis governaven per la gràcia de Déu i, a més a més, «els reis eren els autors i faedors de les lleis, i no les lleis del rei». Coincidint amb Hobbes, afirmava que el poder absolut dels monarques era quelcom necessari. Un govern mixt, és a dir, amb la intervenció del Parlament, sols podia acabar en desordre.

Filmer fonamentava la seva tesi en la idea que l'autoritat dels reis era un perllongament de l'autoritat paterna. De la mateixa manera que cap fill, temorós de Déu, podia rebel·lar-se contra el seu pare, tampoc els súbdits no tenien cap dret a la rebel·lió. «Aquesta subordinació dels fills en les famílies és la font de tota l'autoritat reial, per ordre del mateix Déu.» Adam, el primer home segons la Bíblia, havia estat al mateix temps el primer rei i el primer *pater familias*. Adam havia rebut de Déu un poder absolut i el dret de possessió de totes les coses. Els monarques actuals, segons Filmer, n'eren els hereus. A més, sostenia que era del tot natural viure en societat i que això implicava viure sota alguna mena de subjecció. Filmer creia que solament es podia fer front l'anarquia, originada per les males passions dels homes, amb el govern d'una monarquia absoluta.

*L'obra de **Robert Filmer**,* Patriarca o el poder natural dels reis *(1680), publicada després de la seva mort, fou un estímul per a què Locke escrivís els seus* Tractats.

Instauració de l'estat social

Per aconseguir la mútua protecció, els humans es reuniren i formaren societats polítiques confiant a un governant el poder de regir-los. A diferència de Hobbes, Locke no afirma que el poder que assumia el governant fos absolut i definitiu. Al contrari, aquest poder era un encàrrec que podia ser revocat si es perdia la confiança en la persona que assumia la tasca de governar. Així, per Locke, el govern és fruit d'un acord entre els individus. Aquests confien el poder al governant a fi que protegeixi els seus drets, entre els quals hi ha el de la conservació de la vida i dels béns.

Els homes, doncs, han instaurat l'**estat social**. Aquesta institució és fruit d'un **pacte:**

> «Solament es troba una societat política allà on cadascun dels membres s'ha desposseït del seu poder natural i l'ha posat en les mans de la societat, perquè ella disposi d'ell en tota classe de causes, que no impedeixen apel·lar sempre a les lleis establertes per ella.»
>
> *Segon tractat*, 87
>
> **John Locke**

El contrari és el que passa amb el poder absolut, amb l'absolutisme, que nega la possibilitat d'apel·lació. Locke defineix el **poder civil** com «el dret de fer lleis [...] per a la regulació i conservació de la propietat, i d'emprar la força del comú en l'execució d'aquestes lleis [...], tot això solament pel bé públic». Aquest poder, però, sols pot sorgir del consentiment acordat entre tots els individus. El poder civil, l'Estat, sols pot existir en la mesura en què deriva del dret individual de cada home a protegir-se a si mateix i els seus béns. Aquest «pacte original» mitjançant el qual els homes «s'uneixen en societat» és un acord per «unir-se en societat política, que és el pacte que existeix, o se suposa que existeix, entre els individus que ingressen en una república o la constitueixen».

El jurista, teòleg i filòsof holandès **Hugo de Groot** (1583-1645), conegut amb el nom de *Grotius*, fou partidari de separar el dret natural de tota referència religiosa i fou dels primers que va intentar fonamentar l'Estat en la naturalesa humana.

Revocació i control del poder

La teoria del poder, en Locke, té com a base la idea del consens. Una societat pot retirar el consentiment que ha dipositat en un governant quan aquest perd la seva confiança. Un governant malmet aquesta confiança quan no respecta els drets naturals de l'home: el dret a la vida, a la llibertat i a la propietat. El governant, doncs, ha d'impedir que es mati o empresoni persones innocents o que s'ataqui amb impunitat altres persones; cap governant, a més, pot quedar-se amb béns dels seus súbdits sense abans haver estipulat un sistema legal de tributs... Per aconseguir l'estricte respecte d'aquests drets, Locke recomana l'existència de dues institucions: una **assemblea** que representi els contribuents i determini els tributs, i un **sistema judicial** que garanteixi que cap innocent pugui ser perseguit ni castigat pel governant. El poder ha d'estar dividit i controlat. Si el poder executiu no actua conforme als fins pels quals ha estat establert, si malmet les llibertats del poble, aquest podrà fer-li front, és a dir, podrà rebel·lar-se contra el tirà i revocar-lo.

La propietat

Gerrard Winstanley (1609-1676), reformista religiós anglès, fou el líder dels *diggers* ('cavadors') durant la Revolució Anglesa. Va escriure una vintena de llibres i pamflets en els quals va defensar una utopia comunista agrària.

Durant el període dels conflictes civils anglesos es va discutir sobre temes tan diversos com els abusos a la població, la constitució política, la tolerància religiosa o el paper de l'Església. Així, es reclamaven reformes polítiques, econòmiques i socials. Es parlava de drets fonamentals, de consens, de limitacions naturals dels governs, etc. Alguns grups o persones van arribar a plantejar canvis radicals, com Gerrard Winstanley, que l'any 1652, a *La llei de la llibertat*, havia defensat una utopia comunista agrària, ja que considerava que la propietat privada era l'arrel de tots els mals, com l'avarícia i l'ambició, i que l'única solució factible era la seva abolició.

Locke també va tractar sobre el tema de la propietat. Si Déu havia donat la propietat de la terra a tot el gènere humà, com podia ser legítim que hi hagués gent que s'hagués apropiat de parts d'aquest bé general? Segons Locke, la **propietat individual** està originada pel **treball**.

> «Malgrat que la terra i les criatures inferiors siguin comunes i pertanyin en general a tots els homes, cadascú, tanmateix, té un dret particular sobre la seva pròpia persona, sobre la qual cap altra pot tenir cap pretensió. El treball del seu cos i l'obra de les seves mans, podem dir-ho, són un bé propi seu. Tot allò que ha estat tret de l'estat de naturalesa pel seu propi esforç i la seva indústria, li pertany solament a ell.»
>
> *Segon tractat*, 27
> **John Locke**

Divergint dels seguidors de Winstanley, Locke va subratllar aquestes idees en afirmar que «el gran i principal fi pel qual els homes s'uneixen en comunitats i es posen a si mateixos sota un govern és la conservació de la propietat» (*Segon tractat*, 124).

En relació amb la propietat, en un paràgraf del *Segon tractat*, Locke negava la justificació del govern de posar impostos sense el consentiment dels seus representats, ja que veia en això un atac a la propietat dels individus: «El poder suprem no por arravatar a cap home cap part de la seva propietat sense el seu consentiment». No hi ha por —afegia més endavant— que passi això en aquells governs en els quals el legislatiu té un caràcter temporal; és a dir, els seus membres al cap de poc temps tornen a estar sotmesos a les lleis comunes del país, exactament igual que els altres homes. Ara bé, «quan el legislatiu està constituït per una assemblea permanent», per tant, quan els parlamentaris repeteixen ininterrompudament els seus càrrecs, «existeix el perill que se separi el seu interès de la resta de la comunitat i augmentin les seves riqueses i el seu poder agafant allò que els convingui d'allò que pertany al poble» (*Segon tractat*, II, 138).

La llibertat religiosa

Atès el conflicte religiós que havia patit el seu país, John Locke fou partidari de considerar la religió com un **assumpte privat** que pertanyia exclusivament a l'individu. L'Estat, en tant que poder clarament secular, no tenia cap jurisdicció sobre els assumptes religiosos; no havia d'immiscir-se en la pràctica religiosa dels individus, llevat que fos per raons d'ordre públic.

L'individu, a més a més, tampoc havia de ser adoctrinat per cap Església, sinó que havia de tenir plena llibertat per escollir la seva pròpia. D'altra banda, malgrat concebre l'Església com una «associació lliure i voluntària», Locke considerava que no hi havia lloc per a l'absoluta llibertat en matèria de religió, i que havien de quedar fora de la llei de tolerància religiosa aquells que juraven lleialtat a una potència estrangera (com podien ser els papistes catòlics, que depenien de Roma) i els que afirmaven no creure en Déu (els ateus): «Suprimir Déu és dissoldre-ho tot.»

ACTIVITATS

4> Feu un resum del text següent i comenteu les principals qüestions que s'hi plantegen. Altrament, què vol dir l'autor quan afirma que el poble pot «reassumir la seva llibertat original»?

> «Sempre que els legisladors tracten de manllevar al poble els seus béns o de reduir-lo a l'esclavitud sotmetent-lo a un poder arbitrari, es col·loquen en estat de guerra contra el poble, el qual queda d'ara endavant eximit de prestar-los obediència i no té cap altre recurs que aquell que Déu ha proveït per a tots els individus que estan empaitats per la força i la violència [...]. El poble torna a disposar d'aquell poder i té ara perfecte dret de reassumir la seva llibertat original i a tenir cura de la pròpia seguretat i salvaguarda, constituint un nou legislatiu que sí compleixi els objectius que perseguien tots i cadascun dels homes en entrar en societat.»
>
> *Segon tractat*, 222
> **John Locke**

5> Quin significat creieu que té l'expressió «no és competència del governant civil el bé de les ànimes»? Creieu que aquesta tesi política solament pot incidir en qüestions de caràcter religiós? És acceptable que un governant vulgui incidir en el pensament de la gent? Succeeix això en la nostra època?

> «Tota la confiança, tot el poder i l'autoritat de què el governant està investit no els ha rebut per a cap altre fi que el d'usar-los per al bé, per a la conservació i per a la pau dels homes que formen aquella societat sobre la qual ell governa [...]. No és competència del governant civil el bé de les ànimes ni les seves esperances en l'altra vida, sinó que se li ha donat i confiat el seu poder solament perquè s'esforci per la pau i procuri les comoditats de tots els que viuen en societat. Per consegüent, ha de tolerar-se qualsevol opinió religiosa, sempre que el fet de fer professió d'ella no sigui contrari a la seguretat del regne. Als papistes no se'ls pot tolerar, ja que les seves opinions són totalment destructives de qualsevol govern que no sigui el del Papa.»
>
> *Carta sobre la tolerància*
> **John Locke**

6> Cerqueu informació i feu un breu resum dels principals conceptes de la filosofia política de John Locke entre els quals caldrà fer esment als següents:

Els drets naturals dels homes, les llibertats individuals, les llibertats civils, govern representatiu, govern mínim, govern constitucional, separació de poders, executiu subordinat al legislatiu, protecció de la propietat, laïcisme, tolerància religiosa.

Creieu que aquests conceptes nuclears de filosofia política són vigents? Ho són arreu? En quin sentit alguns d'ells poden haver quedat malmesos en la pràctica, malgrat els pronunciaments verbals?

7.5 El moviment il·lustrat

Aufklärung, *Enlightenment*, *Lumières*, *Siècle des Lumières*, *El segle de les llums* o *de l'Il·luminisme* són diferents maneres per referir-se al moviment que va impulsar la **Il·lustració**, moviment que va promoure un gran canvi, a partir de principis racionals, tant pel que fa a l'organització de la societat com a la forma d'entendre la naturalesa.

El pensament filosòfic i polític de Locke i les idees científiques de Newton van ser puntals importants per a l'inici del moviment il·lustrat. Quan les idees d'aquests pensadors anglesos arribaren a França, van rebre ràpidament el suport de filòsofs hereus del cartesianisme, que ja havia exaltat el poder de la raó en les diverses arts humanes. La Il·lustració, fenomen cultural que es va iniciar a França, féu fructificar amb escreix aquestes idees, la qual cosa comportà canvis en la vida social i política del segle XVIII i va estendre la idea de renovació i progrés als segles següents.

El segle XVIII és el segle de la **Il·lustració**, període que s'acostuma a datar des de la Revolució Anglesa de 1688 fins a la Revolució Francesa de 1789. El segle es va iniciar amb un clamor crític; les noves generacions criticaren els seus antecessors a causa d'haver-los transmès una societat plena de fantasies, d'il·lusions vanes i de patiments. En considerar que la causa d'això era el seu lligam amb el cristianisme, el moviment il·lustrat va voler acabar amb la concepció religiosa de la vida, vista com una herència medieval.

El segle XVIII va començar, doncs, amb una gran empenta crítica. Hi ha crítica en la literatura, en la moral, en la filosofia, en la política. Es blasma el present ja que es creu que es pot modificar. L'enemic és l'estat de coses que cal desmuntar i substituir. Què cerquen aquestes queixes? Segons Madame du Châtelet, la **felicitat**. I afegeix:

> «Per ser feliç cal haver-se tret de sobre els prejudicis, ser virtuós, tenir gustos i passions, ser susceptible d'il·lusions, perquè devem la major part dels nostres plaers a la il·lusió [...]. Cal començar per dir-se a un mateix que en aquest món no hem de fer altra cosa que procurar-nos-hi sensacions i sentiments agradables.»
>
> *Discurs sobre la felicitat*
> **Madame du Châtelet**

Émilie du Châtelet *(1706-1749) fou una de les dones més destacades de la Il·lustració. Va publicar un llibre sobre Leibniz,* Institucions de física *(1740), i va traduir al francès els* Principis matemàtics de la filosofia natural, *de Newton. Va col·laborar amb Voltaire en la divulgació del pensament de Newton a França. Voltaire, després de conviure amb ella, va deixar escrita aquestes frases: «Les dones són capaces de fer tot el que nosaltres fem. L'única diferència que hi ha entre elles i nosaltres és que elles són més amables».*

En aquesta època, reprenent l'humanisme del Renaixement, les úniques arts qualificades com a importants seran les que contribueixin a la felicitat. La filosofia té com a tasca primordial assolir aquest objectiu; l'únic deure acceptable és ser feliç. Segons el matemàtic francès Pierre Louis Maupertuis, el desig de *ser feliç* és:

> «Aquest principi d'on hem de treure les regles de conducta que hem d'observar i per ell hem de reconèixer les veritats que s'han de creure [...]. No he de creure que allò que em porta cap a la felicitat és el que no em podria enganyar?»
>
> *Assaig de filosofia moral*
> **Pierre Louis Maupertuis**

La raó i els seus límits

L'instrument fonamental per aconseguir aquest objectiu és la **raó**. Una raó, però, que ha de supeditar-se a l'experiència, com havia remarcat Locke. Per això, la Il·lustració no intentarà crear grans sistemes filosòfics, sinó que centrarà els seus objectius en metes més viables. La raó és l'eina idònia per a la transformació de la societat humana, la qual, després de desterrar les supersticions i l'esclavatge, podrà encaminar-se cap a la felicitat i la llibertat. En conseqüència, la recerca de l'*absolut*, l'obtenció d'una explicació completa de la realitat, es deixa de banda: la renúncia a allò incognoscible és també una herència de Locke. «La nostra intel·ligència és molt limitada, igual que la força del nostre cos» escriu Voltaire a l'obra *El filòsof ignorant*; sols es té intel·ligència «en un grau suficient per adquirir un estat feliç, tranquil o, en tot cas, suportable».

La raó es reconeix incapaç de captar la substància i l'essència, i accepta que hi ha un territori sobre el qual no regnarà mai. El seu paper es redueix a denunciar l'error i procurar revelar la veritat. El seu mètode és l'**anàlisi**; el seu fonament, els **fets**, l'**experiència**. Aquesta és una garantia contra l'error, un remei contra les fantasmagories de la imaginació. La raó, que no accepta cap autoritat ni el pes de la tradició, és una eina de caràcter universal present en tots els individus. És l'instrument que permetrà perfeccionar les ciències i les arts, de manera que es multiplicaran les comoditats i el benestar.

El segle de la llum

La **llum** és el terme emblemàtic de l'època. Els homes havien errat perquè s'havien mogut enmig de la foscor de la ignorància. Ara, les lleis de la raó els il·luminen. Així, els fills del segle són **il·lustrats**. Mentre que la fe cristiana ensenyava que la vida no era més que una preparació, un trànsit cap al cel, els il·lustrats confien al present totes les seves possibilitats i alegries. Si els cristians associaven la naturalesa humana amb el pecat, els il·lustrats defugen aquestes idees. La revelació divina pertanyia a l'ordre miraculós; la raó, però, no pot creure en miracles. La revelació és substituïda per la llum de la raó.

La raó esdevindrà la llum i guia del segle. Aquesta llum, la Il·lustració, servirà per dissipar l'ampla ombra que encara plana sobre la mentalitat del poble; servirà per trobar les lleis de la naturalesa, que solament caldrà seguir per progressar cap a la felicitat. Així, el nou dret que s'establirà ja no dependrà del dret diví, en el qual es basava la monarquia absoluta. La nova política convertirà els súbdits en ciutadans. La nova moral ha de ser independent de la teologia. L'educació serà l'eina que evitarà que les noves generacions recaiguin en els mateixos errors del passat. Com es va escriure, solament «llavors el cel baixarà a la terra». Ja no serà necessari cercar lluny d'aquí la justificació de la vida, la seva grandesa i la seva felicitat. Aquest progrés, aquest fi, anirà ampliant-se fins a convertir-se en un progrés d'ordre universal.

La naturalesa és la font de les llums i garantia última de la raó. Sàvia i bona, caldrà escoltar la seva veu i obeir la seva benèfica llei. Cal obeir la **llei natural**, ja que aquesta vol, sens dubte, la nostra felicitat. L'única religió factible també serà natural. Una mirada a l'obra de la creació ens mostra que aquesta solament pot ser obra d'un hàbil enginyer que tot ho regula, Déu. Aquest Ésser suprem, però, és una divinitat allunyada que no intervé en la ciutat dels humans. La religiositat que es desprèn d'aquestes idees no conté dogmes, ni teologies, ni ritus, ni sacerdots. Déu sols és honorat a l'interior de l'ànima. Aquesta religió sense Església és el **deisme**.

Moral il·lustrada

Desbancada la moral cristiana, farà falta una **nova moral** que la substitueixi, una moral basada en la raó que reflexioni sobre l'home natural. Si seguim la naturalesa, veurem que aquesta és bona, que afavoreix la felicitat de l'individu; per això, cal obeir-la. Les passions, com a fet natural, no s'han de suprimir; al contrari, són com el vent que empeny la nau a alta mar. La moral, com a bon timoner, ha de dirigir les passions pel camí que marca la naturalesa, cap a la felicitat. El plaer, do de l'Ésser suprem, és allò que ens indica els béns que cal desitjar i els mals que cal evitar. La seva forma més viva, la voluptuositat, està lligada amb la reproducció i no és incompatible, dirà Voltaire, amb la filosofia.

Els valors il·lustrats que es promouen són la tolerància, la llibertat i la igualtat. El concepte de **tolerància** es va difondre a través de Locke. La debilitat humana ens porta sovint a les portes de l'error; per això, s'ha de saber perdonar. La tolerància és reconèixer que els altres, d'opinions contràries a les nostres, tenen també la seva part de veritat i de justícia.

La *Carta sobre la tolerància* fou publicada per Locke l'any 1689, inicialment en llatí i posteriorment en altres llengües. En aquesta carta, adreçada a un anònim «honorable senyor», Locke proposa una nova manera d'entendre les relacions entre la religió i l'Estat.

La **llibertat** és un bé inalienable i està inscrita en tots els cors. És una llibertat total, sobirana. Si un individu accepta alguna mena de restricció, ho ha de fer voluntàriament, d'una manera lliure. Diderot va escriure que «cada segle té el seu esperit que el caracteritza; l'esperit del nostre sembla ser el de la llibertat».

La **igualtat**, un altre concepte clau de l'època, és invocada arreu. Uns l'enalteixen en les fantasioses narracions utòpiques, d'altres la veuen present al Nou Món. És invocada pels primers moviments reivindicatius feministes a França. A l'origen, les persones són iguals, però l'educació és la causa de la desigualtat. La igualtat de la qual es parla és la igualtat política, no la igualtat social. El baró d'Holbach assenyala que la mateixa naturalesa estableix aquesta desigualtat a fi de protegir el principal fi de la societat: la seva conservació i la seva felicitat. De la mateixa manera que a l'Univers hi ha la gran escala dels éssers, amb cada animal, planta i pedra en el lloc que li correspon, l'estructuració dels grups socials també s'ajusta a uns criteris fixats.

Poders limitats

Els il·lustrats van considerar com a poder ideal un govern que estigués conformat de tal manera que cap dels seus elements pogués dominar els altres. Recollien així la idea de la divisió de poders —executiu, legislatiu i judicial— que havia proposat Montesquieu, i que abans s'havia aconseguit a Anglaterra amb la revolució de l'any 1688. Aquestes idees polítiques van anar madurant tant a Europa com en el Nou Continent. La Revolució d'Amèrica fou l'acció d'una colònia que es va enfrontar a una metròpoli, Anglaterra, perquè aquesta es negava a aplicar els mateixos principis amb què es regia. Quan l'any 1776 els futurs Estats Units es proclamen independents i es redacta la *Declaració d'independència* —en què s'afirma que els governants sols adquireixen la seva autoritat dels mateixos governats—, estan recollint els ensenyaments de Locke i Montesquieu. Quan més tard a França, fruit de la revolució, es promulga la *Declaració dels Drets de l'Home i del Ciutadà*, inspirada per les noves idees, la feina dels filòsofs il·lustrats s'ha acomplert.

La idea de progrés

Una de les idees capitals de la filosofia il·lustrada fou la **idea de progrés.** Il·lustrats com Turgot i Condorcet van defensar que tota la història podia ser interpretada com un lent però continu ascens de la humanitat. Aquesta idea l'havien recollit del pensament purità anglès, que durant el segle XVII havia considerat que l'avenç en el camp de les ciències i de les arts era un signe i una causa de la imminència de l'edat d'or espiritual en la terra. Molts il·lustrats cregueren en aquesta idea, que considera la història com un procés que avança mitjançant una sèrie d'etapes i culmina inevitablement en una gran transformació que posa fi a totes les penúries humanes.

ACTIVITATS

7> Comenteu el text següent i detalleu les influències concretes que pot contenir:

«Els homes neixen lliures i iguals en drets. Les distincions socials no poden fonamentar-se més que en la utilitat comuna. La finalitat de tota associació política és la conservació dels drets naturals i imprescriptibles de l'home. Aquests drets són la llibertat, la propietat i la resistència a l'opressió. [...] Tota societat en la qual no està assegurada la garantia dels drets, ni determinada la separació dels poders, no té constitució.»

Declaració dels Drets de l'Home i del Ciutadà

Le Philosophe

Le Philosophe és la figura protagonista de la Il·lustració. No es tracta del filòsof tradicional, ja que no s'interessa per les causes primeres de les coses ni per trobar uns principis universals i necessaris de la realitat. És una persona culta, formada en ciències i lletres, liberal i tolerant. Es preocupa per les ciències físiques, com la matemàtica i l'economia, a part d'oferir una nova concepció antropològica. Critica les supersticions i les llegendes obscurantistes i orienta els costums vers una major felicitat. En resum, no viu lluny del món ni dels plaers i avantatges de la convivència. Li agrada, a més, ser sociable.

Lectura de la tragèdia de Voltaire L'orfe de la Xina *al Saló de Madame Geoffrin. Escena recreada per Gabriel Lemonnier (1743-1824).*

El període il·lustrat fou ric en institucions i espais culturals que afavorien la sociabilitat: les societats de lectura, els cafès i els salons literaris foren llocs als quals tenien accés individus que buscaven relacionar-se amb altra gent per compartir gustos, valors, idees o somnis. A França, país que per a molts il·lustrats era un dels més sociables, es consideraven les dones com una força civilitzadora que havia transformat els homes, brutals i insociables, en éssers civilitzats i socials. Els **salons literaris** foren espais on es reunien homes de lletres sota la guia d'una dona que els ajudava a portar a terme el projecte de «canviar la manera comuna de pensar», mitjançant l'aplicació de les regles de la conversa educada. Els salons eren llocs de reunió aptes per conversar sobre les novetats en la literatura, la ciència, l'art, la política i les bones maneres; foren, en definitiva, focus que fomentaren el projecte il·lustrat. Arribaren a tenir gran celebritat, a la segona meitat del segle XVIII, els salons regentats per Madame Geoffrin, Julie de Lespinage i Madame du Deffand.

Pensadors il·lustrats

Pierre Bayle (1647-1706) és un dels primers noms de la Il·lustració francesa. Es va dedicar a l'estudi de la història prenent-la com a eina contraposada a la tradició. Els seus *Pensaments diversos sobre el cometa* (1682) són un fidel reflex de l'esperit crític contra les supersticions. Acceptar creences pel fet que hagin perdurat molts anys no té cap sentit. En el *Diccionari històric i crític* (1697) es va dedicar a desmuntar «la col·lecció d'errors comesos» per l'ésser humà.

Charles-Louis de Secondat (1689-1755), baró de **Montesquieu**, fou l'autor de les *Cartes perses* (1721), una sàtira contra la societat del seu temps, plena d'incongruències, superficialitat, fanatisme religiós i absolutisme polític. En la seva obra fonamental, *L'esperit de les lleis* (1748), interessat a trobar les lleis del canvi social, entén la història no com una sèrie de successos casuals, sinó com quelcom que té un ordre, que segueix unes lleis. Els esdeveniments històrics, en conseqüència, no són successos capriciosos sinó que poden explicar-se cercant-ne les causes específiques.

François Marie Arouet (1694-1778), anomenat ***Voltaire***, és el personatge emblemàtic de la Il·lustració francesa. Autor de novel·les, tragèdies, poemes, assaigs filosòfics i científics, va viure entre el 1727 i el 1729 exiliat a Londres. Aquest fet li serví per, mitjançant les *Cartes sobre els anglesos* (1734), transmetre a la societat francesa l'esperit anglès que provenia de Bacon, Locke i Newton, així com el clima de llibertat política i econòmica del país veí. El 1738 dóna a conèixer, amb esperit divulgador, els *Elements de la filosofia de Newton*. Voltaire, d'altra banda, com exposa en l'*Assaig sobre els costums i l'esperit de les nacions* (1740), va passar a ser un dels defensors de la idea del progrés de l'esperit humà. Aquest progrés és l'intent de la raó d'alliberar-se dels prejudicis i dels errors, originats en les passions, i d'ocupar el paper de guia de la vida social de l'individu.

Marie-Jean-Antoine Caritat (1743-1794), marquès de **Condorcet**, filòsof, matemàtic i polític, és autor de l'*Assaig d'un quadre històric dels progressos de l'esperit humà* (1794). Fruit de l'optimisme revolucionari, creu que la possibilitat de perfeccionament de l'esperit humà no té fi: «Els progressos d'aquesta perfectibilitat de l'home no tenen cap altra limitació que la duració del planeta en què la naturalesa ens ha col·locat.» Condorcet està convençut que aquesta «marxa de l'esperit» portarà inevitablement l'individu humà a la màxima felicitat possible.

Denis **Diderot** (1713-1784), director durant vint anys de l'*Enciclopèdia*, fou matemàtic, poeta, filòsof i novel·lista. Fidel seguidor de la raó («una demostració m'impressiona més que cinquanta fets»), considerarà, però, que aquesta té un poder limitat: «Quan es compara la multitud infinita dels fenòmens de la naturalesa amb els límits del nostre enteniment i la debilitat dels nostres òrgans, què podem esperar...?» Diderot, avançant-se a les idees evolucionistes, va proposar una explicació plausible sobre com els organismes vivents es van desenvolupant gradualment i es van transformant en uns altres.

Paul Heinrich Dietrich, baró d'**Holbach** (1723-1789), estudiós de la química, és autor dels *Assaigs sobre els prejudicis* (1770) i del *Sistema de la naturalesa* (1770). Influït per la física mecanicista, considerava que «l'home és un ésser purament físic» sotmès a la fèrria necessitat que impera en tots els cossos de la naturalesa. Per això, la llibertat no és més que una simple il·lusió. En afirmar que tots els principis tradicionals de la religió són supersticions, defensava que l'individu seguís els impulsos de la seva naturalesa física, única guia legítima. Segons ell, la naturalesa dóna nombrosos consells: «Cal treballar per la vostra felicitat; gaudiu sense temor, sigueu feliços; trobareu els mitjans escrits en els vostres cors. En va tu, supersticiós, cercaràs el teu benestar més enllà dels límits de l'Univers en el qual la meva mà t'ha col·locat.» El seu programa polític és pot resumir així: impostos proporcionals a la riquesa, llibertat de premsa, fi de la noblesa hereditària, separació de l'Església i de l'Estat, i igualtat de tothom davant la llei.

L'*Enciclopèdia*

L'***Enciclopèdia*** (*Enciclopèdia o diccionari raonat de les ciències, de les arts i dels oficis, per a una societat de gent de lletres*) fou l'eina fonamental de difusió de les idees il·lustrades. Fou una immensa obra que es va iniciar l'any 1751 i fou acabada l'any 1772, amb vint-i-vuit volums als quals s'agregaren set més fins a l'any 1780. El seu director fou Diderot, que es va proposar fer una exposició de tot el que constituïa l'ampli ventall de la cultura i del pensament humà. Hi van participar nombrosos autors. Diderot va escriure sobre les tècniques i els oficis, D'Alembert es va encarregar de matemàtiques i ciències naturals, Montesquieu va escriure sobre estètica i bon gust, Rousseau sobre música, Quesnay i Turgot foren els encarregats dels assumptes d'economia, Voltaire i d'Holbach van contribuir en temes de filosofia, religió i literatura.

L'objectiu de l'obra era mostrar l'estat dels sabers de l'època, científics, filosòfics i fins i tot tècnics. Fou un programa educatiu per elevar el nivell cultural de la nació i millorar la situació social d'aquells que, emprant la raó, desitjaven fugir de la ignorància en què es trobaven. Aquesta magna obra també traslluïa, d'altra banda, una fe cega en el poder de la raó, la qual encarrilaria la ciutadania cap al progrés. El ressò del programa de Francis Bacon estava darrere d'aquest gegantí intent.

Diderot va comptar amb la col·laboració d'Alembert, qui es va fer càrrec del *Discurs preliminar*. En aquest es presenta l'obra com un sistema de tots els coneixements humans, classificats segons l'«arbre del canceller Francis Bacon», que dividia l'actuació de les facultats intel·lectuals i operatives dels homes en facultats de la memòria, la raó i la imaginació. La memòria era la seu de l'experiència i del coneixement directe (història); la raó, la de la reflexió a partir del raonament filosòfic; la imaginació, per la seva banda, era la imitació reflexiva (belles arts o poesia). Aquests grans grups de coneixements i activitats humanes se subdivideixen en l'*Enciclopèdia* en molts altres apartats formen el projecte que havia desitjat Bacon, l'arbre «de les ciències, de les arts i dels oficis».

( )

L'*Enciclopèdia* francesa fou la primera gran obra que intenta recopilar tot el saber del segle XVIII.

7.6 Jean-Jacques Rousseau i el contracte social

Un dels autors capitals del segle XVIII és Jean-Jacques Rousseau. Inicialment coreligionari dels pensadors il·lustrats, aviat es va adonar que els principis que ell defensava no coincidien plenament amb els d'aquells. La importància de Rousseau resideix en les seves idees sobre l'home i la societat, la religió i la moral, l'Estat i el dret.

L'historiador George Sabine a propòsit de Rousseau, escriu el següent: «L'apassionada creença rousseauniana que els homes són per naturalesa bons, de la qual en una ocasió va dir que era el principi fonamental dels seus escrits ètics, era menys una convicció intel·lectual que una inversió de signe del seu temor innat de ser dolent. Carregant les culpes a la societat va poder satisfer la seva necessitat de condemnació i protegir-se alhora amb un mite confortable.»

Història de la teoria política
George Sabine

Vida i obres

El pensament de Rousseau està condicionat per la vida turbulenta que va tenir. **Jean-Jacques Rousseau**, nascut a Ginebra l'any 1712, va quedar orfe de mare als pocs dies. Mig abandonat pel seu pare, amb prou feines va rebre cap tipus d'educació. Per això, somniarà a fer-se educador i escriurà l'*Emili*, un tractat sobre com educar la canalla. Havent abandonat la família i el país, viurà els primers anys sota diversos protectors, període que va aprofitar per avançar en els estudis com a autodidacta. L'any 1744 viu a París en companyia de Thérèse, amb la qual tindrà cinc fills, que acabarà abandonant en hospicis. Compensació d'aquest fracàs familiar fou la seva obra *La nova Eloïsa*, on exaltà el valor del matrimoni. En un concurs de l'Acadèmia de Dijon va obtenir un premi, que l'ajudà a fer-se conèixer, amb l'opuscle *Discurs sobre les ciències i les arts* (1750).

L'aparició poc després del *Discurs sobre l'origen i els fonaments de la desigualtat entre els homes* li va obrir les portes al reconeixement social i li va permetre entrar en contacte amb l'elit il·lustrada. Els malentesos amb alguns il·lustrats van provocar que trenqués amb els enciclopedistes. D'aquesta etapa són *La nova Eloïsa* (1761), el *Contracte social* (1762) i l'*Emili* (1762), en què Rousseau va criticar els costums d'una societat aburgesada que sols valorava l'èxit social i els diners. Fins a la seva mort el 1778, va publicar la *Professió de fe d'un vicari savoià*, on exposa les seves idees religioses i morals, i les *Confessions* i els *Somnis del passejant solitari*, textos de caràcter autobiogràfic que van crear un gènere literari recollit més tard pel Romanticisme.

Rousseau i els il·lustrats

La filosofia de Rousseau marcarà distàncies respecte de l'esperit il·lustrat. La Il·lustració basava la seva esperança de civilització en el desenvolupament del coneixement i el progrés de la ciència; és a dir, en la intel·ligència. Rousseau, en canvi, es decantarà a favor dels sentiments amistosos i benèvols, del cor senzill, la bona voluntat i la reverència vers els altres. Allò que dóna valor a la vida, afirmava, són les **emocions comunes**, emocions que es manifestaven més en l'home senzill i no educat que en l'il·lustrat i refinat. «Un home que pensa és un animal depravat.» Els valors morals que defensava eren les afeccions de la vida familiar, el goig de la maternitat, les satisfaccions de les arts familiars com llaurar, el sentiment universal de reverència religiosa i, per damunt de tot, el sentiment de participació en una vida en comú.

En el *Discurs sobre les ciències i les arts* ja apareix l'esperit crític de Rousseau. Lluny de l'optimisme il·lustrat que dipositava la seva fe en el progrés, Rousseau es mostrà crític amb la societat del seu temps i els seus valors. Segons ell, l'únic que feien les ciències i les arts era propiciar l'artificiositat de l'individu i l'aparició de costums dissoluts. En l'*Emili* escriu que «tota la nostra saviesa consisteix en prejudicis servils; tots els nostres costums no són més que subjecció, molèstia i constrenyiment. L'home civil neix, viu i mor en l'esclavitud: en néixer se l'encotilla amb bolquers; en morir se'l tanca en un fèretre; mentre manté la figura humana viu encadenat per les nostres institucions». Aquest malestar era degut al tipus de societat a què s'havia arribat. Però, observa Rousseau, solament en societat es podrà trobar i aconseguir la cura d'aquest mal moral. L'objectiu de Rousseau serà proposar una reforma, tant en l'àmbit educatiu com el polític. Com que la vida social és indefugible, l'única solució que hi ha és la modificació de les institucions i dels costums. Les peces claus d'aquest objectiu seran les seves dues obres fonamentals: l'*Emili* i el *Contracte social*.

Al prefaci del *Discurs sobre l'origen de la desigualtat* (1755), Rousseau escriu: «De tots els coneixements humans, el que em sembla més útil i menys avançat és el de l'home.» Ara bé, no és gens fàcil el coneixement de l'home, discernir la seva naturalesa primitiva, ja que «l'ànima humana [ha estat] alterada al si de la societat per mil causes que reneixen sense fi, per l'adquisició de multitud de coneixements i d'errors». Per això Rousseau es plantejà que «cal distingir allò que hi ha d'originari i d'artificial en la natura actual de l'home [...]. Mentre no coneguem l'home natural, serà en va que pretenguem determinar la llei que ha rebut o la que millor li convé al seu estat actual».

L'home natural

Per a Rousseau, l'home salvatge es troba en un estadi de completa felicitat: «No creguem com Hobbes que l'home és naturalment dolent.»

> «L'home salvatge té desigs que no passen de les seves necessitats físiques; els únics béns que coneix en el món són l'aliment, una dona i el repòs; els únics mals que tem són el dolor i la fam. (Dic el dolor i no la mort, ja que l'aanimal mai no sabrà què és morir; el coneixement de la mort i dels seus terrors és una de les primeres adquisicions fetes per l'home en apartar-se de la seva condició animal.)»
>
> *Discurs sobre l'origen i els fonaments de la desigualtat entre els homes*
> **Jean-Jacques Rousseau**

L'individu salvatge no té institucions socials ni organitzacions que el sotmetin, tampoc té béns ni afany de tenir-los. Aquest home actua mogut per l'amor a si mateix, que no és sinó l'instint de conservació. L'individu en aquest estat natural no té ocasió ni mitjans per fer mal als seus semblants ni pot patir cap mal que vingui d'ells. Aquells primers humans «no mantenien cap comerç entre ells, ni coneixien, per tant, la vanitat, ni el respecte, ni l'estima, ni el menyspreu; [...] no tenien la menor noció d'*allò teu i d'allò meu*, ni cap vertadera idea de la justícia».

En l'estat natural l'individu salvatge, **el bon salvatge**, viu en pau i sense vicis. La guerra, segons Rousseau, solament és possible entre els que han de salvar el seu prestigi social i les seves propietats, coses que no existien en l'estat natural. Són les passions i els vicis adquirits en l'estat social —com la cobdícia i la vanitat— els que engendren la rivalitat i el conflicte entre els ho-

Victor de l'Aveyron va viure la major part de la seva infantesa de manera salvatge en un bosc, abans de ser trobat prop de Tolosa, a França, l'any 1797. Aquest fet va succeir cap al final del període de la Il·lustració, quan es debatia la diferència exacta entre els homes i els animals. En la imatge, una recreació d'aquest episodi en el film de François Truffaut, de l'any 1970, L'enfant sauvage (El petit salvatge).

mes; els fan ser dolents. L'individu humà natural, a diferència de com ho havia pressuposat Hobbes, està dotat d'un sentiment natural: la **compassió**, «que ens empeny sense reflexionar a socórrer aquells que veiem patir; és la compassió la que, en l'estat de naturalesa, fa la funció de llei, costum i virtut, amb l'avantatge que ningú té la temptació de desobeir la seva dolça veu».

L'individu no és social per naturalesa, però «està fet per arribar a ser-ho». La vida social li servirà, a més, per desplegar les facultats, com la raó, que el diferencien dels animals. Ara bé, organitzar aquesta vida social és la tasca més difícil que s'ha proposat l'individu. Una mala organització social només genera vicis i passions que duen els humans a eterns conflictes. Apareix en els individus la funesta «passió de l'egoisme»; neix la propietat privada i comença la dominació que anirà esclavitzant progressivament els homes fins a portar-los a l'extrem en què la llibertat deixa d'existir, és a dir, al despotisme. Així, Rousseau considera que la vida social és condició del progrés humà però alhora també la causa de la seva corrupció. L'única solució és el retorn de l'home a la naturalesa, al seu estat natural?

Rousseau subratlla que en el pas de l'estat de naturalesa a l'estat social es dóna en l'home un canvi important: comença a sentir la veu del **deure** per damunt de l'impuls, i del **dret** per damunt de l'apetit; «és llavors quan es veu obligat a consultar la *raó* abans de fer cas a les seves inclinacions» (*Contracte social* I, 8).

En l'estat social l'ésser humà descobreix que té una tasca fonamental: disciplinar les passions, reglamentar les relacions entre els humans i sotmetre la seva conducta a les exigències de la justícia. Descobreix que la raó té una missió legisladora tant en la moral com en la política. Aquí rau la grandesa de l'home social.

L'educació

L'individu haurà de saber comportar-se i conviure amb els altres. L'**educació**, en aquest sentit, serà l'eina fonamental que l'ajudarà no a aprendre un ofici determinat, sinó a aprendre a utilitzar la raó per arribar a ser un ciutadà lliure en una pàtria de gent raonable. En aquest procés educatiu el nen ha de passar de la innocència natural, en què l'individu rep una educació negativa, «defensar el cor contra el vici i preservar l'esperit de l'error», a l'autonomia racional —«serà suficient que vegi amb els seus propis ulls i senti amb el seu propi cor; que cap autoritat el governi llevat de l'autoritat de la seva pròpia raó».

ACTIVITATS

8> Feu un resum del text següent i indiqueu què hi defensa l'autor:

> «Aquests declamadors vans i fútils [els filòsofs] van pertot arreu armats de les seves fatals paradoxes, minant els fonaments de la nostra fe i anul·lant la virtut. Somriuen desdenyosament davant noms antics com patriotisme i religió i consagren els seus talents i la seva filosofia a destruir i difamar tot allò que els homes consideren sagrat.»
>
> *Discurs sobre les ciències i les arts*
> **Jean-Jacques Rousseau**

9> Quina és la tesi que exposa l'autor en aquest text? Creieu que els avantatges que proporciona viure en societat són superiors als desavantatges? Hi ha en l'actualitat «rousseaunians», persones que voldrien que es rebaixés la intensitat del lligam que comporta viure en societat?

> «Malgrat que l'ésser humà es priva en aquest estat social d'avantatges que li ofereix la naturalesa, en guanya d'altres igualment grans: les seves facultats s'exerciten i es desenvolupen, les seves idees s'amplien, el seus sentiments s'ennobleixen, tota la seva ànima s'eleva fins al punt que, si els abusos de la nova condició sovint no el degradessin per sota d'aquella de què va sortir, hauria de beneir constantment el sortós instant que el va treure d'ella per sempre i que, d'un animal estúpid i limitat, va fer un ésser intel·ligent i un home.»
>
> *Contracte social* I, 8
> **Jean-Jacques Rousseau**

Origen i justificació de les lleis: el contracte social

L'individu humà, en entrar en societat, ha patit una sèrie de transformacions: ha perfeccionat el seu esperit, però també ha introduït la injustícia i la depravació dels costums. En conseqüència, el problema que cal plantejar-se és: quina és la institució social idònia que permeti transformar l'home sense corrompre'l, sense haver de retornar a l'estat de naturalesa? Caldrà trobar una via que permeti conciliar el seu perfeccionament intel·lectual amb la seva integritat moral. Lluny de l'estat natural, es pot trobar una societat organitzada de tal manera que les exigències socials no contrariïn la naturalesa humana, que la llei no sigui un obstacle per a la llibertat i els interessos de l'individu humà?

Des de l'antiguitat, els filòsofs han tractat de la qüestió de la justificació de les lleis polítiques. Hi ha hagut dos punts de vista bàsics. D'una banda, Ciceró, d'acord amb la tradició estoica, representa aquells qui consideren que hi ha una llei natural que és prèvia i serveix de fonament a les lleis positives, a les lleis de l'Estat. Aquesta llei natural s'identifica amb la recta raó i concorda amb la naturalesa. D'altra banda, hi ha la concepció que considera que la llei política no té cap fonament en la naturalesa, sinó que no és més que una simple creació humana, elaborada convencionalment pels individus després que hagin arribat a determinats acords, com havien argumentat Hobbes i Locke. Una i altra teoria se sintetitzen en la idea del dret natural i la del contracte social; Rousseau discrepa d'ambdues. En primer lloc, perquè sovint s'han defensat com a basades en la natura articulacions legals a favor del sotmetiment que poden repugnar a la raó, i, segon, perquè una convenció, un acord, pot no ser just.

La proposta de Rousseau defensa assolir un ordre social legítim que contingui els principis d'organització social vàlids per a tots els humans i en tota circumstància. En aquest ordre, que descriu en la teoria del **contracte social**, els individus poden conviure sense perdre els avantatges que tenien en l'estat natural, en especial la llibertat.

Segons Rousseau, el principi que ha de fonamentar les lleis de l'Estat no pot trobar-se més que en la mateixa raó, en la noció d'un dret natural entès com un ideal de justícia racional i universal. Per això planteja, a tall d'hipòtesi, l'existència d'un **pacte**, que serà el fonament de tot allò social. D'aquest suposat pacte provenen les obligacions vers totes les lleis convencionals i d'ell es pot extreure la justificació de les lleis. Els homes que han sortit de l'estat de naturalesa, diu Rousseau, s'afanyen per «trobar una associació». Amb aquest plantejament, l'autor del *Contracte social* se situa entre els defensors del poder absolut de l'Estat (Maquiavel i Hobbes) i els partidaris dels drets de l'individu (Locke, Montesquieu). L'acord al qual s'arriba se centra en un pacte únic d'associació entre iguals, mitjançant el qual l'individu no perd la seva llibertat en entrar en l'estat social. «Cadascú de nosaltres posa en comú la seva persona i tot el seu poder sota la suprema direcció de la voluntat general.» I això és així perquè, segons Rousseau, l'única legitimitat d'una societat és el consentiment dels seus membres. La voluntat general ha de ser una «associació que defensi i empari la personalitat i els béns de cada associat i en la qual cadascú, estant unit amb tots, pugui seguir obeint-se solament a si mateix i romandre tan lliure com abans» (*Contracte social* I, 6).

La voluntat general

Aquesta **voluntat general** és un poder que dicta lleis per protegir el nou estat assolit, i que aspira a una organització política que garanteixi la llibertat i la igualtat i desterri els motius d'agressivitat. En definitiva, és la voluntat que s'orienta al bé comú i és mantinguda per tots els ciutadans de bona voluntat. Aquest tipus de societat és el lloc idoni on no existeix un ordre social imposat per la força, sinó un ordre en què regna la igualtat i la llibertat.

Aquesta voluntat general té el **poder sobirà** i es concreta en les decisions que ara els membres de la societat hauran de prendre en comú. Les lleis que estipulin hauran d'aplicar-se igualment a tothom i, en haver d'aplicar-se-les també un mateix, no és possible que aquelles puguin ser injustes ni tiràniques. El pacte és equivalent a una associació ideal en la qual cadascú no pot voler quelcom per a si mentre no ho vulgui també per als altres. És, segons Rousseau, una situació de completa igualtat.

Rousseau aclareix que no s'ha de confondre la voluntat general amb la voluntat comuna o voluntat de tots: la primera es refereix solament a l'interès general, mentre que la segona s'orienta a l'interès privat d'un grup de voluntats particulars.

Jurament del joc de pilota *(1789-1792), de Jacques-Louis David (1748-1825). La Revolució Francesa de l'any 1789 portà a la pràctica moltes de les idees polítiques que s'havien plantejat als segles XVII i XVIII.*

> «La voluntat general, per ser vertaderament tal, ha de ser-ho tant en el seu objecte com en la seva essència; [...] ha de partir de tots per aplicar-se a tots; i [...] perd la seva rectitud natural quan tendeix a algun objecte individual i determinat [és a dir, quan té una finalitat particular].»
>
> *Contracte social* II, 4
> **Jean-Jacques Rousseau**

Llibertat i autoritat

Rousseau creu que el pacte social que descriu té la capacitat de conciliar dos elements antagònics: l'**autoritat** i la **llibertat**. I afirma haver resolt el problema de com pot existir una autoritat social legítima que, en gran mesura, coincideix amb l'aparell de l'Estat de Hobbes (*Leviatan*); de com l'individu pot viure en una societat sense perdre la seva llibertat; de com pot haver-hi una llei que, protegint l'individu, no malmeti la seva llibertat. La solució és una institució que generi una llei que no sigui ni arbitrària ni despòtica, en la qual l'individu no reclami amb l'excusa de la llibertat una actuació no supeditada a una norma. La conciliació entre llibertat i autoritat és factible perquè en la nova ciutat cadascú és legislador i súbdit; la llei que tots obeeixen no la reben de ningú més que d'ells mateixos.

Rousseau reconeix que l'absoluta independència, l'absoluta llibertat, sols és factible en l'estat de naturalesa, però un cop l'individu s'ha introduït en el marc social, «l'home, que fins llavors no s'havia ocupat més que de si mateix, es veu obligat a obrar d'acord amb uns altres principis i a consultar la seva raó abans de seguir les seves inclinacions».

Voluntat general i obligació

La voluntat general cerca un **bé col·lectiu** que no és el mateix que els interessos privats dels seus membres. Rousseau afirma que «el dret que cada particular té sobre la seva propietat està sempre subordinat al dret que la comunitat té sobre tots». Quant a aquest difícil equilibri que Rousseau estableix entre l'individu i el col·lectiu, argumenta que, malgrat el que pugui semblar, en la societat no es produeix mai una vertadera coacció: «Sigui qui sigui qui es negui a obeir la voluntat general, serà obligat a fer-ho per tot el cos (social); el que no significa altra cosa sinó que se l'obligarà a ser lliure.» Per a Rousseau, quan un individu vol alguna cosa diferent d'allò que l'ordre social li proporciona, no vol res més que un caprici i en realitat no sap quin és el bé que li escau ni quins són els seus autèntics desigs.

Rousseau, a partir de les seves propostes polítiques en les quals defensa promoure una religió des del poder de l'Estat, ha estat associat per alguns estudiosos, com el filòsof i polític francès Benjamin Constant (1767-1830), a la «democràcia totalitària».

«Cal fer-li veure [a la voluntat general] les coses com són, alguns cops com han de semblar-li, mostrar-li el bon camí que busca, preservar-la de la seducció de les voluntats particulars, apropar-li als ulls els llocs i els temps, contrapesar l'atracció dels avantatges presents i sensibles amb el perill dels mals llunyans i ocults.»

Contracte social II, 6
Jean-Jacques Rousseau

La tasca del legislador

La voluntat general és fonament de totes les lleis civils i la dipositària del poder polític. La seva sobirania és inalienable. Per això, a propòsit dels governants, Rousseau especifica que «els dipositaris del poder executiu no són els caps del poble, sinó els seus oficials, que [el poble] pot nomenar i substituir quan li plagui» (*Contracte social* III, 18). És, doncs, al poble a qui correspon la important i delicada tasca de legislar, d'establir les regles fonamentals i concretes de l'associació. Ara bé, «com una multitud cega que sovint no sap el que vol, perquè no acostuma a saber allò que és bo per a ella, executaria per si mateixa una tasca tan gran, tan difícil, com és un sistema de legislació? El poble, per si mateix, sempre vol el bé, però no sempre el veu per si mateix» (*Contracte social* II, 6). Rousseau, en conseqüència, proposa la necessitat d'un educador, d'un **legislador**, d'un conseller polític.

Per formar aquesta **voluntat de bé** i de **justícia** a fi que imperi la voluntat general, serà necessària l'educació pública. Aquesta tasca serà responsabilitat del legislador, del conseller polític. Aquest actuarà de manera semblant a com ho feien els savis en les repúbliques antigues, que es dedicaven a redactar lleis i a donar consells, però sense tenir cap poder legislatiu ni executiu. El legislador solament serà «un home extraordinari en l'Estat», que fins i tot alguns cops utilitzarà la religió, la fe en un poder superior, a fi que s'acceptin lleis raonables i sàvies.

La religió civil

Rousseau creu necessari que cada ciutadà tingui una religió que li faci complir els seus deures respecte a l'Estat. En contraposició a l'ateisme, que alguns il·lustrats contemporanis, com el baró d'Holbach, reclamaven tot defensant la llibertat de consciència i el laïcisme d'Estat, Rousseau afirma que «importa molt a l'Estat que cada ciutadà tingui una religió que el faci estimar els seus deures».

L'Estat ha de respectar la llibertat de consciència, però alhora ha d'interessar-se per la lleialtat dels seus ciutadans. En aquest sentit, l'Estat té dret a reclamar unes obligacions, una mena de professió de fe civil.

ACTIVITATS

10> Feu un resum del text següent i valoreu per quina raó Rousseau defensa l'existència d'una mena de religió civil:

«Existeix una professió de fe purament civil els articles de la qual correspon al sobirà fixar, no precisament com a dogmes de religió, sinó com a sentiments de sociabilitat, sense els quals és impossible ser bon ciutadà ni súbdit fidel. Sense poder obligar ningú a creure'ls, l'Estat pot desterrar a tothom qui no els cregui; i pot desterrar-lo, no com a impiu, sinó com a insociable, com a incapaç d'estimar sincerament les lleis i la justícia, i d'immolar, arribat el cas, la seva vida pel seu deure. Si algú, després d'haver reconegut públicament aquests dogmes, es comporta com si no se'ls cregués, se'l castiga amb la mort: ha comès el major dels crims, ha mentit davant les lleis.

Els dogmes de la religió civil han de ser senzills, pocs, enunciats amb precisió, sense explicacions ni comentaris. L'existència de la divinitat poderosa, intel·ligent, benèfica, previsora i provident, la vida futura, la felicitat dels justos, el càstig dels malvats, la santedat del contracte social i de les lleis: heus aquí els dogmes positius. Pel que fa als negatius, els redueixo a un de sol: la intolerància; forma part dels cultes que hem exclòs.»

Contracte social, IV
Jean-Jacques Rousseau

Activitats finals

FILOSOFIA I TIC

Cerqueu a Internet informació i prepareu un petit dossier sobre:

- La influència del pensament de Hobbes
- La tolerància al segle XVIII
- La divisió de poders en Montesquieu
- Els salons literaris de la Il·lustració
- Les obres de Voltaire
- La influència de Rousseau al segle XX
- La idea de progrés en la Il·lustració
- La influència de la Il·lustració a Catalunya i Espanya

1> Expliqueu quina concepció antropològica hi ha en la filosofia política de Hobbes?

2> Què pretén Hobbes amb la seva proposta política i quins requisits són necessaris per aconseguir-la?

3> Llegiu el text següent, indiqueu les principals idees i doneu raons per poder atribuir-lo al seu autor:

> «La condició de l'home [...] és una condició de guerra de tots contra tots, en la qual cadascú està governat per la seva pròpia raó, no existint res de què es pugui fer ús que no li serveixi d'eina per protegir la seva pròpia vida contra els enemics. D'aquí se segueix que, en aquestes condicions, cada home té dret a fer qualsevol cosa, fins i tot al cos dels altres. I, per consegüent, mentre persisteix aquest dret natural de cadascú respecte a totes les coses, no pot haver-hi seguretat per a ningú (per molt fort i savi que sigui) d'existir durant tot el temps que ordinàriament la naturalesa permet viure als homes. D'aquí resulta un precepte o regla general de la raó en virtut del qual, *cada home ha d'esforçar-se per la pau, mentre té l'esperança per aconseguir-la; i quan no pot obtenir-la, ha de buscar i utilitzar les ajudes i avantatges de la guerra.* La primera part d'aquesta regla conté la primera i fonamental llei de naturalesa, a saber: *buscar la pau i seguir-la.* La segona, la suma del dret de naturalesa, és a dir: *defensar-nos a nosaltres mateixos, per tots els mitjans possibles.*»

4> Compareu el pensament polític de Hobbes amb el de Locke i indiqueu els punts de coincidència i divergència que mantenen.

5> Quin és el significat de la idea de tolerància? Quan apareix i quins són els seus promotors? Quins límits posa Locke a la tolerància i per què?

6> Expliqueu les idees bàsiques de la Il·lustració i feu-ne un llistat de les principals.

7> Quina institució creu Rousseau que permetria transformar l'home sense corrompre'l? Per què?

8> Comenteu i exposeu les principals idees d'aquest text de Rousseau:

> «La primera i més important conseqüència dels principis que acabem d'exposar és que la voluntat general és l'única que pot dirigir les forces de l'Estat segons la finalitat de la seva institució, que és el bé comú; ja que si l'oposició dels interessos particulars ha fet necessària la creació de societats, és l'acord d'aquests mateixos interessos el que constitueix el vincle social i, si no hi hagués cap punt de coincidència en tots els interessos, no podria existir cap societat. Ara bé, la societat únicament ha de ser regida sobre la base d'aquest interès comú.
>
> Afirmo, doncs, que la sobirania, que no és més que l'exercici de la voluntat general, no pot ser mai alienada, i que el sobirà, que no és més que un ésser col·lectiu, no pot estar representat més que per si mateix: el poder es pot transmetre, però no la voluntat.»
>
> *Contracte social*, II
> **Jean-Jacques Rousseau**

9> Per què és necessària la religió en la societat proposada per Rousseau?

10> Segons Rousseau, quin és l'origen del mal moral que pateix la societat? Com es podria curar?

11> De què parla Rousseau en el text següent? Digueu en quina posició epistemològica se'l podria incloure i doneu-ne les raons.

> «Desconeixem les mides d'aquesta gegantina màquina, no podem calcular les seves relacions; ignorem les seves lleis primàries i la seva causa final; ens desconeixem a nosaltres mateixos; no coneixem ni la nostra naturalesa ni el nostre principi actiu; amb prou feines sabem si l'home és un ésser simple o compost; misteris impenetrables ens envolten pertot arreu i estan per damunt de l'àmbit dels sentits; creiem disposar de la intel·ligència per penetrar-los, però solament disposem de la imaginació.»
>
> *Professió de fe d'un vicari savoià*
> **Jean-Jacques Rousseau**

12> L'ideari revolucionari d'alguns *levellers*, 'anivelladors', anglesos del segle XVII com Gerrard Winstanley es posa de relleu en les idees que apareixen en aquests fragments. Indiqueu quines són i què defensen.

«Mentre els homes miren al cel, imaginant una felicitat ultraterrenal o tement l'infern després de la mort, se'ls cega els ulls perquè no vegin quins són els seus drets innats. [...] Oh, vosaltres!, predicadors d'oïdes, no enganyeu per més temps el poble explicant-li que no coneixerà ni veurà aquesta glòria fins que el cos jegui sota terra! Jo us dic que aquest gran misteri comença a mostrar-se i ha de ser vist amb els ulls materials de la carn, i aquests cinc sentits que es troben en l'home participaran d'aquesta glòria. [...] Tota glòria externa que es troba lluny dels cinc sentits és de naturalesa passatgera, igual que el cel del qual us parlen els vostres predicadors.»

«Al principi, el gran creador, la Raó, va fer la terra perquè fos un tresor comú, per mantenir les bèsties, els ocells, els peixos i l'home. [...] Ni un sol mot es va dir al principi respecte al fet que una branca de la humanitat hagués de dominar l'altra. [...] Però les imaginacions egoistes erigiren un home perquè ensenyés i dominés un altre. I d'aquesta manera [...] l'home fou sotmès a l'esclavitud i es va convertir respecte a alguns homes del seu propi gènere en més esclau que les bèsties del camp respecte a ell.»

13> Expliqueu el paper de la raó en el pensament il·lustrat.

14> Argumenteu qui pot ser l'autor del text següent i subratlleu les idees fonamentals que hi apareixen:

«Mentre els homes s'acontentaren amb les seves rústiques cabanes, mentre es limitaren a cosir els seus vestits de pell amb pues i espines, a adornar-se amb plomes i petxines, a pintar-se el cos de diversos colors, a perfeccionar o embellir els seus arcs i fletxes, a tallar amb sílex algunes canoes de pesca o alguns instruments matussers de música; en una paraula, mentre es dedicaren a tasques que un sol podia acomplir i a arts que no necessitaven el concurs de diverses mans, els homes van viure lliures, sans, bons i feliços, tant com podien ser-ho per la seva naturalesa, i continuaren fruint entre ells de les dolçors d'un comerç independent. Però des de l'instant que un home necessità ajuda d'un altre, des que s'adonà que era molt útil per a ell mateix tenir provisions per a dos, la igualtat va desaparèixer, es va introduir la propietat, el treball fou necessari i vastos boscos es convertiren en riallers camps que era necessari regar amb la suor dels homes, i en els quals molt aviat es va veure germinar i créixer l'esclavatge i la misèria al costat dels sembrats.»

15> Comenteu les cites dels següents autors il·lustrats:

Diderot: «El primer pas cap a la filosofia és la incredulitat.» «La ignorància està menys lluny de la veritat que el prejudici.» «No hi ha cap precepte moral que no tingui algun inconvenient.» «Se m'ha d'exigir que cerqui la veritat, però no que la trobi.»

Voltaire: «Això que vostè afirma em sembla un disbarat, però defendria amb la meva vida el seu dret a dir-ho.» «El treball allunya tres grans vicis: l'avorriment, el vici i la penúria.» «La virtut s'envileix quan tracta de justificar-se a si mateixa.» «Quan el fanatisme ha gangrenat el cervell, la malaltia es quasi incurable.»

16> Comenteu el text següent i indiqueu la tesi que s'hi defensa:

«Hi ha un altre error en la seva filosofia civil [...] consistent a estendre el poder de la llei, que exclusivament és la regla de les accions, als mateixos pensaments i a les consciències dels homes, per examen i inquisició d'allò que creuen, prescindint de la conformitat en les seves paraules i accions. Amb la qual cosa, els homes són o bé castigats per respondre a la veritat dels seus pensaments, o bé forçats a respondre una falsedat per por al càstig. És veritat que el magistrat civil, quan pretén utilitzar un ministre en el càrrec d'ensenyament, pot inquirir d'ell si li satisfà predicar aquestes doctrines; i és veritat que en cas contrari pot negar-li la feina. Però forçar-lo a acusar-se d'opinions, quan les seves accions no estan prohibides per la llei, és contrari a la llei natural.»

Leviatan
Thomas Hobbes

17> Indiqueu les principals idees que s'exposen en aquest text:

«Havent estat tots els homes dotats de les mateixes facultats i participant tots d'una naturalesa comuna, no pot suposar-se que hi hagi entre nosaltres una subordinació que ens doni dret a destruir el proïsme com si aquest hagués estat creat per al nostre ús, igual que passa amb aquestes criatures que són inferiors a nosaltres. Per la mateixa raó que cadascú està obligat a preservar-se a si mateix i a no destruir-se per pròpia voluntat, també estarà obligat a preservar la resta de la humanitat en la mesura en què li sigui possible, quan la seva pròpia conservació no es vegi amenaçada per això, i, a menys que es tracti de fer justícia amb qui hagi comès una ofensa, no podrà llevar la vida, ni entorpir-la, ni posar obstacles als mitjans necessaris per a preservar-la, atemptant contra la llibertat, la salut, els membres o els béns d'una altra persona.»

Segon tractat sobre el govern
John Locke

18> Assenyaleu la tesi subjacent d'aquest text:

«Només hi ha una llei que per la seva naturalesa exigeix un consentiment unànime: el pacte social. Perquè l'associació civil és l'acte més voluntari del món; tot home neix lliure i amo de si mateix i ningú no pot, amb cap pretext que pugui donar, subjugar-lo sense la seva aprovació. Decidir que el fill d'un esclau neix esclau és decidir que no neix home.

Si, doncs, quan es fa el pacte social, n'hi ha que s'oposen, la seva oposició no invalida el contracte, solament impedeix que ells en formin part; al costat dels ciutadans són estrangers. Quan l'Estat és instituït, el consentiment es dóna amb la residència, habitar el territori és sotmetre's a la sobirania.»

Contracte social, IV, 2
Jean-Jacques Rousseau

08

ÈTICA, RAÓ I PROGRÉS EN HUME, KANT I HEGEL

- En què es fonamenten els judicis morals? Són vertaders o falsos els judicis morals? Quin paper hi juguen els sentiments i la raó?
- Quines són les condicions que fan possible la moralitat? Cal apel·lar necessàriament a un Déu o ésser superior per justificar-la? Creieu que és possible la conducta moral sense llibertat?
- És segur i vertader el coneixement humà? La manera humana de conèixer condiciona el coneixement? El coneixement humà té uns límits que no pot superar?
- Té algun sentit la història de la humanitat? Hi ha alguna relació entre el possible sentit de la història humana i l'organització de la societat i de l'Estat? Es dirigeix la història a una meta?

8.1 Marc històric i cultural

L'Himne a l'alegria *està en el darrer moviment de la* Novena simfonia *de* ***Ludwig van Beethoven*** *(1770-1827), composta l'any 1823, que posa música a l'*Oda a l'alegria, *poema escrit l'any 1785 per Friedrich von Schiller per honrar la germanor humana, un sentiment també molt present en Beethoven. L'any 1985 va ser adoptat pels caps d'Estat i de Govern de la Unió Europea com a himne oficial.*

La **Il·lustració** o segle de les llums és el moviment cultural que mou l'Europa del segle XVIII, tot i que s'inicia al final del segle anterior, amb la Revolució Anglesa del 1688, i acaba amb la Revolució Francesa del 1789. Políticament, posa les bases que portaran a la fi de l'Antic Règim, caracteritzat per l'absolutisme monàrquic, i suposa el creixent protagonisme de la burgesia, que assoleix noves quotes de poder (un procés que culminarà al segle XIX amb la Revolució Industrial i l'aparició del capitalisme). La Il·lustració està indissolublement associada amb l'ideal del govern de la raó i de progrés, amb la pretensió d'Occident d'haver arribat a la majoria d'edat, amb l'anhel de coneixement i de saber i, en menor grau però amb un impuls constant, amb el valor de la llibertat i de la individualitat.

El lema *sapere aude!* ('atreveix-te a saber!') reflecteix aquest esperit il·lustrat que s'expandeix per tot Europa i que té en *l'Enciclopèdia* francesa un exponent molt conegut i important. L'ideari il·lustrat i la confiança en la capacitat de la raó per elaborar coneixement constitueixen encara avui un dels referents més significatius de la identitat europea. Val a dir que Ludwig van Beethoven —un fragment de la famosa *Novena simfonia* ha esdevingut un emblema d'aquesta identitat— es va interessar de ben jove per la filosofia kantiana.

A banda dels pensadors —com Diderot, Montesquieu o Voltaire— considerats els més característics del moviment il·lustrat, els altres filòsofs que viuen en aquest període també comparteixen d'una manera o altra els ideals il·lustrats. Ara bé, en alguns casos, com en l'obra de Hume o Kant, el seu pensament, més enllà de contribuir directament a la divulgació dels nous ideals, s'ocupa d'aclarir i destriar els àmbits als quals pot aplicar-se correctament per obtenir resultats fiables. Així, l'empirista britànic David Hume qüestionarà la tradicional fonamentació de la moral en la raó i en proposarà un origen sentimental o emocional. Fent-se ressò de la influència d'aquest pensador, Kant emprendrà l'anàlisi crítica de la raó com a facultat general de coneixement —depassant els pressupòsits de racionalistes i d'empiristes— i es proposarà aclarir també el paper de la raó en el camp de la moralitat. Ell inicia el corrent filosòfic conegut com a *idealisme alemany*, corrent que culmina amb Hegel, al seu torn, un dels referents bàsics del pensament de Marx.

8.2 La filosofia moral de Hume

En sintonia amb el seu rebuig de la concepció racionalista del coneixement, Hume tampoc no accepta el racionalisme moral, que vol fonamentar i justificar la moral des de la raó. Hume reflexiona sobre l'origen i el funcionament efectiu dels judicis morals.

Crítica del racionalisme moral

Hume exposa les seves concepcions ètiques en el *Tractat sobre la naturalesa humana* (1739), els *Assaigs morals i polítics* (1741), la *Investigació sobre l'enteniment humà* (1748), la *Investigació sobre els principis de la moral* (1751) i en la *Història natural de la religió* (1757).

Per al racionalisme, la raó és capaç de conèixer les lleis de la naturalesa, «l'ordre natural», i, des d'aquesta base, jutjar si una conducta s'adequa o no a aquest ordre. Així, el **racionalisme moral** entén la moralitat com un conjunt de judicis que aproven o rebutgen conductes. En canvi, segons Hume, la raó no s'ocupa de la moralitat, sinó de qüestions de fet o de relacions entre idees, cercant-ne la veritat o la falsedat. La moral no pot ser una qüestió de fet, perquè la qualitat de *bo* —o de *dolent*— no és quelcom pertanyent a les coses; d'altra banda, la moral tampoc no pot ser una relació d'idees, perquè d'una relació d'idees no es poden extraure valoracions morals. Els judicis morals no són una part d'uns fets o d'una relació d'idees, sinó una valoració. En resum, per a Hume, la moral no es basa en la raó, no es pot determinar racionalment que quelcom és bo o dolent, i no s'han de cercar normes morals en la raó.

L'emotivisme moral

Hume s'inclina per l'**emotivisme moral**, és a dir, afirma que la moral s'origina en les emocions i els sentiments; uns i altres governen la conducta conscient i ens mostren els valors morals, allò bo i allò dolent. Els sentiments morals —i no la raó— ens fan aprovar o condemnar les nostres motivacions i accions i les dels altres, i ens impulsen a actuar.

La bondat o la maldat d'una conducta *no se sap* (és a dir, no és objecte de coneixement), sinó que **se sent.** La moralitat sorgeix en el nostre interior com un sentiment d'aprovació o de rebuig que ens provoca aquella conducta, i aquest sentiment genera un judici moral d'aprovació o de rebuig. En resum, segons Hume, els judicis morals no provenen d'un fet exterior (veure una injustícia, una agressió, un robatori...), sinó del nostre interior, dels nostres sentiments i emocions (de sentir que s'han comès injustícies).

Segons Hume, el sentiment moral més primari és el d'**humanitat**, sentiment que ve amb la percepció de felicitat o d'infelicitat que sentim tots els humans com a conseqüència d'una acció; i aquest sentiment d'aprovació o de rebuig ens fa jutjar aquesta acció com a virtuosa (o viciosa). A banda dels sentiments morals que susciten a cadascú les diverses qualitats de les persones, els humans compartim les mateixes percepcions sobre les accions bàsiques que provoquen felicitat (o infelicitat); per tant, tenim els mateixos sentiments morals primaris d'aprovació o de rebuig sobre allò què és útil o perjudicial per a la naturalesa humana, i que ens fa feliços (o infeliços).

En sintonia amb el seu empirisme, Hume es fa ressò dels fets de l'experiència i constata que la moral depèn d'un sentiment intern, que aquest sentiment té una dimensió d'abast universal i que, en tot cas, és un sentiment condicionat per la vida social i comunitària, ja que el grup social constitueix el marc de referència més immediat de les nostres observacions. Hume afirma que:

Viatger davant d'un mar de boira *(1817-1818), de Caspar David Friedrich (1774-1840). L'***emotivisme moral** *afirma que la moral s'origina en els sentiments que ens produeixen les percepcions de fets concrets.*

> «Cal que es desplegui un sentiment que doni preferència a les tendències útils per damunt de les perjudicials. Aquest sentiment no pot ser més que un sentiment a favor de la felicitat de la humanitat i un disgust per la seva misèria, ja que la felicitat i la misèria són els diferents fins que la virtut i el vici tendeixen a promoure. Per tant, aquí la raó ens ensenya les distintes tendències de les accions, i la humanitat distingeix a favor de les que són útils i beneficioses.»
>
> *Una investigació sobre els principis de la moral*, Apèndix I
>
> **David Hume**

Això explica l'ampli consens que hi ha sobre els judicis morals més bàsics. Aquesta concepció pressuposa que l'ésser humà cerca instintivament la felicitat i el benestar, i l'evitació del dolor i de la misèria, i també explica que aquest instint va més enllà de l'individu i s'estén a tots els humans; Hume es distancia així de Hobbes, que explicava la conducta sobre la base de motivacions individuals i egoistes.

Des de la perspectiva moral són bones aquelles conductes que contribueixen a la felicitat i el benestar individual o social (la solidaritat, la honestedat, etc.), mentre que són dolentes les que hi van en contra (posem per cas, l'egoisme, la mentida, l'agressivitat). Ara bé, més enllà d'aquests judicis morals primitius, és molt difícil trobar lleis justes que facin compatibles els interessos individuals i les circumstàncies de cada acció.

De manera anàloga a la moral, també l'experiència estètica fa referència a sensacions i emocions agradables —o desagradables— provinents d'una percepció estètica. Els judicis morals i els estètics coincideixen en l'origen emocional o sentimental, es deuen a la felicitat i són aliens a qualsevol interès personal egoista, ja que els sentiments de felicitat són desinteressats.

ACTIVITATS

1> Què és el racionalisme moral? Quina reflexió en fa Hume? Per què?

El paper de la raó en la moral

L'emotivisme moral de Hume, amb la tesi segons la qual la bondat i la maldat morals, la virtut i el vici, no són descoberts per la raó, sinó pels sentiments, obre pas a reconsiderar el paper de la raó en el camp de la moralitat.

Hume diferencia allò que és (els fets, que pertanyen a l'àmbit de la raó) d'allò altre que, hipotèticament, hauria de ser (els valors morals, que pertanyen a l'àmbit dels sentiments). Assenyala així l'insalvable salt existent entre la descripció dels fets i les valoracions morals, i remarca que és erroni derivar l'*haver de ser* de l'*és*; aquest intent es coneix com a **fal·làcia naturalista**, que vol erròniament deduir un *deure* o un *cal fer* a partir d'un *ésser* (per exemple, aquesta persona està en perill, per tant, cal ajudar-la). Segons un famós text de la seva obra *Tractat de la naturalesa humana* (I, I), conegut com «el passatge de l'és i l'haver de ser»:

> «En tot sistema moral que fins ara he trobat, he vist sempre que l'autor segueix durant un temps la manera correcta de raonar i estableix l'existència de Déu o fa observacions sobre els assumptes humans; però, de cop i volta, m'adono que, en comptes dels nexes usuals de les proposicions, *és* i *no és*, ja no em trobo amb cap proposició que no estigui connectada amb *haver de* o *no haver de*. Aquest canvi és imperceptible, tot i tenir, tanmateix, una importància decisiva. Això es deu al fet que, com que aquest *haver de* o *no haver de* expressa una nova relació o afirmació, caldria que fos observada i explicada; i, al mateix temps, caldria explicar una cosa que sembla absolutament inconcebible, és a dir, com és possible que aquesta nova relació pugui ser una deducció de les altres, tan absolutament diferents d'ella. Com que els autors no solen tenir present aquesta precaució, m'atreviré a recomanar-la als lectors; estic convençut que tenir en compte aquesta petita reflexió subvertiria tots els sistemes habituals de moralitat i ens permetria veure que la distinció entre vici i virtut no està basada merament en les relacions d'objectes, ni tampoc no és percebuda per la raó.»
>
> *Tractat de la naturalesa humana*, I, I
>
> **David Hume**

Per tant, segons aquest autor, cal examinar molt atentament les argumentacions que usen descripcions o judicis de fet per fonamentar enganyosament valoracions o judicis de valor o judicis morals, perquè cap judici de valor no es pot derivar d'un judici de fet. La raó s'ocupa de fets i estableix relacions entre ells, però no ens pot fer escollir cap opció determinada de fons; els sentiments i les emocions —i no pas la raó— són les forces que ens empenyen a actuar i determinen les nostres eleccions personals.

Només el sentiment pot decidir sobre la bondat o maldat dels fins; la raó, en canvi, determina si les conseqüències d'una conducta són beneficioses o perjudicials. Tanmateix, a la raó li queda un paper auxiliar o indirecte en la moral, ja que mostra els mitjans més adequats per a la consecució d'uns fins, sobretot respecte al benestar general.

ACTIVITATS

2> A partir de la informació de webs, enciclopèdies virtuals o històries de la filosofia, feu una presentació amb els trets bàsics de la concepció ètica de Hume i plantegeu alguna pregunta que serveixi com a títol d'una redacció amb les reflexions personals de cadascú sobre els plantejaments ètics de Hume.

3> Des de Hume ençà, la qüestió del pas de l'*és* a l'*haver de ser* ha esdevingut un tema bàsic de la filosofia moral. A partir de la definició del que són els judicis de fet i els judicis de valor, feu un debat a classe sobre si els segons es poden fonamentar o no en els primers.

8.3 El programa kantià

La crítica de Hume va qüestionar les tesis racionalistes sobre el coneixement i la moral. Tant és així que Kant, un autor format inicialment en el racionalisme, manifestà que la lectura de la *Investigació sobre l'enteniment humà* de Hume el va fer despertar del seu «endormiscament dogmàtic» o somni de la raó purament especulativa.

Kant: vida i obres

Immanuel Kant (1724-1804) va néixer a la ciutat de Königsberg, Prússia Oriental (avui Kaliningrad, un enclavament rus al nord de Polònia), i era el quart dels nou fills d'una família menestral. Als catorze anys quedà sense mare i als vint-i-un sense pare. Tanmateix conservà els valors morals del cristianisme pietista de casa seva, sobretot el sentit del deure. Va sobreviure amb moltes dificultats econòmiques impartint classes fins que, ja als 45 anys, accedí a la càtedra de Lògica i Metafísica de la Universitat de Königsberg i estabilitzà la seva situació econòmica. Kant gaudí d'una intel·ligència excepcional, amb una gran capacitat de treball crític i metòdic, i ha estat un dels pensadors amb més influència en la posteritat.

Pràcticament no va sortir de la seva ciutat, però defensà els ideals il·lustrats i posseí un ampli ventall d'interessos intel·lectuals i una extraordinària erudició. Habituat a l'austeritat material i als costums metòdics, era d'una puntualitat extrema. Només va arribar tard a les seves classes dos cops: quan va ser captivat per la lectura de l'*Emili* de Rousseau i en assabentar-se que els revolucionaris francesos havien assaltat la presó parisenca de la Bastilla. S'interessà per la física, les matemàtiques, la geografia, la teologia, l'ètica, etc., i postulà la tolerància i el pacifisme. L'any 1754 va llegir la seva tesi doctoral sobre *El foc* i va donar a la impremta la *Història natural i teoria del cel*. Aquesta obra explica l'origen del sistema solar a partir d'un núvol de matèria interestel·lar; com que la mateixa idea també va ser proposada de manera independent per l'astrònom i matemàtic francès Pierre Simon de Laplace (1749-1827), és coneguda com la hipòtesi de Kant-Laplace.

En el pensament kantià se solen diferenciar tres etapes:

- La primera és la del **període precrític**, caracteritzat per la formació en la filosofia racionalista i el qüestionament d'aquests pressupòsits després de conèixer les crítiques de Hume; aquesta revisió del racionalisme comença a prendre cos en *La dissertació* (1770).
- La segona fase o **període crític** s'inicia amb la primera edició de la *Crítica de la raó pura* (1781), la seva obra mestra, segueix amb els *Prolegòmens a tota metafísica futura que es vulgui presentar com a ciència* (1783), la *Fonamentació de la metafísica dels costums* (1785), la *Crítica de la raó pràctica* (1788), la *Crítica del judici* i l'escrit *Per què no és inútil una nova Crítica de la raó pura?* (1790), i acaba amb el petit opuscle *La pau perpètua* (1795).
- En la tercera etapa, o **període postcrític**, inicia la revisió d'algunes de les seves concepcions fins que comença a patir una progressiva debilitat senil. L'any 1800 es compilen els seus cursos de *Lògica*; les seves classes de filosofia moral es recolliran com a *Lliçons d'ètica* dins els *Escrits pòstums*.

Kant i amics a taula *(1900), d'Emil Doerstling.* ***Kant*** *inicià estudis universitaris als setze anys en una situació d'extrema precarietat econòmica, evidenciada tant en l'enterrament dels seus pares —sense acompanyament de capellà i amb exempció de taxes— com en el fet que esporàdicament hagués de confiar en l'ajut dels seus companys d'estudis o que procurés fer-se convidar a taula en canvi de l'atracció que exercia la seva culta i intel·ligent conversa.*

Königsberg *pels volts de 1890. Tot i que Kant només va sortir de Königsberg, la seva ciutat, un parell de cops en la seva vida —i sense emprendre cap viatge remarcable—, posseïa una cultura esplèndida que li permetia descriure fidelment països i ciutats diversos fins al punt que va donar classes de geografia. A més, quan parlava amb viatgers procedents dels indrets descrits, aquests li solien demanar quants anys havia viscut en el país o ciutat que tan bé descrivia.*

Les preguntes del programa filosòfic kantià

Kant és un filòsof de gran rellevància que supera els plantejaments oposats de racionalistes i empiristes, fa seus els ideals il·lustrats i l'avenç científic de Newton, obre els interrogants del pensament posterior i vol superar les crítiques escèptiques de Hume entorn del coneixement, en concordança amb els èxits de Newton. Des del vessant teòric, l'anàlisi kantiana de les possibilitats de la raó per obtenir coneixement aclareix el paper de la ment en l'elaboració del coneixement, indica la base objectiva, universal i necessària de la ciència, i mostra que la metafísica està fora dels límits del coneixement humà. Des del vessant de la raó pràctica, Kant postula una nova base per a la moralitat que contribueix a la formulació dels drets humans. L'obra kantiana constitueix una aportació capital a la reflexió epistemològica i eticopolítica.

Kant analitza les condicions de l'objectivitat i els límits del coneixement humà, i, en conseqüència, es planteja ***què puc saber?*** Aquesta qüestió, juntament amb les preguntes ***què he de fer?***, ***què puc esperar?*** i ***què és l'ésser humà?***, defineixen el programa filosòfic kantià.

Tant l'examen de les possibilitats o capacitats de la raó abans de començar-la a aplicar en l'elaboració del coneixement, com la pregunta relativa a què és l'ésser humà —que resumeix i dóna sentit a la filosofia— fan de Kant el pensador que porta més lluny els ideals il·lustrats. Es tracta que la raó s'estudiï a si mateixa com a facultat responsable del coneixement objectiu (i, així, determinar-ne l'ús legítim i assenyalar-ne possibles abusos com «els somnis de la metafísica») i com a element governador de la pròpia conducta moral.

Aquest programa d'autoconeixement de la raó —segons Kant, «la més difícil de totes les tasques»— és imposat per la tradició filosòfica i científica i projecta la filosofia kantiana força més enllà del seu moment històric. Format en el racionalisme, Kant assumeix el discurs empirista que restringeix les capacitats de la raó en l'àmbit del coneixement. Però la seva filosofia no és una mera solució de compromís entre racionalisme i empirisme, sinó que proposa un gir nou respecte al coneixement i el seu valor. Cal recordar en primer lloc que, segons el racionalisme, la raó ens proporciona autèntic coneixement, ja que l'experiència no pot fonamentar un coneixement universal i necessari. Segonament, la crítica que l'empirisme fa de les tesis racionalistes desemboca en l'escepticisme de Hume. Finalment, la mecànica celeste elaborada per Copèrnic, Kepler i Galileu culmina en la gran construcció fisicomatemàtica de Newton, amb lleis universals i necessàries. Durant tot el segle XVIII la teoria newtoniana és confirmada per nombroses observacions i experiments. Això anul·la a través dels fets la crítica de Hume segons la qual el coneixement acaba on acaba l'experiència. Amb el triomf de la ciència newtoniana es palesa que hi ha coneixement del món de l'experiència sensible, i que aquest és objectiu, universal i necessari. Cal notar que *universal* i *necessari* denoten una veritat intemporal i forçosa.

Idealisme transcendental

La tasca de Kant és examinar en el pla teòric la raó per veure què pot donar de si, mostrant com és possible el coneixement i quins són els seus límits. Dit amb paraules més pròpies de la tecnologia actual, es pretén fer un «manual de prestacions de la raó». Aquest és el sentit de la primera pregunta del programa kantià, *què puc saber?*

El model kantià de resposta al problema del coneixement rep el nom d'**idealisme** perquè el subjecte pensant imposa els seus condicionaments als objectes de la naturalesa i acaba construint les idees que conformen el coneixement objectiu. A més, aquest idealisme s'adjectiva com a **transcendental** per destacar que el coneixement humà no pot anar més enllà de la manera humana de conèixer i que el coneixement «s'ocupa, en general, no tant d'objectes com de la manera humana de conèixer-los, en tant que aquest coneixement ha de ser possible *a priori*».

8.4 El fonament del coneixement: què puc saber?

Kant inicia l'anàlisi teòrica de la capacitat de la raó per obtenir coneixement assumint que les matemàtiques i la física són ciències que efectivament progressen en saber. Ara es tracta de trobar les condicions que les fan possibles, és a dir, les condicions del coneixement objectiu en general. Tot seguit, cal veure si la metafísica —que no avança en saber, ja que sempre discuteix sobre el valor demostratiu de les proves de l'existència de Déu, la immortalitat de l'ànima, etc.— pot satisfer els requisits d'objectivitat i, per tant, si la metafísica és una ciència.

La revolució copernicana

Kant indica que «s'ha suposat fins ara que tot el nostre coneixement ha de regir-se pels objectes», és a dir, que la nostra capacitat cognoscitiva s'adapta a les coses que coneix. Tot seguit es pregunta si no cal invertir aquesta relació, és a dir, capgirar la tradicional concepció del procés del coneixement i suposar que són els objectes els que han d'adaptar-se a l'enteniment humà: «Succeeix aquí com en els primers pensaments de Copèrnic. Aquest, veient que no aconseguia explicar els moviments celestes si acceptava que tot l'exèrcit d'estrelles girava al voltant de l'espectador, mirà d'obtenir millors resultats fent girar l'espectador i deixant les estrelles en repòs.» Si els objectes es conformen segons la manera humana de conèixer, esdevé possible un coneixement *a priori*, és a dir, aquell que és «absolutament independent de tota experiència, un coneixement que pretén establir alguna cosa sobre aquests objectes abans que ens siguin donats».

El coneixement *a priori*

És fonamental que el coneixement sigui *a priori*, ja que així podrà ser **universal** i **necessari**, i no dependrà o estarà limitat pel caràcter particular d'una experiència. Cal trobar les condicions que emmarquen tota experiència, allò a què s'han d'adaptar els objectes per ser captats com a fenòmens. Les formes *a priori* de la sensibilitat (l'espai i el temps) condicionen tot el que capten els sentits. Així, aquell **gir copernicà** fa que la raó humana s'integri en el coneixement obtingut, perquè dóna les condicions que fan possible el coneixement. Aquestes condicions conformen el marc de qualsevol experiència i, per tant, són —a escala humana— objectives, universals i necessàries. Per Kant, només podem tenir coneixement dels fenòmens, del món de l'experiència, no de la realitat en si, una limitació que garanteix el valor objectiu del coneixement. El món que la ciència explica és un món ja ordenat per la raó.

ACTIVITATS

4> A partir d'una breu reflexió prèvia per grups, poseu en comú les vostres posicions respecte a la vigència de les preguntes kantianes. En acabar, enumereu quins són els interrogants filosòfics que més us interessen.

5> Comenteu el fragment següent del pròleg de la *Crítica de la raó pura*. A l'hora de bastir l'edifici del saber, penseu que cal fixar-se en els condicionaments de la raó com a facultat de coneixement i que aquests mediatitzen allò que s'examina? Què vol dir la frase «Només coneixem *a priori* de les coses allò que nosaltres mateixos hi posem»?:

«La mateixa experiència constitueix un tipus de coneixement que requereix enteniment i aquest té unes regles que jo he de suposar en mi ja abans que els objectes em siguin donats, és a dir, regles *a priori*. Aquestes regles s'expressen en conceptes *a priori* segons els quals, per tant, es conformen necessàriament tots els objectes de l'experiència i amb els quals han de concordar. Només coneixem *a priori* de les coses allò que nosaltres mateixos hi posem.»

Crítica de la raó pura
Immanuel Kant

Els judicis sintètics *a priori* com a base de la ciència

Kant vol aclarir com és possible el progrés i l'objectivitat del discurs científic. Aquest conté proposicions o judicis universals en què el predicat amplia el coneixement que aporta el subjecte. Els judicis es poden classificar d'una doble manera: *a*) depenent de si l'experiència és rellevant o no per determinar-ne la veritat, i *b*) depenent de si el predicat amplia o no el coneixement.

Divisió dels enunciats		**Segons la forma lògica**	
		Analític	*Sintètic*
Segons el fonament de la seva veritat o falsedat	*a priori*	+	?
	a posteriori	–	+

a) En el primer cas, un judici ***a priori*** és aquell la veritat del qual es pot trobar sense recórrer a l'experiència, per exemple, «Tot canvi té la seva causa». Per contra, un judici ***a posteriori*** és aquell que depèn de l'experiència per verificar-se, per exemple, «Aquest cap de setmana ha fet mal temps». La diferència és important perquè un judici només pot ser universal i necessari sempre que no depengui de les experiències concretes.

b) En el segon cas, un judici és **analític** quan el predicat es dedueix del subjecte, per exemple, «Tots els cossos són extensos»; el concepte de *cos* ja inclou la idea d'extensió material. La veritat d'aquests judicis està assegurada *a priori* perquè no pot passar el contrari del que s'afirma en el subjecte (això suposaria una contradicció; per tant, és superflu fundar un judici analític en l'experiència, perquè el predicat es deriva del concepte del subjecte). Un judici és **sintètic** si el predicat afegeix una qualitat al subjecte que no està en el seu concepte, és a dir, si aporta nou coneixement sobre el subjecte. Per exemple, en «Alguns cossos són pesants», el predicat constitueix quelcom completament diferent d'allò que és pensat en el simple concepte de cos en general. Així, els judicis *a posteriori* són tots sintètics. Ara bé, quan adquirim coneixement a través de l'experiència, aquest ja no és universal ni necessari, sinó contingent; per això, els judicis que depenen de l'experiència no poden fundar la base de la ciència. Tots els judicis analítics són també *a priori*; tots els judicis *a posteriori* són també sintètics.

La distinció entre els judicis analítics *a priori* i els sintètics *a posteriori* respon a la de Hume entre relacions d'idees i qüestions de fet. Ara bé, Kant introdueix un tercer tipus: els **judicis sintètics *a priori***. Aquests són els que fan possible la ciència (sintètics, és a dir, amplien el coneixement; *a priori*, això és, són universals i necessaris). En la *Crítica de la raó pura*, Kant ho exemplifica amb les proposicions: «La línia recta és la distància més curta entre dos punts» o «Tot canvi té una causa». L'acceptació de la ciència, les matemàtiques, la física, etc., com a fets incontrovertibles es recolzarà en l'afirmació de l'existència dels judicis sintètics *a priori*. El coneixement té una validesa objectiva perquè es fonamenta en aquelles condicions marc que fan possible l'experiència en general.

Les parts de la *Crítica de la raó pura*

> «Anomeno *transcendental* tot coneixement que s'ocupa no tant dels objectes, com de la nostra manera de conèixer-los, en tant que tal manera ha de ser possible *a priori*.»
>
> *Crítica de la raó pura*, A 12
>
> **Immanuel Kant**

En la *Crítica de la raó pura*, Kant es planteja la pregunta *què puc saber*? L'adjectiu *pura* fa referència a l'examen de les potencialitats de la raó com a facultat abans d'aplicar-les a l'experiència. Tot i que no hi ha confusió possible, Kant usa el terme *raó* (*Vernunft*) en dos sentits: com a facultat general de coneixement (i d'aquí ve la crítica de la raó) i també com aquella part de la raó que unifica i regula els coneixements obtinguts (la raó en sentit estricte).

Atenent els continguts, la *Crítica de la raó pura* té tres parts: l'**estètica transcendental**, en la qual s'examina el coneixement sensible i es posen les bases que fan possible els judicis sintètics *a priori* en matemàtiques, és a dir, s'explica com és possible la matemàtica com a ciència; l'**analítica transcendental**, que s'ocupa de l'enteniment com a facultat del coneixement i la possibilitat dels judicis sintètics *a priori* en física, és a dir, la possibilitat de la física com a ciència; i la **dialèctica transcendental** o anàlisi de la raó en sentit estricte, reguladora i unificadora del coneixement; en aquest darrer apartat Kant argumenta per què no és possible considerar la metafísica com una ciència.

En la filosofia kantiana el terme *transcendental* serveix per situar el problema del coneixement en referència a la manera humana de conèixer, és a dir, en relació a les condicions marc de l'experiència en general.

El caràcter *transcendental* del coneixement és correlatiu al gir copernicà, perquè els objectes estan emmarcats per la manera humana de conèixer-los i, per tant, no es pot arribar a la cosa en si. Precisament, la pretensió racionalista de conèixer la cosa en si (allò que aquesta és, sense condicionaments deguts a la manera humana de conèixer) és una «il·lusió». El coneixement empíric és també fruit de les condicions *a priori* que la raó imposa al mateix coneixement que prové de fora i que, per tant, és *a posteriori*. Per Kant, si desaparegués l'ésser humà (o els sentits deixessin de ser funcionals), també desapareixeria tot allò que se'ns manifesta dels objectes. Els fenòmens no poden existir en si mateixos, sinó només per a nosaltres; *fenomen* vol dir 'allò que ens apareix'.

L'estètica transcendental: la matemàtica com a ciència

L'**estètica transcendental** estudia les condicions marc de la sensibilitat, és a dir, aquelles formes *a priori* o motlles imprescindibles per vertebrar les impressions del món de l'experiència o intuïcions sensibles empíriques. El terme *intuïció* equival en Kant a «impressió sensorial». Qualsevol impressió del món s'emmarca en l'**espai** i el **temps**; tota percepció es dóna en un lloc de l'espai i en un moment del temps. Per Kant, espai i temps no són idees innates ni tampoc deriven de l'experiència, sinó que són com filtres que ens permeten ordenar les sensacions no estructurades que provenen de les coses en si. L'espai i el temps són intuïcions sensibles pures *a priori*. *A priori*, perquè el subjecte les té d'entrada, prèviament a l'experiència, ja que pertanyen a la manera humana de conèixer; *pures*, perquè estan exemptes de continguts d'experiència; *sensibles*, perquè es refereixen a la sensibilitat.

En Kant, l'espai i el temps són les formes *a priori* de la **sensibilitat** i serveixen per unificar la disparitat d'intuïcions empíriques. L'espai i el temps són **intuïcions pures**, és a dir, representacions *a priori* o marc bàsic de les intuïcions empíriques. L'espai permet la representació dels objectes com a externs a nosaltres; l'espai és una condició de possibilitat dels fenòmens i no pas una qualitat dependent d'ells. D'aquesta manera, l'espai i el temps s'integren en els objectes en qualitat de condicions universals i necessàries que fan possible les intuïcions empíriques. Com que es refereixen només al món de l'experiència, fan possible l'objectivitat de la ciència.

Mai no podem representar-nos la no existència de l'espai; una altra cosa és que es pugui pensar que no hi ha objectes en ell. L'espai és una condició de possibilitat dels fenòmens i no pas una determinació dependent d'ells; l'espai possibilita la representació dels objectes com a externs a nosaltres. També el temps és donat *a priori*; solament cal fixar-se que no es pot eliminar. Els fenòmens podrien anar canviant, però el temps mateix —en tant que condició general de la seva possibilitat— no pot ser modificat; el temps possibilita la representació dels objectes en ordre (abans, ara, després), ordre que es dóna internament en la consciència.

Així, Kant recull la idea empirista segons la qual el coneixement d'objectes prové de les intuïcions empíriques o d'experiència, però se'n separa en pressuposar un *a priori* que les possibilita; l'espai i el temps no s'han constituït per inducció o abstracció a partir de l'experiència, sinó que són condicions de possibilitat de tota experiència cognoscitiva.

Espai i temps són transcendentals. No tenen validesa en si més enllà de la realitat empírica que apareix al subjecte humà. Totes les nostres intuïcions sensibles no són més que representacions fenomèniques. Els fenòmens són allò que podem conèixer de les coses, ja que no podem saber si les coses són en si mateixes tal com les intuïm. L'espai i el temps són intuïcions pures *a priori*, condicions marc de la sensibilitat que duen respectivament a la geometria i a l'aritmètica, ja que l'enteniment les pressuposa en fer judicis sintètics *a priori*. El temps, a més, com forma *a priori* de la sensibilitat interna, contribueix a l'enllaç de la sensibilitat i de l'enteniment mitjançant els esquemes de la imaginació trascendental.

«L'espai no és res objectiu o real, ni una substància, ni un accident, ni una relació, sinó quelcom subjectiu i ideal, sortit de la naturalesa de l'esperit per una llei fixa, a la manera d'un esquema destinat a coordinar absolutament tot el que és aportat de l'exterior pels sentits.»

La dissertació, III, 15, d
Immanuel Kant

L'analítica transcendental: la física com a ciència

En l'**analítica transcendental** s'examinen els *a priori* de l'enteniment humà i, a partir d'ells, es fonamenta la possibilitat dels judicis sintètics *a priori* en la física. Per a Kant, la sensibilitat humana capta fenòmens; però aquesta percepció no és comprensió i, per tant, el coneixement requereix que una facultat, l'enteniment, pensi les intuïcions de la sensibilitat.

> «La nostra naturalesa comporta el fet que la intuïció només pugui ser sensible, és a dir, que no contingui sinó el mode segons el qual som afectats pels objectes. La capacitat de pensar l'objecte de la intuïció és, en canvi, l'enteniment. [...] Sense sensibilitat cap objecte ens seria donat i, sense enteniment, cap en seria pensat. Els pensaments sense continguts són buits; les intuïcions sense conceptes són cegues.»
>
> *Crítica de la raó pura*, B 76
> **Immanuel Kant**

Aquesta activitat de pensar defineix el coneixement humà com la comprensió d'intuïcions mitjançant un concepte que apunta a un objecte. L'enteniment jutja quan processa la varietat d'intuïcions com a propietats que fan referència a un objecte, i fa una operació o síntesi consistent a atribuir un predicat a un subjecte. Si algú diu que quelcom és un *arbre*, aquest objecte no s'identifica amb cap intuïció empírica particular d'ell, sinó que, en designar quelcom com un *arbre*, s'ha constituït el concepte *arbre*; les intuïcions empíriques de forma, color, etc., s'han unificat, se n'ha fet una síntesi, en el concepte *arbre*. Tot plegat es conceptualitza com a *arbre*, es jutja en un enunciat sobre un *arbre*. Dit de manera negativa: si algú és incapaç d'entendre o comprendre les intuïcions, de quin *objecte* es tracta, és precisament per manca del concepte al qual referir les intuïcions. Més enllà de la constitució d'un concepte empíric (*arbre*), cal dir que, de manera general, el concepte empíric *objecte* fa intel·ligible allò que ens apareix.

La sensibilitat ens fa percebre intuïcions empíriques que l'enteniment enllaça amb objectes particulars i que originen judicis *a posteriori*. El fet d'usar l'experiència impedeix assolir coneixement universal i necessari. Així, es pot entendre que Hume rebutgi la pretensió d'aconseguir coneixement universal i necessari —el filòsof critica, per exemple, el concepte de causalitat—, i sigui escèptic respecte al coneixement científic. Ara Kant supera aquestes posicions amb els conceptes purs; igual que en el pla de la sensibilitat hi ha intuïcions pures i intuïcions empíriques, en el pla de l'enteniment humà hi ha conceptes purs i conceptes empírics.

Per explicar gràficament els a priori *del* ***coneixement*** *(les formes* a priori *de la sensibilitat, i les categories de l'enteniment) hi ha qui estableix una analogia amb les variables recollides pels indicadors d'un panell de control: únicament es pot tenir informació de les variables previstes i sota la forma de presentació prevista en l'instrument de mesura. Així, el periscopi d'un submarí únicament mostra imatges condicionades per l'òptica del visor (les dues coordenades, la coloració, l'amplitud de la lent, etc.).*

Les categories

Cal fixar-se especialment en els principis ordenadors del coneixement: els conceptes purs de l'enteniment o **categories**. En ells no hi ha res d'empíric i són conceptes *a priori* aportats per la facultat cognoscitiva; fan possible els judicis sintètics *a priori* que demana la ciència empírica i que són la clau de l'objectivitat. Tot i que els conceptes de l'enteniment només tenen validesa en el món de l'experiència, convé aclarir les condicions de l'objectivitat de l'enteniment humà: les intuïcions són processades des dels conceptes purs de l'enteniment o categories preestablertes.

> «Podem reduir tots els actes de l'enteniment a judicis, de manera que l'enteniment pot representar-se com una facultat de jutjar, ja que, segons el que s'ha dit abans, és una facultat de pensar. Pensar és conèixer mitjançant conceptes. Aquests últims, en tant que predicats de possibles judicis, es refereixen, al seu torn, a alguna representació d'un objecte encara desconegut.»
>
> *Crítica de la raó pura*, A 69
> **Immanuel Kant**

Les categories són generals perquè no estan lligades a objectes particulars, sinó que contenen el ventall de judicis o motlles de relacions possibles entre subjecte i predicat, és a dir, ofereixen el catàleg de tot allò que pot dir-se o predicar-se dels objectes en general per a la seva comprensió, com, per exemple, la unitat, la substància, la causalitat, l'existència (quatre de les dotze categories que, segons Kant, posseeix l'enteniment).

La qualitat *lògica* prové de la seva utilitat per pensar; la qualitat *transcendental* deriva de reflectir la manera humana de conèixer. No són idees innates, sinó «conceptes buits». Kant adverteix contra l'ús transcendent de les categories, és a dir, aquell que il·lusòriament pretén atènyer la cosa en si. Per exemple, en l'afirmació «tots els esperits tenen vida pròpia» les categories d'unitat, substància, realitat i existència no s'han aplicat a dades de l'experiència sensible; per tant, es tracta d'un ús il·legítim que no permet obtenir cap coneixement vàlid.

Taula de les categories o conceptes purs de l'enteniment

1. De la quantitat	*2. De la qualitat*	*3. De la relació*	*4. De la modalitat*
Unitat	Realitat	Inherència i substància *(substantia et accidens)*	Possibilitat / Impossibilitat
Pluralitat	Negació	Causalitat i dependència (causa i efecte)	Existència / no-existència
Totalitat	Limitació	Comunitat (acció recíproca entre agent i pacient)	Necessitat / contingència

El repertori de categories és *a priori*, és a dir, originàriament aliè a les intuïcions empíriques. Així, les categories constitueixen una manera de pensar pura («conceptes sense intuïcions són buits») i l'únic ús vàlid d'aquests conceptes és el que fa l'enteniment quan els aplica a les intuïcions (i fa judicis). Les categories, condicions universals i necessàries que es fonen amb les intuïcions sensibles i originen el coneixement humà, mostren les maneres bàsiques o elementals del pensament, és a dir, el procediment lògic humà de conceptualització o processament d'intuïcions. La física conté judicis sintètics *a priori*. La física, o ciència pura de la naturalesa, és possible per obra de les categories, la clau de l'objectivitat.

L'ésser humà és el legislador de la naturalesa

Cal situar el que Kant entén per naturalesa en el context ja esmentat del gir copernicà i el caràcter transcendental del coneixement: la **naturalesa** no és quelcom previ o anterior a l'ésser humà i a la qual aquest s'adapta; a l'inrevés, és l'ésser humà qui, d'entrada, imposa les lleis *a priori* de l'experiència humana. Per això, Kant anomena l'ésser humà «legislador de la naturalesa», ja que la determina com a objecte de coneixement; a la *Crítica de la raó pura* afirma que «som, doncs, nosaltres mateixos els qui introduïm l'ordre i la regularitat dels fenòmens que anomenem naturalesa».

Aquesta concepció soluciona la crítica de Hume als conceptes de causalitat o de substància. Hume no trobava en l'experiència la causalitat i la substància; Kant li mostra que ambdós són conceptes purs de l'enteniment i, així, es pot recuperar la possibilitat de la ciència. Tal com diu en els *Prolegòmens a tota metafísica futura*: «Els principis de l'experiència possible són alhora lleis generals de la naturalesa que poden ser conegudes *a priori*.» Així fa possible una ciència pura de la naturalesa, és a dir, la física.

ACTIVITATS

6> A partir de la lectura del fragment següent de Kant poseu en comú les vostres reflexions sobre el possible caràcter objectiu de l'espai i el temps que concep l'ésser humà:

> «L'espai i el temps són les intuïcions que la matemàtica pura posa com a fonament de tots els seus coneixements i judicis. [...] La geometria posa com a fonament la intuïció pura de l'espai. L'aritmètica forma ella mateixa el seu concepte de nombre a través de l'addició successiva de les unitats en el temps.»
>
> *Prolegòmens a tota metafísica futura*, I
>
> **Immanuel Kant**

7> Feu un escrit relatiu a si la causalitat radica en les coses o pertany a la raó, a la manera humana de pensar. L'ésser humà és el legislador de la naturalesa? Per què?

Les coses en si

Les categories mostren que el coneixement humà és això, humà, i per tant, està condicionat per la manera humana de conèixer. No podem tenir coneixement independent o fora de les nostres facultats de coneixement; és impossible obtenir un coneixement incondicionat. No sabem com és en si la realitat absoluta, només podem parlar de com ens apareixen els fenòmens i d'aquelles condicions que, en ser el marc de tota experiència possible, són universals i necessàries i configuren l'objectivitat humana (i fonamenten la ciència).

No sabem res de com és la **cosa en si**, d'ella només ens arriben els fenòmens o aparences, per bé que aquests es refereixin a un horitzó desconegut i incognoscible: el **noümen**. Aquest és opac a les facultats humanes de coneixement i, per tant, és inaccessible a la comprensió humana. El noümen en el pla epistemològic (o del coneixement) es correspon a la cosa en si en el pla ontològic (o de l'ésser).

> «Roman per a nosaltres absolutament desconegut què són els objectes en si, independentment de tota aquesta receptivitat de la nostra sensibilitat. Només coneixem la nostra manera de percebre'ls, manera que ens és peculiar i que, tot i que ha de convenir a tots els humans, no necessàriament ha de convenir a tots els éssers.»
>
> *Crítica de la raó pura*, A 42
> **Immanuel Kant**

> «Ens són donades coses com a objectes dels nostres sentits i existents fora de nosaltres, però no sabem res del que puguin ser en elles mateixes; nosaltres no en coneixem més que els fenòmens, és a dir, les representacions que produeixen en nosaltres en afectar els nostres sentits.»
>
> *Prolegòmens a tota metafísica futura*, 13
> **Immanuel Kant**

La dialèctica transcendental: la metafísica no pot ser una ciència

La **dialèctica transcendental** s'ocupa de la metafísica i examina les idees de la raó pura. Aquí no es tracta de la raó com a facultat general de coneixement, sinó de la raó en sentit estricte que regula i unifica el coneixement mitjançant idees *a priori*. Per Kant, les idees de la raó no tenen el seu origen en l'experiència, sinó que són principis innats humans d'unificació del coneixement, «conceptes purs de la raó o idees transcendentals, les quals determinaran, d'acord amb principis, l'ús de l'enteniment en l'experiència considerada en el seu conjunt».

Un cop vist que la matemàtica i la física són ciències i considerades les condicions del coneixement objectiu, cal esbrinar si la metafísica compleix o no aquestes condicions. En sintonia amb la crítica empirista, la resposta de Kant és negativa perquè el coneixement objectiu s'ha de restringir al món de l'experiència i la metafísica vol justament englobar el contrari, allò que ultrapassa l'experiència, és a dir, l'incondicionat, la cosa en si. Quan la raó vol conèixer l'existència d'allò que està més enllà de l'experiència —com l'ànima, el món com a totalitat o Déu— s'empantanega en les disputes i contradiccions que mostra la història de la metafísica i, en general, la història de la filosofia. Arran de la crítica de Kant, la metafísica esdevindrà un indefugible anhel de la raó humana que vol la unificació del coneixement.

El tarannà unificador de la raó fa que aquesta s'elevi a la recerca d'uns primers principis absoluts, incondicionats, que li permetin sistematitzar, relacionar i fer absolutament coherents els coneixements prèviament obtinguts. Aquesta tendència a relacionar i a buscar explicacions últimes condueix a l'ús abusiu de les categories fora de les intuïcions i origina els tres *a priori* de la metafísica tradicional o idees de la raó pura: **ànima**, **món** i **Déu**. A cadascun d'ells correspon respectivament una part de la metafísica racionalista: la **psicologia racional** o doctrina transcendental de l'ànima, la **cosmologia racional** o ciència transcendental del món i la **teologia transcendental** o coneixement transcendental de Déu.

L'aplicació abusiva de les categories fora dels límits de les intuïcions fa que als humans se'ns presenti un inaccessible horitzó noümènic (ànima, món, Déu) sense que hi pugui haver coneixement —els noúmens són opacs a la comprensió humana perquè estan fora de tota experiència possible—, ja que «no podem tenir coneixement *a priori* més que d'objectes d'experiència possible». Per a Kant, la metafísica no aporta coneixement ja que en el seu origen no hi ha cap intuïció, sinó només categories (les quals, sense intuïcions, són buides).

Crítica de la psicologia racional i del jo pur com a substància

La idea d'ànima fa referència a una substància pensant que quedaria més enllà del nostre coneixement. Es tracta del fracassat intent d'ultrapassar els límits del coneixement fins a arribar a una substància personal o unitat incondicionada del jo. Aquest *jo*, lluny de ser el producte de les percepcions aïllades, és la premissa fonamental perquè quelcom pugui ser percebut. Aquest *jo* constitueix allò correlatiu de totes les nostres idees, en el sentit que possibilita tenir consciència d'elles.

La concepció tradicional d'ànima reposa en el fet que volem obtenir una unitat en la sèrie de fenòmens que capta la consciència. Així, en lloc de limitar-nos senzillament a concebre els fenòmens entrelligats, les impressions, per exemple, de la casa, de l'arbre o del cel blau que veiem, hi afegim mentalment un «fonament» extraempíric. És a dir, instituïm un simple «quelcom», invisible i etern. I si bé és inqüestionable que el concepte de *jo*, com el d'una unitat constant i idèntica, reapareix constantment en totes les idees i en tots els pensaments específics, de cap manera ens ha de conduir a creure en l'existència d'un objecte (l'*ànima*) existent per si i que correspongui a aquest concepte.

Interior metafísic *(1917), de Giorgio De Chirico (1888-1978). En una obra primerenca,* Somnis d'un visionari, *Kant ironitza sobre els somnis o fantasmagories de la metafísica que cerca «aconseguir el coneixement intuïtiu de l'altre món renunciant a una part de la comprensió necessària per a l'actual» i ironitza sobre aquells filòsofs metafísics que «amb gran diligència i capficament aixequen els seus telescopis vers aquelles regions tan llunyanes i ens conten meravelles».*

> «Tanmateix, podem admetre la proposició "l'ànima és substància" si ens resignem al fet que aquest concepte no ens faci fer un sol pas endavant ni pugui oferir-nos cap de les deduccions habituals de la psicologia especulativa de l'ànima, per exemple, la duració persistent de l'ànima a través de totes les seves modificacions i, fins i tot, en la mort de l'home; si ens resignem, per tant, al fet que aquest concepte només designi una substància en la idea, i no pas en la realitat.»
>
> *Crítica de la raó pura*, A 351
> **Immanuel Kant**

Segons Kant, aquest discurs estèril en coneixement es desenvolupa en la psicologia racional; és estèril perquè la raó ensopega amb els **paralogismes transcendentals**. *Paralogisme* significa 'raonament erroni' i es qualifica de *transcendental* perquè l'error prové d'ignorar els límits del coneixement humà en intentar endebades aventurar-se'n més enllà.

El **jo** o ànima és una il·lusió causada pel fet de prendre com a coneixement allò que és condició humana del fet de pensar; per tant, no es pot intentar trobar el jo en l'experiència. En canvi, resta obert l'estudi dels estats anímics, fets psicològics, etc., que afecten la vida psíquica, ja que es tracta d'una psicologia empírica i no pas de la impossible psicologia racional independent de l'experiència, iniciada a partir d'un solitari enunciat, «jo penso».

> «"Jo penso" és l'únic text de la psicologia racional a partir del qual ha de desenvolupar tot el seu saber. És fàcil veure que, si aquest pensament ha de referir-se a un objecte (a mi mateix), no pot contenir més que predicats transcendentals d'aquest mateix objecte, ja que el menor predicat empíric destruiria la puresa racional i la independència d'aquesta ciència respecte de tota experiència.»
>
> *Crítica de la raó pura*, A 42
> **Immanuel Kant**

ACTIVITATS

8> Es pot parlar d'un *jo pur*? Què és la nostra identitat personal en abstracte, sense cap experiència, sense una situació concreta que li serveixi de base? Podem conèixer allò que és aquest *jo* sense un suport, sense adjectius? Existeix aquest *jo*? Per què?

Crítica de la cosmologia racional i del món com a totalitat: les antinòmies

La idea de món fa referència a una substància material situada fora de l'experiència, és a dir, al món com a absolut, com a totalitat dels fenòmens. Aquest anhel per captar el món com un tot és propi de la **cosmologia racional**. Segons Kant, el coneixement humà no pot assolir aquest objectiu a causa dels condicionaments de la raó i, per això, la raó cau en conflictes interns o antinòmies.

Una **antinòmia** és una contradicció o oposició entre les conclusions de dos raonaments aparentment correctes. La raó, amb la mateixa força que pot demostrar la tesi d'una antinòmia, pot demostrar-ne també la negació o antítesi. Això es deu al fet que la raó pretén conèixer el món sense l'ajut de l'experiència, és a dir, treballa sense referir-se a les intuïcions sensibles. Kant enuncia les antinòmies relatives a si el món té o no un començament en el temps; si té o no límits en l'espai; si tota substància consta o no de parts simples; si hi ha o no llibertat, i si existeix o no en el món algun ésser absolutament necessari. Aquestes idees s'originen a partir de l'error habitual de la metafísica: usar les categories fora de l'experiència. La raó pot demostrar tant la tesi com l'antítesi; Kant conclou que la cosmologia racional no és ciència.

Crítica de la teologia transcendental i de les proves de l'existència de Déu

La metafísica racionalista culmina amb la noció de Déu. La idea de substància divina comporta el pensament d'un ésser absolutament incondicionat, Déu, concebut com la suma infinita de totes les perfeccions i la causa suprema de tota la realitat.

Tradicionalment s'han adduït tres tipus de demostracions de l'existència de Déu: la **fisicoteleològica** (l'ordre existent en la natura s'usa com a prova de l'existència d'un ésser suprem ordenador), la **cosmològica** (no és possible explicar el món per mitjà d'una cadena infinita de causes i és necessari apel·lar a una primera causa incausada) i l'**ontològica** (el concepte de Déu és el concepte d'un ésser summament perfecte; com que és més perfecte un ésser que existeixi que no un ésser privat d'existència, Déu existeix). Segons Kant, les dues primeres proves es fonamenten, en darrer terme, en l'argument ontològic.

A l'hora de valorar la prova ontològica, cal fixar-se en la diferència entre pensament i coneixement en el pla de la raó: de la idea de perfecció no es dedueix la seva existència, és a dir, del concepte pensable d'un ésser perfecte no es pot inferir un judici analític que n'afirmi l'existència. Aquesta només es pot basar en un judici sintètic recolzat en una experiència o observació. En definitiva, l'existència no és un atribut de la perfecció. Sobre la pretesa demostració ontològica, Kant afirma el següent:

> «El concepte d'un ésser suprem és una idea molt útil en no pocs aspectes. Però, precisament per tractar-se d'una simple idea, és totalment incapaç d'ampliar per si sola el nostre coneixement respecte d'allò que existeix. Tot l'esforç i el treball invertits en la coneguda prova ontològica (cartesiana) de l'existència d'un ésser suprem a partir de conceptes són, doncs, inútils. Tan forassenyat és esperar fer-se més ric en coneixement mitjançant meres idees com ho seria pensar a augmentar la riquesa d'un comerciant afegint zeros als seus comptes.»
>
> *Crítica de la raó pura*, A 602
>
> **Immanuel Kant**

Paral·lelament a la negació del valor demostratiu de les proves de l'existència de Déu, Kant defensa l'**agnosticisme** teològic, és a dir, la tesi segons la qual des del punt de vista de la raó no és possible pronunciar-se quant a l'existència o la inexistència de Déu.

> «Els mateixos motius en virtut dels quals es demostra la incapacitat de la raó per afirmar l'existència d'aquest ésser han de ser suficients per provar el caràcter inadequat de tota afirmació en sentit contrari. En efecte, d'on es pot obtenir, per pura especulació de la raó, el coneixement que no hi ha un ésser suprem com a fonament primari de tot?»
>
> *Crítica de la raó pura*, B 461
>
> **Immanuel Kant**

L'ús regulatiu de les idees i la tendència arquitectònica de la raó

Kant enuncia la inevitable tendència unificadora o «naturalesa arquitectònica de la raó». La raó tendeix a considerar «tots els coneixements com a pertanyents a un possible sistema», i la metafísica és la disciplina que cerca aquesta unificació. Kant ho explica així:

> «La raó humana té el destí singular d'estar assetjada per qüestions que no pot defugir perquè li són plantejades per la mateixa naturalesa de la raó, però a les quals tampoc pot donar resposta perquè ultrapassen totes les seves facultats. La perplexitat en què cau la raó humana no és deguda a cap culpa seva. Comença amb principis l'ús dels quals és inevitable en el curs de l'experiència, ús que està, a la vegada, suficientment justificat per aquesta mateixa experiència. Amb aquests principis la raó s'eleva cada cop més (com li exigeix la seva pròpia naturalesa), arribant a condicions progressivament més remotes. Però, advertint que d'aquesta manera la seva tasca ha de quedar inacabada, ja que les qüestions mai no s'esgoten, es veu obligada a recórrer a principis que ultrapassen tot possible ús empíric i que semblen, no obstant això, tan lliures de sospita que la mateixa raó ordinària està d'acord amb ells. És així com incorre en obscuritats i contradiccions. I, tot i que pot deduir que aquestes es deuen necessàriament a errors ocults en algun lloc, no és capaç de detectar-los, ja que els principis que utilitza no reconeixen cap contrastació empírica pel fet de sobrepassar els límits de tota experiència. El camp de batalla d'aquestes inacabables disputes s'anomena metafísica.»
>
> *Crítica de la raó pura*, A VII-VIII
>
> **Immanuel Kant**

Aquestes obscuritats i contradiccions de la raó que cerca principis unificadors *meta-físics* expliquen el títol d'un apartat de la *Crítica de la raó pura*: «Dialèctica transcendental». El terme *dialèctica* vol dir que les idees de la raó no tenen altre origen que el raonament dialèctic, que consisteix a usar il·legítimament conceptes buits, sense intuïcions sensibles. Per tant, és invàlida la pretensió de la metafísica de conèixer el noümen. La invalidació de la metafísica com a ciència constitueix la part negativa de la dialèctica transcendental.

Kant assenyala que l'error de la metafísica ha estat prendre com un fet d'experiència els noümens, sense tenir en compte que aquests són requisits o condicions de l'experiència. Les idees d'ànima, de món i de Déu estan fora de tota experiència possible, no tenen valor de coneixement, són noümens. Així, la raó cau en «fantasmagories metafísiques» quan ultrapassa l'ús legítim de les categories sobre les intuïcions i en va pretén obtenir coneixement de la idea de substància personal, de món i de Déu.

El cantó positiu de la dialèctica transcendental és el reconeixement del caràcter regulador de les idees de la raó. Els *a priori* o idees de la raó en sentit estricte (ànima, món i Déu), en tant que són pensats com a unificacions o totalitats incondicionades, possibiliten l'experiència i responen a l'afany de totalitat que regula i presideix el coneixement.

A diferència de la unitat de l'enteniment que s'aplica a la diversitat de fenòmens, la unitat de la raó s'encamina a l'absolut incondicionat, a la «unitat que té com a objectiu aplegar tots els actes de l'enteniment relatius a cada objecte en un tot absolut». Les idees de la raó tenen una funció o valor regulador respecte al coneixement, és a dir, l'orienten o dirigeixen vers una unificació. Així, elles satisfan alhora el que sembla una exigència interna del mateix coneixement i aquella tendència arquitectònica de la raó que la fa aspirar a síntesis progressivament superiors i, al capdavall, a organitzar el món de l'experiència. Per això, Kant remarca que les idees de la raó són imprescindibles. El món de l'experiència constitueix l'únic àmbit en què és legítim aplicar els principis de la raó. La ciència es consagra així al coneixement cert de les aparences (i no pas dels noümens).

> «El conjunt de la nostra facultat de conèixer té dues jurisdiccions: la dels conceptes de la naturalesa i la del concepte de llibertat, ja que mitjançant ambdós dicta lleis *a priori*. Doncs bé, d'acord amb això, la filosofia es divideix també en teòrica i pràctica.»
>
> *Crítica del judici*, Introducció II
>
> **Immanuel Kant**

ACTIVITATS

9> Al llarg de la història de la filosofia s'han presentat suposades proves que pretenen demostrar l'existència de Déu; aquests arguments pertanyen a alguna ciència? Penseu que la reflexió sobre la divinitat ha d'enfocar-se més aviat a partir de bones raons —a favor, en contra o per l'abstenció— relatives a la seva existència? Raoneu les vostres respostes.

10> Quina és la noció kantiana de *noümen*? Creieu que es pot conèixer? Per què?

11> Definiu els conceptes següents:
Fenomen, noümen, intuïció sensible, *a priori*, *a posteriori*, judici analític, judici sintètic, transcendental, categoria, paralogisme i antinòmia.

8.5 La fonamentació de l'ètica: què he de fer?

> «El respecte per la llei moral és un sentiment produït per un fonament intel·lectual, i aquest sentiment és l'únic que coneixem del tot *a priori* i la necessitat del qual podrem comprendre.»
> *Crítica de la raó pràctica*, I, III
> **Immanuel Kant**

Kant proposa en la *Crítica de la raó pràctica* un nou tipus d'ètica, l'**ètica formal**, que contrasta amb la majoria d'ètiques que han sovintejat en la història de la filosofia, les ètiques materials. Les ètiques materials o de continguts es fixen en allò *que cal fer*, és a dir, enuncien concretament en què consisteix la virtut i quins són els deures i obligacions de l'individu. Hume va posar en crisi les ètiques materials en assenyalar la fal·làcia naturalista (o sigui, el pas de l'*és* a l'*haver de ser*), com que l'*és* depèn de l'experiència, les ètiques materials són empíriques i *a posteriori* i, per tant, no són universals. Kant proposa una ètica formal i *a priori* que pugui tenir un valor universal i amb preceptes o imperatius universals. Aquesta ètica indica el *com* de la moralitat, és a dir, les condicions formals de la conducta, raó per la qual l'ètica formal també es denomina *ètica de condicions*.

Postulats o pressupòsits de l'ètica

En aquest punt, les idees de la metafísica (Déu, ànima i món), més enllà de la seva funció reguladora del coneixement, adquireixen la seva plena funcionalitat com a postulats que sustenten l'ètica de la raó pràctica. En el pròleg de la *Fonamentació de la metafísica dels costums*, Kant indica que «la llei moral, en la seva puresa i en la seva autenticitat, no ha de cercar-se enlloc sinó en una filosofia pura; per consegüent, cal que la metafísica vagi al davant, i sense ella no pot existir de cap manera filosofia moral». Aquest reconeixement no suposa cap contradicció entre els vessants teòric i pràctic de la raó perquè «al capdavall només pot existir una sola i mateixa raó, que ha de ser distingida simplement en l'aplicació». La raó és unitària i les preguntes kantianes respecte al coneixement i la conducta moral convergeixen en un únic interrogant: «què és l'ésser humà?».

El títol mateix de la *Crítica de la raó pràctica* ja deixa entreveure que la **raó** és rellevant per fonamentar la moral; de fet, n'és la suprema autoritat. Com a *raó* es refereix a principis, com a *pràctica* tracta del comportament ètic. Kant restableix el paper de la raó en l'ètica i rebutja l'empirisme extrem, que explicava els judicis morals en termes de sentiments i emocions. La revolució copernicana duta a terme amb la raó en el seu ús teòric per fonamentar el coneixement s'aplica ara a l'anàlisi del vessant ètic o ús pràctic de la raó, i dóna lloc a tota una nova fonamentació de l'ètica.

Aquesta anàlisi de la raó parteix de la constatació de la llibertat, imprescindible per parlar de deure moral, de responsabilitat, etc., i de la racionalitat present en l'ésser humà. En el seu ús teòric, la raó no podia demostrar la llibertat (és la tercera antinòmia assenyalada per Kant), però ara la llibertat es palesa en la preocupació moral dels éssers humans; així, l'autonomia de la voluntat, és a dir, la llibertat, és l'únic principi de totes les lleis morals i dels deures que s'hi relacionen. Aquesta llibertat corona, a més, l'edifici de la raó humana.

Déu, ànima i llibertat tenen ara plena vigència com a **postulats**, és a dir, com a condicions necessàries de la raó moral o pressupòsits de la raó en el seu ús pràctic. L'existència de Déu, la immortalitat de l'ànima i la llibertat de la voluntat humana no es poden conèixer de la mateixa manera que les lleis de la naturalesa enunciades per Newton. Però cal creure-hi perquè, en cas contrari, no es pot justificar la necessitat d'acomplir el deure moral.

En sintonia amb la seva educació religiosa, Kant veu en l'existència de Déu la garantia que avala o fonamenta el sentit de l'ésser humà i del món. La llibertat, a més de reflectir-se en la preocupació moral, és del tot necessària per justificar la independència de la voluntat. La immortalitat de l'ànima reforça el sentit de la conducta moral (des del pressupòsit que, si l'ésser humà desaparegués en el no-res, gairebé no importaria el caire moral o immoral del seu capteniment); cal notar que aquesta immortalitat comporta un temps sense fi que permet proposar-se el progrés i el perfeccionament morals.

De la moralitat de l'ésser racional a l'ètica formal

Kant busca des de la raó una fonamentació objectiva de l'ètica que superi la divergència de models ètics que s'han donat en la història de la filosofia i que, alhora, compleixi amb els ideals il·lustrats que pressuposen l'arribada de l'ésser humà a la majoria d'edat. En la *Crítica de la raó pràctica* diu: «La llei moral només es concep com a objectivament necessària perquè pretén ser vàlida per a tothom que tingui raó i voluntat.» En un sentit coincident, també en la *Fonamentació de la metafísica dels costums* se subratlla la racionalitat de l'ètica: «la naturalesa racional es distingeix de les altres pel fet que s'estableix a si mateixa un fi» i «l'ésser racional ha de considerar-se sempre com a legislador en un reialme dels fins que és possible en virtut de la llibertat de la voluntat.» Kant analitza la raó practicomoral humana, però el requisit racional en què es funda l'acció és aplicable a qualsevol ésser racional en general.

> «No existeix cap ésser, ni tan sols diví, que sigui l'autor de les lleis morals, ja que aquestes no s'originen en l'arbitri, sinó que són pràcticament necessàries. Ara bé, les lleis morals poden estar sota un legislador; pot haver-hi un ésser que tingui tot el poder i la força per fer-les executar, i que sigui així capaç de declarar que aquesta llei moral és, al mateix temps, una llei de la seva voluntat que obliga tothom a actuar de conformitat amb ella. De la mateixa manera que Déu no és el causant que el triangle tingui tres angles.»
>
> *Lliçons d'ètica*
> **Immanuel Kant**

La racionalitat és, doncs, el fonament objectiu de l'ètica. Per això, si una llei ha de tenir validesa des del punt de vista moral, és a dir, com a fonament d'una obligació, ha d'implicar una necessitat absoluta. Per exemple, la màxima «No s'ha de mentir» val per a tots els éssers racionals; el mateix passa amb les altres lleis morals. Per a Kant, el fonament de l'obligació no ha de cercar-se en la naturalesa de l'ésser humà ni en les circumstàncies del nostre món, sinó *a priori*, objectivament. Aquest fonament ha de ser independent d'allò que, de fet, facin els humans. Així, continua sent correcte que «No s'ha de mentir» encara que hi hagi molts mentiders.

Aquest és el punt fort que fa tan diferent la proposta ètica kantiana respecte de les ètiques anteriors; representa tota una manera distinta d'analitzar la conducta ètica ja que l'accent es posa en l'examen racional de les condicions de la conducta ètica. La raó present en tothom reconeix i accepta el condicionament racional exigible per fonamentar la conducta ètica. I això permet que la raó independent de cadascú estableixi la llei moral de manera objectiva sense més servitud que a l'esmentada racionalitat, que s'imposa pel seu propi pes.

Tot plegat significa una fonamentació de la moralitat radicalment nova en contrast amb les ètiques anteriors, que tenien un caràcter material, *a posteriori* i heteronòmic. Una ètica **material** o de continguts és aquella que diu en concret quin és el bé suprem i com assolir-lo; per exemple, quan s'identifica el bé amb la felicitat i es proposa obtenir-la a través del plaer, dels honors, del poder o de la riquesa. La variació i fins i tot les contradiccions existents en els continguts concrets que defensen les distintes propostes ètiques explica la dificultat o la impossibilitat d'arribar a un acord general. L'**heteronomia** significa que la llei moral procedeix d'una autoritat exterior, és a dir, que el subjecte no se la dóna a si mateix, ja que es considera que la llei deriva de Déu, la naturalesa, la història, etc. Una ètica *a posteriori* no pot ser universal si va a remolc de circumstàncies o de fets. Justament aquest caràcter material, *a posteriori* i heteronòmic porta al problema de la gran disparitat de propostes ètiques.

Kant dissenya una ètica exclusivament **formal** (fa referència a les condicions de l'acte moral i no al contingut, és a dir, a com hem d'actuar i no pas quines coses concretes hem de fer o hem de rebutjat), ***a priori*** (i per tant, universal) i **autònoma** (la raó de l'ésser humà es dóna a si mateixa la llei).

L'imperatiu categòric

«La llei moral, a títol de condició formal de la raó per a l'ús de la nostra llibertat, ens obliga per si sola, sense dependre de cap fi com a condició material.»

Crítica del judici, II, 87

Immanuel Kant

L'ètica formal de Kant, *a priori* i autònoma, es fonamenta en el **deure** pel deure dictat per la raó, és a dir, en l'ordre o imperatiu que s'autoimposa racionalment, incondicionadament, absolutament: l'**imperatiu categòric**. El terme *categòric* és sinònim d'«incondicionat», d'«independent de qualsevol altra instància» i, per tant, es contraposa a *hipotètic*, que es refereix a la finalitat buscada i que, en conseqüència, remet a una justificació en alguna altra cosa; així, «si l'acció és bona simplement com a mitjà per a una altra cosa, aleshores l'imperatiu és hipotètic; si l'acció és representada com a bona en si, conseqüentment com a necessària en una voluntat conforme en si mateixa a la raó, i l'imperatiu n'és el principi determinant, aleshores aquest imperatiu és categòric». Les diverses formulacions que fa Kant de l'imperatiu categòric són similars; podem prendre com a exemple la següent:

> «Actua només segons aquella màxima per la qual puguis al mateix temps voler que ella esdevingui una llei universal. Actua de tal manera que tractis la humanitat, tant en la teva persona com en la persona de qualsevol altre, sempre al mateix temps com a fi, mai simplement com a mitjà.»
>
> *Fonamentació de la metafísica dels costums*, II
>
> **Immanuel Kant**

«La llei moral no és pròpiament la doctrina de com fer-nos feliços, sinó de com hem de fer-nos dignes de la felicitat.»

Crítica de la raó pràctica, II, IV

Immanuel Kant

Aquest respecte pels altres, en el qual mereix destacar-se especialment per les seves implicacions l'abstenció d'usar a una o vàries persones com a mitjà o instrument, segueix sent un referent clar de la filosofia moral contemporània; tant és així que, si més no en camp teòric, ningú defensa la instrumentalització de la persona humana. Kant il·lustra la diferència entre els dos imperatius, categòric i hipotètic, fent notar que l'imperatiu categòric es pot concretar en «no he de mentir, encara que mentir no faci mal a ningú», mentre que l'imperatiu hipotètic diu: «no he de mentir, perquè vull conservar la meva honra». L'ètica formal s'aclareix quan, tractant de la bona voluntat, es posa l'accent en la intenció dels actes i no pas en el resultat; cal recordar que la intencionalitat o la voluntarietat dels actes resulta del tot definitiva a l'hora de valorar moralment una acció:

> «No és possible pensar res enlloc del món, ni tampoc en general fora del món, que pugui ser tingut sense restricció per bo, llevat únicament d'una bona voluntat. La bona voluntat no és bona per allò que ella fa o aconsegueix, no és bona per la seva capacitat d'obtenir qualsevol fi proposat, sinó únicament pel voler, és a dir, és bona en si i, considerada en si mateixa, ha de ser apreciada sense comparació molt més que tot allò que pugui ser acomplert per ella simplement en benefici de qualsevol inclinació i fins i tot, si es vol, de la suma de totes les inclinacions. La utilitat o la inutilitat no pot fer créixer ni minvar aquest valor.»
>
> *Fonamentació de la metafísica dels costums*, I
>
> **Immanuel Kant**

S'ha d'afegir que la noció del deure categòric dictat per la raó permet satisfer la pregunta kantiana ***què puc esperar?***, ja que el deure categòric fa aparèixer ni més ni menys que la felicitat en un horitzó del progrés humà.

> «El més alt bé físic possible en el món, i que a títol de fi últim és necessari fomentar en tant que depengui de nosaltres, és la felicitat, sota la condició objectiva que l'home coincideixi amb la llei de la moralitat, en el sentit que sigui digne de ser feliç.»
>
> *Crítica del judici*, II, 87
>
> **Immanuel Kant**

Repercussions històriques de l'imperatiu categòric

La noció de llibertat, amb la qual arrenca l'ètica kantiana, i la noció del deure de respectar els altres són també el punt de partida del seu pensament sobre política. Kant s'interroga respecte a la qüestió de si el gènere humà està en constant progrés moral envers un futur millor, és a dir, si hi ha progrés en la història, i adopta una posició esperançada. Tot i així, manté una distància crítica que es palesa, per exemple, quan compara la xerrameca sobre el progrés humà amb el metge que cada dia dóna esperances a un pacient remarcant-li millores parcials (i la subsegüent exclamació del malalt en el sentit que s'està morint a força de millorar) o en el seu temperat entusiasme envers la Revolució Francesa. Tot i així, en sintonia amb els ideals il·lustrats de llibertat i d'exaltació de la dignitat humana, reconeix l'esperança en un progrés moral de la humanitat.

En concordança amb el formalisme ètic que ha de regir tot ésser racional, l'imperatiu categòric també s'aplica en l'àmbit de la legalitat política. De l'imperatiu categòric es pot desprendre que els humans tenen el deure d'abandonar l'estat de naturalesa (la guerra de tothom contra tothom) i establir la societat civil; de la mateixa manera, també l'imperatiu categòric ha d'empènyer els Estats a formar un Estat mundial cosmopolita o Estat de pobles que comprendria finalment tots els pobles de la terra i que superaria l'estat de naturalesa (amb una permanent conflictivitat internacional) que es dóna entre els Estats.

*Les **Nacions Unides** tenen el seu precedent en la Societat de Nacions (creada després de la Primera Guerra Mundial), la denominació de la qual en anglès,* League of Nations, *s'apropa significativament a l'expressió* Völkerbund *utilitzada per Kant per referir-se a l'Estat mundial cosmopolita o* «Estat dels pobles *que comprendria finalment tots els pobles de la terra».*

El progrés moral de la humanitat s'entén com l'evolució cap a una societat mundial en harmonia. Així, «la raó practicomoral formula en nosaltres el seu veto irrevocable: no hi ha d'haver guerra». Aquest deure s'enuncia en un dels «articles preliminars per a la pau perpètua entre els Estats», en què s'assenyala que «els exèrcits permanents han de desaparèixer totalment amb el temps» ja que «suposen una amenaça de guerra per als altres Estats amb la seva disposició a aparèixer sempre a punt per a ella». Però, més enllà d'això, hi ha l'apel·lació kantiana que la raó governi el món, ja que no en va «obeir l'imperatiu categòric de la moralitat és cosa que en qualsevol moment està a l'abast de tothom».

ACTIVITATS

12> Hi ha condicions imprescindibles perquè hi hagi consciència moral? Per què?

13> Comenteu el text següent de Kant. Què penseu de la frase «El fi universal de la humanitat és la suprema perfecció moral»?

> «El destí final del gènere humà és la perfecció moral en tant que aquesta sigui realitzada mitjançant la llibertat humana, i capacita l'home per a la més gran felicitat. El destí de l'home demana, per tant, l'assoliment de la seva màxima perfecció a través de la seva llibertat. El fi universal de la humanitat és la suprema perfecció moral; si tothom volgués comportar-se de tal manera que la seva conducta s'adigués amb aquesta finalitat universal, s'assoliria amb això la perfecció suprema. Cadascú s'ha d'esforçar individualment per adequar el seu comportament a aquesta fita.»
>
> *Lliçons d'ètica*
> **Immanuel Kant**

14> Elaboreu un esquema o una taula que compari les característiques d'una ètica formal amb les d'una ètica material. Poseu-ne algun exemple.

15> Us sembla que es pot parlar del progrés moral de la humanitat? Què penseu de la consideració de Kant respecte als exèrcits? Quina valoració podria fer Kant de la història del segle XX i d'institucions com les Nacions Unides? Per què?

Georg Wilhelm Friedrich Hegel *(1770-1831) va néixer a Stuttgart en el si d'una família protestant que al segle* XVI *havia hagut de fugir a causa de persecucions religioses. Estudià teologia, filosofia i cultura grecollatina, i conegué les idees il·lustrades de Gotthold Lessing (1729-1781), pensador i literat que interpretà la història com un procés d'autoeducació de la humanitat. Ja com a professor de la Universitat de Berlín, Hegel assenyalà els punts coincidents de la seva filosofia amb el conservador Estat prussià, els dirigents del qual volien apaivagar el moviment de protesta estudiantil i usaren el hegelianisme per presentar l'evolució de la política i la moral de manera pacífica i ordenada. Entre les obres de Hegel destaquen* Fenomenologia de l'esperit, Ciència de la lògica, Enciclopèdia de les ciències filosòfiques, Principis de la filosofia del dret *i les compilacions pòstumes* Lliçons sobre història de la filosofia *i* Lliçons sobre la filosofia de la història. *L'inici de la filosofia contemporània sol situar-se a partir de la mort de Hegel, ja que les seves concepcions condicionen el capital intel·lectual actual, com, per exemple, la idea de «superació» d'alguna cosa o la d'interpretar-la en clau de progrés cultural i històric.*

8.6 L'idealisme absolut de Hegel

L'idealisme iniciat per Kant té el seu punt final en Hegel. Aquest autor vol ultrapassar els límits del coneixement assenyalats per Kant i reprèn temes kantians (ètica, llibertat, bases per a la filosofia política i de l'Estat, progrés en la història, etc.), però pressuposant l'accés a la realitat absoluta, a la cosa en si. Hegel afirma que en la raó es fa lloc al coneixement més profund que comprèn subjecte i objecte i que respon a la realitat en si. Hegel assumeix les filosofies anteriors com a fases del seu propi sistema, el qual mostra l'itinerari de progrés que es fa conscient quan «tot allò racional és real i tot allò real és racional»; així, la història humana té un sentit i proposa una filosofia de la història en clau de progrés i llibertat. En aquesta concepció, l'Estat és la representació de l'interès general més enllà de la voluntat particular dels individus.

La tasca de la filosofia

En el pròleg de la *Fenomenologia de l'esperit*, Hegel manifesta la voluntat d'«aixecar la filosofia al mateix nivell de la ciència» i que «la tasca que jo m'he proposat és col·laborar perquè la filosofia s'apropi a la forma de la ciència amb l'objectiu que pugui perdre el seu nom d'amor pel saber i sigui un saber real i efectiu». Per a Hegel, una filosofia «científica» comporta l'establiment d'un principi suprem —l'Esperit— a partir del qual es puguin obtenir tots els continguts filosòfics. Aquest autor vol pensar-ho tot, comprendre-ho tot, explicar-ho tot. Res queda fora del saber; s'arriba al **saber absolut**, al saber total, tot és cognoscible, tot es transparenta en el coneixement. A l'inrevés de Kant, per al qual el noümen quedava més enllà del coneixement, per a Hegel, el tot inclou les idees o categories del pensament (els **conceptes**), la naturalesa (les **coses**) i la història (els **fets**).

La pretensió de conèixer l'Absolut, la totalitat, justifica que l'idealisme hegelià sigui qualificat d'**idealisme absolut**. Segons Hegel, el coneixement no pot ser una mera producció del subjecte, sinó que cal anar més enllà de l'individu particular, superar la contraposició entre subjecte i objecte i emprendre el camí que porta a l'esperit absolut que se sap a si mateix (saber absolut). Així, en la *Introducció dels principis de la filosofia del dret*, afirma: «La filosofia s'ocupa de les idees i no pas del concepte en el sentit estret ["allò que molt sovint es denomina així i que no és més que una determinació abstracte de l'enteniment"]; la filosofia mostra ben al contrari que el concepte és parcial i inadequat, tot revelant que el vertader concepte és l'únic a posseir la realitat i això justament perquè és ell qui se la dóna». Així res no queda que s'escapi a la raó i en la idea es fa present la realitat absoluta. La proposta és tan agosarada i ambiciosa que, d'aleshores ençà, no hi ha hagut cap altre sistema filosòfic que es presenti com l'explicació acabada i definitiva de tot.

Segons Hegel, cal comprendre el procés de desplegament de la realitat i mostrar la identitat entre pensament i realitat noümènica; res és opac a la raó, ja que «allò que és racional és real, i allò que és real és racional». Per *real* s'entén allò que té lloc efectivament en la realitat i, per *racional*, allò que acaba per realitzar-se; així, allò que acaba existint, ho fa perquè és racional. La filosofia mostra el lligam entre coneixement i realitat, i aixeca acta del moment, enregistra allò que ja ha passat, és a dir, no modifica el món, sinó que mostra que és comprensible.

Aquest enregistrament té un gran valor explicatiu perquè fa veure la necessitat implacable de les realitats concretes de cada moment històric. Elles obeeixen al desplegament d'aquell principi suprem o Esperit. Això significa que allò que passa és racional o, si es vol, lògic, en el sentit —segons diu Hegel en *La ciència de la lògica*— que exposa «el pensament diví abans de la creació del món», és a dir, la lògica de la realitat abans de desplegar-se en la naturalesa i en la història.

La dialèctica, la lògica de l'entramat pensament-realitat

Hegel contempla la naturalesa i la veu dinàmica, fluent, com la *phýsis* d'Heràclit, dialèctica. Hegel veu un enllaç dialèctic en les categories del pensament; d'una categoria ens veiem impulsats a una altra i, més tard, a una tercera i, així, fins a teixir una xarxa de conceptes coronada per una idea totalitzadora que engloba totes les altres, la **idea absoluta**.

El que fa Hegel amb aquests dos temes de reflexió (naturalesa i pensament) és, d'una banda, centrar l'atenció en la substància extensa cartesiana, en la matèria, en la naturalesa. Hegel veu la naturalesa dinàmica, dialèctica, per tant, s'ha d'explicar també la vida, la matèria viva, cal «pensar la vida», cosa que els cartesians havien menyspreat. D'altra banda, centra la seva reflexió sobre els puntals bàsics del pensament, això és, sobre les categories, que Kant havia reduït a dotze, però que Hegel expandeix enormement per poder pensar tota la realitat. Aquestes categories estan entrellaçades, com passa amb els termes que apareixen en un diccionari; el significat d'un terme ens remet a un altre i, aquest, a un de nou, etc. Si volem definir la categoria més general, la d'*ésser*, ens veurem obligats a delimitar-la, a il·luminar-la amb una nova categoria que limita la primera, la del *no-res*, i, per entendre la relació entre aquestes dues, es necessita una tercera, la de l'*esdevenir*.

Hegel, seguint la perspectiva ontològica d'Heràclit, considera que la dialèctica, a més de reflectir l'estructura lògica de la realitat, és a dir, la forma com es desplega tot, és, alhora, la manera com avança el pensament, això és, la forma d'articulació del coneixement. Ara la dialèctica és més que un mètode de coneixement aliè a la matèria, i el coneixement i la realitat són dues cares de l'absolut. Aquesta dinàmica de les categories es concreta en la successió de tesi-antítesi-síntesi. A un primer moment d'afirmació o **tesi**, li segueix un segon de negació o **antítesi**, que porta a un tercer de negació de la negació o **síntesi** que supera els oposats. Per exemple, el capoll és superat per la flor, que, al seu torn, és superada pel fruit (una unitat superior), que és la veritat de la planta.

La dialèctica depassa l'aparent multiplicitat i mera juxtaposició de les coses i evidencia la profunda unitat de tot el que hi ha, això és, l'entramat subjecte i objecte, esperit i matèria, humanitat i divinitat, temps i eternitat, etc. La realitat, la veritat, no estan en la part, sinó en el tot. El vertader és el tot, el tot refós en les seves articulacions, és a dir, el tot que integra els diferents moments que el componen. Els oposats són lògicament necessaris i s'articulen en la realitat, ja que cada cosa parcial apareix com a resultat del seu oposat.

En conseqüència, el coneixement no és un reflex passiu en el subjecte d'una cosa exterior a ell, sinó la fusió de subjecte i objecte; el coneixement només es dóna reconeixent la unitat dels contraris. La *Fenomenologia de l'esperit* descriu les etapes del procés o superacions successives a través de les quals la consciència individual va fent-se supraindividual per mitjà de la integració en l'esperit. Allò que en un primer moment es presenta a la consciència com a objecte o realitat exterior i aliena és el primer pas que inicia una llarga cadena de tesis, antítesis i síntesis, de desplegament de la realitat que porta al cim de l'esperit absolut.

*El pintor surrealista belga René Magritte (1898-1967) mostra en l'*Embeillie *(1962) —igual que en moltes altres de les seves obres— la mútua convertibilitat entre l'interior i l'exterior, entre els oposats o extrems. En una atmosfera nítida i màgica combina sorprenentment objectes reals com cels i núvols, dia i nit, arbres i fulles, àguiles i portes, pedres i armaris, i compon imatges misterioses o absurdes: «La meva pintura consisteix en imatges visibles que relacionen no res; imatges que evoquen misteri i, de fet, quan algú contempla alguna de les meves pintures, es demana a si mateix aquesta simple qüestió "què significa això?". No significa res, perquè el misteri significa també el no res, és incognoscible.»*

René Magritte

El coneixement absolut

Si per a Plató només la filosofia dóna accés al món vertader i real o món de les idees, el món sensible o material és aparent, i la teoria de les idees és la clau de la comprensió de tot, també per a Hegel la filosofia és la ciència suprema i la *idea* és l'**absolut**, la realitat completa i autèntica. Per entendre la *idea* hegeliana com a realitat suprema es pot pensar en l'analogia de les dues cares (coneixement, realitat) d'una mateixa moneda (idea) o en la noció de *Déu* del discurs panteista (Déu és tot, especialment realitat i consciència completa i lliure de la realitat). Per a Hegel, la idea o realitat absoluta no és estàtica i immutable, sinó que és el resultat de la superació de les diverses etapes que porten a la conquesta del **saber absolut** o total. Hegel, en les seves lliçons conegudes com a *Propedèutica filosòfica* (104), escriu: «La idea és la unitat del concepte i de la realitat, el concepte en la mesura que es determina a si mateix i determina la seva mateixa realitat, o, en altres paraules, la realitat efectiva que és com ha de ser i conté el seu mateix concepte.» Aquesta fita suprema implica un monisme substancial: la idea és la raó i la realitat a la vegada.

Hegel i els seus companys en el seminari protestant de Tübingen; el poeta romàntic Friedrich Hölderlin (1770-1843) i el filòsof Friedrich von Schelling (1775-1854) van plantar un arbre de la llibertat, fet que mostra la seva sintonia amb els ideals de la Revolució Francesa.

La relació dialèctica de coneixement i realitat suposa que la representació d'un objecte per un subjecte esdevé part integrant de l'objecte. No hi ha, d'una banda, el subjecte de coneixement i, de l'altra, la substància coneguda. Així, el subjecte s'afirma a si mateix gràcies a la seva negació (gràcies a allò que no és) i l'objecte necessita el subjecte que el reconeix. Negant la parcialitat del subjecte i la de l'objecte, s'accedeix a una unitat superior que integra ambdós. També la consciència, a més de ser consciència d'un objecte, és consciència de si mateixa. Tot aquest camí de mútues referències preludia el cim més alt del saber, l'esperit absolut, al qual s'arriba després del desplegament dialèctic. A través d'una sèrie d'etapes que el van elevant des del punt de sortida, és a dir, des del jo o primera consciència singular (anomenada *consciència dissortada* o *desventurada*) a «la meta, el saber absolut o *esperit* que se sap a si mateix». Així, el *jo* es dissol en el *nosaltres* global.

Més enllà de la terminologia i complexitat de les etapes per les quals passa la consciència, convé recordar que la dialèctica és la clau de la racionalitat. La raó s'adona que ella està configurant la realitat que en una etapa anterior li apareixia com a estranya o aliena. Així, la raó es fon i sintetitza amb les realitats parcials, en un camí que l'acosta al tot, al tot autoconscient, i constata que allò que és racional és real i allò que és real és racional.

Progrés i filosofia de la història

Hegel, a més de repassar les categories de la naturalesa i les categories del pensament, reflexiona sobre la història, sobre el desplegament de l'Esperit. L'Esperit és el protagonista vertader de la història. El coneixement autèntic «depèn del fet de copsar i d'expressar allò que és veritable no solament com a substància, sinó també en la mateixa mesura com a subjecte». L'**Esperit absolut**, allò vertader, és subjecte del seu propi desplegament; al final de la història es retroba tal com és en si mateix, canviat per l'esdevenir.

L'home que s'interessa per la filosofia elevada a ciència pot resseguir les etapes del desplegament de l'Esperit fixant-se en la història de la humanitat i, encara de manera més clara, fixant-se en la història de la filosofia. Aquest Esperit es pot entendre com l'esperit de cada època (la cultura, l'art, la literatura, les formes d'Estat, els interessos i les preocupacions, els costums, etc.), el qual, després de passar per una sèrie d'etapes, té el seu punt final en el triomf de la llibertat. Així, la història de la filosofia deixa de ser un mer inventari i adquireix el valor de filosofia de la història, és a dir, ensenya per on passa necessàriament la història. Per comprendre què és l'esperit, podem pensar en un Déu que lliurement es desplega creant el món o la naturalesa segons una llei dialèctica; tanmateix, el món creat no deixa de ser la manifestació, la metamorfosi d'aquest esperit. Per això, l'obra de la creació li pertany i no es pot concebre com a estrangera o aliena a l'esperit.

La filosofia hegeliana de la història es beneficia, a més de la dialèctica i de l'idealisme absolut, del gran avenç dels estudis historiogràfics durant el segle XVIII. La impressió de progrés com a decurs històric positiu sembla també desprendre's de tot un treball renovat d'anàlisi de fets, de textos, de costums, de dades biogràfiques, de nivell de coneixements disponibles en cada època, etc. Així, s'estenen una nova perspectiva sobre el món antic, una revaloració de l'edat mitjana i un creixent interès per les civilitzacions d'Àsia.

Aquesta nova historiografia cerca criteris de classificació de dades, la identificació de lleis constants en la història, etc., i està present, per exemple, en els *Principis d'una nova ciència* —la història— de Giambattista Vico (1668-1744), o en el *Discurs sobre els progressos successius de l'esperit humà*, d'Anne-Robert-Jacques Turgot (1727-1781). Condorcet (1743-1794), en la seva obra *Esbós d'una taula històrica dels progressos de l'esperit humà*, planteja la idea de perfectibilitat humana indefinida en sintonia amb la tesi sobre la majoria d'edat de la raó.

La total confiança hegeliana en la raó i l'herència dels ideals il·lustrats de llibertat, de progrés humà, d'afirmació de la majoria d'edat de l'ésser humà, etc., fan entenedor el supòsit hegelià de la racionalitat de la història; segons el filòsof, la història té un sentit i la raó el pot conèixer: l'eclosió de la **llibertat**. En la història es trasllueix l'autodesplegament dialèctic de l'Esperit i això comporta que cada moment històric sigui la negació i superació de l'anterior. En terminologia hegeliana, la història és «l'explicitació de l'esperit en el temps».

La llibertat

S'ha d'entendre aquesta llibertat en clau dialèctica, és a dir, des de la perspectiva de la superació dels distints moments que desemboquen en la constitució l'Esperit Absolut. No és la llibertat senzilla en el sentit planer de la lliure opció individual; només unilateralment se'ns pot acudir de manera simple que hi ha alguna pluralitat d'opcions a escollir. Segons Hegel només la dialèctica permet comprendre la interacció entre la realitat i el pensament que explica el desenvolupament de l'Esperit Absolut a través de la història. Per a Hegel la realitat no és estàtica, sinó canviant i segueix una evolució que supera una llibertat parcial limitada a l'individu. L'Esperit Absolut no deixa en el seu desplegament en el món cap escletxa a la indeterminació, a l'evasió de la necessitat; la realitat és imparable i es vertebra històricament a través d'un procés dialèctic que imposa l'única realitat possible.

El conjunt d'aquests moments inclou la història de humanitat, la qual s'interpreta —en clau de progrés— com la marxa humana vers l'autèntica llibertat, llibertat que es realitza en l'Estat. En Hegel, la raó unilateral s'ha refós en successives síntesis unificant-se amb allò que se li apareix com a exterior a ella i, així, aquella raó parcial s'integra en la realitat absoluta, realitat que és conscient de la seva necessària determinació. Hegel exemplifica la identificació de racionalitat i realitat acudint a la simbologia poètica i teològica de la rosa joiosa en la creu del sacrifici.

L'eclosió de la llibertat és la llei de la història que es transparenta al filòsof. Es tracta d'una llei pròpia o immanent de la història, és a dir, d'una llei que brolla de la mateixa necessitat interna de la realitat. El filòsof comprèn la necessitat de la llibertat, a la qual se subordinen els sacrificis individuals, i pot així distingir el fet històric important del detall superficial, pot veure «per on passa la història». Individus i pobles es pleguen a la necessitat històrica que està per damunt d'ells.

La raó sovint se serveix d'individus concrets, alguns d'ells, com Cèsar o Napoleó, «glòries immortals», per desenvolupar-se: «En la punta de totes les accions, fins i tot dels esdeveniments de la història universal, hi ha individus a títol de subjectivitats». I, passat el seu instant, l'individu és subsumit i engolit. Aquesta mateixa argúcia de la raó provoca la successió històrica de cultures nacionals: cadascuna d'elles té el seu moment en el colossal camí de la humanitat vers la llibertat.

L'afirmació «allò que és racional és real, i allò que és real és racional» permet emmarcar qualsevol fet des de la perspectiva que allò que és més racional acaba per realitzar-se. Les diferents fases de la història de la humanitat —Hegel pensa en la Grècia clàssica, en l'Imperi Romà i en la Revolució Francesa (aquesta última caracteritzada pel triomf de la raó i de la llibertat)— troben el seu sentit com a etapes ascendents en la marxa cap a la llibertat.

> «La història universal representa l'evolució de la consciència que l'esperit té de la seva llibertat i també l'evolució de la realització que aquesta obté per mitjà de tal consciència.»
>
> *Lliçons sobre la filosofia de la història universal*, Introducció
>
> **Georg Hegel**

ACTIVITATS

16> Llegiu el text següent en el qual Hegel es refereix a les fases de la història universal, i comenteu-lo indicant què vol dir que els pobles i els individus «es concentren en el seu interès, però al mateix temps són uns instruments inconscients»?:

> «En aquesta marxa de l'esperit universal els Estats, els pobles i els individus s'aixequen cadascun sobre el seu principi particular ben definit que s'expressa en la seva constitució i es realitza en el desenvolupament de la seva situació històrica: ells tenen consciència d'aquest principi i es concentren en el seu interès, però al mateix temps són uns instruments inconscients i uns moments d'aquesta activitat interna en la qual les formes particulars desapareixen mentre que l'esperit en si i per a si es prepara cap al seu grau de desplegament immediatament superior.»
>
> *Principis de la filosofia del dret*
>
> **Georg Hegel**

La concepció de l'Estat

La llibertat guiant el poble (1830), d'Eugène Delacroix (1798-1863).
«No és difícil veure que el nostre temps és un temps de gestació i de trànsit a un nou període.»
Fenomenologia de l'esperit
Georg Hegel

Es pot interpretar la concepció de l'Estat hegeliana des del rerefons de la societat civil alemanya. El concepte de *Volksgeist* o 'esperit del poble germànic', en part una vulgarització de la noció d'Esperit de Hegel, serà clau en l'evolució política que cristal·litzarà en la unificació d'Alemanya (1871). L'Esperit se serveix de l'acció humana lliure per obrir-se camí en les institucions socials, en la religió, en el dret, en l'art, en la filosofia, en l'Estat, etc., i en el conjunt de la història. Fruit de l'acció creadora humana apareixen idees i institucions que, tot i ser una producció humana, arriben a semblar independents o exteriors als humans. Es tracta de l'alienació, és a dir, de la pèrdua de domini sobre els resultats de la pròpia creació. Per exemple, en la religió es projecten ideals elevats i es forma la noció de Déu com a ésser suprem perfecte i omnipotent oposat a la imperfecció i limitació humanes; s'han projectat característiques humanes en un altre ésser, Déu, concebut com a diferent.

La concepció hegeliana de l'Estat és una conseqüència de la filosofia de la història i ha condicionat part del pensament polític dels darrers dos segles. Hegel era contrari als plantejaments democràtics o de contractes socials, fundats en el valor de l'individu singular, com a base de la convivència. L'Estat representa la voluntat general i aquesta no es pot reduir a la suma o juxtaposició de voluntats particulars, sinó a la raó. En els *Principis de la filosofia del dret* (III, 3), afirma que «la classe universal, més exactament aquella que es consagra al servei del govern, està destinada a tenir l'universal com l'objectiu de la seva activitat». La classe universal ha d'assumir el poder de l'Estat perquè defensa la voluntat general i aquest és el paper dirigent que li correspon en la història.

L'Estat encarna la raó i el dret objectius en sintonia amb la interpretació de la història com a progrés i emergència de la llibertat. No hi ha marge per a la llibertat personal (res d'opcions unilaterals, res d'evasió de la necessitat): racionalitat i realitat s'identifiquen. La vertadera llibertat rau en l'Estat i no pas en els particularismes que reprodueixen la fragmentació localista dels Estats i principats feudals.

«L'Estat és la realitat efectiva de la llibertat concreta; la llibertat concreta consisteix en el fet que la individualitat personal i els seus interessos particulars reben el seu ple desenvolupament i el reconeixement dels seus drets [...] al mateix temps que ells mateixos s'integren en l'interès general, o bé el reconeixen conscientment i voluntàriament com la substància del seu propi esperit, i actuen per a ell, com el seu objectiu final.»
Principis de la filosofia del dret, III, 3
Georg Hegel

La dialèctica, també llei causal del desenvolupament sociocultural, produeix el concret desplegament de la història i de la societat, desplegament que porta a l'Estat representatiu, segons Hegel, de l'interès general. Per tant, no admet el sotmetiment de l'Estat al batibull de neguits i interessos individuals que són propis de la societat civil. Aquesta és merament un «sistema de necessitats i satisfaccions», un conjunt de relacions econòmiques i materials que genera necessitats resoltes mitjançant l'especialització creixent del treball.

La societat civil s'ha de sotmetre al sentit de la història: la filosofia de la història imposa l'interès general, imposa l'Estat, i suposa una defensa de l'autoritarisme polític. Per tant, l'Estat no s'ha de consagrar a un pacte d'egoismes particulars. L'Estat sintetitza la voluntat de tothom, el dret i l'ètica, i resol la contraposició d'interessos i llibertats individuals que caracteritza la mera societat civil. L'Estat representa «la unitat de la llibertat objectiva»; la racionalitat no queda reclosa o s'acaba en l'individu, sinó que exigeix o imposa la unió «de l'universal i de l'individual». Així es justifica moralment la fusió del poder real amb el dret. Tothom es rendeix a l'evidència que les institucions de l'Estat responen a l'interès i la llibertat generals o, el que és el mateix, l'individu es reconeix en la seva dimensió universal i actua segons la voluntat general, la qual, en virtut d'aquest reconeixement, és també la seva voluntat. Així, en l'Estat es realitza la llibertat transindividual o general. S'ha dit que Hegel va voler consolidar rigorosament la filosofia de la llibertat, i això va comportar fer-ne evident la necessitat històrica.

«Si es confon l'Estat amb la societat civil i si se'l destina a la seguretat i a la protecció de la propietat i llibertat personals, l'interès dels individus com a individus és la meta suprema amb vista a la qual ells s'han reunit i d'això resulta que és facultatiu ser membre d'un Estat. Però la relació de l'Estat i l'individu és completament diferent; si l'Estat és l'esperit objectiu, aleshores l'individu, per ell mateix, no té objectivitat, ni veritat, ni moralitat tret que si n'és membre. [...] La racionalitat, considerada en abstracte, consisteix essencialment en la unitat íntima de l'universal i de l'individual, i aquí, concretament, pel que fa al contingut, en la unitat de la llibertat objectiva, és a dir, de la voluntat general substancial i de la llibertat subjectiva com a consciència individual i voluntat que busca les seves metes particulars; pel que fa a la forma, és la continuació d'una conducta que es determina des de lleis i des de principis pensats, per tant, universals.»
Principis de la filosofia del dret, III, 3
Georg Hegel

Activitats finals

FILOSOFIA I TIC

Cerqueu a Internet informació i prepareu un petit dossier sobre:

- Els ideals il·lustrats i la seva pervivència actual a Occident
- La fal·làcia naturalista
- L'actualitat filosòfica del pensament de Kant
- La presència dels elements ètics de tipus formal i de tipus material en les propostes ètiques del nostre temps
- Els elements de la filosofia kantiana presents en els drets humans
- Les analogies que es poden establir entre la filosofia de Plató i la de Hegel en relació amb la noció d'idea
- Les diverses nocions d'Estat, en particular aquelles que pretenen anar més enllà de la suma de les voluntat dels individus concrets

1> Comenteu el text següent:

> «Tota moral depèn dels nostres sentiments; i quan qualsevol acció o qualitat de la ment ens agrada en certa manera, diem que és virtuosa; i, igualment, quan la seva deficiència o el seu incompliment ens desagrada, diem que estem sotmesos a una obligació de fer-la. Un canvi de l'obligació suposa un canvi en el sentiment; i la creació d'una nova obligació suposa el sorgiment d'algun nou sentiment. Però és evident que nosaltres no podem, per descomptat, canviar els nostres propis sentiments més que els moviments dels cels; i tampoc, mitjançant un sol acte de la nostra voluntat, és a dir, amb una promesa, no podem fer que una acció es torni agradable o desagradable, moral o immoral; la qual, sense aquest acte, hauria d'haver produït impressions contràries o haver estat jutjada amb diferents qualitats. Per tant, fóra absurd voler qualsevol nova obligació, és a dir, qualsevol nou sentiment de dolor o de plaer; tampoc no és possible que els humans puguin caure en un absurd tan gran. Una promesa, en conseqüència, és evidentment una cosa del tot inintel·ligible, i tampoc no hi ha cap acte de la ment que li pertanyi.»
>
> *Tractat de la naturalesa humana*, II, V
> **David Hume**

2> A partir del comentari de Kant segons el qual gràcies a Hume despertà del somni dogmàtic de la metafísica, redacteu de manera esquemàtica un escrit sobre la influència del racionalisme i de l'empirisme en Kant, i enumereu els nous trets que singularitzen, tant en el camp de la teoria del coneixement com en el de la fonamentació de l'ètica, el pensament d'aquest filòsof.

3> Comenteu aquest fragment i expliqueu breument quin és el tractament kantià de la causalitat:

> «Hume tenia tota la raó en considerar enganyós i falsa il·lusió el concepte de causa si (com gairebé universalment es fa) prenia els objectes de l'experiència com a coses en si, ja que de coses i de les seves determinacions com a coses, no pot entendre's que, del fet de posar A, hagi de posar-se també necessàriament una altra B, i, per consegüent, no podia concedir que hi hagués tal coneixement de les coses en si.»
>
> *Crítica de la raó pràctica,* 1, I, I, 8, II
> **Immanuel Kant**

4> En què consisteix el «gir copernicà» que proposa Kant per explicar el coneixement? Segons Kant, podem conèixer els noúmens? Per què?

5> Llegiu el fragment següent tenint en compte la proposta segons la qual hi ha judicis sintètics *a priori* i digueu si la proposició «7 + 5 = 12» es deriva de l'experiència, si les proposicions de la matemàtica són analítiques o sintètiques, i si aporten coneixement. Orienteu les respostes exclusivament des de la perspectiva de la filosofia kantiana.

> «D'entrada, hom podria pensar que la proposició "7 + 5 = 12" és una simple proposició analítica que es deriva del concepte d'una suma de set i cinc segons el principi de contradicció. Però, si hom la considera de més a prop, es troba que el concepte de la suma de set i cinc no conté més que la reunió d'ambdós nombres en un de sol, per la qual cosa no es pensa en absolut que aquest nombre únic és el que els comprèn ambdós. El concepte de dotze no és de cap manera pensat només a partir del fet que jo penso la reunió de set i cinc, puix que per molt que pugui analitzar el meu concepte d'una tal suma possible, no hi trobaré el dotze.»
>
> *Prolegòmens a tota metafísica futura que vulgui presentar-se com a ciència,* preàmbul, 2, c
> **Immanuel Kant**

6> A partir del fragment següent de la de Kant responeu si l'espai i el temps s'obtenen a partir de l'experiència o no, i exposeu el paper que tenen en la seva teoria del coneixement:

> «L'espai no és un concepte discursiu o, com se sol dir, un concepte universal de relacions de coses en general, sinó una intuïció pura. [...] El temps no és un concepte

discursiu o, com se sol dir, universal, sinó una forma pura de la intuïció sensible.»

Crítica de la raó pura
Immanuel Kant

7> Comenteu les implicacions del següent text de la respecte a la possibilitat o no de la metafísica com a ciència:

«La intuïció i els conceptes constitueixen, doncs, els elements de tot el nostre coneixement, de manera que ni els conceptes poden subministrar coneixement prescindint d'una intuïció que els correspongui d'alguna manera, ni tampoc pot fer-ho la intuïció sense conceptes.»

Crítica de la raó pura, A 50
Immanuel Kant

8> Quin paper tenen les idees de la metafísica en la teoria kantiana del coneixement? Aporten coneixement? El coneixement seria possible sense elles? Són importants aquestes idees a l'hora de fonamentar la raó en el seu ús pràctic? Raoneu les respostes.

9> Quina diferència hi ha entre un imperatiu categòric i un d'hipotètic? Per què la proposta de l'imperatiu categòric kantià representa una novetat? Quines són les seves característiques? Quines dificultats permet superar? Podeu establir alguna relació entre l'imperatiu categòric i els drets humans? Justifiqueu les respostes.

10> Per què us sembla que Kant afirma a la *Crítica de la raó pràctica* (II, V) que «la moral no és pròpiament la doctrina de com fer-nos feliços, sinó de com hem de fer-nos dignes de la felicitat»? Quin sentit té la diferència entre ser feliços i fer-nos dignes de ser feliços? Raoneu les respostes.

11> Per què la filosofia de Kant es coneix amb el nom d'*idealisme transcendental* i la de Hegel amb el d'*idealisme absolut*? Exposeu breument alguns trets de les respectives concepcions del coneixement que justifiquin aquestes denominacions.

12> Comenteu el text següent, assenyaleu quin és el tema a què fa referència, en què consisteix la tesi que ofereix Kant i expliqueu el sentit de la frase inicial segons la qual «les condicions *a priori* de l'experiència possible en general són, a la vegada, condicions de possibilitat dels objectes de l'experiència»:

«Les condicions *a priori* de l'experiència possible en general són, a la vegada, condicions de possibilitat dels objectes de l'experiència. Doncs bé, mantinc que les *categories* no són més que les *condicions del pensar en una experiència possible*, ben igual que *espai* i *temps* contenen les corresponents a la *intuïció* en una *experiència possible*. Per tant, aquestes categories són també conceptes bàsics per pensar objectes en general en relació amb els fenòmens i posseeixen validesa objectiva *a priori*.»

Crítica de la raó pura, A 111
Immanuel Kant

13> Llegiu el següent text i comenteu quina funció té l'enteniment en la seva teoria del coneixement:

«L'enteniment no és, doncs, una mera facultat destinada a establir lleis confrontant fenòmens, sinó que ell mateix és la legislació de la naturalesa. És a dir, sense ell no hi hauria cap naturalesa, això és, unitat sintètica i regulada d'allò diferent dels fenòmens. En efecte, aquests no poden, en tant que fenòmens, existir fora de nosaltres. Existeixen només en la nostra sensibilitat.»

Crítica de la raó pura, A 127
Immanuel Kant

14> En la disputa entre les persones que afirmen que la moralitat d'una acció depèn dels motius i aquelles que mantenen que depèn de les conseqüències, a quin costat us situaríeu? Per què?

15> Expliqueu el concepte de filosofia de la història i exposeu breument la filosofia de la història de Hegel.

16> Quin valor concedeix Hegel a la llibertat individual dels ciutadans? Per què? Com justifica aquest autor la subordinació de la societat civil a l'Estat? Us sembla que la concepció hegeliana de l'Estat és compatible amb el sistema de llibertats democràtiques? Raoneu la resposta.

17> Comenteu el següent text de l'obra de Hegel tenint en compte la seva concepció de la dialèctica:

«Un dels principals prejudicis de la Lògica, tal com ha estat entesa fins ara, i dels prejudicis de la representació [de l'Ésser], consisteix a veure en la contradicció una determinació menys essencial i inherent [a l'Ésser] que la identitat; però si pogués ser discutida la jerarquia de la contradicció i de la identitat, i si fos necessari mantenir aquestes dues determinacions aïllades una de l'altra, és més aviat la contradicció la que fóra la determinació més profunda i més essencial. La identitat és en comparació a la contradicció, la determinació del simple immediat, de l'Ésser mort; en canvi, la contradicció és l'arrel de tot moviment i de tota manifestació vital; és solament en la mesura que aquesta manifestació vital inclou una contradicció que una cosa és capaç de moviment, d'activitat, de manifestar tendències i impulsos.»

Ciència de la lògica, II, 2, b
Georg Hegel

18> Tenint present la idea postulada en el prefaci dels *Principis de la filosofia del dret* de Hegel segons la qual «allò que és racional és real, i allò que és real, és racional», comenteu per què el filòsof defensa que la història universal és el judici universal i que allò que és racional s'acaba imposant.

19> Fins a quin punt la concepció hegeliana de l'Estat és actualment vigent? Raoneu la resposta.

20> Hegel afirma a les *Lliçons sobre la filosofia de la història* (I) que «allò que l'experiència i la història ensenyen és justament que pobles i governs no han après mai res de la història ni mai no han actuat d'acord amb les màximes obtinguts d'ella. Tot moment té les seves pròpies circumstàncies i consisteix en una situació tan individual que cal arribar a prendre decisions des d'ella, i només a través d'ella cal prendre decisions». Us sembla que el decurs humà obeeix unes lleis de manera que de la història es desprèn una filosofia de la història? Quina pot ser la funció de la filosofia en la seva reflexió sobre la història humana? Raoneu les respostes.

09

EL PENSAMENT EN LA REVOLUCIÓ INDUSTRIAL

- Com es relacionen l'economia i les formes de pensament? Les idees de la gent fan que aquesta visqui d'una determinada manera o, al contrari, la forma com la gent viu fa que pensi d'una determinada manera?
- Quines són les principals propostes que s'han formulat al segle XIX per explicar l'organització econòmica de la societat fruit de la Revolució Industrial?
- Els drets de la persona són del tot prioritaris o, per contra, la concepció del treball, de l'economia i de l'organització social passen al davant dels drets individuals?
- Té algun sentit i algun fi la història humana? Es poden fer prediccions històriques de manera equivalent a les de les ciències naturals com ara la física?

9.1 Marc històric i cultural

Vaga en La Creusot *(1899), de Jules Adler (1865-1952). La* ***vaga*** *va esdevenir l'instrument més usat i efectiu de la lluita obrera en els inicis del moviment obrer.*

L'últim terç del segle XVIII es caracteritza per grans canvis polítics a Europa i per l'inici de la industrialització. D'una banda, la Revolució Francesa simbolitza la fi de l'Antic Règim i la subsegüent desaparició de l'absolutisme monàrquic, l'ascens de la burgesia al poder polític i l'expansió dels ideals de llibertat, igualtat i fraternitat, recollits en la Declaració dels Drets dels Ciutadans. D'altra banda, s'inicia la **Revolució Industrial**, que transformarà una societat agrícola en una altra d'industrial i urbana, amb una nova organització de la producció i de l'economia basada en la indústria (avenços tecnològics en la producció tèxtil i metal·lúrgica i en la mineria, ús de la màquina de vapor en el ferrocarril i els vaixells, aparició de la filadora mecanitzada) i en la nova divisió social creada per l'oposició econòmica entre la burgesia capitalista i el proletariat. Val a dir que la Revolució Industrial ha estat considerada com el canvi més destacat de la humanitat d'ençà del naixement de l'agricultura i la ramaderia al neolític.

La revolució política del segle XVIII contra l'Antic Règim és promoguda per la burgesia, la qual, amb l'ajut decisiu de la mobilització popular, aconsegueix posar fi a la monarquia absoluta i als privilegis polítics i econòmics de la noblesa i el clergat (ambdós exempts d'impostos i únics estaments que podien accedir al poder, en nom o al servei de la monarquia). La burgesia assoleix així plenament el poder polític. Gairebé en paral·lel, la societat europea del segle XIX va experimentant els canvis radicals que acompanyen la primera Revolució Industrial.

La primera societat que es transforma amb la industrialització és l'anglesa, seguida, gairebé al mateix temps, per l'alemanya i la francesa, i, amb major o menor rapidesa i intensitat, aquesta transformació acaba estenent-se per tots els països de l'Europa occidental. A Anglaterra també es fan sentir per primer cop les penalitats socials derivades de la Revolució Industrial (emigració massiva a les zones fabrils, jornades de treball inacabables, precarietat laboral, menyspreu de la seguretat en benefici de l'increment de la producció i, en resum, manca de tots els drets que d'aleshores ençà s'han anat reconeixent en les societats occidentals), les quals generen una nova conflictivitat social.

La generalització arreu d'Europa dels efectes socials i econòmics de la Revolució Industrial durant la primera meitat del segle XIX posa fi a aquella coincidència d'interessos entre la burgesia i el poble que havia permès enderrocar l'Antic Règim. La nova estructura socioeconòmica i productiva de la Revolució Industrial genera una forta oposició d'interessos entre la burgesia i el proletariat. S'ha dit que aquest antagonisme de classe està present, d'una manera o altra, en gairebé tots els conflictes dels dos darrers segles. Tot plegat explica l'interès que suscità la comprensió de la nova societat sorgida amb la Revolució Industrial.

Examinant una mica més a fons el moment històric, es pot dir que la burgesia capitalista s'identifica amb els principis econòmics i polítics del primer liberalisme, ja que els valors liberals com l'afirmació de la llibertat i la singularitat individuals, així com la defensa d'un marc legal basat en la divisió de poders (legislatiu, executiu i judicial), podien ser vistos com a proclius al capitalisme (especialment en donar suport a la legalitat de la propietat privada de les empreses i al mercat lliure —és a dir, sense intervenció estatal— com a mecanisme regulador «natural» de l'economia). Per la seva banda, els obrers, sotmesos a les extremadament dures condicions de vida de la primera societat industrial, prenen consciència de la seva desigualtat respecte a la burgesia capitalista. El proletariat s'hi enfronta en nom dels ideals d'igualtat social, de dignitat humana i de llibertat efectiva, i comencen a sovintejar episodis d'intensa conflictivitat social, amb aldarulls i vagues que alteren la producció econòmica i la pau social. Així, a la primera meitat del segle XIX, el moviment obrer va prenent força i es va polaritzant entorn de dues concepcions posteriorment enfrontades, les anarquistes i les socialistes.

Per tot això, una part destacada dels pensadors del segle XIX assumeix la tasca d'analitzar els canvis socials i polítics que caracteritzen el capitalisme del segle XIX. Tots ells posen un especial èmfasi en la conflictivitat social i, també, en la consideració de les desigualtats, bé per acceptar-les i justificar-les parcialment, bé per denunciar-les i lluitar-hi en contra. Fruit d'aquestes anàlisis apareixen diverses propostes sobre l'organització social i política que volen integrar el seguit de canvis econòmics, tecnològics, polítics, socials, culturals i de formes de vida, propostes que es mantenen amb major o menor grau vigents fins als nostres dies.

9.2 El liberalisme i els corrents afins al capitalisme

El liberalisme presenta dos vessants fonamentals, el polític i l'econòmic. D'una banda, el **liberalisme polític** s'oposa frontalment a la divisió social de l'Antic Règim en estaments, a l'absolutisme reial i als privilegis de la noblesa i de l'Església. El liberalisme posa a l'abast de la burgesia les llibertats polítiques (drets de reunió i d'associació, elecció de governants). La legalitat liberal reflecteix l'esperit amb què els revolucionaris francesos s'havien alçat contra l'Antic Règim i afirma la llibertat individual de tothom.

D'altra banda, el **liberalisme econòmic** es caracteritza per convertir l'interès individual en el motor de l'activitat productiva i per defensar —i també per legitimar moralment— l'obtenció del màxim benefici individual. Al mateix temps permet la més àmplia llibertat de l'empresari (en termes de llibertat de fabricació, de comercialització i d'establiment de les condicions socials dels treballadors), afirma el dret a la propietat i la limitació de la intervenció de l'Estat al manteniment de l'ordre social —segons el principi del *«laisser faire, laisser passer»* ('deixar fer, deixar passar')—, i consagra la llei de l'oferta i la demanda.

Inicis del liberalisme econòmic

Una de les figures més destacades del liberalisme econòmic clàssic és l'escocès **Adam Smith** (1723-1790). Aquest economista rebutja que l'agricultura sigui el fonament de totes les riqueses i nega la tesi mercantilista segons la qual la riquesa de les nacions depenia de l'acumulació de metalls preciosos. Per a Smith, els Estats són rics segons els productes i mercaderies que produeixen i porten al mercat. A més, aquest autor propugna la completa llibertat de comerç, és a dir, el **lliurecanvisme**; l'Estat ha d'evitar qualsevol forma de proteccionisme o de fronteres econòmiques, i no ha d'intervenir en els mercats o establir regulacions que els alterin, excepte per lluitar contra els privilegis dels gremis i els monopolis de comerç.

Tot i que l'interès particular inspiri la conducta dels individus en la seva activitat econòmica, el liberalisme suposa que el joc i la suma de les diferents accions individuals promouen l'interès general, ja que el mercat lliure actua contínuament adaptant l'oferta i la demanda mitjançant els preus, segons una llei econòmica que es pretén «natural, justa i espontània». Així, el mercat lliure promou l'harmonia natural d'interessos perquè modera contínuament els preus i al mateix temps procura un guany just per l'esforç esmerçat en la producció.

Per la seva banda, el pensador anglès **Thomas R. Malthus** (1766-1834) pronostica un insuperable desajust entre el creixement en progressió aritmètica dels recursos naturals i l'augment en progressió geomètrica de la població. Aquest desajust impossibilita l'obtenció del benestar general i, en conseqüència, fa necessària la reducció de la natalitat si es vol reduir la pobresa. Tanmateix, la misèria dels treballadors és concebuda com quelcom consubstancial a l'economia.

Assumint les concepcions de Smith i de Malthus, l'anglès d'origen sefardita **David Ricardo** (1772-1823) afirma que el salari ha de ser aquell mínim que garanteixi la subsistència del treballador i la seva reproducció, però mai tan alt que afavoreixi un augment de la població. Aquest augment faria incrementar la mà d'obra concurrent al mercat de treball i, per tant, forçaria un descens dels salaris fins que es recuperés l'equilibri, a través de l'augment de la mortalitat i la disminució dels naixements, segons els supòsits de Malthus.

El treball humà passa a ser considerat per Ricardo com una de les coses que es compren i es venen, és a dir, s'assimila a una mercaderia més que concorre en el mercat capitalista. Això fa que els interessos de cada classe social siguin inevitablement oposats; tot i així, Ricardo manté el principi de Smith segons el qual la suma d'interessos contraposats acaba donant lloc a l'harmonia social. Ricardo també defineix la noció de **valor d'un producte** com la suma del treball esmerçat en la seva obtenció. Aquesta definició del valor tenint en compte el treball serà represa críticament per Marx.

> «Tot home, mentre no violi les lleis de la justícia, és perfectament lliure de perseguir el seu propi interès pel mitjà que li sembli millor, i de posar conjuntament el seu enginy i capital en competició amb els de qualsevol altre home o classe d'homes.»
>
> *Investigació sobre la naturalesa i les causes de la riquesa de les nacions*, IV, 9
>
> **Adam Smith**

El positivisme d'Auguste Comte

La crisi, el desgavell i la conflictivitat social derivats de la primera Revolució Industrial i del capitalisme inicial van ser el punt de partida del pensament d'**Auguste Comte.** La seva proposta consisteix en un reformisme social conservador que vol usar la ciència per solucionar els problemes dels nous temps.

Comte és l'iniciador del **positivisme**, corrent filosòfic que defensa el coneixement directe de la realitat material tal com aquesta es manifesta, això és, el saber científic extret de l'observació empírica dels fenòmens naturals. D'una banda, el positivisme exclou tot allò que no es remeti als fets. En la seva obra *Discurs sobre l'esperit positiu*, Comte postula que tota proposició que no es pot reduir estrictament al mer enunciat d'un fet, particular o general, no pot oferir cap sentit real i intel·ligible. D'altra banda, Comte presenta el positivisme com l'estadi definitiu de la intel·ligència humana i de la història, segons afirma a la lliçó primera del *Curs de filosofia positiva*.

A més d'una sòlida formació científica i la seva admiració per la ciència, els referents intellectuals de Comte són la tradició empirista, que qüestiona la metafísica; l'ideal il·lustrat de progrés; Montesquieu, que considera la política «com una ciència de fets i no de dogmes»; la pretensió d'haver trobat les etapes per les quals passa la història, i la preocupació social heretada de Saint-Simon.

***Auguste Comte** (1798-1857) neix a Montpeller (França) en el si d'una família benestant, catòlica i de tendència política conservadora. Després d'estudiar medicina s'interessa pel saber científic de l'època, especialment per les matemàtiques. És alumne de la prestigiosa Escola Politècnica de París, en la qual més endavant treballarà; aquesta etapa marcarà la seva plena confiança en la ciència. Aviat coneix les idees reformistes del pensador francès Saint-Simon, que l'influeix molt en els seus anys de formació intel·lectual i del qual arribarà a ser secretari durant sis anys. Les seves obres més significatives són el* Curs de filosofia positiva *(1830-1842) i el* Discurs sobre l'esperit positiu *(1844), en què postula la direcció científica de la societat i l'aplicació dels mètodes de la física a l'anàlisi dels fets socials. Entre els anys 1851-1854 publica la seva obra* Sistema de política positiva, *que instituеix la religió de la humanitat, en què matisa i completa algunes tesis del* Curs *fent notar la importància social dels sentiments i instituint una moral positivista i una útil religió de la humanitat. També és autor del* Catecisme positivista *(1852), escrit amb la intenció de divulgar les seves idees.*

Les lleis positivistes sobre la història de la humanitat

Comte defensa la seva pròpia filosofia de la història i afirma que una mateixa llei es repeteix en la història de la humanitat, en el creixement personal, en el desplegament de la societat i en el desenvolupament del saber i de les diferents ciències.

Aquesta llei que, segons Comte, té lloc en tota societat i en tot individu és la **llei dels tres estats**. En primer lloc hi ha un **estat teològic** (dividit en fetitxista, politeista i monoteista), en el qual imperen els «agents sobrenaturals»; a continuació ve l'**estat metafísic** (les divinitats són substituïdes per causes abstractes i especulacions incomprovables), i, finalment, s'arriba a l'**estat positiu**, centrat en l'estudi directe dels fets i de les relacions entre fets, i regit pel saber positiu. Per exemple, en el cas de l'ésser humà, la infantesa correspon a l'estat teològic, l'adolescència representa l'estat metafísic i, finalment, la maduresa equival a l'estat positiu. La filosofia comtiana de la història interpreta el passat com a estacions de trànsit —en clau de progrés— vers l'estat positiu o definitiu, on el savi tindrà un paper directiu.

ACTIVITATS

1> A partir d'un resum de les concepcions inicials del liberalisme econòmic, feu un debat sobre si aquestes són rellevants o no i aplicables a la nostra societat actual. Raoneu les respostes.

2> Què penseu del paral·lelisme que Comte estableix entre el desenvolupament de la humanitat i el de cada individu? Què vol dir l'afirmació del text següent segons la qual «el progrés social és tan necessari i irresistible com una llei física»? Us sembla que el progrés humà es pot equiparar amb una llei física? Per què?

> «La humanitat en general marxa a través d'una sèrie d'etapes que la van perfeccionant en el seu ésser i en la seva manera d'obrar de manera semblant a com l'individu es desenvolupa passant per una successió d'estats i d'edats en la seva existència biològica. El progrés social és tan necessari i irresistible com una llei física.»
>
> *Sistema de política positiva*, IX
> **Auguste Comte**

Direcció científica de la societat

El desenvolupament mateix de les ciències posa la «física social» —la **sociologia**— al capdavant de totes elles i afavoreix la direcció científica de la societat, sota la direcció del savi. Primerament cal comprendre científicament la societat; fet això, s'ha d'emprendre una reorganització des de bases científiques. La figura del savi o **científic governant** il·lustra la funcionalitat política de la ciència. Aquesta concepció sociològica postula el comú destí harmònic de les classes socials i busca l'**ordre** i el **progrés** a través de la direcció científica de la societat. D'aquesta manera el positivisme consolida el sistema econòmic capitalista amb la incorporació d'una direcció intel·lectual suposadament neutral i científica que promogui la pau i el benestar socials.

*El **positivisme** va tenir una gran influència en el seu moment; per exemple, el lema bàsic «ordre i progrés» va ser incorporat a la bandera del Brasil.*

A la proposta de Francis Bacon, feta un segle abans, de **saber per preveure**, Comte hi afegeix **preveure per proveir** per tal d'obtenir la pau i l'harmonia socials, l'ordre i el progrés: «Per la nova filosofia [el positivisme], l'ordre constitueix sempre la condició fonamental del progrés, i, recíprocament, el progrés esdevé la finalitat necessària de l'ordre», escriu en el *Discurs sobre l'esperit positiu*. La sociologia té una suprema missió ètica ja que pot resoldre la crisi del món modern mitjançant una reforma intel·lectual i moral fundada en el saber positiu. La màxima de la moral comtiana és «viure per als altres pels altres» i proposa «l'amor com a principi, l'ordre com a base i el progrés com a fi».

Així doncs, la direcció cientificopositiva de l'Estat és el resultat del pressupòsit epistemològic que el món és la suma de fets i de relacions entre fets, als quals el savi accedeix directament: «L'explicació dels fets, reduïda als seus termes reals, no serà d'ara en endavant altra cosa que la coordinació establerta entre els diversos fenòmens particulars i alguns fets generals.»

L'educació en el saber positiu és matisada i completada per Comte amb una moral que aspira a la fraternitat universal i que adopta la forma d'una religió de la humanitat. En ella les lleis científiques fan el paper de dogmes, els científics es converteixen en els nous sacerdots i, per damunt dels individus, la humanitat passa a ser el Gran Ésser (Déu). A tall d'anècdota es pot dir que alguns personatges històrics esdevenen els sants del nou calendari.

Per la seva voluntat d'estudiar científicament la societat, la tradició considera Comte el pare de la sociologia (juntament amb Marx, aquest en virtut de la seva anàlisi socioeconòmica).

ACTIVITATS

3> Comenteu el text següent i assenyaleu els diferents arguments que usa Comte per reservar als savis o científics la direcció de la societat. Hi ha algun altre gran autor de la història de la filosofia amb qui Comte coincideixi en aquest punt? Penseu que la saviesa o la competència científica pot legitimar per ella mateixa que un grup de persones governi la societat? Raoneu les vostres respostes:

> «La crisi actual és, evidentment, comuna a tots els pobles d'Europa occidental, per bé que no tots hi participen en el mateix grau. No obstant això, cadascun d'ells la tracta com si fos simplement nacional. Però òbviament cal un tractament europeu per a una crisi europea. Aquest aïllament dels pobles constitueix una conseqüència necessària de l'esfondrament del sistema teològic i feudal. [...] És obvi que només els savis constitueixen una vertadera coalició, compacta, activa, els membres de la qual s'entenen i es comuniquen tots amb facilitat i de manera contínua, d'una punta a l'altra d'Europa. Això fa que només ells tinguin avui idees comunes, un llenguatge uniforme, un objecte d'activitat general i permanent. Cap altra classe posseeix aquest poderós avantatge.»
>
> *Pla dels treballs científics necessaris per reorganitzar la societat*
> **Auguste Comte**

9.3 L'utilitarisme de John Stuart Mill

L'**utilitarisme** és la filosofia en què s'arrela el liberalisme polític que acompanya el capitalisme en el seu desenvolupament. Per aquesta raó Mill és el filòsof britànic del segle XIX més present en el nostre temps. El pensament de Mill enllaça amb la tradició de l'empirisme i del liberalisme britànics i, en concret, reformula l'utilitarisme de Jeremy Bentham (1748-1832) i del seu propi pare, James Mill (1773-1836). En síntesi, l'utilitarisme equipara el plaer, l'absència de dolor, la satisfacció i la felicitat amb allò útil; aquesta concepció es tradueix en el terreny polític en la proposta de l'organització de la societat i de l'Estat segons el principi de la màxima felicitat per al màxim nombre de gent.

*A més del seu vessant filosòfic com a referent bàsic del liberalisme, **Mill** també va ser un polític que es va significar amb iniciatives molt innovadores per al seu temps.*

Vida i obres

John Stuart Mill (1806-1873) va néixer a Londres, fill de pares escocesos. Va rebre una educació molt estricta per part del seu pare, James Mill, seguidor dels principis del filòsof Jeremy Bentham, de qui era secretari i col·laborador. Del seu programa d'ensenyament s'havien eliminat els dogmatismes, les afirmacions indemostrables, les creences religioses i les supersticions, i se centrava en les ciències naturals i la literatura clàssica. El petit John Stuart sabia grec als cinc anys i, als nou, àlgebra, llatí i francès. També se li permetia distreure's amb la música; en canvi, se li restringí el contacte amb altres infants i, fins i tot, l'accés a la poesia. Com a resultat d'això, a l'inici de l'adolescència ja tenia la cultura d'un home de trenta anys extraordinàriament erudit i, al mateix temps, gaudia d'una tan insòlita capacitat mental que un amic seu s'hi referia amb la comparació «aquest cap raona igual com funciona una gran màquina de vapor».

Ara bé, l'estricta instrucció que tant desenvolupà la seva intel·ligència també l'educà en el menyspreu de les emocions; s'ha dit que això explica la profunda crisi de Mill als vint anys, crisi que, segons explica en la seva *Autobiografia* (1873), li farà rebutjar la rigidesa de la seva formació. Com a resultat d'aquest rebuig, Mill reformula els principis de l'utilitarisme de manera que, mantenint l'alta consideració de la democràcia, del respecte i de la igualtat, hi afegeix la positiva consideració de la diversitat, de l'espontaneïtat, de la imaginació i del valor irreductible de la singularitat humana. Paral·lelament, critica l'ofegament de les minories per l'opinió majoritària i denuncia la uniformitat, l'opressió de l'autoritat o el pes dels costums i dels convencionalismes; també defensa el dret a la crítica lliure.

Tot i que Mill escriu l'any 1843 l'obra de filosofia de la ciència titulada *Sistema de lògica demostrativa i inductiva*, és sobretot un destacat filòsof polític i social que no accepta la misèria, la injustícia i la desigualtat econòmica. Així, en la seva obra *Principis d'economia política* (1848), impressionat per la misèria obrera, se separa de les tesis econòmiques de Ricardo i s'apropa al socialisme, inclinació que reconeix deutora de les idees de la seva col·laboradora intel·lectual Harriet Taylor, amb qui es casarà tres anys després.

La filosofia política utilitarista s'exposa en l'obra *Sobre la llibertat* (1859) i en la que publica dos anys més tard, *L'utilitarisme*. Mill fa grans aportacions al sistema polític anglès com a filòsof del liberalisme i com a polític. Membre de la Cambra dels Comuns entre els anys 1865 i 1868, l'any 1867 presenta una moció fallida que demana el dret de vot per a les dones argumentant l'interès social general del sufragi femení. Dissolta la Cambra l'any 1868, es retira a la ciutat francesa d'Avinyó, on havia mort la seva muller deu anys abans i on ell també voldrà ser enterrat. Finalment, l'any 1869 surt a la llum *De la servitud de les dones*, obra en què defensa la igualtat de sexes.

Harriet Taylor Mill (1807-1858) fou una coneguda intel·lectual i activista a favor del reconeixement dels drets de la dona i una de les onze dones que van fundar la Kensington Society (l'entitat que elaboraria la primera demanda pel dret femení al sufragi). Exercí una influència fonamental en l'obra de John Stuart Mill.

ACTIVITATS

4> Segons afirma el filòsof contemporani Isaiah Berlin, en l'edició de l'assaig *Sobre la llibertat*, «Mill és un dels més grans pensadors polítics del nostre propi temps perquè va tenir una ment honrada, oberta i civilitzada que trobà la seva expressió natural en una prosa lúcida i admirable; [...] perquè, malgrat les seves emocions inhibides i el seu intellecte superdesenvolupat, malgrat el seu caràcter desproveït d'humor, cerebral i seriós, la seva concepció de l'ésser humà va ser més profunda i la seva visió de la història i de la vida més àmplia i menys simple que la dels seus predecessors utilitaristes o els seus seguidors liberals».

Redacteu una breu valoració de l'educació completament inusual que va rebre Mill, i, a partir de la formulació d'uns interrogants sobre els seus principis pedagògics i els resultats assolits, debateu la idoneïtat d'alguns d'aquests principis educatius.

Precedents de l'utilitarisme de Mill

La concepció d'Epicur sobre la felicitat com a plaer (hedonisme) pot ser considerada com un primer precedent de l'utilitarisme en el seu vessant de filosofia moral. Segons l'epicureisme, l'autèntica felicitat s'assoleix duent una vida tranquil·la i serena, evitant el dolor i gaudint del plaer i del benestar, sense caure en cap desig material o sensorial pertorbador, o que causi neguits i malestar.

Tanmateix, la influència més directa en el pensament de Mill és la del filòsof Jeremy Bentham. A ell es deu la formulació de l'anomenat **principi d'utilitat**, segons el qual una acció és bona si afavoreix l'increment de la felicitat, i dolenta si contribueix a la seva disminució. Bentham adopta una posició hedonista i identifica la felicitat amb el plaer i la infelicitat amb el dolor. Aquest autor considera que la naturalesa ha situat la humanitat sota el poder de dos únics principis, el dolor i el plaer, i s'oposa a les concepcions austeres del puritanisme anglès, que defensava el rebuig dels plaers materials i sensorials.

Bentham també és autor d'alguns posicionaments que han esdevingut punts comuns en el liberalisme i l'utilitarisme com, per exemple, la defensa del més ampli ventall de llibertats (des de la llibertat personal, la d'expressió, la reivindicació de la igualtat legal entre homes i dones, l'abolició de l'esclavitud, la negació dels càstigs físics —incloent-hi els càstigs corporals infligits a la criatures— i la crítica a la pena capital, fins a l'afirmació de la llibertat econòmica i del lliure comerç, i la llibertat religiosa i la separació entre Església i Estat).

La preocupació social present en el pensament de Mill és fruit de la influència dels socialistes utòpics francesos, influx en gran mesura degut a la col·laboració amb Harriet Taylor. Mill també és sensible al positivisme de Comte, autor amb qui es va escriure i amb qui coincideix en la necessitat d'estudiar els fenòmens socials i en la intenció de modificar i reformar la societat.

Aquestes influències expliquen que Mill sigui un ferm defensor de les llibertats individuals i rebutgi al mateix temps les dures i doloroses condicions socials en què vivia el proletariat durant la Revolució Industrial. Tot plegat permet caracteritzar doblement l'utilitarisme com la concepció moral i el programa de reforma economicosocial que culminen en l'anàlisi de com queda la llibertat personal en la relació entre individu i societat. Aquesta anàlisi dissenya un tipus de societat —la **societat liberal**— que d'aleshores ençà es manté com una referència ineludible en el camp de la teoria i la pràctica polítiques.

Concepció moral

Les influències de l'utilitarisme de Bentham i de la tradició empirista en la filosofia de Mill es palesen en l'acceptació de la simple constatació que tothom desitja la felicitat i que aquesta se sol identificar amb el plaer. Així, d'una banda, Mill adopta com a propis el principi d'utilitat i l'equiparació de la felicitat amb el plaer.

D'altra banda, Mill justifica el desig de **felicitat general** a partir de la constatació simple i planera del comportament efectiu de la gent i escriu:

> «Tothom, de fet, desitja la felicitat. Per què la felicitat general és desitjable? No se'n pot donar cap raó, llevat d'aquesta: cada persona desitja la seva pròpia felicitat en la mesura que creu que la pot assolir. [...] La felicitat de cada persona és un bé per a aquesta persona, i la felicitat general és, doncs, un bé per a totes les persones considerades en conjunt. És per això que la felicitat fa valer el seu dret a ser considerada com un dels fins de la conducta i, en conseqüència, com un dels criteris de la moralitat.»
>
> *L'utilitarisme*, IV, 1
> **John S. Mill**

> «La doctrina que dóna com a fonament de la moralitat la utilitat o el principi del més gran benestar afirma que les accions són bones o dolentes en la mesura que tendeixen a incrementar el benestar, o a produir el contrari del benestar. Per *benestar* s'entén el plaer i l'absència de dolor; per *malestar*, el dolor i la privació del plaer.»
>
> *L'utilitarisme*, II
> **John S. Mill**

ACTIVITATS

5> Expliqueu amb les vostres pròpies paraules en què consisteix l'hedonisme de l'utilitarisme. Quina consideració us mereix l'hedonisme com a possible fonament de la moralitat? Esteu d'acord amb aquesta concepció del benestar? Raoneu les vostres respostes.

Justificació de la felicitat general

Segons Mill, és un fet que tothom desitja la felicitat general i d'aquí es desprèn que la felicitat general és desitjable. Aquesta afirmació ha estat objecte d'anàlisis lògiques, psicològiques i morals. Des del punt de vista lògic, partir d'un fet per provar un principi moral suposa caure en un error del tipus conegut com a *fal·làcia naturalista*, ja que el discurs salta de premisses sobre «allò que és» a una conclusió sobre «allò que ha de ser». Per tant, aquesta justificació no constitueix, pròpiament parlant, cap prova vàlida. A més, segurament tampoc és del tot certa l'afirmació segons la qual tothom vol la felicitat general quan cerca la seva pròpia felicitat, ja que sempre hi pot haver algú que anteposi la felicitat individual a la felicitat general.

D'altra banda, hi ha qui ha revalorat la justificació que Mill ofereix afirmant que no és pròpiament de caire lògic, sinó psicològic. Segons aquesta interpretació, primer es tracta de constatar de quina manera realment actuem els humans per, després, proposar quin principi ètic ha d'orientar el nostre comportament. I, en darrer terme, també s'ha adduït que el principi d'utilitat és indemostrable i que, senzillament, a falta d'una prova pròpiament fonamentada, s'ha d'apel·lar a la intuïció moral com a justificació.

El deure envers la felicitat general

La felicitat que postula l'utilitarisme de Mill no és ben bé la merament individual, proposada per predecessors seus com Bentham, sinó la felicitat que arriba a tothom. Mill posa l'èmfasi en la noció de bé comú i l'identifica amb l'obtenció efectiva d'aquella suma més alta possible de satisfacció i de felicitat per al major nombre de persones. En conseqüència, per a Mill, les qüestions d'Estat s'han de jutjar des d'un **càlcul utilitarista** que maximitzi aquesta suma de satisfaccions i que minimitzi el dolor i el malestar social i també l'individual. Aquesta proposta també resol la contraposició que, en alguns casos, pot aparèixer entre la felicitat personal i la felicitat general a favor d'aquesta última.

A l'inici del capítol tercer de *L'utilitarisme*, Mill es pregunta d'on sorgeix l'obligació de promoure la felicitat general. En sintonia amb les influències empiristes, comença constatant el fet que hi ha unes motivacions externes —càstigs i recompenses— explicables a partir de concepcions religioses i socials. Ara bé, més enllà d'elles, també constata que hi ha una motivació interna i més profunda a l'interior de cadascú, motivació que se'ns presenta com el sentiment del deure o la **consciència moral**, que ens fa palesa la nostra obligació d'afavorir la felicitat general i que, si en fem cas omís, ens revé com a remordiment.

Així, la consciència moral s'ha d'entendre com un sentiment subjectiu de la nostra ment que —independentment de si és innat o adquirit— forma part de la naturalesa humana i es relaciona amb el desig de viure en societat, i amb l'afectivitat i la simpatia emocionals que sovintegen en la vida comunitària. Com que l'altruisme i la solidaritat no són unes tendències prou naturals o espontànies en els humans, cal que l'educació promogui i afavoreixi aquestes tendències i, per això, Mill subratllarà la importància de l'educació. Finalment, cal subratllar que aquesta explicació de la consciència moral a partir dels sentiments socials desvincula aquesta consciència i el sentiment d'obligació d'un origen diví o transcendent.

Reforma moral de la societat

En consonància amb la seva noció de bé comú i de felicitat general, Mill estableix una **jerarquia de plaers** que situa les satisfaccions intel·lectuals, l'altruisme i els aspectes comunitaris, i els plaers emocionals i morals per damunt dels més vulgars i sensorials. Aquesta jerarquia implica que hi ha uns plaers més desitjables i convenients que d'altres, ja que, a més de donar una satisfacció elemental o primitiva, proporcionen una felicitat superior, lligada a les emocions superiors i a la intel·ligència no egoista. Mill ho il·lustra afirmant que «l'ideal utilitarista és el benestar general i no pas el benestar personal», que els humans «busquen els plaers fàcils dels sentits en detriment de la seva salut, tot i que ells s'adonin perfectament que la salut és un bé més gran» o que «més val ser un home insatisfet que no pas un porc satisfet, més val ser Sòcrates insatisfet que no pas un imbècil satisfet».

“

«Dels treballadors, si més no en els països més avançats d'Europa, es pot dir amb tota seguretat que no es tornaran a sotmetre al sistema patriarcal o paternalista del govern. La qüestió va quedar decidida quan se'ls va ensenyar a llegir i se'ls permeté tenir accés als diaris i als pamflets polítics. Les classes treballadores han pres els seus interessos en les seves pròpies mans i estan demostrant constantment que, al seu entendre, els interessos dels seus amos burgesos no són idèntics als seus, sinó oposats a ells.»

Principis d'economia política, IV, 7, 1

John S. Mill

Per tot això es pot afirmar que l'hedonisme ètic de Mill en cap cas defensa una concepció grollera del plaer, sinó que obre pas a tota una reforma moral de la societat: «[L'ideal utilitarista] no és el màxim benestar de l'agent mateix, sinó la suma més gran de benestar total. [...] L'utilitarisme no pot atènyer el seu objectiu més que cultivant universalment la noblesa de caràcter». Aquesta noblesa pretén superar el marc bàsicament individualista de les primeres formulacions utilitàries i referma que, per a Mill, l'autèntica felicitat només es dóna en un context de felicitat general.

Reformisme econòmic i social

Com a filòsof social, Mill considera inacceptable l'embrutiment humà derivat de l'industrialisme i de l'economia capitalista característics de l'Anglaterra del seu temps. Homes, dones i criatures —sovint a partir dels set anys— pateixen jornades laborals de dotze i catorze hores en fàbriques i mines insalubres i perilloses, amb una nul·la protecció legal (inexistència de contractes fixos, sou inestable, acomiadament lliure), sense cap tipus de cobertura social (com invalidesa, accident, malaltia o jubilació) i amb salaris fixats pels empresaris. Cal recordar que la mecanització fa incrementar exponencialment la producció. Els artesans s'arruïnen perquè no poden competir en el nou mercat industrial i s'afegeixen als agricultors empobrits que emigren a les ciutats a la recerca de treball i subsistència. Uns i altres constitueixen la força de treball que necessita la indústria.

***Charles Dickens** (1812-1870) fou un famós novel·lista anglès que retratà el món sòrdid i sense horitzons de l'explotació infantil de l'Anglaterra de la Revolució Industrial, tal com mostra aquesta il·lustració extreta de la seva obra* Oliver Twist *(1837-1839).*

La naixent societat industrial comporta així una forta desigualtat entre les dues classes socials que la caracteritzen: la burgesia capitalista i el proletariat, desigualtat que el liberalisme inicial considera inevitable. La burgesia té el capital i la propietat industrial; el proletariat només té el treball.

Basant-se en el principi utilitarista del bé comú, Mill vol disminuir la desigualtat proposant que l'Estat intervingui per limitar per llei la jornada de treball, prohibir el treball infantil, promoure la salut i l'educació, equiparar homes i dones, etc. Tanmateix no qüestiona radicalment el capitalisme, els valors burgesos o el principi de no intervenció directa de l'Estat en matèria econòmica.

Rebuig del naturalisme econòmic

La proposta de legislació social de Mill rebutja el naturalisme econòmic, això és, la pretensió que les lleis del mercat siguin naturals, i trenca amb la resignació i el pessimisme que es desprèn d'aquest naturalisme econòmic. En els seus aspectes econòmics, la legislació ha de fomentar les cooperatives de producció i ha de limitar el dret a l'herència ja que aquesta contribueix a mantenir les diferències econòmiques. Així, Mill segueix una tradició anglesa que accepta i manté el sistema a través de reformes constants.

ACTIVITATS

6> Comenteu el text següent i assenyaleu la concepció de felicitat que s'hi defensa. Expliqueu l'afirmació del text segons la qual l'utilitarisme exigeix a l'individu que, quan jutgi respecte a la seva pròpia felicitat i la dels altres, sigui tan rigorosament imparcial com un espectador desinteressat i ben intencionat:

> «La felicitat que els utilitaristes han adoptat com a criteri de la moralitat de la conducta no és la felicitat personal de l'agent, sinó la de tots els interessats. Així, entre la seva pròpia felicitat i la dels altres, l'utilitarisme exigeix a l'individu que sigui tan rigorosament imparcial com un espectador desinteressat i ben intencionat. En la regla d'or de Jesús de Natzaret, nosaltres llegim tot l'esperit de la moral de la utilitat. Fer allò que nosaltres voldríem que ens fessin, estimar el nostre proïsme com a nosaltres mateixos: vet aquí allò que constitueix la perfecció ideal de la moral utilitarista.»
>
> *L'utilitarisme*, II
>
> **John S. Mill**

Coalbrookdale de nit *(1801), de Philipp Jakob Loutherbourg (1740-1812). A la ciutat anglesa de Coalbrookdale hi havia ubicada una de les foneries de ferro més importants del país en aquell moment.*

«La majoria d'obrers d'aquest país i de quasi tots els altres tenen tan poques possibilitats d'escollir la seva ocupació o tan poca llibertat de desplaçament, depenen tant en la pràctica de normes fixes i de la voluntat d'altres com si estiguessin vivint en un sistema de total esclavitud.»

Principis d'economia política, *II, 1, 3*
John S. Mill

Amb aquesta manera de fer i sense qüestionar radicalment el capitalisme, Mill polemitza sobre el dret a la propietat i hi veu aspectes tant positius com negatius. En la seva obra *Principis d'economia política* (II, 1, 3) afirma que aquest dret es recolza en el costum o en la convenció, que «l'organització social de l'Europa moderna va començar a partir d'una distribució de la propietat que no va ser el resultat d'un repartiment just, ni de l'adquisició mitjançant el treball, sinó per la conquesta i la violència», que la propietat privada ha de ser la garantia dels individus que els asseguri els «fruïts del seu propi treball i de la seva abstinència [estalvi]» i no pas que els doni els resultats del treball i les privacions dels altres.

A més, aquesta propietat, definida com a dret a allò que un individu ha produït, és del tot imprescindible per al funcionament de l'economia i de la llibertat d'adquisició per contracte. Mill afirma: «El dret de cadascú a allò que ha produït implica el dret a allò que han produït els altres, si s'obté el seu lliure consentiment; de la mateixa manera que els productors han de donar-ho per pròpia voluntat, o canviar-ho pel que estimin convenient, el fet d'impedir que ho fessin equivaldria a infringir el seu dret a la propietat del producte del seu propi treball» (*Principis d'economia política*, II, 2, 1).

El reformisme social de Mill va més enllà de la persecució egoista dels béns econòmics com a únic objectiu, i assenyala l'educació i la formació cultural sòlida com la garantia de la llibertat que proporciona felicitat. Es tracta, doncs, d'educar en l'exercici de la llibertat i fer que el poder es recolzi en el consens i la persuasió, i no pas en la por i la força.

Filosofia política

La filosofia política de Mill és especialment actual ja que continua estant present en el debat sobre el tipus de societat més desitjable. Aparentment Mill no pretén establir grans interpretacions sobre la història de la humanitat, ni afirmar lleis constants en l'evolució de la societat, o tampoc fer complexes prediccions de futur, a diferència d'autors contemporanis seus com Comte i Marx. Tanmateix, des de la perspectiva del que ha estat la història recent d'Occident, Mill encerta de ple en els seus plantejaments i interrogacions —per exemple, respecte de l'abast del poder de l'Estat o el valor suprem de les llibertats individuals—, i, en aquest sentit, es pot afirmar que les reflexions de Mill han acabat configurant una concepció sobre l'ésser humà i la societat que es coneix com la **concepció liberal**. Tal com ha afirmat Isaiah Berlin, si les idees de l'assaig *Sobre la llibertat* són encara avui atacades, és perquè encara són contemporànies.

El punt crucial de la filosofia política de Mill fa referència al joc admissible entre les llibertats intocables de cada individu i la legitimitat de la intervenció social en la vida de cadascú. En la introducció de l'assaig *Sobre la llibertat*, Mill es proposa la tasca d'examinar «la llibertat social o civil, és a dir, la naturalesa i els límits del poder que pot exercir legítimament la societat sobre l'individu», tasca sobre la qual afirma que «segons totes les probabilitats, molt aviat es farà reconèixer com la qüestió vital del futur». La seva concepció de la societat conté una gairebé exhaustiva relació de les llibertats polítiques, que constitueixen una referència per a la filosofia política actual, especialment per al liberalisme polític i per als defensors del que avui s'anomena «societat oberta».

> «L'última i més poderosa raó per restringir la intervenció del govern és el gran mal d'augmentar innecessàriament el seu poder.»
>
> *Sobre la llibertat*, V
> **John S. Mill**

ACTIVITATS

7> Comenteu el text següent i assenyaleu quina concepció es rebutja en el text:

> «No em satisfà l'ideal de vida que sostenen aquells que creuen que l'estat normal dels éssers humans és el de la lluita per tirar endavant; que les empentes, els cops de colze i les trepitjades al proïsme que constitueixen el tipus existent de vida social són el destí més desitjable per a la humanitat, o que no són sinó uns mers símptomes desagradables d'una de les fases del progrés industrial.»
>
> *Principis d'economia política*, IV, 6, 2
> **John S. Mill**

Llibertat, individu i societat

L'anàlisi de Mill sobre la llibertat civil o social i els límits legítims del poder de la societat i de l'Estat sobre l'individu deixa de banda un dels sentits possibles de la llibertat, la llibertat interior o **lliure albir** —també denominada per altres autors *llibertat positiva*—, que consisteix en la capacitat interna de cadascú per decidir actuar d'una manera o una altra.

L'assaig *Sobre la llibertat* s'ocupa de la llibertat exterior, és a dir, de la llibertat civil i social que té tot individu que viu en una societat que no posa entrebancs perquè es comporti i es realitzi com a persona segons el seu criteri particular. Així, la llibertat civil i social de l'individu permet el desenvolupament de la vida de cadascú segons les seves pròpies eleccions; es tracta de la llibertat de què gaudeix tothom qui no topa amb un impediment, una prohibició o una obligació social que anul·li o coarti la seva voluntat. La llibertat exterior, o llibertat civil i social de l'individu, és l'absència de coacció, també denominada després de Mill *llibertat negativa*, per així subratllar que l'individu està lliure d'ingerències socials o polítiques que bloquegen o capgiren exteriorment el seu projecte de vida personal.

«L'única llibertat que mereix aquest nom és la de cercar el nostre propi bé, pel nostre propi camí, en tant que no privem els altres del seu o els impedim esforçar-se per assolir-lo. Cadascú és el guardià natural de la seva pròpia salut, sigui física, mental o espiritual.»

Sobre la llibertat, Introducció

John S. Mill

Llibertats civils i socials

La llibertat civil i social de l'individu és entesa per Mill com una condició necessària per al ple desenvolupament personal. Aquesta llibertat civil i social es pot malmetre per les coaccions socials, per les desigualtats tirania de la majoria —que imposa la religió més estesa, els costums dominants, etc.— i el seguit de coaccions i de pressions que la societat pot fer sobre l'individu i que suposen una ingerència en la seva llibertat social i en la seva forma de vida.

Mill defensa un conjunt de llibertats civils, socials i polítiques concretes o, el que ve a ser el mateix, els denominats drets de les persones o **drets individuals**. Mill advoca pel dret de tot ciutadà a les llibertats bàsiques (com les de gustos i d'aspiracions personals, de consciència, d'expressió o d'associació), a la discrepància pacífica i a no ser represaliat per les seves opcions (dret de vaga, llibertat religiosa, etc.).

«L'objecte d'aquest assaig és l'establiment d'un principi molt simple que pugui regular absolutament els tractes de la societat amb l'individu per la via de l'obligació i el control, tant és que el mitjà usat sigui la força física com les sancions jurídiques o el constrenyiment moral de l'opinió pública. [...] L'únic propòsit pel qual es pot exercir legítimament el poder sobre qualsevol membre d'una comunitat civilitzada, contra la seva voluntat, és impedir el dany als altres. El seu propi bé, sigui físic o moral, no és una justificació suficient. [...] L'única part de la conducta de qualsevol persona per la qual aquesta és responsable davant la societat és la que afecta els altres. En la part que només l'afecta personalment, la seva independència és, per descomptat, absoluta. Sobre si mateix, sobre el seu cos i sobre el seu esperit, l'individu és sobirà.»

Sobre la llibertat

John S. Mill

Limitacions a la llibertat individual

Mill examina les limitacions de la llibertat individual que, temps a venir, han constituït el **principi del paternalisme**, el **principi de la moralitat** i el **principi del dany**. Respecte les primeres i les segones, Mill rebutja tota ingerència en la vida d'un individu apel·lant al seu bé i prescindint del seu consentiment, o invocant la moral per impedir una conducta que hi sigui contrària. En canvi, pel que fa al dany, defensa que la societat interfereixi en la conducta d'algú que perjudica greument a algú altre, és a dir, quan es tracta de preservar la vida i les llibertats civils i socials que aquesta conducta pot fer perillar.

El bé més gran de preservar la llibertat civil i social de tot individu fa acceptable, segons Mill, aquells casos en els quals el resultat d'una elecció o d'una conducta concreta acaba resultant negatiu per a l'individu responsable. Segons Mill, això és el que succeeix amb les persones que, tot i estar dotades d'intel·ligència i de raonament suficient, persisteixen en fer-se mal a si mateixes. Per il·lustrar que no és legítim coartar la llibertat individual en nom del propi bé físic o moral de l'individu, Mill posa l'exemple d'aquells individus que arruïnen la seva salut amb la beguda; se'ls ha de donar ajut i consells, però sense arribar a impedir-los que persisteixin en el seu comportament autodestructiu (excepte, segons aquest mateix autor, si danyen o perjudiquen altres persones a càrrec seu o que en depenen econòmicament, com ara els fills). Per Mill, els resultats socials de deixar que els individus actuïn lliurement acaben sent socialment més avantatjosos —encara que en algun cas particular no sigui així— que no pas les interferències i les coaccions a la seva conducta. En resum, el lliure desenvolupament de tots els individus beneficia conjuntament la societat.

Les limitacions a la llibertat individual consisteixen, per exemple, en l'obligatorietat de l'educació —l'analfabetisme comporta la suspensió del dret al sufragi— o en la prohibició de treballar més enllà del que preveuen les lleis. El límit de la intervenció de l'Estat en l'àmbit personal està en evitar que les imposicions de l'Estat no perjudiquin la llibertat política.

MILL'S LOGIC; OR, FRANCHISE FOR FEMALES.

Aquest dibuix va ser publicat l'any 1867 per il·lustrar l'intent de John Stuart Mill de substituir la paraula man *per la de* person *en la segona reforma de la* Carta de Drets. *El peu de la imatge ironitza sobre l'obra lògica de Mill i diu «La lògica de Mill o el dret de vot femení», amb el subpeu «deixeu si us plau lliure el camí, vosaltres, perquè aquestes són persones». La proposta en favor del **sufragi femení** va ser rebuda per la Cambra dels Comuns amb riallades i va ser derrotada per 196 vots en contra, si bé la notícia va ser que n'aconseguí 76 a favor.*

La pràctica política

Mill dissenya una política i una moral social basades en el valor fonamental de les llibertats individuals. Mill defensa la democràcia pel seu valor educatiu ja que permet el lliure desenvolupament de l'individu; també és un declarat protector de les minories, ja que considera que la democràcia i les minories complementen l'acció d'un govern liberal. Un bon govern només pot fer bé la seva tasca en el context d'una societat liberal. Certament la democràcia presenta defectes i mancances, els quals se solucionen amb més democràcia.

Atent a la intervenció política activa i al debat intel·lectual, ja molt abans d'arribar al Parlament, Mill fa discursos a Hyde Park, escriu en la revista radical que dirigeix, o presenta les seves idees en el si del mateix Partit Radical, del qual és el líder intel·lectual (des dels divuit anys vol crear un partit polític que divulgui les idees liberals i que trenqui el bipartidisme britànic ja que, així, s'enfortiria la democràcia i la tolerància). El debat se centra en la llibertat de pensament i d'expressió, la independència d'Irlanda, el dret de vaga, la llibertat religiosa i el respecte interconfessional, els drets de les minories, el respecte a les opcions sexuals, els drets i la llibertat de la dona casada, el dret al divorci i al sufragi femení, etc. D'aquesta manera Mill coneix tant les possibles objeccions intel·lectuals com les resistències d'ordre pràctic, els tabús i els convencionalismes que desvetllen les seves propostes, moltes de les quals es reflecteixen en els acords parlamentaris i en l'acció de govern de l'Anglaterra de mitjan segle XIX.

Mill s'escriu amb Comte, el qual també s'oposa a l'egoisme particular i defensa la fraternitat universal i la superació de les diferències de drets entre homes i dones. Tanmateix, tot i apreciar l'estudi comtià de la societat, Mill assenyala que la sociologia és una disciplina massa confusa i insegura per atènyer el caràcter de ciència, que no hi ha lleis segures sobre el comportament humà i que, per tant, les prediccions no són prou fiables. En el rerefons de tot plegat hi ha el convenciment que l'ésser humà és espontani i lliure, i que va fent el seu propi caràcter en la interacció amb els altres i les seves pròpies decisions. En la introducció de *Sobre la llibertat*, Mill afirma que «la humanitat obté més guanys consentint a cadascú viure a la seva manera que no pas obligant-lo a viure a la manera dels altres» i, destaca el valor de la pluralitat, fent notar que els europeus devem molt a la «pluralitat de camins», és a dir, a la diversitat, quelcom que ha esdevingut bàsic en el liberalisme. Per tot això, Mill no accepta la rígida concepció comtiana de la societat i de l'ésser humà.

ACTIVITATS

8> A partir de la lectura del text següent, feu un debat sobre els límits de la intervenció de la societat i de l'Estat sobre l'individu. Apliqueu la darrera afirmació, segons la qual seria legítim dissuadir algú de realitzar un determinat acte si «produïa un perjudici a algú altre», a algun exemple concret com ara fumar en un lloc tancat amb presència o en absència d'altres persones, conduir irresponsablement o anar en moto sense casc, o embrutar un lloc d'ús privat o d'ús públic:

> «Ningú no pot ser obligat justificadament a realitzar o no realitzar determinats actes, perquè això seria millor per a ell, perquè el faria feliç, perquè, en opinió dels altres, fer-ho seria més encertat o més just. Aquestes són bones raons per discutir, raonar i persuadir-lo, però no pas per obligar-lo o per causar-li algun perjudici si obra de manera diferent. Per justificar això, caldria pensar que la conducta de la qual es tracta de dissuadir-lo produïa un perjudici a algú altre.»
>
> *Sobre la llibertat*, Introducció
> **John S. Mill**

9> Comenteu el text següent de Mill i indiqueu si aquestes idees continuen formant part del debat social del nostre temps. Assenyaleu quina és la posició de Mill respecte del tema concret que es planteja en el text:

> «L'Estat, tot respectant la llibertat de cadascú en allò que li pertoca especialment, està obligat a mantenir un control atent sobre l'exercici de qualsevol poder que a algú se li permeti tenir sobre els altres. Aquesta obligació és gairebé totalment negligida en el cas de les relacions familiars, un cas que, per la seva influència directa sobre la benaurança humana, és molt més important que tots els altres ensems. No cal que ens aturem gaire per parlar sobre el poder quasi despòtic dels marits sobre les mullers, ja que res no és més necessari per a l'eliminació completa del mal que el fet que les dones tinguin els mateixos drets i rebin la mateixa protecció de la llei que totes les altres persones, i perquè sobre aquest punt els defensors de la injustícia establerta no es valen de l'argument de la llibertat, sinó que es presenten manifestament com els campions del poder.»
>
> *Sobre la llibertat*, V
> **John S. Mill**

9.4 El moviment obrer i les propostes revolucionàries

A mesura que avança el segle XIX les dures condicions de vida del proletariat queden un xic suavitzades, en part com a resultat de la lluita obrera, en part perquè l'augment de la productivitat permet alguna millora salarial i, també, pel reconeixement de drets com ara el de reunió o el de sindicació. Paral·lelament, el moviment obrer i els partits polítics obrers adquireixen un protagonisme social de primer ordre i prenen força les seves demandes de sufragi universal i d'una legislació social més igualitària.

En aquest context neixen les propostes de donar una sortida revolucionària —bé socialista, bé anarquista llibertària— a l'organització social capitalista i liberal. L'anarquisme, que promou a vegades atemptats terroristes individuals, s'articula en un sindicalisme que defensa la col·lectivització de les fàbriques i rebutja tota forma d'autoritat, inclosa també la de l'Estat i la dels partits polítics.

***Pierre-Joseph Proudhon** (1809-1865), nascut a la ciutat francesa de Besançon en el si d'una família artesana d'origen camperol i arruïnada per la competència industrial, va ser tipògraf de professió, com força altres revolucionaris. Diputat per l'Assemblea Nacional Francesa l'any 1848, va ser condemnat a tres anys de presó per un pamflet publicat al diari* Le Peuple, *qualificat pel tribunal «d'incitació a l'odi al govern, de provocació a la guerra civil i d'atac a la Constitució i a la propietat».*

L'anarquisme

L'**anarquisme** conté una certa diversitat de tendències i de pensadors, sense que cap d'ells arribi a ser la referència global del moviment. D'una banda, **Pierre-Joseph Proudhon** rebutja l'autoritat i allò que s'hi relaciona, com la propietat privada —de la qual afirma literalment que «és el robatori», ja que fa possible l'apropiació del treball dels altres. Està contra l'Estat i contra altres institucions com l'Església; a més, critica la democràcia parlamentària perquè creu que el sufragi universal és fàcil de manipular. S'oposa al socialisme jerarquitzat i al comunisme, els quals denuncia per autoritaris. En el vessant constructiu de la seva concepció, Proudhon defensa el socialisme llibertari, és a dir, proclama la necessitat d'una societat lliure formada per ciutadans iguals i solidaris en la qual tampoc no hi ha lloc per a l'individualisme caòtic. La producció econòmica caldrà fer-la en el marc del mutualisme social, això és, en el context cooperativista d'intercanvi de beneficis i de serveis que inclou les assegurances obreres i la previsió social comunitària. De manera anàloga, en el terreny polític propugna el federalisme entre les diferents comunitats humanes obertes a la solidaritat i l'ajut mutu. Aquests objectius, afirma, s'han d'aconseguir per la via del convenciment i del mutu ajut i no pas per la força.

D'altra banda, **Mijail Aléksandrovitch Bakunin** planteja la nova ètica que comporta l'anarquisme, basada en la llibertat individual, la solidaritat i la justícia econòmica i social. Propugna la revolució llibertària enfront del que anomena revolució autoritària, referint-se a la proposada per Marx. Subratlla el paper dels agricultors en la seva oposició a la societat burgesa representada per l'Estat, l'Exèrcit i l'Església. Defensa l'eliminació completa de la propietat privada i de l'herència. Afirma que els partits polítics no serveixen per a la conquesta de l'Estat i que cal reorganitzar l'economia i la societat sobre la base del col·lectivisme, l'antiautoritarisme i el pacifisme, i rebutja les lluites obreres al voltant de simples millores salarials i la via dels governs revolucionaris.

***Mijail Aléksandrovitch Bakunin** (1814-1876), rus d'origen aristocràtic i exiliat a diversos països europeus, basa el seu pensament en la renovació del que ell entén com el gran principi de la Revolució Francesa segons el qual «cada ésser humà ha de disposar dels mitjans materials i morals per desenvolupar tota la seva humanitat».*

L'anarquisme i el marxisme comparteixen un mateix anhel d'igualtat econòmica i social, però se separen perquè el primer defensa la llibertat individual com un valor superior i critica la substitució marxista de l'Estat burgès per un nou aparell estatal dictatorial i burocràtic. L'enfrontament entre les concepcions de Bakunin i de Marx l'any 1869 marca la separació definitiva entre l'anarquisme i el socialisme marxista.

ACTIVITATS

10> A partir d'una breu síntesi dels trets més característics de l'anarquisme, feu un debat sobre la seva possible actualitat.

9.5 Marx i el materialisme històric

El marxisme és la proposta que indiscutiblement acaba aglutinant amb més força el moviment obrer i que té una més gran repercussió social i política. Val a dir que els esdeveniments polítics i socials del segle XIX són incomprensibles sense fer referència al marxisme i a la seva influència d'abast mundial.

***Marx** fa de periodista durant l'any 1842 i al començament de l'any 1843. Publica articles que defensen el sufragi universal i la llibertat d'expressió, fins que la censura posa fi a aquesta activitat. Marx considerarà aquesta etapa com a molt decisiva en la formació del seu pensament, ja que en ella es desvetlla l'interès per la realitat política i social. Un cop a París, a causa del seu suport a les revoltes populars de l'any 1848, és expulsat i marxa a Brussel·les, d'on s'haurà d'anar per raons semblants tres anys després. L'any 1849 s'instal·la definitivament a Londres.*

Vida i obres

Karl Marx (1818-1883) va nàixer a Trèveris, a Renània (Alemanya), en una família liberal d'ascendència jueva convertida al protestantisme; el seu pare era advocat i la seva mare pertanyia a la família Philips, acabalats industrials holandesos. Per influència paterna estudia dret a Bonn i Berlín, però també s'interessa per la història i per la filosofia, de manera que l'any 1841 presenta a Jena la seva tesi doctoral sobre *Les diferències entre la filosofia de la naturalesa de Demòcrit i Epicur*. El seu primer ambient cultural fou el de l'esquerra hegeliana, influïda pel materialisme de Ludwig Feuerbach (1814-1872). Fou redactor de la *Gaseta Renana*, una revista radical amb influències hegelianes, socialistes i liberals que s'editava a Colònia. Els seus articles periodístics el porten finalment a l'exili a París (1843); allà es casa amb Jenny von Westphalen, una jove aristòcrata que coneixia des de la infantesa. Estudia les concepcions d'economistes liberals anglesos com Adam Smith i David Ricardo, estudis que donen origen als *Manuscrits economicofilosòfics* (1844), en què proposa la teoria marxista de la societat o materialisme històric. També escriu la *Crítica de la filosofia del dret de Hegel* (1843) i elabora les *Onze tesis sobre Feuerbach* (1845). Entra en contacte amb l'incipient moviment obrer i el socialisme francès, que qualificarà d'utòpic a l'obra *Misèria de la filosofia* (1847). En aquest període es fa amic de qui serà el seu gran col·laborador intellectual, un jove radical fill de fabricants, Friedrich Engels (1820-1895), amb el qual entra a militar en un grup clandestí, la Lliga dels Comunistes. Junts escriuen *La sagrada família* (1845) i *La ideologia alemanya* (1846), i, en un congrés clandestí celebrat a Londres, on viuen, reben l'encàrrec de redactar un manifest amb les idees del grup, manifest que esdevindrà un text programàtic fonamental en la història del moviment obrer: el famós opuscle *Manifest del Partit Comunista* (1848).

L'amistat entre Marx i Engels és un fet central en la seva vida. Engels serà, en bona mesura, el continuador de l'obra de Marx. En aquesta època, marcada per les constants dificultats econòmiques —depèn de l'ajut econòmic d'Engels—, Marx escriu, d'una banda, estudis centrats en les condicions sociopolítiques del seu temps, com *La lluita de classes a França* (1850), *El 18 brumari de Lluís Bonaparte* (1852) i *La guerra civil a França* (1871), en la qual examina la rebel·lió de la Comuna de París (1871). D'altra banda, en la *Contribució a la crítica de l'economia política* (1859) exposa els conceptes teòrics fonamentals desenvolupats en la seva principal obra teòrica, *El capital* (1867), els volums II i III de la qual Engels s'encarrega de preparar per a la seva publicació pòstuma, els anys 1885 i 1894 respectivament. També de l'època londinenca és la *Crítica al programa de Gotha* (1875), opuscle en el qual defensa la dictadura del proletariat com a període provisional per abolir el sistema capitalista i construir la societat comunista.

El materialisme històric

Marx analitza les noves condicions socials generades per la Revolució Industrial i el ple desenvolupament del capitalisme reprenent la confiança il·lustrada en la raó i el progrés, però amb el bagatge teòric de la filosofia hegeliana, de l'estudi dels principis de l'economia capitalista i del coneixement de la tradició del socialisme utòpic. Aquesta última està constituïda per les propostes de reformadors socials com Fourier, Owen o Saint-Simon dirigides a apaivagar les desigualtats socials. Karl Marx i Friedrich Engels titllen aquests autors d'«utòpics» perquè no fan una autèntica crítica de la societat burgesa.

Mode de producció

Els fets revolucionaris de 1848 impressionen decisivament Marx i precipiten la seva reflexió sobre les lleis que, segons aquest autor, regeixen la història. Marx examina la història de la humanitat a partir de les diferents formes d'organització del treball i de producció de béns que s'han succeït al llarg del temps, és a dir, a partir dels **modes de producció**. Tot mode de producció (per exemple, l'esclavista, el feudal, el capitalista o el socialista) està definit per les formes de propietat dels mitjans de producció, pel lloc i la funció assignat a cada classe social en el procés productiu i per les formes d'apropiació i distribució dels béns produïts; val a dir que cada mode de producció genera uns determinats vincles econòmics i de treball entre les persones, això és, les relacions socials de producció o **relacions de producció**.

Segons Marx, és molt important fixar-se en les relacions de producció ja que permeten entendre la divisió de classes socials corresponent a un determinat mode de producció (per exemple, amos i esclaus en el mode esclavista, senyors i serfs en el mode feudal, o propietaris capitalistes i obrers en el mode capitalista). Tanmateix, Marx postula que l'aparició del mode de producció socialista comporta la desaparició de l'explotació de l'home per l'home i, per tant, la fi del classisme.

En resum, Marx examina la història de la humanitat des de la teoria que tota societat està materialment determinada per les relacions de producció, és a dir, pel mode de producció i d'intercanvi o de distribució dels béns obtinguts mitjançant la **divisió del treball**. Per tant, el conjunt de la història humana està format per la successió temporal de les diferents etapes de desenvolupament de les relacions de producció. Per a Marx, les relacions de producció no són exteriors o independents de les persones, sinó que es deuen a l'enfrontament —en forma de treball— que l'ésser humà estableix amb la naturalesa per procurar-se els mitjans per viure. El treball va definint les condicions de l'existència i, de retruc, aquestes configuren l'ésser humà mateix, de manera que aquest es va fent a si mateix mitjançant el treball. Segons Marx, els humans som els únics agents de la història. Així, en *La ideologia alemanya* (I), afirma: «Podem distingir l'home dels animals per la consciència, per la religió o per allò que es vulgui. Però l'home mateix es diferencia dels animals a partir del moment en el qual comença a produir els seus mitjans de vida [...]. En produir els seus mitjans de vida, l'home produeix indirectament la seva pròpia vida material.» Cal recordar que el pensament de Marx està també influenciat per l'explicació darwinista de l'evolució humana, en la qual veu una corroboració biològica de la concepció materialista de la història.

El pensador i revolucionari alemany ***Friedrich Engels*** *va néixer l'any 1820 a Barmen-Elberfeld en el si d'una família benestant, conservadora i religiosa, i morí a Londres l'any 1895. Va tenir un paper destacat com a dirigent en la Primera i en la Segona Internacional, i va descriure les condicions socials de les classes populars de l'Anglaterra de la Revolució Industrial en l'obra* La situació de la classe obrera a Anglaterra. *Fou amic i col·laborador de Karl Marx, i responsable de la publicació de l'obra pòstuma d'aquest.*

Infraestructura econòmica i superestructura ideològica

La representació de la realitat o ideologia que els éssers humans tenen en un moment concret és conseqüència de les relacions de producció vigents en aquest moment. Marx distingeix entre **infraestructura econòmica** i **superestructura ideològica**. La primera és l'estructura o la base econòmica material en què es fonamenta tota la societat i que s'oposa a les superestructures d'idees o de representacions de la realitat que aquella base genera. La relació de causalitat existent entre infraestructura econòmica i superestructura ideològica no és mecànica i unidireccional, sinó que hi ha una influència recíproca.

( )

«Proletaris de tot el món, uniu-vos!» Aquesta crida, amb la qual acaba el *Manifest del Partit Comunista*, reflecteix la vocació internacionalista del comunisme.

ACTIVITATS

11> Comenteu el text següent a partir de les idees de Marx sobre la història de la humanitat i expliqueu el significat de l'afirmació segons la qual quan l'ésser humà actua «sobre la natura externa i la modifica, l'home modifica també la seva pròpia naturalesa»:

> «En primer lloc, el treball és un procés entre home i natura, un procés en què l'home, amb la seva activitat, canalitza, regula i controla el seu metabolisme amb la natura. S'enfronta, en tant que poder natural ell mateix, a la matèria de la natura. Posa en moviment les forces naturals que pertanyen al seu cos, braços i cames, cap i mans, per apropiar-se la matèria natural d'una manera útil per a la seva vida. Quan actua amb aquest moviment sobre la natura externa i la modifica, l'home modifica també la seva pròpia naturalesa. Desenvolupa les potències que s'hi havien endormiscat i sotmet el joc de les seves forces al seu propi domini.»
>
> *El capital*, I, 3
>
> **Karl Marx**

A partir d'aquests pressupòsits, Marx fa notar que el grau de desenvolupament de les relacions de producció no és uniforme ni entre els diferents països ni, sobretot, en els diversos àmbits d'una mateixa societat, per la qual cosa en aquesta coexisteixen elements pertanyents a diferents modes de producció i, a més, els individus tenen representacions diverses de la realitat segons el lloc que ocupen en l'escala social. Com a resultat, en l'interior de les societats apareixen desajusts entre el nou mode de producció i la representació de la realitat corresponent al vell mode que s'extingeix. El mode de producció emergent va creant una nova classe social i la corresponent representació de la realitat i, d'aquesta manera, l'anterior representació de la realitat i la nova entren en conflicte en les respectives concepcions sobre la propietat. Així, en el *Manifest del Partit Comunista* s'afirma que la **lluita de classes** és el motor de la història.

El materialisme històric com a filosofia de la història

El pensament de Marx, el marxisme, elabora una especial filosofia de la història anomenada **materialisme històric**. A grans trets, el materialisme històric consisteix en la concepció que interpreta la història com la lluita de classes socials i que considera que l'ésser humà està determinat per les condicions materials, econòmiques, de la seva vida social, amb especial èmfasi en les relacions econòmiques, és a dir, la manera com està estructurada la producció econòmica (mode de producció) i les condicions socials que se'n deriven. El terme *materialisme* fa referència a una explicació de la realitat basada exclusivament en causes naturals, mentre que *històric* denota la referència de l'ésser humà al seu propi decurs en el temps, al seu itinerari temporal.

La filosofia marxista de la història subratlla la temporalitat de l'ésser humà i de tota societat en la seva evolució segons les condicions de treball; veu en la història de la humanitat una inapel·lable necessitat interna, la qual fonamenta les tesis marxistes sobre l'organització de la societat, de l'Estat, de la conducta, etc., «en el sentit de la història». Aquesta necessitat comporta la desaparició de la burgesia i el sorgiment d'una societat sense classes i sense explotació.

L'apel·lació a la suposada marxa imparable de la història, a la qual les voluntats individuals no es poden oposar, s'ha arribat a usar per qui «té clar per on passa la història» per desacreditar intel·lectualment tothom qui s'oposa a les tesis marxistes —ja Bakunin acusà Marx de «pedantocràcia»—, o, també, com a aval moral de dictadures i, en casos extrems, per justificar l'eliminació física de l'oposició. Tanmateix, cal recordar la cèlebre frase de Marx «jo no sóc marxista», ja que és un advertiment clar contra qualsevol versió dogmàtica del marxisme.

ACTIVITATS

12> Comenteu el text següent sobre la concepció materialista de la història, redactat amb una intenció divulgativa, i expliqueu en concret què significa la frase «les causes últimes de totes les modificacions socials i les subversions polítiques no han de buscar-se en els caps dels homes, en la seva creixent comprensió de la veritat i la justícia eternes, sinó en les transformacions dels modes de producció i d'intercanvi»:

> «La concepció materialista de la història arrenca del principi que la producció i, juntament amb ella, l'intercanvi dels seus productes constitueixen la base de tot l'ordre social; que en tota societat que es presenta en la història la distribució dels productes i, amb ella, l'articulació social en classes o estaments s'orienten per allò que es produeix i per com es produeix, així com pel mode com s'intercanvia allò produït. Segons això, les causes últimes de totes les modificacions socials i les subversions polítiques no han de buscar-se en els caps dels homes, en la seva creixent comprensió de la veritat i la justícia eternes, sinó en les transformacions dels modes de producció i d'intercanvi; no s'ha de cercar en la filosofia, sinó en l'economia de les èpoques de què es tracti.»
>
> *Anti-Dühring*, III, II
>
> **Friedrich Engels**

Materialisme dialèctic i sentit de la història

Marx aplica des d'una òptica materialista la dialèctica hegeliana a l'hora d'entendre la història. Segons Marx, en la societat humana hi ha un procés dialèctic segons el qual a un primer moment d'aparició gradual d'un nou mode de producció —que va segregant una nova ideologia—, li succeeix un segon moment d'enfrontament i de ruptura amb l'anterior, el qual es tanca amb la consolidació de les noves relacions de producció i de la ideologia que les expressa, consolidació que dura fins que recomença el procés. Aquesta successió de modes de producció s'explica des de la perspectiva dialèctica com el resultat del ple desenvolupament de les forces productives en cada mode de producció.

Segons Marx, si s'estudia la història es poden resseguir els modes de producció i les societats que els corresponen. Hi ha una **societat tribal** prehistòrica, en la qual impera un comunisme primitiu. Aquesta societat està caracteritzada per l'absència de propietat privada, la qual sorgirà amb la divisió social del treball en la **societat asiàtica** —basada en un mode de producció que exigeix una gestió centralitzada de l'aigua de rec necessària per a la producció agrícola, amb els camperols distribuïts pels camps i sotmesos a un govern despòtic amb inspectors d'impostos— i en la **societat antiga** o clàssica —basada en el treball d'esclaus, però amb un cert desenvolupament del comerç i de les ciutats. Tot seguit, en la **societat feudal** els camperols treballen les terres d'un senyor a qui cal donar una part de la producció o delme, el qual constitueix un exemple de **plusvàlua**, és a dir, d'apropiació del treball d'altri, d'explotació d'un ésser humà per un altre. En el feudalisme sorgeixen trets del capitalisme posterior, com l'aparició d'una nova classe urbana i comercial que, lluny del mode de producció feudal, obté els seus guanys a través de relacions de producció capitalistes, les quals preludien la **societat burgesa.**

L'anàlisi de totes aquestes etapes històriques no es resumeix en una mera successió temporal, sinó que Marx n'obté les constants de progrés i de llibertat, les quals fan referència al sentit de la història, és a dir, al triomf del **proletariat**, al ple desenvolupament de la **societat comunista** i a l'eliminació de la societat de classes. A Marx li interessa l'anàlisi del capitalisme per anunciar, a partir de les seves contradiccions, el mode de producció socialista i el final de la història, perquè considera que aquest serà el mode de producció definitiu, atès que en ell no hi haurà explotació de l'home per l'home i, per tant, no hi haurà classisme.

«S'entén per *proletariat* la classe dels treballadors assalariats moderns que, com que no posseeixen cap mitjà de producció propi, es veuen obligats a vendre la seva força de treball per poder viure.»

Nota a l'edició anglesa (1888) del *Manifest del Partit Comunista*

Friedrich Engels

ACTIVITATS

13> Comenteu el text següent i expliqueu què significa la frase «en canviar la base econòmica es commou més o menys ràpidament tota la gegantesca superestructura erigida sobre ella».

> «En un punt donat del seu desenvolupament, les forces productives materials de la societat entren en contradicció amb les relacions de producció existents o, el que no és res més que l'expressió jurídica d'això, amb les relacions de propietat dins de les quals s'han desenvolupat fins a aquell moment. De formes de desenvolupament de les forces productives, aquestes relacions esdevenen impediments d'elles. I comença així una època de revolució social. En canviar la base econòmica es commou més o menys ràpidament tota la gegantesca superestructura erigida sobre ella. Quan s'estudien aquestes revolucions, cal distingir sempre entre els canvis materials succeïts en les condicions econòmiques de producció i que poden apreciar-se amb l'exactitud pròpia de les ciències naturals, i les formes jurídiques, polítiques, religioses, artístiques o filosòfiques, en una paraula, les formes ideològiques mitjançant les quals els homes adquireixen consciència d'aquest conflicte i lluiten per resoldre'l.»

Contribució a la crítica de l'economia política, Prefaci

Karl Marx

L'alienació

Ludwig Feuerbach *(1804-1872) és un pensador que s'oposa a l'idealisme de la filosofia hegeliana i presenta la naturalesa com l'única realitat, en la qual s'inclouen també les idees i els fets humans. Tanmateix, aquesta afirmació de la materialitat natural de l'home no treu valor a les creacions culturals, sinó que obre pas a la seva autèntica comprensió com a productes humans, tot i que l'home tendeixi a projectar-los més enllà del seu món.*

El terme *alienació* (del llatí, *alius*, 'altre') s'usa sovint en l'àmbit jurídic per referir-se a la transmissió o venda d'un bé o d'un dret, però amb Hegel adquirí un significat filosòfic ja que aquest autor el va emprar per definir el procés mitjançant el qual una realitat (l'Esperit, per exemple) s'exterioritza i s'afirma i apareix com una altra (per exemple, la Natura). Marx reprèn i aprofundeix el concepte d'alienació de Feuerbach, el materialisme mecanicista del qual constituí una primera crítica de l'idealisme hegelià. Segons Feuerbach, l'alienació apareix en la societat capitalista perquè els productes de l'activitat humana escapen del control de l'home i el dominen.

Però, segons Marx, aquesta crítica és insuficient ja que tot l'humà —també les idees— no és un resultat passiu o mecànic de les condicions materials de la vida, no és un producte estrany o aliè a l'acció humana, sinó que aquesta acció va determinant i construint de manera activa la pròpia vida dels humans. Tal com Marx afirma en els *Manuscrits economicofilosòfics*, la propietat privada és l'expressió del treball alienat, ja que el treballador posa la seva vida en l'objecte i, així, la seva vida queda alienada i ja no li pertany a ell, sinó a l'objecte.

A l'inici del *Manifest del Partit Comunista*, Marx subratlla que, en la societat burgesa, «cada cop més la societat sencera es divideix en dos camps enemics, en dues grans classes diametralment oposades l'una a l'altra: la burgesia i el proletariat». Aquest enfrontament radical és fonamentalment econòmic i es reflecteix en l'àmbit jurídic en termes de legalitat de la propietat privada (propietat privada dels mitjans de producció, és a dir, de tot allò que serveix per produir una altra cosa, com ara la terra, les matèries primeres, les eines de treball i les fàbriques), però també es palesa en els altres àmbits, per exemple, en el pensament, amb l'alienació que comporta la pèrdua del control d'allò que pertany a un mateix.

Per a Marx, la filosofia no ha de ser contemplativa, sinó que una de les seves funcions ha de ser canviar activament el món des de la pràctica, ja que aquesta permet comprendre o *superar* —un concepte que Marx pren de Hegel— les alienacions i les falses consciències de la realitat. Així, en l'última de les *Onze tesis sobre Feuerbach* afirma: «Els filòsofs s'han limitat a interpretar el món de diferents maneres, el que cal és transformar-lo.»

ACTIVITATS

14> Comenteu les idees principals del text següent i feu especial esment a la funció que, segons Marx, ha de tenir la filosofia. Expliqueu amb les vostres pròpies paraules el significat de la darrera frase del text:

> «Ben al contrari de la filosofia alemanya, que baixa del cel a la terra, aquí es puja de la terra al cel. És a dir, no es parteix del que els homes diuen, s'imaginen, es representen, com tampoc dels homes dits, pensats, imaginats, representats, per arribar als homes de carn i os, sinó que es parteix dels homes realment actius, i a través del procés real de la seva vida es descriu també el desenvolupament dels reflexos i dels ressons ideològics d'aquest procés vital. [...] Amb això, la moral, la religió, la metafísica i qualsevol altra ideologia, així com les formes de consciència corresponents, no mantenen gaire més temps l'aparença d'autonomia. No tenen ni història ni desenvolupament propis, sinó que, a mesura que els homes desenvolupen la pròpia producció material i les relacions materials, alhora que modifiquen la seva realitat, modifiquen també el seu pensament i els productes d'aquest pensament. No és la consciència la que determina la vida, sinó la vida la que determina la consciència.»
>
> *La ideologia alemanya*, I, 1
> **Karl Marx**

Valor d'ús i valor de canvi

Per entendre l'alienació fonamental, que és l'econòmica, Marx s'ajuda de la distinció proposada pels economistes Adam Smith i David Ricardo segons la qual en tot objecte que resulta del treball cal diferenciar dues dimensions, el **valor d'ús** i el **valor de canvi**. El primer té un caràcter qualitatiu, ja que fa referència a la utilitat en la societat, és a dir, a allò per al que serveix una cosa i, per tant, respon a necessitats humanes. En el valor de canvi, per contra, compta la dimensió quantitativa, és a dir, el preu que l'objecte ateny en un mercat, això és, la seva cotització com a mercaderia. En el bescanvi entre valors iguals ningú no obté beneficis sobrevinguts o plusvàlues; una plusvàlua consisteix en l'augment del valor d'una cosa per causes extrínseques a ella mateixa, és a dir, en un augment de valor sense que s'hi hagi fet cap millora.

A banda que el valor de canvi pressuposa el valor d'ús social —«per produir mercaderies no s'ha de produir solament valor d'ús, sinó valor d'ús per a d'altres», diu en *El capital*, I, 1—, cal fixar-se en el marc econòmic capitalista que fa possible l'intercanvi de valors no equivalents en què apareix la plusvàlua. En *El capital*, Marx estudia la societat capitalista i les «ficcions» que aquesta genera i remarca que, per tal de generar beneficis, la producció industrial es combina amb la propietat privada dels mitjans de producció i el funcionament d'un mercat sotmès a la llei de l'oferta i la demanda. La mateixa expressió «mercat de treball» ja anuncia que en el capitalisme la força de treball de l'obrer és una mercaderia que compra el capitalista per procurar-se beneficis fent que el valor que paga per la força de treball quedi sempre per sota del valor que li fa produir. Així, la força de treball de l'obrer produeix un valor superior al valor que l'obrer rep com a salari, és a dir, el salari és una equivalència falsa del valor de la força de treball.

Marx escriu també al principi d'*El capital* que allò que determina la magnitud del valor d'un objecte és «solament la quantitat de treball socialment necessari, és a dir, el temps de treball socialment necessari per a la producció d'un valor d'ús». Així, si el valor d'una cosa està marcat per la quantitat de treball necessari per produir-la, aleshores el mateix valor de la força de treball que ven l'assalariat és donat per la quantitat de treball necessària per aconseguir les mercaderies que calen per mantenir i reproduir aquesta força de treball.

La plusvàlua

El capitalista, quan compra la força de treball, la fa treballar fins que el valor produït per la força de treball supera amb escreix el valor pagat en forma de salari i n'obté així un benefici o plusvàlua.

Segons Marx, la **plusvàlua** significa: «L'explotació de la força de treball pel capital, és a dir, de l'obrer pel capitalista». L'explotació s'aconsegueix bé «perllongant la jornada de treball més enllà del punt en el qual l'obrer es limita a produir un equivalent del valor de la seva força de treball, i apropiant-se el capitalista d'aquest plus de treball», bé mitjançant «un desenvolupament de la productivitat del treball, la qual cosa permet limitar el temps de treball necessari a una part de la jornada», bé contractant mà d'obra barata, és a dir, comprant mercaderia-força de treball a baix preu. Sigui com sigui, l'obrer ha perdut el domini sobre el seu treball, ha perdut una part del valor produït per la seva força de treball, això és, la plusvàlua que es queda el capitalista. La compravenda de força de treball és l'origen de l'alienació, la qual cosa evidencia el caràcter primordialment econòmic de l'alienació.

Les «ficcions» del capitalisme

L'anàlisi de l'economia capitalista que fa Marx subratlla, a més de l'alienació econòmica, les altres ficcions o falsificacions que s'hi amaguen. Per exemple, com que els tractes en el mercat es fan en termes de canvi, queda desdibuixat el caràcter humà dels productes, els quals, en el capitalisme, «semblen figures independents» en comptes de productes dependents del treball humà: «D'això en dic el fetitxisme que s'enganxa als productes del treball tan aviat com es

> «Si s'intercanvien mercaderies, o mercaderies i diner, del mateix valor de canvi, és a dir, equivalents, és evident que ningú no treu de la circulació més valor del que hi ha posat. En aquest cas no hi ha cap formació de plusvàlua. Però en la seva forma pura el procés de circulació de les v determina un intercanvi d'equivalents. De tota manera, en la realitat les coses no es presenten pures. Suposem, doncs, un intercanvi de no equivalents.»
>
> *El capital*, I, 3
> **Karl Marx**

> «La força de treball afegeix constantment al producte, sobre el seu propi valor, una plusvàlua que és l'encarnació del treball no retribuït.»
>
> *El capital*, II, 6
> **Karl Marx**

> «No és pas un mèrit meu haver descobert l'existència de classes dins la societat moderna, com tampoc les lluites que hi tenen lloc. Historiadors burgesos havien exposat molt abans que jo l'evolució històrica d'aquesta lluita de classes i economistes burgesos n'havien descrit l'anatomia econòmica. La meva originalitat ha consistit a demostrar: *1)* que l'existència de classes està lligada només a fases històriques determinades del desenvolupament de la producció; *2)* que la lluita de classes porta necessàriament a la dictadura del proletariat; *3)* que aquesta dictadura representa només una transició cap a l'abolició de totes les classes i cap a una societat sense classes.»
>
> *Carta a J. Weydemeyer*
> **Karl Marx**

produeixen com a mercaderies, i que és inseparable de la producció de mercaderies.» En el mercat, les relacions humanes prenen la «forma invertida» de relacions entre coses, entre mercaderies. En especial, el mercat de treball cosifica el caràcter humà de la força de treball, convertida en mercaderia o cosa que es ven.

Marx destaca també la «ficció» de llibertat, una forma d'alienació política sobre la qual es funda legalment la societat burgesa un cop abolits l'esclavisme i la servitud. La compravenda de la força de treball inherent a la producció capitalista no és un contracte lliure i en condicions d'igualtat, ja que una part posseeix la propietat privada dels mitjans de producció, mentre que l'altra només té la seva força de treball i es veu obligada a vendre-la per subsistir; això coarta la decisió en termes de manca de real llibertat econòmica.

Per a Marx, la llibertat política de l'Estat burgès només representa els interessos i té sentit per a la burgesia, la qual gaudeix de la prèvia llibertat econòmica. D'una manera semblant, en la *Crítica de la filosofia del dret de Hegel*, Marx desqualifica el discurs religiós com a generador d'una particular forma d'alienació, ja que aquest situa la resolució de conflictes humans lluny de l'abast humà: «L'home fa la religió i no pas la religió l'home. [...] La misèria religiosa és, al mateix temps, expressió de la misèria real i de la protesta contra aquesta misèria. La religió és el sospir de la criatura aclaparada, el cor d'un món sense cor com és l'esperit d'una existència sense esperit. La religió és l'opi del poble.»

«En una fase ulterior de la societat comunista, quan haurà desaparegut la subordinació esclavitzadora dels individus a la divisió del treball i, amb ella, l'oposició entre el treball intellectual i el treball físic, quan el treball haurà esdevingut no solament un mitjà de vida, sinó fins i tot la primera necessitat vital, quan, juntament amb l'evolució dels individus en tots els aspectes, hauran també augmentat les forces de producció i totes les deus de la riquesa cooperativista rajaran a dolls, solament llavors podrà ser superat totalment l'horitzó estret del dret burgès i la societat podrà escriure damunt la seva senyera: cadascú segons la seva capacitat, a cadascú segons les seves necessitats.»

Crítica del programa de Gotha, I, 3

Karl Marx

Desaparició de l'Estat burgès

El materialisme històric consisteix en la interpretació de la història en termes de lleis economicomaterials, de lluita de classes i d'alienació. Per a Marx, el mode mateix de producció capitalista, basat en les lleis de mercat de les quals es deriva l'explotació del proletariat, és un mode de producció específic d'una etapa històrica determinada i, per tant, no és pas natural o definitiu. Així, la Revolució Francesa —i la seva abolició de la servitud— només és vista com un pas previ de la revolució alliberadora més gran possible: la negació de l'explotació i l'aparició de la societat sense classes en la qual sorgirà un ésser humà nou.

Segons Marx, en la futura societat comunista el mode de producció socialista eliminarà l'explotació. En la societat comunista a cadascú se li demanarà segons la seva capacitat i a cadascú se li donarà segons les seves necessitats. Però «entre els sistemes capitalista i comunista hi ha el període de transformació revolucionària d'un en l'altre. Aquesta fase és un període de transició, i el tipus d'Estat que hi correspon no pot ser altre que la dictadura revolucionària del proletariat», segons afirma en la *Crítica del programa de Gotha*.

Per donar suport intel·lectual a la revolució i a la dictadura del proletariat el «socialisme científic» es presenta com la genuïna fórmula de canvi social en el sentit d'emancipació i llibertat que imposa la història. Adjectivant de *científic* el socialisme, Marx vol relacionar-lo amb la pretesa seguretat de la ciència. Aquesta també va ser la intenció d'Engels en publicar *Del socialisme utòpic al socialisme científic*.

ACTIVITATS

15> Comenteu el text següent:

«D'on ve, doncs, el caràcter enigmàtic del producte del treball així que pren la forma de mercaderia? [...] El secret de la forma de mercaderia consisteix, doncs, simplement en el fet que presenta als homes els caràcters socials del seu propi treball com si fossin propietats socials naturals d'aquestes coses, i, per tant, també presenta la relació social dels productors amb el treball global com si fos una relació social entre objectes existents al defora dels productors. És a través del fet de prendre una cosa per altra com els productes del treball es tornen mercaderies.»

El capital, I, 1

Karl Marx

16> Definiu els conceptes més significatius del marxisme: mode de producció, materialisme històric, materialisme dialèctic, alienació, infraestructura econòmica, superestructura ideològica, plusvàlua.

Activitats finals

FILOSOFIA I TIC

Cerqueu a Internet informació i prepareu un petit dossier sobre:

- Les condicions socials generades per la Revolució Industrial arreu d'Europa i la seva comparació amb les condicions de vida existents avui en els països emergents que experimenten un fort desenvolupament industrial
- La vida a les colònies tèxtils a la Catalunya de la segona meitat del segle XIX i principis del segle XX
- La noció actual de «mercat de treball» i algunes de les normes més freqüents en l'espai europeu que regulen aquest «mercat»
- Les llibertats civils i socials bàsiques característiques del model sociopolític d'Occident
- El grau de compliment actual, tant legal com social, d'aquelles propostes polítiques de Mill considerades en el seu moment com a revolucionàries
- La pervivència d'ideals marxistes en alguns partits polítics actuals i la seva evolució històrica

1> Comenteu el text següent i indiqueu quina idea s'hi defensa, a quin corrent intel·lectual es pot adscriure i per què:

> «El preu real al qual es venen habitualment les mercaderies és el que es denomina preu de mercat. Aquest pot situar-se tant més amunt, com més avall, o ser el mateix que el seu preu natural. El preu de mercat de qualsevol mercaderia concreta és regulat per la proporció entre la quantitat d'ella que és portada realment al mercat i la demanda concurrent de tothom qui desitja pagar-ne el seu preu natural, o el valor global de la renda, treball i guanys que ha de pagar-se per portar-la a la venda. Aquests concurrents poden denominar-se compradors, i la seva comanda de mercaderia, la demanda efectiva, ja que és la causa suficient per a l'efectiva conducció de la mercaderia al mercat.»
>
> *Investigació sobre la naturalesa i les causes de la riquesa de les nacions*, VIII
> **Adam Smith**

2> Enuncieu les tesis bàsiques del positivisme. Quina solució ofereix aquest corrent filosòfic per resoldre la crisi i el desordre socials propis del començament de la Revolució Industrial?

3> Digueu de quin autor pot ser el text següent i quines conseqüències se'n poden desprendre pel que fa als principis que regeixen la vida social i política:

> «L'ordre es converteix en la condició permanent del progrés, en tant que el progrés constitueix la finalitat contínua de l'ordre.»

4> Fins a quin punt l'utilitarisme de Mill es pot relacionar amb la concepció hedonista d'Epicur? Raoneu la resposta.

5> Què afirma el principi bàsic de l'utilitarisme tal com l'entén Mill? Quina resposta dóna aquest autor a tothom qui considera que «la concepció utilitarista de la vida és mesquina, vil i egoista»? Per què l'autèntica felicitat només es dóna, segons Mill, en un context de felicitat general?

6> Expliqueu per què les tesis següents de Mill poden considerar-se com un dels requisits bàsics exigibles a una societat democràtica:

> «Una persona ha de ser lliure de fer el seu gust en els seus propis afers, però no ha de ser-ho quan obra en nom d'una altra, amb el pretext que els afers d'aquesta són els seus propis. [...] L'únic propòsit pel qual es pot exercir legítimament el poder sobre qualsevol membre d'una comunitat civilitzada, contra la seva voluntat, és impedir el dany als altres. El seu propi bé, sigui físic o moral, no és una justificació suficient.»
>
> *Sobre la llibertat*, V
> **John S. Mill**

7> Comenteu el fragment següent des de la perspectiva dels límits de l'intervencionisme de l'Estat en la vida de la ciutadania:

> «No és un axioma gairebé autoevident que l'Estat hauria d'exigir i imposar l'educació, fins a un cert nivell, de tot ésser humà que neix sent ciutadà seu? Amb tot, qui hi ha que no temi reconèixer i afirmar aquesta veritat? Ningú no gosaria negar que un dels deures més sagrats dels pares (o, com la llei i l'usatge diuen avui, del pare), després de fer venir al món un ésser humà, és donar-li una educació que el prepari per tal d'acomplir bé el seu paper en la vida tant envers els altres com envers si mateix.»
>
> *Sobre la llibertat*,V
> **John S. Mill**

8> Llegiu el text següent, assenyaleu quin dret s'hi defensa, en quin principi bàsic es fonamenta i quin filòsof en pot ser l'autor:

> «Si tota la humanitat, menys una persona, fos d'una mateixa opinió, i aquesta persona fos d'una opinió contrària, la humanitat fóra tan injusta impedint que parlés com ella mateixa ho seria si tenint un poder suficient impedís que parlés la humanitat. Si fos l'opinió una possessió personal que només tingués valor per al seu amo; si l'impediment del seu gaudi fos simplement un perjudici particular, hi hauria alguna diferència

entre que el perjudici s'infligís a poques o a moltes persones. Però la peculiaritat del mal que consisteix a impedir l'expressió d'una opinió és que es comet un robatori a la raça humana; a la posteritat tant com a la generació actual; a aquells que dissenteixen d'aquesta opinió, més encara a aquells que en participen. Si l'opinió és vertadera, se'ls priva de l'oportunitat de canviar error per veritat; i si és errònia, perden el que és un benefici no menys important: la més clara percepció i la impressió més viva de la veritat, produïda per la seva col·lisió amb l'error.»

9> Assenyaleu els principals paral·lelismes entre les concepcions de Comte i de Mill, i si n'hi ha cap d'elles que es pot considerar que forma part de les idees que més sovintegen en la cultura política actual.

10> Comenteu el text següent, i assenyaleu les coincidències i les discrepàncies observades per Bakunin respecte de les seves concepcions i les de Marx:

«Marx és un comunista autoritari i centralista. Vol allò que nosaltres volem: el triomf de la igualtat econòmica i social, però en l'Estat i per la força de l'Estat; per la dictadura d'un govern provisional, poderós i, per dirho així, despòtic; això és, per la negació de la llibertat. El seu ideal econòmic és l'Estat convertit en l'únic propietari de la terra i de tots els capitals, cultivant la primera per mitjà d'associacions agrícoles, ben retribuïdes i dirigides pels seus enginyers civils, i compartint els segons mitjançant associacions industrials i comercials. Nosaltres volem aquest mateix triomf de la igualtat econòmica i social per l'abolició de l'Estat i de tot allò que s'anomena dret jurídic, el qual, segons nosaltres, és la negació permanent de tot dret humà. Volem la reconstitució de la societat i la constitució de la unitat humana, no de dalt a baix per la via de qualsevol autoritat, sinó de baix a dalt per la lliure federació d'associacions obreres de tota classe emancipades del jou de l'Estat.»

Carta a Rubicone Nabruzzi
Mijail A. Bakunin

11> Què significa l'afirmació de Marx segons la qual la lluita de classes és el motor de la història?

12> Comenteu el fragment següent a la llum de la distinció entre infraestructura econòmica i superestructura ideològica:

«Sobre les diferents formes de propietat, sobre les condicions socials de l'existència s'eleva tota una superestructura de sentiments, il·lusions, modes de pensament i concepcions de la vida precises i característicament formades. La classe com un tot els crea i els forma sobre els seus fonaments materials i les corresponents relacions socials. L'individu singular que els deriva de la tradició i de l'educació pot imaginar que constitueixen els motius reals i el punt de partida de la seva activitat.»

El 18 brumari de Lluís Bonaparte, III
Karl Marx

13> Expliqueu quines conseqüències es desprenen del fragment següent de *La ideologia alemanya* (I, IV, 11), de Marx i Engels:

«L'Estat és la forma com els individus d'una classe dominant fan valer els seus interessos comuns i en la qual es condensa tota la societat civil de l'època.»

14> Comenteu el text següent i poseu especial èmfasi en la frase «el mode de producció de la vida material condiciona el procés de la vida social, política i espiritual en general»:

«En la producció social de la seva existència, els homes entren en determinades relacions necessàries i independents de la seva voluntat, relacions de producció que corresponen a una determinada fase de desenvolupament de les forces productives materials. El conjunt d'aquestes relacions de producció forma l'estructura econòmica de la societat, la base real sobre la qual s'aixeca una superestructura jurídica i política i a la qual corresponen determinades formes de consciència social. El mode de producció de la vida material condiciona el procés de la vida social, política i espiritual en general. No és pas la consciència de l'home la que determina la seva existència, sinó que, al contrari, és el seu ésser social el que determina la consciència.»

Contribució a la crítica de l'economia política, Prefaci
Karl Marx

15> Us sembla que la reflexió al voltant de la propietat privada és un aspecte important en l'obra de Marx? Raoneu la vostra resposta.

16> Indiqueu quin és el punt fonamental que Engels assenyala en el fragment següent en relació a la concepció marxista sobre l'explotació capitalista:

«Aquesta explotació és el mal fonamental que la revolució social vol abolir suprimint el mode de producció capitalista. La pedra angular d'aquesta producció capitalista està constituïda pel fet que la nostra organització actual de la societat permet als capitalistes comprar al seu valor la força de treball de l'obrer, però treure'n molt més que el seu valor, fent treballar l'obrer molt més temps del necessari per retornar el preu pagat per aquesta força de treball.»

Sobre la qüestió de l'habitatge
Friedrich Engels

17> Justifiqueu per què Marx i Comte són considerats els pares de la sociologia científica. S'ha dit que la sociologia de Marx és la del conflicte i la de Comte la de l'ordre; des d'aquesta perspectiva, indiqueu les línies mestres d'un imaginari diàleg entre Marx i Comte sobre els conflictes socials.

10

L'IRRACIONALISME: LA SOSPITA DE LA RAÓ

- La racionalitat és el principal tret que singularitza l'ésser humà? Quin és el protagonisme que hi tenen la voluntat, els desigs o les emocions?
- La convivència social requereix l'existència de valors morals? L'existència de la societat, és el resultat d'una renúncia?
- Quin paper juga la sexualitat en la vida humana?
- Tota la conducta humana té una motivació conscient? Creieu que en la ment humana hi ha desigs i pensaments dels quals no es té consciència i que poden arribar a condicionar el comportament?
- Tenen algun significat els somnis? Per què sovint són tan estranys i incoherents? Quina és la seva funció?
- La raó governa la vida humana?

10.1 Marc històric i filosòfic

En la filosofia de Hegel, i abans en la de Kant, l'individu humà s'havia dissolt. L'impressionant sistema filosòfic hegelià portava en el seu si el germen de la seva destrucció. A Alemanya i a altres països europeus, a la primera meitat del segle XIX, irrompé amb força un moviment irracionalista i antiidealista que intentarà substituir aquell pensament abstracte i extremadament racionalista per un nou enfocament de la realitat més lligat a l'home concret i real.

Al llarg del segle XIX, filòsofs com Schopenhauer, Kierkegaard o Nietzsche endegaran un tipus de pensament antiacadèmic, dirigit més al públic lector que al món universitari, en el qual es tracta de ple la problemàtica de l'existència humana. La importància i la influència d'aquests pensadors no ha fet sinó créixer.

En el tombant del segle XX, des d'una perspectiva molt diferent, Freud, a través de la psicoanàlisi, descobrirà el món de l'inconscient. Si Nietzsche havia qüestionat els ideals transcendents, supraterrenals, Freud sondejarà el subsòl de les motivacions inconscients. Ambdós arribaran a resultats semblants: la consciència racional no és l'entitat autònoma que controla i governa la conducta humana; ben al contrari, són les forces instintives, sovint inconfessables, les que dinamitzen les accions dels éssers humans.

+

La influència d'alguns pensadors del segle XIX sobre la literatura catalana i castellana és molt gran. Així, per exemple, Joan Maragall traduí alguns textos de Nietzsche i va escriure algun article sobre aquest autor, amb la qual cosa contribuí a la seva difusió a Catalunya. El Modernisme català estigué molt atent al pensament nietzscheà. D'altra banda, Pío Baroja va veure en el pessimisme de Schopenhauer un punt de referència; també va seguir les idees de Nietzsche en la seva concepció de la vida com a lluita.

10.2 L'irracionalisme en el segle XIX

Segons Hegel, només allò que és racional és veritablement real; realitat i racionalitat, món i pensament, són equivalents, i tot allò que s'escapa a la comprensió lògica i racional no està entre les coses que poden ser conegudes. Contra aquesta rotunda posició de la filosofia hegeliana s'alcen veus que sospiten de la capacitat humana per explicar autènticament el món i, especialment, el lloc que l'home hi ocupa. Aquest pensament de la sospita que qüestiona la competència de la raó per captar i expressar la realitat s'estendrà a la mateixa filosofia, entesa com a sistema d'idees en què tot té el seu sentit i la seva justificació.

> «Hegel va fer cèlebre el seu aforisme segons el qual tot el que és racional és real i tot el que és real és racional; però som molts els qui, no convençuts per Hegel, seguim creient que el que és real, el que és realment real, és irracional; que la raó construeix sobre les irracionalitats. Hegel, gran definidor, pretenia reconstruir l'Univers amb definicions.»
>
> *Del sentiment tràgic de la vida*
>
> **Miguel de Unamuno**

Al llarg del segle XIX apareixen un seguit de filòsofs pels quals el món i la vida són profundament irracionals i, per això, no es deixen reduir a les estèrils fórmules del racionalisme. La **voluntat** (Schopenhauer), l'**existència** (Kierkegaard) o la **vida** (Nietzsche) són categories que l'intel·lecte humà és incapaç d'expressar en tota la seva plenitud. En aquest sentit, la filosofia racionalista és impotent i no pot reflectir l'element irracional, sovint tràgic, que batega més enllà de la realitat aparent. L'irracionalisme d'aquests pensadors és més una crítica a una forma concreta d'entendre la tasca de la raó que un al·legat contra ella. Amb aquests pensadors comença la decadència d'un estil de fer filosofia, optimista i confiat, que postulava el progrés del gènere humà i de la història i que creia en les seves pròpies forces cognoscitives. Aquesta filosofia havia fet els primers passos amb el *Discurs del mètode* cartesià. L'època de les grans síntesis i de les cosmovisions completes i totalitzadores (Descartes, Kant, Hegel) ja és cosa del passat. Ara cal una filosofia que contempli tota la riquesa d'aquest home de «carn i os» que és cadascun de nosaltres, un pensament filosòfic que no deixi escapar la força i la varietat de la vida humana entre les xarxes de la raó abstracta.

Aquesta nova actitud, molt més atenta a totes les diverses dimensions de l'ésser humà (la voluntat, la intuïció, els sentiments, les emocions, els desigs, etc.), no posa la raó com la seva part essencial. És possible assenyalar alguns antecedents d'aquesta nova actitud. Així, al segle XVII el filòsof i matemàtic francès Pascal ja al·ludia a les raons del cor en contraposició a les raons de l'intel·lecte. Al segle XVIII, en l'època de la raó il·lustrada, Rousseau va fer una encesa defensa del sentiment.

Característiques del pensament irracionalista

Tots els pensadors irracionalistes comparteixen uns trets comuns, encara que també hi ha altres factors que els distingeixen. Entre aquests trets comuns s'han assenyalat:

a) Valoració positiva del món afectiu, que inclou les facultats no racionals com ara els sentiments, les passions, la intuïció o la voluntat. El filòsof i escriptor basc Miguel de Unamuno va escriure: «L'home, diuen, és un animal racional. No sé per què no s'ha dit que és un animal afectiu o sentimental. I tal vegada allò que més el diferencia dels altres animals és més el sentiment que no pas la raó.»

b) Exaltació de la voluntat i de la imaginació creadora com a fonts de coneixement. Filòsofs com Schopenhauer i Nietzsche destacaran la importància d'aquestes capacitats per accedir a nivells superiors de comprensió de la realitat, més enllà de la raó.

c) Accentuació del caràcter angoixant i dolorós de l'existència humana. Segons filòsofs irracionalistes, la vida és sofriment i dolor. El món que dibuixen aquests pensadors és ple d'ombres i d'interrogants sobre la racionalitat. No s'ha de pensar per això que siguin filòsofs tristos o amargats; ben al contrari, es tracta d'homes que lúcidament mostren l'aspecte més ombrívol i real de l'existència. En fer-ho, estan en condicions d'acceptar-la íntegrament, amb tota la seva magnífica bellesa i amb tot el seu tràgic dolor.

El filòsof i escriptor basc ***Miguel de Unamuno*** *(1864-1936) —a qui es veu representat en aquesta escultura amb la qual la ciutat de Salamanca li ret tribut— fou un dels primers a reivindicar l'home concret, afirmant que l'important és: «L'home de carn i os, el que neix, sofreix i mor —sobretot mor—, el que menja i beu i juga i dorm i pensa i vol, l'home que es veu i a qui s'escolta, el germà, el vertader germà.»*

d) Refús de la filosofia sistemàtica. Segons aquests pensadors, els sistemes filosòfics tradicionals redueixen la diversitat dels fenòmens a una estèril unitat lògica, de manera que congelen el dinamisme de tot el que és viu. Per això, més que els grans tractats rigorosament deductius, prefereixen un estil més fragmentari, més concís, però també més expressiu i contundent. És el cas de Schopenhauer i de Nietzsche, que escriuen aforismes, breus fragments que representen concentradament un pensament profund; o el de Kierkegaard, que denuncia les rígides fórmules i els tòpics dels sistemes filosòfics. La valoració positiva que fan aquests pensadors d'algunes formes literàries —la metàfora, el símbol, el mite, etc.— els converteix en grans escriptors, la qual cosa també explica l'èxit que han tingut posteriorment i la gran difusió de les seves idees.

e) L'art entès com a forma de coneixement superior. L'experiència estètica és una via directa d'accés als misteris més profunds de la realitat, al mateix temps que permet la identificació de l'artista amb la realitat que vol reflectir. Per a Nietzsche, per exemple, el llenguatge de l'artista aporta més coneixement que el llenguatge del filòsof: «En les coses principals jo concedeixo als artistes més drets que a tots els filòsofs que han existit fins avui.» D'altra banda, l'art (la poesia, la tragèdia, la música, etc.) alleugera, encara que no suprimeix, el sofriment que inevitablement comporta el simple fet de viure.

f) Èmfasi de la individualitat. Els pensadors irracionalistes es decanten pel punt de vista particular i subjectiu, per la defensa de l'individu concret, per l'emfatització de tot allò que és singular i irrepetible. Si l'idealisme hegelià destacava la raó com allò comú que iguala a tots, passant per alt les diferències individuals que ens separen, Schopenhauer, Nietzsche i els seguidors proclamaran la importància de l'individu concret, l'individu de «carn i os», amb la seva rica problemàtica personal, única i irrepetible. En franca oposició al racionalisme uniformitzador dels filòsofs idealistes alemanys, els irracionalistes remarquen la necessitat d'una filosofia que expliqui l'autèntica existència de cadascú.

10.3 El pessimisme: Arthur Schopenhauer

***Arthur Schopenhauer** (1788-1860) va néixer a la ciutat bàltica de Danzig (avui Gdansk) en una família benestant. A la mort del seu pare en estranyes circumstàncies (es parla de suïcidi), Schopenhauer hereta una gran fortuna i viurà sempre de renda. L'any 1809 ingressa a la universitat per estudiar medicina, però l'any següent queda captivat per la filosofia, particularment per Plató i Kant. També s'interessa per les religions orientals.*
Publica algunes obres sense èxit. Nomenat professor de la Universitat de Berlín, imparteix un curs, però davant dels pocs alumnes que té es retira de la docència. Fugint del còlera es trasllada a Frankfurt, on morirà.
Dedicada a la reflexió, la seva vida és rutinària i solitària. En els darrers anys coneix l'èxit literari i filosòfic.
L'any 1819 apareix la seva obra més important, El món com a voluntat i com a representació; *la resta dels seus escrits es pot considerar com una reafirmació d'aquesta obra. Una altra de les seves obres bàsiques,* Sobre la voluntat en la naturalesa, *apareix el 1836. L'any 1851 publica una col·lecció d'assaigs, amb un magnífic estil literari, titulada* Parerga i Paralipòmena. *Aquesta obra comença a donar-li fama.*

Schopenhauer distingia entre aquells que viuen per a la filosofia i aquells que viuen de la filosofia. Els primers són els autèntics filòsofs, mentre que els segons són els professors, els professionals de la filosofia. Si aquells extreuen els seus problemes de la vida mateixa i n'obtenen les respostes adequades, aquests es limiten a repetir els pensaments elaborats per altres. Schopenhauer detestava profundament aquesta segona classe de filòsofs, per als quals la filosofia és un mitjà per a aconseguir uns fins personals.

La filosofia de Schopenhauer es dirigeix frontalment contra el sistema hegelià i no estalvia les dures paraules a l'hora d'atacar el pensament triomfant aleshores a Alemanya: «La filosofia de Hegel: quina altra cosa és sinó xerrameca buida, vàcua i, a més, repulsiva?» Per a Schopenhauer, la filosofia no pot articular-se únicament, tal com pretenen els racionalistes, sobre uns conceptes abstractes.

D'entre els filòsofs alemanys, Schopenhauer només salva Kant. Diu que el pensament de Kant és «l'esdeveniment més important en filosofia d'aquests últims dos segles». I afegeix:

> «El seu efecte només és comparable al de l'operació de cataractes en un cec; i puc dir que la meva intenció ha estat proporcionar, a aquells qui han experimentat aquesta curació amb èxit feliç, unes ulleres protectores que només poden usar-se després de practicada l'operació.»
>
> *El món com a voluntat i com a representació*, Pròleg, XI
>
> **Arthur Schopenhauer**

L'elevada consideració que té Schopenhauer per la filosofia de Kant es deu a la distinció que aquest va fer entre el món fenomènic (la realitat tal com és coneguda a través de les formes *a priori* de la sensibilitat i les categories de l'enteniment) i el món noümènic (la realitat en si mateixa, independent del nostre coneixement). El món que coneixem no és, doncs, el vertader món, sinó una representació humana, determinada per les condicions que imposa la manera humana de conèixer.

El món com a representació

La idea bàsica del pensament de Schopenhauer és que el món és voluntat i representació alhora, tal com diu el títol de la seva obra clau, *El món com a voluntat i com a representació*. D'una banda, hi ha el món real i autèntic, la cosa en si, la **voluntat**; de l'altra, hi ha el fenomen o la manifestació de les coses. Aquí Schopenhauer es fa ressò de l'essencial divisió kantiana entre el noümen i el fenomen, entre realitat i aparença, entre allò que és i allò que tan sols es manifesta.

Segons Schopenhauer, el que anomenem realitat no és més que una il·lusió, una **representació**, quelcom que només existeix en la ment. La representació no ofereix la vertadera realitat ja que tots els objectes que coneixem a través de l'experiència apareixen «emmarcats» en les formes *a priori* de l'espai i el temps i sotmesos a la categoria de causalitat (Schopenhauer redueix les dotze categories kantianes a l'únic concepte de la causalitat). Les condicions *a priori* del coneixement únicament existeixen en l'experiència, ja que les aporta el subjecte en conèixer la realitat; per tant, no poden ser aplicades a la cosa en si. En conseqüència, sempre s'interposaran entre nosaltres i la realitat, constituint una barrera infranquejable que ens impedeix l'acostament directe a l'autèntica naturalesa de les coses.

El món fenomènic no és, per tant, el món autènticament real, però s'hi refereix. De fet, el concepte de representació ja evoca immediatament la idea d'una altra realitat representada. Per això la representació és també il·lusió que emmascara o encobreix l'autèntica realitat. Ara bé, per a Schopenhauer, aquesta és cognoscible, a diferència de Kant, que considerava que el noümen era completament incognoscible. Cal, però, primer apartar el **vel de maia** que cobreix el món i ens impedeix veure el veritable aspecte de les coses. Amb aquesta metàfora d'origen hindú, Schopenhauer es refereix a la naturalesa il·lusòria i aparent del món fenomènic, que és com un vel que encobreix l'**autèntica realitat.**

El món com a voluntat

Schopenhauer deixa de ser kantià quan afirma que la cosa en si és cognoscible, ja que el vel de maia està esquinçat i deixa veure el que hi ha al darrere. Així, conec intuïtivament que sóc una **voluntat**; la meva naturalesa profunda i essencial no és més que voluntat de viure, una força o ímpetu de viure, una tendència a la conservació present també en totes les coses de la naturalesa, en tots els éssers vius i, fins i tot, en les forces inanimades. En la metafísica schopenhaueriana, l'essència del món, la cosa en si, és impuls, energia o voluntat. Aquesta voluntat universal és independent de la intel·ligència, com ho demostra el fet que hi ha, «en la naturalesa entera, des de l'animal cap avall», éssers no intel·ligents dotats, però, de voluntat. Diu Schopenhauer:

> «Aquesta voluntat, que és l'única cosa en si, l'únic veritablement real, l'únic originari i metafísic, en un món en què totes les altres coses no són més que fenòmens, és a dir, mera representació, aquesta voluntat, com dic, dóna a cada cosa, sigui la que sigui, la força perquè pugui existir i obrar.»
>
> *Sobre la voluntat en la naturalesa*, Introducció
>
> **Arthur Schopenhauer**

El nostre cos, no menys que el nostre pensament, és manifestació o expressió de la voluntat. També l'intel·lecte, la capacitat de pensar racionalment, està subordinat a la voluntat; tal com diu Schopenhauer, la voluntat és la substància i la intel·ligència, un simple accident. Si el racionalisme exalta la raó com la capacitat per la qual esdevenim autènticament humans, Schopenhauer destacarà la voluntat com a ingredient bàsic de la naturalesa humana i de tots els éssers de l'Univers. Primerament és la voluntat; el pensament, la raó i la consciència es manifesten posteriorment. Així, el nen implora el menjar molt abans de saber res respecte a la necessitat d'alimentar-se. Per la seva banda, els animals presenten complexes conductes o construeixen elaborades estructures instintivament, sense cap coneixement de la seva finalitat o funció.

La voluntat és una força fonamental de l'Univers, ja que no deriva de cap altra força més bàsica i és, per tant, l'origen de totes les forces que hi actuen. És també un impuls cec, que no persegueix cap objectiu ni segueix cap pla predeterminat. Schopenhauer diu: «L'essència de la voluntat en si implica l'absència de tot fi, de tot límit, perquè és una aspiració sense final.» La voluntat és, també, una, infinita i eterna, ja que està més enllà de les distincions espaciotemporals pròpies del món fenomènic.

La voluntat és cega o, el que és el mateix, la vida no té cap sentit, excepte la seva pròpia perpetuació. En la naturalesa animal, podem trobar molts exemples en els quals es palesa aquesta manca total i absoluta de sentit últim que presenten els comportaments irracionals. Totes les espècies es mouen per l'únic propòsit de multiplicar-se i reproduir-se, i l'única força que les impulsa és la voluntat de viure. En aquest sentit, la vida humana no és diferent, no obstant el sentit transcendent que sovint es vol donar a la seva existència. L'estudi històric ens alliçona a bastament sobre la manca de rumb en què es mouen els afers dels humans. De fet, cap vida individual té el més mínim sentit o el més petit valor.

Hi ha una incessant lluita entre tots els éssers vius, la qual origina un interminable dolor i infelicitat. El **dolor** és, per a Schopenhauer, l'**estat natural** dels éssers vius i, sobretot, dels humans. Per això diu: «A mesura que s'eleva la consciència i més diferenciat és el coneixement, també creix el turment, que arriba en l'home al seu grau més alt, tant més alt com més intel·ligent sigui; l'home genial és el que més sofreix.» El plaer i la felicitat són estats transitoris i excepcionals, una fugaç interrupció del dolor. La vida humana transcorre entre el dolor i l'avorriment; la satisfacció d'una necessitat, amb la qual s'evita el dolor, genera al seu torn una sensació de tedi i de nova insatisfacció.

Dins d'aquest desolador panorama, la crítica de Schopenhauer a l'optimisme hegelià pren tot el seu sentit; no hi ha progrés històric ni avenç dels pobles cap a un estadi de completa racionalitat, sinó una repetició de la lluita dolorosa entre les voluntats. Si no s'accepta el finalisme en la història, resta el cec i imprevisible atzar dels esdeveniments.

La influència de Schopenhauer en la filosofia, la literatura i la música ha estat decisiva; així, pensadors com Nietzsche, Bergson, Freud o Wittgenstein; escriptors com Tolstoi, Proust, Kafka o Mann; músics com Wagner o Mahler són deutors del seu pessimisme.

> «Per conseqüent, no solament les accions arbitràries dels animals, sinó fins i tot els instints orgànics del seu cos animat i la seva mateixa forma i constitució, fins la vegetació de les plantes i, a l'últim, en el regne inorgànic, la cristal·lització i, en general, qualsevol força originària que es manifesti en fenòmens fisicoquímics, fins i tot la gravetat mateixa, tot això en si mateix, fora de la representació, és el mateix que trobem en nosaltres com a voluntat, de la qual tenim el coneixement més immediat i íntim que es pot assolir.»
>
> *Sobre la voluntat en la naturalesa*, Introducció
>
> **Arthur Schopenhauer**

El món com a voluntat i com a representació (1818) és l'obra fonamental de Schopenhauer; el seu títol ja revela la idea metafísica bàsica d'aquest filòsof: el món material, el món que coneixem no és més que la manifestació o representació de la cosa en si. Afirma Schopenhauer: «El coneixement resta sempre sotmès al servei de la voluntat, ja que, efectivament, ha sorgit per prestar aquest servei; ha brotat de la voluntat, per dir-ho així, com el cap ha brotat del tronc.»

El pessimisme

La **mort individual**, en la filosofia de Schopenhauer, no és cap mal, encara que la majoria de les persones la consideren la més gran de les desgràcies. Amb la mort, comença una eterna etapa d'inexistència, i aquesta etapa no és intrínsecament pitjor que l'eterna etapa d'inexistència anterior a la vida terrenal. Segons Schopenhauer, ens queixem absurdament del fet que deixarem d'existir, però no del fet de no haver existit abans de néixer, quan són dues situacions o estats paral·lels. Per patir és necessari existir. Si no existim, no podem sofrir; per tant, la mort en si mateixa no és cap mal: «Encara que es digui freqüentment, dormir és molt més semblant a la mort del que es pensa.»

> «Schopenhauer va conservar ben poc de la religió secularitzada de la raó. Per a ell, antic aprenent de comerciant, la raó és comparable al noi dels encàrrecs d'una botiga: va on l'envia l'amo, és a dir, la "voluntat". La "voluntat" no és esperit, ni moralitat, ni raó històrica. "Voluntat" és al mateix temps la font de la vida i el substrat en el qual habita tota desventura: la mort, la corrupció d'allò que existeix i el fons de la lluita universal. Schopenhauer neda contra el corrent del seu temps: no l'anima el plaer de l'acció sinó l'art de l'abandó.»
>
> *Schopenhauer i els anys salvatges de la filosofia*
> **Rüdiger Safranski**

La mort no és més que la dissolució de l'individu particular: «La mort és la separació de la voluntat de l'intel·lecte.» Ara bé, la naturalesa profunda de l'individu, la voluntat de viure, no desapareix amb la seva mort. En aquest sentit, la mort individual no té cap importància.

Schopenhauer va arribar a creure que els trets més essencials de l'existència humana són el **dolor**, la **maldat** i la **dissort**. I comprendre aquest fet no fa més suportable la vida. El mateix Schopenhauer no va estar lliure d'alguns dels vans desigs mundans —diners, fama, èxit, poder, etc.— que enterboleixen les vides de la majoria dels homes. La descripció que ofereix Schopenhauer ja no pot ser més patètica:

> «Som com xais enjogassats en el prat mentre la mirada del carnisser va seleccionant ja alguns, primerament aquest i després aquell; ja que en els dies que ens són propicis no sospitem ni de bon tros quina calamitat ens està preparant el destí en aquest precís moment: malaltia, persecució, empobriment, mutilació, ceguesa, bogeria, mort, etc.»
>
> *Parerga i Paralipòmena*, volum II, 150
> **Arthur Schopenhauer**

No hi ha cap raó per a l'optimisme. Aquest només estaria justificat si la vida tingués un sentit transcendent, una finalitat última, més enllà de la simple perpetuació dels éssers. Segons Schopenhauer, aquest darrer propòsit o bé suprem no existeix, encara que teòlegs i filòsofs no s'han cansat d'afirmar-lo i de definir-lo. No existeix perquè, si existís, voldria dir que la voluntat pot satisfer-se, quan, de fet, la voluntat és allò que no pot quedar satisfeta en cap cas, ja que és essencialment insaciable. La idea d'un bé suprem és absurda perquè comportaria la supressió de tota activitat de la voluntat, l'absoluta inacció, l'anihilació de tot desig; i en qualsevol cas, aquest estat no sembla un estat que comporti cap mena de bé o de benaurança. Per tant, l'optimisme metafísic és una doctrina filosòficament absurda i contrària a tots els fets de l'experiència. La bondat o bellesa que «trobem» en el món són més un resultat de l'engany dels nostres desigs i de les voluntats particulars que no pas una simple constatació. Les coses bones o belles són una genuïna raresa enmig d'un món ple de maldat i lletgesa.

> «Qualsevol manual ensenya que Schopenhauer fou en primer lloc el filòsof de la voluntat i, en segon lloc, el filòsof del pessimisme. Però aquí no hi ha primer ni segon, sinó que tot és un i el mateix. Schopenhauer era això segon perquè era això primer i en la mesura que era això primer; Schopenhauer era necessàriament pessimista perquè era el filòsof i psicòleg de la voluntat. La voluntat, que és el contrari d'una satisfacció en repòs, és en si mateixa quelcom fonamentalment dissortat; és inquietud, és apetència d'alguna cosa, és ànsia, és nostàlgia, és avidesa, és anhel, és patiment.»
>
> *Schopenhauer, Nietzsche, Freud*
> **Thomas Mann**

Schopenhauer capgira el sentit del dolor i del sofriment. Si per a la majoria de la gent el dolor és un estat negatiu —la falta de plaer o de benestar—, per al filòsof del pessimisme el dolor és un estat positiu i, per tant, el plaer i la felicitat —sovint definida com l'absència de dolor i d'ansietat— són estats negatius i merament il·lusoris.

En resum, segons Schopenhauer, la naturalesa més real dels éssers vius, inclosos els humans, és voler cegament, sense propòsit, incansablement i sense possibilitat de satisfacció. Això ens fa profundament infeliços, fins al punt que la comprensió intel·lectual d'aquest fet no ens allibera de la inevitable desventura que és la vida. La filosofia del pessimisme no esmorteix les incessants demandes de la voluntat de viure.

Els camins de salvació

Per a Schopenhauer, l'experiència estètica (l'art), la vida ètica i la vida ascètica són els únics camins que poden alliberar lleugerament la tràgica existència humana. En l'**experiència estètica**, l'individu s'oblida momentàniament de si mateix i del dolor que provoca la voluntat de viure. De les arts, Schopenhauer considera que la música és la que més eficientment aconsegueix representar la voluntat; per això «actua sobre la voluntat a l'instant; és a dir, sobre els sentits, les passions i l'emoció de l'auditori, exaltant-los o modificant-los». La música és el llenguatge universal que parla més directament de la naturalesa humana: «La música no és, a diferència de les altres arts, còpia de la manifestació de la voluntat.»

El sentiment de la ***compassió*** *és, segons Schopenhauer, el fonament de la convivència social i de la moralitat. Atès que, en el fons, totes les coses són una, podem identificar-nos amb els patiments dels altres o compadir-nos de les seves desgràcies. Tots els éssers humans són manifestacions de la mateixa voluntat universal. Així, quan fem mal a una altra persona, de fet, ens l'estem fent a nosaltres mateixos. El sentiment de la compassió —i no la raó— es converteix, així, en la base de l'ètica. Tal com es veu en aquest quadre de Murillo (1617-1682).*

La **vida ètica** comença amb l'anul·lació de la causa de tots els mals, és a dir, la voluntat de viure, la qual cosa permet superar l'egoisme i considerar com a iguals tots els altres humans; en un estadi posterior sorgeix la compassió, per la qual sentim el dolor aliè a partir del nostre propi sofriment. Schopenhauer concedeix una gran importància a la **compassió** o simpatia, per la qual l'individu s'identifica amb els altres, amb el seu dolor i el seu patiment. En aquest sentit, la compassió és l'impuls que permet compensar l'egoisme inherent a totes les criatures vives. Així, l'impuls de la pròpia voluntat cedeix davant els sofriments que mortifiquen els éssers humans o, fins i tot, els animals. En aquests fugaços instants de compassió s'esqueixa el vel de maia que separa les individualitats d'uns i altres —el jo del tu— i es comprèn la identitat essencial de totes les criatures, ja que totes són manifestacions d'una mateixa i universal voluntat de viure. En compadir-nos de la desgràcia aliena, el «jo» queda momentàniament superat. La compassió, doncs, és l'impuls que permet la construcció d'una vida moral sobre una sòlida base capaç de vèncer l'egoisme que anima el cor de tots els humans.

Finalment, en la **vida ascètica** s'aconsegueix la màxima reducció de la voluntat de viure i, en conseqüència, del dolor que l'acompanya. En la vida ascètica, el món fenomènic —i les falses il·lusions que aquest genera— queden definitivament enrere. La castedat, la pobresa, el sacrifici, etc., contribueixen a la superació de la voluntat de viure i a la llibertat definitiva de l'esperit humà, que així se situa més enllà de l'atracció material. Amb l'adveniment de la mort, quan deixem de ser un jo individual, apareix l'única forma de pau que pot conèixer l'ésser humà: el repòs absolut del no-res —Schopenhauer en diu **nirvana**, utilitzant aquest terme budista que significa 'extinció'—, sense necessitats ni desigs per satisfer. El budisme ensenya que el sofriment que acompanya la vida prové precisament del desig de viure; per tant, l'alliberació d'aquest sofriment només pot acomplir-se quan s'ha superat l'anhel d'existència. En l'estat de nirvana desapareix tot desig, tota esperança i tota il·lusió d'individualitat; en aquest estat desapareix també tot dolor. Schopenhauer, doncs, ha estat considerat el *filòsof del pessimisme*.

ACTIVITATS

1> Quina consideració us mereix l'afirmació de Schopenhauer segons la qual la voluntat és la substància i la intel·ligència un simple accident? Justifiqueu la resposta.

2> Esteu d'acord amb aquesta afirmació de Schopenhauer: «El plaer estètic en gran mesura és el fet d'alliberar-nos durant un instant de qualsevol desig i preocupació en submergir-nos en un estat de pura contemplació»?

3> A partir de la concepció de Schopenhauer de la vida ascètica, feu un debat a classe sobre el valor d'aquest tipus de vida.

10.4 La transvaloració dels valors: Friedrich Nietzsche

***Friedrich Nietzsche**, filòsof i escriptor alemany, va viure una existència solitària, intensament dedicada a la redacció dels seus polèmics escrits.*

La filosofia de Nietzsche és difícilment classificable i, encara menys, es pot resumir en poques línies. És un pensador que és un gran escriptor alhora: s'ha dit que és el millor prosista en llengua alemanya i que el seu autor posseïa una gran consciència de les possibilitats —també, però, dels límits— del llenguatge. Nietzsche afirma: «Deixem de pensar, si ens neguem a fer-ho en la presó del llenguatge» o «Tot pensament conscient no és possible més que amb l'ajuda del llenguatge». Aquest filòsof-escriptor porta el llenguatge i el joc dels conceptes fins a uns extrems aleshores insòlits. Per això, l'actitud de Nietzsche, enèrgica i solitària enfront de les adversitats, i la seva prosa viva i punyent, sorprenen a qui hi entri per primer cop. La seva filosofia provoca fortes reaccions, tant d'acceptació com de rebuig; la indiferència no és possible davant les afirmacions —i les negacions— del seu autor.

No hi ha un únic Nietzsche ni una sola interpretació del seu pensament. S'han aplicat al pensador alemany diverses etiquetes i moltes d'elles contenen alguna part de veritat: antipositivista, nihilista, antiidealista, antiromàntic, vitalista, precedent de l'existencialisme, precursor de la psicoanàlisi, crític de la cultura europea, inspirador de l'anarquisme, defensor del totalitarisme, etc. D'altra banda, l'estil literari i filosòfic dels seus llibres —poc sistemàtic i, sovint, aforístic— fa encara més difícil una presentació esquemàtica de les seves idees, idees que varen anar canviant amb el transcurs del temps i que, a voltes, es contradiuen a si mateixes. Aquest, però, és el Nietzsche real.

+

«L'aforisme, la sentència, dels quals jo sóc el primer mestre entre els alemanys, són les formes de "l'eternitat"; la meva ambició és dir en deu frases allò que tots els altres diuen en un llibre —allò que tots els altres no diuen en un llibre...» declara Nietzsche. Contra la certesa absoluta —i la seva expressió rotunda— de la filosofia de Hegel i de l'idealisme en general, Nietzsche oposarà l'absoluta sospita i una forma de llenguatge, l'aforisme, que en ell arribarà al màxim grau d'eficàcia expressiva. Ell mateix diu que l'agreujament dels problemes oculars que va patir durant algunes temporades l'impedien fixar massa estona la mirada sobre un text i que, per això, havia de redactar breus fragments i no extensos paràgrafs. Sigui com sigui, Nietzsche és un mestre consumat en aquest art de dir més coses que les que diuen les paraules. Andrés Sánchez Pascual afirma que Nietzsche «es veu enfrontat a una tasca quasi impossible: escapar de les xarxes del llenguatge, però recolzant-se en ell, perquè sense llenguatge, com seria possible dir alguna cosa? Nietzsche s'enfronta al problema amb radicalitat. En lloc de dir mitja veritat, l'aforisme dirà veritat i mitja».

Vida i obres

Friedrich Nietzsche (1844-1900) neix a la ciutat alemanya de Röcken (Saxònia) en una família de profundes creences religioses. El seu pare i els seus avis havien estat pastors luterans i semblava que Nietzsche havia de seguir-ne l'exemple. Quan només tenia cinc anys, el seu pare mor víctima d'una malaltia cerebral. L'any 1859 ingressa en la prestigiosa i rigorosa Escola de Pforta, on rep una sòlida formació en llengües clàssiques i música. Després estudia amb gran entusiasme filologia clàssica a la Universitat de Bonn i, amb només vint-i-cinc anys i sense ser doctor, és nomenat catedràtic de grec a la Universitat de Basilea. La publicació de la seva primera obra, *El naixement de la tragèdia*, l'any 1872, va ocasionar un tumultuós escàndol entre la majoria dels filòlegs clàssics i representa el final de la fulgurant carrera acadèmica de Nietzsche. Durant aquests anys se sent atret per la filosofia de Schopenhauer i per la música de Richard Wagner, amb qui l'unirà una relació d'amistat i d'admiració que, anys més tard, es trencarà abruptament en considerar Nietzsche que Wagner havia traït els ideals que abans compartien.

La seva producció filosòfica és força intensa, tot i que l'èxit no el va acompanyar gens en vida. La seva mala salut es manifesta molt aviat: migranyes, vòmits, greus problemes de visió que l'obliguen a llegir durant breus estones cada dia. L'any 1879 abandona definitivament la universitat per raons de salut, al cap de deu anys d'haver-hi ingressat de manera tan poc usual. La petita pensió que li concedeix la universitat li permetrà viure modestament, en humils pensions, buscant sempre l'aire pur de les muntanyes o el sol de la costa mediterrània (Suïssa, Itàlia, França). Caminant trist i solitari, elabora les seves idees mentre fa llargs passeigs.

L'any 1889, mentre era a Torí, sofreix un col·lapse mental que el porta a la bogeria i ha de ser reclòs en un centre psiquiàtric. Més tard, quedarà sota la custòdia de la seva mare i, després, de la seva germana Elisabeth. Vençut per la paràlisi, Nietzsche restarà immòbil durant els darrers anys de la seva solitària i dolorosa existència. Mor l'any 1900 sense ser conscient de l'èxit i la difusió que començaven a tenir les seves obres.

La primera obra de Nietzsche és *El naixement de la tragèdia*. Després vindran les quatre *Consideracions intempestives*, en què critica alguns aspectes de la cultura europea. D'aquest període és l'opuscle *Sobre veritat i mentida en sentit extramoral*, publicat pòstumament, que conté algunes importants idees del Nietzsche més crític i analític. En *Humà, massa humà*, de 1878, es

distancia del pessimisme decadent de Schopenhauer. Més tard s'afegiran a aquesta última obra *El caminant i la seva ombra* i les *Opinions i sentències diverses*. En les obres *Aurora* (1881) i *La gaia ciència* (1882) planteja una duríssima crítica a la religió i a la filosofia tradicional. L'any 1885 conclou la seva obra més coneguda i la més preuada per ell mateix, *Així parlà Zaratustra*, en què expressa, en un llenguatge volgudament profètic, les seves idees essencials. Un any més tard publica *Més enllà del bé i del mal* i, l'any 1887, *La genealogia de la moral* així com *Crepuscle dels ídols*, escrits en els quals Nietzsche intenta donar una forma més rigorosa a les seves idees. Durant l'any 1888 escriu *L'Anticrist* i la seva biografia filosòfica, *Ecce homo*. Encara escriurà dues obres més sobre Wagner. Finalment, hi ha un conjunt de manuscrits dispersos que van ser reunits i publicats —i manipulats— per la seva germana amb el títol de *La voluntat de poder*, de l'any 1901. Cal tenir en compte que el conjunt dels papers de Nietzsche no publicats equival a una vegada i mitja l'obra ja publicada. I només darrerament comencen a ser estudiats i organitzats. La major part d'aquestes obres tingueren tirades molt curtes i les vendes rarament van superar, en vida de l'autor, el centenar d'exemplars. Tanmateix, avui és un dels filòsofs més llegits i reeditats.

Nietzsche és un extraordinari escriptor, amb un impressionant domini en diferents registres de l'idioma. És precisament aquesta rara i genuïna unió entre el Nietzsche filòsof i el Nietzsche artista el que explica el gran èxit que ha tingut al llarg del segle XX. Filòsof, poeta i músic, la seva influència s'ha estès entre dramaturgs com August Strindberg, Luigi Pirandello o George Bernard Shaw; poetes com William B. Yeats o Rainer Maria Rilke; escriptors com Thomas Mann, Hermann Hesse, André Malraux, Albert Camus o Jean-Paul Sartre; músics com Richard Wagner, Gustav Mahler o Richard Strauss, aquest darrer, autor d'una obra musical titulada *Així parlà Zaratustra*.

Escultura romana que representa a ***Dionís*** *datada pels volts de l'any 150 dC. Actualment exposada al Museu del Prado.*

La contraposició apol·lini/dionisíac

En *El naixement de la tragèdia*, Nietzsche planteja el problema de l'origen de la tragèdia grega, origen que, segons ell, cal cercar en la música. En aquesta obra, la filologia dóna pas a la filosofia. Homenatge a Wagner, l'obra ofereix al mateix temps una visió completament nova de la cultura grega, allunyada dels clixés estereotipats. Segons la visió tradicional, el poble grec només s'hauria interessat per l'aspecte racional de la vida (coneixement, veritat, raó). Ara bé, segons Nietzsche, els grecs destaquen sobretot pel seu sentit *tràgic* de la vida. Partint del concepte que tenia Schopenhauer de la vida i del món com a realitats tràgiques i terribles, Nietzsche n'ofereix una visió que supera el pessimisme d'aquell. Els grecs varen ser capaços de transmutar el vessant més espantós de la vida mitjançant l'art, ja que l'experiència estètica fa més suportable l'existència humana. Ara bé, segons Nietzsche, la civilització grega va descobrir dues maneres estètiques diferents d'afrontar els esdeveniments de la vida. Aquestes dues actituds oposades són l'**apol·línia** (del déu grec Apol·lo) i la **dionisíaca** (de Dionís).

Apol·lo, en tant que déu solar, és el símbol de la llum, de la mesura, de la proporció. Representa també el món lluminós i brillant dels déus olímpics; per contra, el déu Dionís és la força imparable de la vida, que no coneix barreres ni límits. És un déu que ha sofert el patiment, que ha mort i ha ressuscitat; per això, entre els grecs, simbolitza plenament la vida, amb els seus dolors i les seves alegries. Els homes i dones que participaven en els ritus dionisíacs de l'antiga Grècia es fonien, ebris, en el tot, en la unitat del món, de manera que així desapareixien totes les diferències individuals. Apol·lo, en canvi, representa el principi d'individuació, el factor que singularitza els individus. Aquestes dues actituds originen, també, dues formes diferents d'expressar estèticament la realitat: l'art apol·lini, que es manifesta en les obres plàstiques (pintura, escultura, literatura...), persegueix la bellesa perfecta i ideal; per contra, l'art dionisíac, que es manifesta en les arts no figuratives (la música, la dansa, la poesia...), no pretén cobrir la vida amb un vel de bellesa serena i equilibrada, sinó exhibir-la amb tota la seva magnificència i amb tot el seu horror i cruesa. Per Nietzsche, la tragèdia grega, derivada de la poesia i la música, va fusionar admirablement l'actitud apol·línia amb la dionisíaca, ja que es tracta de dos principis que no s'exclouen sinó que es complementen; d'aquesta manera es va convertir en el model de qualsevol realització artística i de tota obra cultural, abans que el racionalisme, en mans de Sòcrates i els seus seguidors, aconseguís anul·lar l'esperit característic de la tragèdia grega.

«Aquests noms els agafem en préstec als grecs, els quals fan perceptibles a l'home intel·ligent les profundes doctrines secretes de la seva visió de l'art, no, certament, amb conceptes, sinó amb les figures incisivament clares del món dels déus. Amb les seves dues divinitats artístiques, Apol·lo i Dionís, s'enllaça el nostre coneixement que en el món grec subsisteix una antítesi enorme, pel que fa a l'origen i metes, entre l'art de l'escultor, art apol·lini, i l'art no-escultòric de la música, que és l'art de Dionís: aquests dos instints tan diferents marxen l'un al costat de l'altre, quasi sempre en oberta discòrdia entre si [...], fins que finalment, per un miraculós acte metafísic de la "voluntat" hel·lènica, es mostren aparellats entre si, i en aquest aparellament acaben engendrant l'obra d'art a la vegada dionisíaca i apol·línia de la tragèdia.»

El naixement de la tragèdia, 1

Friedrich Nietzsche

El coneixement sota sospita

La concepció clàssica de la veritat sosté —resumint en poques paraules— que el món posseeix una estructura fixa i objectiva i que la veritat d'una proposició (d'una creença, d'una teoria, d'una doctrina) és l'adequació o correspondència d'aquesta proposició amb la realitat. Per tant, la veritat és anterior o independent del fet de ser coneguda; hi ha un ordre fix, superior, que el coneixement humà es limita a reproduir.

Nietzsche rebutja aquesta concepció. Per a ell, no hi ha una veritat sinó diverses interpretacions, afavoridores de la vida i dels impulsos vitals o contràries a ells. Per això mateix, no existeix *la* interpretació de la realitat, sinó diversos acostaments a aquesta realitat. La veritat única i objectiva és un invent del passat. El llenguatge mateix amb què expressem el pensament ja és una convenció inventada per la humanitat. Per tant, el pensament no pot anar més enllà del que permeten les paraules.

La veritat objectiva no existeix. Així, la falsedat tampoc no constitueix una objecció contra un judici. Les possibilitats del pensament són les possibilitats del llenguatge, i aquest no és més que un instrument que permet organitzar les relacions entre els homes i entre aquests i les coses. El llenguatge, diu Nietzsche, «es limita a designar les relacions respecte als homes i per expressar-les apel·la a les metàfores més audaces». També afirma: «Tota paraula és un prejudici.» Els coneixements que anomenem vertaders no són més que coneixements que han esdevingut útils. De fet, són els errors no refutats: «Durant períodes enormement llargs, l'intel·lecte no generà res més que errors. Alguns d'aquests errors resultaren útils i serviren per a la conservació de l'espècie.» Aquesta és tota la veritat que pot assolir l'ésser humà.

El perspectivisme

S'ha anomenat *perspectivisme* la doctrina segons la qual tot coneixement s'obté a partir d'una determinada perspectiva i des d'uns fonaments vitals que el condicionen. L'observació de la realitat es realitza sempre des d'una talaia on està l'observador.

Per Nietzsche, tant el coneixement del sentit comú com el de la filosofia tradicional creuen que hi ha una realitat objectiva disposada a ser captada per l'ésser humà. Ara bé, el coneixement sempre arrenca a partir d'unes necessitats vitals del subjecte que coneix. Aquestes necessitats el situen en una **perspectiva** determinada des de la qual capta la realitat. En cap cas, però, no es pot dir que una perspectiva concreta, un cert punt de vista, sigui l'única veritat objectiva. Aquest enfocament perspectivista és especialment aplicable a la història. Tota mirada històrica és selectiva: la selecció i consideració d'un fets concrets com a determinants es fa a partir dels valors i les creences vitals de l'observador.

Cada perspectiva és, doncs, l'expressió d'unes certes forces instintives, a les quals Nietzsche denomina **voluntat de poder**. La veritat, entesa com la correspondència d'una proposició amb els fets, no existeix. Segons Nietzsche, una idea és vertadera si és útil, és a dir, si incrementa la voluntat de poder, si contribueix al creixement de la vida.

Aquesta és la perspectiva, el punt de vista des del qual opera el coneixement. No voler reconèixer aquesta determinació, no acceptar que tota aprehensió de la realitat es fa a partir de certs condicionants, sobretot lingüístics, i, en definitiva, no admetre que tot coneixement és una interpretació, aquestes són les causes, segons Nietzsche, de les falses creences, les creences contràries a la vida.

La crítica nietzscheana a alguns conceptes de la metafísica tradicional l'acosta a l'estil de filosofia empirista. D'altra banda, l'aguda consciència lingüística que manifesta —la ment no pot pensar més enllà de les limitacions dels conceptes cristal·litzats en el llenguatge, però si ho pot fer és gràcies al llenguatge mateix— el converteix en un precedent de la filosofia analítica del llenguatge del segle XX.

Giorgio De Chirico (1888-1978) fou un pintor italià d'origen grec. Les seves obres, qualificades de «pintures metafísiques», denoten la influència de diversos filòsofs. En els primers anys del segle XX va escriure:

> «He començat a pintar motius en els quals intento expressar el fort i enigmàtic sentiment que he descobert en els llibres de Nietzsche; la malenconia dels bells dies de la tardor i el capvespre en les ciutats italianes.»

«I, a més, què passa amb aquestes convencions del llenguatge? Són tal vegada productes del coneixement, del sentit de la veritat? Concorden les designacions i les coses? És el llenguatge l'expressió adequada de totes aquestes realitats? Només mitjançant l'oblit l'home pot arribar a imaginar-se que està en possessió d'una "veritat" en aquest grau que s'acaba d'indicar.»

Sobre veritat i mentida en sentit extramoral
Friedrich Nietzsche

«De fet, fins ara res no ha tingut una força persuasiva més ingènua que l'error sobre l'ésser, tal com fou formulat, per exemple, pels eleàtics: aquest error té a favor seu, en efecte, cada paraula, cada frase que nosaltres pronunciem! —També els adversaris dels eleàtics varen sucumbir a la seducció del seu concepte d'ésser: entre d'altres, Demòcrit, quan inventà el seu *àtom*... La "raó" en el llenguatge: oh, quina vella femella enganyadora! Temo que no podrem deslliurar-nos de Déu perquè continuem creient en la gramàtica.»

Crepuscle dels ídols, "La 'raó' en la filosofia, 5"
Friedrich Nietzsche

La crítica dels valors morals

En obres com *Humà, massa humà*, *La gaia ciència*, *Més enllà del bé i del mal*, *La genealogia de la moral* o *Crepuscle dels ídols*, escrites en diferents èpoques, Nietzsche porta a terme una profunda crítica dels conceptes metafísics tradicionals, dels mètodes de coneixement que aquesta metafísica ha emprat i dels valors morals, contraris als instints vitals, en què s'inspira. Desemmascarada la vella filosofia, Nietzsche proposarà la **transvaloració** de tots els valors que fins ara han dominat la cultura europea.

En aquest retrat del pintor noruec Edvard Munch (1863-1944), de l'any 1906, es pot apreciar el singular aspecte de ***Nietzsche****. En el llibre* Ecce homo, *parla de si mateix en aquests termes: «Jo sóc un aristòcrata polonès* de pura sang, *a qui ni una sola gota de sang dolenta se li ha barrejat i, menys que cap altra, sang alemanya.»*

La genealogia de la moral

Tradicionalment, diu Nietzsche, la filosofia ha intentat **fonamentar** la moral a partir d'alguna realitat objectiva, de la qual derivarien suposadament els valors morals. Hi ha, segons aquesta concepció, un ordre fix, immutable, que sosté els diversos codis morals que s'han anat proposant al llarg de la història. Així, per exemple, en la filosofia de Plató el fonament de la moral radica en el món de les idees i, particularment, en la idea de Bé. Aquesta idea estableix tot el que és bo i tot el que és dolent en la conducta humana. Per a Agustí d'Hipona o per a Tomàs d'Aquino, el fonament de la moral és la llei de Déu. Per a Hume, en canvi, és el sentiment moral, pel qual «sentim» la correcció o incorrecció d'una conducta i l'aprovem o la reprovem. Per a Kant, el fonament últim de la moral és la raó pràctica que prescriu l'imperatiu categòric.

Nietzsche considera que aquests intents de fonamentar la moral en una realitat objectiva estan condemnats al fracàs. Sospita —com també ho feren Marx i Freud en els seus respectius camps de coneixement— de la pretensió de la raó humana d'assolir qualsevol mena de coneixement objectiu de la realitat. Nietzsche creu que el camí que ha recorregut l'home occidental és un camí equivocat.

No es tracta, doncs, de fonamentar la moral —tasca impossible—, sinó de desemmascarar-la, mostrant el seu autèntic rostre. I això només és possible evidenciant l'origen, la gènesi, la **genealogia** dels valors morals, és a dir, exposant d'on procedeixen i com han anat evolucionant al llarg de la història.

La moral dels senyors i la moral dels esclaus

La moral judeocristiana, segons Nietzsche, és la que s'ha acabat imposant, arraconant altres perspectives morals. Nietzsche creu que és necessari recuperar el significat originari dels termes morals (*bo*, *noble*, *dolent*, *pervers*...) a través del mètode genealògic. Analitzant-los en diverses llengües, descobreix que aquests termes tenien antigament un significat diferent de l'actual. Per exemple, *bo* significava 'noble', 'distingit' o 'aristocràtic'; *dolent*, en canvi, significava 'baix', 'vulgar', 'plebeu'. A més del seu significat social, aquests termes també tenien un sentit psicològic o antropològic. *Bo* designava algú 'anímicament noble' o 'espiritualment noble'. Per contra, *dolent* designava algú 'anímicament feble'. En l'època antiga, els poderosos, els guerrers, eren els nobles; els febles, els plebeus, eren els vulgars i dolents. Més tard, per influència de la moral judeocristiana, els termes *bo* i *dolent* adquireixen un significat moral que abans no tenien, de manera que *dolent* passà a significar 'malvat', és a dir, 'moralment dolent' i *bo* passà a significar 'moralment bo': el resultat d'aquesta inversió fou que *bo* s'aplicà als febles i *dolent*, als forts, als nobles, justament a l'inrevés que antigament. Així, aquesta nova moral és la que ha acabat dominant en la cultura occidental.

No hi ha, per a Nietzsche, res semblant a un ordre immutable de valors morals: «Els fenòmens morals no existeixen, només hi ha una interpretació moral dels fenòmens.» Atès que no existeixen els fets morals, hem de situar-nos més enllà del bé i del mal. Vol dir això que tots els codis morals són legítims, tots mereixen idèntic reconeixement? Nietzsche no està disposat a acceptar aquesta conclusió ja que, tot i que no hi ha codis morals vertaders i d'altres de falsos, sí que hi ha una moral a favor de la vida, una moral dels nobles o forts, dels que diuen sí a la vida; i també una moral de l'altra vida, una moral dels esclaus o febles, d'aquells que diuen no a la vida terrenal. Com que no podien participar en els valors alegres i jovials dels poderosos, els febles, vençuts per la vida, han inventat un més enllà on poder trobar consol o compensació de les misèries que han hagut de patir en l'existència terrenal.

> «Un home fatal que obliga a prendre decisions últimes, una tremenda interrogació plantada a la vora del camí que l'home europeu ha vingut recorrent fins ara i que s'ha caracteritzat per l'herència de l'Antiguitat i de dos mil anys de cristianisme. Nietzsche és la sospita que aquest camí ha estat un camí errat, que l'home s'ha perdut, que és necessari fer marxa enrere, que cal renunciar a tot el que fins ara s'ha considerat "sant" i "bo" i "vertader". Nietzsche representa la crítica més extremada de la religió, la filosofia i la ciència, la moral.»
>
> *La filosofia de Nietzsche*
> **Eugen Fink**

La **moral dels senyors** és l'acceptació de la vida, amb totes les seves tràgiques exigències; els individus forts, creadors del seu propi destí, descarreguen alegrament la seva energia vital. És la moral dels individualistes, que no segueixen altres valors que aquells que ells mateixos es dicten.

La **moral dels esclaus** neix de la por i del sentiment d'inferioritat; l'odi que senten els esclaus envers aquells a qui temen engendra un ressentiment que són incapaços de descarregar de manera directa. Impotents, s'acullen a la protecció del ramat dels febles, en què troben l'escalfor dels que són tan miserables com ells mateixos.

Al capdavall, però, els esclaus han capgirat tots els valors, han invertit el significat dels termes *bo* i *dolent* des d'una perspectiva que nega els instints vitals, que exalta la feblesa. El que abans era bo ara és viscut com a malvat o pervers; i el que ara és sentit com a bo abans era el que es considerava dolent. En definitiva, la moral dels senyors ha estat substituïda per la moral dels esclaus. Aquests han acabat, doncs, imposant els seus valors als senyors: «La revolta dels esclaus en la moral comença quan el mateix ressentiment esdevé creador i genera valors, el ressentiment d'aquells éssers privats de la veritable reacció, la de l'activitat, que només es consideren indemnitzats mitjançant una venjança imaginària.» Amb l'ajut de la religió, els febles poden imposar la seva pròpia debilitat; tot i fer servir paraules com amor, compassió, resignació, caritat, etc., un odi profund viu en el fons del seu cor. Gràcies a aquest ressentiment, els esclaus han esdevingut els amos dominants.

Aquesta inversió de la moral dels forts, aquesta moral invertida, produeix la **mala consciència** per la qual els homes es preocupen de si mateixos. És la conseqüència de la «declaració de guerra contra els antics instints sobre els quals es basaven fins aleshores la seva força, el seu desig i la seva fecunditat». La mala consciència, «la malaltia més gran i més sinistra», apareix quan l'energia instintiva dels forts no pot descarregar-se cap a l'exterior i es concentra cap al seu interior. En un mateix individu coincideixen caçador i presa. En acceptar una moral de restriccions, els esperits nobles varen fer de si mateixos l'objecte de la seva persecució i s'aplicaren l'autocàstig en forma de sentiment de culpa. Només aquests poden patir la malaltia de la mala consciència; els febles, en no tenir la força vital d'aquells, no poden experimentar el sofriment ascètic dels poderosos, causat per la contenció dels instints. L'energia pròpia dels esperits forts ha de manifestar-se per un o altre camí: «El fet d'exigir de la força que no es manifesti com a força, que no vulgui dominar, que no vulgui humiliar [...] és tan absurd com el fet d'exigir de la feblesa que es manifesti com a força.» Els febles han acabat imposant uns valors i unes normes de conducta —basades en l'amor, la justícia, la bondat, etc.— com si fossin el resultat conscient d'una elecció volguda, quan, de fet, han «optat» per l'única forma de conducta adequada a un esperit sense força, un esperit naturalment esclau. Segons Nietzsche, la moral neix, doncs, d'una gran mentida.

Per portar a terme aquesta transvaloració dels valors, ha calgut utilitzar grans dosis de falsificació i engany. Així, la debilitat dels febles s'ha fet passar com una actitud voluntària, com el resultat d'una lliure decisió per part del subjecte, com si es tractés d'una renúncia voluntària a la venjança i a la força. Pel mateix engany, els forts són culpabilitzats per no renunciar a l'ús espontani de la seva potència. Per a Nietzsche, però, totes aquestes acusacions no tenen cap sentit: «No hi ha cap "ésser" darrere del fet, de l'acció, de l'esdeveniment. "L'agent" ha estat afegit simplement a l'acció. L'acció ho és tot.» No es pot separar el tipus humà de les seves accions; no hi ha un ésser independent dels seus actes. Per tant, el fort no pot deixar de ser-ho i el feble no pot arribar a ser-ho. Tot el que sigui apartar-se d'aquesta idea és engany i mentida.

La moral i la religió han acabat imposant la seva feblesa en nom d'un suposat món transcendent o sobrenatural en virtut del qual les coses i les actituds més terrenals són jutjades de poc valor o, fins i tot, contràries als autèntics valors. Aquest menyspreu a la vida en nom d'una altra vida superior està present no solament en els moralistes i els religiosos, sinó també en els científics, que creuen en la veritat. La crítica nietzscheana als valors morals judeocristians és extensiva a la cultura europea en general, ja que aquesta —la filosofia, la ciència, la religió, etc.— és l'expressió d'un mateix sistema de valors morals. Així, en les idees socialistes que reclamen la igualtat dels éssers humans o en la creença en l'objectivitat i neutralitat de la ciència, batega la mateixa moral, contrària als impulsos vitals, que situa el bé i la veritat en el més enllà.

“

«La mirada de l'esclau no veu amb bons ulls les virtuts del poderós: aquesta mirada posseeix escepticisme i desconfiança, és *subtil* en la seva desconfiança enfront de tot allò que s'honora com a "bo" en aquelles virtuts—, ell voldria convèncer-se que la felicitat mateixa del poderós no és autèntica. A la inversa, les propietats que serveixen per alleugerir l'existència d'aquells que sofreixen són posades en relleu i inundades de llum; allò que aquí és honrat és la compassió, la mà afable i socorredora, el cor càlid, la paciència, la diligència, la humilitat, l'amabilitat, ja que aquestes són les propietats més útils i quasi els únics mitjans per suportar la pressió de la seva existència. La moral de l'esclau és, essencialment, una moral de la utilitat.»

Més enllà del bé i del mal, 260

Friedrich Nietzsche

“

«De la mateixa manera nego la immoralitat, però no nego que hi hagi moltíssims homes que són considerats immorals; el que nego és que existeixi una raó vertadera per la qual són considerats així. No nego, com és lògic (seria un insensat si ho fes), que sigui oportú evitar i combatre molts dels actes que són considerats immorals, i que sigui necessari realitzar i fomentar molts dels actes que són considerats morals; però crec que aquestes coses s'han de fer per *raons diferents* de les que s'han seguit tradicionalment. Cal que canviem la nostra *forma de veure* per tal que acabem canviant —tot i que potser ja és massa tard— la nostra *forma de pensar*.»

Aurora, 103

Friedrich Nietzsche

En conseqüència, els que ataquen les creences religioses —titllant-les de superstició i ignorància— en nom de la raó i el progrés, en nom de l'única veritat establerta, cauen en el mateix joc que critiquen. Nietzsche diu que els esperits lliures, partidaris incondicionals de la netedat intel·lectual, escèptics, idealistes del coneixement «no són ni de bon tros esperits lliures, ja que encara creuen en la veritat». Nietzsche identifica la veritat i la bondat:

> «Continua existint encara una fe metafísica sobre la qual descansa la nostra fe en la ciència —que fins i tot nosaltres els coneixedors d'avui, nosaltres els ateus i els antimetafísics, manllevem encara el nostre foc de l'incendi que provocà una fe mil·lenària, aquella fe cristiana que fou també la fe de Plató, la fe que Déu és la veritat, la fe que la veritat és divina.»
>
> *La gaia ciència*, V, 344
> **Friedrich Nietzsche**

***Gustav Klimt** (1862-1918), pintor austríac, va conèixer les idees de Nietzsche. En la seva pintura, va atacar les encarcarades normes morals de la societat vienesa del final del segle XIX, amb una actitud que recorda la de Nietzsche i Freud. Les seves obres varen provocar un gran escàndol, particularment aquest quadre, titulat* El petó, *de 1907.*

Per a Nietzsche, Plató —i abans Sòcrates— ha inventat un altre món, el món de les idees, que és, al capdavall, el sentit del món terrenal: traslladant la realitat a una suposada vertadera realitat situada més enllà del món sensible, el platonisme ha devaluat la vida i els seus impulsos. El cristianisme (*platonisme popular*, segons Nietzsche) no ha fet més que menysprear aquest món en nom de l'altre. Però, Déu ha mort, diu Nietzsche; així que la Veritat, entesa com el coneixement d'un ordre fix de conceptes immutables, també ha mort. En no haver-hi un món real més enllà del nostre món, el món aparent esdevé l'únic món real.

La **mort de Déu**, és a dir, deixar de cercar el sentit de la vida en un més enllà, juntament amb totes les conseqüències d'aquesta nova situació, és el missatge positiu que vol aportar el seu pensament amb el símbol de Zaratustra.

El pensament positiu de Nietzsche

En Nietzsche no es pot distingir, radicalment, el pensament crític o negatiu del pensament positiu o constructiu. Ara bé, l'obra *Així parlà Zaratustra* conté les doctrines més característicament nietzscheanes, presentades en un llenguatge poètic i profètic que pretén imitar l'estil dels llibres religiosos. Aquesta era l'obra predilecta del seu autor. A *Ecce homo* escriu: «Res d'igual s'ha compost mai, ni sentit mai, ni sofert mai.» Nietzsche utilitza la figura semillegendària de Zaratustra per exposar el seu pensament positiu. Les grans idees metafísiques d'aquesta obra han estat agrupades en quatre conceptes: la mort de Déu, el superhome, la voluntat de poder i l'etern retorn.

ACTIVITATS

4> Feu un debat a classe sobre la moral dels senyors i la moral dels esclaus. Enfoqueu la discussió entorn de la qüestió de si els codis morals tenen un fonament biològic en la naturalesa humana o bé depenen de l'ambient social i cultural. Quina opció adoptaria Nietzsche?

5> Feu un resum del text següent i indiqueu les principals idees:

> «El concepte "déu", inventat com a concepte oposat a la vida —en ell es crea una horrorosa unitat de tot el que és perjudicial, verinós, difamatori, de l'entera enemistat mortal contra la vida! El concepte "més enllà", "món vertader", inventat per desvalorar l'*únic* món que existeix —perquè a la nostra realitat terrenal no li quedi cap meta, cap raó, cap tasca! El concepte "ànima", "esperit", i finalment també "ànima immortal", inventat per menysprear el cos, per fer-lo malalt —"sant".»
>
> *Ecce homo,* "Per què sóc un destí, 8"
> **Friedrich Nietzsche**

La mort de Déu

Amb aquest concepte, ja anunciat en *La gaia ciència*, Nietzsche simbolitza la fi del sentit transcendent del món, l'acabament de qualsevol referència extraterrenal que serveixi per explicar els fets terrenals. Amb la mort de Déu, la humanitat ja no cercarà una raó darrere les estrelles. «El més gran dels nous esdeveniments —l'esdeveniment que "Déu ha mort", l'esdeveniment que la fe en el Déu cristià ha esdevingut indigna de crèdit— comença ja a projectar les seves primeres ombres sobre Europa», escriu a *La gaia ciència*. Aquesta idea representa, per tant, l'anihilació de tot idealisme, de qualsevol pensament que superposi damunt l'única realitat un món d'idees que pretengui explicar-la. El món intel·ligible, inventat per Plató, és el criteri de valoració —de menyspreu— dels valors vitals, dels valors sorgits de la vida. Les religions, en presentar un esquema dualista del món i de l'home, adopten la visió platònica des d'un angle més emotiu o sentimental, més proper a les creences populars. Un cop desapareguts els ideals extramundans, la tasca de la humanitat és generar nous valors arrelats en les forces de la vida. El sentit del món només pot trobar-se dins del món. En definitiva, la mort de Déu equival a la mort de la funció de Déu, a la desaparició del paper de Déu en l'escenari de la vida humana.

La mort de Déu ha provocat, però, l'aparició de l'**últim home**, un ésser menyspreable que viu pragmàticament, sense ideals, que «té el petit plaer del dia i el petit plaer de la nit». L'únic que busca és la comoditat i així es creu feliç. El darrer home, dibuixat amb traços foscos, és l'exaltació de la mediocritat.

La mort de Déu, és a dir, la desaparició de tots els valors eterns (bé, veritat, justícia, etc.) ha fet que l'home ja no cregui en res, que ja no trobi sentit en res. És l'època del **nihilisme** (del llatí *nihil*, que vol dir 'no-res'), de la falta de tot sentit i de tota finalitat. «Què significa el nihilisme? Que els valors suprems es desvaloren. Falten els fins, falta la resposta al "per què"», escriu Nietzsche a *La voluntat de poder*. La mort de Déu és una idea que només els grans homes poden autènticament valorar i assumir amb joia, ja que obre un ampli camp a la creativitat humana. L'home comú, en canvi, sent un gran buit arran de la mort dels ideals transcendents, ja que Déu havia omplert de sentit la seva vida. «Sota l'imperi de les idees religioses hom s'ha acostumat a la representació d'un "altre món" (transcendent, inferior, superior), alhora que amb l'anihilació de les idees religioses hom sent un buit enutjós i una gran privació» (*La gaia ciència*, 151).

Aquesta etapa nihilista és només una etapa temporal, ja que Nietzsche anuncia l'adveniment d'un nou món, una nova aurora, en què dominaran altre cop els valors de la vida. En aquest sentit, doncs, Nietzsche no és un pensador nihilista, sinó un pensador que critica i denuncia aquesta negació de la vida que és la moral ascètica dels esclaus. Ha calgut pagar un preu molt car per la mort de Déu, per la desaparició del sentit transcendent del món: la civilització de l'últim home. Zaratustra contraposa la miserable figura de l'últim home a la lluminosa promesa que ve a anunciar: el superhome.

+

Zaratustra (Zoroastre en grec) fou un profeta persa nascut al voltant de l'any 570 aC i del qual es tenen molt poques notícies confirmades. Fundà una religió, el *mazdeisme* o *zoroastrisme*, que afirma l'existència de dos principis oposats o «esperits primordials», identificables amb el bé i el mal. Els humans han de decantar-se per un o per l'altre. Religions antigues com el judaisme, el gnosticisme o el maniqueisme han rebut la influència de la religió de Zaratustra. Però, per què l'elecció d'aquest profeta? Nietzsche ens en dóna la clau. Zaratustra creà el gran error, «el més fatal de tots», en inventar la moral. «Zaratustra fou el primer a advertir que l'autèntica roda que fa moure les coses és la lluita entre el bé i el mal —la transposició de la moral al món metafísic, com a força, causa, fi en si, és obra seva.» Per tant, ell és el primer a reconèixer aquest error en anunciar la vinguda del superhome.

"

«Per què l'aparició del nihilisme és ja necessària? Perquè els nostres valors anteriors arriben, amb ell, a les seves últimes conseqüències; perquè el nihilisme és el resultat lògic dels nostres valors i ideals més elevats —perquè hem de passar primer pel nihilisme per descobrir el valor real d'aquests "valors". [...] Algun dia necessitarem valors nous.»

La voluntat de poder, llibre III
Friedrich Nietzsche

ACTIVITATS

6> Com és l'«últim home» tenint en compte la caracterització que en fa Nietzsche en el text següent?:

> «Hom treballa encara, perquè el treball distreu. Hom procura, però, que la distracció no cansi.
>
> Hom ja no es fa ni ric ni pobre: són coses massa carregoses. Qui vol governar encara? Qui, encara, vol obeir? Són coses massa carregoses.
>
> Ni pastor, ni un sol ramat! Cadascú vol el mateix, cadascú és el mateix: qui pensa altrament se'n va tot sol al manicomi.»
>
> *Així parlà Zaratustra*, I, Pròleg
> **Friedrich Nietzsche**

7> Compareu la idea de la mort de Déu de Nietzsche amb l'afirmació que fa un personatge de l'obra *Els germans Karamàzov* del novel·lista rus Fiodor Dostoievski (1821-1881): «Si no hi ha Déu, tot està permès.»

El superhome

Diu Nietzsche, al començament d'*Així parlà Zaratustra*: «L'home és una corda tibant entre la bèstia i el superhome —una corda sobre un abisme. [...] La grandesa de l'home rau en el fet de ser un pont i no pas una meta: allò que en l'home es pot estimar és el fet de ser una transició i un ocàs.» En marcat contrast amb l'últim home, Nietzsche presenta el **superhome**, l'home que assumeix fins a les darreres conseqüències la mort de Déu, la manca d'un sentit transcendent. El nou home és un déu terrenal, creador de nous valors; «el superhome és el sentit de la terra». Zaratustra anuncia el temps «en què l'home ja no llançarà la fletxa de la seva nostàlgia per damunt de l'home, i en què la corda del seu arc ja no la sabrà fer vibrar!». Els valors de l'home del futur no estaran en el món del més enllà ni es basaran en ideals il·lustrats com ara el progrés, l'Estat, la felicitat, la igualtat, el coneixement, etc. El superhome no es limita a negar i, tot seguit, a invertir o transgredir els antics valors, sinó que és un autèntic creador de nous valors, d'altres estils de vida fidels al sentit de la terra. Fort i lliure, esperit indòmit i solitari, no se sotmet a les imposicions de la moral dominant. El superhome no és, doncs, el resultat necessari de l'evolució biològica de l'espècie humana, sinó que representa una categoria moral, el nou home que sorgirà, a partir de l'esforç de la voluntat de poder, per substituir l'home decadent de la cultura occidental.

Nietzsche presenta, a través d'un simbolisme zoològic molt eficaç, les etapes de l'esperit fins a arribar a la idea del superhome: «De les tres metamorfosis de l'esperit us parlo: com l'esperit es transforma en camell, i el camell en lleó, i el lleó, a la fi, en nen.» El **camell** transporta la feixuga càrrega de la moral —el pes del «tu has de» imposat des de fora—, dels valors mil·lenaris. El camell, en la seva travessia pel desert, es transforma en **lleó** i canvia el «tu has de» per un «jo vull». Si el camell simbolitza l'acceptació, el lleó és la metàfora de la negació dels valors establerts i representa la crítica a la moral tradicional. No obstant això, el lleó només sap dir «no»; és incapaç de crear nous valors, de traçar un camí de futur. Per això encara s'ha de transfigurar en **nen**, per poder dir «sí». Per què un nen?: «Innocència és el nen, i oblit, un nou començament, un joc, una roda que dóna voltes per si sola, un primer moviment, un sagrat dir sí. Sí, per al joc de crear, germans meus, cal un sagrat dir sí: l'esperit vol ara la seva voluntat, el que havia renunciat al món es guanya el seu món.» Si el camell i el lleó simbolitzen diferents aspectes de l'home actual, el nen representa el superhome, ja que, a través de la seva capacitat d'oblidar i de jugar, té el poder d'inventar nous valors, situats més enllà del bé i del mal.

El 15 d'octubre de l'any 1934, a Weimar, Hitler va presidir els actes de commemoració del 90è aniversari del naixement de Nietzsche. El nazisme considerà aquest filòsof com un dels seus antecedents ideològics; però, és Nietzsche un precedent de la barbàrie nazi? En alguns moments, de fet, expressa opinions que exalten la violència i la superioritat de certes «races» d'homes. Ara bé, també critica les formes de vida massificades que comporta l'Estat modern. En qualsevol cas, Nietzsche hauria estat completament hostil a l'autoritarisme del nazisme, que negava les diferències i les actituds individuals. La filòsofa Agnes Heller ha afirmat:
«Per a mi, Nietzsche no és el precursor del nazisme; de la relació de Nietzsche amb el feixisme pot dir-se el mateix que de la relació de qualsevol teòric o ideòleg amb la realitat política: si Nietzsche hagués viscut el feixisme o el nazisme, s'hauria rebel·lat contra ells.»

ACTIVITATS

8> Comenteu el text següent de Nietzsche i expliqueu el sentit de les frases: «El superhome és el sentit de la terra. Que la vostra voluntat digui: sigui el superhome el sentit de la terra.»

> «I Zaratustra parlà així a la gent:
>
> Jo us predico el superhome. L'home és quelcom que ha de ser superat. Què heu de fer per superar-lo?
>
> Fins ara tots els éssers han creat alguna cosa que els supera: i vosaltres voleu ser el reflux d'aquesta gran marea i recular fins a la bèstia en comptes de superar l'home?
>
> Què és el simi per a l'home? Una riallada o una vergonya dolorosa. I precisament això ha de ser l'home per al superhome: una riallada o una vergonya dolorosa. [...]
>
> Mireu, jo us predico el superhome.
>
> El superhome és el sentit de la terra. Que la vostra voluntat digui: sigui el superhome el sentit de la terra.
>
> Jo us conjuro, germans meus, que resteu fidels a la terra i que no us cregueu aquells que parlen d'esperances supraterrenals! Són gent que emmetzinen, tant si ho saben com si no.»
>
> *Així parlà Zaratustra*, I, Pròleg
> **Friedrich Nietzsche**

«Justament el que Nietzsche retreu a la creença en els déus és que un home no pot aspirar a convertir-se en déu ni pot crear un déu, traient-lo de la seva naturalesa actual. En canvi, l'home pot *proposar-se* arribar al que és sobrehumà, i està en la seva capacitat terrenal aconseguir aquest objectiu, per molt que representi un immens salt qualitatiu des de la seva condició present: *el superhome o ultrahome no és ni més (ni menys) que la millor possibilitat de l'home.*»

Nietzsche
(*Història de l'ètica*, volum 2)
Fernando Savater

La descripció nietzscheana del superhome no va més enllà de la presentació metafòrica; per això resulta difícil arribar a tenir-ne una idea clarament definida. De fet, el concepte de superhome és un concepte-límit en el sentit que representa el futur, el projecte de la humanitat, aquell tipus que progressivament s'anirà formant en la mesura que s'abandoni voluntàriament tot allò «humà, massa humà» que ha estat «adherit» a l'espècie humana des de fa molt de temps. Tal com s'ha arribat a dir, el superhome és, ni més ni menys, la millor possibilitat de l'home.

La voluntat de poder

Déu ha mort i el superhome ha de generar nous valors. La **voluntat de poder** és la força que anima el superhome en aquesta difícil funció creadora. Els éssers vius són o expressen voluntat de poder, entesa com alguna cosa més que la simple i elemental voluntat de supervivència o instint d'autoconservació: «Una cosa viva, abans que res, vol donar curs lliure a la seva força —la vida mateixa és voluntat de poder—: l'autoconservació és només una de les conseqüències indirectes i més freqüents d'això» (*Més enllà del bé i del mal*, 12). Tots els éssers vius manifesten aquesta força instintiva i inconscient que és la voluntat de poder i que els impulsa a superar-se, a crear formes superiors de vida, encara que sigui al preu de la destrucció d'altres formes vitals caduques. La voluntat de poder no es pot reduir, però, a la voluntat de domini polític, a l'anhel de predomini social o al desig de possessió material. La voluntat de poder nietzscheana no es pot confondre tampoc amb l'instint de supervivència o amb la lluita per la vida del darwinisme. La lluita per la vida no és, contràriament al que deia Darwin, una lluita per la mera supervivència, sinó una lluita pel domini, pel poder; es lluita «per la riquesa, per l'exuberància, fins i tot per la prodigalitat absurda —on es lluita, es lluita pel poder». En aquest enfrontament pel poder, el esperits forts poden ser —històricament ho han estat— vençuts pels més febles. Més nombrosos, més astuts, disposant de l'ajut de la moral i de la virtut que emana de Déu, els febles, diu Nietzsche, han guanyat la batalla contra els forts. Els forts prescindeixen de la força de l'esperit; en canvi, els febles estan animats per un gran esperit, és a dir, per un esperit de previsió, de paciència, d'astúcia i de simulació, i amb un gran domini de si mateix.

L'ímpetu de la voluntat de poder s'expressa de nombroses maneres en l'ésser humà: en les investigacions dels científics, en les obres dels artistes, en els sistemes dels filòsofs, en els diversos codis de valors dels moralistes des dels quals s'interpreta i valora la realitat, etc.

La influència de Schopenhauer és present en el concepte nietzscheà de voluntat de poder. Per al filòsof del pessimisme, la vertadera realitat és la voluntat; en tots els àmbits de l'ésser es manifesta el mateix impuls per sobreviure, per romandre en l'existència. Però, mentre que per a Schopenhauer la fi del dolor inherent a la vida només s'aconsegueix en el moment de la mort, per a Nietzsche la vida és un impuls creador que contínuament busca noves formes i que no s'acontenta amb la mera adaptació a les condicions ambientals. Aquesta creació de noves formes de vida comporta sovint l'aniquilació de formes ja caduques, decadents o inadequades al nou estadi assolit. Schopenhauer no ha superat encara la visió negativa, ressentida del fet vital. En canvi, segons Nietzsche, la voluntat de poder és voluntat de vida, no desig de sumar-se al corrent del no-res que és la mort. Equival a la voluntat de creació de formes vitals superiors, cada cop més completes, més reeixides, més poderoses.

«La vida, com a forma de l'ésser que millor coneixem, és, específicament, la voluntat d'acumular força: tots els processos vitals tenen aquesta mateixa palanca: res no vol conservar-se, tot ha de ser sumat i acumulat.
La vida [...] tendeix a un sentiment màxim de poder; ella és essencialment l'esforç cap a més poder; la seva realitat més profunda, més íntima, és aquesta voluntat.»

La voluntat de poder, llibre II
Friedrich Nietzsche

«El pensament de Nietzsche no busca desvincular-se de la vida ni un sol moment, ni menys evadir-se dels impulsos de la seva personalitat. Contràriament, neix i sorgeix una i altra vegada, de manera renovada, de les profunditats d'ambdós i n'és l'expressió. L'"objectivitat" ni tan sols és en ell un *desideratum*, perquè buida i encarcara una vida que sempre és superior; i el "coneixement pur" se li presenta sempre com un mer autoengany i paràlisi de la personalitat creadora. La vida mateixa és, per a Nietzsche, la veritat. D'aquí que hom no pugui fer-ne abstracció per accedir al coneixement de quelcom "vertader en si". La personalitat creadora és per Nietzsche, d'altra banda, la forma més elevada de vida.»

Friedrich Nietzsche, volum 1
Curt Paul Janz

ACTIVITATS

9> Feu un resum del text següent. A què es refereix Nietzsche amb l'expressió «l'escola de Darwin»? I per què afirma que «els dèbils dominen una i altra vegada els forts»?

«Però suposant que aquesta lluita existeixi —i de fet es dóna—, acaba, per desgràcia, al revés de com ho desitja l'escola de Darwin, al revés de com tal vegada seria lícit desitjar-ho amb ella: a saber, en detriment dels forts, dels privilegiats, de les excepcions afortunades. Les espècies no van creixent en perfecció: els dèbils dominen una i altra vegada els forts —és que ells són el gran nombre, és que ells són també més intel·ligents.»

Crepuscle dels ídols, "Incursions d'un intempestiu, 14"
Friedrich Nietzsche

A vegades, la voluntat de poder pot perdre força i donar lloc, ja afeblida, a l'home decadent i a la cultura malaltissa per on s'arrossega aquest esperit inferior. Per a Nietzsche, la moral judeocristiana, la ideologia socialista i l'esperit científic —l'home modern, en definitiva— encarnen l'home decadent que ha renunciat a la vida, que és incapaç de crear nous valors i cercar nous ideals. La voluntat del no-res ha substituït la voluntat de poder.

L'etern retorn

En el pròleg d'*Ecce homo*, Nietzsche diu: «Entre els meus escrits, el meu Zaratustra ocupa un lloc a part. Amb ell he fet a la humanitat el regal més gran que fins ara aquesta ha rebut.» Aquest «regal» no és altre que la idea, terrible i esperançadora alhora, de l'**etern retorn**. La prova de foc del superhome, el gran repte que ha de superar, és l'acceptació de l'etern retorn de totes les coses, és a dir, que totes les coses que passen ja han passat abans i tornaran a passar infinites vegades més. Nietzsche escriu:

> «Què et passaria si un dia o una nit et perseguís un dimoni en la teva solitud més solitària i et digués: "Aquesta vida, tal com la vius ara i tal com l'has viscuda, hauràs de viure-la encara incomptables vegades. I en ella no hi haurà res de nou, sinó que cada sofrença, cada plaer, cada pensament, cada sospir, tot allò que és indiciblement petit i gran de la teva vida, ha de tornar a esdevenir-se per a tu, tot en el mateix ordre i en la mateixa successió —alhora, també aquesta aranya i aquest raig de lluna que apareix entre els arbres, també aquest instant i jo mateix?"»
>
> *La gaia ciència*, IV, 341
>
> **Friedrich Nietzsche**

No és fàcil determinar quin és el significat i la funció exactes d'aquesta doctrina, metafísica i moral alhora, dins de la filosofia de Nietzsche; no hi ha dubte, però, que la considerava una peça bàsica del seu pensament. Al concepte lineal del temps, d'un temps que avança i progressa (propi de la tradició bíblica i occidental), Nietzsche oposa el concepte de l'etern retorn, que pren dels grecs, en el qual cada cosa i cada instant tenen un valor etern, ja que són únics. El nou home que anuncia Nietzsche rebutja la idea d'un temps que passa, d'un temps que devora totes les coses, fins i tot els valors més positius. La idea de l'etern retorn és un pensament aclaparador ja que no hi ha cap consol en la reiteració dels esdeveniments. Saber que tot tornarà a succeir cíclicament no és cap alleujament per a l'esperit. Ara, però, desaparegut qualsevol sentit transcendent, sense un fi o objectiu final en el qual puguin estar dipositades totes les esperances, cada moment de la vida pren una significació total. El missatge de Nietzsche és que no hi ha una altra vida, una vida millor, sinó únicament aquesta vida terrenal, que es repeteix eternament. «Totes les coses tornen eternament, i nosaltres mateixos amb elles, i nosaltres ja hem existit un nombre etern de vegades, i totes les coses amb nosaltres.»

> «Sens dubte Nietzsche va entendre el pensament de l'etern retorn com una veritat proposicional, però també la va utilitzar com un pragmàtic, autosuggestiu mitjà auxiliar per configurar la vida. D'aquesta manera pot escalfar existencialment un coneixement "fred". El fet que cada moment retorni ha de conferir a l'ara i a l'aquí la dignitat d'allò etern. Hem de preguntar-nos en tot allò que fem: "És cert que ho faré innombrables vegades?". Nietzsche, que vol superar el "tu has de", ensenya aquí, no obstant això, un nou "tu has de", a saber: has de viure l'instant de manera que pugui tornar sense horror per a tu.»
>
> *Nietzsche. Biografia del seu pensament*
>
> **Rüdiger Safranski**

> «Tot l'esdevenir consisteix en la repetició d'un nombre finit d'estats absolutament idèntics entre si. — El nombre de les combinacions possibles, sens dubte, no hi cap a la imaginació dels cervells humans [...]. Per tant, caldria dir: tots els estats reals han hagut de tenir en el passat un estat que fos idèntic a cadascun d'ells, suposant que el nombre de casos no sigui infinit i que, en el curs del temps infinit, no pugui realitzar-se més que un nombre limitat de casos.»
>
> *La voluntat de poder*, llibre II
>
> **Friedrich Nietzsche**

*Al poblet de **Sils Maria**, a l'Alta Engadina (Suïssa), durant l'estiu de l'any 1881, Nietzsche tingué sobtadament, mentre feia una de les seves habituals excursions muntanyenques, la idea, central en la seva filosofia, de l'etern retorn de totes les coses. Avui dia una placa commemora aquest fet crucial en la biografia del filòsof alemany.*

“

«Tornaré de nou, amb aquest sol, amb aquesta terra, amb aquesta àguila, amb aquest serpent — no pas a una vida nova o a una vida millor o a una vida semblant:
— vindré eternament de nou a aquesta mateixa i igual vida, en allò que hi ha de més gran com en allò que hi ha de més petit, per ensenyar de nou l'etern retorn de totes les coses —
— per dir de nou la paraula del gran migdia de la terra i dels homes, per tornar a augurar als homes el superhome.»

Així parlà Zaratustra
"El convalescent"
Friedrich Nietzsche

«Nietzsche pensava en un sistema d'idees, a l'inici del qual hi havia la *mort de Déu*; en el centre, estava el *nihilisme*, conseqüència d'aquest esdeveniment, i al final apareixia l'autosuperació d'aquest mitjançant l'*etern retorn*. El primer discurs de Zaratustra es refereix a aquesta triple transformació de l'esperit. El *tu has* de la religió cristiana es converteix en l'esperit alliberat del *jo vull*. La mutació última i més difícil del "jo vull" en una existència que eternament es repeteix, més enllà del joc pueril dels actes d'anihilació i de creació, és a dir, la transformació del "jo vull" en el "jo sóc" dins la totalitat de l'ésser, es compleix enmig del "desert de la llibertat" per al no-res.»

De Hegel a Nietzsche
Karl Löwith

En *Així parlà Zaratustra*, en el capítol "De la visió i de l'enigma", apareix la figura d'un pastor dominat per una serp: «Vaig veure un jove pastor que es recargolava, que s'ofegava, convuls, amb el rostre desfigurat, de la boca del qual penjava una serp negra i feixuga»; aquesta serp fastigosa, que paralitza tot comportament i que simbolitza la idea de l'etern retorn, només pot ser superada a mossegades i arrancant-li el cap. Llavors, el pastor l'escup lluny: «Ja no pastor, ja no home —un transfigurat, un il·luminat que reia! Mai abans en la terra no havia rigut cap home com ell rigué!» Cada instant és únic i, per això mateix, dotat de sentit en ell mateix. Assumir aquest pensament és la tasca del superhome. Reconèixer la necessitat de cada instant i voler que retorni, que torni a passar, és el missatge que ha vingut a predicar Zaratustra.

L'etern retorn és, a més d'una doctrina metafísica, una exigència moral: «La meva doctrina declara que has de viure de la manera que desitgis viure un altre cop. Aquest és el teu deure. De totes maneres, viuràs un altre cop.» Així doncs, la idea de l'etern retorn té un clar component ètic. Nietzsche proposa una mena d'imperatiu categòric, una moral formal l'únic manament de la qual seria la prescripció d'actuar de tal manera que vulguem l'etern retorn de cada instant, la infinita repetició dels nostres actes i de les seves conseqüències. Només un instant així és realment digne de ser viscut: «Imprimim a la nostra vida el segell de l'eternitat! Aquest pensament està més carregat de contingut que totes les religions que menyspreen la vida en tant que efímera i que ens han acostumat a mirar cap a una altra vida indefinida.»

Nietzsche tracta de donar una base «científica» a la teoria de l'etern retorn de totes les coses; en diverses pàgines de la seva obra pòstuma *La voluntat de poder*, justifica la necessària repetició de tots els esdeveniments i de tots els estats a partir de conceptes com l'energia, el temps infinit, la combinació d'estats, etc. La quantitat total d'energia de l'Univers, diu Nietzsche, és limitada; atès que el temps és infinit, llavors el nombre de combinacions d'estats d'energia és enormement alt, però finit al capdavall. I, com que la quantitat d'energia total és sempre la mateixa, cadascun dels estats de l'energia de l'Univers ja s'ha produït abans alguna altra vegada; per tant, aquest moment present és el retorn, la repetició d'una determinada configuració d'energia anterior.

Més enllà de l'acceptabilitat d'aquestes reflexions cosmològiques de Nietzsche, el cert és que tenen un gran valor ja que palesen la serietat amb què el seu autor considerava la teoria de l'etern retorn de totes les coses. I no menys importants són les seves conseqüències: d'una banda, la repetició de la història, amb els mateixos dramàtics esdeveniments, idèntiques catàstrofes, iguals situacions de la més absoluta injustícia, etc. La lluita per un futur millor és en va, ja que totes les coses, les més nobles i també les més miserables, tornaran a produir-se una i altra vegada. El pensament de l'etern retorn és un pensament feixuc, apte només per a esperits forts. D'altra banda, implica la fi de tot fi o propòsit en la història, l'anihilació definitiva de qualsevol finalitat transcendent que pugui donar sentit als successos humans. No hi ha un moment final, un objectiu històric pel qual totes les accions humanes tinguin un sentit. Cada instant té un valor infinit i ha de ser viscut com si fos per a tota l'eternitat; aquest és el missatge de Zaratustra i la missió encarregada al superhome. Només el superhome és capaç de mirar cara a cara cada instant de la vida com si eternament hagués d'esdevenir-se de nou, com si cada moment fos etern. A la concepció hegeliana d'un procés històric que és també un progrés, Nietzsche oposa la idea que el sentit de cada esdeveniment radica en ell mateix; aquesta és l'última conseqüència de la mort de Déu. Nietzsche resumeix la seva teoria amb l'expressió *amor fati* o amor al destí. Així, en franca oposició amb la concepció platònica i cristiana del món, Nietzsche, conseqüent amb el seu ateisme radical i la seva visió pagana de l'existència, considera que només hi ha aquesta vida terrenal, que cal viure com si fos eterna o com si hagués de retornar infinites vegades.

ACTIVITATS

10> Expliqueu el sentit d'aquests tres pensaments fonamentals en la filosofia nietzscheana:

a) Déu ha mort.

b) L'home és una corda tibant entre la bèstia i el superhome.

c) Imprimim a la nostra vida el segell de l'eternitat!

11> Definiu els conceptes següents:

Apol·lini, dionisíac, moral dels senyors, moral dels esclaus, transvaloració, mort de Déu, nihilisme, superhome, voluntat de poder i etern retorn.

10.5 El descobriment de l'inconscient: Sigmund Freud

Segons el psicoanalista anglès Ernest Jones, biògraf oficial de Freud, aquest havia dit: «Les premonicions i intuïcions de Nietzsche solen estar d'acord de la manera més sorprenent amb els laboriosos resultats de la psicoanàlisi.» Freud, fundador del moviment psicoanalític, reconeix Schopenhauer i Nietzsche com a dos pensadors que coincideixen freqüentment amb algunes propostes d'aquest moviment. Sigui com sigui, Freud, igual que Nietzsche, ha contribuït a posar en dubte la capacitat de la raó humana per fundar racionalment i autònomament la seva pròpia existència.

Vida i obres

Sigmund Freud (1856-1939) neix a Freiberg (avui Pribor), Moràvia. Estudia a Viena, no sense algunes dificultats pel fet de ser jueu. L'any 1873 entra a la universitat, on cursa medicina i mostra un gran interès per la investigació fisiològica. L'any 1885 obté una beca per ampliar estudis a París amb Jean-Martin Charcot, famós metge francès que curava la histèria mitjançant la hipnosi. La primera obra important de Freud, escrita amb la col·laboració del metge vienès Josef Breuer, és *Estudis sobre la histèria*, de 1895. De l'any 1899 és una de les seves obres fonamentals, *La interpretació dels somnis*, en què afirma que els somnis tenen un significat i que la seva interpretació permet accedir a l'inconscient; l'obra no apareix fins a l'any 1900, coincidint amb el darrer any del segle XIX, ja que està convençut que tindrà una gran repercussió en el segle següent. A continuació publica *Psicopatologia de la vida quotidiana*, en la qual es diu que alguns «petits» incidents quotidians —oblits, lapsus, etc.— són molt reveladors de la vida psíquica profunda.

L'any 1905 apareix *Tres assaigs per a una teoria sexual*; en aquesta polèmica i revolucionària obra, Freud afirma l'existència de la sexualitat infantil i que la sexualitat adulta no està exclusivament dirigida a la procreació. D'aquest any també és *L'acudit i la seva relació amb l'inconscient*. Les seves idees comencen a ser conegudes a l'estranger i apareixen els primers seguidors. L'any 1908 se celebra el Primer Congrés Psicoanalític Internacional. Poc després pronuncia les conferències de la Clark University (Massachusetts), que contribuiran a l'expansió de la psicoanàlisi als EUA. També, però, començaran les primeres dissensions (Adler, Jung, etc.) en el moviment psicoanalític. L'any 1913 publica *Tòtem i tabú*, anàlisi de les religions primitives des del punt de vista psicoanalític. A *Més enllà del principi del plaer* (1920), afirma l'existència de dos motors de la conducta: el principi de vida i el principi de mort. Posteriorment apareixen *Psicologia de les masses i anàlisi del jo*; *El jo i l'allò* (1923); *El futur d'una il·lusió* (1927) i *El malestar en la cultura* (1929). L'any 1930 rep el prestigiós premi Goethe. Poc després del nomenament de Hitler com a canceller alemany, els nazis cremen públicament les obres de Freud; quan Alemanya s'annexiona Àustria l'any 1938, fuig de Viena i s'instal·la a Londres, on morirà poc després als vuitanta-tres anys. Una de les seves últimes obres és *Moisès i el monoteisme*. En les darreres obres, Freud s'interessa cada cop més per l'anàlisi dels fenòmens culturals i socials, més que per l'individu.

***Sigmund Freud** va ser el fundador de la psicoanàlisi, una complexa teoria sobre la personalitat. Circumscrita inicialment a l'estricte àmbit clínic, progressivament la teoria psicoanalítica s'anirà convertint en una cosmovisió capaç d'explicar, a més del psiquisme humà, fets com l'art i la ciència, la història i, en general, la civilització.*

> «Les àmplies coincidències de la psicoanàlisi amb la filosofia de Schopenhauer, que no solament va reconèixer la primacia de l'afectivitat i l'extraordinària significació de la sexualitat, sinó també el mecanisme de la repressió, no poden atribuir-se al meu coneixement de les seves teories, ja que he llegit Schopenhauer en una època molt avançada de la meva vida. A Nietzsche, un altre filòsof els presagis i opinions del qual coincideixen freqüentment, de manera sorprenent, amb els laboriosos resultats de la psicoanàlisi, he evitat llegir-lo durant molt de temps, ja que més que la prioritat m'importava conservar-me lliure de tota influència.»
>
> *Autobiografia*, 5
> **Sigmund Freud**

La psicoanàlisi i l'inconscient

La gran aportació de Freud al pensament contemporani ha estat el descobriment de l'inconscient i de la seva gran influència sobre la vida psíquica conscient.

Freud és el creador de la **psicoanàlisi**, terme que té, segons ell, un triple significat. En primer lloc, fa referència a un mètode per conèixer l'origen de certes malalties nervioses, les neurosis, i a la teràpia que cal seguir per curar-les. En segon lloc, és una teoria de la personalitat, una concepció de l'estructura mental del subjecte humà i les diverses forces, sovint antagòniques, que actuen en el psiquisme. Finalment, la psicoanàlisi és una teoria de la cultura, una explicació de nombrosos aspectes de la conducta social: l'art, la moral, la religió, la ciència, etc. En els tres significats d'aquest terme, el concepte vertebrador és el d'**inconscient**.

Els primers treballs de Freud i Breuer sobre el problema de la histèria varen portar-los al concepte d'un nivell inconscient de la ment. En efecte, Breuer tenia una pacient —Bertha Pappenheim, coneguda com a Anna O.— que, tot i no patir cap malaltia orgànica ni cap disfunció física, sovint era objecte de diverses crisis nervioses que li ocasionaven paràlisi, incapacitat per beure líquids, falta de sensibilitat en algunes parts del cos, etc. Quan Breuer hipnotitzava aquesta noia i ella li explicava, durant la hipnosi, alguns fets del passat, en despertar de l'estat hipnòtic estava recuperada dels símptomes histèrics i es trobava perfectament. L'evocació d'aquests fets, aparentment oblidats però encara carregats d'una gran força afectiva, provocava l'alleujament dels atacs histèrics. La histèria i altres malalties neuròtiques són, doncs, aparentment la conseqüència d'un conflicte entre els records oblidats, que s'esforcen per fer-se conscients, d'una banda, i una força de repressió que els ho impedeix, de l'altra. El resultat d'aquesta lluita interna és la manifestació dels símptomes histèrics, això és, malalties amb efectes físics sense causes físiques. L'energia dels records reprimits s'exterioritza sempre, encara que sigui de manera desviada i simbòlica.

*El **cas d'Anna O.** va fer replantejar profundament a Freud i Breuer el tema de la relació entre el cos i la ment. Aquesta noia patia una sèrie de símptomes sense una causa física aparent. Quan, en estat hipnòtic, expressava els records que l'oprimien, es veia alliberada d'aquells símptomes paralitzants. Semblava, doncs, que la mera comunicació d'alguns pensaments reprimits podia alleujar l'organisme de certes disfuncions: la ment podia interferir en el funcionament corporal.*

El cas d'Anna O. i altres casos demostraven, segons Breuer i Freud, que, més enllà del nivell conscient, hi ha tot un altre àmbit —del qual, generalment, no es té coneixement— que influeix poderosament sobre la vida conscient, voluntària i racional. La imatge de l'iceberg, amb una gran part de gel submergida —l'inconscient— i mostrant una petita part emergida —el conscient—, il·lustra perfectament el nou concepte de psiquisme que la psicoanàlisi implicava. I la funció del mètode psicoanalític com a mètode terapèutic no és altra que recol·locar els records inconscients a la consciència per tal que alliberin tota la seva càrrega negativa i curar així la malaltia fent desaparèixer tots els símptomes. Freud desconfiava de l'eficàcia de la hipnosi com a via per accedir a l'inconscient; per això, més endavant utilitzarà el mètode de l'associació lliure de paraules i sobretot la **interpretació dels somnis**: «La interpretació dels somnis és la via règia que condueix al coneixement d'allò inconscient en la vida psíquica.»

La interpretació dels somnis

Des d'èpoques molt antigues, els somnis han suscitat un gran interès. Així, s'havia cregut que els déus «parlaven» a través dels somnis d'alguns individus. Per contra, en èpoques més recents es creia que els somnis no eren més que respostes o reaccions fisiològiques a determinats estats de l'organisme. En un i altre cas, els somnis tenien un sentit «exterior», és a dir, només s'explicaven com a fenòmens que provenien o bé d'un àmbit metafísic o bé d'un àmbit merament corporal. Segons Freud, en canvi, els somnis tenen un sentit propi, un sentit essencialment humà, ja que són manifestacions autèntiques de la vida psíquica; per això poden mostrar la rica problemàtica del subjecte humà, si s'aconsegueix interpretar-ne el sentit.

La interpretació dels somnis és, per tant, un altre mètode d'exploració de l'inconscient, molt utilitzat per la psicoanàlisi freudiana. Es basa en la hipòtesi que els somnis tenen un sentit, un significat ocult a pesar del —o precisament pel— caràcter absurd de les imatges que hi apareixen o **imatges oníriques**. Igual que els actes fallits (oblits, *lapsus linguae*, errors quotidians, etc.), els somnis són manifestacions de la vida inconscient. L'home està ple de desigs inconfessables i de records inconscients que durant la vida diürna resten bloquejats, ja que la censura n'impedeix l'aparició per evitar que esdevinguin conscients. Durant el somni, en canvi, aquesta vigilància es relaxa i baixa la guàrdia. La funció primordial de l'activitat onírica no és altra que preservar el necessari descans corporal. Els somnis són, doncs, la realització simbòlica, disfressada, dels més profunds desigs inconscients de l'individu. Així, mitjançant imatges oníriques, el subjecte «veu» realitzats simbòlicament els seus desigs.

"

«Amb l'ajut del procediment de l'associació lliure i de l'art d'interpretació corresponent, la psicoanàlisi va aconseguir quelcom que no semblava molt important des del punt de vista pràctic, però que en realitat la condui a una situació i significació completament noves en els dominis científics. Va ser possible demostrar que els somnis posseeixen un sentit i endevinar-lo. Els somnis foren considerats en l'antiguitat clàssica com a profecies; però la ciència moderna no volia saber-ne res, els abandonava a la superstició i els declarava un acte simplement "somàtic", una mena de contracció de la vida anímica adormida.»

Autobiografia, 4
Sigmund Freud

ACTIVITATS

12> Considereu que els somnis tenen un sentit o significat profund i que poden revelar l'autèntica personalitat de l'individu o bé que no tenen cap relació directa amb les seves vivències personals? Raoneu la vostra resposta.

Ara bé, aquesta realització no pot fer-se de manera directa i oberta, ja que això provocaria l'actuació de la censura i el conseqüent despertament de l'individu, és a dir, la interrupció del descans. Per tant, la realització dels desigs ha de ser indirecta, disfressada, per tal que sigui acceptable per a la censura. D'aquí ve l'absurd i l'estranyesa de la major part dels somnis. Freud distingia el **contingut manifest** —les imatges aparegudes en el somni— del **contingut latent** —els desigs reals del subjecte—; l'un i l'altre són dues versions o relats diferents dels mateixos desigs. L'**elaboració onírica** és l'encarregada de fer suportable a la censura la realització del contingut latent del somni. I la funció del psicoanalista és interpretar-lo, és a dir, arribar al contingut latent a partir del manifest; trobar la versió original a partir del relat que fa l'individu del seu somni. «El procés de la conversió del contingut latent en manifest l'anomenarem elaboració del somni, sent l'anàlisi la tasca contrària i la que porta a terme la transformació oposada.» Pel que fa a l'argument o tema del somni, aquest es forma a partir dels problemes i conflictes que afecten l'individu en aquell moment de la seva vida; també poden integrar-s'hi estímuls exteriors o corporals, així com desigs eròtics que arrenquen de la infantesa.

En el seu consultori, reclinats en el divan, Freud va atendre un gran nombre de pacients al llarg de moltes sessions, en les quals explicaven els seus problemes, les seves angoixes i pors. Freud utilitzà diversos mètodes d'exploració de l'inconscient, des de la hipnosi a l'associació lliure de paraules, passant per la interpretació dels somnis. A la imatge el famós divan que es troba en el Freud Museum *de Londres.*

Les lleis de l'elaboració onírica

L'elaboració onírica disfressa el contingut latent del somni seguint unes certes lleis. Així, la **condensació** uneix en una mateixa imatge elements que, en la vida real, estan separats. Per això «el somni manifest té menys contingut que el latent; per tant, és una mena de traducció escurçada d'aquest darrer». Gràcies a la condensació, diverses persones reals poden aparèixer «fusionades» en una de sola: «Una tal persona-mescla té, per exemple, l'aspecte d'A, però va vestida com B, realitza una acció que ens recorda C i, alhora, sabem que és la persona D.» Això fa que sovint resulti difícil identificar i recordar la persona en qüestió. És com si, sobre una mateixa placa fotogràfica, haguéssim realitzat diverses fotografies.

El **desplaçament** és el canvi d'interès o d'importància afectiva d'un element respecte d'un altre. Així, allò que sembla important en el nivell manifest del somni pot no ser-ho en el nivell profund; i, a l'inrevés, un element que sembla insignificant pot ser important amb vista a la realització dels desigs inconscients. En el desplaçament, «l'accent psíquic d'un element important es transmet a un altre d'insignificant, de tal manera que el somni sembla centrat d'una altra manera i apareix com a insòlit». Com que el somni, aparentment, es refereix a fets irrellevants per a l'individu, la censura no s'alarma i el tolera.

La tercera llei de l'elaboració onírica podria anomenar-se **dramatització**. «Consisteix en la transformació del pensament en imatges visuals.» En efecte, en el somni les idees abstractes o molt generals apareixen representades per imatges visuals o dramatitzades mitjançant accions singulars. D'aquesta manera els conceptes lògics cristal·litzen en exemples concrets. Freud compara la tasca de l'elaboració onírica amb la de traslladar un text literari a una sèrie d'imatges gràfiques i visuals. Com representar, per exemple, que un objecte ens pertany, que en tenim la possessió? Una forma de fer-ho, segons Freud, és seient físicament sobre aquest objecte. O com simbolitzar una relació d'adulteri o ruptura matrimonial? A través de la fractura d'una cama. El treball de l'elaboració onírica sobre el contingut latent fins a obtenir el contingut manifest del somni fa que aquest tingui un aspecte primitiu i simple en comparació de la riquesa i precisió del psiquisme conscient.

S'ha dit que la **interpretació** dels somnis de Freud és alhora una comprensió i una explicació: és una *comprensió* perquè, en la psicoanàlisi, els somnis i, en general, tots els fets psíquics adquireixen un sentit, deixen de ser absurdes i estranyes històries i passen a tenir un autèntic significat; d'altra banda, és una *explicació* perquè s'atribueix a l'inconscient la vertadera i profunda causa d'aquests fets psíquics.

«És clar que aquesta operació no és gens fàcil. Per fer-vos una idea de les seves dificultats, heu d'imaginar-vos que heu assumit la tasca de substituir un article de fons de caire polític d'un diari per una sèrie d'il·lustracions. Hauríeu tornat així de l'escriptura en lletres a la d'imatges. El que en aquest article s'esmenti sobre persones i objectes concrets ho substituireu d'una manera senzilla, i potser fins i tot amb avantatge, per imatges, però les dificultats us esperaran en la representació de tots els mots abstractes i de totes les al·locucions que indiquen aspectes i relacions conceptuals.»

Introducció a la psicoanàlisi, lliçó 11a

Sigmund Freud

L'estructura de la personalitat

«En resum, el model freudià final de l'estructura mental és el següent. L'*id*, que és totalment inconscient, inclou els instints relacionats amb les gratificacions psicosexuals (libido) i actua sense atendre els dictats de la lògica o la realitat externa. Encara que, en essència, estigui regulat pel principi del plaer, incorpora certes potencialitats regressives i destructives inherents a la constitució biològica de l'organisme. L'*ego*, que és conscient en la seva totalitat, equival fonamentalment a la concepció habitual de la ment. És l'instrument d'aprenentatge i de relació adaptativa amb l'ambient. Les seves funcions essencials són la percepció, la memòria i el control de la parla i l'activitat volitiva. El *super-ego*, encara que mantingui una estreta relació amb la consciència, és en part inconscient i obté la seva energia de l'*id*. Actua mantenint-se a l'aguait del comportament i com a font principal de control mitjançant la repressió. El *super-ego* constitueix el nucli de la consciència i proporciona el fonament de la moralitat adulta.»

L'estructura mental segons Freud
Diccionari Oxford de la ment

Quina és l'estructura de la ment? Com estan organitzats els seus diferents nivells? Quines forces hi actuen? Freud es va ocupar extensament d'aquestes qüestions i, de fet, va oferir diverses teories al llarg de la seva vida. En l'obra de l'any 1923 *El jo i l'allò* presenta la seva **tòpica** (del grec *topos*, 'lloc', és a dir, l'estructura de la personalitat) més completa. Les instàncies psíquiques o **nivells de la personalitat** són tres: l'allò (*id*), el jo (*ego*) i el super-jo (*super-ego*).

L'allò (*id*)

Aquest terme, provinent del pensament de Nietzsche —que l'utilitzava per referir-se a les forces vitals, cegues i impersonals que a voltes empenyen els individus, que se senten dominats per forces alienes que no controlen—, tindrà en Freud un significat no del tot coincident. Representa la part psíquica, però inconscient, de totes les forces orgàniques o corporals, l'energia que anima l'ésser humà, els instints que busquen la seva immediata satisfacció. L'allò està, com diria Nietzsche, més enllà del bé i del mal, és a dir, davant la urgència de les pulsions, procura la immediata descàrrega d'aquesta energia —per això es diu que l'allò es mou guiat pel **principi del plaer**—, sense tenir en compte les normes morals i els hàbits socials.

El jo (*ego*)

El jo és l'encarregat de trobar la satisfacció de les demandes de l'allò; per fer-ho, haurà de negociar amb la realitat, és a dir, haurà de trobar l'encaix dels desigs de l'allò en una societat que funciona segons unes rígides regles establertes. Si l'allò es guia pel principi del plaer, el jo es guia pel **principi de la realitat**; per això, la funció de jo és canalitzar la impetuosa energia instintiva dins dels condicionaments de la vida social.

El super-jo (*super-ego*)

El super-jo és una continuació del jo i és el resultat de la interiorització de les normes morals externes que regulen la convivència social, assimilades a través dels mecanismes de l'educació, familiar i escolar. Dins del super-jo es distingeix entre l'**ideal del jo**, la idea que l'individu té del que està bé i d'allò que la societat aprova, i la **consciència**, la idea del que està malament i d'allò que la societat condemna. El primer s'aprèn a través de recompenses i el segon, mitjançant càstigs. El super-jo d'un grup social és, més o menys, idèntic, ja que les normes interioritzades pels individus d'aquest grup, en un moment històric donat, són molt semblants. Freud explica que el jo sovint renuncia a la satisfacció dels desigs instintius per consideració dels obstacles externs, és a dir, perquè podrien representar un perill per a l'individu; llavors actua el principi de la realitat.

ACTIVITATS

13> Feu un resum de les idees més importants del text. Indiqueu el significat en el text dels termes «instàncies» i «instints primigenis». Per què Freud diu: «Tots els processos de l'allò són inconscients»?

«De la nostra vida psíquica, que concebrem com un ordre format per diverses instàncies, districtes i províncies, en diferenciarem una regió que anomenarem el jo pròpiament dit i la distingirem d'una altra que rebrà el nom de l'allò, que constitueix la part més antiga a partir de la qual s'ha desenvolupat el jo, com una escorça, per les influències del món exterior. En l'allò hi ha tots els nostres instints primigenis; tots els processos de l'allò són inconscients. El jo coincideix, com ja hem dit abans, amb la zona preconscient i conté sectors que habitualment resten inconscients. Les lleis evolutives i d'interacció dels processos de l'allò són molt diferents de les del jo.»

Moisès i el monoteisme, III, 1, E
Sigmund Freud

El principi de vida i el principi de mort

La publicació, l'any 1920, de *Més enllà del principi del plaer* significa una ruptura en el pensament freudià i va ser la causa de la deserció d'alguns seguidors del moviment psicoanalític. En aquesta obra s'intensifica el pessimisme de Freud, segons alguns estudiosos, a causa de raons externes com ara els desastres de la Primera Guerra Mundial, la mort d'una filla o l'edat força avançada de l'autor. El canvi teòric més important és l'entrada dels impulsos negatius o destructius entre les causes de la conducta. Més enllà del principi del plaer, hi ha un altre principi responsable d'accions que no poden explicar-se simplement a través del plaer, com l'autoagressió. Freud presenta ara una teoria dualista segons la qual, juntament amb el principi de vida, hi ha un principi de mort.

El **principi de vida** (anomenat també *Eros*, símbol grec de la força de l'amor) és el responsable de la **libido** o sexualitat; el seu fi «és complicar la vida i conservar-la així mitjançant una síntesi cada cop més àmplia de la substància viva». Representa, doncs, la tendència a crear formes vitals més complexes i estructurades. En canvi, el **principi de mort** (o *Thànatos*, divinitat grega que personifica la mort, tot i que Freud no va utilitzar mai aquest nom) «té com a missió fer retornar tot el que és orgànic animat a l'estat inanimat». L'origen d'aquest concepte rau en l'observació per part de Freud d'una tendència a la repetició que es dóna sobretot en els nens i que consisteix a reiterar compulsivament certes accions, per bé que molts cops no impliquen la satisfacció de cap plaer. En tots els éssers vius es pot trobar aquesta tendència a la repetició, tendència que augmenta a mesura que es baixa en l'escala zoològica. Finalment, la **tendència a la repetició** esdevé, segons Freud, un impuls per restablir l'estat originari, és a dir, retornar a l'estat inorgànic i inanimat, això és, a la mort. El fi últim de la vida no és altre que la consecució de la mort. És en la mort, en la cessació de tot desig, en l'extinció de tot impuls quan s'assoleix la màxima distensió o plaer. Freud parla del **nirvana**, enllaçant així amb el pensament de Schopenhauer.

Possiblement, la principal aportació de la psicoanàlisi de Freud a l'antropologia és el reconeixement de la complexitat del jo. En la seva concepció de l'home, el «jo penso» no és la part bàsica, sinó el «jo vull». A la pura i simple identificació cartesiana —seguida més tard per un amplíssim sector del pensament modern— entre l'individu i el jo o consciència, el pensament freudià oposarà la idea que el jo és una part més de la personalitat, juntament amb les altres instàncies de l'individu: l'allò, que aporta l'element biològic i natural de l'ésser humà, i el super-jo, on radica l'element social i cultural interioritzat en l'individu mateix. Aquest és, doncs, un ésser complex, esquinçat, format per una part conscient, el jo, i per altres dues bàsicament inconscients, però molt actives. Així doncs, la naturalesa (l'allò) i la societat (el super-jo) han entrat i s'han integrat en la persona humana, que ha deixat de ser la simple *res cogitans* cartesiana.

Freud va ser molt conscient de les implicacions filosòfiques de la seva nova teoria de la personalitat. Prova d'això és que, en un escrit de l'any 1917 titulat *Una dificultat de la psicoanàlisi*, parla de les tres grans humiliacions que ha patit l'orgull humà arran dels diferents avenços científics:

La primera és l'**ofensa cosmològica**: el descobriment que la Terra és un simple planeta que gira al voltant del Sol.

La segona és l'**ofensa biològica**: la constatació que l'espècie humana és una espècie més en el regne animal, emparentada amb d'altres.

La tercera és la **psicològica**: «Però una tercera ofensa, i la més delicada de totes, ha de ser experimentada per la dèria humana de grandesa, per obra de la investigació psicològica actual; pretén demostrar al jo que ni tan sols és amo i senyor de la pròpia casa, sinó que depèn d'avisos mesquins sobre el que succeeix inconscientment en la seva vida psíquica.»

«Caldrà observar que Freud utilitzà el *super-ego* per anar més enllà de les calculadores de la felicitat en què creien els utilitaristes. L'*id* vol la felicitat i l'*ego* és qui fa els càlculs: fins aquí, Freud conserva intacta la teoria anterior; però el *super-ego* és quelcom més: manté la calculadora de la felicitat dins els vincles establerts per la societat i introdueix les normes socials que resulten tan necessàries per a la nostra comprensió de la societat humana. Els aspectes més revolucionaris del pensament de Freud es relacionen amb la forma com aquestes restriccions socials s'interioritzen per formar el *super-ego*.»
Introducció a la psicologia, 15
George A. Miller

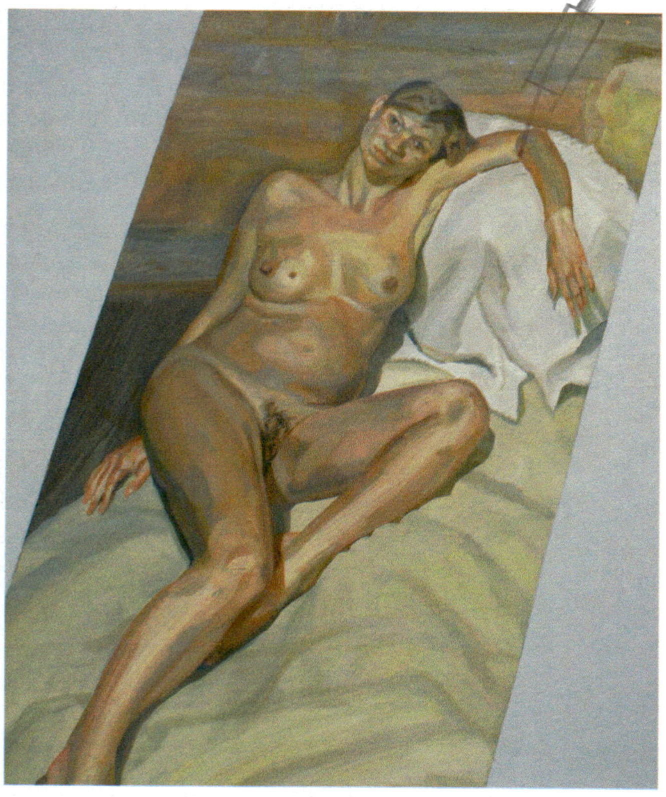

Lucian Freud *(1922), nét de Sigmund Freud, està considerat com un dels pintors realistes més importants del segle XX. Els seus retrats, sovint nus, pretenen mostrar sense concessions tots els aspectes, bons i dolents, agradables i lletjos, dels seus personatges. Com ha escrit un crític: «El que pretén fer amb el seu treball és capturar l'essència de les persones que retrata, igual que el seu avi, amb la seva tasca, volia penetrar en la veritat d'aquells que li desvelaven les intimitats de la seva ànima. El mètode de Sigmund consistia a escoltar intensament; el de Lucian és mirar intensament.» A la imatge, retrat de Kate Moss (2002).*

10.6 La filosofia de la sospita

«Marx, Nietzsche i Freud mostren, cadascun dins del seu domini i segons la seva pròpia metodologia, que no hi ha un subjecte fundador: el subjecte no és constituent de si mateix, sinó el resultat de forces o d'inèrcies que l'ultrapassen. L'home deixa de ser l'amo del món, la moral, la història o la racionalitat, per esdevenir una expressió de la història o l'inconscient. La consciència perd la seva dimensió d'ideal regulador tot perdent la seva sobirania sobre el món i sobre si mateixa. És la mort de l'autonomia moderna. Tots tres porten a terme una dissolució de l'antropocentrisme modern, de la mateixa manera que la modernitat havia descompost el teocentrisme medieval.»

Els mestres de la sospita
Francesc Torralba

L'expressió **filosofia de la sospita**, amb la qual el filòsof francès Paul Ricoeur (1913-2005) es refereix als pensadors Marx, Nietzsche i Freud, fa referència als fràgils supòsits en què es basa el pensament de la modernitat, un pensament que gira a l'entorn del concepte de subjecte autònom i racional. La Il·lustració havia defensat la creença que la raó humana, utilitzada correctament, donaria lloc a un progrés constant del coneixement teòric i pràctic i a la millora de les condicions de vida. Aquests tres filòsofs, però, van sospitar de l'autonomia de la raó il·lustrada i van revelar els autèntics protagonistes, els actors ocults que hi ha darrere la pretesa autonomia i imparcialitat de la raó humana. Així, Marx diu que «no és la consciència la que determina la vida, sinó la vida la que determina la consciència», és a dir, les ideologies responen a unes concretes i específiques condicions materials. Els productes ideològics (la moral, la religió, la metafísica, etc.) d'una societat estan, segons Marx, determinats per l'activitat material dels homes. Per la seva banda, Nietzsche va mostrar què hi ha darrere de tota proposta moral, quins són els autèntics valors que s'hi amaguen, i va evidenciar la inversió dels valors més nobles i creadors que es va produir amb la rebel·lió dels esclaus, feta des del ressentiment contra la vida i inspirada per la moral judeocristiana. Finalment, Freud va eixamplar l'àmbit de la personalitat incloent-hi les pulsions inconscients de l'allò i el control inconscient del super-jo.

Els «mestres de la sospita», com els anomena Ricoeur, han contribuït, des de perspectives ben diferents, al desemmascarament del subjecte il·lustrat, racional i autònom, lliure i indeterminat. Motivacions humanes, «massa humanes», estan a la base de les concepcions i de les propostes de la filosofia que arrenca del *cogito* cartesià. Marx, Nietzsche i Freud han ensenyat què hi ha en els soterranis d'una filosofia que s'havia erigit amb l'única justificació de la raó, tot oblidant que el cor té raons que la raó no coneix, com deia Pascal. Ricoeur fa notar, doncs, l'aire familiar d'aquests tres pensadors amb els quals va néixer un problema completament nou i general, no un problema particular i concret, el **problema de la consciència**. Segons Ricoeur «el filòsof contemporani troba Freud pels mateixos paratges que Nietzsche i Marx; els tres s'aixequen davant d'ell com els protagonistes de la sospita».

S'ha dit que la importància dels filòsofs de la sospita no radica tant en allò que ens ensenyen a pensar com en tot allò altre que ens ensenyen a no creure, a posar en dubte i a sospitar-ne l'origen i la finalitat. Aquests filòsofs, alimentant una raó desconfiada, fomentaran la mirada crítica, gens innocent, sobre les diverses idees i actituds que la modernitat ha anat proposant. Aquesta mirada crítica que malpensa dels grans ideals il·lustrats ha estat exercida al llarg del segle XX per gran part dels diferents corrents filosòfics que s'hi han donat. Aquesta actitud de sospita deriva de l'ensorrament de la concepció clàssica de veritat, de la concepció de la veritat com a correspondència entre pensament i realitat. Nietzsche és qui va iniciar aquest procés d'ensorrament. La veritat és una il·lusió, o una mentida que s'ha oblidat que ho és. La filosofia de la sospita ha estat molt present al segle XX, fins al punt que ha acabat configurant una actitud inherent al pensament més actual, un tarannà propi de la nostra època, una forma de practicar la filosofia que es caracteritza per la desconfiança vers els grans ideals del pensament racional, de l'optimisme il·lustrat. El filòsof i teòleg Francesc Torralba (1967) resumeix l'aportació dels mestres de la sospita en aquests termes:

> «Els mestres de la sospita posen en dubte aquesta visió de l'home. Expliquen la seva naturalesa tot adduint altres raons, i aquella pretesa autonomia de l'home es dissol en el no-res. L'home ja no és el centre de la història, sinó el resultat purament mecànic de la dialèctica de la matèria. L'home ja no és el sobirà de la seva vida, sinó una bèstia impulsiva que ha estat reprimida per la cultura. L'home ja no és el cimal de la creació, el punt d'arribada de totes les entitats creades, sinó una transició, una corda penjada sobre un abisme, un ésser que ha de ser superat i esdevenir superhome.»
>
> *Els mestres de la sospita*
> **Francesc Torralba**

Activitats finals

FILOSOFIA I TIC

Cerqueu a Internet informació i prepareu un petit dossier sobre:

- Pensament i irracionalisme
- Schopenhauer i Nietzsche i la música
- La idea de superhome de Nietzsche i el nazisme
- La funció biològica dels somnis
- El significat dels somnis
- Psicoanàlisi i malalties mentals
- El moviment psicoanalític
- La filosofia de la sospita al segle XX

1> Quina relació hi ha entre les filosofies de Kant i de Schopenhauer? Per què s'ha anomenat pessimisme el pensament d'aquest darrer?

2> Comenteu aquest text de Schopenhauer. Per què diu l'autor que «la voluntat és la substància de l'home, la intel·ligència, l'accident»?

> «L'intel·lecte és un fenomen secundari; l'organisme, el primari, a saber: la manifestació immediata de la voluntat. La voluntat és metafísica; l'intel·lecte, físic. L'intel·lecte és, igual que el seu objectiu, simple fenomen; només la voluntat és cosa en si. I en un sentit cada cop més figurat, podem afegir: la voluntat és la substància de l'home, la intel·ligència, l'accident; aquella, la matèria, aquesta la forma; aquella, la calor, aquesta, la llum.»
>
> *El món com a voluntat i com a representació*, volum II, capítol XIX
> **Arthur Schopenhauer**

3> Comenteu aquest text i indiqueu el seu possible autor:

> «En la meva doctrina, allò etern i indestructible que hi ha en l'home, allò que forma en ell el principi, no és l'ànima sinó que és, fent servir una expressió química, el radical de l'ànima, la voluntat. L'anomenada ànima és ja composta; és la combinació de la voluntat i l'intel·lecte.»

4> Expliqueu quin és el fonament de la moral segons Schopenhauer. Compareu la valoració que fan de la «compassió» Schopenhauer i Nietzsche.

5> Comenteu aquest text del filòsof Eugen Fink en què compara el sentit de les filosofies de Hegel i Nietzsche:

> «Si Hegel realitzà l'assaig gegantesc de concebre la història entera de l'esperit com un procés evolutiu en el qual estiguin integrats tots els passos anteriors, [...] Nietzsche representa, contràriament, la negació despietada, decidida, del passat; el rebuig de totes les tradicions, la invitació a una radical volta enrere.»
>
> *La filosofia de Nietzsche*, 1
> **Eugen Fink**

6> A què es refereix Nietzsche quan afirma, en un dels seus primers escrits, que l'ésser humà: «Anhela les conseqüències agradables de la veritat, aquelles que mantenen la vida; és indiferent al coneixement pur i sense conseqüències i fins i tot hostil davant les veritats susceptibles d'efectes perjudicials o destructius»? Justifiqueu la resposta.

7> Segons Nietzsche: «Una raça com aquesta, la dels homes del ressentiment, ha d'esdevenir necessàriament al capdavall més intel·ligent que qualsevol raça noble. Honora també la intel·ligència en una mesura completament diferent, és a dir, com una condició existencial de primera categoria.» No és la intel·ligència un atribut propi dels individus superiors? Quins són els trets de l'esperit noble segons Nietzsche?

8> Compareu la moral dels senyors i la moral dels esclaus en el pensament de Nietzsche.

9> Què significa en Nietzsche la sentència «Déu ha mort» i quines conseqüències té?

10> Comenteu el text següent de Nietzsche i expliqueu el significat del concepte de «mala consciència».

> «En això consisteix l'origen de la "mala consciència". L'home, ficat per força en una estretor opressora i en una regularitat dels costums per manca de resistències i d'enemics externs, l'home que s'esquinçava d'impaciència, es perseguia, es rosegava, s'esglaiava, es maltractava, aquest animal que hom vol "domesticar" i que xoca de ràbia contra les reixes de la seva gàbia, aquest ésser desposseït i consumit per l'enyorança del desert [...] fou l'inventor de la "mala consciència".»
>
> *La genealogia de la moral*, 2, 16
> **Friedrich Nietzsche**

11> Expliqueu el significat de l'anàlisi que fa el filòsof i sociòleg alemany Jürgen Habermas (1929) sobre la posició de Nietzsche amb relació al coneixement:

> «D'aquesta reducció de la veritat a instrumentalitat vital Nietzsche dedueix no solament la inutilitat del concepte de veritat com a correspondència, sinó també la inutilitat del concepte de veritat com a tal. Substitueix la veritat dels enunciats per la fe subjectiva en la veritat dels enunciats.»
>
> *La crítica nihilista del coneixement a Nietzsche*
> **Jürgen Habermas**

12> Feu un resum de la filosofia de Nietzsche en el qual apareguin relacionats els grans temes del seu pensament: la mort de Déu, el superhome, la voluntat de poder i l'etern retorn.

13> Analitzeu aquest text de Nietzsche. Justifiqueu per què afirma que el llenguatge i la consciència «van agafats de la mà».

> «En efecte, dit altra vegada, l'home, com qualsevol criatura vivent, pensa sempre, però no ho sap. El pensament que esdevé conscient n'és només la part més petita, diguem-ne la part més superficial, la més dolenta —ja que únicament aquest pensament conscient es transforma en paraules, és a dir, en signes de comunicació, amb la qual cosa es descobreix l'origen de la mateixa consciència. Dit breument: el desenvolupament del llenguatge i el desenvolupament de la consciència [...] van agafats de la mà.»
>
> *La gaia ciència*, 354
> **Friedrich Nietzsche**

14> Quina influència filosòfica hi ha en aquests versos del poeta modernista català Joan Maragall, autor d'*El Comte Arnau*:

> «Seràs roure, seràs penya,
> seràs mar esvalotat,
> seràs aire que s'inflama,
> seràs astre rutilant,
> seràs home sobre home,
> perquè en tens la voluntat.»

15> Comenteu el text següent de Nietzsche i expliqueu el significat de l'afirmació: «Tots els instints que no descarreguen la seva excitació cap enfora es giren cap endins»:

> «Tots els instints que no descarreguen la seva excitació cap enfora es giren cap endins. Això és el que jo anomeno la interiorització de l'home: mitjançant aquest fenomen comença a desenvolupar-se en l'home allò que més tard s'anomena la seva "ànima". Tot el món interior, primitivament prim, com barrat entre dues pells, anà separant-se i eixamplant-se.»
>
> *La genealogia de la moral*, 2, 16
> **Friedrich Nietzsche**

16> Expliqueu el significat de l'afirmació de Freud, en la seva *Autobiografia*, segons la qual: «Podem, doncs, dir justificadament que el somni és la realització (disfressada) d'un desig (reprimit)».

17> Expliqueu l'estructura de la ment, els diferents nivells de la personalitat segons la psicoanàlisi de Freud.

18> Definiu els conceptes següents relacionats amb la psicoanàlisi: inconscient, libido, *Eros*, *Thànatos*, elaboració onírica i dramatització.

19> Expliqueu el significat d'aquest text de Freud:

> «La diferenciació del psiquisme en conscient i inconscient és la premissa fonamental de la psicoanàlisi. [...] La psicoanàlisi no veu en la consciència l'essència del psiquisme, sinó tan sols una qualitat del psiquisme, que pot sumar-se a d'altres o faltar de manera absoluta.»
>
> *El jo i l'allò*, 1
> **Sigmund Freud**

20> Què vol dir Freud quan afirma que la cultura és repressió?

21> Expliqueu el significat i comenteu aquest text de Freud:

> «Des del punt de vista de la restricció dels instints, o sigui de la moralitat, podem dir el següent: l'allò és totalment amoral; el jo s'esforça per ser moral, i el super-jo pot ser "hiper-moral" i fer-se aleshores tan cruel com l'allò. És singular que l'home, com més limita la seva agressió cap a l'exterior, més sever i agressiu es fa en el seu ideal del jo.»
>
> *El jo i l'allò*, 5
> **Sigmund Freud**

22> Comenteu el text següent i expliqueu per què Freud diu que: «Els tres dèspotes són: el món exterior, el super-jo i l'allò»?

> «Un refrany adverteix que no s'ha de servir simultàniament dos amos. El pobre jo encara ho té més difícil, serveix tres severs sobirans, dels quals s'afanya a harmonitzar les exigències i reivindicacions. Aquestes reclamacions sempre discrepen, freqüentment semblen incompatibles, i no té res d'estrany que sovint el jo fracassi en la seva tasca. Els tres dèspotes són: el món exterior, el super-jo i l'allò. [...] Se sent coartat per tres bandes, amenaçat per tres tipus de perills, als quals, si el pressionen, reacciona desenvolupant l'angoixa.»
>
> *Introducció a la psicoanàlisi*, lliçó 31a
> **Sigmund Freud**

23> En quin sentit s'ha pogut dir que els pensaments de Marx, Nietzsche i Freud estan relacionats? Com s'ha anomenat el moviment en què han estat enquadrats aquests pensadors?

24> Analitzeu aquest text del filòsof francès Michel Foucault (1926-1984):

> «Diu Freud que hi ha tres grans ferides narcisistes en la cultura occidental: la ferida provocada per Copèrnic; la feta per Darwin quan va descobrir que l'home prové del mico; i la ferida que ha ocasionat Freud quan ell mateix va descobrir que la consciència jau en la inconsciència.»
>
> *Nietzsche, Freud, Marx*
> **Michel Foucault**

11

EXISTENCIALISME I RACIOVITALISME

- Des del començament de la filosofia, una de les preguntes que s'han fet els pensadors ha estat «què és l'ésser»? Què és el que caracteritza l'ésser? Té sentit fer-se aquesta mena de preguntes? Té alguna mena d'utilitat pràctica fer-se-la?
- El ser de les coses és equiparable al ser de l'individu humà? Són equivalents tots els éssers que hi ha?
- Què és viure? L'home pot triar entre una existència autèntica i una d'inautèntica o falsejada? Som lliures? Podem escollir la nostra vida?
- L'home del carrer, l'home quotidià, pot ser suficientment explicat amb el discurs de la ciència? És necessària alguna mena de filosofia específica que l'expliqui?

11.1 Marc històric i cultural

***Fiódor Dostoievski** (1821-1881) fou un dels novel·listes russos més importants del segle* XIX*. En la seva obra fa una brillant exploració de la psicologia humana. Walter Kaufmann, en el seu llibre* L'existencialisme de Dostoievski a Sartre, *considera que aquest autor és «la millor via d'entrada a l'existencialisme». Dostoievski fou un dels primers que va plantejar serioses qüestions antropològiques com la relació de l'home amb Déu, l'angoixa moral de l'home modern i els problemes insolubles de la llibertat humana.*

Durant la primera meitat del segle XX, aquell impuls que havia caracteritzat l'home occidental des del Renaixement —la cerca de la independència, l'autodeterminació i l'individualisme— va entrar en una pregona crisi. L'espontaneïtat i la llibertat de l'individu cada cop esdevingueren més problemàtiques, tant pel que fa a les teories filosòfiques i científiques, com a la pràctica política i social. La filosofia, sota el pes del pensament hegelià, amb el predomini de les grans concepcions abstractes, havia deixat de banda l'interès per l'individu concret i real, cosa que també havia fet la ciència reduccionista. A més, la Primera Guerra Mundial (1914-1918) i la Segona Guerra Mundial (1939-1945), d'una banda, i els règims polítics totalitaris, nazisme i comunisme, de l'altra, també van anul·lar l'individu, declarant-lo un simple número substituïble.

Aquells projectes polítics revolucionaris de l'edat moderna que havien d'alliberar l'home tant a escala personal com social s'havien convertit en opressives burocràcies que l'escriptor txec Franz Kafka (1883-1924) va denunciar en obres com *La metamorfosi* (1915) o *El castell* (1926), tot albirant la futura societat de masses, tancada i burocràtica.

Els pensadors que millor van saber copsar la crisi humanista que es va viure en aquesta època van ser, especialment, els del **corrent existencialista**. Aquests autors van enunciar les preocupacions fonamentals de l'existència humana: el patiment i la mort, la soledat, la por, l'angoixa, la culpa, la buidor espiritual i la manca de referents ontològics i de valors absoluts. La **mort de Déu**, vaticinada per Nietzsche, en va ser el tret de sortida. Dostoievski, pel qual «si Déu ha mort, tot està permès», va palesar l'atzucac en què es trobava l'home: l'absurd còsmic, la vida mancada de sentit; en definitiva, la condició humana en un carreró sense sortida. L'existencialisme es va reflectir en diferents àmbits de la cultura: en la literatura, en la pintura, en el teatre, en el cinema i fins i tot en la cançó popular.

En paral·lel a l'existencialisme i des d'altres coordenades, centrant-se en una reflexió molt propera a l'home, a l'individu concret i singular, el pensador espanyol José Ortega y Gasset va presentar una proposta alternativa a les grans filosofies basades en l'*ésser*.

11.2 L'existencialisme

L'**existencialisme** o filosofia de l'existència va ser el corrent de pensament que es va desenvolupar al segle XX en el període d'entreguerres, i que va expandir-se com una moda cultural durant les dues dècades posteriors a la Segona Guerra Mundial. El vigor d'aquest corrent filosòfic, que va influir en diverses manifestacions artístiques i, sobretot, literàries creades per alguns dels nombrosos filòsofs d'aquest corrent, fou degut a la gran crisi històrica en què estava Europa, estripada i malmesa moralment i físicament per aquelles llargues i cruentes guerres.

L'època de l'existencialisme fou un període de crisi. L'optimisme del segle XIX i la primera dècada del segle XX, que es manifestava en la creença en el progrés continu difosa pels corrents idealistes, positivistes i marxistes, va entrar en crisi. La confiança en el suposat sentit de la història, fos cap al triomf de la raó, de l'absolut o de la humanitat, va fer fallida.

Fou, a més, un corrent bàsicament de l'Europa continental. Per a la majoria dels filòsofs anglosaxons, l'existencialisme no era més que un grapat d'idees que no mereixien qualificatius gaire afalagadors. John Passmore, estudiós de la història del pensament del segle XX, escriu:

> «Mentre que la majoria dels filòsofs anglesos estan convençuts que la metafísica continental és arbitrària, pretensiosa, destructora de la ment, els filòsofs continentals no estan menys segurs que l'empirisme, concepció filosòfica seguida en el món anglosaxó, és filisteu, pedestre i destructor de l'ànima.»
>
> **John Passmore**

L'accent en l'home concret

Els existencialistes van interessar-se principalment per l'home concret, l'**home singular**. Si fins llavors la filosofia s'havia fixat bàsicament en els conceptes, les *formes* o *essències*, els filòsofs de l'existència van voler subratllar allò existencial que caracteritza l'home concret: la incertesa, les problemàtiques, el risc, la decisió i el fet d'anar cap endavant. Però, cap a on?

Kierkegaard fou l'arrel més llunyana d'aquest corrent filosòfic. La fenomenologia de Husserl, amb la seva cerca d'allò més proper i menys adulterat pel concepte, fou la referència més propera. Amb aquests antecedents —entre els quals cal incloure, en certa mesura, Nietzsche—, autors tan rellevants com els alemanys Martin Heidegger i Karl Jaspers, els francesos Jean-Paul Sartre, Simone de Beauvoir i Albert Camus, el rus, exiliat a París, Nikolai Berdiaeff, o l'espanyol Miguel de Unamuno van anar teixint un conjunt d'idees filosòfiques.

Sören Kierkegaard

Sören Kierkegaard (1813-1855) fou un prolífic escriptor, filòsof i teòleg danès. En la seva obra va criticar el hegelianisme de la seva època així com la buidor formal del cristianisme institucional. Sacsejat per la fe cristiana, va encarrilar els seus escrits vers la filosofia i va publicar una sèrie d'obres entre les quals destaquen *Una cosa o una altra* (1843), *Temor i tremolor* (1843), *Un fragment de vida* (1843) i *El concepte de l'angoixa* (1844).

Kierkegaard fou un adversari de Hegel sobretot perquè aquest havia subestimat l'individu concret. En el seu pensament, Kierkegaard va subratllar la prioritat del fet d'existir respecte al de conèixer, i de l'**individu singular** respecte a la idea abstracta o universal. L'autor danès tingué com a objectiu la comprensió de la **interioritat** o subjectivitat, és a dir, de l'individu singular que és cadascú de nosaltres. Mentre que la filosofia i la ciència havien deixat de banda l'element humà, Kierkegaard va assumir la tasca del «subjecte» existent, que és previ a la reflexió científica i, per això, no pot convertir-se en objecte de la ciència. «Deixem que aquesta s'ocupi de plantes, animals i estrelles, però ocupar-se de l'esperit humà d'aquesta manera és una blasfèmia que l'únic que fa és debilitar la passió ètica i religiosa», escriu en el seu *Diari*.

En aquesta tasca per arribar a la veritat, lluny d'aquell deliri que la cercava en *essències* o *formes* platòniques, cal apropar-se a l'**existència** i, en concret, a la **veritat** que hi ha en el «subjecte». Per a Kierkegaard, sols és vertader allò de què ens hem apoderat a través de la nostra acció conscient i esforçada, quan ho hem convertit en part de la nostra pròpia naturalesa. És una naturalesa individual que hem d'evitar que sigui absorbida o es dissolgui en els models o tòpics comuns, és a dir, que el nostre coneixement caigui en generalitzacions abstractes.

*El pensador danès **Sören Kierkegaard** fou un dels filòsofs que més va influir en el pensament de les primeres dècades del segle xx a causa de la seva preocupació per la interioritat o subjectivitat.*

ACTIVITATS

1> Sören Kierkegaard, en aquest text del *Diari íntim*, fa referència al «caràcter distintiu de la individualitat». Creieu que està vigent el que recomana? Uns simples adornaments cosmètics servirien per adquirir aquest caràcter distintiu? En què haurien de consistir per assolir una individualitat pròpia?

«Imaginem-nos un ocellet: per exemple, una oreneta enamorada d'una noia. L'oreneta podria, per tant, conèixer la noia (en ser aquesta diferent de totes les altres), però la xicota no podria distingir l'oreneta entre cent mil. Imagineu el seu turment quan, en retornar a la primavera, ella digués: "Sóc jo", i la noia li respongués: "No puc reconèixer-te". En efecte, a l'oreneta li manca individualitat. D'aquí es dedueix que la individualitat és el pressupòsit bàsic per estimar, la diferència de la distinció. D'aquí es dedueix també que la majoria no pot estimar vertaderament, perquè la diferència de les seves pròpies individualitats és massa insignificant. Com més gran és la diferència, més gran és la individualitat, més grans són els caràcters distintius i més grans els trets recognoscibles. En aquest sentit profund es comprèn el significat de la dita hebrea "conèixer la seva muller", referint-se a la unió matrimonial, però pren un sentit més pregon en tant que es refereix a l'ànima, al caràcter distintiu de la individualitat.»

Diari íntim
Sören Kierkegaard

Estadis vitals

Descobrir-nos i arribar a entendre la **situació humana** no és factible mitjançant deduccions racionals, sinó per mitjà de salts, decisions i compromisos. I en aquesta tasca de descobriment i d'afirmació de la individualitat, Kierkegaard va delinear els **estadis** o models de l'existència humana. La vida humana és primordialment dilema i elecció; alternativa constant entre això o allò, entre una cosa o l'altra. Aquesta situació provoca un sentiment d'**angoixa** perquè caldrà escollir entre diversos estadis o models d'existència.

Wolfgang Amadeus Mozart *(1756-1791) mostra en la seva òpera* Don Giovanni *la moral del llibertí, el món del qual gira entorn de la perenne proclama* Vivan le femmine, viva il buon vino, sostegno di gloria e d'umanità. *La buidor vital del llibertí, segons Kierkegaard, farà que l'ésser humà opti per un estadi vital superior. En aquest retrat de Max Slevogt (1868-1932) es pot veure Francisco d'Andrade caracteritzat com a Don Giovanni en una representació feta el 1912.*

En el nivell més baix, l'individu no és més que un membre anònim de la multitud amb la qual es fon i es conforma; aquesta persona accepta acríticament l'opinió, els sentiments i els objectius de la gent. Ara bé, en el primer estadi en el camí vers l'autorealització s'entra en l'esfera **estètica**. El que l'individu cerca aquí és el plaer immediat, gratificacions que no exigeixin cap mena de compromís. Una de les més atraients és el plaer sexual, que Kierkegaard il·lustra amb personatges d'òperes de Mozart com Cherubino (l'enamorat platònic; el desig somniador), Papageno (la cerca de l'objecte del desig; la desesperació per trobar l'amor) i Don Giovanni (el desig seductor; la passió eròtica).

La persona estètica considera la seva vida com a pletòrica de llibertat, però realment aquesta està molt limitada, ja que constantment es busquen plaers sensuals i aquests mai no arriben a satisfer-se del tot. Aquesta insatisfacció, que apropa l'home a la desesperació, farà que opti entre abandonar-se a aquest desesper o ascendir a un estadi superior, el de l'existència ètica.

L'estadi **ètic** comença quan la persona abandona la seva existència desarrelada i accepta subordinar-se a les normes ètiques; així, la seva vida individual se situa sota la reglamentació de la moral. Sòcrates n'és un exemple. L'individu de l'estadi ètic es dedica a la família, al treball, als amics, a les relacions socials i és capaç de sacrificar-se per ells. L'individu, en resum, ha canviat els plaers transitoris per la constància de la vida familiar. La persona ètica és diferent de l'home-massa perquè ocupa el seu lloc social per una decisió conscient. Ara bé, en aquest estadi es poden plantejar exigències i sacrificis, i és llavors quan l'home ètic s'adona de la seva debilitat. Les seves forces són insuficients per satisfer les exigències de la llei moral, la qual cosa el fa sentir-se culpable i adquirir la consciència de pecat. Per escapar d'aquesta situació, un altre cop marcada per l'angoixa, hi ha l'estadi superior, el de la religió.

En aquest estadi **religiós** actua no el coneixement, sinó la fe. L'ésser humà ja no se subordina simplement a la llei moral universal, que ha esdevingut neutra i impersonal, sinó que entra en una relació directa i personal amb la divinitat. La figura bíblica d'Abraham, que accepta oferir en sacrifici el seu propi fill, Isaac, per obeir els designis de Déu, malgrat que no els entengui, és el símbol d'aquesta actitud religiosa. Segons Kierkegaard, és amb aquesta actitud que l'individu es fa autènticament persona, que es realitza plenament com a individu.

Quina guia, però, podem tenir en tot aquest procés? No la guia de la filosofia especulativa, considera Kierkegaard, sinó els nostres profunds sentiments de desesperació. L'home mediocre és aquell que intenta evitar aquesta desesperació i angoixa dels moments crítics lliurant-se a les coses materials i temporals. D'aquesta manera creu poder superar el desassossec, però aquesta pretensió, afegeix Kierkegaard, és mesquina i limitada, ja que no impedeix l'aparició de noves desesperacions.

Solament l'home que intenta ser cristià arriba a «conèixer-se a si mateix», i això només ho pot fer lluitant contra la seva pròpia desesperació i veient-ne les conseqüències. Aquell que opta per Déu aposta per allò que és indemostrable. És un salt en el buit en què l'individu es reafirma a si mateix en una vida més plena, malgrat que no pot desprendre's de tota incertesa i per això segueix vivint en l'angoixa. El mediocre, en canvi, és aquell que s'acontenta amb abandonar tota preocupació *repetint* «allò que està fet», amb ser genèricament «Home» i no «*un* home».

Karl Jaspers

El psiquiatra i filòsof alemany ***Karl Jaspers*** *va tenir una forta incidència en la teologia, la psiquiatria i la filosofia contemporànies.*

Karl Jaspers (1883-1969) està considerat un dels principals exponents de l'existencialisme alemany. Doctorat en medicina, el seu pensament va tenir una forta influència en la cultura en llengua germànica. Entre les seves obres destaquen *Psicologia de les concepcions del món* (1919) i *Filosofia* (1932), en tres volums, el segon dels quals porta per títol *Il·luminació de l'existència.*

En la *Psicologia de les concepcions del món* van aparèixer per primer cop els principals temes de l'existencialisme, els quals més tard es van estendre pel continent. En *L'home en l'edat moderna* (1931), Jaspers defineix l'existencialisme com «una filosofia que no sap d'objectes», sinó que «esclareix i fa real l'ésser del pensador». Per a Jaspers, la filosofia és diferent de la ciència i no ha de pretendre convertir-se en una «ciència estricta», com volien alguns del seus contemporanis.

La ciència dóna un coneixement sobre els objectes i per això serveix «d'orientació en el món». Però, en ser sempre un coneixement limitat i parcial, el món com a totalitat està lluny del seu abast. El sentit de l'ésser, la comprensió de la **totalitat omnicomprensiva**, qüestiona la investigació científica. L'absolut sempre està més enllà.

Jaspers, en aquest sentit, diferencia entre **enteniment** (de la ciència) i **raó**. El primer el concep com a pensament racional dedicat a analitzar i distingir o separar. Enfront d'aquest, Jaspers proposa la *raó*, la il·luminació de l'existència, tasca que correspon a la filosofia, que té la virtut d'unificar. Més enllà de les limitacions de l'enteniment científic, la raó ens permet confiar que ens aproparem, al final, a «l'actitud de la transcendència», a un concepte total del món.

En el pensament de Jaspers es mostren les seves preocupacions sobre el sentit del món, la idea del món com un tot limitat o les mancances de les respostes científiques a l'hora de tractar sobre els problemes de la vida. Segons Jaspers, hi ha dos temes en els quals ultrapassem els límits del coneixement, d'allò sobre el que podem plantejar preguntes i que podem expressar amb paraules: la frontera de la **transcendència** i la de la nostra **existència** (*Existenz*). Topem amb aquestes dues fronteres quan arribem a les «situacions últimes» de la nostra vida personal, que són les situacions del patiment, de la culpabilitat i de la mort. En aquestes circumstàncies ens adonem de la nostra superficialitat, de la poca vàlua del nostre jo empíric, és a dir, de la gran buidor de l'«existència mundana».

En el patiment, en la culpabilitat i en la mort apareix amb tota claredat aquella capacitat del nostre jo per adoptar les decisions més lliures, situacions d'autèntica elecció. Llavors ens adonem del jo, d'aquell jo que no pot ser delimitat pels conceptes del saber científic, principalment perquè no hi ha límits en allò que el jo pot fer per la seva pròpia elecció.

Respecte a la transcendència, Jaspers afirma que la podem conèixer pel fet que la ciència mostra una flagrant incapacitat per unificar allò que considera com un ideal però que li resulta inabastable. La ciència està limitada a analitzar situacions específiques; per això, difícilment mai podrà donar-nos un coneixement del tot. D'aquí ve que allò transcendent —que sovint s'ha identificat amb Déu— quedi fora del seu abast.

El filòsof, en conseqüència, té com a tasca suprema investigar tant l'*Existenz* com allò transcendent. La filosofia, així com la poesia, la mitologia, el misticisme i fins i tot la follia, interpreta el món i els objectes del món com a *xifres*, «xifres de la transcendència», com una mena de llenguatge de Déu. El filòsof pot ajudar a interpretar aquest llenguatge, però de cap manera es pot creure que s'arribarà a una explicació tancada i definitiva, a una interpretació universalment vàlida.

ACTIVITATS

2> Comenteu breument les principals idees que apareixen en aquest text i indiqueu a què es refereix quan parla d'«autoconsciència»:

> «Hi ha una manera de pensar mitjançant la qual no es coneix res que tingui validesa universal i obligui a l'assentiment, però que pot revelar continguts que serveixen de suport i de norma per a la vida. Aquesta manera de pensar penetra i s'obre camí, il·luminant i no coneixent [...]. En aquest cas, el pensament no em procura coneixements de coses fins ara alienes a mi, sinó que m'esclareix el que jo entenc realment, el que jo vull, i em determina el fons diàfan de la meva autoconsciència.»
>
> *Filosofia*
> **Karl Jaspers**

La fenomenologia

El filòsof alemany **Edmund Husserl** (1859-1938) fou el fundador del corrent filosòfic conegut amb el nom de *fenomenologia*. La seva influència va arribar a pensadors com Martin Heidegger, Jean-Paul Sartre, Maurice Merleau-Ponty (1908-1961), José Ortega y Gasset i, a través de Merleau-Ponty, a les lectures psicoanalistes de Jacques Lacan (1901-1981).

La **fenomenologia** va ser un corrent de pensament que va aparèixer al primer terç del segle XX i que va marcar diverses línies de reflexió filosòfica, entre les quals destaquen algunes de caràcter existencialista. La fenomenologia va sorgir amb Edmund Husserl amb el propòsit doctrinal de «retornar a les coses mateixes», deixant de banda la xerrameca dels filòsofs i els sistemes conceptuals sense fonaments clars. L'objectiu era elaborar una filosofia correcta a partir de dades indubtables. El material a partir del qual es va anar creant foren els actes de la consciència i els seus objectes. Es va creure que el *fenomen*, allò que es presenta davant la consciència (d'aquí ve el terme *fenomenologia*), era prioritari respecte al material empíric.

La investigació dels fenòmens fou considerada com un procés d'anàlisi conceptual més que empíric. Els fenòmens eren examinats mitjançant un procés de reducció (*epoché*) que posava entre parèntesis els seus vincles empírics, la càrrega historicoconceptual, els prejudicis, etc. A partir d'aquest procés es podia intuir, captar, allò essencial d'ells. En això consistia la «intuïció de les essències», la tasca de la fenomenologia.

La fenomenologia no fou, doncs, una ciència de fets, sinó d'essències. Les seves anàlisis cercaren allò que caracteritza essencialment fenòmens com el pudor, la religiositat, l'amor, la percepció, la justícia, el remordiment, la simpatia, etc. La influència de les idees de Husserl fou notòria i es va estendre per diversos camps com la psicologia, l'antropologia, la psiquiatria, la filosofia moral i la filosofia de la religió. En el marc de la filosofia, destaquen com a seguidors d'algunes de les seves contribucions Martin Heidegger i Jean-Paul Sartre, rellevants pensadors existencialistes. Com a brillant representant de la fenomenologia a França cal mencionar a Maurice Merleau-Ponty, autor de la *Fenomenologia de la percepció* (1945).

11.3 Martin Heidegger

Vida i obres

***Martin Heidegger** és l'autor d'una important obra filosòfica que ha exercit una gran influència al llarg del segle XX. El llast, però, rau en la dificultat intrínseca del seu pensament i en l'ús d'una terminologia que molts cops ha donat peu a interpretacions molt diferents dels seus textos.*

Martin Heidegger va néixer a Messkirch, Alemanya, l'any 1889. Primerament va estudiar teologia i més tard filosofia. Aviat va mostrar interès pel «problema de l'ésser» i, influït per Husserl, es va plantejar el fet que «hi hagi coses que són». L'any 1927 va publicar la seva obra capital, *Ésser i temps*, en què va elaborar una ontologia per aclarir adequadament *el sentit del ser*. Com a primer pas cap a aquest objectiu, Heidegger va fixar-se, primerament, en qui es planteja la qüestió sobre el sentit del ser. Així, *Ésser i temps* fou sobretot una anàlisi existencial sobre aquell ens —l'home— que s'interroga pel sentit de l'ésser, és a dir, pel significat de ser.

Ajudant de Husserl, el va succeir l'any 1929 en la càtedra de filosofia de la Universitat de Friburg; *Què és metafísica?* va ser la seva lliçó inaugural en aquesta càtedra. El mateix any va aparèixer *Kant i el problema de la metafísica*.

L'any 1933 Heidegger, que s'havia sumat al nacionalsocialisme, fou nomenat rector de la Universitat de Friburg, càrrec del qual va dimitir poc després. Posteriorment, va publicar *Hölderlin i l'essència de la poesia* (1936), *La doctrina de Plató sobre la veritat* (1942), *Carta sobre l'humanisme* (1947), *Holzwege* (1950), *La qüestió envers la tècnica* (1954) i *En camí cap al llenguatge* (1959).

En els escrits posteriors a 1930, Heidegger abandonà la via iniciada a *Ésser i temps* i la voluntat d'analitzar l'existència de l'home, tot afirmant que cal centrar-se en l'ésser mateix i en la seva autorevelació. Prescindint de tota consideració sobre l'existència, que ara veia com un aspecte no essencial del ser, va creure que aquest gir li reportaria una via més directa i vàlida per apropar-se a allò que és l'ésser, és a dir, el significat del ser. Després d'un període apartat de la Universitat, Heidegger va retornar a la docència, àmbit en què va desplegar una activitat molt menys constant. Va morir l'any 1976.

Coneixement i veritat

La filosofia que es defensa a *Ésser i temps*, en certa mesura, s'ha vist com un atac als supòsits ontològics de l'empirisme, en especial el de la moderna filosofia angloamericana. El pilar bàsic de l'empirisme és «el problema del coneixement» i no «el problema de l'ésser». L'empirisme suposa el món dividit en dos tipus d'entitats: *subjectes*, caracteritzats pel fet de percebre, i *objectes*, el material d'aquella percepció. Entre unes i altres entitats, afirmen els empiristes, hi ha el vincle de la percepció.

Per a Heidegger, és impossible mostrar com aquest vincle pot connectar substàncies tan distintes com són una «substància espiritual» i un «món extern». La filosofia s'ha obsessionat a demostrar «l'existència d'un món extern» quan, segons Heidegger, el que cal és tractar de donar resposta al vertader problema, que és «ser-en-el-món». L'error de l'empirisme ha estat creure que les qüestions sobre el món extern poden ser plantejades per un jo distanciat d'aquell. No s'adonen, afirma Heidegger, que l'individu que pretén percebre el món és ja un «ser-en-el-món».

Heidegger fa un plantejament semblant quan tracta del problema de la veritat. Aquí l'error sorgeix en creure que la veritat és una propietat d'alguna entitat que està entre nosaltres i el món. El problema apareix en intentar fer «correspondre» aquestes entitats amb alguna cosa del món. Segons Heidegger, la veritat és una **revelació**, quelcom que «es mostra». Per exemple, quan afirmem que «el martell és molt pesat», aquesta afirmació és vertadera si aquest martell es revela, *es mostra*, com a molt pesat. Els exemples de Heidegger es diferencien dels proposats pels empiristes. Aquests, per exemple, diuen que «l'herba és verda» (o, més sofisticadament, que «aquella cosa que està allà és verda»). En canvi, Heidegger, en plantejar exemples com «el martell és molt pesat», suggereix una actitud molt diferent respecte al món, una actitud clarament pràctica. Les coses que ens envolten no són solament coses, sinó més aviat instruments, «coses que estan a mà», utensilis, estris, objectes que no simplement estan «presents» i distanciats.

*Les pintures del belga **René Magritte** (1898-1967) intenten mostrar quelcom que queda més enllà dels individus i les coses, tal com mostra aquest quadre seu que porta per títol* Connexions perilloses *(1936).*

Des d'aquesta perspectiva, Heidegger considera que el problema clàssic del coneixement desapareix, que és un pseudoproblema. Creure que el coneixement és la forma originària de l'home de relacionar-se amb el món és un error. L'home, com a subjecte, és obertura al món i per això «el problema sobre si existeix un món i sobre si pot demostrar-se el seu ésser, com un problema plantejat per l'home en tant que ésser (que està) en el món, no té cap sentit».

El problema del ser

En la seva obra més rellevant, *Ésser i temps*, Heidegger afirma que «el propòsit d'aquest tractat és una elaboració concreta del problema relatiu al sentit del ser». El fenomen al qual Heidegger es vol referir és el simple i quotidià fet que sempre entenem sense gaires dificultats expressions en què apareix el «ser». Així, quan ens diuen «les flors són grogues», «la capsa és de cartró», «aquella és la Sònia» o «Déu és», etc., tenim un conjunt de frases en què apareix «ser» d'una manera que comprenem d'immediat. Ara bé, el que pretén Heidegger és expressar en un concepte elaborat el significat d'aquests «és». Aquest terme, reconeix Heidegger, està caracteritzat per una gran vaguetat, per una manca de precisió. De fet, la filosofia no s'ha fet càrrec plenament del problema del «ser». Segons Heidegger, la filosofia, la metafísica, en un moment determinat va abandonar aquella qüestió i es va orientar cap a la física, preocupant-se solament per la ciència dels ens, de les coses. Però, el «ser» no és un «ens»; és quelcom completament diferent d'una cosa.

Per aquestes raons, Heidegger planteja la necessitat que això de «ser» tingui un «mostrari propi», una «instrumentació conceptual pròpia». No s'ha de considerar «ser» com solament una paraula —el problema no queda circumscrit a l'àmbit del llenguatge—, ja que, per exemple, qualsevol de les coses que ara ens envolten també està sent, també és. «És» un ens, és a dir, una cosa que «és».

L'home entre el ser i l'existència

L'obra Nu baixant l'escala *(1912), de l'artista dadaista francès* ***Marcel Duchamp*** *(1887-1968), representa en certa mesura la fluïdesa de l'individu de la qual van parlar molts dels filòsofs de l'existència del segle* xx.

A partir d'aquest moment, la reflexió heideggeriana virarà cap a l'home, ja que aquest és l'ens elegit per accedir a conèixer l'ésser, «és l'entitat que es planteja la cerca sobre el sentit del ser». Caldrà aleshores aclarir els trets d'aquest ens, que Heidegger caracteritza així: «Aquest ens que som nosaltres, sempre, i que té entre les altres possibilitats de ser la possibilitat de cercar, l'indiquem emprant el terme *Dasein*, 'ser aquí'.» L'«aquí» significa que l'home està sempre en una situació concreta, lliurat a ella, que manté una relació activa vers ella. Aquest «ser aquí» (*Dasein*) que és l'home no solament és l'ens que es planteja la pregunta sobre el sentit de l'ésser, sinó que a més no es deixa reduir a la noció d'ésser que la filosofia històricament ha identificat amb l'objectivitat i amb la presència. L'home, el «ser aquí», no pot ser entès com a simple presència perquè és justament un ens davant el qual les coses sí que es presenten com a presència. Per a Heidegger és evident que l'home és diferent de totes les altres entitats.

El *Dasein*, el fet d'existir humà, es caracteritza per «ser o estar-en-el-món». Però, segons Heidegger, l'ésser humà no solament habita en un món en el qual té la seva llar, sinó que té «cura» d'ell. El món se li mostra no com aquell món que percep, com creuen els empiristes, sinó com el seu món, el món del qual ell té cura, un món que està ple de coses, d'ens, algunes de les quals són utilitzables, mentre que d'altres li fan nosa. La percepció, aquella consideració empirista que feia de l'ésser humà un simple observador, no és la millor forma d'«estar-en-el-món». Així doncs, la manera de ser de l'home és l'**existència**. I aquesta existència té unes característiques molt pròpies que el distingeixen de qualsevol altre ens que estigui simplement present. El «ser aquí» *(Dasein)*, constitueix primerament i fonamentalment un «ser possible». El ser de l'home és sempre una possibilitat que haurà d'actualitzar constantment.

ACTIVITATS

3> Comenteu el text i indiqueu les principals idees plantejades:

> «Per plantejar de manera explícita, en tota la seva transparència, el problema del ser, llavors [...] és necessari posar en clar les maneres de penetrar en el ser, de comprendre i de posseir conceptualment el seu sentit, així com la dilucidació de la possibilitat d'una correcta elecció de l'ens exemplar i la indicació de l'autèntica via d'accés a aquest ens. Penetració, comprensió, dilucidació, elecció i accés són moments constitutius del cercar i, al mateix temps, maneres de ser d'un ens determinat, precisament d'aquell ens que ja som, nosaltres, els que busquem.»
>
> *Ésser i temps*
> **Martin Heidegger**

4> En aquest text de Heidegger, l'autor identifica «l'ens que és en el mode de l'existència» solament amb l'home. Vol dir això que les coses no existeixen? Està Heidegger introduint un canvi en el terme *existir*? Què creieu que caracteritza pròpiament l'home, segons Heiddeger? Hi ha raons per estar-hi d'acord?

> «L'ens que és en el mode de l'existència és l'home. Solament l'home existeix. La roca és, però no existeix. L'arbre és, però no existeix. El cavall és, però no existeix. L'àngel és, però no existeix. Déu és, però no existeix. La proposició "solament l'home existeix" no significa pas que només l'home sigui un ens real i efectiu, i que tots els altres ens siguin irreals i només una aparença o la representació de l'home. La proposició "solament l'home existeix" significa: l'home és aquell ens l'ésser del qual excel·leix en l'ésser, a partir de l'ésser, gràcies al fet d'*in-sistir* patent en el desocultament *(des-cobriment)* de l'ésser. L'essència existencial de l'home és la raó per a això: que l'home es pugui representar l'ens com a tal i que pugui tenir una consciència pel que fa a allò representat.»
>
> *Què és metafísica?*
> **Martin Heidegger**

Què és metafísica?

L'**existència**, segons Heidegger, és «poder ser», fet que equival a projectar. L'existència —allò que és el *Dasein*, l'home, l'ens que és diferent de les coses— és **transcendir**, anar més enllà de si mateix. L'home és projecte, mentre que les coses del món són eines, utensilis, que li serveixen per a aquest projecte que és ell. Per això Heidegger afirma que un tret fonamental de l'home és «estar-en-el-món».

El «ser» de les coses equival a «ser utilitzades per l'home». Projecte, transcendència cap al món, és emprar aquestes coses, aquests utensilis, per convertir el món en les possibilitats de l'home. Aquest projecte respecte al món és un acte de llibertat. Però, paradoxalment, cada projecte que l'home es proposa també el limita, ja que depèn de les coses que requereix. «Estar-en-el-món» significa, doncs, que l'home té cura de les coses que necessita per als seus projectes. Així, malgrat el que havien dit els filòsofs anteriors, l'ésser humà no ha de ser considerat com un simple espectador del món, sinó com un agent que transforma el món i que, en fer-ho, es transforma a si mateix.

Quan contemplem el món, quan el percebem, no gaudim d'aquella suposada imparcialitat que menciona el pensament empirista, sinó que, al contrari, ja mostrem «una certa disposició». Sempre es té una disposició o altra davant les coses, davant el món, fins i tot quan es mostra una apatia vers ell. El món és sempre quelcom que s'estima o es menysprea. No és cert que primerament es veu el món i després es valora, sinó que allò que es veu i com es veu depenen d'allò que en aquest moment es considera estimable.

No hi ha «un subjecte sense món», com tampoc no hi ha «un jo aïllat dels altres». Els altres «jo», els altres individus, no són quelcom que s'ha hagut de deduir (cartesianament), sinó que són quelcom que és donat d'entrada, igual que les coses. D'aquí ve que el problema sobre la comprovació de l'existència dels altres, el problema del solipsisme —creure que simplement existeixo jo—, sigui també un fals problema. Així com l'home és un «estar-en-el-món», és també «un estar entre els homes». L'estructura bàsica d'estar entre els homes és mantenir-hi alguna mena de relació, que pot tenir dues direccions: una forma **inautèntica d'existència** (com seria un simple «estar junts») o un **autèntic coexistir** (ajudar els altres a assolir la llibertat de tenir cura de si mateixos).

Així doncs, entre les entitats que percebem hi ha els altres éssers humans, els quals, segons Heidegger, «són allò que fan». Els coneixem en tant que agents, amos i usuaris d'«utensilis», és a dir, en tant que fan coses; i per mitjà d'aquesta observació sobre la seva capacitat d'obrar arribem a conèixer la nostra pròpia capacitat d'acció.

Existència inautèntica

Una de les relacions que l'home pot establir amb els altres éssers humans és la de l'existència inautèntica. És quan l'home cau en el pla de les coses del món, queda lligat a les coses, i la seva existència resulta grisa i anònima. Llavors actua com ho fan els altres. En aquest nivell, l'home s'aboca a la insulsa xerrameca de l'existència anònima, a una buidor que intenta tapar amb una desenfrenada curiositat... «Actuar com ells» és la forma habitual de la conducta humana. És un tipus d'actuació imitativa que no prové de cap decisió deliberada i reflexiva. Aquesta conducta quotidiana es revela en la realitat col·lectiva que es manifesta en cada individu, en cada «qui».

ACTIVITATS

5> Indiqueu les principals idees i comenteu la tesi que apareix en aquest text. Podríeu comparar la tesi que exposa Heidegger amb alguna tesi d'algun altre autor existencialista?

«El "qui" no és aquest ni aquell, ni un mateix, ni alguns, ni la suma de tots. El "qui" és un neutre, l'"es" de les frases impersonals [...]. Gaudim com es gaudeix; llegim, veiem i jutgem sobre literatura i art com es veu i es jutja; fins i tot ens allunyem del "comú de la gent" com s'allunyen d'ell; considerem "escandalós" allò que es considera escandalós. L'"es", que no és ningú determinat i que és tothom, si bé no com una suma, prescriu la forma de ser de la quotidianitat.»

Ésser i temps
Martin Heidegger

Existència autèntica

***Lleó Tolstoi** (1828-1910) va ser un rellevant escriptor rus l'obra del qual està impregnada de qüestions existencials. A* La mort d'Ivan Ílitx *(1886), el protagonista es veu obligat a encarar-se amb la seva vida, davant la malaltia mortal que li han diagnosticat. «"No pot ser que la vida sigui tan absurda i mesquina. Perquè si efectivament és tan absurda i mesquina, per què hauré de morir, i morir amb tant de patiment? Hi ha quelcom que no està bé. Tal vegada hagi viscut com no devia" —se li va ocórrer de sobte. "Però, com és possible, quan ho feia tot com calia?" es va contestar a si mateix, i al moment va allunyar de si, com quelcom totalment impossible, aquesta única explicació de tots els enigmes de la vida i la mort.»*

Heidegger, seguint els passos de Kierkegaard i Jaspers, considera que solament es pot escapar d'aquesta inautenticitat enfrontant-se a «situacions últimes». Llavors és quan l'ésser humà pot adonar-se intensament de la seva pròpia existència.

Allò que desvetlla l'home del pla superficial de les coses és la veu de la **consciència**, via que li serveix per identificar la seva pròpia existència. La consciència es revela com una **crida**. Escriu Heidegger: «El que crida és el ser-aquí, el qual, en la seva existència, s'angoixa pel seu poder ser. L'interpel·lat és igualment el *Dasein*, cridat al seu poder més propi. I mitjançant aquesta crida, el ser-aquí és invocat a sortir de la caiguda en l'"es"», d'aquell "es" que no és més que simple imitació dels altres, còpia del que fan els altres.

La consciència, doncs, empeny l'home cap a la cerca del sentit de la seva existència. A la cerca d'allò que està dins seu i que no pot amagar. Sabem que l'existència és «poder ser», i això significa «projectar», estar obert a un ventall de possibilitats que cal decidir. Però en el fons, tots aquests projectes i eleccions són equivalents: si trio una possibilitat, si em decideixo per un projecte, acabaré dispersant-me en ell, de manera que arribaré llavors a l'existència inautèntica —perquè he abandonat moltes altres possibilitats. Però n'hi ha una que es presenta a l'home, que se'm presenta, com a indefugible i completament diferent de les altres: **la mort**. La mort és la possibilitat que fa que les altres possibilitats siguin impossibles. La mort és la possibilitat de la impossibilitat de tot projecte.

La veu de la consciència, en resum, ens evoca el sentit de la mort i mostra la nul·litat de tot projecte, i en això fonamenta la historicitat de l'existència. La «consciència» és el crit d'aquestes potencialitats. La «culpa», aquella recança que corroeix la consciència, no és una culpabilitat mundana per una mala acció feta que és mal vista pels altres, és una recança per no haver fet allò que podíem haver fet, per no haver desplegat les potencialitats que podíem haver desenvolupat. Segons Heidegger, l'existència autèntica és **«ésser-per-a-la-mort»**. Solament quan l'ésser humà assumeix anticipadament aquesta possibilitat, que és un «ésser-per-a-la-mort», adquireix una existència autèntica. Sovint, en diversos tipus de situacions, ens resulta fàcil escapolir-nos de les preocupacions que li estan associades; però, la situació de la mateixa mort difícilment es pot traspassar a un altre, atribuir a un altre. I únicament no oblidant-ho, encarant el fet de la pròpia mortalitat, és quan hom pot preservar la seva pròpia autenticitat, ser «autèntic».

A causa d'aquest fet indefugible que és la mort, apareix l'**angoixa**. Mentre que el temor és tenir por d'una cosa concreta, l'angoixa és una mena de temor per no res en concret. Sentim temor per «allò que el món pugui fer-nos»; en l'angoixa, en canvi, sentim por del no-res. L'angoixa col·loca l'home davant el no-res, davant la manca de sentit dels projectes plantejats i de la seva pròpia existència. Viure per a la mort és, en conseqüència, el sentit autèntic de l'existència. L'existència autèntica radica, en fi, en el valor d'assumir la possibilitat fonamental del ser que és el no ser. L'existència autèntica implica l'acceptació de la pròpia finitud, la pròpia mortalitat.

ACTIVITATS

6> Indiqueu a què es refereix Heidegger quan fa referència a «la presència del no-res»? En quines situacions és probable que es pugui copsar aquesta presència?

> «L'angoixa fa patent el no-res. En l'angoixa, ens trobem "en suspens". Millor dit: l'angoixa ens deixa en suspens, perquè fa que l'ens llisqui en la seva totalitat. [...] L'angoixa ens talla la paraula. Ja que l'ens en la seva totalitat llisca i, precisament així, el no-res flueix, tot dir "és" calla davant l'angoixa. El fet que, precisament en l'estranyesa de l'angoixa, provem sovint de trencar el buit silenci xerrant sense solta ni volta, no és sinó la prova de la presència del no-res.»
>
> *Què és metafísica?*
> **Martin Heidegger**

En l'existència autèntica, el futur és viure per a la mort, la qual cosa no permet que l'home es vegi empresonat per les possibilitats mundanes. El temps de l'existència autèntica és fonamentalment l'instant present, quan l'home rebutja l'existència inautèntica i decideix el seu propi destí. L'home que coneix el seu destí continua vivint tal com ho fa la comunitat en què viu, però ho fa amb distanciament, ja que amb l'experiència anticipada de la mort sap què li pertoca. Ara coneix el no-res dels projectes humans i de la seva pròpia existència.

L'oblit de l'ésser

L'objectiu d'*Ésser i temps* era *des-cobrir* el sentit del ser. Aquesta tasca es feia mitjançant l'anàlisi d'un ens, l'home. Però l'anàlisi d'aquesta existència, que és l'home, va portar al no-res de qualsevol projecte i al no-res de la pròpia existència de cadascú. Ha estat, doncs, un camí que no ha revelat el sentit de l'ésser, sinó que més aviat ha posat al descobert el no-res existencial. Per aquesta raó, segons Heidegger, caldrà explorar noves vies.

En l'anàlisi de la metafísica clàssica —exposada en la *Introducció a la metafísica*— Heidegger afirmava que, des d'Aristòtil fins a Nietzsche, la metafísica s'havia dedicat a rastrejar el sentit del ser a partir de la simple presència de les coses, dels ens. D'aquí venia que la metafísica s'hagués desplaçat cap a la física, de manera que oblidà la seva tasca inicial, oblidà el ser. Els primers filòsofs, com Anaximandre, Parmènides o Heràclit, havien concebut la veritat com un *des-cobriment* del ser. Partien d'una correcta definició de veritat en el sentit etimològic: *alétheia* significa 'treure el vel', 'des-velar'. Plató va rebutjar aquesta concepció de veritat entesa com el fet de desvelar allò ocult i va fonamentar el ser en la veritat, la qual quedava reclosa en el pensament de l'individu que pensa. Així, l'ésser va convertir-se en finit i va ser relacionat amb la ment humana o, més ben dit, amb aquell que parla.

«Les coses són, i els homes; dons i ofrenes són; animal i planta són; utensili i obra són. L'ens està en l'ésser. A través de l'ésser corre una fatalitat oculta que penja entre el diví i l'antidiví. Molt hi ha, tocant a l'ens, que l'home no pot dominar. Poca cosa s'arriba a conèixer. Allò conegut roman aproximat; allò controlat, insegur. Mai l'ens no és, com podria semblar ben fàcilment, res de què ens hàgim apoderat o ni tan sols ens hàgim representat. Pensem aquest tot en u, i així sembla que concebem tot allò que, en general, és, baldament ho concebem d'una manera prou rudimentària.»

L'origen de l'obra d'art
Martin Heidegger

Llenguatge com a llenguatge de l'ésser

Nosaltres «parlem el llenguatge», però les característiques de les paraules, de les regles lògiques, gramaticals i sintàctiques fan que amb el llenguatge s'arribi a uns límits infranquejables. El llenguatge que emprem sols ens permet parlar d'entitats, no de l'ésser. D'aquí ve que difícilment pugui l'ens, l'home, desvelar amb el seu llenguatge el sentit del ser.

Per descobrir el misteri del **ser**, l'única forma serà remuntar-se als llindars en què hom, com alguns filòsofs presocràtics o poetes, s'ha apropat a *des-cobrir* allò originari. L'home ha de confiar «a ser cridat per l'ésser mateix per fer de guardià de la seva veritat». I això solament passa de tant en tant, per exemple en alguns poetes, per mitjà dels quals l'ésser es revela en el **llenguatge**. «El llenguatge és la casa de l'ésser. En aquesta morada habita l'home. Els poetes i els pensadors són els guardians d'aquesta morada», escriu Heidegger en la *Carta sobre l'humanisme*. En el llenguatge del poeta no és l'home qui parla, sinó el mateix llenguatge, el llenguatge de l'ésser. Abandonar-se a l'ésser, apropar-se al silenci, pot ajudar a escoltar-lo —aquest és ara l'objectiu. Solament llavors l'home pot arribar a ser lliure; amb el descobriment de l'ésser es pot recuperar la veritat que ressona en la poesia.

«És hora que un es deshabituï de sobreestimar la filosofia, i per això, d'exigir-li massa. En el malestar del món actual és necessari això: menys filosofia, però més atenció de pensament; menys literatura, però més conreu de la lletra. El pensament futur ja no serà filosofia, perquè pensarà més originàriament que la metafísica, terme que designa el mateix. El pensament futur, però, no es podrà desempallegar tampoc, com demanava Hegel, del qualificatiu d'"amor a la saviesa" i esdevenir la saviesa mateixa en la figura del saber absolut. El pensament davallarà fins a la pobresa de la seva essència precursora. El pensament aplegarà el llenguatge en el simple dir. El llenguatge serà així el llenguatge de l'ésser, com les núvols són els núvols del cel. Amb el seu dir, el pensament traçarà solcs inaparents en el llenguatge. Menys inaparents encara que els solcs que pas a pas el pagès obre pel camp.»

Carta sobre l'humanisme
Martin Heidegger

La tècnica com a falsa metafísica

Segons Heidegger, l'error de la nostra època ha estat creure que la tècnica era la via idònia per *des-cobrir* la veritat de l'ésser. A causa de la tècnica, «sols tenim pures relacions tècniques. El desarrelament de l'home és un fet. Això, on viu l'home, ja no és la terra».

Segons Heidegger, l'home occidental, a partir de Plató, en comptes de «pastor de l'ésser» va passar a ser l'amo dels ens. Un gir que pot explicar la història d'Occident, on s'ha afavorit la tècnica i s'ha abandonat l'autèntica metafísica. Amb l'oblit de l'ésser, l'home occidental ha quedat atrapat pels objectes, per les coses. La realitat ha esdevingut allò que s'ha de dominar i manipular. D'aquí ve que l'ésser humà, amenaçant fins i tot les bases de la vida en comú, hagi convertit la seva fe en la tècnica en una mena de nova religió. La tècnica ha assumit, en la nostra època, un paper de revelació de la veritat, i l'error ha estat considerar que era l'única manera de revelar l'ésser.

«Allò decisiu de la tècnica no radica a fer i manipular, ni en l'ús de mitjans, sinó en la mencionada revelació.» Aquesta és la pista fonamental perquè puguem considerar la tècnica com a metafísica, ja que aquesta és de fet una manera de mostrar l'ens, la cosa, com un ens d'un tipus o d'un altre. Per això, segons Heidegger, l'època actual és una època en què els horitzons s'han escurçat. És un temps de penúria i de pobresa de pensament, com correspon a una època en ocàs. Enfront de la tecnificació del món, Heidegger sols confia en un «pensament rememorant», filosoficopoètic, que passa per la recuperació del sentit de les coses en el llenguatge.

Les coses tenen una pluralitat de sentits que van molt més enllà del que la freda descripció del pensament cientificotècnic ens en pot mostrar. El seu valor simbòlic, amb alguna pàtina mítica, és quelcom que cal recuperar. Aquesta serà la via, segons Heidegger, per aconseguir un nou diàleg amb allò altre; aquest retorn al seu sentit pot permetre'ns recuperar una experiència no manipulada amb les coses.

11.4 Jean-Paul Sartre

Vida i obres

***Jean-Paul Sartre**, filòsof, novel·lista i dramaturg francès. Professor de filosofia en diversos instituts de França, participà en la resistència durant la Segona Guerra Mundial. Acabada la guerra es convertirà en el màxim exponent de l'existencialisme ateu francès.*

Jean-Paul Sartre, filòsof, novel·lista, assagista i dramaturg, va néixer a París l'any 1905. Va estudiar a l'elitista École Normal Supérieure i es va doctorar en Filosofia. Va ensenyar aquesta matèria en diversos centres d'ensenyament secundari i va viure una temporada a Berlín, on va estudiar fenomenologia. Després de diverses vicissituds, fet presoner i deportat a Alemanya durant la Segona Guerra Mundial, de retorn a França va fundar, amb Maurice Merleau-Ponty, el grup de resistència intel·lectual Socialisme i Llibertat. Acabada la guerra, la seva intervenció en el món cultural francès i europeu va anar creixent per la gran influència de la seva obra, molt crítica amb els valors dominants burgesos. Guardonat l'any 1964 amb el Premi Nobel de Literatura, el va refusar perquè considerava que el llaç entre l'home i la cultura havia de ser directe, sense institucions intermediàries. Sartre va morir a París l'any 1980.

El pensament de Sartre està present en novel·les com *La nàusea* (1938) o *L'edat de la raó* (1945), i en obres de teatre com *Les mosques* (1943), *A porta tancada* (1945), *Les mans brutes* (1948) o *El diable i el bon Déu* (1951). De caràcter més filosòfic, es poden destacar *L'ésser i el no-res. Assaig d'una ontologia fenomenològica* (1943), l'assaig *L'existencialisme és un humanisme* (1946) i la *Crítica de la raó dialèctica* (1960).

Món i jo: en-si i per-a-si

L'obra filosòfica més important de Sartre és *L'ésser i el no-res*. Sartre parteix de l'anàlisi del fenomen de la **consciència**. Considera que sempre tenim consciència dels objectes, si bé la consciència personal no és una cosa més del món. Al contrari, malgrat estar subordinada a la cosa de la qual és conscient, és la consciència la que dóna sentit i consistència a les coses del món. Així, una taula és un objecte del meu món exterior, però té un sentit especial per a

mi, un valor d'instrument capaç de realitzar una funció. En definitiva, les coses no tenen per elles mateixes cap sentit; és la meva consciència la que els n'atorga. El món, en conseqüència, està dividit entre el món gratuït de les coses, l'**en-si,** indiferenciat i sense sentit, i el món interior de la consciència, el **per-a-si**. Per això diu Sartre que la consciència és una escletxa en l'ésser, una fissura enmig de la massa compacta que és l'ésser de les coses.

Una característica de la consciència és que està oberta al món. El món es pot veure com un conjunt d'estris, d'instruments, però el món no és l'existència. Perquè, quan l'home ja no té objectius, el món esdevé mancat de sentit, absurd. Això es palesa en la novel·la *La nàusea*, quan el protagonista, rumiant sobre la seva pròpia existència i sobre el món que l'envolta, s'adona de l'extremada contingència i absurditat de la realitat.

> «Allò essencial és la contingència. Vull dir que, per definició, l'existència no és la necessitat. Existir és "estar aquí", simplement; els éssers apareixen, es deixen trobar, però mai no se'ls pot deduir [...]. No hi ha cap ésser necessari que pugui explicar l'existència: la contingència no és imatge falsa, una aparença que pugui esvanir-se; és l'absolut i, per consegüent, la perfecta gratuïtat.»
>
> *La nàusea*
>
> **Jean-Paul Sartre**

Home i llibertat

El per-a-si, el nostre jo, com que no és una cosa feta i acabada, no té una naturalesa definida, una essència permanent. Simplement és possibilitat de ser. En altres paraules, l'ésser humà és **llibertat**. A *L'ésser i el no-res*, Sartre escriu: «Estic condemnat a ser lliure. Això significa que no es poden trobar altres límits a la meva llibertat que la llibertat mateixa; o, si es prefereix, no som lliures de deixar de ser lliures.» Aquesta afirmació absoluta de la llibertat prové de la idea, d'origen nietzschià, que **Déu ha mort**; així, no existeix una transcendència que pugui donar sentit a l'existència humana. Aquest fet situa l'ésser humà en un lloc completament nou. La mort de Déu, per a Sartre, és el punt de partida de la filosofia de l'existència: «L'existencialisme no és altra cosa que un esforç per treure totes les conseqüències d'una posició atea coherent.» Per això, l'ésser humà és l'ésser que ha de fer-se constantment, que ha de projectar la seva vida. Direm, per tant, que l'home no és tant un ésser com un **fer-se**: està obligat a fer-se, a decidir el que vol ser.

L'existencialisme sartrià considera que «l'existència és anterior a l'essència». Primerament existim en el món, en unes circumstàncies socials que empenyen la nostra conducta en una direcció determinada. Tanmateix, som lliures d'acceptar passivament aquestes condicions o d'intentar canviar-les. Sigui com sigui, no posseïm una naturalesa immutable, una essència permanent, sinó que ens anem construint a través de les nostres decisions i dels nostres actes. El que som prové del que fem, la qual cosa ens fa responsables de la nostra vida. Per Sartre, hem de ser tal com ens hem projectat, hem d'arribar a adquirir l'ésser que hem escollit. La llibertat sartriana és la llibertat d'escollir la pròpia existència. Ara bé, això implica **responsabilitat**, i aquesta és una pesada càrrega de la qual molts voldrien deslliurar-se. Però, cadascú ha decidit ser el que és. Tothom és responsable de la situació en què es troba: «L'existencialista, quan descriu un covard, diu que aquest covard és responsable d'aquesta covardia. No és d'aquesta manera perquè té un cor, uns pulmons o un cervell, no és així a partir d'una organització psicològica, és així perquè s'ha construït com a covard amb els seus actes.» Perquè ha triat lliurement ser covard.

Davant el fet de la llibertat no hi ha excuses que valguin. Buscar raons que justifiquin una elecció qualsevol és, segons Sartre, actuar de **mala fe**. Qualsevol elecció és una elecció lliure i qui s'empara en algun fonament superior, en alguna causa aliena, actua de mala fe, ja que no vol assumir la seva llibertat i la seva corresponent responsabilitat: «Si hem definit la situació de l'home com una elecció lliure, sense excuses i sense socors, tot home que es refugia darrere les seves passions, tot home que inventa un determinisme, és un home de mala fe.»

Aquesta llibertat, però, genera **angoixa**. Els que actuen en nom d'un ideal, amb la garantia d'un sistema de creences exteriors, no pateixen a l'hora d'actuar. Algú ha pres la decisió per ells i, així, es limiten a seguir allò que se'ls ha dictat. Però per a l'existencialista no hi ha cap punt de referència on recolzar-se ni cap xarxa protectora que pari el cop en la caiguda. En cadascun dels nostres actes ens comprometem completament. I la consciència d'aquest fet provoca un sentiment d'angoixa. Com diu Sartre a *L'existencialisme és un humanisme*, «sóc responsable de mi mateix i de tots, i creo una certa imatge de l'home que jo elegeixo; elegint-me a mi, estic elegint l'home».

\+

Alguns cops s'ha relacionat l'obra literària de Sartre amb el moviment del **teatre de l'absurd**, estil que va sorgir a París entre els anys 1940 i 1950 i que va tenir com a principals conreadors Samuel Beckett (1906-1989), Jean Genet (1910-1986), Eugène Ionesco (1912-1994) i Fernando Arrabal (1932). Aquest teatre pretenia expressar el sense sentit de la condició humana i la inutilitat del pensament racional. El filòsof francès Albert Camus (1913-1960), un dels principals exponents de la filosofia de l'absurd, sostenia que la vida és inherentment absurda i que la humanitat ha de resignar-se a no tenir una explicació racional del món, ja que aquest solament pot ser vist com quelcom absurd.

Ésser-per-altre

***Simone de Beauvoir** (1908-1986) va ser una novel·lista, filòsofa existencialista i feminista francesa que va acompanyar Sartre durant molts anys. Des de la seva primera novel·la,* La convidada *(1943), explora dilemes existencials com la llibertat, l'elecció i la responsabilitat de l'individu. Altres obres rellevants són* La sang dels altres *(1944) i* Els mandarins *(1954). A* La cerimònia de l'adéu *(1981), Beauvoir evoca la figura del seu company Jean-Paul.*

L'home, però, a més de ser per-a-si és també **ésser-per-altre**. L'altre és aquell ésser que em veu, que entra en l'àmbit de la meva llibertat, en el terreny de la meva subjectivitat, i que em transforma en objecte del *seu* món. Aquell que em veu em **cosifica** en ser objecte de la seva mirada. Sartre analitza aquesta situació fent una anàlisi fenomenològica de les experiències típiques de la mirada de l'altre: la vergonya, el pudor i la timidesa. La mirada de l'altre em petrifica, em fixa; passo a ser un component d'un projecte que no és el meu. Quan l'altre estava absent, jo era lliure, era subjecte, no com ara, que em fa objecte, que em cosifica, que em converteix en un en-si. Sartre a la seva obra de teatre A porta tancada, posa en boca d'un dels personatges aquesta cèlebre frase amb la qual pretén il·lustrar la conflictiva relació entre els humans: «L'infern són els altres.»

Aquest conflicte, que és la relació amb l'altre, és la causa per la qual es produeix la tendència de sotmetre per no ser sotmesos. És el que passa, per exemple, en la relació amorosa. «Estimar és, essencialment, el projecte de fer-se estimar.» És tractar d'empresonar la voluntat de l'altre, que per la seva banda també vol limitar la nostra llibertat.

Per a Sartre, l'absurditat de la vida es palesa en el fet que l'ésser humà voldria deixar de ser simplement un per-a-si i adquirir també el rang de l'en-si, característic de les coses del món. L'anhel profund de cada persona és arribar a ser l'**en-si-i-per-a-si**, és a dir, allò que la filosofia ha definit com l'ésser necessari, és a dir, Déu. Atès, però, que els conceptes de consciència i ésser són incompatibles, aquest anhel de l'home de convertir-se en l'en-si-i-per-a-si és completament absurd. Per això, l'home és una **passió inútil**. La vida humana està mancada de sentit i totes les coses són gratuïtes —no tenen cap fonament, ni cap valor autèntic. El sentiment que sorgeix en la consciència, davant la inutilitat de la pròpia existència i l'absurditat de totes les coses, és la **nàusea**: «La nàusea no m'ha abandonat ni crec que m'abandoni per ara; però ja no la sofreixo, ja no és una malaltia ni un accés passatger: sóc jo.»

ACTIVITATS

7> Identifiqueu el paper que té la «vergonya» en el fet que l'individu s'adoni que el seu ser, allò que és, no depèn en exclusiva d'ell. Creieu que l'autor presenta bons arguments quant a això?

«La vergonya pura no és sentiment de ser aquest o aquell objecte, sinó, en general, de ser un objecte, és a dir, de reconèixer-me en aquest objecte a què sóc degradat, quedar depenent i fixat per un altre. La vergonya és el sentiment de la caiguda original, no d'haver comès una determinada falta sinó, simplement, d'estar "caigut" en el món, enmig de les coses, i de necessitar la mediació aliena per ser allò que sóc.»

L'ésser i el no-res
Jean-Paul Sartre

8> Comenteu el text següent i expliciteu la tesi fonamental. Indiqueu també per què Sartre diu que «l'home és una passió inútil».

«Cada realitat humana és alhora projecte directe de metamorfosar el seu propi *per-a-si* en *en-si-i-per-a-si*, i projecte d'apropiació del món com a totalitat de ser *en-si*, sota les espècies d'una qualitat fonamental. Tota realitat humana és una passió, en tant que projecta perdre's per fundar l'ésser i per constituir alhora l'*en-si* que escaparia a la contingència sent fonament de si mateix, l'*Ens causa sui* que les religions anomenen Déu. Així, la passió de l'home és la inversa de la de Crist, ja que l'home es perd en tant que home perquè Déu neixi. Però la idea de Déu és contradictòria i ens perdem en va: l'home és una passió inútil.»

L'ésser i el no-res
Jean-Paul Sartre

11.5 José Ortega y Gasset i el raciovitalisme

Marc històric i cultural

En la filosofia posterior a la Primera Guerra Mundial va aparèixer la necessitat de recuperar aquells aspectes de la realitat que no encaixaven en els rígids conceptes del saber dominant. Per això van sorgir corrents filosòfics preocupats per crear categories prou flexibles per explicar aquelles realitats dinàmiques que havien quedat al marge del pensament filosòfic. Una d'aquestes realitats fluents és la **vida humana**, un tipus d'existència realment complexa de la qual amb prou feines la filosofia anterior havia tractat. Per això, durant les primeres dècades del segle XX va haver-hi una sèrie de pensadors que van tenir una mateixa meta: aconseguir una forma de filosofar que permetés captar i vincular raó i vida. Entre aquests autors cal recordar noms com **Henri Bergson** (1859-1941), **Martin Buber** (1878-1965), **Gabriel Marcel** (1889-1973) o **Karl Jaspers** (1883-1969). Amb les seves obres van pretendre transmetre a les generacions de la postguerra, sacsejades per una gran crisi, la tesi que allò autènticament real s'havia de cercar en els éssers concrets i, en especial, en el profund misteri de les relacions entre éssers que eren persones. A causa d'aquest interès per «retornar cap al concret», van aparèixer nous conceptes, puntals de reflexió, com *immediatesa, distància, objectivitat, passat, futur, present, circumstància,* etc.

Ortega va tenir com a objectiu superar la gran escissió que hi havia entre l'home i la vida, entre el pensament i la vida. Per això va voler entendre l'home en el seu entorn, en la seva circumstància; entendre el jo com el resultat d'un conjunt d'interrelacions, i comprendre les coses a través de les diverses perspectives que es tenen de les situacions viscudes.

La publicació de La rebel·lió de les masses *(1930) li valgué a* ***José Ortega y Gasset*** *reconeixement internacional, situant-lo com un dels màxims referents del raciovitalisme.*

Vida i obres

José Ortega y Gasset va néixer a Madrid l'any 1883. Va estudiar en la Universitat de Madrid, on es va doctorar en Filosofia l'any 1904. Va ampliar estudis a les universitats de Leipzig, Berlín i Marburg, on va conèixer els grans corrents de la filosofia europea. De retorn a Espanya l'any 1910, va accedir a la càtedra de Metafísica de la Universitat de Madrid, des d'on va impulsar el regeneracionisme cultural espanyol. A partir de llavors, Ortega va desenvolupar una gran activitat intel·lectual tant des de les aules com publicant articles en el diari, fundat pel seu avi, *El Imparcial*, des del qual participà activament en les polèmiques del seu temps.

Molt aviat va començar a publicar les seves obres, com ara *Espanya invertebrada* (1921), *La deshumanització de l'art* (1925), en què féu un diagnòstic profund de les característiques de l'art de l'època, o *La rebel·lió de les masses* (1930), que fou traduïda a molts idiomes i li va proporcionar el reconeixement internacional. La seva presència en la premsa de l'època fou constant, primerament en *El Imparcial* i, més tard, en el diari que va fundar, *El Sol*, i en revistes com *España* (1915) o la *Revista de Occidente* (1923), que ell mateix va crear i dirigir i amb la qual van col·laborar científics tan importants com el físic Albert Einstein o el matemàtic Hermann Weyl.

Contrari a la dictadura de Primo de Rivera (1923-1930), va crear l'Agrupación al Servicio de la República, partit polític amb què fou elegit diputat l'any 1931, si bé va renunciar a l'escó en estar en desacord amb alguns dels aspectes inclosos en la Constitució de l'any 1931. En esclatar la Guerra Civil, va abandonar Espanya i va viure a França, Argentina i Portugal. L'any 1945 va tornar a Madrid, on, juntament amb el seu deixeble Julián Marías, va fundar l'Instituto de Humanidades, en què va exercir la docència, sovint interrompuda per les seves estades als Estats Units i a diversos països europeus.

María Zambrano (1904-1991) va ser una intel·lectual i filòsofa que va col·laborar amb la *Revista de Occidente* i va publicar nombrosos llibres en què es decanta per la *raó poètica*, una raó que no malmeti l'aspecte vital dels esdeveniments. Entre les seves obres cal destacar *El pensament viu de Sèneca* (1944), *L'home i allò diví* (1955) i *Clars del bosc* (1977), obra en la qual introdueix un gir de caràcter místic. Exiliada per la seva ideologia republicana, els darrers anys de la seva vida, de nou a Espanya, va rebre el reconeixement per la seva obra.

A part de les obres esmentades, cal destacar *Meditacions del Quixot* (1914), obra en què el filòsof presenta quasi tots els seus conceptes fonamentals, amb la qual cosa s'anticipa molts anys a les teories filosòfiques que giraran entorn de l'home. En *El tema del nostre temps* (1923), un dels seus llibres fonamentals, va defensar la *vitalització* de la cultura, consistent a situar la raó en el lloc que li pertoca: dins la vida. L'any 1929 va publicar *Què és filosofia?* La **raó vital** d'Ortega —desenvolupada en llibres com *Entorn a Galileu* (1933), *Idees i creences* (1940) o *Història com a sistema* (1941)— fou el nucli de la seva filosofia: la superació de l'antítesi entre raó i vida. Entre les seves darreres obres cal esmentar *Sobre la raó històrica* (1940), *Papers sobre Velázquez i Goya* (1943), *Meditació d'Europa* (1949) i *L'home i la gent* (1949-1950). Va morir a Madrid l'any 1955.

Una filosofia flexible per entendre la vida humana

«La soledat radical de la vida humana, el ser de l'home, no consisteix, doncs, en el fet que no hi hagi realment més que ell. Tot el contrari: hi ha fins i tot l'Univers amb tot el seu contingut. Hi ha, doncs, infinites coses, però —aquí està!— enmig d'elles l'home, en la seva realitat radical, està sol —sol amb elles i, com que entre aquestes coses hi ha els altres éssers humans, està sol amb ells. Si no existís més que un únic ésser, no podria dir-se conseqüentment que està sol.»

L'home i la gent
José Ortega y Gasset

En contrast amb la clàssica filosofia basada en entitats substantives (ésser, raó o vida), Ortega opta per un pensament filosòfic flexible, obert, perspectivista. Aquesta actitud intel·lectual serà l'adequada per comprendre aquell estrat de la realitat extraordinàriament dinàmic que és la vida. El mètode que proposa —el **raciovitalista**— també es caracteritza per aquesta flexibilització de la realitat («no naturalesa, sinó història»), per l'ús de procediments lògics («no definició, sinó narració») i per l'assumpció d'actituds («millor acollir allò corruptible, que adorar allò etern»). Ortega, divergint de les filosofies substantives, per les quals hi ha ésser o substància que perdura més enllà de la realitat palpable, s'orienta per una concepció que considera que la realitat és fluida. «La raó històrica no accepta res com un simple fet, sinó que fluïdifica tot fet.»

La intenció d'Ortega és elaborar una **lògica de la raó vital** que permeti vincular allò intel·lectual i allò vital. En el fons, és la pretensió de recuperar la vida i ancorar-la en la reflexió. Es tracta d'aconseguir, davant l'absentisme racionalista, una lògica que englobi tota la complexitat de l'home, el seu ésser comunitari i històric.

Ortega accepta com un fet històric que l'home actual ha perdut tant la fe en Déu com en la raó fisicomatemàtica i que s'ha quedat simplement en solitud amb la seva vida. En veure que «no té cap altra cosa», l'ésser humà, «alienat de si mateix, es troba amb ell com a realitat i com a història». Perduda, doncs, tota instància superior, divina, l'home de les dècades de 1920 i 1930 està «desil·lusionat de viure».

> «L'home es pregunta: què és aquesta única cosa que em queda, el meu viure, el meu desil-lusionat viure? Com ha arribat a no ser sinó això? I la resposta és el descobriment de la trajectòria humana, de la sèrie dialèctica de les seves experiències, que, repeteixo, va poder ser una altra, però que ha estat la que ha estat i cal conèixer-la perquè ella és la realitat transcendent.»
>
> *Història com a sistema*
> **José Ortega y Gasset**

Amb aquest objectiu, Ortega s'encamina cap a la «realitat nua», sense interpretacions prèvies, per tal que l'home finalment pugui saber a què atenir-se. Aquesta realitat despullada d'interpretacions que l'ocultaven podrà proporcionar una «nova revelació», que és el que demana, segons Ortega, l'home actual.

La vida humana té un caràcter dinàmic i actiu que és completament oposat al caràcter estàtic de la tradicional conceptualització de l'ésser. Aquesta activitat vital és exigida per la necessitat indefugible de l'home de fer quelcom per viure. La característica primària de la vida humana és la d'exercir una acció incessant per mantenir-se en vida. «Viure és tractar amb el món, dirigir-se a ell, actuar en ell, ocupar-se d'ell.» A *Història com a sistema*, Ortega escriu: «La vida és pressa i necessita amb urgència saber a què atenir-se, i cal fer d'aquesta urgència el mètode de la veritat.» Enfront dels clàssics sistemes d'aplicar procediments físics i naturals a l'estudi d'allò humà, Ortega creu que l'home ha de ser captat «en la seva espontaneïtat, tal com el veiem quan ens surt al pas».

Vida com a quefer

La vida per a l'home és obertura a la **circumstància**, al món. La vida és tasca, **quefer**, obertura a un ampli ventall de possibilitats i dificultats. Ortega ho resumeix així: «Jo sóc jo i la meva circumstància». És a dir, l'ésser humà no està separat del món —com creien els clàssics, els quals a una banda col·locaven l'home i, a l'altra, les coses. L'home està inserit al bell mig del món, amb el qual té una interrelació indefugible. En el seu desenvolupament vital, l'individu ha d'elaborar projectes, projectar-se com a subjecte, fer-se persona, i a mà té simplement circumstàncies, és a dir, un feix de facilitats o dificultats. En termes d'Ortega, no coses, sinó *perspectives sobre les coses*. «Quan ens adonarem que l'ésser definitiu del món no és matèria ni ànima, no és cap cosa determinada, sinó una perspectiva?», escriu a *Meditacions del Quixot*.

Per aclarir la idea de **perspectiva**, Ortega utilitza la metàfora del bosc. Quan ens endinsem en un bosc, apareixen diverses perspectives de situació que ens donen el sentit de les coses. Tan aviat com anem trobant nous elements que el componen —arbres, camins, animals, etc.—, va variant la perspectiva que tenim d'ell. Però cap perspectiva és la definitiva o privilegiada. Anem adquirint noves visions més riques d'ell, però cap serà la final o absoluta.

Ortega, discordant de les filosofies tradicionals, vol desubstanciar tant l'home com les coses. L'home ara és vist com un «subjecte elaborador de projectes» i les coses passen a ser les circumstàncies de les quals puc tenir diverses perspectives. Els conceptes naturalesa i món es refereixen a «allò que està aquí, que existeix per si, amb independència de l'home». L'home, en canvi, en realitzar-se per si mateix, tot allò que té de natural no és sentit per ell «com el seu autèntic ésser». Allò pròpiament humà és allò «extranatural», que consisteix en allò que pot ser; és a dir, allò pròpiament humà es palesa «en una mera pretensió de ser, en un projecte de vida». «Això és el que sentim com el nostre vertader ser, el que anomenem la nostra personalitat, el nostre jo.»

Ortega, en el seu llibre Meditacions del Quixot, *parla per primera vegada de la* ***circumstància*** *(*circum-stantia*) com allò que ens acompanya i que va amb nosaltres. Aquí apareix la famosa frase «Jo sóc jo i la meva circumstància». Utilitzant la metàfora del bosc, Ortega distingeix entre allò superficial que em mostren els sentits, en penetrar dins el bosc, i allò profund que queda més enllà i em resulta, sempre, inabastable.*

El ser de les coses

Això que anomenem naturalesa, circumstància o món no és originàriament sinó «el pur sistema de facilitats o dificultats amb què l'home-programàtic es troba». Per a Ortega, **naturalesa**, **circumstància** i **món** no són més que «tres noms» que fan referència a certes «interpretacions que l'home dóna a allò que primàriament troba, que és solament un complex de facilitats i dificultats», ja que «amb prou feines hi ha coses que no siguin en potència una o altra».

La vida de l'home, el que fa amb les coses del seu entorn, és el que il·lumina el ser de les diferents entitats. Per il·lustrar aquestes idees, Ortega utilitza els exemples del martell, el bosc i la caça, que li serveixen com a metàfores per afermar el paper que juguen les perspectives en la fonamentació de la veritat. Així, segons Ortega, el concepte de martell apareix a través d'un procés d'abstracció no per simple i distant observació, sinó per l'observació dels cops de martell. «Són aquests els que fan que quelcom sigui martell, no a la inversa. El ser del martell apareix explicat, per consegüent, des de la vida en la qual adquireix la seva significació instrumental.»

És en el quefer de l'home, en la seva existència vital, com es van il·luminant les coses. Això pot quedar més clar amb el que passa amb el bosc: «El bosc vertader es compon dels arbres que no veig»; sempre està una mica més enllà d'on estem. Això és el que Ortega anomena ***latència***, que és el conjunt de les possibilitats que una cosa pot adquirir per a mi, que són innombrables, i allò que dóna a les coses el sentit de profunditat. Amb el passeig pel bosc, aquest va il·luminant-se davant l'home i li mostra els seus diversos vessants. Aquesta és, per a Ortega, la concepció de la veritat: veritat com ***alétheia*** ('des-velar-se'). A causa d'aquesta manifestació a l'home que hi passa, el bosc —com a model de totes les coses— no ha de ser considerat com una cosa a part, sinó com una circumstància de la (meva) vida. Així, la interrelació de l'home amb el món no és quelcom conceptual, com deien els filòsofs anteriors, sinó que és una immersió espontània i immediata. És aquesta inserció de la vida de l'home en la realitat, en l'entorn, la que dóna peu a aquesta il·luminació; per això Ortega parla de **raó vital**.

> «El tema del nostre temps consisteix a sotmetre la raó a la vitalitat, localitzar-la dins allò biològic, supeditar-la a allò espontani. D'aquí a pocs anys semblarà absurd que s'hagi exigit a la vida posar-se al servei de la cultura. La missió del nou temps és precisament invertir la relació i mostrar que és la cultura, la raó, l'art i l'ètica els que han de servir a la vida.»
>
> *El tema del nostre temps*
> **José Ortega y Gasset**

En la seva contraposició a les clàssiques argumentacions de la filosofia, Ortega utilitza l'exemple de la caça per il·lustrar el seu pensament. Quan la descriu —«La caça és una feina entre dos animals, dels quals un funciona com a caçador i l'altre com a caçat»—, considera que en la caça no hi ha fets, sinó una realitat fluida que sempre s'està fent. Els fets essencials que es produeixen durant la cacera són: un moviment expectant, una multiplicitat de perspectives, efectes de transfiguració («en qualsevol moment un arbust es pot transformar màgicament en animal a l'aguait»), etc. Tot és dinàmic en aquesta realitat que és l'entorn. Cada cosa és, més aviat, múltiple; no té un ésser «en si», sinó que el va rebent a causa de les múltiples funcions vitals que va assumint en la circumstància humana.

Vida, perspectiva i veritat

La realitat es manifesta a l'home en cada perspectiva, és a dir, no d'una manera total. La perspectiva és un ingredient de la realitat; i com que les perspectives possibles són moltes, la realitat conté una essencial multiplicitat i presenta un repertori de possibilitats. Atès que la perspectiva està condicionada pel temps, la història queda introduïda en allò que l'home anomena realitat. Per a Ortega, això significa que «cap veritat esgota la realitat, aquesta les desborda totes ja que implica totes les perspectives possibles, i la veritat és la presència de la mateixa realitat, en persona, patent per a mi, ara i aquí, és a dir, en una perspectiva determinada que no exclou de cap manera qualsevol altra».

Així, atès que la diversitat de perspectives és l'únic que l'home pot aconseguir en contemplar la realitat, Ortega no dubta a afirmar que «la perspectiva és un dels components de la realitat»; per això resulta absurd parlar d'una realitat que, vista des de qualsevol punt de vista, sigui única i idèntica. No podem estar simultàniament presents a tot arreu, no tenim la qualitat de la ubiqüitat: «Tot coneixement ho és des d'un punt de vista determinat. [...] El punt d'ubiqüitat, absolut, pròpiament no existeix; és un punt de vista fictici i abstracte.» La forma autèntica d'accés al que anomenem real es fa a través no d'un xoc, sinó de **trobades**. «Cada vida és un punt de vista sobre l'Univers. En rigor, el que ella veu no ho pot veure ningú més. Cada individu —persona, poble, època— és un òrgan insubstituïble per a la conquesta de la veritat.»

ACTIVITATS

9> Indiqueu quina és la tesi que es proposa en aquest text i comenteu-la:

> «Cos i ànima són coses, i jo no sóc una cosa, sinó un drama, una lluita per arribar a ser allò que he de ser. [...] L'home és, doncs, abans que res, quelcom que no té realitat ni corporal ni espiritual; és un programa com a tal; per tant, allò que encara no és, sinó que aspira a ser. Es dirà que no pot haver-hi programa si algú no el pensa, si no hi ha, per tant, idea, ment, ànima o com es vulgui anomenar-ho. Jo no puc discutir això a fons perquè hauria d'embarcar-me en un curs de filosofia. Solament puc fer aquesta observació: encara que el programa o projecte de ser un gran financer ha de ser pensat en una idea, ser aquest projecte no és ser aquesta "idea". Jo penso sense dificultat aquesta idea i, tanmateix, estic molt lluny de ser aquest projecte.»
>
> *Absorbiment i alteració*
> **José Ortega y Gasset**

10> Expliqueu, a partir d'aquest text, el que entén Ortega per «veritat» i «realitat»:

> «La veritat descobreix la realitat efectivament, la il·lumina, mostra allò que és, fa que sapiguem a què atenir-nos respecte a ella i que tinguem la seguretat per fer amb ella la nostra vida; però descobreix allò que la realitat és des del meu punt de vista circumstancial; i aquesta veritat —que no és meva, sinó de la realitat, perquè aquesta és la que es manifesta, que és, doncs, rigorosament "objectiva"—, per ser la veritat, hauria d'integrar-se amb totes les altres veritats possibles igualment "objectives" i reals, obtingudes des de la totalitat de les perspectives.»
>
> *El tema del nostre temps*
> **José Ortega y Gasset**

Home i raó vital

L'home, en comparació de la seguretat en què viu l'animal en el seu món, està en una situació de desemparança. A causa de la manca de presencialitat i patència del món que envolta l'ésser humà, sorgeix una mena d'«angoixa»; la impressió de no saber què fer, de no saber a què atenir-se. Aquesta inseguretat porta l'home a la necessitat constructiva de noves circumstàncies.

L'home, pel fet de viure i trobar-se en una circumstància o altra, té sempre un tracte vital amb l'entorn i això l'obliga a elaborar **projectes**. Atès que està obligat a viure, es veu en la necessitat de «viure a crèdit», de partir d'una base mínima per elaborar projectes. Aquest crèdit inicial són les **creences**, el coneixement prereflexiu que la persona utilitza per moure's entre les coses. La solidesa de les creences, la seva veracitat, no depèn tant del seu contingut, afirma Ortega, com del meu lligam amb elles. «Una vertadera creença és una creença autèntica, en la qual estic, de la qual em sento solidari, en la qual em recolzo realment per viure.»

Aquestes creences o **conviccions fonamentals** de l'individu, però, no poden estar completament arrelades en sòlids fonaments sobre una realitat autèntica —cosa veritablement difícil, si no impossible. L'home utilitza aquestes creences quasi d'una manera preconscient, sense adonar-se'n.

Les creences serveixen per inserir-nos en la realitat, i són completament operatives perquè quant a les creences no ens plantegem qüestions, ja que «vivim d'elles i, per això mateix, no acostumem a pensar en elles».

La convicció que tot es mantindrà en l'estat actual em crea confiança i estimula la meva activitat. El resultat d'això és l'elaboració, al llarg de la història, de tradicions, usos, costums i creences. La vida humana està obligada a crear àmbits de possibilitats, a prendre posicions personals en un entorn del qual sempre tinc una o altra perspectiva, que és tot el que puc saber de la meva circumstància. Aquesta tasca de fer-se a què està obligat l'home és el que Ortega anomena la tasca de la **raó vital**. L'ésser humà, segons Ortega, més que percepcions, troba **situacions** en les quals cal encabir, no sempre fàcilment, els projectes vitals. La raó vital és «una i la mateixa cosa que viure».

A partir d'aquesta observació, Ortega considera la cultura com una mena d'emanació de la vida: «Ciència, dret, moral, art, etc., són activitats originàriament vitals, magnífiques i generoses emanacions de la vida que el culturalisme no aprecia si no en la mesura que han estat per endavant desintegrades del procés de la vitalitat que les engendra i nodreix.» Ortega, en reduir la cultura a simple instrument biològic, afirma que «el pensament és una funció vital, com la digestió o la circulació de la sang». Aquest arrelament del pensament en allò vital li permet distanciar-se del racionalisme modern, «que va optar per la veritat i va abandonar la vida».

«Vida, el sentit de vida humana, per tant, en sentit biogràfic i no biològic, vida és trobar-se algú que anomenem home, havent de ser en la circumstància o món. Però el nostre ser en tant que "ser en la circumstància" no és quiet i merament passiu. Per ser, això és, per seguir sent ha d'estar sempre fent alguna cosa, però això que ha de fer no li és imposat ni prefixat, sinó que ha d'escollir-ho i decidir-ho ell, de manera intransferible, per si i davant si, sota la seva exclusiva responsabilitat. Ningú pot substituir-lo a l'hora de decidir què farà, ja que fins i tot el fet de lliurar-se a la voluntat d'un altre ha de decidir-ho ell mateix. Aquesta obligatorietat d'haver d'escollir i, per tant, d'estar condemnat, vulgui o no, a ser lliure, a ser pel seu compte, prové de la circumstància que no és mai unilateral, té sempre molts costats. És a dir, ens invita a diferents possibilitats de fer, de ser. Per això ens passem la vida dient-nos: "D'una banda", jo faria, pensaria, sentiria, voldria, decidiria això, però, "de l'altra"... La vida és multilateral. Cada instant i cada lloc obre davant nostre diversos camins.»

L'home i la gent

José Ortega y Gasset

Jo i els altres

La vida humana és la **realitat radical**. Per *radical* Ortega entén no una realitat única, ni tampoc la més elevada, respectable o sublim, «sinó simplement que és l'arrel —d'aquí ve radical— de totes les altres realitats». De quina vida, però, es tracta? Abans de res, es tracta de la meva vida, de la vida de cadascú. Aquest és «el fet radical, el fet de tots els fets —aquell dins el qual es donen tots els altres detalls o ingredients d'ell». «Cada vida és allò que cadascú viu i la seva realitat no consisteix més que en ser per a sí —la meva vida em passa a mi i solament a mi.» Aquest plantejament va acompanyat del fet que «dues vides estan incomunicades, no es pot saltar de l'una a l'altra; cadascuna és hermètica, tancada cap a si. Per sort o per desgràcia, no em pot fer mal el queixal del proïsme ni tampoc hi ha la possibilitat d'injectar en mi la delícia que tal vegada està ara gaudint. Cadascú és el pelut Robinson de la seva vida deserta. D'aquí ve que, instal·lat l'individu en el seu solipsisme vital, tendeixi a cegar-se per a les existències alienes».

«En la ment sorgeixen espontàniament pensaments sense que hi intervingui la nostra voluntat ni la nostra deliberació i sense que produeixin cap efecte en el nostre comportament. La creença no és, de fet, la idea que es pensa, sinó aquella en què a més a més es creu. I el fet de creure no és una operació del mecanisme "intel·lectual", sinó una funció del vivent com a tal, la funció d'orientar la seva conducta, el seu quefer.»

Història com a sistema

José Ortega y Gasset

Els amants *(1928), de René Magritte (1898-1967). A propòsit de l'amor, Ortega destaca la* ***radical soledat*** *de l'individu: «L'autèntic amor no és sinó l'intent de bescanviar dues soledats.»*

Ortega reconeix que les vides dels altres no m'arriben plenament, solament en tinc senyals. «La vida del proïsme no és present i patent, sinó que a mi solament me n'arriben símptomes.» Aquests senyals fan que m'adoni que existeix el **tu** davant el qual adquireixo consciència que no sóc més que **jo**.

La vida, en un horitzó sense veritats sòlides, empeny l'ésser humà a crear **àmbits de convivència**. La persona esdevé quan no tracta com a objectes els altres éssers humans, sinó que funda amb ells àmbits de convivència, espais aptes per al desplegament de les seves possibilitats. Però, malgrat això, malgrat que allò social és un fet present en la vida humana individual, «la vida humana que em posa en relació directa amb tot el que m'envolta —minerals, vegetals, animals, els altres homes— és, per essència, soledat». Aquesta és la condició «radical» de la meva vida. «La vida d'un altre, encara que sigui molt proper a mi i íntim, és ja per a mi simple espectacle, com l'arbre, la roca, el núvol viatger.» La seva vida «la veig, però no la sóc, és a dir, no la visc». L'única cosa que puc conèixer de l'altre són senyals: «la seva aparença, el seu espectacle, el seu aspecte». Però el pas del senyal a allò senyalat, de l'aparença a la realitat, és insalvable. Des d'aquest context, Ortega subratlla la inserció constitutiva de l'home en la seva circumstància alhora que la seva radical soledat. Amb els altres individus l'ésser humà solament pot establir uns àmbits de convivència, espais de nombroses «trobades».

Aquest sentiment de **llunyania**, malgrat la multiplicitat de coses i persones que poblen la meva circumstància, «que mai no es fonen en el cadascú que un és», fa que aquelles apareguin com «allò altre, allò absolutament altre. Com un element estrany i sempre més o menys destorbador, negatiu i hostil, en el millor dels casos no coincident, raó per la qual el veiem com allò aliè i fora de nosaltres, com allò foraster». D'aquí ve que l'home pateixi una nostàlgia per les formes de companyia que signifiquen una fusió íntegra amb una vida aliena a la pròpia: «L'autèntic amor no és sinó l'intent de bescanviar dues soledats.»

En el marc de la vida social, Ortega concep la política com un quefer comunitari que té per objectiu la possibilitat de desenvolupar plenament les virtualitats humanes. Aquestes es podran desplegar si estan dirigides, encara que amb la menor intervenció coercitiva possible, per una elit intel·lectual que mantingui una actitud històrica i vital. Segons Ortega, el qual es decanta per un dirigisme aristocraticointel·lectual, és necessita l'existència de minories intel·lectualment preparades que han de fer de guies de les masses. Ara bé, per a Ortega —segons deixa anotat a *La rebel·lió de les masses*—, el perill pot aparèixer si aquelles minories abandonen el repte de ser consciència espiritual del seu temps i les masses es rebel·len; és a dir, es neguen a deixar-se regir pels primers. En aquest cas, la davallada d'Occident serà indubtable.

ACTIVITATS

11> Quins són els conceptes fonamentals als quals fa referència l'autor en aquest text? A què es refereix Ortega quan parla de «centre vital»?

> «Cosa és el que jo veig, palpo, utilitzo, formo, transformo i destrueixo. Està aquí per a mi, servint-me o destorbant-me. Persona, en canvi, és quelcom que no sols consisteix en el fet que jo ho vegi o aprofiti, que sigui objecte per a mi, sinó que, a més d'això, resulta que és també centre vital com jo; per tant, que també ell veu i palpa, i que se serveix de coses en el seu entorn, entre les quals, tal vegada, estic jo.»
>
> *Obra completa*, volum VI
> **José Ortega y Gasset**

Activitats finals

FILOSOFIA I TIC

Cerqueu a Internet informació i prepareu un petit dossier sobre:

- El teatre de l'absurd i existencialista
- El cinema existencialista (Dreyer, Bergman, Tarkovski, etc.)
- El pensament i l'obra d'Albert Camus
- La pintura abstracta i la desaparició de l'home
- L'existencialisme de Simone de Beauvoir
- La influència d'Ortega y Gasset
- La literatura existencialista (Dostoievski, Kafka, Musil, etc.)

1> Exposeu els conceptes nuclears de la filosofia de Heidegger.

2> Comenteu el significat de la frase següent, subratllant els termes principals:

> «El *Dasein*, o "estar", la realitat de l'home, es crida a si mateix d'una manera inarticulada, sense mots, a través de l'emotivitat de l'angoixa.»

3> Indiqueu i comenteu les idees fonamentals que apareixen en aquest text. Què vol dir Jaspers quan afirma que «l'home està més incert de si mateix que mai»?

> «Si filosòficament estic segur del ser de l'home, no puc acontentar-me amb conèixer únicament l'home empíric en el món. L'home és, per així dir-ho, tot. Descobrir l'ésser de l'home equival a descobrir l'Ésser en el temps. L'home és l'embolcall que som. Però en tant que embolcall l'home està esquinçat. Descobrim l'embolcall que som de moltes maneres, com a vida empírica, com a consciència en general, esperit, *existència*. L'home viu com a ésser empíric en el seu món. Com a consciència pensant, en general, està dirigit inquisitivament als objectes. Com a esperit construeix la idea d'un tot en la seva existència mundana. Com a *existència possible* està referit a la transcendència en virtut de la qual se sap donat en la seva llibertat. De quina manera l'home es fa una unitat és un problema irresoluble, infinit; però és també el camí per cercar-lo. L'home està més incert de si mateix que mai.»

Sobre la meva filosofia
Karl Jaspers

4> Comenteu la diferència fonamental entre l'existència autèntica i l'existència inautèntica, i indiqueu quin autor fa aquesta contraposició.

5> Expliciteu les principals idees que apareixen en el text següent:

> «Allò que l'home és, és a dir, en el llenguatge tradicional de la metafísica, l'"essència" de l'home, reposa en la seva existència. Però l'existència així pensada no és idèntica al concepte tradicional d'*existència*, que significa realitat efectiva a diferència d'*essència* com a possibilitat. A *Ésser i temps* se subratlla la proposició "L'essència de l'*ésser-aquí* resideix en la seva existència". [...] Aquesta proposició ve a dir que l'home s'essencia de tal manera que ell és l'"aquí", és a dir, la il·luminació del ser.»

Carta sobre l'humanisme
Martin Heidegger

6> Identifiqueu, amb arguments, l'autor d'aquest text i expliqueu quina és la tesi que hi defensa:

> «El llenguatge és el recinte *(templum)*, és a dir, la casa de l'ésser. L'essència del llenguatge no s'exhaureix en el fet de significar, ni és quelcom connectat exclusivament a signes i a xifres. En ser el llenguatge la casa de l'ésser, solament podem accedir a l'ens passant constantment per aquesta casa. Si anem a la font, si creuem un bosc, creuem sempre la paraula *font*, la paraula *bosc*; encara que pronunciem aquestes paraules, no ens referim a res lingüístic [...]. Si hi ha un lloc, és *únicament en aquesta regió* en la qual podrà produir-se aquest canvi del domini dels objectes i de la seva representació en allò més pregon del cor.»

7> Indiqueu de què parla l'autor d'aquest text i en quin sentit el que escriu entronca amb la seva filosofia:

> «En el fons, els altres són allò que hi ha de més important en nosaltres mateixos per al nostre propi coneixement de nosaltres mateixos. [...] Ens jutgem amb els elements que els altres ja tenen de nosaltres i que ens han cedit perquè ens jutgem. El que jo digui de mi sempre conté el judici de l'altre. Allò que jo senti de mi està impregnat del judici dels altres. Això vol dir que, si estableixo males relacions, em col·loco en total dependència respecte als altres. I llavors estic efectivament en l'infern.»

Un teatre de situacions
Jean-Paul Sartre

8> Subratlleu quina és la tesi fonamental d'aquest text. Per què creieu que l'autor diu que «no busca de cap manera enfonsar l'home en la desesperació»?

> «L'existencialisme no és res més que un esforç per treure totes les conseqüències d'una posició atea coherent. No busca de cap manera enfonsar l'home en la deses-

peració. Però sí s'anomena, com els cristians, desesperació a tota actitud d'incredulitat, part de la desesperació original. L'existencialisme no és tant un ateisme en el sentit que s'extenuaria a demostrar que Déu no existeix. Més aviat declara: encara que Déu existís, això no canviaria; heus aquí el nostre punt de vista. No és que creguem que Déu existeix, sinó que pensem que el problema no és el de la seva existència; és necessari que l'home es trobi a si mateix i es convenci que res el pot salvar de si mateix, sigui així una prova vàlida de l'existència de Déu. En aquest sentit, l'existencialisme és un optimisme, una doctrina d'acció, i solament per mala fe, confonent la seva pròpia desesperació amb la nostra, és com els cristians poden dir-nos desesperats.»

L'existencialisme és un humanisme
Jean-Paul Sartre

9> Indiqueu què és el que critica l'autor en aquest text i quines raons hi dóna:

«Malament podia la raó fisicomatemàtica fer front als problemes humans. Per la seva mateixa constitució, no podia fer res més que cercar la naturalesa de l'home. I, està clar, no la trobava. Perquè l'home no té naturalesa. L'home no és el seu cos, que és una cosa; ni és la seva ànima, *psique*, consciència o esperit, que també és una cosa. L'home no és cap cosa, sinó un drama —la seva vida, un pur i universal esdeveniment que esdevé a cadascú i en què cadascú no és, per la seva banda, sinó esdeveniment. Totes les coses, siguin les que siguin, són ja meres interpretacions que hom s'esforça a donar a allò que es troba. L'home no troba coses, sinó que les posa o suposa. El que troba són pures dificultats i pures facilitats per existir. El mateix fet d'existir no li és donat *fet* i regalat com a la pedra, sinó que, en veure que existeix, en succeir-li existir, l'únic que troba o li esdevé és no tenir més remei que fer quelcom per no deixar d'existir. Això mostra que el mode de ser de la vida ni com a simple existència és ser ja, atès que l'únic que ens és donat i que hi ha quan hi ha vida humana és haver de fer-se-la, cadascú la seva.»

Història com a sistema
José Ortega y Gasset

10> Subratlleu la tesi que està defensant l'autor del text i contraposeu-la amb la d'algun altre pensador:

«Galileu i Newton van fer euclidià l'Univers simplement perquè la raó ho dictava així. Però la raó pura no pot fer altra cosa que inventar sistemes d'ordenació. Aquests poden ser molt nombrosos i diferents. La geometria euclidiana n'és un; d'altres, el de Riemann, el de Lobatxevski, etc. Més evident és que no són ells, que no és la raó pura la que resol com és la realitat. Al contrari, la realitat selecciona entre aquests ordres possibles, entre aquests esquemes, el que és més afí. Això és el que significa la teoria de la relativitat. Al passat racionalista de quatre segles s'oposa genialment Einstein i inverteix la relació arrelada que existia entre raó i observació. La raó deixa de ser norma imperativa i es converteix en arsenal d'instruments; l'observació els prova i decideix quin és l'oportú. La ciència és el resultat, doncs, d'una mútua selecció entre les idees pures i els purs fets.»

El sentit històric de la teoria d'Einstein
José Ortega y Gasset

11> Exposeu les principals idees que planteja Ortega en el text següent. Fins a quin punt creieu que l'autor té raó en la seva anàlisi?

«Veure, el que s'anomena estrictament veure, ningú no ha vist mai això que anomenem poma, perquè aquesta té, segons es creu, dues cares, si bé mai està present més d'una. [...] És cert que jo puc donar voltes al voltant de la poma o fer-la girar en la meva mà. [...] Quan estic veient la segona cara me'n recordo de la que vaig veure abans i la sumo a aquella. [...] D'aquí ve que a l'efectiva presència d'allò que solament és part d'una cosa automàticament es va agregant la resta d'ella, de la qual direm, doncs, que no està presenta, però sí *copresent*. Ja veuran la llum que aquesta idea d'allò copresent, de la copresència de quelcom, deguda al gran mestre Husserl, ens va proporcionar per aclarir-nos la manera com apareixen en la nostra vida les coses i el món en què les coses estan.»

L'home i la gent
José Ortega y Gasset

12> Indiqueu les principals idees del text i la tesi que s'hi planteja. Creieu que Ortega té suficients arguments quan afirma que «la filosofia no és una ciència»?

«Cadascun de nosaltres és meitat allò que és i meitat l'ambient en què viu. Quan això coincideix amb la nostra peculiaritat i l'afavoreix, la nostra personalitat es realitza enterament, se sent corroborada per l'entorn i incitada a l'expansió del seu ressort íntim. Quan l'ambient ens és hostil, com està també dins nostre, ens obliga a una perpètua dissociació i forcejament, ens deprimeix i dificulta que la nostra personalitat es desenvolupi i fructifiqui plenament. Això va passar als filòsofs sota l'atmosfera imposada per la tirania dels soviets experimentals. No cal dir que cap de les meves paraules, que sovint porten de manera acusada el seu perfil, significa censura ni moral ni intel·lectual d'aquells homes de ciència ni d'aquells filòsofs. Foren com havien de ser i ha estat en gran manera fèrtil que fos així. [...] Després d'haver patit els filòsofs que els homes de ciència els menyspreessin retraient-los que la filosofia no és una ciència, avui ens complau, en tot cas a mi, aquest menyspreu, i recollint-lo al vol el retornem dient: la filosofia no és una ciència, perquè és molt més.»

Què és filosofia?
José Ortega y Gasset

12

LA REFLEXIÓ SOBRE EL LLENGUATGE, LA CIÈNCIA I LA SOCIETAT EN L'ACTUALITAT

- Quin paper pot jugar la lògica en la filosofia? Creieu que l'única tasca de la filosofia és fer treballs d'aclariment i d'anàlisi del llenguatge?
- La filosofia és un saber substantiu o més aviat es tracta d'una activitat crítica?
- És possible pensar sense paraules? El pensament pot anar més enllà de la seva expressió lingüística?
- De quines coses es pot dir que estem segurs de saber-les i com podem estar segurs que les sabem? És possible comprovar la veritat de les lleis científiques? I comprovar-ne la falsedat?
- Quines raons es poden donar a favor d'una organització de la societat i de l'Estat que respecti el pluralisme democràtic?

12.1 Marc filosòfic: llenguatge, ciència i societat

*Els segles, com a etapes o èpoques històriques, no són períodes d'exactament cent anys. Alguns historiadors consideren que el **segle xx** va començar amb la Primera Guerra Mundial (1914-1918) i va acabar amb la desaparició de la Unió de Repúbliques Socialistes Soviètiques (URSS) l'any 1991. Per això es diu que ha estat un segle curt.*
A la imatge, soldats russos durant la Primera Guerra Mundial esperant en una trinxera l'atac dels alemanys.

Llenguatge, ciència i societat són tres àmbits importants de la filosofia actual. D'una banda, la reflexió filosòfica sobre el **llenguatge** està relacionada amb la característica més definitòria de l'ésser humà: la seva capacitat per al pensament abstracte i simbòlic. D'altra banda, la reflexió sobre el **coneixement científic** es pot explicar pel fet que l'últim segle ha estat un període de gran desenvolupament científic i tecnològic. També en aquest període el món ha patit dues guerres mundials i diverses formes de totalitarismes. Els canvis socials i polítics que han portat al triomf dels valors i ideals dels drets humans que inspiren les democràcies pluralistes expliquen l'interès de la reflexió filosòfica actual sobre la **societat**.

Una de les característiques del pensament contemporani és la reflexió sobre la ciència i la societat. Això no és estrany si coneixem la història de la ciència i la tecnologia i la història social i política de l'últim segle. Diversos corrents filosòfics del segle xx s'han anomenat científics o lingüístics, o han reflexionat sobre la societat i sobre el poder.

La ciència i la tècnica s'han convertit en els components principals de la cultura contemporània, una cultura cientificotècnica. En els darrers cent anys, la ciència ha experimentat canvis revolucionaris que han provocat profundes modificacions en la nostra concepció del món. El paper preponderant del pensament científic en la vida contemporània i la repetida constatació de la impossibilitat de fer arribar el nostre coneixement més enllà dels límits de l'experiència —impossibilitat ja percebuda per Kant— fan que una part important dels corrents filosòfics actuals defensin que la filosofia ha d'imitar els mètodes de la ciència, encara que no la considerin cap font de coneixement equiparable a la ciència.

Una de les principals tasques de la filosofia contemporània és la reflexió sobre la ciència. La filosofia no es considera un saber a part, ni al marge ni per sobre del coneixement científic. Una altra característica de la reflexió filosòfica actual és la constatació que el pensament està vinculat al llenguatge. Ara el llenguatge es converteix en un centre d'atenció fonamental.

Un altre factor important en el desenvolupament del pensament filosòfic és el naixement, al final del segle xix, de la lògica matemàtica. Durant el segle xx el desenvolupament d'aquesta ciència formal ha estat espectacular. Una part important del pensament contemporani ha vist en la lògica un instrument privilegiat per a la reflexió filosòfica.

La filosofia política, en un sentit ampli, ha centrat l'atenció de diversos filòsofs contemporanis com Foucault, Arendt i Popper. Uns han investigat la qüestió del poder (Foucault); d'altres han defensat que la política és essencial per a l'ésser humà, que no té una finalitat externa a si mateixa i que es basa en la interacció pública mitjançant el diàleg entre els iguals (Arendt), i d'altres han centrat la seva reflexió en les característiques que hauria de tenir una societat oberta (Popper).

«Jo crec que la filosofia té una doble utilitat. Una de les coses per a les quals serveix és per mantenir viva l'especulació sobre temes que encara no estan subjectes al coneixement científic, el qual, després de tot, no cobreix sinó una petita part de tot allò que és susceptible d'interessar la humanitat. [...] Estic convençut que engrandir la imatge que un pugui tenir del món, obrint-li les portes del reialme d'allò hipotètic, és una de les tasques de la filosofia. Però aquesta en té una altra, de tasca, que jo jutjo igualment important: demostrar-nos que hi ha coses que crèiem que sabíem i de les quals no sabem res. Per una banda, la filosofia ens obliga a reflexionar sobre coses que un dia podem arribar a saber, i per altra, manté la nostra consciència desperta al fet de les nostres pròpies limitacions.»

La meva concepció del món
Bertrand Russell

12.2 Logicisme i atomisme lògic: Russell

Bertrand Russell (1872-1970) va néixer a Ravenscroft (País de Gal·les) en el si d'una família aristocràtica. L'any 1890 va començar els seus estudis de matemàtiques i filosofia al Trinity College de la Universitat de Cambridge, on més tard seria professor. Entre 1910 i 1913 va publicar els tres volums de *Principia Mathematica*, escrita en col·laboració amb Alfred North Whitehead i considerada l'obra clàssica per excel·lència de la lògica moderna. Russell va contribuir al desenvolupament de la lògica matemàtica, però no n'és el fundador. En aquest àmbit, la seva obra va estar influïda pel lògic alemany Gottlob Frege (1848-1925), considerat el fundador de la lògica matemàtica moderna. L'any 1879 Frege havia publicat un petit treball, la *Conceptografia*, en què, per primer cop, es presenta la lògica de proposicions com un càlcul deductiu a partir d'axiomes. L'objectiu principal d'aquesta obra era la presentació d'un llenguatge formalitzat del pensament pur, és a dir, un sistema de símbols més exacte que el llenguatge ordinari i que permetés la precisió en els processos de raonament deductiu. Com a filòsof de la lògica, Frege va proposar l'anomenat **programa logicista**, l'objectiu del qual era reduir totes les matemàtiques a la lògica. El **logicisme** pretén aconseguir que tots els conceptes matemàtics siguin definibles a partir de conceptes lògics, i que tots els teoremes matemàtics es puguin deduir de principis lògics mitjançant regles. Aquesta filosofia de les matemàtiques va ser desenvolupada per Russell.

Russell es considera continuador del programa logicista proposat per Frege, i en els *Principia Mathematica* du a terme la reconstrucció formal de la matemàtica clàssica a partir de la seva teoria lògica dels tipus. L'any 1911 comença a aplicar el mètode de l'anàlisi lògica al domini de les ciències empíriques. L'any 1914 pronuncia una sèrie de conferències a Boston publicades amb el títol *El nostre coneixement del món exterior*. Russell distingeix en el nostre coneixement empíric **elements primordials** —acceptats per ells mateixos, sense cap mena de justificació— i **elements derivats** —inferits en algun sentit dels anteriors. Els elements primordials són les dades sensibles directament percebudes pels nostres sentits. Tant el coneixement dels objectes físics de la vida quotidiana com el dels objectes teòrics de la ciència són elements derivats de les dades sensibles. Russell, de la mateixa manera que quan estudià el coneixement formal va adoptar el programa logicista de Frege i va tractar de reduir la matemàtica a la lògica, ara, en tractar del coneixement empíric, procura definir els objectes físics i els teòrics com a estructures de dades sensibles. S'anomenen **fenomenalistes** els programes que utilitzen únicament les dades sensibles (el nostre coneixement directe) per justificar i interpretar les nostres afirmacions físiques (el nostre coneixement per descripció). Russell defensa un programa fenomenalista que intenta reconstruir tot l'aparell conceptual de la física a partir de les dades sensibles immediates com a elements més bàsics del nostre coneixement empíric.

> «L'estudi de la lògica constitueix l'estudi central de la filosofia: dóna a la filosofia el seu mètode de recerca, de la mateixa manera que les matemàtiques donen a la física el seu. I, igual que la física [...] es va convertir en ciència gràcies a la nova observació dels fets per Galilei, i a la seva elaboració matemàtica, així la filosofia, en els nostres dies, s'està convertint en científica gràcies a la simultània adquisició de nous fets i mètodes lògics.»
>
> *El nostres coneixement del món exterior*
> **Betrand Russell**

Russell considera que la lògica és fonamental en filosofia i que els corrents filosòfics s'han de caracteritzar més per la seva lògica que per les seves idees metafísiques. Per això, preferia descriure la seva filosofia no com algun tipus de realisme, sinó com a **atomisme lògic**: «La meva pròpia lògica és atòmica, i aquest és l'aspecte que desitjo subratllar», escriu l'any 1924 quan li demanen una definició de la seva filosofia.

A *El mètode científic en filosofia* i en altres escrits defensa aquesta teoria segons la qual el món està format per una multiplicitat, potser finita, potser infinita, d'elements separats, els àtoms. Però no es tracta d'àtoms físics, es tracta d'àtoms lògics que són l'últim component de l'anàlisi lògica.

> «La filosofia que jo defenso es pot anomenar atomisme lògic o pluralisme absolut, perquè, mentre afirma que hi ha moltes coses, nega que existeixi un tot compost d'aquestes coses.»
>
> **Bertrand Russell**

Bertrand Russell va ser un dels grans filòsofs del segle xx. Al final de la seva *Autobiografia* explicava quines havien estat les dues grans finalitats de la seva vida: «Esbrinar si era possible el coneixement d'alguna cosa i fer tot el possible per crear un món millor.» Les seves aportacions a la lògica i la filosofia van ser el resultat del seu primer propòsit; el segon el va portar a lluitar en favor de la pau i contra totes les formes d'opressió. Als 89 anys Russell va ser condemnat a dos mesos de presó —dels quals compliria set dies— per la seva incitació a la desobediència civil.

> «Les conferències següents intenten exposar, amb exemples, la naturalesa, capacitat i limitacions del mètode de l'anàlisi lògica en filosofia. Aquest mètode, el primer exemple complet del qual està en els escrits de Frege, se'm va imposar de manera gradual i creixent, durant l'actual investigació, com un mètode perfectament precís, capaç de sintetitzar-se en axiomes, i adient per proporcionar, en totes les branques de la filosofia, tot el coneixement científic i objectiu possible. [...] El problema central amb el qual he intentat il·lustrar el mètode és el de la relació entre les dades no elaborades que ens donen els sentits i l'espai, el temps i la matèria de la física matemàtica.»
>
> *El nostre coneixement del món exterior*, Prefaci
> **Bertrand Russell**

12.3 La filosofia com a anàlisi del llenguatge: Wittgenstein

Si la importància d'un filòsof es mesurés per l'extensió de les seves publicacions, Ludwig Wittgenstein seria una mica més important que Sòcrates —que no va escriure res—, però no gaire més. Durant tota la seva vida, Wittgenstein només va publicar un llibret d'unes vuitanta pàgines (el *Tractatus logico-philosophicus*), un article i un manual per a escolars de primària. Però si mesurem la importància d'un filòsof per la influència personal que va exercir sobre els seus deixebles, pocs filòsofs després de Sòcrates han tingut tanta importància com Wittgenstein.

La novel·lista i professora a Oxford, Iris Murdoch, que va conèixer ***Wittgenstein*** *personalment, el descriu així: «Era molt ben plantat. Més aviat petit, i amb un rostre molt, molt intel·ligent, minso, amb ulls penetrants. Tenia l'aspecte d'un rodamón. Vivia en dues cambres buides, sense llibres, amb només un parell de cadires de lona i un catre.»*

Vida i obres

Ludwig Wittgenstein va néixer a Viena l'any 1889. Era el vuitè i últim fill d'una família d'empresaris siderúrgics d'ascendència jueva molt rica. Va estudiar enginyeria a Linz i Berlín. L'any 1908 es va traslladar a Manchester (Anglaterra) per estudiar aeronàutica, però s'interessà pels fonaments de la matemàtica. Aquest interès el portà a estudiar els escrits de Frege i a visitar-lo. Frege li va aconsellar estudiar amb Russell a Cambridge. Col·laborà amb Russell en l'estudi dels problemes dels fonaments de la lògica i les matemàtiques. Durant la Primera Guerra Mundial va servir a l'exèrcit austríac i va escriure la seva obra més famosa, el *Tractatus logico-philosophicus*, que es publicà primer en alemany, l'any 1921, i, l'any següent, en versió bilingüe (alemany i anglès) amb un pròleg de Bertrand Russell. Després del *Tractatus*, i conseqüent amb la seva creença que «els problemes filosòfics havien estat, en l'essencial, resolts», abandonà la filosofia i es dedicà a altres activitats com ara ser mestre en una escola rural o jardiner en un convent benedictí a Àustria. L'any 1929, convençut per alguns membres del Cercle de Viena, retornà a Cambridge, on es doctorà amb el *Tractatus* i fou nomenat professor. Durant la Segona Guerra Mundial treballà d'infermer a Londres. Durant els últims vint anys de la seva vida elaborà una nova filosofia, tan original i influent com la del *Tractatus*, que va exposar en les seves classes a Cambridge i en escrits que van aparèixer després de la seva mort, especialment en la seva obra *Investigacions filosòfiques* (1953). L'any 1947 renuncià a la seva càtedra a Cambridge, on va morir de càncer l'any 1951.

El primer Wittgenstein

Frege i Russell, els dos principals mestres de Wittgenstein, havien creat i desenvolupat una nova ciència, la lògica matemàtica, però no havien aconseguit donar una explicació satisfactòria de la naturalesa de les proposicions lògiques. Per trobar una solució a aquest problema, Wittgenstein va estudiar quina era l'essència del llenguatge. En el seu *Tractatus* va donar respostes a la pregunta sobre la manera que tenen les proposicions de relacionar-se amb la realitat. La teoria que Wittgenstein exposa en el *Tractatus* es coneix amb el nom de **teoria pictòrica del significat**. Aquesta teoria afirma que una **proposició** és una **figura**, pintura o representació pictòrica de la realitat.

Les proposicions estan formades per paraules. En el *Tractatus* trobem la resposta a la pregunta sobre el significat de les paraules:

«3.202 Els signes simples utilitzats en la proposició s'anomenen noms.

3.203 El nom significa l'objecte. L'objecte és el seu significat [...].

3.21 A la configuració del signe simple en el signe proposicional correspon la

configuració dels objectes en l'estat de coses.

3.22 El nom representa en la proposició l'objecte.»

...

Ludwig Wittgenstein i Adolf Hitler estudiaren junts a l'escola pública de Linz (Àustria). El futur dictador nazi i el filòsof més influent del seu segle es van conèixer en un internat de Linz. Un historiador australià, Kimberley Cornish, defensa la hipòtesi que «alguna cosa va passar a l'escola entre Hitler i Wittgenstein» i que el company d'escola jueu que Hitler deia que odiava era Wittgenstein.

Els *signes simples* i els *noms* són paraules, i el significat de les paraules són els objectes als quals aquestes paraules es refereixen. Per a Wittgenstein, una paraula significa un objecte i, per tant, l'existència d'una paraula implica l'existència de l'objecte al qual anomena. Els *triangles rodons*, les *sirenes* o els *cavalls alats* són paraules que no tenen cabuda en un llenguatge ideal. Si l'objecte no existeix, la paraula està mancada de sentit.

En el cas de les proposicions, però, no passa exactament el mateix. Quan no existeix el fet corresponent, la proposició no està mancada de sentit, sinó que és falsa. Els noms d'una proposició, els seus elements, estan combinats d'una manera determinada, i la proposició representa pictòricament un fet possible, els elements del qual (els objectes) estan combinats de la mateixa manera. Una proposició és vertadera quan els objectes que s'hi anomenen estan combinats de la manera representada per la combinació de noms de la proposició. La forma lògica de la proposició i del fet són idèntiques.

La tesi de la correspondència pictòrica entre l'estructura del llenguatge i l'estructura del món fa que les proposicions elementals siguin vistes com a enunciats susceptibles de ser vertaders (quan el fet existeix) o falsos (quan el fet no existeix). Si una proposició és una pintura o figura lògica de la realitat, només les proposicions de les ciències empíriques, les que tracten sobre la realitat observable, tenen sentit.

El fet que l'estructura del llenguatge i la del món tinguin la mateixa forma és una dada que, segons Wittgenstein, només pot «indicar-se», però no «expressar-se». No pot ser, per tant, objecte d'estudi, ja que intentar estudiar-ho equivaldria a voler sortir del llenguatge i del món.

La filosofia consisteix, doncs, en una **crítica del llenguatge**. Els problemes de la filosofia no són autèntics problemes que demanin una solució, sinó que són falsos problemes, **pseudoproblemes** que, o es poden dissoldre analitzant el llenguatge, o són insolubles.

«4.01 La proposició és la representació pictòrica de la realitat. La proposició és un model de la realitat tal com la pensem.
4.011 A primera vista no sembla que la proposició —tal com està impresa en el paper— sigui una representació pictòrica de la realitat de la qual es tracta. Tampoc la notació musical sembla a primera vista una representació pictòrica de la música, ni la nostra escriptura fonètica (les lletres) sembla una representació pictòrica del nostre llenguatge parlat. Tanmateix, aquests símbols demostren, en el sentit ordinari de la paraula, que són representacions pictòriques d'allò que representen.»

Tractatus logico-philosophicus
Ludwig Wittgenstein

El segon Wittgenstein

Amb el *Tractatus* Wittgenstein estava convençut que havia resolt definitivament els problemes filosòfics. D'una manera conseqüent va abandonar la filosofia. El seu retorn a la filosofia està marcat per la renúncia a la teoria pictòrica del significat. Justus Hartnack explica que va ser una objecció d'un professor italià la que va actuar com a agulló perquè Wittgenstein s'enfrontés als fonaments de la teoria pictòrica.

En el *Tractatus* Wittgenstein deia que en un llenguatge ben formulat no es produirien problemes filosòfics. El resultat de la seva autocrítica va ser l'abandonament de la idea que la construcció dels llenguatges «ideals» de les ciències formals tingui importància per a la comprensió de com actuen les proposicions o per al coneixement del món. Ni tan sols aquest plantejament resultava útil per a la crítica dels pseudoproblemes metafísics. En el seu llibre *Investigacions filosòfiques*, acabat d'escriure l'any 1945, reconeix greus errors teòrics i s'enfronta als fonaments de la teoria pictòrica del significat. Així, en lloc d'intentar analitzar llenguatges «ideals», intenta comprendre el llenguatge real, la parla efectiva:

«Que estrany que la filosofia s'ocupés d'un llenguatge "ideal" i no del nostre! L'anàlisi lògica és l'anàlisi de quelcom que tenim, no d'allò que no tenim. És, per tant, l'anàlisi de les proposicions tal com aquestes són.»

Investigacions filosòfiques
Ludwig Wittgenstein

En les *Investigacions filosòfiques*, Wittgenstein veu en les regles dels jocs una metàfora de les condicions del llenguatge. Pensa que el llenguatge no consisteix en formes lògiques unitàries, sinó en **jocs lingüístics**, i que és fonamental aprendre'n les regles per poder expressar una argumentació filosòfica. El llenguatge no solament serveix per a representar la realitat, sinó que també serveix per a finalitats molt diferents. I el significat dels termes i proposicions depèn dels jocs lingüístics en els quals s'utilitzin.

«A Cambridge residia un economista italià, Piero Sraffa, amb el qual Wittgenstein tenia per costum intercanviar idees. Havent començat un dia a glossar Wittgenstein la tesi del *Tractatus* sobre la identitat de forma lògica entre els fets i les proposicions figuratives d'aquests fets, Sraffa va fer amb la mà un gest utilitzat entre els napolitans per expressar menyspreu, i li va preguntar de seguida a Wittgenstein quina era la forma lògica d'aquest gest. D'acord amb un testimoni del mateix Wittgenstein, va ser aquesta petició de Sraffa allò que el va incitar a posar en dubte la seva tesi sobre la forma lògica dels fets.»

Wittgenstein i la filosofia contemporània, 4
Justus Hartnack

*New Hall College, Universitat de Cambridge. En la **Universitat de Cambridge** van ser professors Bertrand Russell i també el seu alumne Ludwig Wittgenstein. L'any 1947 aquest últim va renunciar a la seva càtedra de filosofia per dedicar-se a pensar i escriure lluny de la «mort en vida» que per a ell era la professió de professor.*

«Però, quants tipus de proposicions hi ha? Potser asserció, pregunta i ordre? —N'hi ha d'innombrables d'aquest tipus: innombrables tipus diferents d'utilització de tot allò que anomenem "signes", "paraules", "proposicions". I aquesta multiplicitat no és quelcom fix, donat un cop per sempre, sinó que sorgeixen nous tipus de llenguatge, nous jocs de llenguatge —tal com podem dir—, i d'altres envelleixen i són oblidats. [...] L'expressió "joc de llenguatge" ha de subratllar aquí que parlar de llenguatge és una part d'una activitat o d'una forma de vida. Fes-te present, amb aquests exemples, i amb d'altres, la multiplicitat de jocs de llenguatge: Ordenar i actuar seguint ordres. Descriure un objecte per l'aspecte o amidant-lo. Fabricar un objecte seguint una descripció (dibuix). Informar d'un esdeveniment. Establir i provar una hipòtesi. Exposar els resultats d'un experiment amb taules i diagrames. Inventar una història; i llegir-la. Fer teatre. Cantar corrandes. Endevinar enigmes. Fer un acudit; explicar-lo. Solucionar un exemple de càlcul aplicat. Traduir d'una llengua a una altra. Demanar, agrair, renegar, saludar, pregar.»

Investigacions filosòfiques
Ludwig Wittgenstein

La tasca del filòsof continua sent l'anàlisi crítica del llenguatge, però ara Wittgenstein veu que tota la realitat del llenguatge està en el seu ús, és a dir, el significat és l'ús, i l'única tasca de l'anàlisi és la d'entendre els diferents usos lingüístics. No es tracta de preguntar-se pel **significat** de les paraules, perquè «una paraula té el significat que algú li ha donat»; cal preguntar-se pel seu **ús**: «el significat d'una paraula és el seu ús en el llenguatge». I els usos del llenguatge, el jocs de llenguatge, són múltiples i variats (tan diversos com els contextos o les situacions en les quals ens podem trobar). Per tant, no és tasca de l'anàlisi lingüística tractar d'esbrinar què és el llenguatge o què té de comú tot llenguatge perquè no hi ha un únic llenguatge que cal analitzar ni hi ha cap cosa que els sigui comú a tots. No es pot privilegiar cap joc lingüístic particular, com feia el primer Wittgenstein, el del *Tractatus*, que donava només validesa al llenguatge descriptiu de la ciència. Els llenguatges, per aquest segon Wittgenstein, són una sèrie de fets, i els fets no tenen explicació: «El nostre error consisteix a buscar una explicació, quan hauríem de considerar els fets com a "fenòmens originaris". És a dir, quan hauríem de dir: s'està jugant aquest joc lingüístic» *(Investigacions filosòfiques)*.

Es tracta de mirar i veure les semblances i parentius que es poden trobar en els diferents jocs lingüístics. Filosofar ens permet aclarir les semblances («semblances de família») i diferències dels diversos jocs lingüístics. D'aquesta manera, analitzant les seves regles, descrivint l'ús real del llenguatge podrem netejar les confusions, els embolics i les perplexitats produïts pel mateix llenguatge, que de vegades «fa festa». El Wittgenstein de les *Investigacions filosòfiques* entén la filosofia com «una lluita contra la fascinació que exerceixen en nosaltres les formes d'expressió», una lluita «contra l'embruixament del nostre enteniment, fet a través dels mitjans del nostre llenguatge».

Els problemes filosòfics no es poden *resoldre*, perquè, de fet, no són autèntics problemes, però sí que es poden *dissoldre*. Es tracta de «passar d'una insensatesa no manifesta a una de manifesta». La filosofia té una **funció terapèutica**: mostrar la insensatesa que s'amaga rere els pseudoproblemes filosòfics. «El tractament que el filòsof fa d'una qüestió és com el tractament d'una malaltia.» I els problemes filosòfics són sempre problemes de desorientació provocats per abusos del llenguatge.

El Wittgenstein de les *Investigacions filosòfiques* va tenir molta influència en l'anomenada filosofia analítica del llenguatge ordinari o filosofia lingüística, centrada especialment a Oxford. Aquests filòsofs d'Oxford, entre els quals cal destacar John Austin i Richard Hare, es van ocupar de l'anàlisi del llenguatge ordinari en contraposició al llenguatge científic i tècnic. L'anàlisi lingüística no solament ens permet dissoldre els problemes filosòfics, sinó que també ens permet descriure la «geografia lògica» dels conceptes que hi ha rere les nostres expressions del llenguatge ordinari. L'anàlisi del llenguatge ordinari, com va fer notar John Austin (1911-1960), potser no és la «coronació definitiva», però en tot cas és «el començament inexcusable» de qualsevol investigació filosòfica.

ACTIVITATS

1> Planifiqueu i desenvolupeu la qüestió següent: són el llenguatge i el pensament un reflex exacte de la realitat? Confeccioneu primer un guió o esquema i desenvolupeu després la qüestió proposada, tot procurant fer aparèixer algunes de les idees de Wittgenstein, així com la vostra opinió raonada i algun exemple que ajudi a justificar-la.

2> Analitzeu el text següent i expliqueu el significat que té en el text l'enunciat: «*Nosaltres* reconduïm les paraules del seu ús metafísic al seu ús quotidià.»

> «Quan els filòsofs utilitzen paraules com ara "coneixement", "ésser", "objecte", "jo", "proposició", "nom", i tracten de captar l'essència de la cosa, sempre s'ha de preguntar: s'usa efectivament aquesta paraula d'aquesta manera en el llenguatge de la seva terra natal? *Nosaltres* reconduïm les paraules del seu ús metafísic al seu ús quotidià.»
>
> *Investigacions filosòfiques*
> **Ludwig Wittgenstein**

3> Definiu els termes següents:

Logicisme, fenomenalista, atomisme lògic, teoria pictòrica del significat, joc lingüístic.

12.4 El Cercle de Viena

Al final del segle XIX, Viena era, juntament amb París, un dels grans centres culturals del món. La Universitat de Viena va crear l'any 1895 una càtedra de Filosofia, Història i Teoria de les Ciències Inductives. El primer titular d'aquesta càtedra va ser **Ernst Mach** (1838-1916), un físic i filòsof de la ciència d'orientació positivista que considerava que les lleis i teories científiques no tenien com a objectiu donar explicació de les causes o de l'origen dels fenòmens, sinó ser meres descripcions condensades de fenòmens. L'any 1922 ocuparà aquesta càtedra **Moritz Schlick** (1882-1936), també, com Mach, físic i filòsof, que va mantenir estretes relacions amb alguns dels científics més importants del seu temps: Planck, Einstein, Hilbert, etc. Al voltant de Moritz Schlick es van organitzar una sèrie de reunions a les quals acudien filòsofs interessats per la ciència i per la lògica, i científics interessats per la filosofia. L'any 1929 se celebrà a Praga un congrés de física on van presentar un manifest titulat *La concepció científica del món del Cercle de Viena*. Aquest manifest, juntament amb la fundació l'any següent de la revista *Erkenntnis* ('Coneixement'), la col·lecció de llibres sobre «ciència unificada» i els cinc congressos internacionals de filosofia científica que es van celebrar entre 1935 i 1939 a diferents ciutats d'Europa i dels EUA, van representar la consolidació i el desenvolupament d'un moviment anomenat de diverses maneres: **Cercle de Viena**, positivisme lògic, empirisme lògic o, també, neopositivisme.

> «El Cercle de Viena era una institució admirable. Va ser en veritat un seminari únic de filòsofs treballant en estreta cooperació amb matemàtics i científics de primera classe, vivament interessats en problemes de lògica i de fonamentació de la matemàtica, i atraient a dos dels més grans innovadors en aquest camp, Kurt Gödel i Alfred Tarski. La seva dissolució va ser una pèrdua molt seriosa.»
>
> *Recerca inacabada*
> **Karl R. Popper**

El neopositivisme dels membres del Cercle de Viena entronca amb l'antic positivisme clàssic de Comte a través de pensadors com Mach, que va tenir una certa influència en aquest corrent. Les diferències entre el positivisme i el neopositivisme, però, són molt acusades. És cert que tots dos moviments són antimetafísics; però, mentre que el positivisme clàssic s'oposava a la metafísica perquè considerava que corresponia a una etapa històrica superada, el neopositivisme ataca la metafísica perquè creu que està mancada de sentit. Per demostrar-ho, els neopositivistes es recolzen sobre la lògica matemàtica i utilitzen l'anàlisi lògica i lingüística com a mètode per a proporcionar un fonament segur a les ciències. Els positivistes clàssics posaven l'accent en l'anàlisi històrica i s'interessaven especialment per la vida humana en els seus aspectes moral, social, històric i polític. En canvi, els neopositivistes es neguen a prendre posicions ideològiques en aquests terrenys, ja que consideren que és un assumpte d'opinions personals i privades, i no d'interès científic i públic.

Els anys d'expansió del Cercle de Viena van coincidir amb l'auge del nazisme i la posterior annexió d'Àustria a Alemanya. L'ambient de Viena com a centre filosòfic es va anar enrarint. El fundador del Cercle de Viena, Schlick, va ser assassinat per un alumne nazi durant una conferència. Els membres d'aquests moviments —jueus alguns d'ells, socialistes d'altres, i tots enemics de la barbàrie— van haver de fugir del malson nazi. Alguns van anar als EUA, com Rudolf Carnap, Herbert Feigl i Kurt Gödel, i d'altres a Anglaterra, com Otto Neurath.

Els membres del Cercle de Viena s'inspiraren en l'obra de Mach, que considerava que la filosofia ha de buscar el mateix rigor que caracteritza el pensament científic; la funció de la filosofia és aclarir els conceptes i estructures utilitzats per la ciència, analitzar-los i construir-los. Alguns dels components fonamentals comuns als membres del Cercle de Viena són la consideració de la filosofia com una lògica de la ciència, el seu empirisme i la seva crítica a la possibilitat de la metafísica.

L'anàlisi lògica del llenguatge

Els grans èxits de la lògica matemàtica van tenir una influència especial en els membres del Cercle de Viena. Quan Russell i Whitehead publiquen els *Principia Mathematica*, s'estén la creença que el model axiomàtic es pot aplicar a totes les matemàtiques i que no serà difícil aplicar-lo a altres ciències empíriques. Russell fa seu el programa logicista de Frege i aconsegueix reduir la matemàtica clàssica a la lògica més la teoria de conjunts. Els neopositivistes, encoratjats per aquests èxits, intenten aprofundir-hi. L'objectiu és demostrar que el llenguatge lògic correspon a la lògica de la realitat. El *Tractatus* de Wittgenstein té una enorme influència en aquest corrent filosòfic. Seguint Wittgenstein, els neopositivistes intenten establir les ba-

Rudolf Carnap *(1891-1970) va ser membre del Cercle de Viena (1926-1935) i, emigrat als EUA, va ser professor a les universitats de Chicago i de Califòrnia a Los Angeles. Va publicar importants treballs de filosofia de la ciència sobre la definició dels conceptes científics, l'estructura de les teories científiques, les propietats formals dels sistemes lingüístics, etc. Va desenvolupar una lògica inductiva per avaluar el grau de confirmació o verificació com una relació entre les hipòtesis científiques i els enunciats d'observació.*

ses d'un llenguatge lògicament perfecte. En un llenguatge ideal els elements bàsics han d'estar en correspondència amb els «fets atòmics» que constitueixen la realitat. D'aquesta manera el llenguatge descriu el món. La influència del logicisme i el fenomenalisme de Russell i Wittgenstein estan presents en obres de neopositivistes com ara **Rudolf Carnap**, que va escriure *La construcció lògica del món* (1928) i *La sintaxi lògica del llenguatge* (1937).

Pels membres del Cercle de Viena, la lògica és l'instrument i la filosofia, el mètode. La filosofia es converteix en una lògica del coneixement científic. La tasca fonamental del filòsof és desenvolupar una anàlisi lògica del llenguatge, que, de fet, es limita al llenguatge descriptiu o representatiu i deixa de banda els possibles llenguatges prescriptius o afectius.

La filosofia, segons el neopositivisme, no pot ser una ciència, la filosofia no és cap conjunt ordenat de proposicions vertaderes. La totalitat de les ciències, juntament amb els coneixements ordinaris de la vida quotidiana, formen els únics coneixements. La filosofia, o millor dit, l'acció de filosofar, és una activitat. En un article titulat *El viratge de la filosofia*, amb el qual s'iniciava el primer número de la revista *Erkenntnis*, Moritz Schlick aclaria aquesta concepció del fet de filosofar: «L'activitat mitjançant la qual es descobreix o determina el sentit dels enunciats: això és la filosofia. Mitjançant la filosofia s'aclareixen les proposicions, mitjançant la ciència es verifiquen.»

Empirisme i crítica de la metafísica

Ja al segle XVIII, David Hume, l'empirista més radical, havia deixat molt clara la seva actitud contrària a la metafísica. Al final de la seva *Investigació sobre l'enteniment humà* recomanava llançar a les flames els llibres de teologia o metafísica, ja que, segons ell, només poden contenir «sofismes i il·lusió». Per a Hume, només els llibres de ciències formals que contenen «algun raonament abstracte sobre la quantitat o el nombre» i els de ciències fàctiques que contenen «algun raonament empíric sobre els fets de l'existència» eren acceptables.

Els positivistes lògics també comparteixen aquesta actitud dels empiristes i pretenen la desaparició de la metafísica com a branca del coneixement. La seva peculiaritat consisteix a utilitzar la lògica matemàtica desenvolupada per Frege i Russell com a instrument important de la seva crítica. Aquesta crítica de la metafísica té com a objectiu el pensament de l'idealisme alemany i el de pensadors del segle XX com Henri Bergson o Martin Heidegger.

> «Si no és possible determinar si un enunciat és vertader, llavors manca totalment de sentit; ja que el sentit d'un enunciat és el mètode de la seva verificació.»
>
> *Erkenntnis*, 1930-1
> **Friedrich Waissmann**

Rudolf Carnap aclaria l'ús que feia de la paraula *metafísica* en el seu famós article de l'any 1932, *La superació de la metafísica mitjançant l'anàlisi lògica del llenguatge*:

> «La utilització de la paraula *metafísica* la faig d'acord amb l'ús comú a Europa, és a dir, aplicant-la al camp d'un pretès coneixement de l'essència de les coses que transcendeix la jurisdicció d'allò que és empíricament fonamentat, de la ciència inductiva. En aquest sentit, *metafísica* inclou sistemes com els de Fichte, Schelling, Hegel, Bergson, Heidegger, però exclou aquelles temptatives orientades a aconseguir generalitzacions o síntesis dels resultats de les diverses ciències.»
>
> *La superació de la metafísica mitjançant l'anàlisi lògica del llenguatge*
> **Rudolf Carnap**

La tesi de Carnap és que l'anàlisi lògica del llenguatge demostra que les preteses proposicions de la metafísica són, en realitat, pseudoproposicions o proposicions sense sentit, insensateses. Seguint Wittgenstein, els positivistes lògics consideren que el sentit d'una proposició radica en les seves condicions de veritat.

Les proposicions de les ciències formals (les matemàtiques i la lògica) són vertaderes perquè són proposicions analítiques, vertaderes únicament per la seva forma, la negació de les quals és una proposició contradictòria. Les ciències formals són tautològiques; les seves proposicions són *a priori* i no tenen contingut informatiu, no diuen res sobre la realitat. La taula de veritat d'una tautologia, com el principi de no contradicció o el d'identitat, dóna sempre veritat.

Per a les proposicions no analítiques, el **criteri de verificació** permet distingir les proposicions amb sentit de les pseudoproposicions sense sentit. Segons els positivistes lògics, una proposició només té sentit si és, en principi, verificable mitjançant l'experiència.

El filòsof de la ciència i membre destacat del Cercle de Viena, Carl G. Hempel (1905-1997), en l'article *Problemes i canvis en el criteri empirista de significat*, publicat l'any 1950, afirmava: «En els primers temps del Cercle de Viena es deia que una oració tenia significat empíric si era possible, almenys en principi, la seva verificació completa mitjançant l'observació, és a dir, si es podia descriure una prova observacional tal que, d'assolir-se realment, establiria de manera concloent la veritat de l'oració.»

Aviat es va veure que, formulat així, aquest criteri era massa restrictiu i deixava sense sentit moltes proposicions genuïnament científiques com, per exemple, aquelles proposicions sobre el futur llunyà o el passat remot. Les successives modificacions del criteri de verificació no tenien com a objectiu establir una demarcació entre ciència i metafísica, sinó desprestigiar i enderrocar definitivament la metafísica, considerada com un seguit de despropòsits.

La idea principal dels neopositivistes és que tota metafísica està mancada de sentit i que els únics coneixements acceptables són aquells que proporcionen les ciències. Moritz Schlick ja havia dit que: «Amb el mètode de les ciències particulars s'arriba, per principi, al coneixement de tot el que existeix, qualsevol altra ontologia és xerrameca buida.» La reducció del coneixement vàlid a coneixement cientificopositiu no implica que les proposicions de la metafísica no tinguin un altre tipus de significat no cognoscitiu, per exemple, emotiu.

La metafísica, segons Carnap, és un substitutiu de l'art, és una forma d'expressió d'una actitud davant la vida. La metafísica no és xerrameca totalment buida; la metafísica té un contingut, però aquest contingut no és cognoscitiu o teorètic. Per exemplificar aquesta idea, Carnap acaba l'article *La superació de la metafísica* parlant de Nietzsche, «el metafísic que va posseir el més gran talent artístic». Nietzsche va evitar caure en la confusió. Una part de l'obra de Nietzsche té un contingut empíric, aquella que analitza històricament i psicològicament la moral.

Segons els empiristes lògics, el llenguatge de la metafísica no és l'únic que no té com a funció pròpia descriure res ni expressar cap forma de coneixement. El llenguatge moral tampoc no té cap funció teorètica. Les seves funcions són manifestar les emocions i sentiments de qui parla, despertar en els altres els mateixos sentiments i emocions, i, d'aquesta manera, aconseguir que els altres actuïn d'acord amb els seus desigs. Aquesta doctrina va ser anomenada **emotivisme**.

Otto Neurath (1882-1945), nascut a Viena, estudia ciències socials a Viena, Heidelberg i Berlín. Membre fundador del Cercle de Viena i col·laborador de la revista *Erkenntnis*, va ser el principal organitzador del «Moviment per a la ciència unificada» i de l'*Enciclopèdia Internacional de la Ciència Unificada*.

Entre les activitats del Cercle de Viena hi havia les sessions del Col·loqui Matemàtic, que dirigia Karl Menger i en les quals participaven, entre d'altres, notables matemàtics com Hans Hahn o Kurt Gödel. Aquest últim —a qui veiem a la imatge— és considerat com el més gran lògic del segle XX i un dels més grans pensadors de tots els temps. Un dels principals descobriments de ***Kurt Gödel*** *és el teorema de la incompletesa que demostra que tota formalització de l'aritmètica en el càlcul lògic de predicats és incompleta, és a dir, que és impossible aconseguir un conjunt d'axiomes i regles de transformació que subministrin totes les veritats formals expressables en el llenguatge de la lògica de predicats.*

ACTIVITATS

4> Feu un resum del text següent i indiqueu les principals idees:

«Dins la reacció antimetafísica del final del segle XIX, va assumir un paper central l'esforç per aclarir què era el pensament científic, el llenguatge exacte, sense vaguetats ni subjectivismes. A Viena i a altres seus germàniques, d'una banda, i a Cambridge i a Oxford, de l'altra, es va col·laborar en aquest ideal de claredat. Bertrand Russell, com a part de les seves reflexions sobre la lògica, la matemàtica i la significació, va traçar un model de llenguatge perfecte en què es descriuria formalment cada fet —atomisme lògic—: les frases correctes serien vertaderes o falses segons la comprovació empírica, i si aquesta no era viable, es reduirien a mera insensatesa. La línia de pensadors que després s'anomenarien Cercle de Viena va enriquir també aquest camp, el tema del qual es pot dir que és: quines condicions ha de reunir un llenguatge per tal de poder-se anomenar científic? [...] Però, des de l'amistat i després en polèmica amb Russell, el vienès Wittgenstein va portar aquestes reflexions sobre la precisió fins a un extrem de paradoxa i de deliberat absurd. En el seu *Tractatus logico-philosophicus* (1921) va criticar el llenguatge comú per guarir-lo de les seves ambigüitats, imposant l'imperatiu del silenci quan no es pot parlar de manera clara.»

La ment del nostre segle
José María Valverde

Karl R. Popper *(1902-1994) ha estat un dels filòsofs de la ciència i un teòric del liberalisme polític més influents del segle XX. Crític de les principals tesis del Cercle de Viena, va defensar que la ciència no es diferencia de la pseudociència o de la metafísica perquè els seus enunciats siguin verificables, sinó perquè són falsables. Solament els enunciats falsables poden ser acceptats, provisionalment, com a hipòtesis científiques.*

...

Al maig de l'any 1989 el president de la Generalitat de Catalunya va lliurar a Karl R. Popper el Premi Internacional Catalunya, en la seva primera convocatòria, per la seva contribució a «desenvolupar els valors culturals, científics i humans arreu del món».

12.5 El racionalisme crític: Popper

La desaparició del Cercle de Viena com a institució va anar seguida de la desintegració del moviment del positivisme lògic. La dissolució del Cercle no va ser la causa més important de l'abandonament dels seus principis. Tampoc no es pot considerar que la causa de la dissolució del moviment del positivisme lògic radiqui en el descobriment d'errors en la seva doctrina. Popper mateix, que va ser un dels principals crítics d'aquests errors, assenyala, en la seva autobiografia intel·lectual, *Recerca inacabada*, que l'última causa de la dissolució del Cercle de Viena i del positivisme lògic està «en el seu descens d'interès pels grans problemes: la concentració en *minutiae* (en 'puzles') i especialment en els significats de les paraules; en resum, en el seu escolasticisme. La qual cosa va ser heretada pels seus successors, a Anglaterra i als EUA».

No tota l'herència del Cercle de Viena, però, va ser rebutjada per Popper i la filosofia de la ciència contemporània. L'actitud general de considerar la filosofia com una activitat crítica, aquesta actitud que el positivistes lògics anomenaven actitud científica, i Popper actitud racional o crítica, és un element compartit.

Vida i obres

Karl Raimund Popper va néixer a Viena, l'any 1902, en el si d'una família d'origen jueu, culta i benestant. Estudià matemàtiques, física i filosofia a la Universitat de Viena. En la seva joventut, mogut per les seves inquietuds socials i filosòfiques, militià en l'esquerra marxista i va fer feines socials en una clínica infantil del psicoanalista Adler. Aviat abandonà el marxisme i la psicoanàlisi en considerar-les doctrines dogmàtiques. L'any 1928 presentà la seva tesi doctoral i fou professor de matemàtiques i física a l'ensenyament secundari. Interessat per la filosofia, entrà en contacte amb membres del Cercle de Viena. Encara que mai no en va ser membre, n'era considerat un col·laborador crític. De fet, l'any 1934 apareix, dins d'una col·lecció dirigida per membres del Cercle de Viena, *La lògica de la investigació científica*, la seva primera obra publicada i que s'ha convertit en un clàssic de la filosofia de la ciència. En aquesta obra critica idees fonamentals del positivisme lògic (inductivisme, verificacionisme) i presenta la seva concepció del mètode científic com a hipoteticodeductiu. Per fugir del nazisme abandonà Àustria l'any 1937 i emigrà a Nova Zelanda, on va escriure *La misèria de l'historicisme* i *La societat oberta i els seus enemics*. En aquestes obres aplica la seva filosofia de la ciència a l'estudi de la filosofia política i fa una crítica de Plató, Hegel, el nazisme i el marxisme com a exemples de filosofies socials totalitàries.

L'any 1946 va acceptar una oferta de la prestigiosa London School of Economics and Political Science i va tornar a Europa. Fins al 1969, any en què es va jubilar, va ser professor de Lògica i Metodologia de la Ciència en aquesta universitat, de la qual va ser professor emèrit fins a la seva mort l'any 1994. L'any 1962 va publicar *Conjectures i refutacions: el creixement del coneixement científic*, una col·lecció d'articles en què desenvolupa i exemplifica la seva filosofia de la ciència, i, deu anys després, *El coneixement objectiu: un enfocament evolutiu*, una obra en la qual presenta, entre altres temes, la seva teoria dels tres mons: el món físic (o Món 1), el subjectiu o psicològic (Món 2) i el de la cultura i dels continguts objectius del pensament (Món 3), que és un producte humà, però que, un cop produït, té una dinàmica pròpia i una objectivitat peculiar. L'any 1974 va escriure la seva autobiografia intel·lectual, que titulà *Recerca inacabada* com a expressió poètica de la seva actitud vital i filosòfica. L'any 1977 publicà, juntament amb John Eccles, neuròleg i premi Nobel, *El jo i el seu cervell*, obra en què estudien els problemes científics i filosòfics de les relacions mentcos. Els anys 1982-1983 publicà els tres volums dels *Post Scriptum*, una sèrie d'apèndixs al seu primer llibre i més important: *La lògica de la investigació científica*. L'indeterminisme, el realisme, l'objectivisme i la seva interpretació de la probabilitat com a propensió són algunes de les principals tesis que defensa en aquests textos.

Popper ha tingut una gran difusió i influència com a filòsof de la ciència i com a filòsof politicosocial per la seva reivindicació d'una societat oberta. Les seves obres s'han traduït a una vintena de llengües i va ser membre de les acadèmies científiques més prestigioses del món. L'any 1989 va rebre el primer Premi Internacional Catalunya. Les seves reflexions sobre la ciència i sobre la societat es basen en el seu racionalisme crític, que rebutja tota mena de dogmes i utopies. El coneixement humà és sense remei fal·lible, mai no tindrem certeses absolutes; però podem progressar cap a la veritat i la felicitat. El progrés científic i social només s'obté per l'assaig i l'error, les conjectures i les refutacions, la fantasia audaç i la crítica rigorosa. Aquest mètode no garanteix no cometre errors ni equivocacions, però evita romandre en ells i, fins i tot, ens permet aprendre dels nostres errors i equivocacions.

*Seu de la **Royal Society**, a Londres. Karl R. Popper va ser membre d'aquesta acadèmia científica, fundada a la segona meitat del segle XVII i una de les més prestigioses del món. També va ser membre de l'Institut de France (París) i de l'Academia Nazionale dei Lincei (Florència).*

El problema de la demarcació

Els membres del Cercle de Viena consideraven que allò que caracteritzava els enunciats científics era que es podien verificar. De fet, el criteri de verificabilitat era un criteri de sentit. Segons els neopositivistes, les proposicions que no pertanyen a la ciència empírica no tenen significat cognoscitiu. Aquesta distinció només serveix per desacreditar la metafísica com a conjunt de disbarats sense significat, però no serveix per establir una diferenciació clara entre ciència i no-ciència. Popper no s'interessa per establir un criteri de sentit, sinó que vol establir un **criteri de demarcació**:

> «Jo anomeno problema de la demarcació el problema de trobar un criteri que ens permeti distingir entre les ciències empíriques, d'una banda, i la matemàtica o la lògica i els sistemes "metafísics", de l'altra.»
>
> *La lògica de la investigació científica*, I, 4
> **Karl R. Popper**

El criteri de demarcació que troba Popper no és la verificabilitat, sinó la **falsabilitat** o refutabilitat. Allò que diferencia la ciència empírica de la metafísica (i també de les pseudociències i de les ciències formals) no és que els enunciats científics siguin verificables (que no ho són), sinó que siguin, en principi, refutables, és a dir, «ha de ser possible refutar un sistema científic per l'experiència».

La naturalesa falsable i no verificable dels enunciats i teories científics és una conseqüència de la asimetria lògica entre la verificabilitat i la falsabilitat dels enunciats universals. Les teories científiques consten de lleis científiques que són sempre enunciats universals del tipus «Tots els S són P». Aquests enunciats tenen infinites conseqüències i, per tant, resulta impossible demostrar la seva veritat, ja que no serà mai possible comprovar la veritat de totes i cadascuna d'aquestes infinites conseqüències. Per molts exemplars de corbs negres que hàgim vist, no podem mai justificar la conclusió que «Tots els corbs són negres». Ara bé, en tenim prou a observar un corb blanc (o de qualsevol color que no sigui negre) per concloure que és fals l'enunciat «Tots els corbs són negres». La verificació i la falsació no són, per tant, dos procediments simètrics.

> «Els analistes del llenguatge creuen que no hi ha problemes autèntics filosòfics o que els problemes de la filosofia —si és que n'hi ha— són problemes d'ús lingüístic o del significat dels mots. Jo crec, però, que hi ha, almenys, un problema filosòfic pel qual s'interessa tot aquell qui pensa. Es tracta del problema cosmològic: del problema d'entendre el món —inclosos nosaltres mateixos i el nostre saber en tant que formem part d'aquest món.»
>
> *La lògica de la investigació científica*, Prefaci a la primera edició anglesa (1959)
> **Karl R. Popper**

El criteri de demarcació basat en la falsabilitat va portar Popper a considerar com a no-científiques no solament les teories metafísiques o les pseudociències normalment admeses com a tals (l'astrologia o la parapsicologia), sinó també el marxisme i la psicoanàlisi. Aquestes teories, segons Popper, no són contrastables, ja que no hi ha cap fet concebible (cap esdeveniment ni cap conducta humana) que pugui refutar-les. En el seu llibre *Conjectures i refutacions*, Popper explica com l'estiu de l'any 1919 va començar a tenir dubtes sobre el pretès caràcter científic de teories com ara la psicoanàlisi de Freud o la teoria marxista de la història, i les va comparar amb la teoria d'Einstein. Allò que diferenciava les dues primeres de la tercera no era el seu poder explicatiu. Tant la psicoanàlisi com el marxisme semblaven que podien explicar pràcticament tot allò que succeïa en el seu àmbit d'estudi. Pels psicoanalistes i marxistes, el món estava ple de verificacions de les seves teories. Popper explica com va començar a sospitar que aquesta força aparent era, en realitat, la seva feblesa. Amb la teoria d'Einstein, la situació era molt diferent. No solament la teoria era incompatible amb certs resultats possibles de l'observació, sinó que les seves prediccions resultaven especialment arriscades, ja que contradeien els resultats que tots haurien esperat abans d'Einstein. La situació resulta radicalment diferent del que passa, segons Popper, en les pseudociències com ara l'astrologia o la psicoanàlisi.

El mateix passa amb les teories metafísiques. No és que siguin disbarats sense significat cognoscitiu, com pensaven els neopositivistes, sinó que no són científiques perquè no són refutables, la qual cosa no vol dir que moltes teories científiques no hagin tingut el seu origen en mites i teories metafísiques (la teoria atòmica de la matèria o l'astronomia heliocèntrica podrien ser-ne dos exemples) que, en un principi, eren doctrines impossibles de contrastar.

«Sense prendre les paraules *món* o *Univers* massa seriosament, podem distingir els mons o universos següents: primerament, el món dels objectes físics o dels estats físics; en segon lloc, el món dels estats de consciència o estats mentals, o potser disposicions conductuals a obrar; i, finalment, el món dels continguts objectius del pensament, especialment dels pensaments científics i poètics i de les obres d'art.»

Epistemologia sense un subjecte de coneixement

Karl R. Popper

«El problema: "Què és primer, la hipòtesi o l'observació?", és un problema resoluble, com ho és també el problema: "Què fou primer, la gallina o l'ou?". La resposta a l'últim interrogant és: "Un tipus més primitiu d'ou", i la resposta al primer: "Un tipus més primitiu d'hipòtesi". És ben cert que qualsevol hipòtesi particular que escollim haurà estat precedida d'observacions, per exemple, les observacions que tractarà d'explicar. Aquestes observacions tenen un marc de referència, un marc d'expectatives i un marc de teoria alhora. Si les observacions eren significatives, si creaven la necessitat d'una explicació que originava una hipòtesi, era perquè no podien ser explicades dins la vella cuirassa teòrica del vell horitzó d'expectatives. Aquí no hi ha perill d'una regressió infinita. Si reculem cap a teories i mites cada vegada més primitius, al final trobarem expectatives inconscients, innates.»

Conjectures i refutacions

Karl R. Popper

Crítica de l'inductivisme

Carnap i els altres membres del Cercle de Viena identificaven les ciències empíriques amb les ciències inductives. Una inducció és una argumentació que passa d'enunciats singulars o concrets, com les descripcions dels resultats d'observacions o experiments, a enunciats universals, com les hipòtesis, lleis o teories. Si a partir de l'observació de molts exemplars de corbs, tots de color negre, passem a l'afirmació que «tots els corbs són negres», haurem fet una inducció o inferència inductiva. Si acceptem que l'observació i l'experimentació són la nostra única font de coneixement (com fan els empiristes), i que la nostra observació és sempre de fets concrets que només es poden descriure amb enunciats singulars (mentre que la ciència consta d'enunciats universals), sembla que necessitem la inducció per justificar la validesa dels enunciats científics. Pels neopositivistes, la lògica inductiva era la lògica de la ciència.

Popper planteja el **problema de la inducció** com a problema fonamental: «La qüestió de saber si les inferències inductives estan justificades, i en quines condicions ho estan, és coneguda com el problema de la inducció.»

Des d'un punt de vista estrictament lògic, les inferències inductives no són vàlides. Ja Hume havia fet veure que només l'hàbit, però no la raó, ens fa creure que és veritat que «Tots els dies sortirà el Sol» només perquè fins ara sempre ha sortit el Sol. Els neopositivistes consideraven que, malgrat que les inferències inductives no siguin vàlides estrictament, sí que podien tenir un cert grau de fiabilitat o de probabilitat. Segons aquesta opinió, les inferències inductives eren argumentacions probables. En el primer número de la revista *Erkenntnis*, Reichenbach explicava la que es pot considerar la doctrina oficial dels neopositivistes: «Hem descrit el principi d'inducció com a mitjà amb el qual la ciència decideix sobre la veritat. Per ser més exactes, hauríem de dir que serveix per decidir sobre la probabilitat. Ja que la tasca de la ciència no és atènyer la veritat ni la falsedat, [...] però els enunciats científics només poden adquirir graus continus de probabilitat els inabastables límits superior i inferior dels quals són la veritat i la falsedat.»

La crítica que Popper fa al principi d'inducció és radical. Considera que la inducció és un mite, que no exerceix cap paper important ni en el descobriment ni, especialment, en la justificació de les teories científiques. El mètode inductiu no és mai lògicament vàlid. Tampoc no és cert que les lleis científiques tinguin una certa probabilitat. La inducció no serveix ni tan sols per establir la probabilitat de les lleis. Les lleis i hipòtesis científiques són enunciats universals amb infinites conseqüències; milions de confirmacions no proven la veritat d'un enunciat universal.

La ciència no actua inductivament saltant de l'observació de casos singulars a la formulació de lleis universals. La figura del científic no és la d'un recopilador de tota mena de dades, que després classifica i ordena, i que, a partir d'aquesta anàlisi de les dades enregistrades, fa generalitzacions inductives. Cap dels passos anteriors no és possible sense hipòtesis prèvies, i l'elaboració de teories mai no pot ser un procés mecànic a partir de dades, sinó que sempre requereix imaginació creadora. Les hipòtesis i teories no es deriven dels fets observats, sinó que s'inventen per explicar-los.

ACTIVITATS

5> Exposeu les principals idees del text següent i comenteu el valor científic de la psicoanàlisi:

> «Les "observacions clíniques" que els psicoanalistes prenen, ingènuament, com a confirmacions de la seva teoria no tenen major rellevància que les confirmacions diàries que els astròlegs creuen trobar en la seva experiència. Respecte a l'èpica freudiana del jo, el super-jo i l'allò, el seu dret a pretendre un estatus científic no és substancialment major que el de la col·lecció d'històries homèriques de l'Olimp. Aquestes teories descriuen alguns fets, però a la manera de mites. Contenen suggeriments psicològics summament interessants, però no en una forma contrastable.»
>
> *Conjectures i refutacions*, I
>
> **Karl R. Popper**

El mètode hipoteticodeductiu

El mètode hipoteticodeductiu és un mètode que consisteix a proposar hipòtesis (inventar més que no descobrir) i intentar refutar-les. Segons Popper, qualsevol teoria s'inicia amb un problema, amb una situació problemàtica. Per resoldre aquest problema es proposa una hipòtesi com a possible solució del problema. Per avaluar la versemblança de la temptativa de solució, els científics deduiran conseqüències observables de la hipòtesi i faran nombroses contrastacions crítiques (experiments i observacions) amb l'objectiu d'intentar refutar-la. En la majoria dels casos, la hipòtesi acabarà sent refutada. Si no aconseguim trobar cap conseqüència de la hipòtesi científica que no es doni en la realitat, si la hipòtesi surt victoriosa de tots els intents de refutar-la, llavors la considerarem —sempre provisionalment— com una llei científica.

La filosofia política de Popper

Popper s'interessà, bàsicament, pels temes de filosofia de la ciència, però el clima social i els esdeveniments previs a la Segona Guerra Mundial el van empènyer a pronunciar-se, des del seu racionalisme crític, sobre qüestions socials i polítiques. En la seva autobiografia intel·lectual, Popper explica que els seus ideals ètics el feren revoltar-se contra les injustícies socials i la misèria de la seva època, i que, durant un temps, va ser marxista. Tanmateix, l'experiència negativa que va tenir del marxisme el va apartar d'aquesta militància. Popper s'hi enfrontà perquè, segons ell, el comunisme accepta el sofriment humà en nom d'ideals pretesament superiors. Més endavant també hi afegirà la denúncia del pretès caràcter científic del marxisme com quelcom simplement ideològic.

Popper creia que les seves dues obres de filosofia política, *La societat oberta i els seus enemics* i *La misèria de l'historicisme*, eren només la seva contribució a la lluita contra els totalitarismes i a favor de la democràcia i la llibertat. Aquestes obres, tot i ser escrites durant la Segona Guerra Mundial com a aportació a la lluita contra el nazisme, ataquen igualment el comunisme marxista. Popper concep la seva reflexió com una «introducció crítica a la filosofia de la societat i de la política». D'aquesta reflexió neix tant la seva defensa de les llibertats individuals i de la societat democràtica o societat oberta com l'afirmació segons la qual «la història no té significat», el futur no està predeterminat pel present.

L'última afirmació implica la negació de l'existència d'un destí suposadament inevitable de la història humana, concepció postulada pel cristianisme i altres religions, i també per Hegel, Marx i «la filosofia històrica del racisme o feixisme», i que origina una o altra filosofia de la història. En el prefaci de l'obra *La societat oberta i els seus enemics*, Popper denuncia l'historicisme d'aquestes concepcions; és a dir, primerament rebutja el suposat significat de la història i l'existència de constants que regeixin el desenvolupament històric; en segon lloc, les acusa de contenir «una filosofia social, política i moral contrària a la reforma democràtica» basada en aquestes afirmacions dogmàtiques sobre la història humana. Per exemple, no s'ha sotmès a la crítica racional «la doctrina del poble escollit per Déu com a instrument de la seva voluntat», que la història sigui la lluita de classes socials, que una «raça» estigui predestinada a imposar-se a les altres i, en general, la pretesa existència d'unes lleis de la història que fan que aquesta sigui inevitable o inexorable. Popper conclou l'obra *La misèria de l'historicisme* mostrant el caràcter obert i imprevisible del canvi social, i afirma que sembla que els historicistes intentessin «compensar la pèrdua d'un món immutable aferrant-se a la creença que el canvi pot ser previst perquè està regit per una llei immutable».

El racionalisme crític porta Popper a demanar-se si «està dins de les possibilitats d'alguna ciència social la formulació de profecies històriques», a considerar la distinció entre «profecia històrica» i «predicció històrica», a reclamar modèstia i a concloure que «no oferim proves allà on res pot ser provat, ni pretenem ser científics allà on tot el que pot donar-se és, a tot estirar, un punt de vista personal». Per tot això, l'historicisme criticat per Popper és el que no es fonamenta en cap prova, sinó en una motivació ideològica.

L'obra de Popper conté una desqualificació completa del pretès caràcter científic del marxisme i les seves pretensions de basar-se en les lleis de la història, tot i que en comparteix les motivacions ètiques. En aquest sentit afirma, a *La societat oberta i els seus enemics*, que «el marxisme "científic" ha mort, però han de sobreviure el seu sentit de la responsabilitat social i el seu amor a la llibertat».

«M'havia adonat del caràcter dogmàtic del credo marxista i de la seva increïble arrogància intel·lectual. Era una cosa terrible autoconcedir-se un tipus de coneixement que convertia en un deure el fet d'arriscar la vida de les altres persones per un dogma acríticament acceptat, o per un somni que podia resultar no realitzable. [...] El nucli de l'argumentació marxista és una profecia històrica combinada amb una apel·lació implícita a la següent llei moral: *ajuda a fer realitat l'inevitable!*»

Recerca inacabada
Karl R. Popper

«La trobada amb el marxisme em revelà la saviesa de la dita socràtica "només sé que no sé res". Va fer de mi un fal·libilista i m'inculcà el valor de la modèstia intel·lectual. I em va fer més conscient de les diferències entre el pensament dogmàtic i el pensament crític.»

Recerca inacabada
Karl R. Popper

Tomba al soldat desconegut, a Canberra. «El monument al Soldat Desconegut al qual rendeixen tribut els països occidentals és un símbol del contingut de les creences d'Occident, un símbol de la nostra fe en l'home comú desconegut.»
A la recerca d'un món millor
Karl R. Popper

La societat oberta

El concepte de **societat oberta** es pot caracteritzar com el d'una societat democràtica que garanteix la supremacia de les llibertats de l'individu i el protegeix contra els possibles abusos de l'Estat. En sintonia amb l'admiració que Popper té pels grecs, afirma que és a l'Atenes de Pèricles on primer es van assajar els principis polítics de la societat oberta. Tanmateix, la democràcia atenesa no va sobreviure al seu principal creador i els seus plantejaments van ser negats per Plató i la seva teoria política de caire totalitari, és a dir, qualificable de «societat tancada». Tot plegat mostra que la societat oberta mai no es pot considerar com a definitivament assolida, sinó que s'ha d'anar defensant i millorant permanentment a través de la crítica.

Segons Popper, no existeix un sentit ocult en la història política ni tampoc hi ha un progrés històric irreversible, com pretén l'historicisme. Per atractiu que pugui semblar, no es pot afirmar un determinisme social que ens condueixi a la utopia social i política. L'existència de la societat oberta depèn de l'estructura social resultant d'institucions i de tradicions com ara la cultura política col·lectiva o la fermesa cívica de la gent. Certament, les institucions i tradicions són «el resultat de les accions i decisions humanes i poden ser modificades per elles»; ara bé, «això no significa que les institucions hagin estat conscientment dissenyades i que siguin explicables segons necessitats, esperances o mòbils». Ben al contrari, «tot i que les institucions sorgeixen com a resultat d'accions conscients i intencionals, són, generalment, els *subproductes indirectes, involuntaris* i sovint *no desitjats de les esmentades accions*». Les institucions no evolucionen necessàriament d'acord amb els projectes dels seus creadors. Cada institució té repercussions socials involuntàries, influeix sobre moltes altres institucions i, fins i tot, sobre la manera de ser dels membres d'una societat, és a dir, sobre les seves esperances, temors i ambicions.

Popper examina la qüestió relativa a qui ha de governar i afirma que les respostes habituals van per un camí erroni. Tradicionalment se solia dir que el millor o el més savi era qui havia de governar; més modernament, les formulacions aparentment liberals responien que el poder l'ha de tenir el poble o la majoria. Reprenent una idea de Mill, Popper adverteix que «hem de mostrar-nos vigilants i no donar a l'Estat més poder del necessari per a la protecció de la llibertat», i proposa reorientar aquella pregunta i substituir-la per una altra més respectuosa amb els drets individuals: «Com podem organitzar les nostres institucions polítiques de manera que els governs dolents o incompetents [...] ens causin només el mínim dany?»

En aquesta mateixa línia de defensa de la democràcia i dels drets individuals propis de la societat oberta, Popper també fa present la «important exigència moral de la protecció de les minories», per bé que aquesta exigència no ha d'estendre's a aquells que violen la llei i, especialment, a aquells que inciten d'altres a enderrocar violentament el règim democràtic.

Escultura de Salvador Dalí (1904-1989) que pertany a la sèrie «Perfil del temps» (1977-1984), amb motiu del seu quadre La persistència de la memòria. *Popper fa servir la metàfora dels núvols i els rellotges per il·lustrar la seva concepció indeterminista de l'Univers, en tant que els primers són masses informes de vapor d'aigua d'incert desenvolupament, mentre que els segons són màquines regides per un determinisme mecanicista complet.*

"

«Els valors morals d'una societat —les exigències i propostes reconegudes per la totalitat o la quasi totalitat dels seus membres— estan íntimament units a les seves institucions i tradicions, i no poden sobreviure a la destrucció de les institucions i tradicions d'una societat.»

La societat oberta i els seus enemics
Karl R. Popper

ACTIVITATS

6> Expliqueu i valoreu els fragments següents i feu un debat a classe a propòsit de la violència i la tolerància. Estaríeu d'acord amb Popper quan afirma: «La meva concepció d'una societat oberta és una societat que és tolerant amb totes les idees excepte amb la idea de la intolerància»?

«Menys coneguda és la *paradoxa de la tolerància*: la tolerància il·limitada pot conduir a la desaparició de la tolerància. Si estenem la tolerància il·limitada fins i tot a aquells que són intolerants, si no estem preparats per defensar una societat tolerant contra les extorsions dels intolerants, el resultat serà la destrucció dels tolerants i, amb ells, de la tolerància.»

La societat oberta i els seus enemics
Karl R. Popper

«Si el mètode de la discussió crítica racional s'imposés, la utilització de la violència passaria a ser una cosa obsoleta, ja que la raó crítica és l'única alternativa a la violència que s'ha descobert fins ara.»

El mite del marc comú
Karl R. Popper

12.6 El discurs, la veritat i el poder: Foucault

En el moment de seva la mort (1984), Michel Foucault, un dels pensadors més rellevants de França, ocupava la càtedra d'Història de les Idees d'una de les institucions més prestigioses del país, el Collège de France. Havia dedicat la seva vida intel·lectual a l'estudi de la història de les idees i de la pràctica que les acompanya.

__Michel Foucault__ va estudiar psicologia i filosofia a la prestigiosa École Normale Supérieur de París. Abans d'obtenir la càtedra d'Història de les Idees del Collège de France l'any 1970, ensenyà filosofia i literatura francesa a Lille, Uppsala, Varsòvia, Hamburg, Clermont-Ferrand, Sao Paulo i Tunis.

Vida i obres

Michel Foucault va néixer a Poitiers l'any 1926 i va morir a París l'any 1984, malalt de sida. Durant tota la seva vida va ser una persona compromesa amb el seu temps. Al maig de l'any 1968, quan era professor de filosofia a Vincennes, es va posar al costat de la revolta estudiantil. L'any 1971, juntament amb altres pensadors com Sartre i Genet, va crear una comissió per a la defensa de la vida i dels drets dels immigrants i va convocar diversos actes de protesta a França. També va ser el fundador d'un grup destinat a denunciar les condicions de vida a les presons. L'any 1975 viatjà a Madrid per protestar contra les últimes penes de mort dictades per la dictadura franquista i fou expulsat d'Espanya. Aquests només són alguns exemples de la vida d'aquest filòsof que donen una idea de la seva actitud davant la realitat que li va tocar viure.

L'any 1954 publicà *Malaltia mental i psicologia*, reeditada dos anys després amb el nom de *Malaltia mental i personalitat*. Després de treballar a Uppsala, Varsòvia i Hamburg, l'any 1960 fou professor de la Universitat de Clermont-Ferrand. Deu anys després entrà al Collège de France i ocupà la càtedra que havia deixat vacant el seu mestre Jean Hyppolite.

La seva obra es pot dividir en tres etapes. La primera etapa, orientada a l'anàlisi dels sabers i dels discursos, està integrada per obres com *Història de la bogeria a l'època clàssica* (1961), *Naixement de la clínica* (1963), *Les paraules i les coses* (1966) i *L'arqueologia del saber* (1969). En la segona etapa, en canvi, se centra en l'estudi del poder, i escriu obres com *L'ordre del discurs* (1971), *Vigilar i castigar* (1975) i *La voluntat de saber* (1976). En la tercera etapa escriu obres la temàtica de les quals gira a l'entorn de la subjectivitat: *L'ús dels plaers* i *La inquietud en si* (1984). En la seva última obra, que va deixar inacabada, *Història de la sexualitat*, Foucault reprèn la seva reflexió sobre el poder i la trasllada al domini dels cossos.

«Si el poder no fos més que repressiu, si no fes mai cap altra cosa que dir no, penseu realment que se l'obeiria?»
Microfísica del poder
Michel Foucault

La constitució del subjecte

La complexa obra de Foucault aporta una mirada innovadora sobre el domini i la manifestació del saber, sobre les tècniques i dispositius del poder i sobre la constitució del subjecte. El resultat de la seva indagació, però, va acompanyat d'una nova concepció de la història que trenca amb la visió tradicional i defensa la manca de sentit de la història.

La història no és com volien veure-la els idealistes (per exemple, Hegel), una inacabable epopeia de lluites encapçalades per herois i cabdills, conductors de multituds que les porten cap al progrés, l'autoconsciència i la llibertat. Rere aquesta capa pictòrica, Foucault troba que s'hi amaga tota una fosca actuació que queda oculta més enllà dels escrits pulcres dels cronistes. Tanmateix, la història no és una cursa vers la felicitat, sinó l'escenari de lluites descarnades pel poder. I d'aquestes confrontacions ha sorgit l'Estat modern. En contraposició amb una història lluminosa que explicava el progrés de la raó des de la foscor medieval, tal com la interpretaven els il·lustrats i els seus hereus, els marxistes, la versió de la història que presenta Foucault, que deriva de la concepció nietzscheana, postula que no existeix cap paradís ni a l'inici ni al final de la història. La història no és, doncs, cap trajecte que porti al progrés de la llibertat.

L'ordre del discurs és la lliçó que va dictar Foucault en la presa de possessió de la càtedra d'Història de les Idees del Collège de France l'any 1970. Aquesta obra ocupa un lloc central en el pensament de Foucault, que s'havia preocupat per l'arqueologia del saber i que iniciarà l'estudi de la genealogia del poder en totes les seves formes.

Els éssers humans, s'han constituït en subjectes de tres maneres diferents:

- *Estatus de ciència*. Aquesta primera manera gira a l'entorn del discurs que tracta d'atorgar-se l'estatus de ciència, i Foucault l'analitza tenint present el subjecte com a individu que parla (i és objecte de la gramàtica, de la filologia i de la lingüística), com a subjecte que produeix (i que està present en l'anàlisi de la riquesa i de l'economia) i com a ésser viu (material d'estudi de la història natural o de la biologia).
- *Pràctiques divisòries*. La segona manera com Foucault aborda el que és l'individu humà i com es forma és mitjançant el que anomena les pràctiques divisòries. Per aquestes pràctiques, el subjecte humà queda dividit tant en el seu interior com respecte als altres. Foucault ho aclareix fent l'anàlisi de la distinció que s'ha fet entre foll i assenyat, malalt i sa, criminal i bon home, en diferents moments històrics.
- *Domini de si*. La tercera manera com Foucault enfoca la seva anàlisi és tenint present com els éssers humans es transformen a si mateixos com a subjectes, i passen a ser subjectes i a «estar subjectes». I aquí ha triat el «domini de la sexualitat» per il·lustrar una de les maneres com els individus han après a reconèixer-se i a dominar-se a si mateixos, en aquest cas com a subjectes de la «sexualitat».

El tema d'estudi, doncs, sempre ha estat el del subjecte i no necessàriament el del poder. Com que el subjecte sempre manté relacions de producció i de significació, inevitablement està situat al bell mig de relacions de poder. D'aquí ve que Foucault hagi dedicat moltes pàgines a aquesta qüestió, malgrat que afirmi que «no és el poder sinó el subjecte el tema general de la meva investigació». I s'adona que la qüestió del poder ha quedat històricament òrfena d'instrumental i d'anàlisi. Tradicionalment s'ha recorregut a l'estudi dels models legals (què legitima el poder?) o institucionals (què és l'Estat?), però s'ha caigut, segons Foucault, en una visió simplificadora del poder. D'aquí ve la necessitat del seu estudi aprofundit. I més perquè al segle XX es van viure «dues malalties del poder, el feixisme i l'estalinisme». I Foucault reconeix que, malgrat la seva follia interna, aquestes manifestacions del poder «es van valer d'idees i de mecanismes de la nostra racionalitat política».

> «Què és, al cap i a la fi, un sistema d'ensenyament sinó una ritualització de la paraula; sinó una qualificació i una fixació dels papers per als subjectes parlants; sinó la constitució d'un grup doctrinal si més no difús; sinó una distribució i una apropiació del discurs amb els seus poders i els seus sabers?»
>
> *L'ordre del discurs*
> **Michel Foucault**

> «El discurs vehicula i produeix poder, el reforça però també el mina, l'exposa, el torna fràgil i permet destruir-lo.»
>
> *La voluntat de saber*
> **Michel Foucault**

Les relacions de poder

Foucault, al llarg de la seva obra, marca distàncies respecte de dues teories fonamentals a propòsit del poder: la juridicoliberal i la marxista. La primera la van formular els teòrics del contracte social durant els segles XVII i XVIII. La segona, apareguda fonamentalment al final del segle XIX i vigent durant moltes dècades del segle XX, té una concepció del poder extremadament supeditada a l'economia.

Els teòrics del contracte social entenen el poder segons el model de l'intercanvi mercantil. Es considera que el poder estatal es constitueix en virtut d'una cessió originària per part dels individus. En aquest sentit, es creu que existeixen uns subjectes primitius que posseeixen drets i poders. En canvi, des de l'òptica de Foucault, és la mateixa relació de poder la que configura els subjectes; és a dir, que els individus es van configurant a la vegada que apareixen entre ells relacions de poder. En la concepció del contracte social, el poder sempre és negatiu, prohibitiu i repressor. Foucault indica que no es té en compte el caràcter polimorf del poder que es forma a partir del segle XVII en les societats modernes.

Pel que fa al marxisme, Foucault observa que aquest moviment també té una idea del poder com quelcom que opera sempre negativament, de manera repressiva. En haver subordinat la idea del poder a les relacions de producció, Marx va filosofar més sobre l'explotació que sobre el mateix poder. D'aquí ve que faci del poder una institució que segrega violència i que redueixi el poder a l'activitat dels aparells de l'Estat (com l'exèrcit, la policia, les presons, els tribunals, l'administració, etc.).

Contràriament a aquestes interpretacions, Foucault busca el poder allà on és present, en la mateixa individualitat dels individus, en els moviments dels seus cossos, discursos, disposicions, etc.; en definitiva, en les seves actuacions quotidianes. Això és analitzar el poder, fer **microfísica del**

> **+**
>
> En l'edat del control social, com anomena Foucault la societat disciplinària, es fa realitat la utopia de Jeremy Bentham (1748-1832), utilitarista anglès que va dissenyar el panòptic, un edifici en forma d'anell enmig del qual hi ha un pati amb una torre que permet a un vigilant veure l'interior de les cel·les que hi ha a l'anell. Veure sense ser vist. Aquest és l'objectiu de la institució. El subjecte observat pot ser un pres, un boig, un obrer treballant o un nen escrivint. És una forma de poder saber basada en l'examen i en la correcció, una forma que constitueix una característica essencial de la societat contemporània.

poder. I si fa això és perquè el poder està escampat per tot l'edifici social. El poder, lluny de ser una manifestació d'una institució central i forta, està distribuït arreu, ja que el poder és la relació entre forces diferents. Allà on hi ha relació, hi ha poder, perquè cada lluita es desenvolupa al voltant d'un focus particular de poder (un d'aquests innombrables focus «pot ser un petit dirigent, un guàrdia, un director de presons, un jutge, un responsable sindical, un redactor en cap d'un diari»).

Foucault observa que, contràriament al que s'ha estat defensant, el poder no està situat en una superestructura, sinó que funciona en les múltiples instàncies que articulen la societat. La seva manifestació plural queda il·lustrada quan recorda que hi ha poder en la divisió tècnica del treball de la fàbrica, en l'automatització de l'activitat laboral, en la seqüenciació del temps, en les funcions de vigilància, en la penalització de conductes, etc. Les relacions de poder apareixen fruit de la racionalització i l'organització de les relacions socials.

Foucault no identifica el poder només amb l'acció repressora, obstruccionista, que frena l'acció, sinó que el considera també possibilitador i intensificador d'accions (econòmiques, educatives o militars, per exemple), i, fins i tot, generador de tot un nou saber sobre l'individu i la població (psicologia infantil, psicopatologia, criminologia, etc.). Aquest poder s'ha anat conformant a partir del segle XVII, quan passà a ser preferentment «un poder destinat a produir forces, fer-les créixer i ordenar-les més que destinat a limitar-les, doblegar-les o destruir-les».

*A partir del segle XIX el **poder** es manifesta d'una forma més subtil que en èpoques anteriors. El treball forçat, l'aïllament i la vigilància reemplaçaran el vell sistema del càstig públic com la guillotina.*

De la societat premoderna a la moderna: distint exercici del poder

El **sistema de poder** propi de la societat premoderna —com mostra Foucault a *Vigilar i castigar*— es caracteritzava per la fastuositat de les cerimònies de la seva aplicació, per l'ús de la violència sobre els cossos i pel pes de la llei. Aquest poder assumia un caire negatiu (abundaven les prohibicions, l'extorsió i les males maneres). En la modernitat, en canvi, el poder es manifesta discret, silenciós, racionalitzat, i opera a través de nombrosos dispositius (disciplinaris, normatius, de vigilància) que comprenen tota la societat. És en la societat moderna, doncs, on el poder construeix una espessa xarxa d'institucions, els dispositius de la qual ajustaran eficaçment els individus a les seves tasques específiques.

Les **disciplines** (institucions disciplinàries són el taller, la caserna o l'escola) posen en funcionament un poder que es dirigeix directament no sobre les consciències, sinó sobre els cossos. La subjecció que produeixen «no és obtinguda pels únics instruments de la violència o de la ideologia, sinó que pot ser subtil i no fer ús de les armes ni del terror, i tanmateix pertànyer a l'ordre físic». Aquestes tècniques es plasmen, per exemple, en alguna cosa que és transparent a primera vista, com la disposició de l'espai, l'ordenació del temps, l'organització dels moviments, la vigilància, la jerarquització, la mesura i la classificació; tècniques que serveixen per al control de la conducta mitjançant petites constriccions. Com a complement d'això, apareixen una sèrie de normes i càstigs correctius que serviran per encarrilar conductes desviades que dibuixen la línia que separa allò normal d'allò anormal. En definitiva, una manifestació del poder que arriba als racons on no arriba la llei.

A partir de l'any 1977, Foucault ofereix les seves darreres reflexions sobre la qüestió del poder, i presenta l'Estat occidental modern com un Estat que «ha integrat en una nova forma política una vella tècnica de poder que té els seus orígens en les institucions cristianes. Podem denominar aquesta tècnica poder pastoral». Aquesta forma diferent de poder, el fet de governar, consisteix bàsicament a «conduir conductes». Si l'objectiu final del poder pastoral judeocristià era la salvació en el món celestial, l'Estat modern, que es posa de manifest en l'Estat del benestar, ofereix una multiplicitat de substituts de la salvació eterna: salut, benestar, seguretat, temps d'oci, etc. Si aquell poder es preocupava tant per la comunitat com per cada individu, aquest altre facilita l'aparició de tot un ventall d'institucions públiques i privades destinades a satisfer les diverses funcions pastorals. Aquell havia desplegat unes tècniques que facilitaven el coneixement de l'ànima de l'individu, tècniques que derivaven de la confessió. Aquest, per la seva banda, desenvoluparà tot un saber sobre l'home que comprendrà tant la població humana en general, com l'individu en particular.

«En societats com les nostres, l'economia política de la veritat està caracteritzada per cinc trets històricament importants: la "veritat" se centra en la forma del discurs científic i en les institucions que el produeixen; està sotmesa a una constant incitació econòmica i política (necessitat de veritat tant per a la producció econòmica com per al poder polític); és objecte, sota diverses formes, d'una immensa difusió i consum (circula en aparells d'educació o d'informació l'extensió dels quals és relativament àmplia en el cos social, malgrat algunes limitacions estrictes); és produïda i transmesa sota el control no exclusiu però dominant d'alguns grans aparells polítics o econòmics (universitat, exèrcit, escriptura, mitjans de comunicació); finalment, és l'envit de tot un debat polític i de tot un enfrontament social (lluites "ideològiques").»

Veritat i poder
Michel Foucault

Poder, saber i veritat

Foucault evita repetidament reduir el poder a simple repressor i, al contrari, recalca sobretot l'aspecte positiu que també té de capacitat productiva, generadora. El poder, en la modernitat, hauria estimulat, incitat, generat, tot un ventall de possibilitats. I això solament es pot copsar si ens allunyem de les concepcions clàssiques del poder. Foucault se situa en un nivell diferent d'anàlisi, no roman en el pla del dret, sinó que s'atansa a les tecnologies del poder, esbrina les tècniques de governament de la població; tècniques que tenen com a resultat la fabricació d'individus dòcils i que han servit per a la construcció de la invisible «gàbia de ferro» destinada a l'home actual de què parlava Max Weber.

La tasca fonamental de la investigació de Foucault és anar més enllà de la història acadèmica i desempolsar una història subterrània que posarà de manifest «la memòria dels enfrontaments amb el poder». És tasca de recerca en biblioteques el rescat dels savis de tercera fila —juristes, confessors, inquisidors, instructors militars, etc.—, personatges quasi anònims que han ajudat a teixir al llarg del temps el que s'ha convingut a anomenar saber. D'aquí ve que Foucault bategi aquesta feina indagadora amb l'expressió **arqueologia del saber**. En la seva *Història de la bogeria en l'època clàssica*, en estudiar un corrent subterrani en el límit del racionalisme occidental, ensopega amb un dels límits de la cultura. La separació raó/bogeria és fruit d'una construcció conceptual que allunya el foll de la «societat raonable». Foucault la considera arbitrària i conseqüència d'una imposició del poder. Per això subratlla que està trobant petjades de la construcció de la veritat, «el camí temerari de la veritat».

Des de llavors, anirà recorrent la història del saber i comprovarà que existeix «una perpètua articulació del poder sobre el saber i del saber sobre el poder», de manera que «l'exercici del poder crea perpètuament saber i, inversament, el saber comporta efectes de poder». Això es veu, per exemple, en la disciplinarització de la societat quan s'ordenen els individus col·locant-los en el lloc que els pertoca. La presó, la clínica, l'asil, la fàbrica, l'escola, etc., són dispositius que utilitza ara el poder per situar els individus i actuar sobre ells. Però fruit d'aquest poder, de rebot brolla tot un saber que es concreta en un laboratori d'experimentació sobre individus, en la utilització de tècniques noves, en l'estudi i aprenentatge de conductes, etc. Així, Foucault subratlla que, al costat de les variacions de poder que apareixen en la història, també sorgeixen grans modificacions en el terreny del saber, ja que es creen noves disciplines teòriques.

Des d'aquesta perspectiva es pot entendre que la veritat sigui interna de cada època i que depengui de la relació entre saber i poder. Saber i poder s'encarregaran de difondre la seva doble i mútua autoritat amb l'aurèola de ser vertaders.

La tasca de l'intel·lectual actual, segons Foucault, no és criticar els continguts ideològics que podrien estar lligats a la ciència, o fer allò necessari perquè la pràctica científica vagi acompanyada d'una ideologia justa, sinó saber si és possible constituir una nova política de la veritat. El problema no és «canviar la consciència» de la gent, «sinó el règim polític, econòmic i institucional de producció de veritat».

ACTIVITATS

7> Resumiu el text següent i indiqueu les principals idees que s'hi exposen. Per què Foucault afirma que «no es pot entendre res del saber econòmic si no se sap com s'exercia, en la seva vida quotidiana, el poder, i el poder econòmic»?

> «Ara bé, tinc la impressió que existeix, i he intentat mostrar-ho, una perpètua articulació del poder sobre el saber i del saber sobre el poder. No n'hi ha prou amb dir que el poder té necessitat d'aquest o d'aquell descobriment, d'aquesta o d'aquella forma de saber, sinó que exercir el poder crea objectes del saber, els fa emergir, acumula informacions, les utilitza. No es pot entendre res del saber econòmic si no se sap com s'exercia, en la seva vida quotidiana, el poder, i el poder econòmic. L'exercici del poder crea perpètuament saber i, inversament, el saber comporta efectes de poder. El mandarinat universitari no és més que la forma més visible, la més escleròtica i la menys perillosa d'aquesta evidència.»
>
> *Microfísica del poder*, 5
> **Michel Foucault**

«El que és important, crec, és que la veritat no està fora del poder ni sense poder. La veritat és d'aquest món; s'hi produeix gràcies a nombroses coaccions. I hi reté efectes regulats de poder. Cada societat té el seu règim de veritat, la seva "política general" de la veritat, és a dir, el tipus de discurs que acull i fa funcionar com a vertaders els mecanismes i les instàncies que permeten distingir els enunciats vertaders o falsos, la manera com són sancionats els uns i els altres; les tècniques i procediments valorats per a l'obtenció de la veritat; l'estatut d'aquells que estan a càrrec de dir allò que és vertader i allò que és fals.»

Veritat i poder
Michel Foucault

«Des de Kant, el rol de la filosofia és prevenir la raó d'anar més enllà dels límits del que és donat a l'experiència, però des de la nostra època —és a dir, amb el desenvolupament dels Estats moderns i l'organització política de la societat— el rol de la filosofia també ha estat mantenir-se atenta als abusos del poder de la racionalitat política. [...] No es tracta d'alliberar la veritat de tot sistema de poder —seria una quimera, ja que la veritat és ella mateixa poder—, sinó de deslligar el poder de la veritat de les formes d'hegemonia (socials, econòmiques, culturals) en l'interior de les quals aquest funciona de moment. La qüestió política, en definitiva, no és l'error, la il·lusió, la consciència alienada o la ideologia; és la veritat mateixa.»

Veritat i poder
Michel Foucault

12.7 Política, crítica i participació: Arendt

Hannah Arendt és una rellevant pensadora política de classificació incerta, tant per l'originalitat dels seus enfocaments, com per la crítica punyent present en la seva obra. La seva reflexió arrela en una gran varietat de problemes polítics de bona part del segle xx: l'origen dels totalitarismes o de les dictadures nazi i comunista que pateix Europa, els mecanismes de desintegració de les persones sotmeses al totalitarisme, les migracions forçoses, l'arbitrarietat del poder, la violència i la revolució, la qüestió jueva i el sorgiment d'Israel com a Estat, la desobediència civil i la lluita pels drets civils i la no-discriminació racial als EUA, les protestes contra la guerra del Vietnam, etc.

El seu pensament no es presenta amb una voluntat sistemàtica, sinó que cal anar resseguint les seves idees a través del gran nombre d'articles i conferències que complementen les seves obres. El to general dels seus escrits oscil·la des de la ferma exigència ètica fundada en els valors i els ideals d'Occident, fins a la crítica amarga i decebuda de la modernitat.

La varietat dels seus referents filosòfics, entre els quals destaquen Aristòtil, sant Agustí, Kant, Nietzsche i sobretot Heidegger, tampoc no permet integrar-la en cap corrent de pensament. Per acabar de fer més difícil aquesta classificació, ella mateixa va voler mantenir un cert distanciament envers el gremi filosòfic oficial. Així, a l'inici de l'obra *La vida de la ment* escriu: «No pretenc ni ambiciono ser un "filòsof", ni comptar-me entre aquells que Kant anomenà, irònicament, "pensadors professionals"»; en el mateix sentit, en una entrevista en la televisió alemanya, declarà: «Jo no pertanyo al cercle dels filòsofs. Desitjo mirar la política, per dir-ho així, amb els ulls desempallegats de qualsevol filosofia.»

***Hannah Arendt** (1906-1975) va ser una de les més influents pensadores polítiques del segle xx. Jueva nascuda a Alemanya, va haver de fugir del nazisme l'any 1933. Refugiada primerament a França i després als EUA, es va fer ciutadana nord-americana i va ser professora de filosofia política. L'obra d'aquesta pensadora laica es caracteritza per la seva independència intel·lectual, sense voler mai donar cap construcció teòrica com a definitiva i sempre amb l'objectiu que «els éssers humans parlin entre ells».*

Els esdeveniments de la Segona Guerra Mundial i de l'Holocaust condicionen la reflexió política d'Arendt i la seva aspra desmitificació dels comportaments humans. Per exemple, a propòsit de la conducta d'Adolf Eichmann, el màxim responsable del transport de jueus als camps d'extermini, observa que es tractava d'una personalitat mediocre sense cap altra maldat especialment elaborada i no de la pèrfida intel·ligència organitzativa descrita pels seus meticulosos acusadors, i que la característica més destacada de la seva conducta criminal no era «estupidesa, sinó incapacitat per pensar críticament». Com ha fet notar l'assagista política Marie Louise Knott en el seu epíleg al llibre *Temps presents*, una compilació de vuit articles periodístics d'Arendt apareguts entre els anys 1943 i 1975, «van ser els nacionalsocialistes els qui van abocar la filòsofa i la jueva a la política».

Vida i obres

Hannah Arendt va néixer a Hannover (Alemanya) l'any 1906 i va ser l'única filla d'una família jueva. L'any 1924 va anar a la Universitat de Marburg a estudiar filosofia amb Martin Heidegger. Més tard va marxar a Heidelberg per estudiar sota la direcció del filòsof Karl Jaspers; tanmateix, la influència i la relació amb Heidegger seguiria molt present. L'any 1929 es va publicar la seva tesi doctoral, *El concepte d'amor a sant Agustí*, i també es va comprometre com a militant jueva. Davant l'ascens del nazisme, l'any 1933, després de fugir a Praga, es va refugiar a París i va dirigir el servei d'immigració que facilitava el salvament d'infants jueus i el seu trasllat a Palestina. Apàtrida i detinguda per les autoritats franceses, va aconseguir evadir-se i exiliar-se a Nova York l'any 1941, on va treballar en una organització de defensa de la identitat cultural jueva.

L'any 1944 va iniciar la redacció de la seva principal obra de filosofia política, *Els orígens del totalitarisme*, acabada l'any 1949 i publicada l'any 1951. Aquest mateix any es va fer ciutadana nord-americana, en bona mesura com a rebuig envers l'actuació dels nous dirigents de l'Alemanya postnazi, més preocupats d'oposar-se al comunisme que de perseguir els assassins nazis impunes. Dos anys més tard, amb el renom aconseguit per l'estudi dels totalitarismes, va iniciar la seva activitat de professora de filosofia política en diferents universitats nord-americanes.

L'any 1958 va publicar *La condició humana*, una reflexió antropològica que consolida el seu prestigi intel·lectual, encara que amb la fama de pensadora sovint polèmica per les seves idees i sempre incòmode per al poder. Així, tot i haver celebrat la creació de l'Estat d'Israel, recordava insistentment la necessitat de la cooperació entre jueus i àrabs, i va proposar una solució federal; també va ser motiu de controvèrsia l'anàlisi del moviment afroamericà pels drets civils efectuada en l'obra *Reflexions sobre Little Rock* (1959).

«Vaig canviar d'idea i ja no parlo de "mal radical" [...] Ara la meva opinió és que el mal mai és "radical", que solament és extrem, i que no té ni profunditat ni cap dimensió demoníaca. Pot estendre's i comprendre el món sencer precisament perquè es desenvolupa com un fong sobre la superfície. És un desafiament al pensament, perquè el pensament intenta assolir alguna mena de profunditat, anar a les arrels i en el moment en què ell mateix es relaciona amb el mal, es frustra perquè no hi ha res. Això és la banalitat [del mal]. Només el bé té profunditat i pot ser radical.»

Carta a Gershom Scholem
Hannah Arendt

Arendt fa notar que l'acció honora i que, en canvi, la innocència de qui no ha fet res és deshonrosa. En aquest sentit cal interpretar el seu acord respecte del comentari sobre la culpabilitat dels innocents condemnats pels règims totalitaris mitjançant falses acusacions.

L'any 1961 es va publicar l'obra *Entre passat i present*, i va viatjar com a periodista a Israel per fer el seguiment del judici a l'antic dirigent nazi Adolf Eichmann. La seva fama d'adoptar opcions políticament incorrectes va provocar l'escàndol quan va manifestar que la passivitat dels mateixos líders jueus havia afavorit l'ascens del nacionalsocialisme. D'aquestes observacions i reflexions va sorgir l'obra *Eichmann a Jerusalem, un informe sobre la banalitat del mal* (1963). Poc abans havia sortit el seu llibre *Sobre la revolució*.

A *Homes en temps de foscor* (1968) va recollir les impressions d'alguns personatges il·lustres moderns com els pensadors Rosa Luxemburg i Karl Jaspers, l'autor teatral Bertolt Brecht o el papa Joan XXIII.

L'any 1972 va publicar *La crisi de la república*, una anàlisi de la societat dels EUA, la manipulació política, la desobediència civil i la violència.

En els darrers anys de la seva vida va treballar en una trilogia titulada *La vida de la ment*, de la qual només acabà els dos primers volums, *Pensament* i *Voluntat*, ja que va morir a Nova York l'any 1975, poc després d'iniciar la redacció de la tercera part, titulada *Judici*. Aquestes obres, igual que el recull de lliçons sobre la filosofia del judici de Kant titulat *Conferències sobre la filosofia política kantiana*, van ser publicades després de la seva mort.

Origen dels totalitarismes

L'ascens dels nazis al poder impulsa Arendt a actuar contra aquells que anul·len la llibertat, atempten contra la seva identitat jueva i traeixen la tradició europea de participació democràtica que es remunta al món clàssic. Des d'un punt de vista biogràfic, passa de l'actuació com a militant jueva al treball intel·lectual de desmitificar els dos grans totalitarismes que porten a l'extermini del poble jueu i a la deportació i la mort de milions de camperols russos sota el terror de Stalin. A aquestes víctimes cal afegir tothom que mostri qualsevol forma de lliure pensament i de dissidència, com ara escriptors, artistes, científics i activistes polítics.

Arendt explica el sorgiment dels totalitarismes a partir dels esdeveniment històrics i socials de les primeres dècades del segle XX. Els efectes combinats de la Primera Guerra Mundial, la creixent convulsió social i els problemes econòmics que condueixen a la Gran Depressió motiven l'enyorança de l'estabilitat de temps passats. La gent accepta de bon grat els sacrificis del present en canvi de la promesa d'un futur esplèndid i segur, i en aquest sentit Arendt comenta que «la utopia és el vertader opi del poble». Aquesta promesa es fa usant «el llenguatge del cientisme profètic i l'efecte propagandístic de la infal·libilitat», i presenta com a garantia el suposat coneixement de les inexorables lleis de la història en el cas del comunisme o dels implacables designis de la naturalesa en el nacionalsocialisme.

Camp de concentració a Nordhausen durant la Segona Guerra Mundial. En la seva obra Els orígens del totalitarisme, *Hannah Arendt escriu: «Si la legalitat és l'essència del govern no tirànic i la il·legalitat és l'essència de la tirania, llavors el terror és l'essència de la dominació totalitària.» Per això Arendt sosté que els camps de concentració són la institució més conseqüent del govern totalitari, ja que són l'ideal social de la dominació total. Com ha assenyalat la professora catalana Fina Birulés: «En el context de la ideologia totalitària, no hi ha res que pugui resultar més sensat i lògic: si els internats als camps de concentració són males bèsties, és lògic que hagin de ser eliminats amb gasos verinosos.»*

Però l'acceptació d'aquesta promesa està enverinada amb la paralització de la vida cívica i política, la desaparició de tot pluralisme i el debilitament de la raó v, i porta el germen de la dissolució de les individualitats i l'aparició de l'home-massa, la principal característica del qual «no era la brutalitat o la rudesa, sinó l'aïllament íntim i la falta de relacions socials normals». Aquesta paralització permet que la burgesia empleni tots els espais polítics fins a monopolitzar el poder de l'Estat en el seu benefici; això treu legitimitat a les institucions de representació política i fereix de mort la noció de ciutadania com a participació en la vida col·lectiva. Finalment, cau la façana d'una democràcia ja buida i traïda per tothom i els totalitaris es fan seu l'Estat. Aquesta desfeta es completa amb la regulació total de les activitats col·lectives i el retorn a la disciplina del món animal, regulació i disciplina que els individus assumeixen sense pensar perquè ja són homes-massa: «No és que hi hagi pensaments perillosos. És que pensar ja representa tot un perill.»

ACTIVITATS

8> Exposeu les idees principals del text i comenteu-lo:

«La propaganda comunista amenaçava el poble amb perdre el tren de la Història, amb seguir desesperadament endarrerit respecte al seu temps, amb gastar les seves vides inútilment; de la mateixa manera que el poble era amenaçat pels nazis amb viure contra les lleis eternes de la naturalesa i de la vida, amb una irreparable i misteriosa deterioració de la seva sang. El fort èmfasi de la propaganda totalitària en la naturalesa "científica" de les seves afirmacions ha estat comparat amb certes tècniques publicitàries que també es dirigeixen a les masses.»

Els orígens del totalitarisme
Hannah Arendt

Descripció dels totalitarismes

Arendt descriu els totalitarismes com a manifestacions totalment noves de maldat política; no es tracta de variants més perverses dels despotismes, absolutismes, tiranies i dictadures que ja s'han donat en la història. En aquests darrers règims molt sovint es podia viure i treballar amb certa autonomia, sempre que es renunciés a la vida política. En canvi, el totalitarisme és especialment aberrant perquè anul·la del tot les consciències, exigeix l'obediència absoluta, no deixa cap espai per a l'autonomia o independència individual i crea l'home-massa.

L'opressiva maldat dels totalitarismes es basa en la ficció ideològica, imposada amb la propaganda i l'adoctrinament, i en una concepció diferent del terror. Les tiranies usaven el terror com a instrument per mantenir-se en el poder. En canvi, el terror dels totalitarismes esdevé una finalitat en si mateixa i se'n presenta la necessitat apel·lant a les suposades lleis de la història (l'inexorable triomf de la societat sense classes, en el totalitarisme estalinista), o a les que imposa la naturalesa (la guerra natural entre la raça escollida —l'ària— i les degenerades, en el totalitarisme nazi). De manera paral·lela, l'adoctrinament propagandístic fa augmentar la pressió del totalitarisme i cohesiona les masses enfront d'una possible intervenció exterior; la propaganda «forma part inevitable de la "guerra psicològica"».

A *El sistema totalitari* Arendt explica per què el totalitarisme es diferencia essencialment d'altres formes d'opressió política. Segons Arendt, en els totalitarismes es dóna la destrucció de la vida democràtica i el desprestigi de la llibertat cívica i política oberta al compromís entre opcions plurals. La informació esdevé propaganda i els mitjans de comunicació només contenen les consignes de l'adoctrinament oficial. Es diu, il·lusòriament, que ja no hi ha diferències ni classes socials. La policia política terroritza tothom (també la jerarquia); la força domina sobre la raó i la legalitat; la deportació i la mort amenacen el pensament lliure i crític. El partit oficial domina l'Estat. La dissensió i la diferència, és a dir, la individualitat, esdevenen una traïció al discurs ideològic oficial; discurs segur perquè es basa en les lleis de la història o en les de la natura. Aquesta seguretat obre pas a la voluntat de domini total o hegemònic del món, voluntat que aspira a generalitzar la negació de la pluralitat política ja aconseguida a l'interior del propi Estat.

> «El terror segueix sent utilitzat pels règims totalitaris fins i tot quan ja han aconseguit els seus objectius psicològics: el seu vertader horror consisteix en el fet que regnen sobre una població enterament sotmesa.»
> *Els orígens del totalitarisme*
> **Hannah Arendt**

> «El règim totalitari transforma sempre les classes en masses, substitueix el sistema de partits no per dictadures de partit únic, sinó per un moviment de massa, desplaça el centre de poder de l'exèrcit a la policia i practica una política exterior que pretén declaradament la dominació del món.»
> *El sistema totalitari*
> **Hannah Arendt**

Reivindicació de la vida política

En la descripció del totalitarisme ja s'amaga la concepció positiva de la política, també present en la resta de l'obra d'Arendt. La política és concebuda com una àgora o espai d'intercanvi de paraula i de construcció consensuada de la convivència plural.

D'aquesta manera, Arendt exigeix quelcom més que la democràcia entesa com el simple règim polític representatiu i les seves institucions. Ara bé, com a punt de partida aquest règim de partits i democràcia formal ja mereix certament una bona valoració. D'una banda, cal recordar que Arendt sempre es mostra agraïda al sistema polític dels EUA pel seu acolliment i que expressa la seva admiració per les institucions democràtiques republicanes. D'altra banda, no estalvia les crítiques envers aquestes mateixes institucions perquè són incapaces d'aturar i de resoldre els conflictes racials i no troben una sortida a guerres socialment molt contestades com la del Vietnam, i per l'encarcarament del sistema de partits, el qual, segons ella, promou el mal entre els militants en empènyer-los a no pensar i a acatar les consignes i la disciplina de partit.

Arendt reivindica la democràcia cívica i política com a punt de trobada dels individus en la societat plural. Per il·lustrar la seva concepció de la democràcia, Arendt esmenta Sòcrates i l'analogia del filòsof tàvec que inquietava les consciències de la vella Atenes fent que els individus practiquessin el lliure examen crític (pensament), actuessin (voluntat) i valoressin (judici). Aquesta concepció de la política en què s'insinua una determinada concepció de la identitat humana comporta també una visió crítica de la història de la filosofia política: «La major part de la filosofia política des de Plató podria interpretar-se fàcilment com els diversos intents per trobar bases teòriques i formes de pràctiques que permetin escapar de la política per complet.»

> «Els moviments totalitaris són organitzacions de masses d'individus atomitzats i aïllats. En comparació de tots els altres partits i moviments, la seva característica externa més pregona és l'exigència d'una lleialtat total, sense restriccions, incondicional i inalterable del membre individual. Aquesta exigència es formula pels dirigents dels moviments totalitaris fins i tot abans de la seva arribada al poder. Precedeix usualment l'organització total del país sota el seu domini i es dedueix de l'afirmació de les seves ideologies segons la qual aquesta organització abraçarà quan pertoqui tota la raça humana.»
> *Els orígens del totalitarisme*
> **Hannah Arendt**

«L'educació és el punt on es decideix si estimem prou el món per assumir-ne la responsabilitat i, a més, salvar-lo de la ruïna que seria inevitable sense la renovació i sense l'arribada de joves i de nouvinguts. És també amb l'educació que decidim si estimem prou els nostres fills per no rebutjar-los del nostre món, ni abandonar-los a la seva pròpia sort, ni llevar-los la possibilitat d'emprendre alguna cosa de nou, alguna cosa que nosaltres no havíem previst, però preparar-los per endavant per a la tasca de renovar un món comú.»

La crisi de l'educació
Hannah Arendt

La diferència entre les nocions de *règim democràtic* i *democràcia cívica* es fa molt evident en la desobediència civil o resistència pacífica, és a dir, en els casos en què s'usa la no-violència per lluitar contra algun aspecte del sistema polític legal mitjançant actes no delictius (vagues, marxes, manifestacions, boicots, etc.). Aquestes accions, realitzades per molta gent, pertorben o impossibiliten el normal funcionament de la vida social. Arendt analitza la lluita pel reconeixement de la igualtat de drets civils per als afroamericans, i temps després fa el mateix amb el moviment social contra la guerra del Vietnam. El dos casos il·lustren el possible enfrontament entre el règim democràtic amb el poder de les seves institucions i la democràcia cívica com a suma combinada d'individus que defineixen la seva vida a través del pensament, de l'acció i del judici.

Desplegament polític de la identitat humana

Contràriament a allò que passa en el totalitarisme, el règim democràtic fa possible la democràcia cívica i, per tant, és l'únic substrat en el qual els individus poden realitzar-se; el desplegament humà no està en el fet de pensar, sinó en la vida activa. El pla de l'obra d'Arendt *La vida de la ment* respon a les facultats que defineixen l'ésser humà: pensament, voluntat i judici. Només la democràcia cívica afavoreix aquestes tres dimensions de la vida humana: la vida en la crítica **(pensament)**, l'acció i participació voluntària en la vida cívica i política **(voluntat)** i el seu particular joc de compromisos vitals **(judici)**. Pensar, voler i jutjar són les condicions de la responsabilitat moral.

Aquesta suma de pensament, de voluntat i de judici defineix la identitat humana com a constitutivament política: «Una vida sense acció ni discurs [...] està literalment morta per al món; ha deixat de ser una vida humana perquè ja no la viuen els homes.» D'una banda, l'home es construeix en la democràcia cívica perquè pensament, voluntat i judici troben el substrat que necessiten; però, d'altra banda, no sortim del món humà quan els ciutadans tenen com a tasca la construcció de la legitimitat mateixa del règim democràtic i de la seva autoritat. El règim i l'autoritat democràtics no poden buscar cap justificació més enllà de la política mateixa, posem per cas, apel·lant a Déu o al coneixement de lleis inqüestionables. Aquesta justificació només pot ser una producció dels humans plurals i, per tant, presentarà una certa arbitrarietat. La democràcia com a règim necessita del joc polític que hi ha en la democràcia cívica per fonamentar-se i construir les noves certeses polítiques, les quals, tanmateix, són provisionals i estan obertes al futur, i admeten la crítica i la pluralitat d'opcions.

Mentre que Heidegger havia definit l'ésser humà com un ésser per a la mort, Arendt, en el text *La condició humana*, fa de la **natalitat** un punt central del seu pensament polític i antropològic. Cada ésser humà és una novetat, un inici al món, quelcom nou en la història que enriqueix la pluralitat; l'esperança està en els elements nous que cada generació aporta. No es pot acceptar que la història tingui un sentit; en la ideologia del progrés s'amaga la negació de la llibertat.

***Martin Luther King** (1929-1968), premi Nobel de la pau l'any 1964, va ser un pastor protestant afroamericà que encapçalà un poderós moviment de lluita no violent contra la segregació racial als EUA. Va morir assassinat. Fina Birulés, especialista en el pensament d'Arendt, escriu a la seva obra* Una herència sense testament: Hanna Arendt*: «Per a Arendt, mentre que l'objector de consciència és apolític, el desobedient civil, malgrat que normalment dissident d'una majoria, actua en nom i a favor del seu grup, i desafia la llei i les autoritats establertes sobre el fonament d'un dissentiment bàsic i no perquè com a individu desitgi beneficiar-se d'una excepció per a ell.»*

ACTIVITATS

9> Resumiu i comenteu el text següent:

«El fet de no pensar, que sembla un estat recomanable per als assumptes polítics i morals, té els seus perills. En sostreure la gent dels perills de l'examen crític, se'ls ensenya a adherir-se immediatament a qualsevol de les regles de conducta vigents en una societat donada i en un moment donat. [...] S'acostumen a no prendre mai decisions. [...] Com més fermament els homes s'aferren al vell codi, més ansiosos estaran per assimilar el nou; la facilitat amb la qual, en determinades circumstàncies, aquestes inversions poden tenir lloc, suggereix realment que, quan passen, tothom està adormit. El nostre segle ens ha donat alguna experiència en aquestes qüestions: la facilitat amb què els governants totalitaris van invertir les normes bàsiques de la moralitat occidental —"no mataràs" en el cas de l'Alemanya hitleriana; "no donaràs falsos testimonis contra els teus semblants" en el cas de la Rússia estalinista.»

El fet de pensar i les reflexions morals
Hannah Arendt

Activitats finals

FILOSOFIA I TIC

Cerqueu a Internet informació i prepareu un petit dossier sobre:

- Russell i les paradoxes
- Principals membres del Cercle de Viena: Rudolf Carnap, Moritz Schilk, Kurt Gödel i Otto Neurath
- Wittgenstein i el Cercle de Viena
- El problema de la inducció
- La filosofia de la ciència al segle XX
- Foucault i la història de la bogeria
- L'origen dels totalitarismes
- L'Estat del benestar

1> En què consisteix la teoria pictòrica del significat que apareix en el *Tractatus* de Wittgenstein?

2> Segons Wittgenstein, un enunciat o proposició és una determinada pintura dels fets. Si pinta un fet i és el cas que aquest fet es dóna, llavors serà vertader; en cas contrari, serà fals. Un enunciat serà una insensatesa si no representa cap fet possible. Quines de les expressions lingüístiques següents són proposicions amb sentit i quines són insensateses?

a) «El dia és llarg i calorós»

b) «La Terra existia ja temps abans de la meva existència»

c) «El políedre, que no tenia cares, va somriure sense esforç a tots els cercles quadrats»

d) «Els extraterrestres visitaran els EUA l'any 2046»

e) «La neu és sempre de color negre»

f) «L'arrel quadrada de tres és de color verd»

3> Quines són les diferències principals entre la filosofia del llenguatge del primer Wittgenstein i la del segon Wittgenstein? Què és un «joc del llenguatge»? Poseu tres exemples de jocs de llenguatge i comenteu-los.

4> Compareu les nocions de filosofia de Wittgenstein i Popper.

5> Què és el racionalisme crític?

6> Quines són, segons els neopositivistes i segons Popper, les diferències entre les prediccions científiques i les no-científiques com les profecies o els horòscops que fan els astròlegs? Analitzeu i compareu alguna predicció científica amb un horòscop astrològic i expliqueu-ne les diferències.

7> Quines diferències hi ha entre el criteri de significat dels neopositivistes del Cercle de Viena i el criteri de demarcació que defensa Popper?

8> Analitzeu aquesta afirmació de Popper i doneu-ne la vostra opinió. Què significa «contrastació rigorosa»?

> «La ciència no persegueix mai el fi il·lusori de fer que les seves respostes siguin definitives, ni tan sols probables. Tot el contrari, el seu avenç s'encamina cap a una meta infinita i, tanmateix, assolible: la de descobrir incessantment problemes nous, més profunds i més generals, i de sotmetre les nostres respostes, sempre provisionals, a contrastacions constantment renovades i cada vegada més rigoroses.»

La lògica de la investigació científica
Karl R. Popper

9> Comenteu els textos de Rudolf Carnap i de Karl R. Popper i indiqueu-ne les principals diferències:

> «La ciència *comença* amb observacions de fets aïllats, no hi ha cap altra cosa que sigui observable. Certament, una regularitat no és directament observable. Les regularitats es descobreixen només quan es comparen moltes observacions. Aquestes regularitats s'expressen mitjançant proposicions anomenades "lleis".»

Fonamentació filosòfica de la física, capítol 1
Rudolf Carnap

> «El científic, tant el teòric com l'experimental, proposa enunciats, o sistemes d'enunciats, i els contrasta pas a pas. En particular, en el camp de les ciències empíriques construeix hipòtesis, o sistemes de teories, i els contrasta amb l'experiència mitjançant l'observació i l'experimentació.»

La lògica de la investigació científica, capítol 1
Karl R. Popper

10> Feu un resum de les idees més importants del text següent. Què és «el *modus tollens* de la lògica clàssica»? En quin sentit creieu que aprenem dels nostres errors? Feu un debat sobre aquest tema.

> «La meva proposta es basa en la *asimetria* entre la verificabilitat i la falsabilitat, asimetria que es desprèn de la forma lògica dels enunciats universals. Aquests mai no són deduïbles d'enunciats singulars, però sí que poden ser desmentits per aquests últims. Conseqüentment, és possible —per mitjà d'inferències purament deductives (i amb l'ajut del *modus tollens* de la lògica clàssica)— argüir la falsedat d'enunciats universals a partir de la veritat d'enunciats singulars.»

La lògica de la investigació científica, capítol 1
Karl R. Popper

11> Comenteu aquest text de Popper. A qui es refereix quan parla de «l'home que ha fet més per salvar la democràcia i Occident», autor d'una famosa definició de democràcia («*Democracy is the worst form of government, except for all those other forms that have been tried from time to time*») pronunciada a la Cambra dels Comuns l'11 de novembre de 1947?

Esteu d'acord amb la idea de Popper que l'únic que fa que la democràcia sigui millor que les altres formes de govern és que permet destituir els governants sense vessament de sang, concretament, a través de la votació?

«A Occident creiem en la democràcia només com la forma de govern menys dolenta. Així és com la va descriure l'home que ha fet més per salvar la democràcia i Occident: "La democràcia és la pitjor forma de govern, exceptuant totes les altres formes de govern assajades de temps en temps".»

A la recerca d'un món millor
Karl R. Popper

12> En una entrevista, parlant de Déu, Popper va dir: «No m'atreveixo a dir res sobre Déu. No es pot dir res sobre Déu. Sí sé que considero aquells que diuen cultivar la teologia com a blasfems, ja que parlen d'allò sobre el que ningú no pot saber res.»

Com classificaríeu aquesta resposta entre les diferents respostes possibles a la pregunta sobre l'existència de Déu? Considereu coherent aquesta resposta de Popper amb el seu racionalisme crític?

13> Feu un resum del text següent i indiqueu les principals qüestions que s'hi plantegen. Què significa i quina finalitat té el «control dels discursos»?

«Existeix, penso, un tercer grup de procediments que permeten el control dels discursos. No es tracta aquest cop de dominar els poders que comporten ni de conjurar els atzars de la seva aparició; es tracta de determinar les condicions de la seva posada en joc, d'imposar als individus que els sustenten un cert nombre de regles i, així, de no permetre que tothom hi tingui accés. Rarificació, aquesta vegada, dels subjectes parlants; ningú no entrarà en l'ordre del discurs si no satisfà certes exigències o si no està, d'entrada, qualificat per fer-ho. Més precisament: totes les regions del discurs no són igualment obertes i penetrables; algunes són fortament prohibides (diferenciades i diferenciadores), mentre que d'altres semblen gairebé obertes a tots els vents i posades sense restricció prèvia a disposició de cada subjecte parlant.»

L'ordre del discurs
Michel Foucault

14> Justifiqueu qui pot ser l'autor d'aquest text:

«Les nocions d'institució, de repressió, de refús, d'exclusió, de marginació, no són adequades per descriure, en el centre mateix de la ciutat carceràrìa, la formació de les flongeses insidioses, de les maleses poc confessables, de les petites astúcies, dels procediments calculats, de les tècniques, de les "ciències" al cap i a la fi que permeten la fabricació de l'individu disciplinari. En aquesta humanitat central i centralitzada, efecte i instrument de relacions de poder complexes, cossos i forces sotmesos per dispositius d'"empresonament" múltiples, objectes per a discursos que són ells mateixos elements d'aquesta estratègia, cal sentir l'estrèpit de la batalla.»

15> Expliqueu quines són les característiques principals dels totalitarismes segons Arendt.

16> Analitzeu la vigència actual dels plantejaments d'Arendt respecte al desplegament de l'individu en la vida política. Digueu per què us sembla encertada o per què us sembla fora de lloc l'observació d'Arendt en l'escrit titulat *Què és la política* segons la qual «en les democràcies de masses, tant la impotència de la gent com el procés de consum i l'oblit s'han imposat subreptíciament, sense terror i fins i tot espontàniament».

17> Arendt descriu la facilitat amb què els totalitarismes anul·len qualsevol resistència personal a la modificació de les consignes morals. A partir del fragment següent, expliqueu els processos psicològics i polítics que ho fan possible:

«En aquestes circumstàncies els individus s'acostumen a no prendre mai decisions. Algú que volgués, per qualsevol raó o propòsit, abolir els vells "valors" o virtuts no trobaria cap dificultat, sempre que oferís un codi nou, i no necessitaria ni força ni persuasió —ni tampoc cap prova de la superioritat dels nous valors respecte dels vells— per imposar-los.»

El fet de pensar i les reflexions morals
Hannah Arendt

18> Comenteu aquest text d'Arendt. Per què diu: «L'absència de pensament i l'estupidesa són fenòmens que sovintegen molt més que no pas la maldat»? Quina era l'opinió de Sòcrates i el seu intel·lectualisme moral sobre aquest tema?

«La incapacitat de pensar no és estupidesa; la podem trobar en gent molt intel·ligent i la maldat difícilment n'és la causa, encara que només sigui perquè l'absència de pensament i l'estupidesa són fenòmens que sovintegen molt més que no pas la maldat. El problema radica precisament en el fet que per causar un gran mal no cal un mal cor, fenomen relativament infreqüent.»

De la història a l'acció
Hannah Arendt

19> Raoneu a quin autor o corrent del pensament pertany el fragment següent:

«No estic gens interessat en definicions o en l'anàlisi lingüística de paraules o conceptes. [...] Jo crec que totes les preguntes del tipus "què és" o "què són", és a dir, totes les qüestions verbals o de definició, haurien de ser eliminades, [...] no haurien de ser plantejades. [...] Hauríem d'evitar completament, com una plaga, discutir el significat de les paraules.»